TATIANA LANGOVÁ

Cestovný
slovensko-
-anglický

anglicko-
-slovenský

slovník

Slovak-English

English-Slovak

Travel
Dictionary

TATIANA LANGOVÁ

Cestovný
slovensko-
-anglický

anglicko-
-slovenský

slovník

Slovak-English

English-Slovak

Travel

Dictionary

IKAR

Autorka Mgr. Tatiana Langová.
Lektorovala PhDr. Eva Tandlichová, CSc.
Ilustroval Vladimír Fedorovič.
Korigovala Mária Majerníková.
Obálku upravila Viera Fabianová.
Vydalo vydavateľstvo Ikar, a. s., Bratislava,
roku 2005 ako svoju 1763. publikáciu.
Vytlačili Tlačiarne BB, spol. s r. o., Banská Bystrica.

ISBN 80-551-0856-0

Obsah

Contents

Na úvod

Anglicko-slovenský/slovensko-anglický slovník, ktorý vám ponúkame, je praktická jazyková príručka na cesty. Slovensko-anglická verzia obsahuje približne 6 000 hesiel, anglicko-slovenská 8 000 hesiel, prispôsobených potrebám všetkých, ktorí cestujú do zahraničia nielen na dovolenku, ale i študijne či pracovne. Obsahuje slová a slovné spojenia príznačné pre typické dovolenkové i každodenné situácie. Preto sa slovník snaží zachytiť celú škálu frekventovaných výrazov – od ponuky cestovných kancelárií a rezervácie zájazdu až po deň odchodu z miesta pobytu. Okrem aktuálnej slovnej zásoby zahŕňa dôležité slovné zvraty a konverzačné vety, ktoré sa môžu zísť počas cestovania a pobytu v zahraničí. Slovník poslúži najmä tým, ktorí sa vybrali do Veľkej Británie, Ameriky alebo iných krajín, kde sa hovorí po anglicky. Uvítajú ho však pravdepodobne mnohí, ktorí cestujú aj inam, veď touto rečou sa dohovoríme takmer všade na svete.

Anglicko-slovenská verzia je určená najmä tým, ktorí prídu na Slovensko ako turisti, na návštevu priateľov, prípadne služobne. Výber slovnej zásoby z oblasti hotelierstva, gastronómie, cestovného ruchu, turistiky, dopravy a pod. zaiste uvítajú aj pracovníci cestovných kancelárií, podnikov turistických služieb, hotelov, reštauračných zariadení. Súčasťou slovníka je príloha, v ktorej používateľ nájde praktické informácie súvisiace s témou slovníka.

Boli by sme radi, keby sa tento slovník stal spoľahlivým sprievodcom a pomocníkom počas pobytu v zahraničí. Veríme, že keď sa najbližšie vyberiete do zahraničia, táto knižočka si nájde miesto vo vašej batožine.

Vydavateľstvo

Preface

The Slovak-English/English-Slovak Travel Dictionary is a practical handbook for travelling. The Slovak-English version includes approximately 6 000 main entries, the English-Slovak version 8 000 headwords. They are accustomed to the needs of those who travel abroad to spend their holiday there, to be there on the study or on the business trip. The words and phrases are typical for holidays and common everyday situations. In addition to the current vocabulary it provides important idioms and expressions helpful for the journey and stay abroad.

With its choise of vocabulary concerning the hoteliership, gastronomy, tourism, travelling, transport, etc. it can also be useful for all who are involved in these industries. The integral part of this dictionary is the appendix offering the essential and important information.

We would be happy if this dictionary becomes the reliable guide during your stay abroad. We hope that when you take off next time for an overseas travel this book will make its way into your backpack.

Publisher

Návod pre používateľov

- Heslové slová sú usporiadané abecedne.
- V slovensko-anglickej verzii nasleduje za heslovým podstatným menom označenie jeho gramatického rodu a anglický ekvivalent/ekvivalenty s výslovnosťou.
- Homonymné a heslové slová patriace do viacerých slovných druhov sú označené číselnými indexmi a tiež sú samostatnými heslami (po ktorých v anglicko-slovenskej časti nasleduje označenie príslušného slovného druhu v skratke).
- Po ekvivalente/ekvivalentoch heslového slova nasledujú dokladové spojenia, v anglicko-slovenskej verzii frázové slovesá a po znaku // prípadne zvratné slovesá. Na novom riadku za znakom ➠ sú konverzačné zvraty, pričom hviezdička ✳ na začiatku vety naznačuje, že ide o repliku partnera v rozhovore.
- Predložková väzba je uvedená vtedy, keď sa v oboch jazykoch odlišuje, príp. na objasnenie významu.
- Nepravidelné slovesá sú označené indexovým znamienkom * a ich zoznam je uvedený v prílohe. Týmto znamienkom je označené aj podstatné meno s nepravidelným množným číslom.
- V dokladových spojeniach a konverzačných zvratoch sú uvedené heslové slová skrátene (t. j. prvé písmeno, príp. prvé písmeno s príslušnou koncovkou).
- Fakultatívne časti slova alebo jednotlivé slová sú uvedené v okrúhlych zátvorkách.
- V konverzačných zvratoch naznačujú vybodkované miesta (...) možnosť dosadiť ďalšie výrazy podľa danej situácie.

A Short Users Guide

- **All entries** are represented in alphabetical order.
- Entry noun is followed by its gender label and English equivalent(s) in the **Slovak-English version**.
- **Homographs, words with the same spelling but different in some other way,** are shown as separate headwords and each one is given a raised number (in the **English-Slovak part** they are followed by word-class labels).
- The eqivalent(s) or synonym(s) of the main entry are followed by the sample phrases, in the English-Slovak part by the phrasal verbs, and the **reflexive verbs** follow after the symbol //.

  The **beginning of the new line** marked with an **arrow (➡)** is reserved for conversational expressions, the asterisk (✳) at the beginning of a sentence indicates the reply of the partner in the conversation.
- **Grammar codes** are given especially in the case of difference between the two languages, aiming at the clarification of the meaning.
- **Irregular verbs** are marked with an asterix (*) and their list is given in the appendix. A noun with an irregular plural form is followed by an asterix to.
- The **headwords** in the sample phrases and conversational expressions are **abbreviated** (an initial letter with a period or an initial letter with the corresponding word ending).
- **Optional parts of a word** or **individual words** are given in round brackets.
- The free room in the **conversational phrases** marked with dots (...) indicates the possibility to supply the appropriate expressions according to the actual situation.

Anglická výslovnosť

Anglicky sa hovorí na rozsiahlom a nesúvisiacom území, a preto nie je jednotná. Spisovná výslovnosť je výslovnosť pôvodom juhoanglická, používa sa aj v britskom rozhlase a dáva sa jej prednosť pre jej kultúrny a politický význam.

Píšeme	Čítame
e	[ə] seven
a	[æ] hand
ng	[ŋ] booking
th	[ð] with
th	[θ] thirty
w	[w] wind

Slovak Pronunciation

Slovak has a single vowel system: five vowels a, e, i, o, u and a set of matching long vowels written as á, é, í, ó, ú. The length of vowels is very important because it can completely change the meaning of a word. There are 4 diphthongs in Slovak: ia, ie, iu, ô. The vowels and consonants that differ from English are listed below with their pronunciation. The stress or accent is always on the first syllable.

Written	Pronounced
c	[ts]
č	[ch]
š	[sh]
ž	[zh]
dž	[dzh]
j	[y]
ch	[kh]
ä	[æ]
ô	[uo]
dĺžeň	[:]

Skratky • Abbreviations

Slovenské

al.	alebo
anat.	anatómia
ap.	a podobne
archeol.	archeológia
archit.	architektúra
astron.	astronómia
bot.	botanika
cirk.	cirkev
č.	číslo
čast.	častica
div.	divadlo
dopr.	doprava; dopravný
ekon.	ekonómia
elektr.	elektrika, elektrotechnika
film.	filmárstvo
fot.	fotografia
fyz.	fyzika
geogr.	zemepis
hist.	história
hl.	hlavný; hlavne
hovor.	hovorovo
hud.	hudba
kuch.	kuchársky
m.	mužský rod
mat.	matematika
mech.	mechanika
meteor.	meteorológia
mn. č.	množné číslo
motor.	motorizmus
náb.	náboženstvo
neos.	neosobné sloveso
obyč.	obyčajne
odb.	odborne
op.	opak
p.	pozri
pejor.	pejoratívny, zhoršujúci výraz
práv.	právnictvo
predl.	predložka
pren.	prenesene
príd.	prídavné meno
príp.	prípadne
prísl.	príslovka
rozhl.	rozhlas
s.	stredný rod
skr.	skratka
šport.	športový
tech.	technika
telef.	telefónia
telev.	televízia
týk.	týkajúci sa
urč.	určitý
v rôzn. význ.	v rôznych významoch
vyj.	vyjadruje
výtvar.	výtvarníctvo
zastar.	zastaraný výraz
zool.	zoológia
zried.	zriedkavo
ž.	ženský rod
žel.	železnice

Anglické

adj	adjective, prídavné meno
adv	adverb, príslovka
Am	americký výraz
Au	austrálsky výraz
Br	britský výraz
conj	conjunction, spojka
inf	infinitive, neurčitok
interj	interjection, citoslovce
n	noun, podstatné meno
o.s.	oneself, sa
part	particle, častica
pl	plural, množné číslo
prep	preposition, predložka
pron	pronoun, zámeno
sb	somebody, kto
sb's	somebody's, čí
sth	something, čo
v	verb, sloveso

Značky • Symbols

	odkaz na heslo uvedené inde
[ ]	výslovnosť
( )	fakultatívne slová al. časti slov
//	znak, za ktorým nasleduje zvratné sloveso
*	nepravidelné sloveso
➠	šípka, ktorá uvádza konverzačné vety
✸	replika partnera v rozhovore

---

	reference to the main entry
[ ]	pronunciation
( )	facultative words or parts of words
//	symbol followed by the reflexive verb
*	irregular verb, irregular plural form noun
➠	arrow introducing conversational phrases
✸	reply of the partner in the conversation

Slovensko-anglický slovník

A – Ž

Slovak-English Dictionary

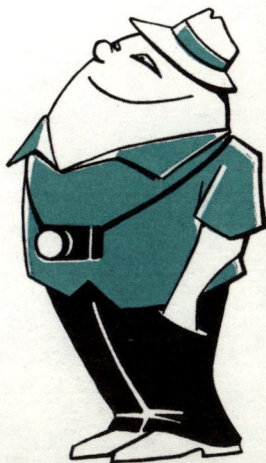

A
B
C
Č
D
E
F
G
H
Ch
I
J
K
L
M
N
O
P
R
S
Š
T
U
V
W
Z
Ž

A

a (v rôzn. význ.) and [ænd]

abecedný alphabetical [ˌælfəˈbetikl]; *a. zoznam* alphabetical list

abonentka ž. hovor. season ticket [siːzn tikit]

aborigén m. Au Aboriginal [ˌæbəˈridʒnl], Aborigine [ˌæbəˈridʒni]

aby that [ðæt]

adaptér m. adapter, adaptor [əˈdæptə]

administratíva ž. administration [ədˌminiˈstreišn], (úrady) authorities [oːˈθorətiːz]

adrenalínový adrenalin [əˈdrenlin]; *a-é druhy športu* adrenalin/extreme sports

adresa ž. address [əˈdres]; *internetová a.* internet address; *kontaktná a.* contact address; *mejlová a.* e-mail address; *súkromná a.* private address

➡ *Akú máš/máte (novú) a-u?* What's your (new) address? *Tu je moja/naša (nová) a.* Here's my/our (new) address. *Mám(e) zmenenú a-u.* My (Our) address has been changed.

✴ *Nechajte nám tu, prosím, a-u.* Leave your address here, please.

✴ *Dali ste mi/nám nesprávnu a-u.* You've given me/us a wrong address.

adresár m. address book [əˈdresbuk], directory [daiˈrektri]

adresát m. addressee [ˌædrəsˈiː], obch. aj consignee [ˌkonsaiˈniː], (príjemca) recipient [riˈsipiənt]; *a. neznámy* not known at this address, recipient unknown

adresovať address [əˈdres]

advokát m. lawyer [loiə]

aerobik m. aerobics [eəˈrəubiks]

aerolínie ž. airway [eəwei], (podnik) airways [eəweiz], airlines [eəlainz]

aerotaxík m. air taxi [eətæksi], Am taxi plane [tæksiplein]

africký African [æfrikən]

Afričan m. African [æfrikən]

Afrika ž. Africa [æfrikə]

agentúra ž. agency [eidžnsi]

agroturistika ž. agrotourism [ˌægrəˈtuərizm], (organizing) tours round the farms [(oːgnaiziŋ) tuəz raund ðə faːmz]

ahoj hello [həˈləu], Am hi [hai]

airbus m. airbus [eəbas]

aj also [oːlsəu], too [tuː], as well [əzwel]; *už aj!* (ihneď) get!, come on!

➡ *Aj tak dobre!* It is good as it is!

ak if [if]

➡ *Ak sa ti/vám to bude hodiť...* If it is convenient for you.... If it suits you....

akceptovať accept [əkˈsept]

akcia ž. action [ækšn], activity [ækˈtivəti], event [iˈvent]; *dobročinná a.* charity campaign;

pátracia a. search; *výpredajová* a. sale; *záchranná* a. rescue operation

aklimatizovať sa become*/get* acclimatized [biˌkam/ˌget əˈklaimətaizd]

ako 1. (v rôzn. význ.) how [hau]; *a. dlho?* how long? **2.** (vyj. porovnanie) than [ðən]; *lacnejší, starší a...* cheaper, older than

➧ *A. sa dostanem(e) na diaľnicu, do kempu, na stanicu,...?* How do I (we) get to the highway, to the campsite, to the station,...?

A. sa ide do...? What's the way to...?

A. sa máš/máte? How are you?

A. sa voláš/voláte? What's your name?

Ostaneš/Ostanete dlhšie a. ... dni, týždne,...? Are you to stay here longer than... days, weeks,...?

Ste tu a. turista? Are you here as a tourist?

A. prosím? Pardon? (I) Beg your pardon? What did you say?

akt m. výtvar. nude [njuːd]

aktualizovať update [apˈdeit], bring* up to date [brinˌaptəˈdeit]

aktuálny up-to-date [ˌaptəˈdeit], topical [topikl], current [karnt]

akumulátor m. accumulator (battery) [əkjuːmjəleitə (bætri)], battery [bætri]

➧ *A. je vybitý.* The accumulator is flat/discharged.

akútny acute [əˈkjuːt]

akvarel m. výtvar. watercolour (printing) [woːtəkalə (printin)]

akvárium s. aquarium* [əˈkweəriəm]

aký what [wot]

➧ *Aké bolo počasie?* What was the weather like?

alarm m. alarm [əˈlaːm]; *požiarny a.* fire alarm; *vibračný a.* vibration alarm (clock/watch), alarm vibration clock

ale but [bat], still [stil], yet [jet]

➧ *Prepáčte, a. ...* Excuse me, please, but...

A. kdeže! Not that sort! Nothing of the sort!

alebo or [oː]; *buď... a. ...* either... or...

aleja ž. alley [æli]

alergia ž. allergy [ælədži]; *a. na peľ* pollen allergy

alergický allergic [əˈləːdžik] (na čo to sth)

➧ *Som a. na...* I am allergic to...

alergik m. allergic person [əˈləːdžik pəːsn]

alkohol m. alcohol [ælkəhol]; *a. za volantom* drinking and driving; *hladina a-u v krvi* blood alcohol content; *krvný test na obsah a-u* blood alcohol content test/analysis; *obsahujúci a.* with alcohol content; *byť pod vplyvom a-u* be* under the influence of alcohol/of drink

➡ ✱ *Vodič mal v krvi a.* The driver had alcohol in his blood system.

alkoholický alcoholic [ˌælkə'holik]

alobal m. kitchen/aluminium foil [kičn/ˌæljə'miniəm foil]

alpa ž. liniment [linimənt]

alpinista m. alpinist [ælpinist], mountaineer [mauntiniə], mountain climber [maunti:n klaimbə]

alpinizmus m. mountaineering [ˌmaunti'ɲiəriŋ], mountain climbing [mauntin klaimiŋ]

alpský alpine [ælpain]

Alpy ž. the Alps [ði 'ælps]

ambasáda ž. embassy [embəsi]

ambulancia ž. **1.** outpatient department [ˌautpeišnt di'pa:tmənt] *nočná pohotovostná a.* night emergency department/room; *zubná a.* dental office for outpatients **2.** (auto) ambulance [æmbjələns]

ambulantný outpatient [autpeišnt], outdoor [ˌaut'do:], ambulatory [æmbjə'lejtri]; *a-á lekárska starostlivosť* ambulatory medical care; *ošetriť a-e* treat as an outdoor patient

americký American [ə'merikən]

Američan m. American [ə'merikən]

Amerika ž. America [ə'merikə]

amfiteáter m. amphitheatre [æmfiθiətə]; *prírodný a.* open-air amphitheatre

ananás m. pineapple [painæpl]

angína ž. tonsillitis [ˌtonsl'aitis]; *hnisavá a.* suppurative tonsillitis

Anglicko s. England [iŋglænd]

anglický English [iŋgliš]

Angličan m. Englishman* [iŋglišmən], *mn. č. A-ia* the English [ði 'iŋgliš]

Angličanka ž. Englishwoman* [iŋglišwumən]

angličtina ž. English [iŋgliš]

ani not even [not 'i:vn], nor [no:]

animácia ž. animation [ˌæni'meišn]; *a. pre deti* animation for children

animátor m. animator [ˌæni'meitə]; *tím a-ov* team of animators

anjel m. angel [eindžl]; *žltí a-i* hovor. dopr. road assistance

áno yes [jes], (správne) right [rait]

➡ *Ale á.!* But of course!

Antarktída ž. the Antarctic [ði æn'ta:ktik]

antibiotikum s. antibiotic [ˌæntibai'otik]

antický ancient [einšt]

antika ž. antiquity [æn'tikwəti]; *grécka, rímska a.* Greek, Roman antiquity

antikvariát m. second-hand bookshop/AM bookstore [ˌseknhænd 'bukšop/'buksto:]

antilopa ž. antelope [æntiləup]

aparatúra ž. apparatus* [æpr'eitəs]

A

apartmán m. apartment [ə'pa:tmənt], (hotelový) suite [swi:t]; *dovolenkový a. s kuchynským kútikom, kuchyňou* holiday suite with a kitchenette, with a kitchen; *dvojizbový a.* two room suite; *dvojlôžkový a.* suite with two beds; *jednoizbový a.* one room suite; *trojizbový a.* three room suite

aperitív m. aperitif [ə,perə'ti:f]
➡ *Dám si a.* I am going to have an aperitif.

apríl m. April [eiprl]; *v a-i* in April

aprílový April [eiprl]; *a-é počasie* April weather

aquapark m. aquapark [ækwəpa:k]

Arab m. Arab [ærəb]

arabčina ž. Arabic [ærəbik]

arabský Arabian [ə'reibiən]

arašid m. peanut [pi:nat]; *pražené a-y* roasted peanuts; *slané a-y* salted peanuts

arcibiskup m. archbishop [,a:č'bišəp]

areál m. area [eəriə], (budovy) grounds [graundz]; *nudistický a.* nudist area; *športový a.* sports grounds

aréna ž. arena [ə'ri:nə]; *býčia a.* bullring

archeológia ž. archaelogy [a:kioládži]

archeologický archaelogical [,a:kiə'lodžikl]

architektonický architectural [,a:ki'tekčrl]; *a-é dedičstvo* architectural heritage; *a-é pamiatky* architectural monuments/ relics

architektúra ž. architecture [a:ki-tekčə]; *stredoveká, moderná a.* mediaeval, modern architecture

archív m. archives [a:kaivz], records [reko:dz]

arktický arctic [a:ktik]

Arktída ž. the Arctic [ði 'a:ktik]

artičoka ž. artichoke [a:tičəuk]

asfaltka ž. hovor. asphalt/ ̄AM̄ blacktop road [æsfælt/blæktop rəud]

asi 1. (vyj. pochybnosť) maybe [meibi], perhaps [pə'hæps] 2. (vyj. približnosť) about [ə'baut], around [ə'raund], approximately [ə'proksimətli]
➡ *A. kedy príde?* When is he/she to come?
A. o... hodiny,... týždne,... In about... hours,... weeks,...
... stojí a. ... eur. ... is/costs approximately... euros.

aspik m. aspic [æspik]

aspoň at least [ət 'li:st]

astma ž. asthma [æsθmə]; *mať a-u* suffer from asthma, be* an asthmatic

astmatický asthmatic [æsθ'mætik]; *a. záchvat* asthmatic fit

astmatik m. asthmatic [æsθ'mætik]

atašé m. attaché [æ'tæšei]

atlas m. atlas [ætləs]

atletika ž. athletics [æθ'letik], AM track and field [ˌtræk ænd 'fi:ld]; *ľahká a.* track and field events

atmosféra ž. (v rôzn. význ.) atmosphere [ætməsfiə]; *príjemná a.* pleasant atmosphere; *veľkomestská a.* city atmosphere

atraktívny attractive [ə'træktiv]

august m. August [o:gəst]; *začiatkom, koncom a-a* at the beginning of, towards the end of August

augustový August [o:'ga:st]; *a-á dovolenka* August holiday/AM vacation

au-pair, hovor. **auperka** ž. au pair [ˌəu 'peə]

Austrálčan m. Australian [os-'treiliən]

Austrália ž. Australia [os'treiliə]

austrálsky Australian [os'treiliən]

autentický authentic [o:'θentik]

autičkár m. hovor. car thief* [ka: θi:f]

auto s. car [ka:], AM automobile [o:təməbi:l]; *dodávkové a.* van; *hliadkovacie policajné a.* police patrol/BR panda car; *krátkodobo parkujúce a.* short-time parking car; *nákladné a.* lorry, AM truck; *ojazdené a.* second-hand/used car; *osobné a.* passenger car; *a. s pohonom všetkých štyroch kolies* 4WD, four--wheel-drive car, four-wheeler; *a. predbiehajúce v kolóne áut* car overtaking in a string of cars; *a. s katalyzátorom con-trolled vehicle; *a. z požičovne* hire-car; *oprava a-a* car repair; *dať si urobiť generálku a-a* have* made the complete/ general overhaul

➧ *Moje/Naše a. uviazlo.* My/Our car has got stuck.
 Pokazilo sa mi/nám a. My/ Our car has broken down.
 Ukradli mi/nám a. My/Our car has been stolen.
 Môžem(e) tu nechať a.? Can I (we) leave my (our) car here?
 Mohli by ste prekontrolovať, opraviť, umyť,... moje/naše a.? Can you check, repair, wash,... my/our car?
 Kde si môžem(e) prenajať a.? Where can I (we) rent a car?

✳ *Hotel, kemp, penzión,... je vzdialený na... minút cesty a-m.* The hotel, the camp, the guest house,... is... minutes drive.

✳ *Kedy bolo a. naposledy v servi-se?* When was the car in a ser-vice station last time?

autoalarm m. car alarm equip-ment [ka: ə'la:m i'kwipmənt], car security alarm [ka: si'kjuə-rəti ə'la:m]

autobus m. bus [bas]; *diaľkový a. (s klimatizáciou, kuchynkou, videom a WC)* coach, AM bus; *expresný a.* express; *klimatizo-vaný a.* air-conditioned bus; *lyžiarsky a.* ski bus; *nočný a.*

night coach; *poschodový a.* double-decker; *vyhliadkový a.* sightseeing bus; *zájazdový a.* coach, AM bus; *a. kyvadlovej dopravy* shuttle bus, (na letisko) airport shuttle bus, (na pláž) beach shuttle bus; *a. mestskej hromadnej dopravy* (city) bus, public service vehicle; *a. pre účastníkov (horskej) turistiky* tourist bus; *a. prímestskej linky* suburban commuter bus; *cestovať a-om* travel/go* by bus

➧ *A-y do Sydney odchádzajú každú celú hodinu.* The buses leave for Sydney on the hour.
Kde stoja a-y do...? Where do the b-es for... stop?
Ide nejaký, tento,... a. do...? Does any, this,... bus leave for...?
Kedy ide/odchádza (prvý, posledný,...) a. do...? When is the (first, last,...) bus leaving for...?
Ktorý a. ide do...? Which bus do I (we) take to...? Which bus goes to...?

✳ *A. premáva každých... minút, len v nedeľu a vo sviatok, len v pracovné dni,....* The bus runs/plies every... minutes, just on Sundays, just on working days,...

✳ *Musíte ísť a-om číslo...* You must take the bus number...

✳ *A-y premávajú v -minútových*

intervaloch. The buses run at... minutes intervals.

autobusový bus [bas]; *a-á doprava* bus traffic; *a-á klimatizácia* bus air-conditioning; *a-á zastávka* bus stop

➧ *Kde je (najbližšia) a-á zastávka?* Where's the (nearest) bus stop?

autodielňa automotive/vehicle maintenance shop [ˌoːtəˈməutiv/viəkl meintnəns ʃop], car repair service [kaː ripeəˌsəːvis]

autokar m. sightseeing coach [saitsiːiŋ kəuč]

autokemping m. 1. (pobyt) caravanning [kærəvæniŋ] 2. (priestor) caravan site [kærəvænsait], AM trailer camp [treiləkæmp]

➧ *Ako sa dostanem(e) k a-u?* Excuse me, how do I (we) get to the campsite?
Je tu nablízku a.? Is there a campsite near here?

autokino s. drive-in (cinema/moving theatre) [draivin (sinəmə/muːviŋ θiətə)]

autokolóna ž. car convoy [konvoi], (rad) string/strip of cars [striŋ/stræp əf kaːs], (s delegáciou) motorcade [məutəkeid]; *kilometrová a.* one-kilometre long string of cars

autokozmetika ž. car polishes [kaːpoliʃiz]

autolakovňa ž. paint shop [peintʃop]

automapa ž. road/AM highway map [rəud/haiwei mæp]

➡ *Dajte mi/nám, prosím, jednu a-u.* Give me/us one road map, please.

automat m. (v rôzn. význ.) automatic machine [‚o:tə'mætik məši:n]; *bankový a.* ATM banking machine; *hrací a.* slot machine, one-armed bandit, BR fruit machine; *hudobný a.* jukebox; *kartový telefónny a.* cardphone; *mincový telefónny a.* change machine, payphone; *mincový samoobslužný tankovací a.* coin-operated petrol pump; *nápojový a.* drinks (vending) machine, soft-drink dispenser; *predajný a.* automat, vending/slot machine; *zmrzlinový a.* ice dispenser; *a. na cestovné lístky* ticket machine; *a. na rozmieňanie mincí* change machine; *a. na úschovu batožiny* locker

automechanik m. motor/car mechanic [məutə/ka: mi'kænik], repair man* [ri'peəmən], garageman* [gæra:žmən]

automobil m. | **auto**

automobilista m. motorist [məutrist], (car) driver [(ka:) draivə]

automobilový car [ka:]; *bez a-ej dopravy* without motor traffic, traffic-less

automotoklub m. automobile

club [o:təməbi:l klab], BR Automobile Association [‚o:təməbi:l ə‚səuši'eišn]

autonehoda ž. car accident/crash [ka: æksidnt/kræš], traffic accident [træfik æksidnt]

➡ *Mali sme a-u.* We've had an accident.

autoopravovňa ž. garage [gæra:ž], AM car repair shop/service [ka:ri'peə šop/sə:vis], service station/bay [sə:vis steišn/bei]

➡ *Hľadáme a-u.* We are looking for the service station.

autopríslušenstvo s. motor-car accessories [məutəka: ək'sesriz], equipment [i'kwipmənt]

autorádio s. car radio (set) [‚ka:r 'reidiəu (set)], AM auto radio set [‚o:tə 'reidiəu set]; *a. s prehrávačom* radio/casettedeck; *prenosné a.* portable car radio

autosalón m. motor show [məutə šəu]

autoservis m. | **autoopravovňa**

autostop m. hitch-hiking [hičhaikiŋ]

➡ *Cestujete často a-om?* Do you often hitch-hike?

autostopár m. hitch-hiker [hičhaikə]

autostráda ž. motorway [məutəwei], AM expressway [ik'spreswei], AM freeway [fri:wei]

autosúčiastka ž. BR motor vehi-

A

cle component/part [məutə
viəkl kəm'pəunənt/pa:t]; *ná-
hradné a-y* spare parts

autoškola ž. driving school
[draiviŋ sku:l]

autoturistika ž. motoring tourism
[məutriŋ tuərizm], driving and
camping [draiviŋ ənd kæmpiŋ]

autoumyváreň ž. car wash
[ka: woš]

autovlak m. road train [rəud trein]

Ázia ž. Asia [eišə]

Ázijčan m. Asian [eišn]

ázijský Asian [eišn]

azyl m. asylum [ə'sailəm]; *poskyt-
núť a.* grant asylum; *požiadať
o a.* apply/ask for asylum

azylant m. asylum seeker
[ə'sailəm si:kə]

až **1.** (vyj. trvanie deja al. roz-
pätie) up to [ap tə], from...
to... [from tə]; *pondelok až
piatok* Monday to Friday
2. (priestorovo) up to, as far as
[əz fa: əz]; *až po kolená* up to
the knees **3.** (časovo) till [til],
until [an'til], up to; (iba) only
[əunli], not until [not antil]

➡ *Počkaj(te), až...* Wait until/till...
Prídem(e) až... I'll (We'll) co-
me only...
Vrátim(e) sa až... I'll (We'll) re-
turn/be back only...

✳ *Autobus, vlak, trajekt,... má
odchod až o... minút, hodín,...*
The bus, the train, the ferry,...
is to leave only in... minutes,
hours.

POZNÁMKY

_____

_____

_____

_____

_____

_____

_____

_____

_____

_____

_____

B

bábovka ž. (mramorová) marble cake [ma:bl keik]

bageta ž. baguette [bəg'et], long French loaf [loŋ frenč ləuf]

bagrovisko s. dredging site [dredžiŋ sait]

bahno s. mud [mad]; *liečivé b.* mud bath

báj ž. fable [feibl], myth [miθ], tale [teil]

baklažán m. aubergine [əubəži:n], AM eggplant [egpla:nt]

balenie s. (obal) packaging [pækədžiŋ], wrapping [ræpiŋ]; (materiál) packing [pækiŋ]; *darčekové b.* gift-wrapping; *jednorazové b.* disposable packaging; *rodinné b.* family packaging; *vákuové b.* vacuum packing

➡ *Nemáte menšie b. ...?* Don't you have a smaller packing?

balet m. ballet [bælei]

balíček m. package [pækidž], small parcel [smo:l pa:sl], (škatuľka) packet [pækit]; *b. cestovného poistenia* travel insurance package; *výletný b. (so suchou stravou)* packed lunch

➡ *Na zajtra ráno si prosím(e) obedový b.* For tomorrow morning one packed lunch for me (packed lunches for us), please.

balík m. parcel [pa:sl], package [pækidž]

➡ *Chcem(e) poslať tento b. do zahraničia.* I'd (We'd) like to send this parcel abroad.
Kde možno podať b.? Where can I/we send this parcel by post?

baliť pack [pæk]; *b. kufre do** one's packing

balkón m. **1.** balcony [bælkəni] **2.** (v divadle) circle [sə:kl], balcony; *druhý b.* upper circle; *prvý b.* dress circle

➡ *Chcel by som/Chceli by sme izbu s b-om.* I'd/We'd like a room with a balcony.
Dajte mi/nám, prosím, dva lístky na b. I'd/We'd like two seats in the balcony.

balón m. balloon [bə'lu:n]; *teplovzdušný b.* hot-air balloon

bambus m. bamboo [bæm'bu:]

banán m. banana [bə'na:nə]

bandaska ž. can [kæn]

bank m. (v hre) bank [bæŋk], (v kartách) jackpot [džækpot]

banka ž. bank [bæŋk]; *kód/smerovacie číslo b-y* Bank Code/Postcode/AM Zip(code)

banket m. banquet [bæŋkwit]

bankomat m. cash dispenser [kæš dispənsə], AM cashpoint [kæšpoint]

bankovka ž. banknote [bæŋknəut], AM bill [bil]

baptistérium s. baptistery [bæptistri]

B

bar m. bar [ba:]; *denný b.* snack bar; *nočný b.* night club; *b. pri bazéne* pool bar

➡ *Nepôjdeš/Nepôjdete do b-u?* Do you go to the bar?

barak m. hut [hat]

baranina ž. mutton [matn]; *pečená b.* roasted mutton

barla ž. crutch [krač]

barman m. barman* [ba:mən]

barok m. (sloh) baroque style [bə'rok stail], (obdobie) baroque period [bə'rok piəriəd]

barokový baroque [bə'rok]; *b. sloh* baroque style

barometer m. barometer [bə'romitə]

báseň ž. poem [pəuim]

basketbal m. basketball [ba:skitbo:l]

basketbalista m. basketball player [ba:skitbo:l pleiə]

básnik m. poet [pəuit]

bašta ž. bastion [bæstiən]

báť sa fear [fiə] (o čo for sth), (obávať sa) be* afraid [bi ə-'freid]

batéria ž. battery [bætri]

baterka ž. electric torch [i'lektrik to:č], Am flashlight [flæšlait]

batoh m. rucksack [raksæk], Am backpack [bækpæk]

batožina ž. luggage [lagidž], Am baggage [bægidž]; *cestovná b.* luggage, Am baggage; *mimoriadna/nadrozmerná b.* (lyže, surfy ap.) overseized luggage;

nadmerná b. limit excess luggage; *príručná b.* hand luggage, (v lietadle) cabin luggage; *vopred zaslaná b.* advanced luggage; *zapísaná b.* checked luggage; *b. na kolieskach* rolling/wheeled luggage; *oneskorené doručenie b-y* delayed luggage delivery; *poškodenie b-y* damage to luggage; *Výdaj – príjem b-y* Luggage Registration Office

➡ *Chcel by som/Chceli by sme si dať do úschovne b-u.* I/We would like to give my/our luggage to the left luggage office. *Chcel by som/Chceli by sme podať ako, poistiť,... b-u.* I'd/We'd like to have this luggage registered, insured,... *Dali by ste mi/nám pozor na b-u?* Could you keep an eye on my/our luggage, please? *Môžem(e) si tu nechať b-u?* May I (we) leave the luggage here? *Koľko sa platí za nadmernú b-u?* What's the charge for limit excess luggage? *Kde je moja/naša b.?* Where is my/our luggage? *Odneste, prosím, túto b-u k východu, k vlaku, k taxíku,..!* Take this luggage to the exit, to the train, to the taxi,..., please! *Môžete poslať po moju/našu b-u?* Can you send somebody to fetch my/our luggage?

baviť sa 1. (zabávať sa) amuse o.s. [ə'mju:z] , enjoy o.s [in'džoi]. **2.** (zhovárať sa) chat [čæt], talk [to:k]

bavlna ž. cotton [kotn]

bavlnený cotton [kotn]

bazár m. bazaar [bə'za:]

bazén m. (swimming) pool [(swimiŋ) pu:l]; *detský b.* children's pool; *krytý b.* indoor pool; *vyhrievaný b.* heated pool; *b. pre neplavcov* non-swimmer's pool; *b. pre plavcov* swimmer's pool; *b. s morskou vodou* sea-water pool; *b. so sladkou vodou* fresh-water pool; *b. s umelými vlnami* swimming pool with artificial waves, pool with moving water; *výmena vody v b-och* water change in pools

➡ *Má hotel, kemp,... vlastný b.?* Has the hotel, the camp,... its private pool?

bazilika ž. basilica [bə'silikə]; *gotická, románska b.* Gothic, Romanesque basilica

bažant m. pheasant [feznt]

bdieť be* awake [bi ə'weik]

bedeker m. guidebook [gaidbuk], guide [gaid]; *b. mesta...* guidebook to...

bedľa ž. parasol mushroom [pærəsol mašru:m]

bedminton m. badminton [bædmintən]

beh m. run [ran]; *kondičný b.* jogging; *b. na lyžiach* cross-country skiing, langlauf

behať run* [ran], (kondične) go* jogging [gəu 'džogiŋ], (súťažiť) race [reis]

beletria ž. fiction [fikšn]

Belgicko s. Belgium [beldžəm]

belgický Belgian [beldžən]

Belgičan m. Belgian [beldžən]

beloch m. white man* [ˌwait 'mæn]

beloška ž. white woman* [ˌwait 'wumən]

benzín m. petrol [petrəl], (palivo) fuel [fjuəl], AM gasoline [gæsli:n], AM hovor. gas [gæs]; *bezolovnatý b.* unleaded petrol; *oktánové číslo b-u* octane number/rating/value, grade of petrol; *spotreba b-u* fuel consumption, petrol mileage

➡ *Koľko stojí liter b-u?* How much is one litre of petrol? *Natankujte mi b. do auta.* Fill up the tank, please. Tank up, please.

benzínka ž. hovor. petrol/filling/AM gas station, petrol pump

➡ *Kde je najbližšia b.?* Where is the nearest petrol station?

✱ *B. je smerom k/na...* The petrol station is in the direction of...

bermudy ž. Bermudas [bə'mju:dəz], Bermuda shorts [bəˌmju:də 'šo:ts]

besný (o zvierati) rabic [ræbik]

bez 1. without [wi'ðaut]; *káva b. cukru* sugar-free coffee; *jazdiť b. nehody* drive* with no accidents **2.** (pri odpočítaní) without

➨ *Prišiel som b. manželky, detí,...* I've come without my wife, without my children,...

bezbariérový easy access [i:zi æk-ses], adapted for wheelchairs [ə'dæptid fə wi:lčeəz], barrier-free [bæriəfri:]

bezbolestný painless [peinləs]

bezcolný duty-free [,dju:ti'fri:]

bezdevízový obviating purchase of foreign currency [,obvieitiŋ pə:čŋs əv 'forin karnsi]

bezdomovec m. homeless person [həumləs pəsn], *mn. č. b-i* the homeless [ðə 'həumləs]

bezhotovostný (platba) cashless [kæšləs]

bezmäsitý meatless [mi:tləs]

bezoblačný cloudless [klaudləs]

bezočivý impudent [impjədnt], barefaced [,beə'feist]

bezohľadný inconsiderate [,inkən'sidrət], regardless [ri-'ga:dləs]

➨ *... jazdí b-e. ...* is a road hog.

bezpečnosť ž. security [si'kjuərə-ti], safety [seifti]; *b. cestnej premávky* traffic security; *b. jazdy* driving safety

bezpečnostný safety [seifti]; *b-é zariadenie* safety appliance

bezpečný safe [seif]

bezplatný free (of charge) [,fri: (ev'ča:dž)], costfree [kostfri:]

➨ ✳ *Vstup je b.* The entrance is free. No admission fee.

bezporuchový trouble-free [trabl-fri:], fail-safe [feilseif]

bezprostredný immediate [i'mi:diət]

➨ *Je tu v b-ej blízkosti...?* Is here... in close proximity?

bezradný helpless [helpləs], at a loss [,ət ə 'los]

bezvedomie s. unconsciousness [an'konšəsnəs]

➨ *... leží v b-í. ...* lies/is unconscious.

bezvedomý unconscious [an'konšəs]

bezvetrie s. calm [ka:m]

bezvízový (styk) visaless [vis:sələs]

bezvýznamný unimportant [,anim'po:tn]t, insignificant [,insig'nifiknt], trivial [triviəl]

bežať | utekať

bežkovať (sa) run cross country [,ran 'kros kantri]

bežky ž. cross-country skis [kros-kantri ski:z]

bežný 1. (obyčajný) common [komən] **2.** (práve prebiehajúci) current [karnt]

béžový beige [beiž]

bicykel m. bicycle [baisikl], hovor. bike [baik]; *cestný b.* road bike; *dámsky b.* women's bike; *horský b.* mountain/all-terrain bike; *mestský b.* city bicycle;

skladací b. folded bike; *trekingový b.* trekking bike; *turistický b.* touring bicycle; *vodný b.* water bicycle

➡ *Kde si môžem(e) odložiť, požičať,... bicykel/bicykle?* Where can I (we) leave, hire,... a bicycle/bicycles?

bicyklista m. bicyclist [baisiklist], cyclist [saiklist]

bicyklovať sa ride* a bicycle [ˌraid ə ˈbaisikl]

bidet m. bidet [bi:dei]

biedermeier m. biedermeier [bi:dəmaiə]

biedermeierovský biedermeier [bi:dəmaiə]

bielizeň ž. (spodná) underwear [andəweə], underclothes [andəkləðz]; *dámska b.* women's underware; *pánska b.* men's underwear; *posteľná b.* bed linen, bedclothes

➡ *Požičiavate posteľnú b.?* Do you provide bed linen/bedclothes?

✳ *Požičiavame posteľnú b.* We are providing bed linen/bedclothes.

✳ *Prineste si so sebou posteľnú b.* Bring your own bedclothes.

bielok m. egg white [eg wait]

biely white [wait]

biftek m. beefsteak [bi:fsteik], steak [steik]; *tatársky b.* steak tartare

➡ *Prineste mi/nám, prosím, prepečený, neprepečný b.* Bring me/us the well-done, underdone steak, please.

bikin(k)y ž. bikini [biˈki:ni]

biliard m. billiards [biljədz]; *miestnosť s b-om* billiards room

biliardový billiard [biljəd]; *b-é gule* billiard balls

biopočasie s. bioweather [baiəweðə]

biopotraviny ž. wholefood [həulfu:d]

biskup m. bishop [bišəp]

biskupský bishopric [bišəprik], episcopal [iˈpiskəpl]; *b. chlebíček* fruit bread

bistro s. bistro [bi:strəu], small restaurant [smo:l restro:n]

biť 1. (bitkou) beat* [bi:t] 2. (o srdci ap.) beat*, throb [θrob] 3. (o zvone) ring* [riŋ] 4. (o hodinách) strike* [straik] // *b. sa* 1. (zápasiť) fight* [fait] 2. (nehodiť sa) clash [klæš]

bitka fight [fait], battle [bætl]

bivak m. bivouac [bivuæk]

bivakovať bivouac [bivuæk]

bizón m. bison* [baisn], bufallo [bafləu]

bižutéria ž. costume jewelry [ˌkostju:mˈdžu:əlri], (obchod) jeweller's shop [džu:ələʃop]

blahoželanie s. congratulation [kənˌgræčuˈleišn]

➡ *Srdečné b. k...* Congratulations on...

blahoželať congratulate [kənˈgræčuleit] (komu sb, k čomu sth)

B

B

blatník m. mudguard [madga:d], (auta) wing [wiŋ], AM fender [fendə]

blato s. mud [mad]

bledý pale [peil], (chorobne) pallid [pælid]

blesk m. 1. lightning [laitniŋ] 2. fot. flashlight [flæšlait]

blcha ž. flea [fli:]

blikať motor. flicker [flikə], (smerovkou) flash [flæš]

blinker m. hovor. motor. turn signal [tə:n signəl], (light) indicator [(lait) indikeitə], AM blinker [bliŋkə]

blízko near [niə], close [kləuz] (čoho to sth), not far [not fa:] (čoho from sth)

➠ Bývame b. námestia, pláže, stanice,.... We live near the square, the beach, the station,... ... je celkom b. ... is quite near.

blízkosť ž. nearness [niənəs], closeness [kləuznəs], proximity [prok'siməti] v bezprostrednej b-ti in close proximity

➠ Kde je tu v b-ti...? Where is here... nearby?

blízky (časovo aj priestorovo) near [niə], close [kləuz], (časovo) imminent [iminənt], (miestne) nearby [niəbai]; b. príbuzný close relative

blížiť sa (časovo aj priestorovo) approach [ə'prəuč], come* near [,kam 'niə]

➠ B-i sa búrka. It looks like storm.

blok m. (pokladničný) receipt [ri'si:t], AM sales slip [seilz slip]

blúdiť 1. stray [strei], go* astray [gəu ə'strei] 2. (túlať sa) wander [wondə], stroll [stro:l]; b. ulicami wander the streets

blúza ž. blouse [blauz]

blúzniť be* delirious [bi di'liriəs]

blýskať sa neos; b-a sa there is lightning; b-a sa a hrmí there is a thunderbolt

bobista m. bobsleigher [bobsleiə], AM bobsledder [bobsledə]

bobový bobsleigh [bobslei], AM bobsled [bobsled]; b-á dráha bobsleigh track

boby m. bobsleigh [bobslei], AM bobsled [bobsled]

bočný lateral [lætrl], side [said]; b. oltár side altar; b. vietor crosswind

bod m. (v rôzn. význ.) point [point]; orientačný b. orientating point; b. mrazu, varu freezing, boiling point; teploty nad, pod b-om mrazu temperatures above, below freezing point

body s. body [bodi], bodysuit [bodisu:t]

boh, Boh m. god, God [god], the Lord [ðə 'lo:d]

bohatstvo s. wealth [welθ], riches [ričiz], (majetok) fortune [fo:ču:n]; kultúrne b. krajiny cultural wealth of the country

bohatý (v rôzn. význ.) rich [rič], wealthy [welθi]

bohoslužba ž. divine service [di‚vain'sə:vis], (omša) mass [mæs]

bochník loaf* [ləuf]; *b. chleba* loaf of bread

bója ž. buoy [boi]

bojazlivý timid [timid], shy [šai]

bojler m. boiler [boilə]; *elektrický b.* electric boiler/heater; *plynový b.* gas boiler/heater

bok m. **1.** (tela) side [said], hip [hip] **2.** (postranná časť) side [said]

➡ *Pravý, ľavý b. auta je poškodený.* The right, left side of the car is damaged.

boľavý sore [so:], painful [peinfl], aching [eikiŋ]

bolesť ž. pain [pein], ache [eik]; *b-ti v krížoch* sacrodynia; *utišujúci b-ti* painkilling

➡ *Dajte mi, prosím, niečo proti b-tiam hlavy, zubov, žalúdka,...* I'd like something for a headache, toothache, stomach-ache,...

✳ *Máte b-ti?* Do you feel any pain?
Tu mám (prudké, bodavé,...) b-ti. I've got/have (acute, stabbing,...) ache here.

bolieť ache [eik], hurt [hə:t]

➡ *B-í ma...* I've got... -ache.

✳ *Kde vás bolí?* Where does it hurt?

bomba ž. bomb [bom]; *kyslíková b.* oxygen cylinder; *plynová b.* gas cylinder

bonbón m. sweet [swi:t], A̅M̅ candy [kændi]

bonboniéra ž. chocolate box [čoklət boks]

borievka ž. juniper [džu:nipə]

borovica ž. pine [pain]

borovička ž. gin [džin]

bosý barefooted [‚beə'futid]

botel m. botel [bəutl]

bowling m. bowling [bəuliŋ]

bowlingový bowling [bəuliŋ]; *b-á dráha* bowling track

box m. box [boks]; *mraziaci b.* freezing box

bozk m. kiss [kis]

bozkať (sa) kiss [kis]

bôčik m. fatback [fætbæk], (solený a údený) streaky bacon [stri:ki beikn], flank of bacon [‚flæn ev 'beikn], belly-pork [belipo:k]

brada ž. **1.** (časť tváre) chin [čin] **2.** (ochlpenie) beard [biəd]

bralo s. cliff [klif]

brána ž. gate [geit]; *mestské b-y* town/city gates

brandy s. brandy [brændi]

brániť 1. (v rôzn. význ.) defend [di'fend] **2.** hinder [hində] (komu sb, v čom from sth) // *b. sa* **1.** defend o.s. [di'fend] **2.** (odolávať) resist [ri'zist]

bránka ž. šport. goal [gəul]

brankár m. goalkeeper [gəulki:pə], hovor. goalie [gəuli]

brat m. brother [braðə]

brať (v rôzn. význ.) take* [teik]

➡ *Beriete aj slovenské peniaze, cestovné šeky,...?* Do you take Slovak money, traveller's cheques,..., too?

bratranec m. cousin [kazn]

bravčové s., **bravčovina** ž. pork [po:k]; *pečené b.* roast pork; *prírodné b.* plain pork

Brazília ž. Brasil [brə'zil]

brazílsky Brasilian [brə'ziliən]

breh m. **1.** (rieky) riverside [rivəsaid], bank [bæŋk], (morský) coast [kəust]; *morský b.* seashore **2.** (svah) slope [sləup], hillside [hilsaid]; *dolu b-om* down the hillside/slope; *hore b-om* up the hillside/slope

briežditʼ sa dawn [do:n]

Brit m. Brit [brit], AM Britisher [britišə]

Británia ž. (Great) Britain [(greit) britn]

britský British [britiš]

brod m. ford [fo:d]

brodiť sa ford [fo:d] (cez čo sth)

brokolica ž. broccoli [brokli]

bronchitída ž. bronchitis [broŋ'kaitis]

broskyňa ž. peach [pi:č]

brucho s. belly [beli], abdomen [æbdəmən]

➡ *Bolí ma b.* I've got a bellyache.

brusnica ž. cranberry [krænbri]

bryndza ž. sheep cheese [ši:p či:z]

brzda ž. brake [breik]; *hydraulická b.* hydraulic brake; *kotúčová b.* disk brake; *nožná b.* pedal/

foot brake; *ručná b.* handbrake; *záchranná b.* emergency brake; *skúška bŕzd* brake/braking test, trial braking; *zlyhali b-y* the brakes failed

➡ *B-y ťahajú doľava, doprava, nie sú v poriadku.* The brakes pull to the left, to the right, are out of order.

Môžete mi, prosím, namazať, zoradiť, vyčistiť,... b-y? Can/ Could you oil, adjust, clean,... the brakes, please?

brzdiť brake [breik]

bubienok m. (ušný) eardrum [iədram]

bublanina ž. fruit sponge cake [fruit spondžkeik]

bublina ž. bubble [babl]

buď; *b. ... alebo* either... or [aiðə... o:]

budenie s. waking [weikiŋ]; *b. telefónom* waking by phone

budík m. alarm (clock) [ə'la:m (klok)]; *cestovný b.* travel alarm clock

búdka ž. booth [bu:ð]; *telefónna b.* telephone booth

budova ž. building [bildiŋ], edifice [edifis]; *historicky cenná b.* listed building; *vládna b.* government building

➡ *Čo je to za b-u?* What's that building?

V ktorom roku, storočí,... bola postavená táto b.? What year, century,... was this building built?

byť

budúci next [nekst], following [foləuiŋ], future [fju:čə]; *na b. mesiac, rok, týždeň* next month, year, week

bufet m. snack bar [snæk ba:], AM fast-food place/restaurant [fa:stfu:d pleis/restro:n], buffet [bufei]; *mliečny b.* milk bar; *staničný b.* station buffet

buchta ž. bun [ban], baked yeast dumpling [beikt ji:st dampliŋ]

bujón m. bouillon [bu:jo:n], stock [stok]; *hovädzí b.* beef tea; *slepačí b.* chicken buillon; *b. so závarkou* broth

Bulhar m. Bulgarian [bal'geəriən]

bulharčina Bulgarian [bal'geəriən]

Bulharsko s. Bulgaria [bal'geəriə]

bulharský Bulgarian [bal'geəriən]

bulvár m. boulevard [bu:ləva:d], avenue [ævənju:]

bungalov m. bungalow [baŋgləu]; *dovolenkový b.* holiday bungalow; *dvojpriestorový b.* two--room bungalow; *rodinný b.* family bungalow; *trojpriestorový b.* three-room bungalow

➡ *Chcel by som/Chceli by sme b. na jeden týždeň, dva, tri,... týždne.* I'd/We'd like to hire a bungalow for one week, for two, three,... weeks.

bungee jumping m. bungee jumping [bandži džampiŋ]

bunka ž. cell [sel]; *rodinná b.* family unit

búračka ž. hovor. pile-up [pailap], (car) crash [(ka:) kræš], bump [bamp], smash [smæš]

burčiak m. young wine [jaŋ wain]

burizóny m. puffed rice [ˌpaft 'rais]

búrka ž. storm [sto:m]; *b. z tepla* heat storm

➡ *Bude b.* It's stormy.

butik m. boutique [bu:'ti:k]

buzola ž. compass [kampəs]

bydlisko s. (place of) residence [(pleis əv) rezidns]; *prechodné b.* temporary accommodation; *trvalé b.* permanent residence

bylina ž. plant [pla:nt], (liečivá) herb [hə:b]

bystrina ž. torrent [tornt]

byt m. flat [flæt], AM apartment [ə'pa:tmənt]; *apartmánový b. s 2 samostatnými spálňami* two-bedroom apartment/suite; *apartmánový b. s 3 samostatnými spálňami* three-bedroom apartment/suite

byť (v rôzn. význ.) be* [bi, bi:]; *b. na dovolenke* be* on holiday/AM vacation

➡ *Čo je nové?* What's the news?
Kde je tu...? Where is... here?
Odkiaľ si/ste? Where are you from?
Som/Sme z... I am/We are from...
Kde si bol/ste boli tak dlho? Where have you been so long?
Dnes, zajtra,... bude zima, teplo,... It will be cold, hot,... today, tomorrow,...

B

To mi je jedno. I don't care a hoot. It's all the same to me.

✱ *Čo sa bude páčiť?* What would you like to have?

bytom resident [rezidnt]

bytovka ž. housing unit [hauziŋ junit]

bývalý former [fo:mə], late [leit], ex- [eks]

bývať live* [liv], reside [ri'zaid], (v podnájme) lodge [lodž], ĀM room [ru:m], (na návšteve) stay [stei]

➧ *Kde b-š/b-te?* Where do you live?

B-š/B-te tu, v tomto hoteli, kempe,...? Do you live here, in this hotel, in a camp,...?

B-m(e) v kempe, penzióne, na súkromí,.... I am (We are) living in a camp, in a guest-house, at lodgings,....

B-m(e) na... poschodí izba číslo ... I am (We are) living on the... floor, room number...

B-m(e) pri stanici, pláži, hneď za rohom, na druhej strane ulice,.... I am (We are) living near the station, the beach, just round the corner, on the other side of the street,....

C

cédečko s. hovor. CD [ˌsiː'diː], compact disc [ˌkəmpækt'disk]

celkom (vcelku) quite [kwait], pretty [priti], (úplne) altogether [ˌoːltə'geðə], entirely [in'taiəli]

celkovo (spolu) altogether [ˌoːltə'geðə], in all [in'oːl], totally [təutli]

celkový total [təutl], overall [əuvroːl], general [dženrl]; *c. dojem* general impression; *c-á suma* total amount, sum total

celodenný all-day [oːldei]; *c. výlet* all-day/one-day trip

celonárodný national [næšnl], nation-wide [ˌneišn'waid]

celoročný all the year round [ˌoːl ðə jiə 'raund]

➡ ✻ *... je otvorený c-e. ...* is open all the year round.

celoštátny state [steit], national [næšnl]

celý (všetok) all [oːl], entire [in'taiə] (the) whole [(ðə ') həul]; *platný v c-ej Európe* valid in the whole of Europe

cena ž. **1.** (peňažná hodnota) price [prais], (náklady) cost [kost]; *katalógová c.* catalogue/ list price; *najnižšia možná c.* minimum possible price; *najvyššia prijateľná c.* maximum acceptable price; *maloobchod-*

ná *c.* retail price; *mimoriadne výhodná c.* bargain price; *uvádzacia c.* promotive price; *veľkoobchodná c.* wholesale price; *základná c.* base/basis/basic price; *zmluvné c-y* agreed prices; *znížená c.* cut/reduced price; *c. benzínu* price of fuel/ĀM of gasoline; *c. zájazdu* trip price; *c. na osobu a deň v...* price per person and day at...; *c. navyše* extra cost; *c. v eurách* price in euros; *c. vrátane doplnkových služieb* after-sales service included; *c. za dieťa* child price; *c. za dospelú osobu* adult price; *c. za nocľah* cost of accommodation; *c. za štandardnú izbu* price of a standard room; *zahrnuté v c-e* at no extra cost; *zníženie cien* price cutting; *zvýšenie cien* price increase; *za plnú, polovičnú c-u* at full-price, half-price; *spustiť z c-y* abate a price **2.** (hodnota) value [velju:], price, worth [wə:θ]

➡ *Aké sú c-y v...?* What are the prices in/at...?
Chcel by som sa/Chceli by sme sa informovať o c-ách za... I'd/We'd like to ask about prices for...

✻ *... (nie) je započítaný v c-e. ...* is (not) included in the price.

✻ *... sa predáva za znížené c-y. ...* is sold at reduced prices.

✳ *Dám vám to za výhodnú c-u.*
I'll give it to you for a bargain price.

cencúľ m. icicle [aisikl]

cenník m. price list [prais list]

cenný valuable [væljuəbl], precious [prešəs]; *c. list* registered letter; *c-á zásielka* registered parcel, consignment with a declared price

cenovka ž. price tag/card [prais tæg/ka:d]

cenový price [prais]; *c-é rozdiely* price differences; *c-o výhodný* reasonable, reasonably priced

centimeter m. centimetre, AM centimeter [senti:tə]

centrála ž. headquarters [‚hed'kwo:təz], head office [‚hed 'ofis]

centrálny central [sentrl]; *c-e uzamykanie vozidla* central locking (mechanism); *c-e položený hotel* centrally located hotel

centrum s. **1.** (stred) centre, AM center [sentə]; *historické c.* historical centre; *c. mesta* (city/town) centre **2.** (stredisko) centre; *nákupné c.* shopping centre/mall, (za mestom) shopping city; *obchodné c.* commercial centre; *informačné c.* information centre; *turistické c.* tourist centre; *c. krásy a zdravia* health and beauty centre; *c. voľného času* leisure time centre

➡ *Ako sa dostanem(e) pešo do c-a?* Is the c. within walking distance?
Ktorý spoj ide do c-a? Can I take public transport to the c.?
Môžete mi/nám odporučiť dobrý, lacný,... hotel v c-e? Can you recommend me/us a good, a cheap,... hotel in the city centre?
Bývam(e) v c-e. I (We) live in the centre of the town.

certifikát m. certificate [sə'tifikət]

ceruzka ž. pencil [pensl]

cesnačka ž. garlic soup [ga:lik su:p]

cesnak m. garlic [ga:lik]

¹cesta ž. dopr. road [rəud], way [wei], track [træk]; *jedno- alebo dvojprúdová c.* single-lane or two-lane road; *jednosmerná c.* one-way road; *hlavná c.* main/trunk road; *miestna c.* local road; *nezjazdná c.* impassable road; *obchádzková c.* bypass road; *poľná c.* dirt track; *prejazdná c.* through road; *príjazdová c.* access road, *(na diaľnicu)* slip road, AM entrance ramp, (do domu) drive, AM driveway; *prístupová c.* access road; *súkromná c.* private road; *štvor- alebo viacprúdová c.* four-lane or multiple-lane road; *vedľajšia c.* side road; *c. I. triedy* primary road/ BR route, BR A-road; *c. II. triedy* second-class/secondary/

subarterial road, BR B-road; *c. pozdĺž pobrežia* road along the coast; *c. s povinným poplatkom* toll road; *stav ciest* roads condition; *poveďla c-y* along the road; *skrátiť si cestu* take* a short cut

→ *Kam vedie táto c.?* Where does this road lead to?

Je to c. do...? Is this road to...?

Ukážte mi/nám, prosím, c-u na stanicu, do hotela, na pláž,... Show me/us the way to the station, the hotel, the beach,..., please.

... je vzdialený na hodinu c-y. ... is one hour drive.

Pójdem(e) najkratšou c-ou. I'll (We'll) take the shortest route.

²**cesta** ž. (cestovanie) journey [džə:ni], trip [trip] **a)** (podľa zamerania): *jednodenná c.* a day journey; *okružná c.* (round) tour; *služobná c.* business trip; *spiatočná c.* return/back journey; *svadobná c.* honeymoon; *študijná c.* study trip; *zahraničná c.* trip abroad; *pripravený na c-u* ready to travel; *c. domov/do vlasti* homeward journey; *c. okolo sveta* journey around the world, world tour; *c. tam a späť* outward and return journey; *vydať sa na c-u* set* out/off on a journey **b)** (podľa druhu dopravy): *c. autobusom* bus ride, travel by

bus; *c. autom* drive; *c. lietadlom* flight; *c. loďou* voyage, boat trip; *c. vlakom* train ride; *c-ou do...* on the way to...

→ *Mám(e) pred sebou ešte dlhú c-u.* I (We) have a long way to go.

Môžem(e) v... prerušiť c-u? Can I (we) break my (our) journey at...?

✳ *Akú ste mali c-u?* How was the journey?

Mali sme príjemnú, namáhavú,... c-u. We had a pleasant, a tiring,... journey.

Šťastnú c-u! Have a nice/a good trip!

cestou on road [on 'rəud]

→ *C. mi prišlo zle.* I was sick during the journey.

C. sme mali defekt, nehodu,.... We had got a puncture, an accident,... on road.

cestovanie s. travelling [trævliŋ]; *c. autom, lietadlom, loďou, vlakom* travelling by car, by plane/air, by ship/sea, by train; *sloboda c-ia* (po roku 1989) freedom of travel

cestovať (k urč. cieľu) travel [trævl], make* a journey [ˌmeik ə 'džə:ni]; *c. autostopom* hitchhike; *c. autom, autobusom, vlakom, lietadlom, loďou* travel by car, by bus, by train, by plane/air, by ship/sea; *c. domov, do zahraničia* travel home, abroad; *c. na juh, na sever* travel southwards, northwards; *c. načierno* travel without paying, have* a free ride

➡ *Kam c-uješ/c-ujete?* Where are you travelling?

cestovateľ m. traveller [trævlə], tourist [tuərist], hovor. globetrotter [ɡləubtrotə]

cestoviny ž. pasta [pæstə]

cestovka ž. hovor. travel agency [ˌtrævl ˈeidžnsi]

cestovné s. 1. (poplatok) fare [feə] 2. (náhrada cestovných nákladov) travelling expenses [ˌtrævliŋ ikˈspensiz]

cestovný travel [trævl], travelling [trævliŋ], tourist [tuərist]; *c. poriadok* timetable, ⃞ schedule; *c. ruch* tourism, tourist industry

cestujúci m. (turista) traveller [trævlə], (pasažier) passenger [pæsindžə]; *tranzitný c.* transit traveller; *c. do zahraničia* traveller abroad

cez 1. (priestorovo) across [əˈkros], through [θruː], via [vaiə] 2. (časovo) during [djuəriŋ], over [əuvə]; *c. leto, obed, prázdniny* during summer, lunch (time), holiday

➡ *Prechádza tento autobus, vlak,... c. ...?* Does this bus, this train,... go through...?

cibuľa ž. onion [anjən]

cieľ m. (v rôzn. význ.) goal [ɡəul], aim [aim]; *c. cesty* destination

cieva ž. (blood) vessel [(blad) vesl]

cigara ž. cigar [siˈɡaː]

cigareta ž. cigarette [siɡret]; *c. s filtrom, bez filtra* filter/filter-tipped/tipped, plain cigarette

➡ *Prosím si škatuľku c-iet značky....* One packet of cigarettes of the brand..., please.

cikať hovor. wee [wiː]

cikpauza ž. hovor. (prestávka pri dlhšej ceste autobusom ap.) pee break [piː breik]

cimburie s. battlements [bætlmənts]

cintorín m. cemetery [semətri], (pri kostole) churchyard [čəːčjaːd]

cirka hovor. about [əˈbaut]

cirkev ž. church [čəːč]

cirkevný church [čəːč], (úrad) ecclesiastical [iˌkliːziˈæstikl]; *c. sviatok* religious holiday

cirkus m. circus [səːkəs]

cisár m. emperor [emprə]

cisársky imperial [imˈpiəriəl]

cit m. 1. (pocit) emotion [iˈməušn] 2. (zmysel) sense [sens], feeling [fiːliŋ]

citeľný sensible [sensibl]

➡ *C-e sa ochladilo, oteplilo.* There was an appreciable drop, rise in temperature.

cítiť 1. (dotykom) feel* [fiːl] 2. (vnímať) perceive [pəˈsiːv] 3. (čuchom) smell* [smel] // *c. sa* feel* [fiːl] (ako like)

➡ *Ako sa c-š/c-te?* How do you feel?

Ďakujem(e), c-m(e) sa vynikajúco, už lepšie. Thank you, I (we) feel wonderful, better. *(Ne)C-m(e) sa tu dobre.* I (We) (don't) feel well here.

✳ *Cíť(te) sa tu ako doma.* Be/ Feel at home here.

citlivý (v rôzn. význ.) sensitive [sensitiv], (chúlostivý) touchy [tači]; *c. film* sensitive film; *c. na zmeny počasia* sensitive to the changes in weather

citrón m. lemon [lemən]

citronáda ž. lemonade [ˌlemə'neid]

civilizácia ž. civilization [ˌsivlaiˈzeišn]

civilný 1. (občiansky) civil [sivl] 2. (nevojenský) civilian [si'viliən]; *c-é letisko* civil airport

clo s. customs [kastəmz], (customs) duty [(kastəmz) dju:ti]; *dovozné c.* import duty; *tovarové c.* duty on goods; *vývozné c.* export duty; *oslobodený od cla* duty-free; *podliehajúci clu* liable to duty, dutiable

➡ ✳ *Musím(e) zaplatiť za... c.?* Have I (we) to pay duty on...?

clona ž. 1. fot. diaphragm [daiəfræm] 2. (prekážka) screen [skri:n]; *slnečná c.* sun visor/shade/screen

cmar m. buttermilk [batəmilk]

cnieť sa pine [pain] (po čom for sth); *c. po domove* be* homesick

colnica ž. customs (house/office) [kastəmz (haus/ofis)]

colník m. customs officer/official [ˌkastəmz 'ofisə/ə'fišl]

colný customs [kastəmz]; *c-á kontrola* customs examination; *c-é poplatky* customs duties; *c-á únia* customs union; *c-é formality* customs formalities; *c-é vybavenie cestujúcich* customs clearance of passengers

cudzí 1. (neznámy) strange [streindž], alien [eiliən]; *c-ie prostredie* alien environment 2. (týk. sa cudziny) foreign [forin]; *c-ia mena* foreign currency

cudzina ž. foreign country [ˌforin 'kantri]; *do c-y, v c-e* abroad

cudzinec m. foreigner [forinə], stranger [streindžə], práv. alien [eiliən]; *nepriateľský voči c-com* hostile towards foreigners

cudzinecký foreigner('s) [forinə(z)], foreign [forin]; *c. ruch* tourism; *c-á polícia* alien's registration office

cudzojazyčný foreign [forin], in a foreign language [in ə 'forin læŋgwidž]

cudzokrajný exotic [igˈzotik], foreign [forin]

cuketa ž., **cukina** ž. courgette [ko:ˈžet], ⟨AM⟩ zucchini [zuˈki:ni]

cukor m. sugar [šugə]; *hroznový c.* grape sugar, glucose, dextrose; *kockový c.* cube/cubed/

C

lump sugar; *kryštálový c.* gran-
ulated sugar; *práškový c.*
icing/caster sugar; *vanilkový
c.* vanilla sugar

➡ *Pijem kávu bez cukru, s cuk-
rom.* I drink sugarless coffee,
coffee with sugar.

cukornička ž. sugar bowl
[šugəbəul]

cukráreň ž. confectioner's
[kən'fekšnəz], AM candy
shop/store [kændi šop/sto:]

cukrík m. sweet [swi:t], AM candy
[kændi]; *ovocný c.* fruit sweet;
c. proti kašľu cough sweet

cukrovinky ž. sweets [swi:ts], AM
candies [kændiz]

cukrovka ž. hovor. diabetes
[‚daiə'bi:ti:z]; *chorý na c-u* dia-
betic

cukrovkár m. hovor. diabetic
[‚daiə'betik]

cumeľ m. dummy [dami], AM pa-
cifier [pæsifaiə]

curling m. curling [kə:liŋ]

cúvať (ísť spiatočnou rýchlosťou)
back (up) [bæk (ap)], reverse
[ri'və:s], (vozidlom) back a car

[‚bæk ə 'ka:]; *c. z garáže* back
out of the garage

cvičenie s. exercise [eksəsaiz]; *jo-
gistické c.* yoga (exercise); *re-
habilitačné c.* rehabilitation
exercises

cvičiť do* exercises [du 'eksəsai-
ziz]; *c. s činkami* do* exercises
with dumb-bells

cvičiteľ m. trainer [treinə]

cvičky ž. gym shoes [džim šu:z]

cvikla ž. beetroot [bi:tru:t], AM
beet [bi:t]

cyklista m. | **bicyklista**

cyklistika ž. cycling [saikliŋ]

cykloklub m. cycling club [saikliŋ
klab]

cyklotrasa ž. cycling track
[saikliŋtræk], cycle way [saikl
wei]

cyklotúra ž. cycling tour [saikliŋ
tuə]

cykloturistický cycling [saikliŋ];
c-á trasa cycling path

cyklozájazd m. cycling trip
[saikliŋ trip]

cykloznačenie s. cycling signs
[saikliŋ sainz]

Č

čaj m. tea [ti:]; *bylinkový* č. herb/
herbal tea; *čierny, čínsky, zelený,
polozelený* č. black, china, green,
oolong tea; *mätový* č. mint tea;
šípkový č. (rose) hip tea; č. *v zá-
parových vrecúškach* tea bag/
bags; č. *s citrónom* lemon tea, tea
with lemon; č. *s mliekom, ru-
mom* tea with milk, with rum;
č. *o piatej* five o'clock tea
➡ *Pozývam ťa/vás na* č. I'd like to
invite you for a cup of tea.
čajka ž. gull [gal], seagull [si:gal]
čajovňa ž. tearoom [ti:ru:m], (ázij-
ská) teahouse [ti:haus]
čakáreň ž. (na stanici, u lekára ap.)
waiting room [weitiŋ ru:m]
➡ *Kde je staničná* č.? Where's the
railway station waiting room?
čakať wait [weit] (na koho/čo for
sb/sth); č. *na autobus, vlak*
wait for the bus, the train; č.
v rade queue up
➡ *Musím(e) dlho* č.? Am I (Are
we) to wait a long time?
Na čo ešte č-*áš/*č-*áte?* What
are you waiting for?
Č-*l som/*Č-*li sme až dodnes,
doteraz,... ale,...* I've/We've
been waiting till today, till
now,... but...
✴ *Budem(e) ťa/vás* č. *pri..., v...*
I'll (We'll) wait for you near...,
in/at...

čalamáda ž. (mixed) pickles
[(mikst) piklz]
čao ciao [čau], see you [si: ju]
čapica ž. | **čiapka**
čapík m. (liek) suppository
[sə'pozitri]
čapovaný (o nápojoch) draught
[dra:ft]; č-*é pivo* draught beer
čas m. **1.** (doba) time [taim]; *voľ-
ný* č. leisure/free time; č. *na
rozmyslenie* time for thinking
over/to decide; č. *odchodu* de-
parture time; č. *príchodu* ar-
rival time; *strata* č-*u* waste of
time; *po celý* č. all the time;
toho č-*u* this time; *zajtra
o tomto* č-*e* this time tomor-
row **2.** (meraný na hodinkách)
time [taim]; *stredoeurópsky,
východoeurópsky, západoeuróp-
sky* č. Central-European, East-
-European, West-European
Time; *miestny* č. local time;
svetový č. world time, (občian-
sky) Greenwich Mean Time
(GMT), (vojenský, letecký)
zulu time; (*posunutý*) *letný* č.
summer time, AM daylight sa-
ving time/scheme; (*posunutý*)
zimný č. winter time **3.** | **po-
časie**
➡ *Je najvyšší* č. It's high time.
Máš/Máte ešte trocha č-*u?*
Have you got a minute?
(*Ne)Mám(e) teraz, (žiaľ)* č.
(Unfortunately) I am (We are)
(not) free now.

Mám málo č-u. I haven't got much time.

To má č. That can wait.

časopis m. magazine [ˌmægəˈziːn], periodical [ˌpiəriˈodikl], (odborný) journal [dʒəːnl]; *módny č.* fashion magazine; *obrázkový č.* illustrated magazine

časovo time; *č. obmedzený* limited in time; *č. posunutý* deferred

časť ž. (celku) part [paːt], portion [poːšn], section [sekšn]; *zadná č. auta* rear end, rear, tail; *zadná č. lietadla* tail section of the aircraft

často often [ofn], frequently [friːkwəntli], many times [meni taimz]

➧ *Ako č.?* How often?

častý frequent [friːkwənt], repeated [riˈpiːtid]

čašník m. waiter [weitə]; *hlavný č.* head waiter

➧ *Zavolajte, prosím, č-a.* Call the waiter, please.

čašníčka ž. waitress [weitrəs]

Čech m. Czech [ček]

Čechy ž. Bohemia [bəˈhiːmiə]

čelenka ž. headband [hedbænd]

čelo s. 1. forehead [forəd] 2. (predná časť) front [frant]

čeľusť ž. jaw [džoː], jawbone [džoːbəun]

čerešňa ž. cherry [čeri]

čerešňovica ž. cherry brandy [čeri brændi]

černica ž. blackberry [blækbri]

černoch m. black (man*) [blæk (mən)], pejor. Negro [niːgrəu]

černoška ž. black (woman)* [blæk (womən)], pejor. Negress [niːgrəs]

čerpadlár m. pump attendant [ˌpamp əˈtendənt], AM filling station operator [filiŋ steišn opreitə]

čerpadlo s. pump [pamp]; motor. *palivové č.* fuel pump

čerpať (pohonné látky) pump [pamp], tank up [tæŋk ap]

čerstvý 1. (o potravinách ap.) fresh [freš] 2. (chladný) fresh, cool [kuːl]

➧ *... už nie je č.* ... is not fresh yet.

červený red [red]; *Č. kríž* the Red Cross

česať comb [kəum] // *č. sa* comb one's hair [ˌkəum ˈheə]

český Czech [ček]; *Č-á republika* the Czech Republic

česť m. honour [onə]

čestný honest [onist], of honour [əv ˈonə]

čeština ž. Czech (language) [ček (læŋgwidž)]

či if [if], whether [weðə]

➧ *Neviem(e), či...* I (We) don't know if...

čí whose [huːz]

➧ *Čí je ten kabát, (veľký) kufor,...?* Whose coat, (large) suitcase,... is it/this?

čiapka ž. cap [kæp]; *kúpacia č.*

swimming/bathing cap; *pletená* č. knitted cap; *povinné používanie kúpacej č-y (pri vstupe do bazéna)* swimming cap (is) obligatory

čiara ž. line [lain]

čiastočný partial [pa:šl]

čierny black [blæk]

čili s. chilli [čili]; *č. omáčka* chilli sauce

čin m. act [ækt]; *teroristický č.* terrorist act; *spáchať trestný č.* commit/perpetrate a crime

Čína ž. China [čainə]

Číňan m. Chinese [čaini:z]

činka ž. dumbbell [dambel]

čínsky Chinese [čaini:z]

čínština ž. Chinese [čaini:z]

čipsy m. chips [čips]

číslica ž. numeral [nju:mrl]

číslo s. **1.** number [nambə]; *evidenčné č.* motor. registration number, AM license plate number; *identifikačné č.* identification number; *poštové smerovacie č.* postcode, AM zip(code); *rodné č.* personal number; *č. domu* house number; *č. európskej cesty* European road number; *č. izby* room number; *č. letu* flight number **2.** telef. number [nambə]; *bezplatné telefónne č.* BR freephone/AM toll-free telephone number; *smerové č.* dialling/AM area code; *č. na mobil* mobile number; *č. tiesňového volania*

emergency call number **3.** (vyj. veľkosť tovaru) size [saiz]; *č. topánok* size of shoes **4.** (matematicky) number [nambə]; *nepárne č.* odd number; *párne č.* even number

➡ *Na akom č-e bývaš/bývate...?* What number are you living at? *Prineste mi, prosím, o č. menšie, väčšie...* Bring me one size smaller, larger,... one, please.

✳ *Vytočte č. ....* Dial the phone number....

✳ *Zavolaj(te) na telefónne č. ...* Call the phone number...

✳ *Napíšte mi/nám vaše telefónne č., č. izby,....* Write down your phone number, room number,... for me, please.

čistiaci cleaning [kli:niŋ]; *č. prostriedok* detergent

čistiareň ž. (dry) cleaner('s) [ˌ(drai) 'kli:nə(z)], laundry [lo:ndri]; *expresná č.* express service

čistič m. cleaner [kli:nə]; *č. škvŕn* stain remover

čistiť clean [kli:n]

čistota ž. cleannes [kli:nəs], cleanliness [klənlinəs]

➡ *Udržujte v... č-u!* Keep... clean!

čistý 1. (op. špinavý) clean [kli:n] **2.** (bez prímesí) pure [pjuə]

➡ *Prosím si č-ú whisky!* One pure malt whisky, please!

čitáreň ž. reading room [ri:diŋ ru:m]

Č

čítať read* [ri:d]
➡ *Čo č-š/č-te?* What do you read?

čiže that is [ðæt iz], alias [eiliəs], or [o:]

čižmy ž. (high) boots [(ˌhai ') bu:ts]; *gumové č-y* wellingtons, hovor. wellies

čkanie s. hiccup, hiccough [hikap]

článok m. (v novinách) article [a:tikl]

čľapkanica ž. hovor. slush [slaš]

člen m. member [membə]; *č. Európskej únie* member (state) of European Union

členok m. ankle [æŋkl]
➡ *Vykĺbil som si č.* I sprained my ankle.

členstvo s. membership [membəšip]

čliapkať sa splash [splæš]

čln m. boat [bəut]; *motorový č.* motorboat, powerboat; *nafukovací č.* rubber dinghy; *rybársky č.* fishing boat; *skladací č.* folding boat; *šliapací č.* pedal boat; *záchranný č.* lifeboat
➡ *Kde požičiavajú č-y?* Where can I/we rent a boat?

člnkovať sa row [rəu]

človek m. man* [mæn], person [pə:sn]

čo what [wot]
➡ *Čo?* hovor. (pri nezachytení odpovede) Sorry?
Čo je to? What is this?
Čo sa stalo? What happened?

Čo stojí...? How much does... cost? How much is...?
No a č.! So what?
＊ *Čo potrebuješ/potrebujete?* What do you need?
＊ *Čo si želáš?* What can I do for you?, Can I help you?

čokoláda ž. chocolate [čoklət]; *horká č.* plane chocolate; *mliečna č.* milk chocolate; *oriešková č.* chocolate with nuts; *tabuľka č-y* bar of chocolate

čokoládový chocolate [čoklət]; *č-á tyčinka* chocolate bar

čoskoro soon [su:n], in a minute [ˌin ə 'minit]

črevo s. intestine [in'testin], gut [gat], bowel [bauəl]; *slepé č.* appendix

črieda ž. (oviec) flock [flok], (koní, dobytka) herd [hə:d]

črpák m. dipper [dipə]

črta ž. 1. (línia) line [lain], feature [fi:čə] 2. (charakteristická vlastnosť) feature [fi:čə], characteristic [ˌkærəktə'ristik], attribute [ætribju:t]

čučoriedka ž. bilberry [bilbri]

čudovať sa wonder [wandə] (čomu at sth)

čuch m. smell [smel]

čulý agile [ædžail], brisk [brisk], active [æktiv], intensive [in'tensiv], (rušný) busy [bizi]; *č. mestský ruch* busy city, hustle and bustle

D

ďakovať thank [θæŋk]
- ➡ *Ď-ujem(e) za pozvanie, za pekný večer, za...* Thank you for your invitation, for a nice evening, for...
  Vopred ď-ujem(e)! Thank you in advance!
  Ď-ujem pekne! Thank you very much!
  Ď-ujem pekne! (vyj. odmietnutie) No, thank you!

ďalej further (on) [fə:ðə (on)]
- ➡ *Ď.!* (pri zaklopaní) Come in!

ďaleko far [fa:]
- ➡ *Ako ď. je (odtiaľto) do...?* How far is it to... (from here)?
  Je to ešte ď.? Is it still far?

ďalekohľad m. (a pair of) binoculars [(ə ˌpeə əv) bi'nokjələz], field glasses [fi:ld gla:siz], telescope [teliskəup]; *divadelný ď.* opera glasses

ďalekozraký longsighted [ˌloŋ'saitid], farsighted [fa:'saitid]

ďaleký far [fa:], distant [distnt]

ďalší 1. further [fə:ðə], (nasledujúci) next [nekst] 2. (iný) another [ə'naðə]
- ➡ *Kedy príde ď. autobus, vlak...?* When will the next bus, train,... arrive?
- ✳ *Máte ď-ie otázky?* Any questions?

dáma ž. lady [leidi]
- ➡ ✳ *Vážené d-y a páni!* Ladies and gentlemen!

Dán m. Dane [dein]

dánčina ž. Danish [deiniš]

Dánsko s. Denmark [denma:k]

dánsky Danish [deiniš], mn. č. *D-ovia* the Danish [ðə 'deiniš]

daň ž. tax [tæks]; *d. z pridanej hodnoty* value added tax

dar m. gift [gift], present [preznt]; *d-y mora* kuch. seafood

darček m. (z cesty) souvenir [su:vniə]

darovať gift [gift], present [preznt], donate [də'neit], (dať) give* [giv]

ďasno s. gum [gam]

dať 1. (poskytnúť) give* [giv]; *d. komu informáciu* give* sb a piece of information 2. (podať) give*, offer [ofə]; *d. komu ruku* give sb hand, (potriasť) shake hands 3. (odovzdať) give* 4. (uložiť) give, put* [put] // *d. sa* 1. allow [ə'lau]; *d. sa prehovoriť* listen to reason 2. (byť možné) be* possible [bi 'posəbl] 3. (zamieriť) head [hed] (kam/do čoho for sth); *d. sa na cestu* set* out/off on a journey; *d. sa naľavo, napravo* turn left, right // *d. si* have* [həv]
- ➡ *Dajte mi/nám, prosím,...* Give me/us..., please.
  Kde sa dá...? Where is it possible to...?
  ... sa nedá otvoriť. ... is not possible to open.

Čo si dáme? What shall we have?

* *Dajte si batožinu, kufor,... do úschovne.* Put your luggage, your suitcase,... to the left luggage office.

datľa ž. date [deit]

datľovník m. date palm [deit pa:m]

datovať sa date [deit] (do to); *d. do* date back to; *d. od/z* date from

dátum m. date [deit]; *d. nadobudnutia účinnosti* effective date; *d. narodenia* date of birth; *d. odchodu/odletu* date of departure; *d. príchodu/príletu* date of arrival; *d. platnosti* effective date; *d. spotreby* best before; *d. uplynutia platnosti* expiration date

dávať 1. | **dať 2.** (uvádzať) be* on [bi 'on]

* *Čo d-jú dnes v televízii?* What's on at TV today?

dávidlo m. emetic [i'metik]

dáviť vomit [vomit], throw* out [θrəu 'aut]

dávka ž. ration [reišn], portion [po:šn], (jedla) helping [helpiŋ], lek. dose [dəuz]; *adrenalínová d.* adrenaline dose; *detská d.* small helping

dávno long ago [ˌloŋ ə'gəu], a long time ago [ə ˌloŋ time ə'gəu]

dávnovek m. antiquity [æn'tikwəti], prehistory [pri:'histri]

dávny 1. (dlhoročný) old [əuld] **2.** (pochádzajúci z minulosti) long [loŋ], past [pa:st], bygone [baigon], former [fo:mə], (starodávny) ancient [einšnt]

dážď m. rain [rein]; *drobný/jemný d.* light rain, drizzle; *kyslý d.* acid rain; *vytrvalý d.* incessant rain

daždivý (počasie) rainy [reini]

dáždnik m. umbrella [am'brelə]; *skladací d.* telescopic umbrella

dcéra ž. daughter [do:tə]

* *To je moja/naša d.* This is my/our daughter.

debatovať debate [di'beit], discuss [di'skas]

december m. December [di'sembə]; *v d-ri* in December

decembrový December [di'sembə]

deciliter m. decilitre, ᴀᴍ deciliter [desili:tə]

decimeter m. decimetre, ᴀᴍ decimeter [desimi:tə]

dedič m. heir [eə]

dedička ž. heiress [eərəs]

dedičstvo s. heritage [heritidž]; *kultúrne d.* cultural heritage

dedina ž. village [vilidž]; *horská d.* mountainous village; *prázdninová d.* holiday village; *rybárska d.* fishing village; *bývať na d-e* live in a country

dedinčan m. villager [vilidžə]

dedinský village [vilidž], (sedliacky) rustic [rastic], rural [ruərl]

dediť inherit [in'herit]

ded(k)o m. dad(dy) [dæd(i)]

defekt m. defect [di:fekt]; *d. pneumatiky* (tyre/ĀM̄ tire) puncture

definitívny definitive [di'finətiv], final [fainl]

dejiny ž. history [histri]; *najnovšie d.* modern history; *d. staroveku, stredoveku, novoveku* ancient, medieval, modern history

dejstvo s. act [ækt]

deka ž. cover [kavə], blanket [blæŋkit]

dekagramm m. decagram(me) [dekəgræm]

dekorácia ž. decoration [ˌdekə-'reišn], (ozdoba) ornament [o:nəmənt]

delegát m. (CK v lokalite počas sezóny) tourist delegate/representative [ˌtuərist 'deligət/repri-'zentətiv]

delfín m. dolphin [dolfin]

delfinárium s. dolphinarium [ˌdelfi'neəriəm]

delikatesa ž. delicacy [delikəsi]

deliť divide [di'vaid] // *d. sa* divide, share [šeə] (s kým with sb)

deltaplán m. zried. (rogalo) hangglider [hæŋglaidə]

deň a) (24 hodín) day [dei]; *pracovný/všedný d.* week/working day; *každý d.* every day; *každý druhý d.* every two days, every other/second day; *o... dni* in...

days; *po celé dni* all days long; *pred... dňami* ... days ago; *určiť d. a hodinu* fix the day and the hour; *vždy v pracovné dni* on week days b) (op. noc) day; *hmlistý, slnečný, upršaný d.* foggy, sunny, rainy day; *cez d.* by day, in the day, during the day c) (v rôzn. význ.) day; *nástupný d., d. nástupu* day of arrival; *odchodový d., d. odchodu* day of departure; *d. príchodu* day of arrival; *stránkové dni* consulting days; *Štedrý d.* Christmas Eve; *d. pracovného pokoja* bank/public/ĀM̄ national holiday

➡ *V ktoré dni?* What days?
Izbu potrebujem(e) na jeden d., dva, tri,... dni. I (We) need a room for one day, for two, three,... days.
Koľko stojí... na d., ... dni? What's the rate for... for one day, for... days?
Som/Sme tu... dní. I am/We are here for... days.
Dobrý d.! (dopoludnia) Good morning!, (odpoludnia) Good afternoon!

denne daily [deili], every day [evri dei]

denník m. (noviny) daily [deili]

denný day [dei], daily [deili], (každodenný) everyday [evridei], (štúdium) full-time [fultaim], *d-á služba* daily service

deravý leaky [li:ki], full of holes [ˌful əv hˈəulz]

desatina ž. tenth [tenθ]

desaťročie s. decade [dekeid]

desiata ž. hovor. elevenses [iˈlevn-ziz], snack [snæk]

desiatovať hovor. have*/take* one's elevenses [həv/teik iˈlevn-ziz]

destinácia ž. destination [ˌdesti-ˈneišn]

detektívka ž. (film, román ap.) detective story [diˈtektiv stoːri], thriller [θrilə]

detský baby's [beibiz], child's [čaildz], children's [čildrnz]; *d-á postieľka* cot, AM crib

devízový (foreign) currency [(for-in) karnsi]; *d. kurz* foreign exchange rate, rate of exchange; *d-é predpisy* foreign exchange regulations

devízy ž. foreign currency/exchange [ˌforin ˈkarnsi/iksˈčeindž]

dezert m. (po hlavnom chode) dessert [dezət]

dezinfikovať disinfect [ˌdisinˈfekt]

dezodorant m. deodorant [di:ˈəu-drnt], antiperspirant [ˌænti-ˈpəːsprənt]; *guľôčkový d., d. v guľôčke* roll-on (deodorant); *sprejový d.* antiperspirant spray/deodorant; *tuhý d.* antiperspirant/deodorant stick, solid deodorant

dezorientácia ž. disorientation [diˌsoːriənˈteišn]

diabetes m. diabetes [ˌdaiəˈbiːtiːz]

diabetický diabetic [ˌdaiəˈbetik]

diabetik m. diabetic [ˌdaiəˈbetik]

diacukor m. diabetic sugar [ˌdaiəˈbetik šugə], artificial sweetener [aːtifišl swiːtnə]

diačokoláda ž. diabetic chocolate [ˌdaiəˈbetik čoklit]

diadžem m. diabetic/sugar-free jam [ˌdaiəˈbetik/šugəfriː džem]

diadžús m. diabetic juice [ˌdaiə-ˈbetik džuːs]

diagnóza ž. diagnosis* [ˌdaiəg-ˈnəusis]

diaľka ž. distance [distəns], (o krajoch) distant countries [distnt kantriz]

diaľnica ž. motorway [məutəwei], AM speed-way [spiːdwei], AM (bez mýtneho) freeway [friːwei], AM superhighway [ˌsuːpəˈhaiwei], AM parkway [paːkwei], (v Taliansku) auto-strada [ˌoːtəˈstraːdə], (vo Fran-cúzsku) autoroute [ˌoːtəˈruːt]; *d. s nájazdom* on-ramp motor-way

diaľničný motorway [məutəwei]; *d. nájazd* motorway entrance, BR slip road, AM entrance ramp, AM on-ramp, access ramp; *d-á nálepka* toll sticker; *d. výjazd* motorway exit, BR slip road, AM exit ramp, AM off-ramp

dianápoj m. diabetic drink [ˌdaiəˈbetik driŋk]

diapečivo s. diabetic baked goods [ˌdaiəˈbetik beikt gudz]

diapozitív m. slide [slaid]; *farebný d.* colour/AM color slide

diať sa go* on [ˌgəu ˈon], happen [hæpn], occur [əˈkə:]
➡ *Čo sa tu deje?* What's going on here?

diel m. part [pa:t], (knihy) volume [volju:m]

dielo s. work [wə:k]; *majstrovské d.* masterpiece; *staroveké/historické umelecké d-a* ancient/historical works of art

diera ž. hole [həul]; *ozónová d.* ozone hole, hole in the ozone layer

dieťa s. child* [čaild], hovor. kid [kid]; *školopovinné d.* child of school age; *deti do... rokov* children up to the age of...

diéta ž. diet [daiət]; *neslaná d.* salt-free diet; *redukčná d.* slimming/span/weight reducing diet; *porušiť d-u* break* a diet
➡ *Mám d-u.* I am on a diet.

diétny dietary [daiətri], dietetic [ˌdaiəˈtetik]

diéty ž. expense allowance [ikˈspens əˌlauəns]; *cestovné d.* travelling allowance, per diem (allowence)

dievča s. **1.** girl [gə:l] **2.** (priateľka) girlfriend [gə:lfrend]

diferenciál m. motor. differential (gear/gearing) [ˌdifəˈrenšl (giə/giəriŋ)]

dioptria ž. dioptre, AM diopter [daiˈoptə]; *číslo d-ic* dioptre number

diplomat m. diplomat [dipləmæt]

diplomatický diplomatic [ˌdipləˈmætik]; *d-é zastupiteľstvo* diplomatic mission; *d-á služba* diplomatic/foreign service

dirigent m. conductor [kənˈdaktə]

disko s. hovor. disco [diskəu]

diskont m. (predajňa) discounter [diˈskauntə]

diskotéka ž. discotheque [diskəˈtek]; *d. pod šírym nebom* open-air discotheque

dispečing m. (long-distance) control [(ˌloŋdistns) kənˈtrəul]

dispozícia ž. disposal [diˈspəuzl]
➡ ✳ *... máš/máte k d-ii. ...* is/are at your disposal.
✳ *Som ti/vám kedykoľvek k d-ii.* I am at your disposal at any time.

divadelný theatrical [θiˈætrikl], dramatic [drəˈmætik]; *d. plagát* BR theatre programme, AM playbill; *d-é predstavenie* theatrical performance

divadlo s. theatre [θiətə]; *národné d.* national theatre; *pouličné d.* street theatre
➡ *Čo hrajú dnes v d-e?* What's on at the theatre tonight?
Rád by som išiel/Radi by sme išli do d-a. I'd/We'd like to go to the theatre.

D

D

divák m. spectator [spek'teitə], (náhodný) onlooker [onlukə]

dívať sa | pozerať sa

divina ž. kuch. venison [venisn]

diviť sa wonder [wandə], be* surprised [bi sə'praizid] (čomu at sth)

divočina ž. wilderness [wildənəs], the wilds [ðə 'waildz]

divoký (v rôzn. význ.) wild [waild]; *d-é parkovanie* uncontrollable parking

dlaha ž. splint [splint]

dlaň ž. palm [pa:m]

dlážka ž. floor [flo:]

dlh n. debt [det]

dlho long [loŋ], (for) a long time [(fər) ə 'loŋ taim]

➡ *Ako d. bude trvať cesta, predstavenie,...?* How long will the journey, the performance,... last?
Ako d. ostaneš/ostanete v...? How long will you stay at/in...?
Ešte ako d.? How much longer?

dlhovať owe [əu]

dlhý (priestorovo aj časovo) long [loŋ]; *odcestovať na d. čas* leave* for a long time

dĺžka ž. 1. (priestorovo) length [leŋθ]; *zemepisná d.* longitude 2. (časovo) duration [dju'reišn], length of time [,leŋθ əv 'taim]; *d. pobytu* length of stay

dlžný owing [əuiŋ]

➡ *Čo/Koľko som ti/vám d. (za...)?* How much do I owe you (for...)?

dnes today [tə'dei]; *d. večer* this evening, tonight; *d. ráno* this morning; *d. v noci* tonight; *odo d.* from today on

➡ *Kedy d. odchádza vlak do..., trajekt na...?* What time does the train, the ferry leave for... today?
Koľkého je d.? What's the date today?
D. je... Today's the...

dnešný today's [tə'deiz]; *až do d-ého dňa* to date, so far

dno s. bottom [botəm]; *morské d.* bottom of the sea, seabed, AM seafloor

dnu 1. (zvonka dovnútra) in [in], inside [insaid] 2. (vnútri) in, inside

do 1. (vyj. smerovanie) into [intə], for [fə], to [tə]; *cestovať do...* travel to... 2. (vyj. v rôzn. význ. hranicu) to [tə], till [til]; *deti do... rokov* children up to the age of...; *až do noci* up to night; *do odvolania* until revoked/cancelled; *od rána do večera* from morning to evening; *od... do... hodiny* from... till... (o'clock)

➡ *Je to cesta do...?* Does this way lead to...?
Premáva tento autobus, vlak,... z... do...? Does this bus, this train,... go from... to...?

* *Do skorého videnia!* See you soon!

doba ž. time [taim]; *denná d.* daytime; *pracovná d.* business hours, working time, workday; *predajná d.* shopping/business hours

dobiť (batériu ap.) recharge [ˌriː'čaːdž]

dobový (kostým) period [piəriəd]

dobre 1. well [wel], good [gud], fine [fain] **2.** (v poriadku) all right [ˌoːl'rait], o.k. [ə'kei]

➠ *Necítiš sa/Necítite sa d.?* Don't you feel good?
Cítim sa d. I feel well/fine/good.
Necítim sa d. I feel unwell/uneasy.
Nepočul(i), nerozumel(i) sme,... d. I (We) didn't hear, understand,... well.
Som/Sme tu d.? Am I/Are we right here?
Maj(te) sa d.! Good luck! Have a good time!
No/Tak d.! Very well then!

dobrodružný adventurous [əd'venčrəs]

dobrodružstvo s. adventure [əd'venčə]

dobrovoľný voluntary [voləntri]

dobrý (v rôzn. význ.) good [gud]

➠ *Buď/Buďte taký d. a...* Be so kind/good as to + inf.
Mali sme d-é počasie. The weather was fine.

Všetko d-é! Good luck! I wish you well!

dobyť (územie) conquer [koŋkə], capture [kæpčə], take* [teik], (podmaniť si) subjugate [sabdžəgeit]

dočasný temporary [temprəri], provisional [prə'vižnl], provisory [prə'vaizri]

dodatočný additional [ə'dišnl], supplementary [ˌsaplə'mentri]

dodnes to this day [ˌtə ðis 'dei], (doteraz) up to now [ˌap tə 'nau]

dodržiavať adhere [əd'hiə], keep* [kiːp] (čo to sth), observe [əb'zəːv], follow [foləu] (čo sth); *d. predpísanú rýchlosť, predpisy* observe the speed limit, the regulations

➠ *Musím d. diétu.* I must be regular in my diet.

dohadovať sa negotiate [ni'gəušieit], argue [aːgjuː]; *d. sa o cene* haggle over the price

dohľad m. (vzdialenosť) sight [sait], field of vision [ˌfiːld əv 'vižn], (range of) visibility [('reindž əv) ˌvizə'biləti]; *byť na d.* be* in/within sight; *byť mimo d-u* be* out of sight

dohoda ž. agreement [ə'griːmənt], (medzinárodná) treaty [triːti], (dohovor) convention [kən'venšn], covenant [kavnənt]; *na základe d-y* by agreement; *podľa d-y* as agreed; *Schengen-*

ská d. Schengen Convention; *cena d-ou* agreed price

dohodnúť arrange [ə'reindž], fix [fiks]; *d. miesto stretnutia, ubytovanie* arrange meeting place, accommodation // *d. sa* agree [ə'gri:] (*s kým* with sb, *o/na čom* on sth); *d. sa na cene* agree the price

➡ *D-uté!* Agreed!

dohoniť 1. (náskok ap.) catch* up [ˌkæč'ap] (*koho* with sb) 2. (zameškané) make* up for [ˌmeik ap 'fə]

➡ *Choďte dopredu, ja vás d-ím.* Go ahead, I'll catch up with you.

✳ *Vlak d-l meškanie.* The train made up (for) time.

dohovoriť (sa) 1. agree [ə'gri] (*s kým* with sb, *na čom* on sth) 2. | **dorozumieť sa**

dojča s. baby [beibi]

dohromady 1. (dovedna) together [tə'geðə] 2. (spoločne) together, collectively [kə'lektivli], jointly [džointli] 3. (celkove) in all [in 'o:l]

dojem m. impression [im'prešn]; *celkový d.* general/overall impression; *urobiť d.* impress

dokázať 1. prove [pru:v] 2. (zvládnuť) manage [mænidž]

➡ *(Ne)Dá sa d., že...* It is (not) possible to prove that... *To sa dá ľahko, ťažko d.* It's easy, difficult to prove.

dokedy how long [ˌhau 'loŋ]

➡ *D. ostaneš/ostanete v...?* How long do you stay in/at...? *D. budem(e) čakať?* How long shall I (we) wait? *D. je otvorené?* How long is it open?

doklad m. 1. document [dokjəmənt], hovor. paper [peipə], (potvrdenie) certificate [sə'tifikət]; *cestovné d-y* travel documents; *osobné d-y* (identity) papers; *d-y od motorového vozidla* vehicle documents, registration papers; *d. o totožnosti* identification document 2. (dôkaz) evidence [evidns]; *d. o zaplatení/úhrade* payment receipt

dokončiť finish [finiš], complete [kəm'pli:t]

doktor m. doctor [doktə], physician [fi'zišn]

dokument m. document [dokjəmənt], act [ækt]

dokúpiť buy additionally [ˌbai ə'dišnli]

dolár m. dollar [dolə]; *kurz d-a* dollar rate

doľava to the left [tə ðə 'left]

➡ *Choďte d.* Go to the left. *Kde možno odbočiť d.?* Where can I/we turn (to the) left?

dole 1. (op. hore) down [daun] 2. (smerom nadol) downward(s) [daunwəd(z)]; *d. kopcom* downhill; *d. prúdom* downstream

doliať fill/top up [ˌfil/ˌtop ˈap], (pridať) add [æd]
➡ *Môžem ti/vám d. ešte trocha...?* Can I pour in more...? *Smiem ti/vám d.?* May I fill up your cup/glass?

dolina ž. valley [væli]

dolný lower [ləuə], bottom [botəm]; *D-á snemovňa* Lower House, BR the House of Commons; *d. tok rieky* the lower reaches of the river

dom m. a) (budova) house [haus], building [bildiŋ]; *sedliacky d.* farm house; *vidiecky d.* country house b) (podľa určenia) *apartmánový d.* apartment house; *liečebný d.* sanatory; *obchodný d.* shopping centre/mall; *rodný d.* native house; *d. hotelového typu* hotel house

dóm m. cathedral [kəˈθiːdrl]

doma at home [ət ˈhəum], AM home [həum]
➡ *Budeme večer už d.?* Shall we be at home in the evening? *Ako sa majú d.?* How's your family?

¹**domáca** | ¹**domáci**

²**domáca** ž. landlady [lændleidi]

¹**domáci 1.** (op. zahraničný) inland [inlənd] **2.** (týk. sa domácnosti) household [haushəuld], house [haus], homely [həumli]; *d-a strava* homely food

²**domáci** m. landlord [lændloːd]

domáhať sa (žiadať) demand [diˈmaːnd], (nárokovať si) claim [kleim]

domorodec m. native [neitiv], hl. AU aboriginal [ˌæbəˈridžnl], (miestny obyvateľ) local [ləukl]

¹**domov** home [həum]; *ísť d.* go home
➡ ✳ *Smiem ťa/vás odprevadiť, odviezť,... d-ov?* May I go with you/see you off, give you a lift/take,... home?

²**domov** m. **1.** (miesto, kde sme doma) home [həum]; *smerom d.* homewards [həumwədz], homeland [həumlænd], native country/land [neitiv kantri/lænd]

domovina ž. homeland [həumlænd], fatherland [faːðəlænd], native country/land [neitiv kantri/lænd]

domovník m. caretaker [keəteikə], AM janitor [džænitə]

donáška ž. delivery [diˈlivri]; *d. batožiny do hotela* luggage delivery service

doniesť bring* [briŋ]
➡ *D-este mi/nám, prosím...* Bring me/us..., please.

doobeda in the morning [in ðə ˈmoːniŋ], a.m. [ˌeiˈem]

doobedie s. morning [moːniŋ]

dookola round and round [ˌraund ənd ˈraund], all around [ˌoːl əˈraund]

D

dopadnúť (situácia) turn out [ˌtəːn 'aut]; *dobre, zle d.* turn out well, badly

doplatiť 1. pay* extra [ˌpei 'ekstrə] **2.** (niesť následky) pay* [pei] (za čo for sth)

➡ *Musím(e) ešte niečo d.?* Must I (we) pay additional money for something?

✱ *Musíte d. ešte... eur, korún,....* You must pay another... euros, crowns,... You must pay... euros, crowns,... extra.

doplatok m. additional/extra charge [ə'dišnl/ekstrə ča:dž], (prirážka) surcharge [sə:ča:dž]

doplávať: *d. k brehu* reach the bank

doplniť (chýbajúce) complete [kəm'pliːt], (pohonné hmoty) fill up [ˌfil'ap]

➡ *D-ňte, prosím, benzín, olej,...* Fill petrol, oil,..., please.

dopodrobna in detail [in 'diːteil]

dopoludnia in the morning [in ðə 'moːniŋ], a.m. [ˌei'em]; *vždy d.* (always) in the mornings

dopoludnie s. morning [moːniŋ]

doporučený: *d. list* registered letter

¹**doprava** to the right [tə ðə 'rait]; *zabočiť d.* turn (to the) right

²**doprava** ž. **a)** (podľa dopr. prostriedkov) traffic [træfik]; *autobusová d.* bus service; *automobilová d.* motor traffic/

transport; *kamiónová d.* haulage; *kombinovaná d. po železnici a lietadlom* combined transport by rail and plane, rail/plane combined transport; *letecká d.* air traffic, (dovolenková) holiday flights; *lodná d.* shipping (transport); *nákladná d.* freight/goods traffic, haulage; *vlaková d.* railway traffic; *d. prúdovým lietadlom* jet plane transport, jet flight **b)** (podľa spôsobu prepravy) transport [trænspoːt], service [səːvis]; *cezhraničná d.* crossborder/ transnational transport; *diaľková d.* long-distance transport; *hromadná d.* public transport; *charterová d. (s pevne stanovenými odletmi)* chartered transport; *individuálna d.* individual transport; *jednosmerná d.* one-way traffic; *kyvadlová d.* shuttle service; *mestská d.* city traffic, (verejná) public transport; *miestna d.* local traffic *osobná d.* passenger transportation/traffic/services; *pravidelná d.* regular transport; *prímestská d.* suburban traffic; *tranzitná d.* through traffic, transit transportation; *vnútroštátna d.* inland transport; *d. krokom* (v dôsledku zápchy) driving at walking speed; *d. mimo mesta* non-city traffic; *d. v protismere* contra-flow traffic, traffic in opposite direction; *odkloniť d-u* divert/re-route the traffic

dopraviť transport [trænspo:t], carry [kæri], convey [kən'vei], forward [fo:wəd], (loďou) ship [šip], (lietadlom) fly* [flai]; *d. do nemocnice* carry to the hospital

dopravné s. freight (rate/charge) [freit (reit/ča:dž)]

dopravný traffic [træfik], (prostriedok) transport [trænspo:t]; *d. chaos* traffic chaos/havoc, (zápcha) traffic jam; *d-á polícia* traffic police; *d-ý priestupok* traffic/motoring offence

dopredaj m. clearance (sale) [kliərns (seil)]

dopredu 1. (op. dozadu) forward [fo:wəd], ahead [ə'hed] 2. (časovo) in advance [in əd'va:ns], beforehand [bi'fo:hænd]; *zaplatiť d.* pay* in advance

dopustiť sa commit [kə'mit], make* [meik] (čoho sth)

➠ ✷ *D-li ste sa dopravného priestupku.* You've committed a traffic offence.

dorozumieť sa make* o.s. understood [meik ˌandə'stud]

➠ *D-li sme sa iba po...* We could make ourselves understood just in...
D-m sa aj po.... I can make myself understood in..., too.

doručiť deliver [di'livə]

dosiaľ till now [ˌtil 'nau]

doska ž. board [bo:d]; *d. na windsurfing* windsurfer

¹dospelý grown-up [ˌgrəun'ap], adult [ædalt]

²dospelý m. grown-up [ˌgrəun'ap], adult [ædalt]

➠ *Sme dvaja d-í a jedno dieťa, dve, tri,... deti.* We are two adults and one child, two, three,... children here.

dosť 1. enough [i'naf] 2. (pomerne) quite [kwait], fairly [feəli], pretty [priti]

➠ *To nie je d. veľké.* It's not large enough.
Je d. zima, teplo,... It is pretty cold, warm,...
Už d. dlho čakám(e). I am (We are) waiting a pretty long time.
Už mám(e) toho d.! I am (We are) sick of it.

dostať (v rôzn. význ.) get* [get]; *d. naspäť* get* back // **d. sa** 1. (na urč. miesto) get* to, come* to [kam], reach [ri:č] (kam sth) 2. (do urč. situácie) find* o.s. [faind] (do čoho in sth), get* involved [ˌget in'volvd] (do čoho into sth); *d. sa do ťažkostí* get* involved into difficulties

➠ *Kde d. ...?* Where is/are... available?
D-l som horúčku, chrípku... I've got a fever, flu,...
Ako sa d-nem(e) do, k...? How do I (we) get to...?

D

D

D-nem(e) sa do... autobusom, vlakom,...? Can I (we) reach... by bus, by train,...?
D-nem(e) sa tadiaľto k...? Is it possible to get to... this way?

dostaviť sa (na urč. miesto) turn up [ˌtə:n 'ap], present o.s. [priˈzent]

dostihy m. the races [ðə 'reisiz], horse races [ho:s reisiz]

dostupný 1. (o mieste) accessible [əkˈsesəbl] **2.** (každému prístupný) available [əˈveiləbl]; *finančne d.* reasonable

dotazník m. form [fo:m], (anketový) questionnaire [ˌkwesčəˈneə]; *vyplniť d.* complete a questionnaire

doteraz till now [ˌtil 'nau], to date [tə 'deit]

dotieravý intrusive [in'tru:siv], tiresome [taiəsəm], (zvedavý) nosey [nəuzi]

dovážať import [im'po:t]

dovidenia good-bye [gud'bai], see you [si: ju], so long [sə 'loŋ]
➠ *D. zajtra!* See you tomorrow!

doviesť bring* [briŋ], lead* [li:d]

doviezť (k urč. cieľu) carry [kæri]

dovnútra inward(s) [inwəd(z)]; in [in], into [intə], inside [insaid]

dovolenie s. permission [pəˈmišn]
➠ *Chcel by som vás požiadať o d.* I'd like to ask for your permission.

✳ *S d-ím!* Excuse me!, (pri prechádzaní) Will you let me pass, please?

✳ *S vaším d.* If you please. If you don't mind.

dovolenka ž. holiday [holədi], AM vacation [vəˈkeišn]; *aktívna d.* active holiday; *cyklistická d. (s nocľahom v kempe)* cycling holiday (with an overnight stay in a camp); *dlhodobá d.* long-stay holiday; *exotická d.* exotic holiday; *individuálna d.* holiday for individuals; *klubová d.* club holiday; *letná d.* summer holiday; *plážová d.* beach holiday; *pracovná d.* working holiday; *posezónna d.* afterseason holiday; *predsezónna d.* preseason holiday; *rodinná d.* family holiday; *turistická d. (s prenocovaním v hoteli, kempe)* tourist holiday (with an overnight stay in a hotel, a camp); *vodácka d.* sailing/boat/rafting holiday; *zahraničná d.* holiday abroad; *zelená d.* green holiday; *zimná d.* winter holiday; *d. do vzdialených krajín* holiday in remote countries; *d. na jachte* yachting holiday; *d. na mieru* customized holiday; *d. na zotavenie* recuperative holiday; *d. osobným autom* self-drive holiday; *d. s vlastnou dopravou* self-drive holiday; *d. spojená s po-*

tápaním diving holiday; *d. spojená s vysokohorskou turistikou* walking holiday; *d. pri mori, na horách* holiday at the seaside, in the mountains; *deň d-y* day off; *nástup na d-u* set-off on holiday; *ísť na d-u* go* on holiday; *vychutnávať d-u -* enjoy one's holiday

➡ *Som/Sme tu na d-e.* I am/We are on holiday here.
Musím(e) prerušiť d-u. I (We) must interrupt my/our holiday.

dovolenkár m. holidaymaker [holədimeikə]

dovolenkovať have* a holiday [ˌhəv ə 'holədei], be* on holiday [ˌbi on 'holədei], be* holidaying [ˌbi 'holədiŋ]

dovoliť allow [æ'lau], permit [pə'mit], let* [let] // *d. si* 1. afford [ə'fo:d] 2. (dožičiť si) indulge o.s. [in'daldž] (čo in sth), enjoy [in'džoi]

➡ *D-ľte, aby som sa predstavil.* Allow me to introduce myself.
To si (ne)môžeme d. We can (can't) afford it.

✳ *D-ľ(te), aby som ťa/vás pozval do...* Allow me to invite you to/into.... May I invite you to/into...?

✳ *D-íte, prosím?* May I?

dovtedy till then [ˌtil 'ðen]; *odvtedy d.* from then till then

dozadu back [bæk], backward(s) [bækwəd(z)]

dozajtra till tomorrow [ˌtil tə'morəu]

dozor m. supervision [ˌsu:pə'vižn]; *plážový d.* beach supervision; *bez d-u* without supervision

dozorca m. supervisor [su:pəvaizə], (múzea) custodian [kas'təudiən]

dozvedieť sa learn* [lə:n], get* to know [get tə nəu]

dožadovať sa (žiadať) demand [di'ma:nd], (nárokovať si) claim [kleim]

dôchodca m. pensioner [penšnə]

dôchodok m. 1. (penzia) pension [penšn] 2. (príjem) income [inkam], revenue [revənju:]

dôjsť come* [kam], arrive [ə'raiv]

dôkaz m. evidence [evidns], proof [pru:f]

➡ *Mám(e) na to d-y.* I've (We've) got an evidence of it.

dôležitý important [im'po:tnt], (významný) significant [sig'nifikənt], relevant [reləvənt] (pre čo to sth)

➡ *Nie je to až také d-é.* It's not so important.

dôvod m. reason [ri:zn], ground [graund]

➡ *Z akého d-u?* What is the reason?
Z časových, osobných, zdravotných,... d-ov. From time, personal, health,... reasons. On time, personal, health,... grounds.

dráha ž. **1.** (trať) course [kə:s], way [wei], šport. track [træk]; *brzdná d.* braking distance; *dostihová d.* racecourse, AM racetrack; *kolkárska d.* bowling track; *pristávacia d.* (landing) runway; *sánkarská d.* run, slide **2.** (o dopr. prostriedkoch) *horská d.* roller-coaster, BR big dipper; *visutá lanová d.* funicular (railway)

drahý 1. (op. lacný) expensive [ik'spensiv], dear [diə] **2.** (milý) dear, beloved [bi'lavd]
➡ *To je mi/nám príliš d-é.* It's too expensive for me/us.

dráma ž. drama [dra:mə], play [plei]

dressing m. dressing [dresiŋ]

dreváky m. clogs [klogz]

drevenica ž. wooden cottage/hut [ˌwudn 'kotidž/'hat]

drevený wooden [wudn]

drevo s. wood [wud], (stavebné) timber [timbə]

drevorytectvo s. výtvar. art of engraving on wood [ˌa:t əv in'greiviŋ on wud], xylography [zai-'logrəfi]

drez m. sink [siŋk]

driemať doze [dəuz], drowse [drauz], snooze [snu:z]

drink m. drink [driŋk]
➡ *Dám si d.* I'm going to have a drink.

drobné m. (peniaze) (small/loose) change [(ˌsmo:l/ˌlu:s ') čeindž]

➡ *Nechajte si d.* Keep the change. *Nemám d.* I have no change.
✳ *Pripravte si, prosím, d.!* Prepare the change, please!

drobný small [smo:l], petty [peti]

droga ž. drug [drag]; *závislý od d-g* drug addict; *zneužívanie d-g* drug abuse

drogéria ž. chemist's [kemists], AM drugstore [dragsto:]

droždie s. yeast [ji:st]

drôt m. wire [waiə]

¹druh m. kind [kaind], sort [so:t], type [taip]

²druh m. mate [meit], companion [kəm'pænjən]; *životný d.* common law husband

druhotriedny second-rate [ˌseknd'reit], second-class [ˌseknd'kla:s], (podradný) inferior [in'fiəriə]

druhý 1. (iný) other [aðə], another [ə'naðə]; *d. raz* another time **2.** (nasledujúci) next [nekst], following [foləuiŋ]; *na d. deň* on the next/on the following day **3.** (protiľahlý) other; *na d-ej strane ulice* on the other side of the road

družka ž. female companion [ˌfi:meil kəm'pænjən]; *životná d.* common law wife*

držať 1. (nepustiť) hold* [həuld]; *d. za ruku* hold* sb's hand/sb by the hand **2.** (zachovávať) maintain [mein'tein], keep* [ki:p], have* [həv]; *d. diétu* be*

on a diet; *d. kurz, smer* hold*
the course, the direction //
d. sa hold* on [ˌhəuldˈon]
(čoho to sth)

➡ *Drž(te) sa zábradlia!* Hold on
to the railing!

dubák m. edible boletus [ˌedibl
bəˈli:təs]

dúfať hope [həup], believe [biˈli:v]

➡ *D-m, že sa skoro uvidíme.*
I hope to see you soon.
D-jme, že... It is to be hoped
that...

dúha ž. rainbow [reinbəu]

duchaprítomnosť ž. presence of
mind [ˌprezns əv ˈmaind]

dula ž. quince [kwins]

duna ž. dune [dju:n]

dusiť kuch. (mäso, ovocie) stew
[stju:], (ryby, zeleninu) steam
[sti:m] // **d. sa 1.** kuch. steam,
stew **2.** (zadúšať sa) suffocate
[safəkeit]

dusno m. closeness [kləusnəs]

dusný (počasie, deň) close [kləus],
(miestnosť, vzduch) stuffy [sta-
fi], (podnebie) sticky [stiki]

➡ *(Dnes) Je veľmi d-o.* It is very
close (today).

duša ž. motor. inner/tire/ AM air
tube [inə/taiə/eə tju:b]

➡ *Dá sa táto d. ešte zaplátať?* Is it
possible to mend this inner
tube?
Nafúkajte, prosím d-u! Could
you pump air into this inner
tube?

dvere ž. door [do:]; *d. na aute* car
door

➡ *Otvor(te), zatvor(te), prosím,
dvere!* Open, close the door,
please!

dvojbungalov m. semi-detached
bungalow [ˌsemi diˈtačt baŋgləu]

dvojčatá s. twins [twinz]

dvojhra ž. šport. singles [siŋglz];
d. mužov men's singles;
d. žien women's singles

dvojica ž. pair [peə], couple
[kapl]; *manželská d.* couple

dvojitý double [dabl]

dvojjazyčný bilingual [baiˈliŋ-
gwəl]; *d-é tabuľky s názvami
ulíc* bilingual street signs

dvojlôžko s. double-bed [ˌdablˈbed]

dvojlôžkový double-bedded
[ˌdablˈbedid]; *d-á izba* double
room

dvojnásobný double [dabl]

dvojplatnička ž. double burner
stove top [dabl bə:nə stəu top]

dvojposchodový two-storeyed
[ˌtu:ˈsto:rid], AM two-storey
[ˌtu:ˈsto:ri]

dvojprúdový dopr. dual [dju:əl];
d-á komunikácia/vozovka dual
carriageway, AM divided high-
way

dvojstopový motor. dual-track
[ˌdju:əlˈtræk], two-track
[ˌtu:ˈtræk]

dvor m. **1.** farmyard [faːmja:d];
*sedliacky d. poskytujúci ubyto-
vanie v rámci agroturistiky*

D

farmhause providing/offering an accommodation within agrotourism **2.** (v názvoch reštaurácií ap.) yard [ja:d], garden [ga:dn]

dvorana ž. (assembly) hall [(əˈsembli) hoːl]

dvorec m. court [koːt]; *krytý d.* indoor court; *tenisový d.* tennis court

dych m. breath [breθ]

dýchanie s. breathing [briːðiŋ], odb. respiration [ˌresprˈeišn]; *umelé d. z úst do úst* mouth-to-mouth resuscitation, hovor. kiss of life; *ťažkosti pri d-í* difficulty in breathing, respiratory distress

➡ *Kto tu vie poskytnúť umelé d.?* Who can provide mouth-to-mouth resuscitation?

dýchať breathe [briːð], odb. respire [riˈspaiə]

➡ *Ned-jte!* Stop breathing!

dym m. smoke [sməuk]

dymiť (sa) smoke [sməuk]

dyňa ž. melon [melən], pumpkin [pampkin]; *červená d.* watermelon; *žltá d.* honeydew melon

dynamo s. motor. dynamo [dainəməu]

dyzentéria ž. dysentery [disntri]

džbán jug [džag], AM pitcher [pičə]

džem m. jam [džæm], AM jelly [dželi], (z citrusových plodov) marmelade [maːməleid]; *jahodový dž.* strawberry jam; *marhuľový dž.* apricot jam; *ríbezľový dž.* currant jam

džez m. jazz [džæz]; *hrať dž.* play jazz/the jazz music

džin m. gin [džin]

➡ *Pijem čistý dž.* I drink pure gin.

džínsy m. (a pair of) (blue) jeans [(ə ˌpeə əv) (ˈbluː) džiːnz]; *značkové dž.* designer jeans

džíp m. jeep [džiːp]

džoger m. jogger [džogə]

džoging m. jogging [džogiŋ]; *pestovať dž.* go* in for jogging

džudista m. judoist [džuːdəuist], judoman* [džuːdəumən]

džudo s. judo [džuːdəu]

džungľa ž. jungle [džaŋgl]

džús m. juice [džuːs]; *pomarančový dž.* orange juice

POZNÁMKY

E

efekt m. effect [i'fekt], (výsledok) result [ri'zalt], (dôsledok) consequence [konsikwəns]; *skleníkový* e. greenhouse effect

efektívny (účinný) effective [i'fektiv], (výkonný) efficient [i'fišnt]

efektný 1. (pôsobivý) impressive [im'presiv] **2.** (okázalý) showy [šəui], spectacular [spek'tækjələ], hovor. stunning [staniŋ]

egreš m. gooseberry [guzbri]

Egypt m. Egypt [i:džipt]

Egypťan m. Egyptian [i'džipšn]

egyptský Egyptian [i'džipšn]

eidam m. Edam (cheese) [i:dæm (či:z)]

ekohavária ž. ecodisaster [ˌi:kədi'sa:stə], ecological disaster [ˌi:kələdžikl di'sa:stə]

ekopredajňa ž. (potravín) ecoshop [i:kəšop], AM ecostore [i:kəsto:]

ekoturistika ž. ecotourism [ˌi:kə'tuərizm]

ekzém m. eczema [eksəmə]

elegantný elegant [eləgənt], stylish [stailiš]

elektráreň ž. power plant/AM station [pauə pla:nt/steišn]

elektrický electric [i'lektrik], electrical [i'lektrikl]

električka ž. tram [træm], AM streetcar [stri:tka:], AM trolley [troli]; *prímestská* e. suburban tram; *cestovať* e-ou travel/go* by tram

➡ *Kedy ide prvá, posledná e.?* When is the first, the last tram?
Pôjdem(e) (najbližšou) e-ou. I'll (We'll) take the (next) tram.

elektrina ž. (energia) electricity [ˌelik'trisəti]

elektromobil m. electromobile [iˌlektrəməu'bail], electric vehicle [iˌlektrik 'viəkl]

elektropotreby m. electric appliances [iˌlektrik ə'plaiənsiz]

elektropredajňa ž. electric appliances shop [iˌlektrik ə'plaiənsiz šop]

elektrospotrebič m. electric appliance [iˌlektrik ə'plaiəns]

e-mail m. | **mejl**

e-mailovať | **mejlovať**

e-mailový | **mejlový**

emblém m. emblem [embləm], (znak) sign [sain], (symbol) symbol [simbl]

ementál m. Emment(h)aler [emən'ta:lə], Swiss cheese [swis či:z]

emigrant m. emigrant [emigrənt], (politický) émigré [emigrei]

emigrovať emigrate [emigreit]

eminencia ž. (titul kardinála) Eminence [eminəns]

empír m. Empire/Napoleonic style [empaiə/nəˌpəuli'onik stail]

empírový empire [empaiə]; *e. nábytok* empire furniture

encyklopédia ž. encyclopaedia, ĀM encyclopedia [in‚saiklə'pi:diə]

epidémia ž. epidemic [‚epi'demik]

epileptik m. epileptic [‚epi'leptik]

epocha ž. epoch [i:pok]

éra ž. era [iərə], epoch [i:pok], period [piəriəd], time [taim]

erb m. coat of arms [‚kəut əv 'a:mz]; *mestský e.* town coat of arms

esemeska ž. SMS; *poslať e-u* send* SMS message

eskalátor m. escalator [eskəleitə], moving staircase [‚mu:viŋ 'steəkeis]

¹**espreso** s. **1.** (káva) espresso (coffee) [es'presəu (kofi)] **2.** (kávovar) espresso (coffee machine) [es'presəu (‚kofi mə'ši:n)]

²**espreso** s. (kaviarnička) espresso bar [es'presəu ba:]; *hotelové e.* hotel espresso bar

estráda ž. variety (programme/ show) [və'raiəti (prəugræm/šəu)]

ešpézetka ž. hovor. | evidenčné číslo

ešte 1. still [stil], (po zápore) yet [jet], (v otázke) ever [evə]; *e. teraz* even now **2.** (navyše) more [mo:], another [ə'naðə]

➡ *Mám(e) e. čas.* I (We) have still time. There is still time.
Kto tu e. bol? Who else was here?

Ostaň(te) e. aspoň chvíľu. Stay a little longer.
Uvidím ťa/vás e.? Will I ever see you?
Vy sa e. nepoznáte? Haven't you met before?
✱ *E. niečo?* Anything else?

etapa ž. **1.** (štádium) stage [steidž], phase [feiz], period [piəriəd] **2.** (úsek) section [sekšn]

euro s. euro, Euro [juərə]

➡ *Chcel by som/Chceli by sme zameniť... na eurá.* I'd/We'd like to change... to euros.

eurobankovka ž. euro banknote [juərə 'bæŋknəut]

eurominca ž. euro coin [juərə koin]

Európa ž. Europe [juərəp]; *južná E.* south Europe; *severná E.* north Europe; *stredná E.* central Europe; *východná E.* east Europe; *západná E.* west Europe

Európan m. European [‚juərə'pi:ən]

európsky European [‚juərə'pi:ən]; *E-a únia* European Union

euroregión m. euroregion [‚juərəu'ri:džn]

eurošek m. Eurocheque [juərəuček]

evanjelický evangelical [‚i:væn'dželikl]

eventualita ž. (možný prípad) eventuality [i‚venču'æləti],

(možnosť) possibility [ˌposə-
'biləti]

evidencia ž. (vedenie záznamov)
record keeping [rəko:d ki:piŋ],
records [rəko:dz]

evidenčný: *e-é číslo* (skrat. *EČ*)
registration number [ˌredži-
'streišn nambə], AM licence
number plate [laisns nambə
pleit]

existovať exist [igˈzist]

exkluzívny exclusive [iksˈklu:siv]

exkurzia ž. excursion [ikˈskə:šn]

exotický exotic [igˈzotik]

exotika ž. (zvláštnosť) exotica
[igˈzotikə]

expedícia ž. (výprava) expedition
[ˌekspəˈdišn]; *zúčastniť sa na e-ii*
take* part in an expedition

exponát m. exhibit [igˈzibit]

exponovať fot. expose [ikˈspəuz]

expozícia m. exhibition [ˌeksi-
'bišn]

expozimeter m. fot. exposure/
light metre [ikˈspəužə/lait
mi:tə]

¹expres m. **1.** (vlak) express (train)
[ikˈspres (trein)], (autobus)
express (bus/coach) [ikˈspres

(bas/kəuč)] **2.** (zásielka) ex-
press (mail) [ikˈspres (meil)],
AM special delivery [ˌspešl
di'livri]

²expres adv express [ikˈspres], at
high speed [ət ˌhaigh 'spi:d], by
express service [bai ikˈspres
sə:vis]; *poslať e.* send* by an
express messenger/AM by spe-
cial delivery

expresionistický expressionistic
[ikˌsprešə'nistik]

expresionizmus m. expressionism
[ikˈsprəšnizm]

expresný express [ikˈspres]; *e-á
služba* express service

extra hovor. extra [ekstrə] **1.** (oso-
bitne) apart [əˈpa:t] **2.** (mimo-
riadne) especially [iˈspešli];
e. silná káva extra strong
coffee

extrém m. extreme [ikˈstri:m],
(hraničná úroveň) maximum
[mæksiməm], ceiling [si:liŋ],
top [top], (výstrednosť) eccen-
tricity [ˌeksən'trisəti]

extrémny extreme [ikˈstri:m]; *e-a
situácia* extreme situation; *e-e
druhy športov* extreme sports

POZNÁMKY

F

fádny dull [dal]

fajčiar m. smoker [smǝukǝ]

fajčiť smoke [smǝuk]
➠ *F-íš/F-íte?* Do you smoke? *(Ne)F-ím!* I (don't) smoke. *Smie sa tu f.?* Is it allowed to smoke here? Am I/Are we allowed to smoke here?

fajka ž. pipe [paip]

faktor m. factor [fæktǝ]; *ochranný f. proti UV-lúčom* protective factor against UV rays

faktúra ž. invoice [invois]
➠ *Vystavte mi/nám, prosím, f-u!* Make out an invoice for me/us, please!

fakultatívny optional [opšnl]; *f-e prehliadky* optional (sightseeing) tours

falošný false [fo:ls], forged [fo:džd], counterfeit [kauntǝfit], fake [feik]; *f-é bankovky* counterfeit banknotes

fantastický fantastic [fæn'tæstik], great [greit]
➠ *To je f-é!* It's great!

fanúšik m. fan [fæn]

fara ž. 1. (úrad) pastorate [pa:stǝrǝt], (budova) rectory [rektri] 2. hovor. (farnosť) parish [pæriš]

faraón m. pharaoh [feǝrǝu]

farár m. priest [pri:st]

farba ž. colour, AM color [kalǝ]; *f. očí* colour of one's eyes

farboslepý colour-blind [kalǝblaind]

farebný colour [kalǝ], coloured [kalǝd], (viacfarebný) colourful [kalǝfl]

farma ž. farm [fa:m]

farmár m. farmer [fa:mǝ]

fasáda | priečelie

fašírka ž. mincemeat [minsmi:t]

fauna ž. fauna [fo:nǝ]; *podmorská f.* submarine fauna

fax m. 1. (zariadenie) fax (machine) [fæks (mǝši:n)] 2. (dokument) fax [fæks], facsimile [fæk'simli]

faxovať fax [fæks]

fáza ž. phase [feiz], period [piǝriǝd], stage [steidž]

fazuľa ž. bean [bi:n]; *zelená f-a* runner beans

február m. February [februǝri]; *vo f-i* in February

februárový February [februǝri]

feferónka ž. pepperoni [ˌpepǝ'rǝuni]

fenikel m. fennel [fenl]

fér hovor. fair [feǝ]
➠ *To nebolo od… f.!* It wasn't fair from…!

festival m. festival [festivl]; *filmový f.* film festival; *f. pod šírym nebom* open-air festival

feudálny feudal [fju:dl]

fiaker m. carriage [kæridž], hackney coach [hækni kǝuč]; *jazda na f-ri* drive in a hackney coach

figa ž. fig [fig]

fígeľ m. trick [trik]

filé s. kuch. fillet [filət]; *hovädzie f.* fillet of beef; *rybie f.* fillet of fish; *rybie f. so zemiakovými hranolkami* fish and chips

filharmónia ž. philharmonic [ˌfila:ˈmonik], philharmonic orchestra [ˌfila:monik ˈoːkistrə], symphony orchestra [simfəni oːkistrə]

filiálka ž. branch (office/agency) [braːnch (ofis/eidžnsi)]

film m. **1.** (dielo) film [film], ᴬᴹ motion picture [ˌməušnˈpikčə], ᴬᴹ hovor. movie [muːvi]; *celovečerný f.* full-length film; *hraný f.* feature film; *kreslený f.* animated film, cartoon; *nemý f.* silent film **2.** fot. film; *farebný f.* colour film; *inverzný f.* reversal film

filmovať film [film], (natočiť) shoot* [šuːt]; *f. videokamerou* video

filmový film [film]

Fín m. Finn [fin]

finále s. šport. final [fainl], hud. finale [fiˈnaːli]

finalista m. šport. finalist [fainlist]

finančný financial [faiˈnænšl]; *f-e výhodný* at a favourable price, reasonable

fínčina ž. Finnish [finiš]

Fínsko s. Finland [finlənd]

fínsky Finnish [finiš]

firma ž. firm [fəːm], company [kampəni], business [biznis]

fit(nes)centrum s. fitness/recreation centre [fitnəs/ˌrekriˈeišn səntə]

fľak m. stain [stein]

fľaša ž. bottle [botl]; *nevratná/nezálohovaná f.* throwaway/disposable bottle, non-returnable flask; *umelohmotná f. s nápojom (na bicykli)* cycling flask, water/bike bottle; *vratná/zálohovaná f.* returnable/non-disposable bottle

➡ *Prineste nám, prosím, f-u bieleho, červeného vína, minerálky,...* Will you bring us a bottle of white wine, of red wine, of mineral water,..., please?
Platí sa záloha na f-e? Is there a deposit for the bottles?

fľaškový bottled [botld]

flirtovať flirt [fləːt]

flóra ž. flora [floːrə]

fóbia ž. phobia [fəubiə]

fólia ž. foil [foil]; *balený vo f-ii* foil-packed

folk m. folk song [fəuk soŋ]

folklór m. folklore [fəukloː]

fontána ž. fountain [fauntin]

fontánka ž. drinking water fountain [driŋkiŋ woːtə fauntin]

forma ž. **1.** (tvar) form [foːm], shape [šeip] **2.** hovor. (telesná výkonnosť) form, shape, fitness [fitnəs]; *byť v dobrej f-e* be* in great form; *nebyť vo f-e* be* out of/off form

formalita ž. formality [fo:'mæləti]; *colné f-y* customs formalities

➡ *Vybavil som/Vybavili sme už všetky potrebné f-y.* I've/We've arranged/carried out/handled all necessary formalities.

formálny formal [fo:ml], ceremonial [ˌseri'məuniəl]

formát m. **1.** (veľkosť) format [fo:mæt], shape [šeip], size [saiz] **2.** (osobnosť) calibre [kælibə], genius [dži:niəs]

formulár m. form [fo:m], ĀM blank [blæŋk]

➡ ✱ *Vyplňte tento f.!* Fill in this form, please!

formulovať formulate [fo:mjəleit], create [kri'eit], phrase [freiz]

foťák m. hovor. camera [kæmrə]

fotel m. armchair [a:mčeə]

fotiť hovor. snap [snæp], take* snaps [ˌteik 'snæps]

fotka ž. hovor. snap [snæp], photo [fəutəu]

fotoaparát m. camera [kæmrə]

fotoautomat m. photo sticker machine [ˌfəutə stikə mə'ši:n]

fotobunka ž. photocell [fəutəusel]

fotograf m. photographer [fə'togrəfə]

fotografia ž. photograph [fə'togrəfi], photo [fəutəu], picture [pikčə]; *dovolenková f.* holiday photograph; *farebná f.* colour photograph; *pasová f.* passport photograph

fotografovať photograph [fəutəgra:f], make*/take* a picture [ˌmeik/teik ə 'pikčə]

➡ *Smie sa tu f.?* Am I allowed to take pictures here?

fotokópia ž. photocopy [fəutəkopi]

fotopotreby, fotopredajňa ž. photographic and cinema articles [ˌfəutəgræfik ən sinəmə 'a:tiklz]

fotosafari s. photosafari [ˌfəutəsə'fa:ri]

fotoslužba ž. photofinishing service/lab [ˌfəutəfinišiŋ 'sə:vis/ læb], photo lab [fəutə læb]

¹fön m. hairdryer [heədraiə]

²fön m. (alpský vietor) föhn, foehn [fə:n]; *fúka f.* the föhn is blowing

fönovať (vlasy) blow-dry [bləudrai]

frak m. tailcoat [teilkəut], evening dress [i:vniŋ dres]

Francúz m. Frenchman* [frenčmən]

Francúzka ž. Frenchwoman* [frenčwumən]

Francúzsko s. France [fra:ns]

francúzsky French [frenč]

francúzština ž. French [frenč]

frekvencia ž. frequency [fri:kwənsi]

frekventovaný frequent [fri:kwənt], (ulica) busy [bizi]; *málo f.* with little traffic

freska ž. výtvar. fresco [freskəu]; *stropná f.* ceiling fresco

frizúra ž. hovor. (účes) hairdo [heədu:], haircut [heəkat], hairstyle [heəstail]

front ž. **1.** hovor. (rad) queue [kju]; *stáť vo f-e* stand* in a queue **2.** front [frant]; *f. studeného, teplého vzduchu* cold, warm front

fučať 1. (vietor) whizz [wiz] **2.** (dychčať) pant [pænt], (funieť) sniffle [snifl]

fujavica ž. snowstorm [snəusto:m], blizzard [blizəd]

fúkaná ž. hovor. (účes) blow-dry [bləudrai], finger wave [fiŋgə weiv]

fúkať (ústami, o vetre) blow* [bləu]
➡ *Musel som f. (do detekčnej rúrky).* I had to be breathalyzed.

fundovaný (podložený) well-grounded [ˌwelˈgraundid]

fungovať work [wə:k], function [faŋkšn], operate [opreit]
➡ *Nef-uje... ...* is out of order.

funkčný functional [faŋkšnl]

futbal ž. (v rôzn. význ.) football [futbo:l], AM soccer [sokə]; *plážový f.* beach football; *stolový f.* table football; *hrať f.* play football

futbalista m. footballer [futbo:lə], AM soccer player [sokə pleiə]

futbalový football [futbo:l]; *f. zápas* football match

futuristický futuristic [ˌfju:čəˈristik]

futurizmus m. futurism [fju:črizm]

fúzy m. moustache [məˈsta:š]

F

POZNÁMKY

G

galantéria ž. (obchod) haberdashery [hæbədæšri], AM notions store [nəušnz sto:], (tovar) fancy goods [ˌfænsi 'gudz]; *kožená g.* leather shop, leatherware

galéria ž. **1.** (art/picture) gallery [(a:t/pikča) gælri]; *národná g.* national gallery **2.** (v divadle) gallery; *miesta na g-ii* seats in the gallery

➧ * *V pondelok, nedeľu,... sú g-ie zatvorené.* Galleries are closed on Mondays, on Sundays,....

galuska ž. tubeless bicycle tyre/ AM tire [tju:bləs baisikl taiə]

garancia ž. guarantee [gærnti:], warranty [wornti]; *plná g.* full guarantee/warranty

garantovať guarantee [gærnti:], warrant [wornt]

garáž ž. garage [gæra:ž]; *hotelová g.* hotel garage; *podzemná g.* underground garage; *poschodová g.* multi-storied garage

➧ *Má hotel g-e pre hotelových hostí?* Is there a private garage (for guests) at the hotel?
Máte voľnú g.? Have you got free garage space?
Je g. otvorená po celý deň, po celú noc,...? Is the garage open 24 hours, all night,...?
Chcel by som si vybrať auto z g-e. I'd like to pick up my car from the garage.

garážovanie s. garaging [gæra:žiŋ]

➧ *Čo stojí g. na jednu noc, na týždeň, dva, tri,... týždne?* What's the charge per night, per week, per two, three,... weeks?

garážovať garage [gæra:ž], keep* (the car) in a garage [ˌki:p (ðə ka:) in ə 'gæra:ž]

garnát m. shrimp [šrimp]

gastronómia ž. gastronomy [gæs'tronəmi]

gaštan m. **1.** (strom) chestnut (tree) [česnat (tri:)] **2.** (plod) chestnut; *pečené g-y* roast(ed) chestnuts

gauč m. couch [kauč], settee [seťi:], bed-settee [bedseťi:], AM daybed [deibed], sofa [səufə]; *rozťahovací g.* sofa bed

gáza ž. gauze [go:z]

gazda m. farmer [fa:mə]

gazdiná ž. housewife* [hauswaif]

gazdovať farm [fa:m]

gazdovstvo s. farmyard [fa:mja:d]

gejzír m. geyser [gi:zə]

gél m. gel [džel]; *sprchový g.* shower gel; *vlasový g.* hair/styling gel

génius m. genius [dži:niəs]

geografia ž. geography [dži'ogrəfi]

geografický geographical [ˌdži:ə'græfikl]

geológia ž. geology [dži'olədži]

geologický geological [ˌdžiə'lo-
džikl]; *g-á mapa* geological
map

gestikulovať gesticulate [džes'tik-
jəleil]

gesto s. gesture [džesčə]

gigantický giant [džaiənt], gigan-
tic [džai'gæntik]

glóbus m. globe [gləub]

gobelín m. Gobelin [gəublin],
tapestry [tæpiəstri]

gól m. goal [gəul]

golf m. golf [golf]; *hráč g-u* golfer

➡ *Hráš/Hráte g.?* Do you play
golf?

golfový golf [golf]; *g. klub* golf
club; *g-á jamka* hole, AM cup;
g-á loptička golf ball; *g-á palica*
golf club, AU iron, (drevená)
AU wood; *g-é ihrisko* golf
course

golier m. collar [kolə]; *veľkosť
g-a* collar size

gombík m. 1. (na odeve) button
[batn] 2. (tlačidlo) button,
knob [nob]

gondola ž. gondola [gondələ]

gotický Gothic [goθik]

gotika ž. Gothic (style) [goθik
(stail)], (obdobie) Gothic pe-
riod [ˌgoθik 'piəriəd]; *neskorá
g.* late Gothic style

grafický graphic [græfik]

grafika ž. výtvar. graphics [græfiks],
graphic arts [græfik a:ts]

grafikon m. flowchart [flæuča:t],
flow diagram [fləu daiəgræm]

gram m. gram(me) [græm]; *sto
g-ov* one hundred grammes

gratulácia ž. congratulations
[kənˌgræču'leišnz]

gratulovať congratulate [kən-
'græčuleit] (komu sb, k čomu
on sth)

➡ *G-ujem ti/vám k...* I congratu-
late you on...

Grécko s. Greece [gri:s]

grécky Greek [gri:k]

gréčtina ž. Greek [gri:k]

Grék m. Greek [gri:k]

grep m. grapefruit [greipfru:t]

gril m. 1. (spotrebič) grill [gril],
AM broiler [broilə] 2. (reštau-
rácia) grill room [gril ru:m]

grilovať grill [gril], AM broil
[broil]

grilovaný grilled [grild], AM
broiled [broild]; *g-é jedlo*
grilled food

grog m. grog [grog]

Grónsko s. Greenland [gri:nlənd]

grónsky Greenlandish [gri:nləndiš]

grúň m. grassy slope [gra:si sləup]

guľa ž. (v rôzn. význ.) ball [bo:l];
biliardová g. billiard ball; *sne-
hová g.* snowball

guláš m. goulash [gu:læš]

guľatý round [raund], rounded
[raundid]

guľovať sa snowball [snəubo:l]

gumák m. 1. (kabát) hovor. mac
[mæk] 2. (čižma) obyč. mn. č.
g-y wellies [weliz]

gýč m. kitsch [kič]

G

gýčový kitsch [kič], kitschy [kiči];
   g-é suveníry kitsch souvenirs
gymnastika ž. gymnastics
   [džim'næstiks]; *duševná g.*
mental gymnastics; *liečebná g.*
rehabilitation/remedial gymnastics; *relaxačná g.* relaxation
gymnastics

POZNÁMKY

H

had m. snake [sneik]; *uštipnutie h-om* snakebite

hádzaná ž. šport. handball [ˈhændbɔːl]

háj m. grove [grəuv]

hájnik m. gamekeeper [geimkiːpə]

hájovňa ž. gamekeeper's cottage [geimkiːpəz kotidž]

hák m. hook [huk]; *h. na ryby* fish hook

hala ž. hall [hɔːl]; *hotelová h.* (hotel) lounge, hotel lobby; *staničná h.* (station) concourse; *športová h.* sports hall; *h. pre tranzitných cestujúcich* lounge

halušky ž. gnocchi [noki], haluskas [həˈluškas], dumplings [damplinz]; *h. s bryndzou* dumplings with sheep cheese

hamburger m. hamburger [ˈhæmbəgə]

hanbiť sa be*/feel* ashamed [ˌbi/ˌfiːl əˈšeimd]

haring m. herring* [herin]; *údené h-y* smoked herring(s)

harmonogram m. (graphic) schedule [(ˌgræfik') šedjuːl], (výrobný) flowchart [fləučaːt]

hasič m. fireman* [faiəmən]

hasiči m. (organizácia) firebrigade [faiəbrigeid]

hasiť (oheň) extinguish [ikˈstingwiš], put* out [ˌput ˈaut]

hať ž. weir [wiə]

havária ž. (nehoda) accident [ˈæksidnt], crash [kræš], AM wreck [rek]

havarovať (o lodi) be* wrecked [bi ˈrekt], (o lietadle, aute) crash [kræš]

hazardovať 1. hazard [ˈhæzəd], risk [risk], take* risks [ˌteik ˈrisks] 2. (pri hre) gamble [gæmbl]

helikoptéra ž. helicopter [helikoptə]; *h. leteckej záchrannej služby* rescue helicopter

heliport m. heliport [helipɔːt]

helma ž. | **prilba**

hepatitída ž. hepatitis [ˌhepəˈtaitis]; *očkovanie proti h-e* vaccination against hepatitis

herec m. actor [æktə]

herečka ž. actress [æktrəs]

herňa ž. 1. gambling house [gæmblin haus], (kasíno) casino [kəˈsiːnəu]; *h. s hracími automatmi* gambling house/club 2. (detská) playroom [pleirum]

história ž. history [histri]

historický historical [hiˈstorikl]; *h-é pamiatky* historical monuments

historka ž. story [stoːri]

hit m. hit [hit], (výrobok ap.) winner [winə]; *cenový h.* price hit

hlad m. hunger [hangə]

hľadať look for [ˌluk ˈfə], seek* [siːk], search* for [ˌsəːč ˈfə]; *h. na mape* consult the map

➡ *Čo, koho,... h-áš/h-áte?* What, who,... are you looking for? *H-l ma/nás niekto?* Has anybody asked for me/us?

hladička ž. iron [aiən]

hladina ž. (vodná) level [levl]; ... *metrov nad h-ou mora* ... metres above sea level

hľadisko s. div. auditorium* [ˌɔːdiˈtɔːriəm]

hladiť (žehliť) iron [aiən], press [pres]

hladký smooth [smuːð]

hladný hungry [haŋgri]

➡ *Nie si h./ste h-í?* Aren't you hungry? *Som h./Sme h-í.* I am/We are hungry.

hlas m. voice [vois]

hlásenie s. announcement [əˈnaunsmənt], notice [nəutis], (správa) report [riˈpoːt]; *dopravné h.* traffic report; *mimoriadne h.* special report; *policajné h.* police report; *h. o nezvestnej osobe* missing person report; *h. o stave a zjazdnosti ciest* road conditions report

hlásič m. announcer [əˈnaunsə]; *požiarny h.* fire alarm

hlásiť 1. (oznamovať) announce [əˈnauns] 2. (úradne) notify [nəutifai], (komu) report [riˈpoːt] // *h. sa* register o.s. [reˈdžistə], present o.s. [priˈzent], report o.s.

➡ ✻ *H-te sa na recepcii, u vedúceho kempu, zájazdu,...* Register at the reception, with the manager of a camp, with the guide,...

✻ *Volané číslo sa neh-i.* There's no reply.

hláskovať spell [spel]

hlasno aloud [əˈlaud]

hlasný laud [laud]

➡ *Hovor(te), prosím, h-ejšie!* Speak up, please!

hlava ž. head [hed]

➡ *Bolí ma h.* I have a headache. *Točí sa mi h.* I feel dizzy.

hlavica ž. (stĺpa) capital [kæpitl]

hlavne mainly [meinli], (predovšetkým) especially [iˈspešli]

¹hlavný (op. vedľajší) main [mein], principal [prinsəpl]; *h-á turistická sezóna* peak tourist season, (dovolenková) peak holiday season

²hlavný m. (čašník) (head) waiter [(hed) weitə], chief [čiːf]

➡ *Pán h., prineste mi/nám, prosím, ešte jeden príbor, jedálny lístok,...* Waiter, may I/we have one cutlery, menu,..., please? *Pán h., platím(e)!* Waiter, the bill/ⒶⓂ the check, please!

hĺbka ž. depth [depθ]; *v-metrovej h-e* at depth of ...metres

hlboČina ž. depth [depθ]

hlboký deep [diːp]

➡ *Aká h-á je tu voda?* What is the depth of the water here?

Je tu veľmi h-á voda. It's deep water here.

hliadka ž. watch [woč], guard [ga:d], (hliadkujúca) patrol [pe'trəul]; *dopravná h.* road patrol; *pobrežná h.* baywatch; *policajná h.* police patrol

hlinený (tovar) earthen [ə:θn]

hltan m. gullet [galit], odb. oesophagus [i:'sofegəs]

hlučný noisy [noizi]

hluchonemý deaf and dumb [ˌdef ən 'dam]

hluchý deaf [def]

hluk m. noise [noiz], din [din]; *nadmerný h.* excessive noise, racket

hmla ž. (hustá) fog [fog], (slabá) mist [mist], (opar) haze [heiz], (s dymom) smog [smog]; *miestne h-y* fog patches; *prízemná h.* ground fog

➠ *H. sa už dvíha.* The fog is lifting. *Je h.* It's foggy.

✳ *Jazdi(te) pomalšie, je (hustá) h.!* Drive/Go more slowly, there's a (thick/dense) fog!

hmlistý foggy [fogi], misty [misti]

hmlovka ž. motor. fog headlamp/headlight/light [fog hedlæmp/hedlait/lait], (koncová) fog tail lamp [fog teil læmp]

hmota ž. matter [mætə], material [mə'tiəriəl], stuff [staf]; *pohonné h-y* fuels; *umelá h.* synthetic material

hmotnosť ž. (váha) weight [weit], fyz. mass [mæs]

hmyz m. insect [insekt], (škodlivý) pests [pests]

hnačka ž. diarrhoea, AM diarrhea [ˌdaiə'riə]; *cestovateľská h.* traveller's diarrhorea

hneď 1. (časovo) at once [ət 'wans], (okamžite) immediately [i'mi:diətli], instantly [instəntli], straight [streit], right/straight away [ˌrait/ˌstreit ə'wei]; *h. po príchode, po raňajkách, po obede, po večeri* straight after the arrival, the breakfast, the lunch, the dinner 2. (priestorovo) right [rait]; *h. pri parkovisku, pláži, vchode* right next to the car park, to the beach, to the entrance

➠ *Okamih, prosím, h. prídem!* A moment, please, I'll be back right away!

hnedý brown [braun]

hnevať make* angry [ˌmeik 'æŋgri], anger [æŋgə] // *h. sa* (zlostiť sa) be* angry/AM sore [bi 'æŋgri/'so:] (na koho with sb)

hniezdo s. nest [nest]

hob(b)y s. hobby [hobi]

hodina ž. 1. a) (časová jednotka) hour [auə]; *o h-u skôr, neskôr* one hour sooner, later; *o (necelú) h-u* in (less than) an hour b) (vymedzená na urč. činnosť) hour; *ordinačné h-y* surgery/

consulting hours; *návštevné/otváracie h-y* opening time; *stránkové h-y* business hours; *úradné h-y* office/working hours; *záverečná h.* (v pohostinstvách) closing time; *h. cesty* (peši) one hour walk, (autom) one hour drive **2.** (v časových údajoch) ... o'clock [ə'klok]; *od 8. do 10. h-y* from 8 till 10 a.m.

➡ *Kedy má... ordinačné h-y?* What are his/her consulting hours?
Koľko je h-ín? What is the time? What time is it?
Je (presne)... h-ín. It's... o'clock (sharp).

✱ *Autobus, vlak,... premáva každú h-u.* There is a bus, a train,... every hour.

hodinky ž. | **hodiny a)**
hodiny ž. **a)** (na meranie času) watch [woč], (nástenné) clock [klok]; *digitálne h.* digital watch; *náramkové h.* wrist watch; *vežové h.* clock on a tower **b)** (v rôzn. význ.) *parkovacie h.* (za sklom auta) park time disc, (na chodníku, parkovisku ap.) parking meter

➡ *Moje h. idú dopredu, meškajú.* My watch is slow, fast.

✱ *Nezabudnite vložiť peniaze do parkovacích h-ín.* Don't forget to put the coins into the parking meter.

hodiť throw* [θrəu]
hodiť sa fit [fit], suit [su:t], be* suitable [bi 'su:təbl], (ako doplnok) match [mæč]

➡ *Ak sa ti to/vám bude h., prídem(e)...* If it suits to you I'll (we'll) come.

hodlať intend [in'tend], plan [plæn], want [wont]

➡ *Ako dlho sa tu h-áš/h-áte zdržať?* How long do you plan to stay here?
H-ám(e) tu ostať... dní,... týždne. I am (We are) going to stay here for... days,... weeks.

hodnota ž. value [vælju:], worth [wə:θ]
hodnotný valuable [væljuəbl], worthy [wə:ði], (cenný) precious [prešəs]
hojdačka ž. swing [swiŋ]
hojdať (sa) swing* [swiŋ], rock [rok]
hokej m. hockey [hoki]; *ľadový h.* ice hockey, AM hockey; *pozemný h.* hockey, AM field hockey; *h. na kolieskových korčuliach* roller hockey
hokejista m. hockey player [hoki pleiə]
hokejka ž. hockey stick [hoki stik]
Holanďan m. Dutchman* [dačmən], mn. č. *H-ia* the Dutch [ðə 'dač]
Holanďanka ž. Dutchwoman* [dačwumən]
holandčina ž. Dutch [dač]

Holandsko s. the Netherlands [ðə ˈneðələndz]

holandský Dutch [dač]

holičstvo s. barber's (shop) [ba:bəz (šop)]

holiť (sa) shave [šeiv]

homár m. lobster [lobstə]

hora ž. 1. (les) forest [forist], wood [wud] 2. (vrch) mountain [mauntin], (v názvoch) mount [maunt]

➡ *Idem(e) do hôr.* I am (We are) going to the mountains.

horáreň ž. gamekeeper's cottage [geimki:pəz kotidž]

horčica ž. mustard [mastəd]; *párky s h-ou* frankfurters/BR (small) sausages and/with mustard

hore 1. (navrchu) up [ap] 2. (smerom nahor) upwards [apwədz]

➡ *Odneste mi/nám, prosím, h. batožinu, kufre,...* Will you have my/our luggage, suitcases,... sent up, please?

horieť (v rôzn. význ.) burn* [bə:n], be* on fire [ˌbi on ˈfaiə]

➡ *Horí!* Fire!

horizont m. horizon [həˈraizn]

horká ž., **horké** s. bitter [bitə]; *bylinková h.* herb bitter

horký bitter [bitə]

horľavý combustible [kəmˈbastəbl], inflammable [inˈflæməbl], AM flammable [flæməbl]

hornatina ž. hilly/mountainous country [hili/mauntinəs kantri], uplands [aplandz]

hornatý hilly [hili], (väčšmi) mountainous [mauntinəs]

horný upper [apə], top [top]; *h. tok rieky* the upper reaches of the river

horolezec m. mountaineer [ˌmauntiˈniə], mountain climber [ˌmauntin ˈclaimə]

horolezecký mountaineering [ˌmauntiˈniəriŋ]

horolezectvo s. mountaineering [ˌmauntiˈniəriŋ], mountain climbing [ˌmauntin ˈclaimiŋ]

horský mountain [mauntin]; *h. vodca* guide

horstvo s. mountains [mauntinz], mountain range/chain [mauntin reindž/čein]

horší worse [wə:s], (o kvalite ap.) inferior [inˈfiəriə]

horúci (v rôzn. význ.) hot [hot]

➡ *Je (veľmi) h-o.* It's (very) hot.

horúčava ž. heat [hi:t]; *neznášajúci h-y* intolerant to/of heat, heat-intolerant; *vlna h-v* heat wave/spell

➡ *Bola strašná h.* It was awfully hot.

horúčka ž. fever [fevə]; *cestovná h.* excitement before a journey; *nákupná h.* shopping fever

➡ *Dostal som (vysokú) h-u.* I've got a (high) fever.

hospic m. hospice [hospis]

hospitalizovať hospitalize [hospitlaiz]

H

hosť m. (hotelový) guest [gest], (návštevník) visitor [vizitə], (ubytovaný) resident [rezidnt]; *častý h.* frequent guest; *hotelový h.* (hotel) guest; *kúpeľný h.* spa guest; *nevítaný h.* unwelcome visitor; *stály h.* permanent guest; *vítaný h.* welcome guest

→ *Dnes k nám prídu h-tia.* We are having guests today.

hosteska ž. hostess [həustis]

hostinec m. public house [‚pablik ‚haus], BR pub [pab], (štýlový) inn [in]

hostinský m. innkeeper [inki:pə]

hostiteľ m. host [həust]

hosťovský guest [gest]; *h-á izba* guest room

hotel m. hotel [hə'tel]; *apartmánový h.* apartment hotel; *bezbariérový h.* barrier-free hotel; *cenovo výhodný h.* resonably priced hotel; *cyklistický h.* cycling hotel; *horský h.* mountain hotel; *-hviezdičkový h.* -star hotel; *klubový h.* club hotel; *prvotriedny h.* first-class hotel; *druhotriedny h.* second-class hotel; *lacný h.* cheap hotel; *letiskový h.* airport hotel; *luxusný h.* luxurious/luxury hotel; *mestský h.* city hotel; *mládežnícky h.* youth hostel; *motoristický h.* hotel for motorists, motorists hotel, motel, motor court; *nefajčiarsky h.* hotel for non-smokers; *plážový h.* beach hotel; *staničný h.* (railway) station hotel; *vidiecky h.* country hotel; *h. garni* garni hotel; *h. prvej kategórie* first-class/five star hotel; *h. s plnou penziou – all inclusive* all inclusive hotel; *h. strednej kategórie* mid-category/medium-priced hotel; *h. vhodný pre rodiny s deťmi* hotel suitable for families with children, family hotel; *ubytovať sa v h-i* put* up at a hotel

→ *Môžete mi/nám odporučiť dobrý, lacný,... h.?* Could you recommend me/us a good, a reasonably priced/a cheep,... hotel?

Kde, ktorým smerom sa nachádza h. X? Where, which direction is the X hotel?

Má h. bar, vlastný bazén, fitnescentrum, saunu,...? Is there a bar, a private pool, a fitness centre/room, a sauna,... at the hotel?

Je tu h. v blízkosti pláže, na pokojnejšom mieste,...? Is there a hotel near the beach, in a more quiet area,...?

V ktorom h-i si sa ubytoval/ste sa ubytovali? Which hotel do you stay at?

hotelier m. hotelier [hə'teliei]

hotelový hotel [hə'tel]; *h. personál* hotel staff; *h. reťazec* hotel chain

hotovosť ž. cash [kæš], ready money [‚redi 'mani]

➡ *Platím(e) v h-ti.* I (We) pay in cash.

✳ *Chcete platiť v h-ti alebo šekom?* Do you want to pay in cash or by cheque?

hotový 1. (dokončený) finished [finišt], complete [kəm'pli:t] **2.** (pripravený) ready [redi], prepared [pri'peəd]; *h. na cestu* prepared for a journey

➡ *Kedy to bude h-é?* When will it be ready?

hovädzina ž. kuch. beef [bi:f]; *dusená h.* pot roast; *pečená h.* roast beef

hovor m. telef. (phone) call [((fəun) ko:l]; *medzimestský h.* trunk/intercity call, Am long-distance (phone) call; *medzinárodný h.* international call; *medzinárodný h. na výzvu* international personal/Am person-to-person call; *medzištátny h.* foreign/international call; *miestny h.* local call; *h. na mobil, na pevnú linku* mobile, fixed line call; *h. na účet volaného* reverse charge call, Am call collect; *zľacnený h.* economy/Am cheep rate call

➡ *Čakám(e) medzimestský, medzinárodný h. z...* I am (We are) expecting the trunk call, the international call from...

Koľko stojí h. do..., miestny

h.,...? How much is the call to..., the local call,...?

Zrušte, prosím, h. Cancel the call, please.

hovorca m. speaker [spi:kə]

hovoriť 1. (oznamovať, vravieť) speak* [spi:k], say* [sei] **2.** (vyjadrovať myšlienky) speak* **3.** (rozprávať) talk [to:k]

➡ *H-íš/H-íte po...?* Do you speak...?

H-ím obstojne, trocha po... I speak reasonable/passable..., ... a little.

Neh-ím príliš dobre po... I don't speak... very well.

H-r/H-te pomalšie, hlasnejšie,... Please, speak more slowly, speak up,...

Chcel by som/Chceli by sme h. s naším delegátom, vedúcim zájazdu, s pánom X,... I'd/We'd like to speak to our delegate, guide, Mr X,...

Kedy, kde,... môžem(e) h. s...? When, where,... can I (we) speak to...?

Čo na to h-íš?/h-íte? What do you say to it?

hovorňa ž. **1.** telef. call office [ko:l ofis], (na pošte) call box [ko:l boks] **2.** (miestnosť) parlour [pa:lə]

hovorné s. telephone charge [telifəun ča:dž]

hra ž. **1.** šport. game [geim]; *hazardné hry* gambling; *loptové*

H

hry ball games; *Olympijské hry* the Olympic Games; *spoločenská h.* parlour game; *stolové hry* board games **2.** (divadelná) play [plei]

➡ *Aký je stav hry?* What's the score of the play?

hráč m. player [pleiə]; *hazardný h.* gambler

hračka ž. toy [toi]

hračkárstvo s. toy shop/A͞M store [toi šop/sto:]

hrad m. castle [ka:sl]; *obranný h.* castle of/for defence; *rytiersky h.* knight('s) castle; *stredoveký h.* Middle-Age(d)/Medieval castle; *vodný h.* water castle; *zrúcanina h-u* castle ruins

hradby ž. walls [wo:lz]; *mestské h.* city walls

hradiť compensate [kompənzeit], refund [ri'fand], repay* [ri'pei]; *h. výdavky* refund/pay* the cost

hradská ž. road [rəud], roadway [rəudwei]

hrádza ž. dike [daik], (priehrada) dam [dæm], (prístavná) wharf [wo:f], (molo) pier [piə], (na zadržanie vody) embankment [im'bæŋkmənt], (prútená) weir [wiə]

hrach m. peas [pi:z]

hranica ž. frontier [frantiə], (pohraničie) border [bo:də], (medza) boundary [baundri], (kraj-ná) limit [limit]; *prirodzená h.* natural boundary/frontiers; *zelená h.* green frontier; *prekročiť h-e* cross the border

➡ *Ako ďaleko je k štátnej h-i?* How far is the border?
Kedy budeme na h-iach? When are we going to be at the border?

hraničiar m. **1.** (obyvateľ pohraničia) frontiersman* [frantiəzmən] **2.** hovor. (pohraničník) frontier/border guard [frantiə/bo:də ga:d]

hraničiť border [bo:də] (s čím on/upon sth), (susediť) neighbour [neibə]

hraničný border [bo:də]; *h. priechod* border crossing, (stanovisko) check point

hranolčeky m.: *zemiakové h.* chips [čips], A͞M French fries [frenč 'fraiz]

➡ *Prosím si vrecúško h-ov s kečupom.* A packet of chips with ketchup, please.

hrášok m. pea [pi:]; *zelený h.* green peas

hrať 1. (v rôzn. význ.) play [plei]; *hazardne h.* gamble **2.** (byť na programe) be* on [bi 'on], (film) show* [šəu]

➡ *Hráš/Hráte futbal, šach, tenis,...?* Do you play football, chess, tennis,...?
Čo hrajú dnes večer v kine, v divadle? What's on at the cinema, at the theatre tonight?

hrdlo s. throat [θrəut]; *bolesti h-a* sore throat

➡ *Bolí ma h.* I have/I've got a sore throat

hrdzavý 1. rusty [rasti] 2. (ryšavý) red [red]

hrebeň m. 1. (na česanie) comb [kəum] 2. (vtáčí, vlny) crest [krest] 3. (hory, meteor.) ridge [ridž]; *horský h.* mountain ridge

hrianka ž. toast [təust]

hriankovač m. toaster [təustə]

hríb m. mushroom [mašru:m]

hrmieť thunder [θandə]; *hrmí* there's thunder, it's thundering

hrniec m. pot [pot]

hrob m. grave [greiv]

hrobka ž. tomb [tu:m]

hromadne 1. (vo veľkom) on a large/a massive scale [on ə 'la:dž/ə 'mæsiv skeil], en masse [a:n 'mæs] 2. (spoločne) collectively [kə'lektivli]

hromadný 1. (masový) mass [mæs]; *h-á zrážka* (multiple) pile-up 2. (spoločný) common [komən], collective [kə'lektiv]; *h-é stravovanie, ubytovanie* mass catering, accommodation/lodging

hrozno s. grape [greip]; *biele, tmavé h.* white, black grapes

hrozný terrible [terəbl], awful [o:fl]

hrubý 1. (op. tenký) thick [θik] 2. (op. jemný) coarse [ko:s], rough [ra:f]

hruď ž. breast [brest]; kuch. brisket; *plnená teľacia h.* stuffed breast of veal

hrudník m. chest [čest], odb. thorax* [θo:ræks]

hruška ž. pear [peə]

huba ž. mushroom [mašru:m], odb. fungus* [faŋgəs]; *jedlé, jedovaté h-y* edible, poisonous mushrooms; *otrava h-mi* poisoning by mushrooms, mushroom poisoning

hubár m. mushroom-picker [mašru:m pikə]

hubárčiť hovor. pick mushrooms [ˌpik 'mašru:mz]

hudba ž. music [mju:zik]; *diskotéková h.* disco music; *vážna h.* serious/classical music

hudobník m. musician [mju:'zišn]

hudobný musical [mju:zikl]; *h-é slávnosti* festival of music

húf m. crowd [kraud], (vtákov, rýb) flight [flait]

húkačka ž. motor. (car) horn [(ka:) ho:n], hovor. hooter [hu:tə]

humorný humorous [hju:mrəs]

hurikán m. hurricane [harikən]

husacina ž. kuch. goose-meat [gu:smi:t]

huspenina ž. kuch. brawn [bro:n], jellied meat [dželid mi:t]

hustilka ž. motor. tyre/AM tire inflator [taiə infleitə]

hustota ž. density [densiti]; *h. premávky* traffic density

hustý dense [dens], thick [θik];
h-o zaľudnený densely popu-
lated

húština ž. thicket [θikit]

hvezdáreň ž. observatory
[əb'zə:vətri]

hviezda ž. (aj filmová) star [sta:]

hýbať (sa) move [mu:v]

hydina ž. (mäso) poultry [pəultri]

hygiena ž. hygiene [haidži:n], sa-
nitation [ˌsæni'teišn]

hygienický hygienic [hai'dži:nik],
sanitary [sænitri]; *h-y balené
potraviny* hygienically packed
food

hymna ž. anthem [ænθm]; *národ-
ná h.* national anthem

hypermarket m. hypermarket
[haipəma:kit]

hystéria ž. hysteria [hi'stiəriə]

hysterický hysterical [hi'sterik]; *h.
záchvat* hysterics

H

POZNÁMKY

CH

chaluha ž. seaweed [si:wi:d]

chalupa ž. **1.** (na vidieku) cottage [kotidž] **2.** (rekreačná) (week-end) cottage [(ˌwi:kend') kotidž], holiday/vacation home [holədi/vəˈkeišn həum]

chalupár m. **1.** small holder [smo:l həuldə] **2.** holiday-home owner [holədihəum əunə], cottager [kotidžə]

chaos m. chaos [keios]; *dopravný ch.* traffic chaos/havoc

chaotický chaotic [keiˈotik]

chápať understand* [ˌandəˈstænd], comprehend [ˌkompriˈhend], grasp [gra:sp]

➡ *Nech-em, prečo...* I don't understand why...
Plne to ch-em(e). I (We) understand that.

charakteristický characteristic [ˌkærəktəˈristik]

charterový charter [ča:tə], chartered [ča:td]; *ch. let* charter(ed) flight

chata ž. hut [hat], (zrub) log cabin [log kæbin], (víkendová) cottage [kotidž], (turistická) chalet [šælei]; *horská ch.* mountain hut/chalet; *plážová ch.* beach cottage

chatár m. (správca) landlord [lænlo:d]

chatrč ž. shanty [šænti]

chcieť 1. (vyj. vôľu, želanie ap.) want [wont], wish [wiš], would/should like [wud/šud laik] **2.** (žiadať) demand [diˈma:nd], (potrebovať) need [ni:d]

➡ *Chcem(e) ísť do múzea, do mesta, k moru, do hôr,...* I'd (We'd) like to go to the museum, the city, the seaside, the mountains...
Keby to bolo možné, chcel by som/chceli by sme... If it is possible I'd/we'd like to...
Čo chcete za...? What do you want for...?

✳ *Čo chceš/chcete (dnes) robiť?* What do you want to do (today)?

✳ *Čo by si si chcel/ste si chceli pozrieť?* What would you like to see?

chirurgia ž. (oddelenie) surgery [sə:džri], (ambulantná) surgi-centre [sə:džrisentə]

chirurgický surgical [sə:džikl]

chlad m. cold [kəuld], coldness [kəulnəs], coolness [ku:lnəs]; *ranný ch.* the cool of the morning; *citlivý na ch.* sensitive to the cold

chladenie m. cooling [ku:liŋ]; *ch. vodou* water cooling; *ch. vzduchom* air cooling

chladený cooled [ku:ld]; *ch-é nápoje* iced drinks

chladiaci cooling [ku:liŋ]

chladič m. motor. radiator [rei-
dieitə]

➡ *Ch. tečie.* The radiator is leak-
ing.

chladiť cool [ku:l], (na ľade) ice
[ais], chill [čil]

chladnička ž. refrigerator [ri'fridž-
reitə], skr. fridge [fridž], zastar.,
 Am aj icebox [aisboks]

➡ *Majú apartmány, bungalovy, iz-
by,... ch-u?* Do the apartments,
bungalows, rooms,... have
a refrigerator?

chladno cold [kəuld]

chladný cold [kəuld], chilly [čili],
cool [ku:l] *ch-é počasie* cool
weather

chládok m. cool (place) [ku:l
(pleis)], shade [šeid]

➡ *V ch-dku je... stupňov.* It is...
degrees in the shade.

chlap m. man* [mæn]

chlapec m. boy [boi], hovor. lad
[læd]

chlebík m. sandwich [sænwidž];
obložený ch. open sandwich

chlebník m. knapsack [næpsæk]

chlieb m. bread [bred]; *balený
krájaný ch.* packed sliced
bread; *biely ch.* white bread;
celozrnný ch. wholemeal
bread; *čierny ch.* brown/black
bread; *domáci ch.* homemade
bread; *hriankový ch.* toast; *pše-
ničný ch.* wheat bread; *ražný
ch.* rye bread; *peceň chleba*
loaf* of bread; *krajec chleba*

slice of bread; *ch. s maslom*
bread and butter

➡ *Dajte mi, prosím, kilo chleba.*
One kilo of bread, please.

chlórovať chlorinate [klo:rineit]

➡ ✳ *Voda je silno ch-ná.* The wa-
ter is strongly chlorinated.

chmeľ m. hop [hop]; *česať ch.*
pick hops

chmeľnica ž. hop-garden [hop-
ga:dn]

chobotnica ž. octopus* [oktəpəs]

chod m. 1. (motora) running [ran-
iŋ]; *spätný ch.* return motion;
byť v chode be* running/work-
ing/in operation; *uviesť do
chodu* get*/set* running
2. (jedla) course [ko:s]; *hlavný
ch.* main course; *mäsový ch.*
meat course

chodba ž. corridor [koridə]; *krí-
žová ch.* cross corridor; *spojo-
vacia ch.* passage, passage-way

chodec m. 1. pedestrian [pi'destri-
riən] 2. šport. walker [wo:kə]

chodidlo s. (nohy aj ponožky)
sole [səul]

chodiť 1. (v rôzn. význ.) walk
[wo:k], go* [gəu]; *ch. bosý*
walk barefoot; *ch. pešo* go*/
walk on foot; *ch. po obcho-
doch/nákupoch* go* shopping
2. (o dopr. prostriedkoch) go*,
leave* [li:v], run* [ran]

➡ *Kedy chodí autobus, vlak,...
do...?* What time does the bus,
the train,... to... leave?

✳ *Tento autobus, vlak chodí každých... minút, len v nedeľu a vo sviatok, len v pracovné dni,...* This bus, train runs every... minutes, just on Sundays, just on week days,...

✳ *Choďte rovno, naľavo, napravo...* Keep straight, to the left, to the right,...

chodník m. 1. (v meste ap.) pavement [peivmənt], AM sidewalk [saidwo:k]; *cyklistický ch.* cycling track/path 2. (cestička) path [pa:θ], footpath [futpa:θ]; *ch. upravený na kondičný beh* jogging path; *turistický ch.* tourist path

cholesterol m. cholesterol [kə'lestrəl]

chór m. choir [kwaiə]; *chrámový ch.* temple choir

chorľavieť be* ailing [bi 'eiliŋ]

choroba ž. disease [di'zi:z], illness [ilnəs], sickness [siknəs]; *cestovateľská ch.* traveller's disease; *infekčná ch.* infectious disease; *pohlavná ch.* venereal disease, slang. dose; *srdcová ch.* heart disease; *výšková ch.* altitude/mountain sickness; *postihnutý morskou ch-ou* seasickness-/mal de mer-/naupathia-ridden; *pre ch-u* due to the illness

➡ *Máte niečo proti morskej ch-e?* Do you have anything against seasickness?

chorobopis m. (case/medical/patient's) history [(keis/medikl/peišnts) histri], clinical picture [klinikl pikčə]

Chorvát m. Croat [krəuæt], Croatian [krəu'eišiən]

chorvátčina ž. Croat [krəuæt]

Chorvátsko s. Croatia [krəu'eišiə]

chorvátsky Croatian [krəu'eišiən]

chorý ill [il], sick [sik]; *ch. na aids* suffering from AIDS; *ch. na srdce* ill with heart, having weak heart

➡ *Si ch./Ste ch-í?* Do you feel sick? *Som ch.* I feel ill.

chôdza ž. walk [wo:k], walking [wo:kiŋ]; *pešia ch.* walking on foot; *minúta ch-e* one minute walk

➡ *... je vzdialený ani nie na hodinu ch-e, len na niekoľko minút ch-e. ...* is less than one hour walk, just several minutes walk.

chrám m. temple [templ], (kresťanský) cathedral [kə'θi:drl]

chrániť protect [prə'tekt], (brániť) defend [di'fend] //*ch. sa* beware (pred čím of sth)

➡ ✳ *Ch-ň(te) sa pred slnkom.* Keep away from the sun. Keep out of the sun.

chrápať snore [sno:]

chrbát m. 1. back [bæk] 2. (horský) ridge [ridž]

➡ *Spálil som si ch.* My back is sunburnt.

chrbtica ž. spine [spain], backbone [bækbəun]

chren m. horseradish [ho:s-rædiš]

chripieť speak* hoarsely [ˌspi:k ˈho:sli]

chrípka ž. influenza [ˌinfluˈənzə], hovor. flu [flu:]; *črevná ch.* intestinal flu

christianizácia ž. Christianization [ˌkrisčənaiˈzeišn]

christianizovať Christianize [krisˈčənaiz]

chrobák m. beetle [bi:tl]

chronický chronic [kronik]

chrumkavý crunching [krančiŋ], crunchy [kranči]

chrup m. (set of) teeth [(ˌset əvˈ) ti:θ]; *umelý ch.* denture, false teeth

chudoba poverty [povəti]

chudobný poor [puə]

chudý 1. (op. tučný) thin [θin], slim [slim] 2. (o jedle) lean [li:n]

chumeliť sa snow [snəu]

chuť ž. 1. (chcenie) appetite [æpitait]; *ch. do jedenia* appetite 2. (jedla ap.) taste [teist]; *bez ch-ti* tasteless

➭ *Mám(e) ch. na...* I/We have a desire for...

Dobrú ch.! Bon Appetit! Enjoy your meal!

chutiť 1. be* delicious [bi diˈlišəs], taste good [teist gud] 2. (mať chuť) taste [teist]

➭ ✻ *Chutí ti/vám?* Are you enjoying your meal?

... mi/nám veľmi ch-lo. ... was very delicious.

chutný (o jedle) tasty [teisti], palatable [pælətəbl], delicious [diˈlišəs]

chuťovka ž. canape [kænəpei], coctail snack [kokteil snæk]

chváliť praise [preiz] // *ch. sa* boast (o.s.) [bəust] (*čím* about/of sth)

chvíľa ž. while [wail], moment [məumənt], instant [instənt]; *každú ch-u* every moment; *na poslednú ch-u* at the last moment, (in) the nick of time

chyba ž. mistake [miˈsteik], error [erə], fault [fo:lt]; *organizačná ch.* organisational error

➭ *To (ne)bola moja/naša ch.* It was (not) my/our fault.

chýbať 1. (nemať) lack [læk], miss [mis], be* lacking/short [bi ˈlækiŋ/ˈšo:t] 2. (byť neprítomný) be* absent/missing [bi ˈæbsnt/ˈmisiŋ]

➭ *Ch-a mi/nám cestovná kabela, kufor,...* I/We miss my/our bag, suitcase,...

Tu ch-a ešte jeden pohár, príbor, tanier,... There's one glass, cutlery, plate,... missing here.

✻ *Kto ch-a?* Who is absent/missing?

Ch-a rodina X, môj spolusediaci,... Family X, my companion,... is missing.

chybný mistaken [mi'steikn], (mylný) erroneous [i'rəuniəs], (nesprávny) incorrect [ˌinkr'ekt], wrong [roŋ], (nedokonalý) imperfect [im'pə:fikt]

chýr m. rumour [ruːmə], news [njuːz], whisper [wispə]

chystať prepare [pri'peə], make* ready [ˌmeik 'redi] // **ch. sa** prepare (o.s.), get* ready [ˌget 'redi]; *ch. sa na cestu* prepare o.s. for the journey

chytať 1. catch* [kæč]; *ch. ryby* fish [fiš], (na udicu) angle [æŋgl] 2. (dotýkať sa) touch [tač], (ohmatávať) grope [grəup]

➡ *Nech-j ma!* Don't grope for me!

chytiť 1. (uchopiť) grab [græb], size [saiz], take* hold [ˌteik 'həuld] (čo of sth); *ch. koho za ruku* take* hold of sb's hand 2. hovor. (dostať) catch* [kæč]; *ch. chrípku, nádchu* catch* flu, a cold 3. (stihnúť) catch*, get* [get] 4. (lapiť) catch*, get* // **ch. sa** catch* (čoho at sth), hold* [həuld] (čoho of sth)

➡ *Ch-l si/Ch-li ste ešte autobus, vlak,...?* Have you caught the bus, the train,... yet?
Ch-ím(e) ešte autobus, vlak,... do...? Am I (Are we) to catch the bus, the train,... to...?
Už som nech-l/sme nech-li autobus, vlak,... I/We missed the bus, the train,...

chyžná ž. chambermaid [čeimbəmeid]

CH

_____

_____

_____

_____

_____

_____

I

iba only [əunli], just [džast]
➡ *Vstupné do... stojí i. ... eur.* Admission (fee) is only... euros.
✱ *Do... sa možno dostať i. autobusom, vlakom, pešo,...* ... is accessible only by bus, by train, on foot,...

ideálny ideal [ai'diəl], perfect [pə:fikt]
➡ *Hotel, pláž,... má i-u polohu.* The location of the hotel, the beach,... is ideal.

identifikácia ž. identification [ai,dentifi'keišn]

identifikovať identify [ai'dentifai]

identikit m. identikit (picture) [ai'dentikit (pikčə)]

igelit m. plastic [plæstik]

igelitka ž. hovor. plastic bag [plæstik bæg]

ihla ž. needle [ni:dl]

ihrisko s. (v rôzn. význ.) playing field [pleiiŋ fi:ld]; *detské i.* playground; *futbalové i.* football pitch/ground; *minigolfové i.* minigolf course; *športové i.* (playing) field
➡ *Kde je tu golfové, tenisové,... i.?* Where's the golf course, the tennis court,... near here?

ikona ž. icon [aikon]

imigrácia ž. immigration [,imi'greišn]

imigrovať immigrate [imigreit]

impozantný imposing [im'pəuziŋ]

impresionizmus m. impressionism [im'prešnizm]

ináč, inak otherwise [aðəwais], differently [difrntli]

inakší another [ə'naðə], different [difrnt]

incident m. incident [insidnt]

Ind m. Indian [indiən]

inde else [els], elsewhere [els'weə]

India ž. India [indiə]

Indián m. (Red) Indian [(,red') indiən]

indiánsky Indian [indiən]

indický Indian [indiən]

individuálny individual [,indi'vidžuəl]; *zúčastniť sa na... i-e* take* part in... personally

infarkt m. coronary thrombosis [,korənri θrom'bəusis], infarction [in'fa:kšn]; *srdcový i.* cardiac/myocardial infarction, hovor. heart attack

infekcia ž. infection [in'fekšn]; *alimentárna i.* alimentary infection; *črevná i.* intestinal infection; *salmonelová i.* salmonellosis

infekčný infectious [in'fekšəs]

infikovať (sa) infect [in'fekt] (čím with sth)

inflácia ž. inflation [in'fleišn]

infocentrum s. Information Centre/ĀM Center [,infə'meišn sentə]

infolinka ž. infoline [infəlain]

informácia ž. 1. (informovanie)

information [ˌinfəˈmeišn]; *podávať i-ie* inform [inˈfoːm] **2.** (poskytnutá rada, údaj) (a piece of) information [(ə ˈpiːs əv) ˌinfəˈmeišn]

➡ ✱ *Bližšie i-ie dostanete u/v...* For more information go to...

✱ *Neviem(e) vám, žiaľ, podať presné i-ie.* Unfortunatelly, I (We) can't give you the detailed/exact information.

informačný information [ˌinfəˈmeišn]; *i-á kancelária* inquiry office, information bureau/centre/ AM center/office

informátor m. informant [inˈfoːmənt], information clerk [ˌinfəˈmeišn kləːk], (v hoteli) reception clerk [riˈsepšn kləːk]

informovať inform [inˈfoːm] // **i. sa** inform o.s. (o čom of/on/upon sth), make* inquiries [ˌmeik inˈkwaiəriz] (o čom about sth), ask for information [ˌaːsk fə infəˈmeišn], inquire [inˈkwaiə]; *i. sa o cenách, poplatkoch, výške vstupného* make* inquiries about prices, charges, admission fee,...

➡ *I-ujte ma/nás, prosím, o...* Keep me/us informed about..., please.

Chcel by som sa/Chceli by sme sa i., či... I'd/We'd like to inform if...

✱ *I-ujte sa o hodinu, večer, zajtra,... znovu.* Ask for information in an hour, in the evening, tomorrow,... again.

infostánok m. information stand [ˌinfəˈmeišn stænd]

inhalovať inhale [inˈheil]

injekcia ž. injection [inˈdžekšn], hovor. shot [šot]; *protitetanová i.* tetanus shot

inkluzíve inclusive [inˈkluːsiv]

inlajny ž., hovor. **in-line korčule** ž. in-line skates [ˌinlain ˈskeits], rollerblades [ˈrəuləbleidz]

inokedy another time [əˈnaðə taim], (nabudúce) next time [nekst taim]

inovať ž. hoarfrost [hoːfrost]

inštantný instant [instənt]; *i. nápoj* instant drink

inšpektor m. inspector [inˈspektə]; *policajný i.* police inspector

inšpektorát m. inspectorate [inˈspektəreit]; *dopravný i.* BR Road Traffic Licensing Department

inštruktáž ž. briefing [briːfiŋ]

inštruktor m. instructor [inˈstraktə], trainer [treinə]; *lyžiarsky i.* skiing instructor

inštruovať instruct [inˈstrakt]

interiér m. interior [inˈtiəriə], inside [ˌinˈsaid]

internet m. the Internet [ði ˈintənet]; *prístup na i.* internet acces

internetovať browse on the internet [ˌbrauz on ði ˈintənet]

internetový internet [intənet]; *i-á adresa* internet address

interval m. interval [intəvl]
➡ ... *premáva v -hodinových, krátkych,... i-och.* ... runs in -hour, short,... intervals.

invalid m. invalid [invəlid], disabled person [di‚seibld 'pə:sn], mn. č. *i-i* the disabled

invalidný invalid [invəlid]

inventúra ž. stocktaking [stokteikiŋ], AM inventory [invntri]

investovať invest [in'vest]

iný (druhý) another [ə'naðə], (odlišný) different [difrnt], (ďalší) other [aðə]

inzerát m. advertisement [əd'və:tismənt], hovor. ad [æd]

Ír m. Irishman* [airišmən], mn. č. *Íri* the Irish [ði 'airiš]

írčina ž. Irish [airiš]

Írka ž. Irishwoman* [airišwumən]

Írsko s. Ireland [aiələnd]; *Severné Í.* Northern Ireland

írsky Irish [airiš]; *Í-a republika* Republic of Ireland, Eire

Islam m. Islam [izla:m]

islamský Islamic [iz'læmik]

Island m. Iceland [aislənd]

Islanďan m. Icelander [aisləndə]

islandčina ž. Icelandic [ais'lændik]

islandský Icelandic [ais'lændik]

ísť 1. (kráčať) go* [gəu] 2. (cestovať) travel [trævl], go*; *í. na dovolenku, výlet* go* on holiday, a trip 3. (po koho/čo) pick up/collect sb/sth 4. (za čím) go*; *í. tancovať* go* dancing; *í. nakupovať* go* shopping

5. (o dopr. prostriedkoch) go*, run* [ran]; *í. autom (vodič)* drive*, (cestujúci) go* by car; *í. po diaľnici* take* the motorway; *í. stopom* hitch-hike; *í. vlakom* go* by train 6. (fungovať) work [wə:k], operate [opreit]
➡ *Kam chceš/chcete í.?* Where do you want to go?
Kam ideš/idete? Where do you go?
Chceš/Chcete í. s nami? Do you want to go with us?
Ide tento autobus, trajekt, vlak,... do...? Is this bus, ferry, train,... bound/destined to...?
Idem(e) dobre do...? Is this the right way to...?
Pójdem(e) dobre do...? I'll (We'll) take a car, a bus, a plane, the next train, the later train,...
Pójdem(e) (radšej) pešo. I'll (We'll) (rather) go on foot.
Už musím(e) í. I (We) have to leave now. hovor. I (We) must be off.
Idú dobre tieto hodinky? Does this watch keep the right time?
O čo ide? What is this about? What's the matter?
✻ *Musíte í. autobusom, električkou, metrom,...* You must take the bus, the tram, the metro,...
✻ *... ide každých... minút.* ... runs every... minutes.

istiť sa secure o.s. [si'kjuə], be* secured [bi si'kjuəd]; *i. sa lanom* be* secured on the rope

istota ž. **1.** (presvedčenie) certainty [sə:tnti] **2.** (záruka bezpečnosti) safety [seifti], security [si'kjuərəti]; *pre i-u* for safety's sake

istotne certainly [sə:tnli]

➨ *I. prídem(e).* I'll (We'll) certainly come.
Máte ešte voľnú i-u? Do you have any vacancies/any rooms available? Are there any vacancies?

¹**istý** (bližšie neurčený) one [wan], certain [sə:tn], some [sam]

²**istý** (zaručený) certain [sə:tn]

➨ *Ešte nie je i-é, či...* It is not certain if....
Som si i., že... I am sure/positive that...

izba ž. room [ru:m]; *bezbariérová i.* barrier-free room; *dvojlôžková i.* double room; *jednolôžková i.* single room; *trojlôžková i.* triple room, room with three beds; *hotelová i.* hotel room; *spoločná i. v nocľahárni* (common) lodging house; *i. pre nefajčiarov* non-smoking room; *i. s raňajkami* bed and breakfast; *i. so stravou* bed and board; *i. na súkromí* lodging room; *i. s dvojlôžkom* room with a double-bed; *i. s tečúcou teplou a studenou vodou* room with (running) hot and cold water; *i. s možnosťou varenia* room with a kitchenette; *i. s plnou penziou, polpenziou* room with full board, with half

board; *i. pre... osôb* room for... persons; *i. pre rodinu* family room; *i. pripravená na nasťahovanie* ready-to-move-in room; *vybavenie i-y/izieb* room equipment

➨ *Objednal som/Objednali sme si u vás i-u.* I/We have booked a room here.
Máte ešte voľnú i-u? Do you have any vacancies/any rooms available? Are there any vacancies?
I-u potrebujeme na jeden deň, na... dni, od... do... We need the room for one day,... days, from... till...
Chcel by som/Chceli by sme i-u s kúpeľňou, sprchou, balkónom, terasou, výhľadom na more,... I'd/We'd like a room with a bathroom/bath, with a balcony, with a terrace, looking out on the sea/with a view of the sea,...
Koľko stojí i. na deň? How much is the room per night/for a night/for one day?
Môžem(e) si pozrieť i-u? May I (we) see the room?
Ukážte nám, prosím, väčšiu, svetlejšiu, lacnejšiu,... i-u. Show us the bigger, the lighter, the cheaper,... room, please.

✱ *I-u treba uvoľniť o... hodine.* The room is to be vacated by... You have to check out by...

J

ja I [ai], (v predmete a po predložkách) me [mi:]
➡ *A čo ja?* And what about me? *Pokiaľ ide o mňa...* As far as I am concerned...

jablčník m. apple-pie [ˌæpl'pai]

jablko s. apple [æpl]; *j-á v župane* apples in piecrusts

Jadran m. Adriatic [ˌeidri'ætik]

jadro s. (stred) centre, AM center [sentə]; *mestské j.* centre of the town

jahňacina ž. kuch. lamb [læm]; *pečená j.* roast lamb

jahoda ž. strawberry [stro:bri]

jachta ž. yacht [jot]; *charterová j.* charter yacht; *motorová j.* motor yacht

jachtár m. yachtsman* [jotsmən]

jachtárstvo s. yachtsmanship [jotsmənšip]

jantár m. amber [æmbə]

január m. January [džænjuri]; *koncom j-a* at/towards the end of January; *začiatkom j-a* at the beginning of/early in January

januárový January [džænjuri]

japončina ž. Japanese [džə'pæn]

Japonec m. Japanese* [ˌdžæpn'i:z]

Japonsko s. Japan [džə'pæn]

japonský Japanese [ˌdžæpn'i:z]

jar ž. spring [spriŋ]; *na j.* in spring, (nasledujúcu) in the spring, next spring

jarmok m. fair [feə], funfair [fanfeə], market [ma:kit]

jarný spring [spriŋ]; *j-á únava* spring tiredness

jaskyňa ž. cave [keiv], (veľká) cavern [kævn]; *krasová j.* karstic cave; *ľadová j.* ice/glacial cave

jasný 1. (zrozumiteľný) explicit [ik'splisit], plain [plein], (zrejmý) evident [evidnt] 2. (o počasí ap.) clear [kliə], (deň) bright [brait]
➡ *Je všetko j-é?* Is it clear? *J-é!* (pri pritakaní) Quite so! AM Sure!

jazda ž. 1. (cesta) journey [džə:ni], tour [tuə], travel [trævl], (autom) drive [draiv], (na koni, bicykli) ride [raid]; *denná j.* day tour; *-hodinová j.* hour tour/journey; *mimoriadna j.* special tour; *nočná j.* night (time) tour; *okružná vyhliadková j.* (mestom) sight-seeing tour, (prenajatým autom) rental car sight-seeing tour, (vyhliadkovým autobusom) coach sight-seeing tour, (celodenná) all-day/whole-day/full-day sight-seeing tour 2. a) (spôsob jazdenia) ride, drive; *bláznivá/divoká j.* joyride; *j. krokom* (v dôsledku zápchy) slow dead drive, crawling b) (čím, na čom) ride, drive; *j. autom* drive; *j. na kolieskových korču-*

liach roller-skating; *j. na motorke* motorcycle ride

jazdectvo s. cavalry [kævlri], horsemanship [ho:smənšip], equitation [‚ekwi'teišn]

jazdiť 1. a) (vyj. spôsob) drive* [drive]; *j. dozadu/spiatočkou* drive*/roll back; *j. na plný plyn, vysokou rýchlosťou* drive* under full throttle/at full/top speed; *j. bez nehody* drive* without accidents; *j. -kilometrovou rýchlosťou* be* moving at a speed of ... kilometres an hour b) (na čom) drive*, ride* [raid]; *j. na aute* drive* a car; *j. na bicykli, motorke* ride* a bicycle, a motorcycle; *j. na lyžiach* ski; *j. na vodných lyžiach* water-ski 2. (na zvierati) ride*

jazero s. lake [leik]; *priehradné j.* dam lake

¹**jazyk** m. language [læŋgwidž], tongue [taŋ]; *cudzí j.* foreign language; *materinský j.* mother tongue, native language/tongue; *svetový j.* world language

➡ *Aké j-y ovládaš/ovládate?* What foreign languages can you speak?
Ovládam... j. I speak...

²**jazyk** m. tongue [taŋ]; *údený j.* smoked tongue

jedáleň ž. (v hoteli) dining room [dainiŋ ru:m], (verejná) refreshment room [ri'frešmənt ru:m], (závodná) canteen [kæn'ti:n]

jeden 1. (v rôzn. význ.) one [wan], a [ə, ei], an [ən, æn]; *ani j.* not a single one; *za j. až dva dni* in a day or two 2. (akýsi) one, a, an

jediný only [əunli], sole [səul]

jedľa ž. fir [fə:]

jedlo s. 1. (prijímanie potravy) (pravidelné) meal [mi:l], (pokrm) dish [diš], (chod) course [kə:s]; *hlavné j.* main plate/dish; *po j-e* after a meal; *pred j-m* before a meal 2. (potrava) food [fu:d]; *bezmäsité j.* meatless dish; *detské j.* food for babies; *grilované j.* grilled food; *hotové/konzervované j.* ready-to-eat/tinned food; *mäsité j.* meat dish; *múčne j.* pastry; *národné j.* national food; *teplé a studené j-á* hot and cold meals; *zeleninové j.* vegetable meal; *j. podľa jedálneho lístka* menu meal; *j. z húb* mushroom meal; *j. z rýb* fish meal; *j. z vajec* egg meal; *možnosť výberu jedál* meal choice

➡ *Máte aj vegetariánske j-á?* Do you have some meals for vegetarians?
Kedy, kde,... sa podáva j.? What time, where,... is the meal served?

jedlý edible [edibl], (a chutný) eatable [i:təbl]; *j. olej* cooking oil

jednať sa (o cene ap.) bargain [ba:gin]

jednodenný one-day [ˌwan'dei]

jednoduchý simple [simpl], plain [plein], (ľahký) easy [i:zi]

jednorazový single [siŋgl]

jednosmerný dopr. one-way [ˌwan'wei]

¹jednotka ž. (útvar) unit [junit]; *pohotovostná j.* emergency unit; *j. intenzívnej starostlivosti* intensive care unit

²jednotka ž. hovor. (izba pre jednu osobu) single room [siŋgl ru:m]

jednotlivec m. individual [ˌindi'vidžuəl]

jednotný uniform [junifo:m], (zjednotený) united [ju:'naitid]; *j-á cena* uniform price

jedovatý poisonous [poiznəs], toxic [toksik]; *j-é rastliny* poisonous plants

jeho his [hiz]

jej her [hə:]

jelenina ž. deer [diə]; *pečená j.* roasted deer

jemný 1. (drobný) fine [fain]; *j. piesok* fine sand **2.** (slabý) gentle [džentl], mild [maild]; *j. dážď* gentle rain; *j. vánok* gentle breeze **3.** (krehký) fragile [frædžail]; *j-é pečivo* shortbread

jeseň ž. autumn [o:təm], ĀM fall [fo:l]; *na j.* in autumn, ĀM in the fall

jesenný autumn [o:təm], autumnal [o:'tamnl]; *j-á sezóna* autumnal season

jesť 1. eat* [i:t]; *j. teplú, studenú stravu* eat hot, cold food **2.** (stravovať sa) have*/take* one's meal [ˌhəv/ˌteik 'mi:l]; *j. v reštaurácii* eat*/have* a meal in a restaurant, eat* out

➡ ✱ *Chcel by si/Chceli by ste niečo j.?* Would you like to have something to eat?

✱ *Už si jedol?/ste jedli?* Have you had your meal yet? *Ešte som nejedol/sme nejedli.* I/We have nothing to eat yet.
Už som jedol/sme jedli. I've/We've already eaten.

ježko m. hedgehog [hedžhog]; *morský j.* sea urchin

joga ž. yoga [jəugə]

jogistický yogic [jəugik]; *j-é cviky* yogic exercise

jogurt m. yog(h)urt, yoghourt, ĀM yogurt [jogət]; *ovocný j.* fruit youghurt

juh m. south [sauθ]; *na j-u* in the south; *smerom na j.* towards the south, (vedúci na j.) southbound

➡ *Cez prázdniny pocestujem(e) na j.* I'll (We'll) travel southwards on my/our holidays.

juhoeurópsky South European [ˌsauθ juərə'pi:ən]

juhovýchod m. southeast [ˌsauθ'i:st]

juhovýchodný southeast [ˌsauθ'i:st], southeastern [ˌsauθ'i:stən]

juhozápad m. southwest [ˌsauθˈwest]

juhozápadný southwest [ˌsauθˈwest], southwestern [ˌsauθˈwestən]

júl m. July [džuˈlai]; *v j-i* in July

júlový July [džuˈlai]; *j-é teploty* July temperatures

jún m. June [džu:n]; *v j-i* in June

júnový June [džu:n]

justícia ž. judiciary [džuːˈdišri], judicature [džuːdikəčə]

južan m. southerner [saðənə]

južanský southerner [saðənə]

južný 1. south [sauθ], southern [saðən] **2.** (ovocie) tropical [tropikl]; *j-m smerom* southwards; *j-e od...* (to the) south of...

POZNÁMKY

J

K

k, ku 1. (priestorovo) to [tə]; *cestovať k moru* travel to the seaside **2.** (časovo) towards [tə'wo:dz], at [ət], about [ə'baut]; *k večeru* towards (the) evening; *ku koncu mesiaca, týždňa* towards the end of a month, a week **3.** (vyj. cieľ, účel ap.) at, to, on [on]; *byť komu k dispozícii* be* at sb's disposition
➡ *Príď(te) k nám!* Come to see us!

kabát m. coat [kəut]

kabela ž. bag [bæg]; *cestovná k.* travelling bag, holdall, AM carry-all; *nákupná k.* shopping bag; *plážová k.* beach bag

kabelka ž. handbag [hændbæg], AM purse [pə:rs]

kabína ž. (v rôzn. význ.) cabin [kæbin]; *skúšobná k.* fitting room; *sprchovacia k.* shower cubicle; *k. na kúpalisku* cabin, cubicle; *k. na prezliekanie* dressing cubicle
➡ *Chcel by som si/Chceli by sme si prenajať k-u.* I'd/We'd like to hire a cubicle.
✻ *Všetky k-y sú obsadené.* All cabins are occupied.

kabinet m. (vláda) cabinet [kæbinət]; *k. voskových figurín* wax museum

kačacina ž. kuch. duck [dak]

kaderníctvo s. (dámske) hairdresser's [heədresəz], (pánske) barber's [ba:bəz]

kaderník m. (dámsky) hairdresser [heədresə], (pánsky) barber [ba:bə]

kadiaľ which way [wič wei]
➡ *K. mám(e) ísť do...?* Which way is to...?

kachle ž. tile stove [tail stəuv]

kajak m. kayak [kaiæk]; *plaviť sa na k-u* kayak

kajuta ž. cabin [kæbin]
➡ *Kde je k. číslo...?* Where's the cabin number...?

kakao s. cocoa [kəukəu]; *šálka k-a* cup of cocoa

kalamita ž. calamity [kə'læməti], disaster [di'za:stə]; *dopravná k.* heavy traffic jam; *snehová k.* heavy snowfall

kalendár m. **1.** calendar [kælən-də] **2.** (zápisník) diary [daiəri]; *letový k.* flight diary; *k. podujatí* calendar of events

kaleráb m. kohlrabi [ˌkəuľra:bi]

kalkulačka ž. calculator [kælkjə-leitə]; *vrecková k.* pocket calculator

kalný 1. (zahmlený) dim [dim] **2.** (znečistený) muddy [madi]

kalória ž. calorie [kəlri]

kalorický caloric [kəlrik]

kam where [weə], to what place [tə 'wot pleis]
➡ *K. ideš/idete?* Where are you going?

K. vedie táto ulica, cesta,...? Where does this street, this road,... lead to?

kamarát m. friend [frend]

kameň m. stone [stəun]; *náhrobný k.* tombstone; *základný k.* foundation stone

kamera ž. camera [kæmrə]; *bezpečnostná k.* safety/security/surveillance camera; *podvodná k.* underwater/submarine camera

kamión m. lorry [lori], A̅M̅ truck [trak]

kamzík m. chamois* [šæmwa:]

Kanada ž. Canada [kænədə]

Kanaďan m. Canadian [kə'neidiən]

kanadský Canadian [kə'neidiən]

kanál m. **1.** channel [šænl]; *televízny k.* TV channel **2.** (vodná cesta, vnútrozemský) canal (podmorský) channel [šænl], (podzemný) tunnel [tanl]; *k. La Manche* the (English) Channel

kancelária ž. office [ofis]; *cestovná k.* travel agency/bureau, tour operator, (špecializovaná na letecké zájazdy) travel agency specialised in air travel, (špecializovaná na zájazdy do exotických krajín) travel agency specialised in exotic countries; *informačná k.* information centre/A̅M̅ center, inquiry office/desk, inquiries

kanister m. can [kæn]; *benzínový k.* petrol can/container

kanoe s. canoe [kə'nu:]

kanoista m. canoeist [kə'nu:ist]

kanoistika ž. canoeing [kə'nu:iŋ]

kaňon m. canyon [kænjən]; *Veľký k.* the Grand Canyon

kanva ž. can [kæn]

➡ *Leje ani z k-y.* It's raining cats and dogs

kanvica ž. kettle [ketl], pot [pot]; *čajová k.* teakettle; *rýchlovarná k.* hotwater kettle, electric water kettle

kapacita ž. capacity [kə'pæsəti]; *lôžková/ubytovacia k. hotela* sleeping capacity

kapitán m. captain [kæptən], (malej lode) skipper [skipə]; *letecký k.* flight/airplane captain; *lodný k.* ship captain

kaplnka ž. chapel [čæpl]; *bočná k.* side chapel; *hradná k.* castle chapel

kapor m. carp [ka:p]

kapota ž. bonnet [bonət], A̅M̅ hood [hud]

kapsa ž. pocket [pokit]; *k. na videokameru* videocamera/camcorder bag

kapucíner m. hovor. cappuccino [ˌkæpə'či:nəu]

kapucňa ž. hood [hud]

kapusta ž. cabbage [kæbidž]; *biela k.* white cabbage; *červená k.* red cabbage; *čínska k.* chinese leaves; *kyslá k.* sauerkraut

kapustnica ž. soup of sauerkraut juice [ˌsuːp əv ˈsauəkraut džuːs]; *domáca k.* homemade cabbage soup

karambol m. hovor. clash [klæš], collision [kəˈližn]

karamelka ž. caramel [kærəml], toffee [tofi]

karanténa ž. quarantine [kworənˈtiːn]; *dať do k-y* put* in quarantine

karavan m. a) (obytné auto) caravan [kærəvæn], camper [kæmpə], AM trailer [treilə], mobile home [ˌməubail ˈheum]; *k. s uzavretým stanovým prístreškom* trailer tent b) (príves) caravan, AM trailer c) (ako bývanie v kempe) caravanning [kærəvæniŋ]

➡ *Aká je výška poplatku za k.?* How much do you charge for a caravan?

karavaning m. caravanning [kærəvæniŋ]

karavanovať take* a holiday in a caravan [ˌteik ə ˈholedei in ə ˈkærəvæn]

karburátor m. carburettor, AM carburetor [ˌkaːbjəˈretə]

➡ *Prekontrolovali by ste, prosím, k.?* Could you check the carburettor, please?

karfiol m. cauliflower [koliflauə]

karimatka ž. hovor. foam pad [fəum pæd]

karneval m. carnival [kaːnivl]

karoséria ž. (car) body [(kaː) bodi], bodywork [bodiwəːk]

karotka ž. carrot [kærət]

karta ž. 1. (v rôzn. význ.) card [kaːd]; *banková k.* bank card; *čipová k.* chip card; *hotelová k.* hotel card; *identifikačná k.* identification card; *klubová k.* club/membership card; *kreditná k.* credit card; *parkovacia k.* parking card; *platobná k.* credit card, (medzinárodná) international credit card; *telefónna k.* telephone card; *zelená k.* US-Green Card; *k. mládeže* youth card 2. (hracia) playing card [pleiiŋ kaːd]; *hra v k-y* play at cards 3. hovor. (pohľadnica) picture postcard [ˌpikčə ˈpəustkaːd], card, AM postal card [pəustl kaːd]

➡ *Môžem(e) platiť kreditnou k-ou?* Can I/we pay with a credit card?

Hráš/Hráte k-y? Do you play (at) cards?

kartuzián m. Carthusian [kaːˈθjuːziən]

kartuziánsky Carthusian [kaːˈθjuːziən]

kasíno s. casino [kəˈsiːnəu]

kaskáda ž. cascade [kæsˈkeid]

kasko s. casco insurance [ˌkæskəu inˈšuərns]

kastelán m. warden of a castle [ˌwoːdn əv ə ˈkaːsl]

K

kastról m. (rajnica) saucepan [so:spæn]

kaša ž. pulp [palp]; *krupicová k.* semolina pudding; *zemiaková k.* mashed potatoes

kašeľ m. cough [kof]; *čierny k.* whooping cough

kašľať cough [kof]

kaštieľ m. manor/mansion house [mænə/mænšn haus]

katalóg m. catalogue [kætəlog], AM catalog [kætəla:g], (zoznam) directory [di'rektri], list [list]

katalyzátor m. motor. catalytic converter/AM muffler [ˌkætəli-tik kən'və:tə/'maflə]; *k. výfuko-vých plynov* exhaust gas cataly-tic/three-way catalytic converter

katar m. catarrh [kə'ta:]

katastrofa ž. catastrophe [kə'tæstrəfi], disaster [di'za:stə], calamity [kə'læməti]; *prírodná k.* natural catastrophe/disaster

katedrála ž. cathedral [kə'θi:drl]

kategória ž. category [kætəgri], (hotela aj) class [kla:s]; *k. hote-la, izby* hotel, room category

katolík m. Catholic [kæθlik]

katolícky Catholic [kæθlik]

kaucia ž. práv. bail [beil], (záruka) deposit [di'pozit], ekon. secu-rity [si'kjuərəti]; *k. v hotovosti* deposit in cash; *zaplatiť k-iu* stand*/put* up/go* bail (za koho for sb); *zložiť k-u* make* a deposit

kaučuk m. rubber [rabə]

kaučukovník m. rubber tree [rabə tri:]

káva ž. coffee [kofi] a) *bezkofeí-nová k.* caffeine-free/decaffei-nated coffee; *instantná k.* in-stant coffee; *mletá k.* ground coffee; *pražená k.* roasted cof-fee; *náhradky k-y* coffee substi-tutes b) (nápoj) coffee; *biela k.* white coffee, AM coffee with milk; *čierna k.* black coffee; *filtrovaná k.* filtered coffee; *írska k.* Irish coffee; *ľadová/ mrazená k.* ice coffee; *prekvap-kávaná k.* drip coffee; *Vieden-ská k.* Vienna/Vienese coffee; *silná, slabá k.* strong, mild cof-fee; *turecká k.* Turkish coffee; *k. expreso* espresso coffee; *k. kapučíno* cappuccino; *k. mo-cca* Mocha coffee; *k. so šľa-hačkou* coffee with cream

➡ *Pán hlavný, jednu k-u, dve, tri,... k-y, prosím!* Waiter, one coffee, two, three,... coffees, please!

✳ *Môžem ťa/vás pozvať na k-u?* May I invite you for a cup of coffee?

✳ *Nedáš si/Nedáte si k-u?* Would you like some coffee? Are you going to have a cup of coffee?

kaviár m. caviar [kævia:]

kaviareň ž. café [kæfei], BR tea shop [ti: šop], BR tea room [ti: ru:m], (v strednej Európe) cof-

K

fee house [kofi haus], AM (v hoteli) coffee shop [kofi šop]; *internetová* k. internet café; *nefajčiarska* k. non-smoking café; *pouličná* k. street café

➡ *Poďme do k-ne.* Let's go to the café.

kávovar m. percolator [pə:kəleitə], coffee maker/machine [kofi meikə/məši:n]

kávovník m. coffee plant/tree [kofi pla:nt/tri:]

kaz m. flaw [flo:], defect [di:fekt]

kazeta ž. 1. (škatuľa) casket [ka:skit], jewel box/case [džu:əl boks/keis] 2. (video ap.) cassette [kə'set]

kaziť sa 1. spoil* [spoil], break* [breik], get* out of order [ˌget 'aut əv o:də] 2. (potraviny) decay [di'kei], go* bad/off [ˌgəu 'bæd/'of] 3. (zhoršovať sa) worsen [wə:sn], become*/get* worse [bi'kam/get wə:s], deteriorate [di'tiərireit]

každodenne every day [evri dei]

každodenný everyday [evridei], daily [deili]

každoročne annually [ænjuəli], every year [evri jiə]

každoročný annual [ænjuəl], yearly [jiəli]

každý 1. (všetci) each [i:č], every [evri], all [o:l] 2. (akýkoľvek) any [eni], anyone [eniwan]

kde where [weə]

➡ *K. je stanica, múzeum, ...ulica,...?* Where is the station, the museum, the... Street,...?

K. si bol/ste boli? Where have you been?

K. sa môžeme stretnúť? Where can we meet?

keby if [if]

➡ *K. som nemohol prísť, zavolám.* If I can not come I'll call/ring up.

kečup m. ketchup [kečap]

keď 1. (časovo) when [wen] 2. (ak) if [if]

➡ *K. sa ti/vám to bude hodiť...* If it suits you...

kedy when [wen], at what time [ət 'wot taim]

➡ *K. budeme v...?* When do we arrive in...?

K. sa vrátime z...? When do we come back from...?

K. sa otvára, zatvára...? When are the opening, closing hours of...?

Kde a k. sa to stalo? Where and at what time did it happen?

kef(k)a ž. brush [braš]; *k. na vlasy* hairbrush; *zubná* k. toothbrush; *k. na šaty* clothes brush; *k. na topánky* shoe brush

keks m. biscuit [biskit], AM cookie [kuki]

kel m. kale [keil], savoy [sævoi]; *ružičkový* k. Brussels sprout

kemp m. hovor. (miesto) campsite [kæmpsait], camping site [kæmpiŋ sait], Am campground [kæmpgraund], (tábor) camp [kæmp]; *prírodný k.* natural campsite; *k. pre karavany* caravan site; *k. s celoročnou prevádzkou, s prevádzkou iba v lete* all-the-year-open camp, summer camp; *zoznam k-ov* camp directory

➡ *Je tu niekde nejaký k.?* Is there a campsite near here/nearby? *Povedzte mi/nám, prosím, kde je najbližší k.* Tell me/us, please, where's the nearest campsite here.
Ako sa dostaneme do k-u? What's the way to the camp? *Ako ďaleko je (odtiaľto) do k-u?* How far is it to the campsite (from here)?
Je k. v noci strážený? Is the camp attended at night? *Kde je správa, správca,... k-u?* Where is the management, the manager,... of the camp?

kemping m. **1.** (táborenie) camping [kæmpiŋ], (v obytných prívesoch) caravanning [kærəvæniŋ] **2.** | **kemp**

kempingový camp [kæmp], camping [kæmpiŋ]; *k. preukaz* camp card; *k-á stolička* camp chair

kempista m. camper [kæmpə]

kempovať camp [kæmp], (v obytných prívesoch) caravan [kærəvæn]

keramika ž. (výrobky) ceramics [sə'remiks], earthware [ə:θweə], pottery [potri]

➡ *(Nie) Som očkovaný proti k-ňam.* I am (not) vaccinated against smallpox.

kiahne ž. smallpox [smo:lpoks]

kilogram m., hovor. **kilo** s. kilogram(me) [kiləgræm], kilo [ki:ləu]; *pol k-a, štvrť k-a* half, quarter a kilo

➡ *Dajte mi, prosím, k. ...* Could I have one kilo of..., please?

kilometer m. kilometre, Am kilometer [kiləmi:tə]

➡ *Koľko k-rov je ešte do...?* How many kilometres is it to...?

kilometráž m. mileage [mailidž]; *diaľničná k.* motorway mileage

kilometrovné s. mileage charge/fee

kilometrovník m. milestone [mailstəun], kilometre-stone [kiləmi:təstəun], Am mile-post [mailpəust]

kinetóza ž. kinetosis [ˌkinə'təuzis], motion/travel sickness [məušn/trævl siknəs]

kino s. the cinema [ðə 'sinəmə], Am the movies [ðə 'mu:viz], (miesto) cinema, movie theatre/house [mu:vi θiətə/haus]; *prírodné k.* open-air cinema

➡ *Čo hrajú v k-e?* What's on at the cinema?
Rád by som išiel/Radi by sme išli do k-a. I'd/We'd like to go to the cinema.

kinofilm m. fot. cinefilm [sini-film], 35 mm film

kiosk m. kiosk [ki:osk], (novino-vý) bookstall [buksto:l], AM newsstand [nju:zstænd]; *k. s predajom párkov/klobás* kiosk selling sausages

kivi s. kiwifruit [ki:wi:fru:t]

kladný positive [pozətiv], (odpo-veď) affirmative [ə'fə:mətiv]

klaksón m. horn [ho:n]

klamať 1. lie [lai], tell* lies [ˌtel 'laiz] **2.** (zavádzať) deceive [di'si:v] **3.** (podvádzať) swindle [swindl]

klapka ž. telef. extension [ik-'stenšn]

klasicistický classicistic [klæsisistic]

klasicizmus m. classicism [klæsisizm]

klasický classic [klæsik], classical [klæsikl]

klasika ž. classic [klæsik]

kláštor m. (ženský) nunnery [nanri], convent [konvənt], (mužský) monastery [monəstri], friary [fraiəri]

kĺb m. joint [džoint]

klenba ž. vault [vo:lt]; *hviezdicová k.* star-shaped vault; *krížová k.* cross vault; *kupolovitá k.* domical vault

klenot m. gem [džem], aj pren. jewel [džu:əl]; *korunovačné k-y* coronation jewels

klenotnica ž. **1.** treasury [trežri], treasure house [trežə haus]

2. (schránka) casket [ka:skit], jewel box/case [džu:əl boks/keis]

klenotníctvo m. jeweller's (shop) [džu:ələz (šop)]

klenotník m. jeweller [džu:ələ]

klepeto s. claw [klo:], pincer [pinsə]

klesať fall* down [ˌfo:l 'daun], go* down [ˌgəu 'daun], (zmierňovať sa) decrease [di'kri:s], (ceny) drop [drop]

➧ *K-la teplota.* The temperature has fallen.

klient m. client [klaiənt], customer [kastəmə]

kliešť m. tick [tik]; *očkovanie proti k-om* vaccination against tick

klíma ž. | podnebie

klimatizácia ž. **1.** (zariadenie) air-conditioner [eəkəndišnə] **2.** (úprava vzduchu) air-conditioning [eəkəndišniŋ]

➧ *V... nefunguje k.* In/At... the air-conditioning isn't working/is out of order.

klincovky ž. spikes [spaiks], running/spiked shoes [raniŋ/spaikt šu:z]

klinec m. nail [neil]

klinika ž. clinic [klinik]

klobása ž. sausage [sosidž]; *domáca k.* homemade sausage

klobúk m. hat [hæt]; *slamený k.* straw hat

kloktadlo s. gargle [ga:gl], gargling water [ga:gliŋ wo:tə]

kloktať gargle [ga:gl]

klopať knock [nok]

klub m. club [klab]; *jazdecký k.* riding club; *športový k.* sports club; *filmový k.* film club/ centre

kľúč m. key [ki:]; *náhradný k.* spare key; *k. od domu* latchkey; *k. od izby* room/apartment key; *miesto odovzdávania k-ov* reception

➠ *Prosím(e) si k. od izby číslo...* The key to the room..., please. *Kde si môžeme vyzdvihnúť k-e?* Where can we get the keys? *Stratil som/Stratili sme k-e od izby.* I've/We've lost the room key.

kľúčik m. key [ki:]; *k. od auta* car key; *k. zapaľovania* ignition key

kľučka ž. handle [hændl]

kľuka ž. handle [hændl], (na točenie) crank [kræŋk]

kľukatý meandering [mi'ændriŋ], winding [windiŋ], zigzag [zigzæg]

kízačka ž. 1. (na kúpalisku) (swimming-pool) slide [(swimiŋpu:l) slaid], (swimmingpool) chute [(swimiŋpu:l) ču:t] 2. (na ľade) slide on the ice [ˌslaid on ði 'ais]

klzák m. 1. (čln) speedboat [spi:dbəut] 2. (lietadlo) glider [glaidə]

kízať sa (hladko) glide [glaid], (šmýkať sa) slide* [slaid]

klzisko s. (skating) rink [(skeitiŋ) riŋk]; *prírodné k.* natural (ice) skating rink; *umelé k.* artificial skating rink, skating rink with artificial ice

klzký slippery [slipri]

➠ *(Dnes) Je veľmi k-o.* It's slippery (today).

kňaz m. priest [pri:st], (anglikánsky) clergyman* [klə:džimən], (presbyteriánsky) minister [ministə]

kňažná ž. 1. hist. princess [prin-'ses] 2. (šľachtičná) countess [kauntis]

kneďľa ž. dumpling [dampliŋ]

knieža m. 1. hist. (panovník) prince [prins] 2. (šľachtic) count [kaunt]

kniežací princely [prinsli]

kniežatstvo s. principality [ˌprinsi'pæləti]

kniha ž. book [buk]; *k. hostí* guest book; *k. sťažností* book of complaints

kníhkupectvo s. bookshop [bukšop], AM bookstore [buksto:]

knižnica ž. library [laibrəri]

kobra ž. cobra [kəubrə]

kocka ž. (v rôzn. význ.) cube [kju:b]; *hracia k.* die*; *polievková k.* soup cube; *k. ľadu* ice cube

➠ *Dáš/Dáte si ľadové k-y do...?* Do you want the ice cubes into...?

kočík m. preambulator [pə'ræmb-

K

jəleitə], hovor. pram [præm], AM baby carriage [beibi kæridž]

kód m. code [kəud]; *čiarový k.* bar code/coding

kofeínový caffeine [kæfi:n]

kohútik m. (vodovodný) tap [tæp], AM faucet [fo:sit], (uzáver potrubia) cock [kok], stopcock [stopkok]; *vodovodný k.* (water) tap, AM faucet

➡ *Kvapká k.* The tap is dripping.

kokos m. coconut [kəukənat]

kokosovník m. coconut palm [kəukənat pa:m]

kokosový coconut [kəukənat]

kokpit m. cockpit [kokpit]

koktail, kokteil m. **1.** cocktail [kokteil]; *mliečny k.* milk cocktail **2.** (spoločenské stretnutie) cocktail (party) [kokteil (pa:ti)]

kola ž. cola [kəulə]

➡ *Prineste mi/nám, prosím, jednu k-u, dve, tri,... k-y!* Bring me/us one cola, two, three,... colas, please!

koláč m. cake [keik], (plnený) pie [pai], (ovocný) BR tart [ta:t], AM cookie [kuki]; *kysnutý k.* yeast cake; *makový k.* poppyseed cake; *ovocný k.* fruit pie; *piškótový k.* sponge/Madeira cake

koľaj ž. rail [reil]

➡ *Na ktorú k. príde vlak z...?* Which rail does the train from... arrive at?

kolaps m. collapse [kəˈlæps]; *dopravný k.* gridlock

kolega m. colleague [koli:g]

kolekcia ž. assortment [əˈso:tmənt], set [set]

koleno s. knee [ni:]

koleso s. **1.** (auta) wheel [wi:l]; *náhradné k.* spare wheel; *predné k.* front wheel; *zadné k.* rear wheel; *výmena k-a* wheel changing/replacement **2.** (v rôzn. význ.) wheel [wi:l], ring [riŋ]; *k. na plávanie* pool ring; *záchranné k.* auto-inflating/ self-inflating life(-rescue) ring

➡ *Vymeňte, prosím, (predné, zadné) k.* Change the (front, rear) wheel, please.

koliba ž. shelter [šeltə]

kolík m. peg [peg]; *k. na bielizeň* clothes peg

kolika m. colic [kolic]; *črevná k.* enteralgic

kolkáreň ž. bowling alley [bəuliŋ æli]

koľko how many/much [hau ˈmeni/ˈmač]

➡ *K. je hodín?* What's the time? *K. je to (spolu)?* How much is it (together)? *K. to stálo?* How much was it? *K. kilometrov, metrov je k moru, do najbližšej dediny,...?* How many kilometres, metres is it to the sea, to the nearest village,...?

koľkokrát how many times [hau meni taimz], how often [ˌhau 'ofn]
- ➡ *K. si bol/ste boli v...?* How many times have you been in/at...?

kolky m. skittles [skitlz]; *hrať k-y* play skittles
- ➡ *Pôjdeme na k.?* Shall we play skittles?

koľký which [wič], what [wot]
- ➡ *O k-ej?* At what time?
- ✳ *Od k-ej do k-ej je otvorené?* What are the shopping hours? *Do k-ej sú otvorené obchody?* What time do the shops close? *Od k-ej je otvorené múzeum?* What time is the museum open?

kolo s. 1. | kruh 2. šport. round [raund], lap [læp]

kolobežka ž. scooter [sku:tə]; *alumíniová k.* aluminium scooter

kolobežkovať sa ride* a scooter [ˌraid ə 'sku:tə]

kolok m. duty/government/AM revenue stamp [dju:ti/gavnmənt/revnju: stæmp]

kolóna ž. (áut) column/string/strip of cars [ˌkoləm/ˌstriŋ/ˌstrip əv 'ka:z], convoy [konvoi], (štátnej návštevy) motorcade [məutəkeid]; *jazdiť v k-e áut* drive* under convoy conditions; *predbiehanie v k-e áut* jumping the queue, queue jumping

kolonáda ž. colonnade [ˌkolə'neid]; *krytá k.* covered colonnade

kolónia ž. colony [koləni]

kolónka ž. column [koləm]

koloryt m. (ráz) atmosphere [ætməsfiə]

kolos m. colossus* [kə'losəs]

kolotoč m. merry-go-round [merigəuraund], AM carousel [kerəsel]; *voziť sa na k-i* ride* round on a merry-go-round

komár m. mosquito [mə'skito]; *prostriedok proti k-om/na hubenie k-ov* mosquitocide
- ✳ *Máte niečo proti k-om?* Do you have some mosquitocide?

kombi s. motor. estate car [i'steit ka:], AM station wagon [steišn wægən]

kombinéza ž. boiler suit [boilə su:t], AM overalls [əuvəo:lz]; *lyžiarska k.* ski suit

komédia ž. comedy [komədi]; *situačná k.* situation comedy

komentátor m. commentator [komənteitə]

komentovať comment [koment]

komerčný commercial [kə'mə:šl]

komfort m. 1. (pohodlie) comfort [kamfət], (prepych) luxury [lakšri] 2. (vybavenosť) convenience [kən'vi:niəns]

komfortný 1. comfortable [kamftəbl], (prepychový) luxurious [lag'žuəriəs] 2. (vybavený) well-appointed [ˌwelə'pointid], well-equipped [ˌweli'kwipt]; *k-e vybavený kemp* well-equipped camp

K

komický 1. (komédia) comic [komik] **2.** (smiešny) comic, comical [komikl], funny [fani]

komik m. comedian [kə'mi:diən]

komisár m. commissioner [kə'mišnə]

komodita ž. commodity [kə'modəti]

komora ž. **1.** (miestnosť) pantry [pæntri], storeroom [sto:rum] **2.** (obchodná, parlamentná) chamber [čeimbə]; *plavebná k.* lock (on a canal)

komorný (orchester) chamber [čeimbə]

kompa ž. ferry [feri]
➡ *Kedy odchádza k. na...?* When does the ferry leave to/for...?

kompas m. compass [kampəs]

kompletný complete [kəm'pli:t], full [ful]; *k-é hotelové služby* full hotel services; *k. zoznam* exhaustive list
➡ *Sme už k-i?* Are we all?

komplex m. complex [kompleks], (celok) set [set]; *hotelový k.* hotel complex; *rekreačný k.* recreation(al) complex

komplikácia ž. complication [ˌkompli'keišn]

komplikovať complicate [komplikeit]

kompliment m. compliment [kompliment]

kompót m. (čerstvý) compote [kompəut], stewed fruit [stju:d fru:t], (zaváraný) preserved

fruit [pri'zə:vd fru:t], (v konzerve) tinned fruit [tind fru:t], (v pohári) bottled fruit [botld fru:t]; *broskyňový k.* stewed peaches; *jablkový k.* stewed apples; *marhuľový k.* stewed apricots

komunikácia ž. **1.** (dorozumievanie) communication [kəˌmju:ni'keišn] **2.** dopr. road [rəud], way [wei], (cesta) thoroughfare [θarəfeə]; *hlavná mestská k.* main city thoroughfare; *jednosmerná k.* one-way road; *mestská k.* city thoroughfare; *mimoúrovňová k.* fly-over road; *prístupová k.* access/approach road, approach; *rýchlostná k.* fast highway; *výpadová k.* arterial road

koňak m. cognac [konjæk], French brandy [ˌfrenč 'brændi]

konať do* [du:], act [ækt]; *(ne)schopný k.* (un)able to act // *k. sa* take* place [ˌteik 'pleis], be* held/given [bi 'held/'givn]

koncert m. **1.** concert [konsət] **2.** (skladba) concerto [kən'čeətəu]; *organový k.* organ recital/concert; *promenádny k.* promenade/hovor. prom concert; *sólový k.* recital; *vežový k.* tower concert; *k. pre klavír a orchester* concerto for piano and orchestra; *k. pod šírym nebom* open-air concert
➡ *Rád by som išiel/Radi by sme*

išli na k. I'd/We'd like to go to a concert.

koncertný concert [konsət]; *k-á sieň* concert hall

koncertovať give* a concert [ˌgiv ə ˈkonsət]

koncom towards the end [təˌwəːdz ði ˈend]; *k. týždňa, mesiaca* towards the end of the week, of the month

končatina ž. limb [lim], odb. extremity [ikˈstreməti]; *dolná k.* lower extremity; *horná k.* upper extremity

končiar m. peak [piːk]; *-metrový k. ...* metres peak

končina ž. region [riːdžn], part [paːt]

končiť sa end [end], finish [finiš]

kondícia ž. (physical) condition [(ˌfizikl) kənˈdišn], fitness [fitnəs]; *byť v dobrej k-ii* be* in a good shape/form

konečná ž. 1. (železnice, autobusu) terminus [təːminəs] 2. (cestnej dopravy) terminal [təːminl]

konečne finally [fainli], at last [æt ˈlast]

➡ *No k.!* At last! About time too!

konečník m. rectum [rektəm]

konečný final, (posledný) terminal [təːminl], (trvalý) definitive [diˈfinətiv]

konfekcia ž. 1. (odevy) ready-made/ready-to-wear/off-the-peg clothes [redimeid/reditəwəə/of-

əˈpeg kləuðz] 2. (obchod) clothier's [kləuðiəz], outfitter's [autfitəz], clothes shop/AM store [kləuðz šop/stoː]; *dámska k.* women's clothing; *detská k.* children's clothing; *pánska k.* men's clothing

konferencia ž. conference [konfrns]

konflikt m. conflict [konflikt], (rozpor) clash [klæš]

kongres m. congress [koŋgres]

koníček | hob(b)y

koniec m. 1. (priestorovo) end [end]; *k. obce* dopr. leaving built-up area, end of urban area/district; *na konci ulice* at the end of the street 2. (časovo) end, close [kləuz]; *k. predajnej doby* closing time; *ku k-cu roka* towards the end of the year

kontakt m. contact [kontækt]; *nadviazať k. s kým* establish/make* contact with sb, get* in touch with sb; *udržiavať s kým k.* maintain contacts with sb, be* in contact with sb

kontaktovať sa contact [kontækt] (s kým sb), get* in touch [get in tač] (s kým with sb), (nadviazať spojenie) establish contact [iˈstæbliš kontækt] (s kým with sb)

kontaminovaný contaminated [kənˈtæmineitid]; *k-á voda* contaminated water

kontinent m. **1.** (svetadiel) continent [kontinənt] **2.** (Európa bez Veľkej Británie) the Continent [ðə ˈkontinənt]

konto s. account [əˈkaunt]; *bankové k.* bank account; *číslo k-a* account number

kontrola ž. (v rôzn. význ.) control [kənˈtrəul], check [ček], AM check-up [ˌčekˈap], (prehliadka) examination [igˌzæmiˈneišn], (podrobná) inspection [inˈspekšn]; *bezpečnostná k. na letiskách* airport security check; *cestná k.* road check; *colná k.* customs check; *emisná k.* emission check; *hraničná k.* border control; *pasová k.* passport control/inspection; *radarová k.* radar control; *rýchlostná k.* speed check; *k. batožiny* luggage control; *k. lietadla pred štartom* pre-flight check; *k. vozidla* vehicle examination

kontrolovať 1. (prezeraním) examine [igˈzæmin], check [ček]; *k. batožinu, pasy* check luggage, passports **2.** (po technickej stránke) check, test [test]

konverzácia ž. conversation [ˌkonvəˈseišn], (rozhovor) talk [to:k]

konverzovať converse [kənˈvə:s]

konzerva ž. tin [rin], AM can [kæn]; *mäsová k.* tin of meat, tinned meat; *rybia k.* tinned fish; *žiť na k-ách* subsist on tins

konzul m. consul [konsl]

konzuálrny consular [konsjulə]

konzulát m. consulate [konsjulət]

➡ *Môžem(e) zatelefonovať na náš k.?* Can I (we) call up our consulate?
Radi by sme hovorili s naším k-om. We'd like to speak to our consulate.

konzumácia ž. consumption [kənˈsampšn]; *povinná k. vína k jedlu* beverages only served with food

konzumovať consume [kənˈsju:m]

koordinátor m. coordinator [kəuˈo:dineitə]

koordinovať coordinate [kəuˈo:dineit]

kopec m. hill [hil], mount [maunt], (svah) slope [sləup]; *dolu k-com* downhill; *hore k-com* uphill

kópia ž. copy [kopi], duplicate [dju:plikət]; *overená k.* legalized/authenticated copy

koral m. **1.** zool. marine polyp [məˈri:n polip] **2.** (útvar) coral [korəl]

koralový coral [korəl]; *k. útes* coral reef

korčuľa ž. skate [skeit]; *kolieskové k-le* roller-skates

korčuliar m. skater [skeitə]

korčuľovať sa skate [skeit], (na inlajnoch) roller-skate [roləskeit]

korenička ž. spice box [spais boks]

korenie s. **1.** spice [spais] **2.** (koreniny) seasoning [si:zniŋ], flavouring [fleivriŋ]; *čierne k.* (black) pepper

korenistý spicy [spaisi]

koreniť kuch. spice [spais], season [si:zn]

korešpondencia ž. correspondence [ˌkori'spondəns]

kormidelník m. steersman* [stiəzmən], helmsman* [helmzmən], (veslice) cox [koks], coxwain [kokswein]

kormidlo s. (lode) helm [helm]

kormidlovať steer [stiə], pilot [pailət]

kornút m. cornet [ko:nit], cone [kəun]; *k. so zmrzlinou* ice-cream cone/cornet

koruna ž. (v rôzn. význ.) crown [kraun]; *kráľovská k.* royal crown; *slovenská k.* Slovak crown

korytnačka ž. tortoise [to:təs], (morská) turtle [tə:tl]

koryto s. (rieky) river-bed [rivə bed]

korzo s. promenade [ˌpromə 'na:d]

kosodrevina ž. dwarf pine [dwo:f pain]

kosť ž. bone [bəun]; *rybia k.* fishbone

kostol m. church [čə:č]; *drevený k.* wooden church; *farský k.* parish church; *kláštorný k.* nunnery/convent/monastery/friary church; *pútnický k.* pilgrimage church

▶ *Z ktorého storočia pochádza tento k.?* What century is this church?

kostolník m. parish clerk [pæriš kla:k], sacristan [sækristn]

košeľa ž. shirt [šə:t]; *flanelová k.* flannel shirt; *nočná k.* (dámska) nightdress, AM nightgown, (pánska) nightshirt; *pánska k.* man's shirt

košík m. basket [ba:skit]; *nákupný k.* shopping basket

kotleta ž. chop [čop], cutlet [katlət]

kotlík m. small kettle [smo:l ketl]

kotlina ž. hollow [holəu], (valley) basin [(veli) beisn]

kotúč m. disc, AM disk [disk]; motor. *brzdový k.* brake disc; *parkovací k.* park time disc

kotvisko s. anchorage [æŋkridž]

kotviť anchor [æŋkə]

▶ *Kde k-í...?* Where... is anchored?

kovový metal [metl], (zvuk) metallic [mə'tælik]

koza ž. goat [gəut]

kozľa s. kid [kid]

kozľacina ž. kuch. kid meat [kid mi:t]

kozmetický cosmetic [koz'metik]; *k. kufrík* cosmetic case/kit; *k-á taška* cosmetic bag; *k-á taštička* cosmetic make-up pouch

kozmetička ž. cosmetician [ˌkoz mə'tišn]

kozmetika ž. cosmetics [koz'met-iks]

kozub m. fireplace [faiəpleis]

koža ž. **1.** skin [skin] *dostať husiu k-u* get* goose bumps/pimples **2.** (vypracovaná) leather [leðə], (so srsťou) fur [fə:r], (z väčších zvierat) hide [haid]; *bravčová k.* pigskin; *hovädzia k.* cowhide; *krokodília k.* crocodile hide; *teľacia k.* calfskin; ... *z čistej k-e* ... from genuine/pure leather

koženka ž. leatherette [leðəret], imitation leather [ˌimi'teišn leðə]

kožený leather [leðə]

kožný skin [skin], odb. dermal [də:ml]

kožuch m. (kabát) fur coat [fə:kaut]

kožušina ž. fur [fə:]

kožušníctvo s. furrier's workshop [ˌfariəz 'wə:kšop]

kožušník m. furrier [fariə]

kôň m. horse [ho:s]; *dostihový k.* racehorse; *jazdecký k.* saddle horse

kôpor m. dill [dil]

kôra ž. (kmeňa) bark [ba:k], (šupka) peel [pi:l], (na ovocí) rind [rind]

kôstka ž. (ovocia) stone [stəun]

kôš m. (v rôzn. význ.) basket [ba:skit]; *hrudný k.* rib cage; *plážový k.* beach basket

➥ *Chcel by som/Chceli by sme si prenajať plážový k.* I'd/We'd like to hire a beach basket.

krab m. crab [kræb]

krádež ž. theft [θeft], (v obchode) shoplifting [šopliftiŋ], (vlámaním) burglery [bə:glri] *k. auta, batožiny* car, luggage theft

kradnúť steal* [sti:l], (v obchode) lift [lift]

kraj m. **1.** | **krajina 2.** (okraj) edge [edž], border [bo:də], margin [ma:džin], (bok) side [said]

krajan m. fellow-countryman* [ˌfeləu'kantrimən]

➥ *Sme k-ia.* We come from the same country.

krájať cut* [kat]

krajina ž. **1.** (štát) country [kantri], state [steit], (oblasť) region [ri:džn]; *k. dočasného pobytu* country of (temporary) stay/sojourn; *rozvojová k.* developing country; *k-y EÚ* EU countries; *turisticky atraktívna k.* attractive tourist destination; *vyhostenie z k-y* expulsion **2.** (okolie) countryside [kantrisaid], landscape [lændskeip], (ráz) scenery [si:nri]; *ochrana k-y a životného prostredia* landscape and environmental protection/conservation

krajnica ž. dopr. verge [və:dž], AM shoulder (of the road) [šəuldə (əv ðə rəud)]

krajný 1. side [said], (vonkajší)

outside [autsaid] **2.** (extrémny) extreme [ik'stri:m]; *v najkrajnejšom prípade* in the last resort, as a last resort

krajský district [distrikt], regional [ri:džnl], provincial [prə'vinšl]

kráľ m. king [kiŋ]

kráľovná ž. queen [kwi:n]

kráľovský royal [roiəl]

kráľovstvo s. kingdom [kiŋdəm], realm [relm]

kras m. karst [ka:st]

krása ž. beauty [bju:ti]; *prírodné k-y* beauties of nature

krásny beautiful [bju:tifl]

krasokorčuliar m. figure skater [figə skeitə]

krasokorčuľovanie s. figure skating [figə skeitiŋ]

krasový karst [ka:st]

krátiť sa become*/get* shorter [bi'kam/get šo:tə]

krátkodobý short-term [šo:'tə:m], short [šo:t]

krátkozraký shortsighted [šo:t-'saitid]

krátky **1.** short [šo:t]; *k-a prestávka* short break; *k-o po polnoci* shortly after midnight **2.** (stručný) brief [bri:f], concise [kən'saiz]

kraulovať do* the crawl [ˌdu: ðə 'kro:l]

kravata ž. tie [tai], AM necktie [nektai]; *povinné nosenie k-y* mandatory tie-wear(ing)

kŕč m. spasm [spæzm], (bolesti-

vý) cramp [kræmp]; *uvoľňujúci k-e* spasm-relieving

➡ *Dostal som k. do nohy.* I've got the cramps in my leg. *Mám žalúdočné k-e.* I've got stomach cramps.

krčah m. jug [džag]

krčma ž. public house [pablik haus], pub [pab], AM saloon [sə'lu:n], (hostinec) inn [in], tavern [tævn]; *prístavná k.* port/harbour pub

krčmár m. innkeeper [inki:pə]

kŕdeľ m. flock [flok]

kreditka ž. hovor. credit card [kredit ka:d]

krehký brittle [britl], fragile [fræ-džail]

kreker m. cracker [krækə]

krém m. **a)** (kozmetický) cream [kri:m]; *hydratačný k.* moisturising cream; *opaľovací k.* sun/suntan cream; *opaľovací k. s faktorom 8* sun cream with a number eight factor; *pleťový k.* face/complexion/cold cream; *samoopaľovací k.* self-tanning cream; *k. na holenie* shaving cream; *k. na topánky* shoe polish **b)** kuch. (cukrársky) custard [kastəd]; *mrazený k.* frozen custard ice-cream; *vanilkový k.* vanilla custard

krémovať (sa) apply cream

kresba ž. drawing [dro:iŋ], picture [pikčə]; *skalné k-y* stone drawings; *k. na stenách* graffiti

kreslo s. armchair [a:mčeə]

kresťan m. Christian [krisčən]

kresťanský Christian [krisčən]

kresťanstvo s. Christianity [ˌkristiˈænəti]

kreveta ž. shrimp [šrimp]

kričať cry [krai], (silno) shout [šaut], (volať) call [ko:l]

krídlo s. (v rôzn. význ.) wing [wiŋ]

kriesiť bring* to life [ˌbriŋ tə ˈlaif], odb. resuscitate [riˈsasəteit]

krík m. bush [baš], shrub [šrab]

kriket m. šport. cricket [krikit]

kriminalita ž. crime [kraim]

kriminálka ž. hovor. criminal investigation police [ˌkriminl inˌvestigeišn pəˈli:s]

krištáľ m. (sklo) crystal [kristl]

kritický critical [kritikl]

kritizovať criticize [kritisaiz]

krivda ž. wrong [roŋ], wrong-doing [roŋduiŋ], injustice [inˈdžastis]

krivdiť do* wrong/injustice [ˌdu: ˈroŋ/inˈdžastis]

krivý crooked [krukid], (zakrivený) curved [kə:vd], (skrivený) twisted [twistid], (nerovný) uneven [anˈi:vn]

kríza ž. crisis* [kraisis]

kríž m. cross [kros], náb. aj crucifix [kru:sifiks]; *Červený k.* the Red Cross; dopr. *výstražný k.* warning cross

kríže m. loins [loinz], back [bæk]
➡ *Seklo ma v k-och.* I've got a sore back/a backache.

križovať sa (o cestách ap.) cross [kros], AM intersect [ˌintəˈsekt]

križovatka ž. crossroads [krosrəudz], crossing [krosiŋ], (ciest, tratí) junction [džaŋkšn], AM (hl. ciest) intersection [ˌintəˈsekšn]; *mimoúrovňová k.* flyover; *riadená k.* cotrolled junction; *úrovňová k.* level/AM grade crossing; *k. bez označenia prednosti* unmarked junction/crossroads; *k. riadená dopravným policajtom* police-controlled junction/crossing; *k. riadená svetelnou signalizáciou* crossroads controlled by light signals; *k. viacerých ciest/ulíc* (v názve) carfax; *k., ktorej cesty neústia priamo proti sebe* staggered junction; *k. s hlavnou cestou* junction with a priority road; *k. s kruhovým objazdom* roundabout, AM traffic circle, rotary; *k. v tvare T* T-junction, turning; *k. v tvare Y* Y-junction

križovatkový crossroads [krosrəudz], junction [džaŋkšn]; *k-á návesť* advance direction sign

krížovka ž. crossword (puzzle) [kroswə:d (pazl)]

krk m. neck [nek]

krkovička m. kuch. pork neck [po:k nek]

kroj m. national costume/dress [næšnl kostju:m/dres]

krok m. **1.** step [step], (tempo) pace [peis]; *jazdiť (iba) k-om* drive* at walking speed/dead slow; *len niekoľko k-ov od...* just a few steps from... **2.** (opatrenie) measure [mežə], (čin) action [ækšn]

➧ *Je to pár krokov odtiaľto.* It's nearby.

kroketa ž. kuch. croquette [krəu-'ket]; *zemiakové k-y* potato croquettes

krokodíl m. crocodile [krokədail]

kronika ž. chronicle [kronikl]

krovie s. bush [baš], shrubbery [šrabri]

krovina ž. bush [baš], shrubbery [šrabri]

krst m. baptism [bæptizm], christening [krisniŋ]; *rovníkový k.* equatorial baptism

krstiteľnica ž. (nádrž) (baptismal) font [(bæptizməl) font]

krstný Christian [krisčən]; *k. otec* godfather; *k. meno* Christian name

kruh m. **1.** circle [sə:kl]; *polárny k.* polar circle **2.** (hrčiarsky ap.) wheel [wi:l] **3.** (prstenec) ring [riŋ]

krupier m. croupier [kru:piə]

krupobitie s. hailstorm [heil-sto:m]

krúpy ž. hailstones [heilstəunz]; *padajú k-y* it is hailing

krútiť (sa) turn [tə:n]

krútňava ž. whirlpool [wə:lpu:l]

krúžiť 1. circle [sə:kl] **2.** (obiehať okolo osi) rotate [rə'teit], (okolo stredu osi) revolve [ri'volv]

krv ž. blood [blad]

krvácanie s. bleeding [bli:diŋ], odb. haemorrhage [heməridž]; *vnútorné k.* internal bleeding; *k. z nosa* nosebleeding; *zastaviť k.* secure

krvácať bleed* [bli:d]

krvavý bloody [bladi], blood-stained [bladsteind], bleedy-looking [bli:dilukiŋ]

krvný blood [blad]; *k. tlak* blood pressure

kryha ž. floe [fləu]

kto who [hu:]

➧ *K. je tu?* Who's here?
K. je posledný (v rade)? Who's the last (in a queue)?
Komu patrí...? Whom does... belong to?
S kým hovorím? Whom am I speaking to?
Na koho sa mám(e) obrátiť? Whom am I (are we) to contact?

ktorý 1. who [hu:], which [wič], what [wot], that [ðæt] **2.** (v otázke) what, which

➧ *K-m autobusom, vlakom,... pôjdeš/pôjdete?* Which bus, train,... will you take?
Z k-ého storočia, tisícročia pochádza...? Which century, millenium is...?

K

kubistický cubist [kju:bist]

kubizmus m. cubism [kju:bizm]

kufor m. suitcase [sju:tkeis], (veľký cestovný) travelling suitcase [trævliŋ sju:tkeis], AM trunk [traŋk]; *k. auta* boot, AM trunk; *k. na kolieskach* rolling/wheeled suitcase; *preprava k-rov pri príchode a odchode* transport of suitcases on arrival and on departure; *strata k-ra/k-rov* loss of a suitcase/of suitcases; *baliť k-re* pack one's bags/luggage

➠ *Chýba jeden k.* One suitcase is missing.
Komu patrí tento k.? Whom does this suitcase belong to?

kufrík m. briefcase [bri:fkeis]

kuchár m. cook [kuk]

kuchársky cooking [kukiŋ], (umenie) culinary [kalinri], (kniha) cookery [kukri]

kuchyňa ž. **1.** kitchen [kičn]; *k. určená na umývanie riadu* (v kempe) camp kitchen (for washing up) **2.** (spôsob varenia) cooking [kukiŋ], (úprava jedál, štýl varenia) cuisine [kwi'zi:n], (kuchárske umenie) cookery [kukri]; *čínska, francúzska, medzinárodná, miestna, slovenská k.* Chinese, French, inernational, local, Slovak cuisine; *studená, teplá k.* cold, hot meals

➠ *Je v apartmánoch aj k.?* Do the apartments have a kitchen, too?

kuchynka ž. (prípravňa občerstvenia v lietadle, na lodi ap.) kitchenette [ˌkiči'net]; *čajová k.* tea kitchenette

kuchynský kitchen [kičn]; *k-á soľ* table salt

kukurica ž. maize [meiz], AM (Indian) corn [(indian) ko:n]

kulma ž. curling iron [kə:liŋ aiən]

kultivovaný (správanie) polished [polišt], refined [ri'faind]

kultúra ž. (duchovná) culture [kalčə], (civilizácia) civilization [ˌsivlai'zeišn]

kultúrnohistorický cultural and historical [ˌkalčrl ənd hi'storikl]

kultúrny cultural [kalčrl]; *k-e podujatie* cultural event; *svetové k-e dedičstvo* world cultural heritage

kúpa ž. purchase [pə:čəs]; *nevýhodná k.* disadvantageous purchase; *výhodná k.* bargain, hovor. good-buy

kúpalisko s. (swimming) pool [(swimiŋ) pu:l] (bazén), bathing pool [beidiŋ pu:l]; *kryté k.* indoor swimming pool; *plážové k.* beach (swimming) pool; *termálne k.* thermal (swimming) pool; *k. s bazénom s umelými vlnami a morskou vodou* swimming pool with moving waves

K

➡️ *Je tu prírodné k.?* Is there a natural swimming pool here?

kúpať sa (have* a) bath [(ˌhəv ə ') baːθ], BR (v rieke), AM (vo vani) bathe [beið], šport. (have* a) swim [(ˌhəv ə') swim]

➡️ *Idem(e) sa k.* I am (We are) going to swim.
Kde sa tu dá k.? Where can I/we swim here?
Poďme sa k. Let's go swimming

kupé s. compartment [kəmˈpaːtmənt]; *k. pre fajčiarov* smoking compartment; *k. pre nefajčiarov* non-smoking compartment; *k. pre matky s deťmi* compartment for mathers and toddlers/babies; *k. v spacom vozni* compartment in a sleeping car

kúpeľ m. bath [baːθ]; *bahenný k.* mud bath; *bublinkový k.* bubble bath; *liečivý k.* curative bath; *perličkový/vírivkový kúpeľ* whirlpool (bath); *sedací k.* sitz-bath; *turecký/parný k.* Turkish/steam bath; *vaňový k.* bathtub bath

➡️ *Dám si parný k.* I'm going to take a Turkish bath.

kúpele m. spa [spaː]; health resort [helθ riˈzoːt], (verejné) baths [baːðz]; *horské klimatické k.* mountain resort; *klimatické k.* climatic resort; *prímorské k.* seaside/bathing resort;

termálne k. thermal spa resort; *cestovať do k-ov* go* to the health resort

kúpeľňa ž. bathroom [baːθrum]

kúpiť buy* [bai]; *k. si cestovný lístok* buy* a ticket

➡️ *Kde si možno k. ...?* Where can I buy...?

kupola ž. dome [dəum], cupola [kjuːpələ]

kupón m. (preukážka) coupon [kuːpon], voucher [vaučə], (kontrolný ústrižok) counterfoil [kauntəfoil]; *stravný k.* meal voucher (ticket), meal ticket

kupujúci m. buyer [baiə], (zákazník) customer [kastəmə]

kúra ž. cure [kjuə], treatment [triːtmənt]; *odtučňovacia k.* slimming diet

kuracina ž. kuch. chicken [čikn]

kurča s. chicken [čikn]; *grilované k.* grilled chicken; *pečené k.* roast chicken; *vyprážané k.* fried chicken

kúrenie s. heating [hiːtiŋ]; *plynové k.* gas heating; *ústredné k.* central heating

➡️ *Nefunguje k.* The heating is out of order/isn't working.

kuriér m. courier [kuriə]

kuriozita ž. curiosity [ˌkjuəriˈosəti], rarity [reərəti]

kúriť (vykurovať) heat [hiːt]

kurt m. court [koːt]; *krytý tenisový k.* indoor tennis court

K

kurz m. **1.** (smer) course [ko:s], direction [di'rekšn]; *zmena k-u* change of course, course altering **2.** (školenie) course, training [treiniŋ]; *jazykový k.* language course; *lyžiarsky k.* ski course; *plavecký k.* swimming course; *cesta do zahraničia spojená s jazykovým k-om* package tour with a language course **3.** (menový) (exchange) rate [(iks'čeindž) reit]; *devízový k.* exchange rate; *denný k.* daily exchange rate; *prepočtový k.* (currency) conversion rate, (eura) euro conversion rate

➡ *Aký je výmenný k. ...?* What's the exchange rate of...?

kus m. (v rôzn. význ.) piece [pi:s], bit [bit]

➡ *Prineste mi/nám k. ....* Bring me/us a piece of....
Chcel by som k. ... I'd like a piece of...

kút m. **1.** (roh) corner [ko:nə]; *kuchynský k.* kitchenette; *sprchovací k.* shower **2.** (odľahlé miesto) spot [spot], place [pleis]

kuvert m. cover charge [kavə ča:dž]

kúzelník m. magician [mə'džišn]

kúzlo m. **1.** conjuring trick [kandžriŋ trik] **2.** (čaro) charm [ča:m]

kvalita ž. quality [kwoləti]

kvalitný (high) quality [(hai) kwoləti]

kvapalina ž. fluid [flu:id], liquid [likwid]; *brzdová k.* brake fluid

➡ *Prekontrolujte, doplňte,... brzdovú k-u.* Can you check, fill up,... brake fluid?

kvapeľ m. dripstone [dripstəun], stalactite [stæləktait], stalagmite [stæləgmait]

kvapky ž. (liečivé) drops [drops], instillation [ˌinsti'leišn], guttae [gati:]; *očné k.* eye drops; *ušné k.* eardrops; *k. do nosa* nasal/nose drops; *k. proti bolestiam žalúdka* stomach drops; *k. proti kašľu* cough drops

kvapkať drip [drip]

➡ *Z... k-á.... ...* is dripping.

kvetina ž. flower [flauə]

kvetinárstvo s. florist's [florists]

kvitnúť bloom [blu:m], blossom [blosəm]

kýchať sneeze [sni:z]

kým 1. (vyj. trvanie deja) while [wail] **2.** (dokiaľ) till [til], until [an'til]

➡ *Počkaj(te), prosím, k. ...* Wait until..., please.

kyselka ž. acidulous water/spring [ə'sidjuləs wo:tə/spriŋ]

kyslík m. oxygen [oksidžən]

kyslý sour [sauə], odb. acid [æsid]

kytica ž. bunch of flowers [ˌbanč əv 'flauəz], (formálna) bouquet [bu'kei]

kývať (rukou) wave [weiv], (hlavou) nod [nod]; *k. na rozlúčku* wave goodby // *k. sa* swing* [swiŋ]

L

labužník m. (znalec) gourmet [guəmei], (pôžitkár) epicure [epikjuə]

labyrint m. labyrinth [læbrinθ]

lacnieť grow* cheaper [ˌgrəu 'či:pə]

lacný cheap [či:p]

➡ *Kde sa možno l-o ubytovať, najesť,...?* Where can I/we find a cheap accommodation, have a cheap meal,... ?
Máte niečo l-ejšie? Do you have anything cheaper?

ľad m. 1. ice [ais]; *kocka ľ-u* ice cube; *chladený na l-e* chilled on ice; *pokrytý ľ-om* ice-covered 2. hovor. (klzisko) ice rink [ais riŋk], (skating) rink [(skeitiŋ) riŋk]; *umelý ľ.* artificial ice

➡ *Dáš/Dáte si ľ. do...?* Would you like... with ice?
Nepôjdeš/Nepôjdete na ľ.? Do you go skating?

ľadovec m. 1. (v mori) iceberg [aisbə:g], (na horách ap.) glacier [glæsiə]; *lezenie po ľ-vcoch* iceberg-climbing 2. | **krupobitie**

ľadový 1. (týk. sa ľadu) ice [ais], icy [aisi], glacial [glæsiəl]; *ľ-á doba* Ice Age, Glacial Period 2. (studený) ice-cold [aiskəuld]

ľadvinka ž. hovor. (taštička) bumbag [bambæg]

ľahkomyseľný light-minded [lait-maindid], frivolous [frivləs], careless [keələs]

ľahký 1. (op. ťažký) light [lait], easy [i:zi]; *ľ-o zranený* slightly injured 2. (o jedle) light [lait] 3. (jemný) mild [maild], soft [soft], gentle [džentl]; *ľ-é cigarety* mild cigarettes 4. (o oblečení) light; *ľ-o oblečený* lightly dressed

ľahnúť si lie* down [ˌlai 'daun], (ísť spať) go* to bed [ˌgəu tə 'bed]

lahodný (chuť) delicious [di'lišəs]

ľahostajný indifferent [in'difrnt], (voči komu/čomu to sb/sth), (bez záujmu) apathetic [ˌæpə'θetik]

lahôdka ž. delicacy [delikəsi], titbit [titbit]

lahôdkareň ž. delicatessen (shop/AM store) [ˌdelikə'tesn (šop/sto:]

lak m. varnish [va:niš], polish [poliš]; *l. na auto* paint; *l. na nechty* nail varnish/polish; *l. na vlasy* hairspray, BR lacquer

➡ *Poškodili ste mi l. na aute.* You've damaged the paint of my car.

lákať (priťahovať) attract [ə'trækt], (vábiť) allure [ə'ljuə], tempt [tempt]

lákavý tempting [temptiŋ], alluring [ə'ljuəriŋ], (príťažlivý) attractive [ə'træktiv]; *l-á ponuka* tempting offer

lakeť m. elbow [elbəu]

lakovať lacquer [lækə], varnish [va:niš], paint [peint]

lámať (sa) break* [breik]

lampa ž. lamp [læmp]

lano s. rope [rəup], (kovové) cable [keibl]; *horolezecké l.* (rock) climbing rope; *odťahovacie l.* towing rope

lanovka ž. cable railway [keibl reilwei], cableway [keiblwei]; *kabínová l.* cable railway, cableway; *pozemná l.* cog railway, funicular (railway); *sedačková l.* chair lift; *visutá l.* ropeway

láska ž. love [lav]

➡ *Bola to l. na prvý pohľad.* It was love at first moment.

láskavosť ž. **1.** kindness [kaindnəs] **2.** (čin) favour, AM favor [feivə]

➡ *Preukázali by ste mi l. a...* Can/Could you do me a favour and...

láskavý kind [kaind]

➡ *Buď(te) taký l. a...* Will you be so kind as to...
To je od teba/od vás veľmi l-é. It is very kind of you.

lastúra ž. shell [šel], conch [konč]

lastúrnik m. limpet [limpət]

látka ž. **1.** (hmota) matter [mætə], material [məˈtiəriəl], substance [sabstns]; *omamná l.* narcotic substance; *pohonná l.* fuel **2.** (textília) fabric [fæbrik], cloth [kloθ], material [məˈtiəriəl]; *bavlnená l.* cotton fabric; *vlnená l.* woolen fabric, wool

láva ž. lava [la:və]

ľavák m. left-handed person [ˌleft-hændid ˈpə:sn], left-hander [lefthændə]

lavica ž. bench [benč]

lavína ž. avalanche [ævla:nš]; *ľadovcová l.* ice avalanche; *snehová l.* (snow) avalanche, (menšia) BR snow-slip, AM snow-slide; *zemná l.* avalanche of earth; *ohrozený l-mi* avalanche-endangered; *zabezpečený proti l-m* avalanche-secured

lavínový avalanche [ævla:nš]; *l-á dráha* avalanche scar/track; *l-é nebezpečenstvo* risk of avalanches; *l. pes* avalanche dog; *l. svah* avalanche slope; *l. vysielač* avalanche transmitter

lávka ž. footbridge [futbridž]

ľavý (op. pravý) left [left], left-hand [lefthænd]; *po ľ-ej ruke, strane* on the left hand, side

lebka ž. skull [skal], odb. cranium* [kreiniəm]

lebo (pretože) because [biˈko:z], (keďže) since [sins], as [əz]

lečo s. vegetable stew [vedžtəbl stju:], stewed vegetable salad [ˌstju:d ˈvedžtəbl sæləd]

legálny legal [li:gl], (zákonný) legitimate [liˈdžitmət], lawful [lo:fl]

legenda ž. legend [ledžnd], story [sto:ri], myth [miθ], saga [sa:gə]

legínsy ž. leggings [leginz]

legitimácia ž. identity card [aiˈdentəti ka:d]; *l. na vstup* pass

legitimovať sa prove one's identity [ˌpruːv aiˈdentəti]

➡ ✱ *L-ujte sa!* Show your identity card!

lehota ž. term [təːm], time [taim], period [piəriəd]; *záručná l.* guarantee period; *l. splatnosti* maturity period

lejak m. downpour [daunpoː], heavy rain [hevi rein]; *náhly l.* sudden downpour

lekár m. doctor [doktə], AM physician [fiˈzišn]; *detský l.* paediatrician, AM pediatrician; *očný l.* ophthalmologist, eye doctor, oculist; *odborný l.* specialist; *zubný l.* dentist; *ženský l.* gynaecologist, AM gynecologist; *l. pre krčné, nosové a ušné choroby* otorhinolaryngologist; *l. rýchlej zdravotníckej pomoci* emergency doctor

➡ *Musím ísť k l-ovi.* I must go to/visit the doctor.
Kde tu nájdem(e) l-a? Where can I (we) find a doctor here?
Zavolajte, prosím, (rýchlo) l-a. (Qickly,) Call the doctor, please!

✱ *L. hneď príde.* The doctor is coming soon.

lekáreň ž. chemist('s) [kemist(s)], odb. pharmacy [faːməsi], AM drugstore [dragstoː], (v nemocnici) dispensary [diˈspensri]; *pohotovostná l.* emergency pharmacy service

➡ *Kde je najbližšia l. (s nočnou pohotovostnou službou)?* Where's the nearest pharmacy (with emergency night service)?

lekárnička ž. (skrinka) first aid box/case [fəːst eid boks/keis], (v aute) medicine chest [medsin čest]; *cestovná l.* first aid travelling kit

lekársky medical [medikl]; *l. predpis* (medical) prescription

lekvár m. jam [džæm]

len only [əunli], just [džast]

➡ *Mám(e) už l. ... eur, korún,...* I (We) have only... euros, crowns,....

leňošiť (be*) idle [(biˈ) aidl]

lepidlo s. paste [peist], adhesive [ədˈhiːsiv], glue [gluː]; *univerzálne l.* universal glue

lepšie better [betə]

➡ *Cítim sa (o niečo) l.* I feel (a little) better.

les m. forest [forist], woods [wudz]; *borovicový l.* pine forest; *ihličnatý l.* coniferous forest; *listnatý l.* deciduous forest; *lužný l.* flood/alluvial forest;

lesík m. grove [grəuv]

lesknúť sa shine* [šain], (ligotať sa) glitter [glitə]

lesnatý woody [wudi], wooded [wudid]; *l. kraj* woodland

lesný forest [forist]; *l. chodník* forest path; *l-á cesta* forest road/trail

let m. flight [flait]; *denný l.* day flight; *diaľkový l.* long-distance flight; *charterový l.* charter flight; *jednosmerný l.* one-way flight; *náhradný l.* supplementary flight; *nočný l.* night flight; *popoludňajší l.* afternoon flight; *pravidelný l.* scheduled flight; *priamy l.* nonstop/direct flight; *spiatočný l.* return flight; *večerný l.* evening flight; *vnútroštátny l.* local flight; *vyhliadkový l.* seightseeing flight; *l. bez medzipristátia* flight without stopover; *l. späť* return flight; *l. tam* outward flight; *číslo l-u* flight number; *hodina l-u* flight departure hour; *oneskorenie l-u* flight delay; *poplatok za zrušenie l-u* cancellation charge; *posunutie času l-u* postponing of the flight; *výška l-u* flight altitude/elevation

➡ *Ako dlho trvá l. do...?* How long is the flight to...?
Musím(e) zrušiť l. do... I (We) must cancel the flight to...
Mali sme pokojný l. We had an undisturbed flight.

✱ *L. číslo... sa pre nepriaznivé poveternostné podmienky ruší, odkladá.* The flight number... is cancelled, postponed due to bad weather.

letecký 1. air [eə], aerial [eəriəl], flight [flait]; *l-á prevádzka* air traffic; *l-á spoločnosť* airlin(e),

airways **2.** (o zásielkach) airmail [eəmeil]; *poslať list l-y* send* a letter by air mail

letenka ž. flight/air/plane ticket [flait/eə/plein tikit]; *hromadná l.* group ticket; *spiatočná l.* return ticket; *vystavenie l-y* air ticket issue

➡ *Chcel by som/Chceli by sme l-u na let do...* I'd/We'd like to buy a ticket to...
Koľko stojí l. do... (a späť)? How much is the (return) ticket to...?
Rezervujte mi/nám, prosím,... l-y do... I/We would like to book... tickets to...

letieť fly* [flai]; *l. prúdovým lietadlom* fly with a jetplane

➡ *Kedy l-í lietadlo do...?* What time does the plane to... take off?
V akej výške l-íme? What's the altitude we are cruising at?

letisko s. airport [eəpo:t], (menšie) BR aerodrome [eərədrəum], AM airdrome [eədrəum], (pre helikoptéry) heliport [helipo:t]; *cieľové l.* destination airport; *medzinárodné l.* international airport; *vnútroštátne l.* inland airport; *východiskové l.* departure airport; *l. pre vrtuľníky* heliport

➡ *Ako sa dostanem(e) na l.?* Can you tell me (us) the way to the airport, please?

L

Kedy musíme byť na l-u? What time should we be at the airport?

✱ *Dopravíme ťa/vás na l.* You'll be taken to the airport.

letný summer [samə]; *l-é teploty* summer temperatures

leto s. summer [samə]; *babie l.* Indian summer; *daždivé l.* rainy summer; *horúce l.* hot summer; *hudobné l.* music festival; *vrchol l-a* high summer, peak of the summer

letohrádok m. summerhouse [saməhaus], villa [vilə], country seat [kantri si:t]

letopočet m. **1.** era [iərə], epoch [i:pok] **2.** (údaj) year [jiə], date [deit]; *nášho l-čtu* Anno Domini, skr. AD; *pred naším l-čtom* before Christ, skr. BC

letovisko s. summer resort [ˌsamə riˈzo:t], recreation spot [ˌrekriˈeišn spot]; *prímorské l.* seaside resort

letový flight [flait], flying [flaiiŋ]; *l-á dráha* flight path; *l. poriadok* flight schedule; *l-á rýchlosť* flying speed

letuška ž. air hostess [eə həustis], stewardess [stju:ədis]

ležadlo s. **1.** (na lodi, v záhrade) deckchair [dekčeə]; *plážové l.* beach chair; *l. pre hotelových hostí* deckchair for hotel guests **2.** (vo vlaku) berth [bə:θ]

➡ *Jedno l., prosím!* I'd like one berth. One berth, please!

ležať 1. lie* [lai]; *l. na slnku* lie* in the sun, sunbathe **2.** (nachádzať sa) be* situated [bi ˈsitjueitid]; *l. južne, severne od...* be* situated (to the) south, (to the) north of...

➡ *Kde l-í...?* Where is... situated?

✱ *Musíte ostať l.* You must stay in bed.

ležiak m. (pivo) lager [la:gə]

líce s. cheek [či:k]

líčidlo s. make-up [meikap], hovor. warpaint [wo:peint]

liečba ž. (medical) treatment [(medikl) tri:tmənt], therapy [θerəpi], cure [kjuə]; *kúpeľná l.* cure at a spa

liečiť treat [tri:t], cure [kjuə]

lieh m. spirits [spirits], alcohol [ælkəhol]; *pevný/tuhý l.* solid alcohol

liehovina ž. alcoholic drink [ˌælkəholik ˈdriŋk], spirit [spirit]

liek m. medicine [medsin], remedy [remədi], drug [drag] (proti čomu/na čo for sth); *l. proti hnačke* medicine/remedy for diarrhoea/ AM diarrhea; *l. proti horúčke* fever-reducing medicine/remedy; *l. proti kašľu* cough medicine; *predpísať l.* prescribe a medicine/a drug (komu to sb, na čo for sth); *užívať l.* take* the medicine

➡ *Dajte mi, prosím, l. proti...* Give me a remedy for..., please. *Dostanem tento l. aj bez lekár-*

skeho predpisu? Can I get this medicine without prescription, too?

Tento l., prosím. This medicine, please.

lietadlo s. plane [plein], aircraft [eəkra:ft], BR aeroplane [eərə-plein], AM airplane [eəplein]; *bezmotorové l.* motorless plane; *dopravné l.* airlainer; *charterové l.* charter plane; *nadzvukové l.* supersonic plane; *prúdové l.* jet aircraft, AM jetliner; *prúdové obrie l.* jumbo (jet); *veľkokapacitné l.* large-capacity aircraft; *l. pravidelnej leteckej linky* (air) liner; *l. záchrannej leteckej služby* life air rescue aircraft; *únos l-a* hijack(ing); *cestovať l-m* travel by plane

➡ *Kedy poletí najbližšie l. do...?* When is the next flight to...? *Kedy odlieta dnes, zajtra,... l. do...?* Where is there a flight to... today, tomorrow,...? What time does the plane to... take off today, tomorrow,...? *Má l. do, z... meškanie?* Is the flight to, from... delayed?

lietať fly* [flai]

liezť 1. (šplhať sa) climb [klaim] 2. (po zemi) creep* [kri:p], crawl [kro:l]

Lichtenštajnčan m. Liechtensteiner [liktnstainə]

Lichtenštajnsko s. Liechtenstein [liktnstain]

lichtenštajnský of/from Liechtenstein [əv/frəm 'liktnstainə]

likér m. liqueur [li'kjuə]; *vajcový l.* egg liqueur

limonáda ž. lemonade [,lemə'neid]

linka ž. 1. (spoj) line [lain]; *autobusová l.* (hl. diaľková) coach line; *dopravná l.* transport line; *letecká l.* airline; *pravidelná l.* scheduled flight 2. telef. extension line [ik'stenšn lain]; *pevná l.* firm line; *l. dôvery* helpline 3. *kuchynská l.* fitted kitchen [,fitid 'kičn]

➡ ✳ *Musíš/Musíte ísť l-ou...* You have to take the flight number...

✳ *Pripravte sa na odlet l-y... do...!* Get ready for the flight number... to...!

✳ *L. je obsadená, prerušená, voľná.* The line is busy, cut off, free.

list m. 1. letter [letə]; *cenný l.* insured letter; *doporučený l.* registered letter; *expresný l.* express letter; *letecký l.* air mail letter; *l. do zahraničia* letter abroad 2. (doklad) certificate [sə'tifikət]; *rodný l.* birth certificate; *sobášny list* marriage cerficate; *úmrtný l.* death certificate; *záručný l.* warranty, guarantee 3. (rastliny) leaf* [li:f], (papiera ap.) sheet [ši:t]

➡ *Ako dlho ide l. do...?* How long will the letter to... take?

Koľko sa platí za l. do...? How much is the letter to...?

listina ž. document [dokjəmənt], mn. č. *l-y* aj papers [peipəz]; *prezenčná l.* list of attendance

¹**lístok** m. (cestovný) ticket [tikit]; *celosieťový l.* all-line ticket; *časový l.* season ticket; *detský l.* children's/half ticket; *hromadný l.* group ticket; *jednorazový l.* single; *jednosmerný l.* one-way ticket; *letecký l.* airticket; *lodný l.* passenger ticket; *palubný l.* (vstupenka) boarding pass/card; *predplatný l.* season ticket; *prenosný l.* transferable ticket; *prestupný l.* transfer ticket; *sieťový l.* season ticket; *spiatočný l.* return/AM round-trip ticket; *týždenný l.* weekly season ticket; *voľný l.* free ticket; *zľavnený l.* reduced/discount(ed) ticket; *l. na krížovú plavbu* cruise ticket; *l. na vlak* train ticket; *l. s miestenkou* single ticket and seat reservation; *l. s rýchlikovým príplatkom* ticket with extra charge for express; *kúpiť si l.* buy* the ticket

➡ *Prosím si jeden cestovný l., dva, tri,... cestovné l-ky do...* One ticket, two, three tickets to..., please.
Ako dlho platí l.? How long is the ticket valid?
Čo stojí l. do...? How much is a single ticket to...?

Chcel by som/Chceli by sme dva, tri,... lístky na okružnú jazdu z... do... a späť. I'd/We'd like two, three,...return tickets for cruise tour from... to...

²**lístok** m. (v rôzn. význ.) ticket [tikit], card [ka:d]; *batožinový l.* left-luggage ticket, AM left-baggage check; *jedálny l.* menu; *korešpondenčný l.* card, postcard, AM postal card; *kurzový l.* exchange list/rate; *nápojový l.* beverage list; *objednávací l.* order form; *parkovací l.* parking ticket; *podací l.* postal receipt; *poľovný l.* hunting permit; *príbalový l.* package insert; *rybársky l.* fishing permit; *stravný l.* meal ticket; *l. od šatne* cloakroom/AM hat-check ticket; *l. z úschovne batožiny* left-luggage ticket, AM left-baggage check; *podľa jedálneho l-ka* according to menu

➡ *Pán hlavný, prineste mi/nám, prosím, jedálny l., nápojový l.!* Waiter, would you bring me/us the menu, the beverage list, please?

³**lístok** m. (vstupenka) (admission) ticket [(əd'mišn) tikit]; *mesačný predplatný l.* monthly season ticket; *voľný l.* free ticket; *l. do divadla* theatre/AM theater ticket; *l. do kina* cinema ticket

➡️ *Máte ešte l-y na dnes, na zaj-tra,...?* Have you got tickets for today, for tomorrow,...?
Chcel by som/Chceli by sme dva, tri,... l-y na... I'd/We'd like two, three,... tickets for...
Kde si možno objednať, kúpiť, vymeniť,... l-y do divadla, ki-na,...? Where can I/we book, buy, change,... theatre, cine-ma,... tickets?

liter m. litre, AM liter [li:tə]
➡️ *Dajte mi, prosím, l. mlieka, ví-na,....* Give me one litre of milk, of wine,..., please.

lízanka ž. lollipop [lolipop], hovor. lolly [loli], AM sucker [sakə]

loď ž. 1. ship [šip], (menšia, odb.) boat [bəut], (na dlhé vzdialenosti) liner [lainə], (na krátke vzdialenosti) ferry [feri]; *motorová l.* motor ship/boat; *nákladná l. (s prepravou osôb)* freighter; *osobná l.* passenger ship; *l. pravidelnej lodnej do-pravy* liner; *l. zabezpečujúca krížovú plavbu* cruiser; *plavba l-ou* sea voyage, (okružná) cruise; *stroskotanie l-e* ship-wreck; *cestovať l-ou* travel by ship; *l. brázdi vlny* ship ploughs through the waves; *l. spúšťa kotvu* ship drops an anchor; *l. vychádza na more* ship sets sails; *l. zdvíha kotvu* ship weighs an anchor 2. (chrámová) (main) nave [(mein) neiv]; *bočná l.*

(side) aisle; *hlavná l.* nave; *priečna l.* transept

➡️ *Ide táto l. do...?* Does this boat go/sail for...?
Kam premávajú lode z tohto prístaviska? Where do the ships from this port sail for?
Z ktorého móla odchádza l. do...? From which pier does the ship sail for...?

lodenica ž. (člnov ap.) dock [dok], boathouse [bəuthaus]

lodičky ž. (obuv) court shoes [ko:t šu:z], AM pumps [pamps]

lokál m. local [ləukl], BR pub [pab], AM bar [ba:], AM saloon [sə'lu:n]; *nočný striptízový l.* night striptease bar; *tanečný l.* dance bar

lokalita ž. locality [lə'kæləti]

lokálka ž. hovor. local train [ləukl trein]

lokomotíva ž. railway engine [,reilwei 'endži:n], AM locomo-tive [,ləukə'məutiv]

lopta ž. ball [bo:l]; *futbalová l.* football; *nafukovacia l. do vo-dy* inflatable ball; *hrať sa s l-ou* play with a ball

loptička ž. ball [bo:l]; *bedminto-nová l.* (badminton) shuttle-cock; *golfová l.* golf ball; *ping-pongová l.* table-tennis ball; *tenisová l.* tennis ball

losos m. salmon* [sæmən]

lóža ž. div. box [boks]

ložisko s. motor. bearing [beəriŋ]

lôžko s. (posteľ) bed [bed], (vo vlaku, na lodi) (sleeping) berth [(sli:piŋ) bə:θ] *hotelové l.* hotel bed; *rozkladacie l.* folding bed

lôžkový sleeping; *l. vlak* sleeping car, sleeper

ľúbiť love [lav]

➡ *Ľ-m ťa.* I love you.

ľubovoľný arbitrary [a:bitrəri], optional [opšnl], random [rændəm], any [eni]

lúč m. ray [rei], beam [bi:m]; *laserový l.* laser beam; *slnečné l-e* rays of the sun; *ultrafialové l-e* ultraviolet rays

lúčiť sa say* goodbye [ˌsei gudˈbai] (s kým to sb)

ľudia m. people [pi:pl]

ľudoprázdny empty [emti], depopulated [ˌdi:ˈpopjəleitid], (ulica) lonely [ləunli]

ľudový folk [fəuk], popular [popjələ]; *ľ-é ceny* popular prices; *ľ-á hudba* folk music

ľudský human [hju:mən]; *zlyhanie ľ-ého faktora* human factor failure

lúka ž. meadow [medəu]; *somárska l. pre lyžiarov-začiatočníkov* nursery slope; *(vysoko)horská l.* mountain meadow

lunapark m. fairground [feəgraund], AM amusement park [əˈmju:zmənt pa:k]

lupienky m.; *zemiakové l.* crisps [krips], AM chips [čips]

ľúto sorry [sori]

➡ *Je mi/nám to (veľmi) ľ.* I am/ We are (very) sorry (about it).

ľutovať be* sorry [bi ˈsori]

➡ *Veľmi ľ-ujem(e), že...* I am (We are) very sorry (that)...

luxusný luxurious [lagˈžuəriəs], (hotel) hovor. smart [sma:t], swell [swel]

➡ *Reštaurácia,... je pre nás príliš l-á.* The restaurant,... is too luxurious for us.

lýtko s. calf* [ka:f]

lyža ž. ski [ski:]; *vodné l-e* water skis; *navoskovať l-e* wax the skis, apply wax to skis

lyžiar m. skier [ski:ə]

lyžiarky ž. ski boots [ski: bu:ts]

lyžiarsky ski [ski:], skiing [ski:iŋ]; *l-a dráha* (ski) piste; *l. inštruktor* skiing instructor; *l. móstik* ski-jump; *l-a oblasť* ski(ing) area; *l-e okuliare* (ski) goggles; *l-e palice* (ski) sticks; *l. svah* ski slope; *l-a topánka* ski boot; *l. vlek* ski-hoist; *l. výťah* ski-lift

lyžica, lyžička ž. spoon [spu:n], (množstvo) spoonful [spu:nful]; *kávová l.* coffee spoon; *polievková l.* soup spoon, tablespoon

lyžovačka ž. (o dovolenke) skiing holiday [ski:iŋ holədi]

lyžovanie s. skiing [ski:iŋ]; *vodné l.* water skiing; *vysokohorské l.* high mountain skiing

lyžovať sa ski [ski:]; *l. sa na vodných lyžiach* water-ski; *ísť sa l.* go* skiing

M

Maďar m. Hungarian [haŋ'geəriən]

Maďarsko s. Hungary [haŋgri]

maďarský Hungarian [haŋ'geə-riən]

magistrála ž. artery [a:tri], arterial/trunk road [a:'tiəriəl/ traŋk rəud]

máj m. May [mei]; *v m-i* in May

maják m. **1.** motor. beacon [bi:kn] **2.** (na mori) lighthouse [laithaus]

majetok m. (vlastníctvo) property [propəti], (osobný) belongings [bi'loŋiŋz], (celkový) assets [æsets]

majiteľ m. owner [əunə], possessor [pə'zesə], proprietor [prə-'praiətə]; *m. motorového vozidla* owner of the motor vehicle

majonéza ž. mayonnaise [meiə-'neiz]; *zemiakový šalát s m-ou* potato salad with mayonnaise

majolika ž. majolica [ma'jolikə]

májový May [mei]; *m-é búrky* May storms

majster m. (v rôzn. význ.) master [ma:stə]; *starí nizozemskí, talianski,... m-tri* old Dutch, Italian,... masters

majstrovský master [ma:stə], (dokonalý) masterly [ma:stəli]; *m-é dielo* masterpiece

majstrovstvá s. šport. championship [čæmpiənšip]; *m. sveta* World championship

mak m. (rastlina) poppy [popi], (semeno) poppy seed [popi si:d]

makaróny m. macaroni [ˌmækə-'rəuni]

makovník m. popy-seed cake [po-pi:d keik]

makrela ž. mackerel* [mækrəl]

malária ž. malaria [mə'leəriə]

maľba ž. **1.** painting [peintiŋ], picture [pikčə]; *jaskynná m.* cave painting; *nástenná m.* wall painting; *stropná m.* painting on the ceiling; *skalné m-y* rock/stone paintings **2.** (náter) paint [peint]

malebný picturesque [ˌpikčə'resk], (krajina) scenic [si:nik]

maliar m. painter [peintə], artist [a:tist]

maliarstvo s. (art of) painting [(ˌa:t əv') peintiŋ], art [a:t]; *insitné m.* naive painting

malíček m. little finger [ˌlitl 'fiŋgə], Ａm pinkie [piŋki], (na nohe) little toe [ˌlitl 'təu]

maličkosť ž. (drobnosť) triffle [trifl]

malina ž. raspberry [ra:zbri]

malinovka ž. (z malín) raspberry drink/juice [ra:zbri driŋk/ džu:s], (z ovocnej šťavy) squash lemonade [skwoš leməneid]

málo little [litl], few [fju:]; *menej* (s nespočítateľným substantívom) less [les], (so spočítateľným substantívom) fewer [fju:ə]; *menej ako... osôb* less than... persons

malomesto s. small/provincial town [smo:l/prə'vinšl taun]

maľovať (farbami) paint [peint], (ozdobovať) decorate [dekreit] // *m. sa* make* o.s. up [ˌmeik 'ap], do* one's make-up [ˌdə 'meik ap]

malý (rozmermi) small [smo:l], (úzky) tight [tait]

➡ *Kabát, oblek,.... mi je príliš m.* The coat, the suit,... is too small for me.

mama ž. mother [maðə]; *krstná m.* godmother; *stará m.* grandmother

mandarínka ž. mandarin (orange) [mændrin (orindž)]

mandľa ž. **1.** almond [a:mənd]; *pražené m-le* burnt almonds; *slané m-le* salt almonds; *horké m-le* bitter almonds **2.** obyč. mn. č. *m-le* tonsils [tonslz]; *hnisavé, zapálené m.* tonsilitis

manikúra ž. manicure [mænikjuə]

manikúrky ž. hovor. manicure scissors [mænikjuə sizəz]

manžel m. husband [hazbənd]

➡ *Dovoľte, aby som vám predstavila svojho m-a.* Allow me to introduce my husband. May I introduce my husband? I'd like to introduce my husband. *To je môj m.* This is my husband.

Pozdravuj(te) m-a. Give my best regards to your husband.

manželia iba mn. č. married couple [mærid kapl], husband and wife* [ˌhazbənd ənd 'waif]

manželka ž. wife* [waif]

➡ *Dovoľte, aby som vám predstavil svoju m-u.* Allow me to introduce my wife. May I introduce my wife? I'd like to introduce my wife. *To je moja m.* This is my wife. *Pozdravuj(te) m-u.* Give my best regards to your wife.

mapa ž. map [mæp], (astron., meteor., podrobná) chart [ča:t]; *cestná m.* road map; *m. sveta* map of the world; *meteorologická m.* weather map; *navigačná m.* chart; *poveternostná m.* weather map; *turistická m.* tourist map

➡ *Ukážte mi ... na m-e.* Show me... on the map.

marec m. March [ma:č]; *koncom, začiatkom m-rca* towards the end of, at the beginning of/ early in March; *v m-rci* in March

marcový March [ma:č]; *m. termín* March term

marhuľa ž. apricot [eiprikot]

marináda ž. marinade [ˌmæri'neid]

masáž ž. massage [mæsa:ž]; *celotelová m.* whole body massage; *podvodná m.* underwater treatment

masírovať (give*) massage [(ˌgiv') mæsa:ž]

maska ž. (v rôzn. význ.) mask [ma:sk]; *kyslíková m.* oxygen/respiratory mask; *pleťová m.* face pack

maslo s. butter [batə]; *arašidové m.* peanut butter; *bylinkové m.* herb butter; *kokosové m.* coconut butter; *chlieb s m-m* bread and butter

masť ž. 1. kuch. lard [la:d], (tuk) fat [fæt] 2. (lekárenská al. kozmetická) ointment [ointmənt], salve [sælv]; *hojivá m.* healing ointment; *očná m.* eye/ophthalmic ointment; *zinková m.* zinc (oxide) ointment; *m. na omrzliny* antifrostbite ointment; *m. na popáleniny* burn ointment

mastný 1. (krém) fat [fæt], (mäso) fatty [fæti], (pleť) oily [oili], (vlasy) greasy [gri:si] 2. hovor. (veľký: pokuta) heavy [hevi] 3. hovor. (drahý) pricy [praisi]

maškrta ž. titbit [titbit], AM tidbit [tidbit], dainty [deinti], delicacy [deliкəsi]

mať 1. (vlastniť) have* (got) [hæv (got)], own [əun] 2. (povinnosť ap.) be* to [bi: tə], should [šud], ought to [o:t tə], have* to [hæv tə] 3. (pri sebe) have*, hold* [həuld] 4. (vyj. obyč. prechodné stavy, pocity

ap.) be* [bi:], have*; *m. hlad* be* hungry; *m. kašeľ* have* cough 5. (obsahovať) contain [kən'tein], comprise [kəm'praiz] // *m. sa* (vodiť sa) be*

➡ *Mám(e) už len...* I (We) have only...

Koľko obyvateľov má...? How many inhabitants has...?

Už nemám(e) čas, peniaze,... I (We) don't have time, money,... yet.

Máte niečo lepšie, lacnejšie,...? Do you have anything better, cheaper,...?

Nemám pri sebe pas, doklady od auta,... I don't have the passport, vehicle documents,... with me.

Kedy mám(e) byť na stanici, v hoteli,...? What time am I (are we) to be at the station, at the hotel,...?

Mám horúčku, chrípku,... I've got a fever, a flu,...

Čo mám(e) robiť? What am I (are we) to do?

✳ *Ako sa máš/máte?* How are you?

Ďakujem(e), mám(e) sa dobre. I am (We are) fine, thanks.

Ďakujem! Nemáte za čo! Thank you. You are welcome!

Maj(te) sa dobre! Have a good time! Enjoy yourself!

matka ž. mother [maðə]

matrac m. mattress [mætrəs]; *na-*

fukovací m. air bed, inflatable mattress

mazadlo s. grease [gri:s], odb. lubricant [lu:brikənt]

mazať (natierať) grease [gri:s], (mazadlom) lubricate [lu:bri-keit]

mäkký soft [soft]

mäsiarstvo s. butcher's [bačəz]

mäso s. meat [mi:t] **a)** (podľa druhu) *baranie m.* mutton; *bravčové m.* pork; *hovädzie m.* beef; *hydinové m.* poultry; *jahňacie m.* lamb; *teľacie m.* veal **b)** (podľa úpravy) *dusené m.* braised/stewed meat; *grilované m.* grilled meat; *mleté m.* minced/ground meat; *pečené m.* roast(ed) meat; *údené m.* smoked meat; *varené m.* boiled meat; *vyprážané m.* fried meat; *m. pečené na rošte* barbecued meat; *m. varené v pare* steamed meat

➥ *Dnes (ne)bude m.* Today we have (not) meat.

mdloba ž. faint [feint], faintness [feintnəs], weakness [wi:knəs]; *chvíľková m.* temporary faintness; *upadnúť do m-ób* faint, swoon

med m. honey [hani]

mediryt m. výtvar. copperplate [kopəpleit]

medovník m. honey cake [hani keik], gingerbread [džindžə-bred]

medúza ž. jellyfish* [dželifish]

medzera ž. (voľný priestor) space [speis], (štrbina) gap [gæp]; *m. na zaparkovanie* parking gap

medzi 1. (priestorovo) between [bi'twi:n]; *parkovisko m. hotelom a kempom* parking space/car park between the hotel and the camp **2.** (časovo) between; *m. 10. a 12. hodinou predpoludním* between 10 and 12 o'clock a.m. **3.** (vyj. rozpätie) (ranging) from... to... [(reindžiŋ) frəm... tə...]; *cena m. 20 a 50 eurami* price ranging from 20 to 50 euros **4.** (viacerými) among [ə'maŋ], amid [ə'mid], amidst [ə'midst]; *m. hosťami* among guests

medzimesto s. telef. hovor. long-distance call [ˌloŋdistns 'ko:l]

medzinárodný international [ˌintə'næšnl]

medzipaluba ž. tweendeck [twi:n-dek]

medzipalubný tweendeck [twi:n-dek]

medziposchodie s. mezzanine (floor) [mezəni:n (flo:)]

medzipristáť stopover [stopəuvə]

medzipristátie s. (intermediate) stopover [(ˌintə'mi:diət) stopəuvə], intermediate landing [ˌintə'mi:diət lændiŋ], inter-landing [ˌintə'lændiŋ]

M

➡ *Má lietadlo m. v...?* Does the plane touch down at/in...?

medzištátny international [ˌɪntə-'næʃnl], AM interstate [ˌɪntə-'steɪt]

medzitým meanwhile [miːnwaɪl], in the meantime [ˌɪn ðə 'miːn-taɪm]

mechanik m. mechanic [mɪ'kænɪk]

mechúr m. bladder [blædə]; *močový m.* urinary bladder

mejl m. e-mail [iːmeɪl]; *poslať m.* send* an e-mail; *prostredníctvom m-u* through/via e-mail

mejlovať send* an e-mail message

mejlový e-mail [iːmeɪl]; *m-á adresa* e-mail address; *m-á schránka* (electronic) mailbox

melón m. melon [melən]; *ananásový m.* cantaloup; *cukrový m.* honeydew melon; *červený m.* watermelon

mena ž. currency [karnsi]; *domáca m.* domestic currency/exchange; *miestna m.* local currency; *zahraničná m.* foreign currency; *národná m.* national currency; *úradná m.* official currency

➡ *Mám(e) pri sebe iba... m-u.* I've (We've) got only... currency with me (us).

meniť 1. change [čeindž], (čiastočne) modify [mɒdɪfaɪ]; *m. smer* change the direction **2.** (menu) *m. koruny na eurá* change crowns for/into euros

meno s. name [neɪm]; *rodné/krstné m.* first/christian/AM given name, forename; *m. za slobodna* maiden name

➡ ✳ *Uveďte, prosím, vaše m. a adresu.* Write/Say your name and address, please.

menoslov m. list of names [ˌlɪst əv 'neɪmz]

menšina ž. minority [maɪ'nɒrəti]; *národnostná m.* national minority

menštruácia ž. menstruation [ˌmenstru'eɪʃn], period [pɪə-rɪəd]

menu s. **1.** menu [menjuː] **2.** (kompletné jedlo) set meal [set miːl], table d`hôte [ˌtɑː'bl'dəʊt]; *trojchodové m.* three-course meal; *turistické m.* tourist menu; *objednať si m.* order a meal

➡ *Dajte mi/nám m. (číslo)....* Give me/us the dish number...

merať measure [mežə]

¹**mesiac** m. (kalendárny) month [manθ]; *budúci, minulý, tento m.* next, last, this month; *koncom, začiatkom m-a* towards the end of, at the beginning of the month; *uprostred m-a* in the middle of the month

²**mesiac** m. (nebeské teleso) moon [muːn]; *spln m-a* full moon

mesto s. town [taun], (väčšie) city [siti]; *hlavné m.* capital; *kúpeľné m.* spa (town); *prístavné m.*

port; *rušné m.* busy town; *staré m.* old town; *vnútorné m.* inner city; *smerom do m-a* townwards; *smerom von z m-a* out of the town

➧ *Bývam(e) na okraji, v centre m-a.* I am (We are) living in the outskirts, in the centre of the town.

Koľko kilometrov je do najbližšieho m-a? How many kilometres is it to the nearest town?

Odvezte ma/nás, prosím, do m-a. Would you take me/us to the town?

mestský (rozvoj, doprava) urban [ə:bən], (úrad, knižnica) municipal [mju:ˈnisipl], (rada) town [taun], (hradby) city [siti]; *m-á štvrť* town district

mešita ž. mosque [mosk]

meškanie s. delay [diˈlei]; *m. vlaku* train delay

meškať 1. (časovo) be* late [bi ˈleit], (oneskoriť sa) delay [diˈlei] **2.** (o hodinkách) be* slow [bi ˈsləu]

➧ *Už m-ám(e)!* I am (We are) late now!

Prepáčte, že m-ám(e)! I am (We are) sorry to be late!

M-á autobus, vlak z...? Is the bus, the train from... delayed?

✳ *Autobus, vlak,... m-á... minút.* The bus, the train,... is... minutes delayed. The bus, the train,... is running... minutes late.

meter m. metre, AM meter [mi:tə]; *m. vysoké záveje* one-metre-high snowdrifts

metla ž. broom [bru:m]

metro s. BR underground [andəgraund], AM subway [sabwei], (v Londýne) tube [tju:b], (v Paríži, Prahe) metro [metrəu]

metropola ž. metropolis [məˈtropəlis]

mezanín m. mezzanine (floor) [mezəni:n (flo:)]

miecha ž. spinal cord [ˌspainl ˈko:d]

miera ž. (v rôzn. význ.) measure [meʒə]

mierka ž. **1.** (na meranie) gauge [geidž] **2.** (mapy) scale [skeil]

mierny mild [maild], (bolesť) slight [slait], (pásmo) temperate [temprət], (striedmy) moderate [modrət]; *m-e podnebie* mild/temperate climate

miestenka ž. seat reservation (ticket) [ˌsi:t rezəˈveišn (tikit)]

➧ *Chcel by som m-u na rýchlik do...* I'd like one seat on the train to...

Mám na toto miesto m-u. I've got the seat reservation.

miestenkový seat reservation [ˌsi:t rezəˈveišn]; *m-á pokladnica* (seat) reservation office; *m. vozeň* car with seat reservation

miestnosť ž. room [ru:m]; *denná m.* day room; *obývacia m.* living room; *spoločenská m.*

M

lounge; *m. s televízorom* room with a television set

miestny local [ləukl], (tamojší) of the place [ˌəv ðə ˈpleis]; *m-e* **špeciality** local specialities

miesto s. 1. (v rôzn. význ.) place [pleis]; *m. častých nehôd* accident black spot; *m. činu* scene/ site/spot/locale of the crime; *m. nalodenia* place of embarkment/shipment; *m. nehody* accident site, place of the accident; *m. odchodu* place of departure; *m. prestupovania* changing point; *m. príchodu* place of arrival; *m. stretnutia* meeting place; *m. na postavenie karavanu alebo stanu* (v kempe) campsite, camping site; *m. na sedenie* seat; *m. na státie* standing room; *m. na varenie v kempoch* camp kitchen; *m. pri dverách* aisle seat; *m. pri okne* window seat; *m. v smere jazdy, v protismere* seat facing forward, facing backward; *m. vyhradené na parkovanie (nákladných automobilov)* (truck) parking place, (truck) reserved parking lot; *nedostatok miest na parkovanie* parking (space) shortage 2. (lokalita) place; *dovolenkové m.* holiday place; *kúpeľné m.* spa, health resort; *pamätné m.* memorable site; *pútnické m.* place of pilgrim-

age; *m. bydliska* place of residence, domicile; *m. určenia* destination

➡ *Hľadám(e) m. na stanovanie, zaparkovanie.,...* I am (We are) looking for a place to camp, to park,...

Chcel by som/Chceli by sme m. pri okne, dverách, v strede autobusu,... I'd/We'd like a seat at the window, an aisle seat, a seat in the middle of the bus,...

Som/Sme tu na správnom m-e? Am I/Are we on the right place here?

Čo by si robil/ste robili na mojom/našom m-e? What would you do if you were in my/our shoes?

Je tu, prosím, ešte voľné m.? Is there any vacant seat here?

✳ *Áno, ešte je tu jedno voľné m.* Yes, there's one vacant seat here.

✳ *Nie, všetky m-a sú obsadené.* No, all seats are taken.

✳ *Držím ti/vám m.* I am keeping the seat for you.

✳ *Mám(e) ešte v aute (voľné) m.* There's one (free) seat in my (our) car.

miešať mix [miks]

migréna ž. migraine [miːˈgrein]

mihalnica ž. (riasa) eyelash [ailæš]; *umelé m-e* false eyelashes

mikina ž. hovor. sweetshirt [swiːˈtšəːt]

mikrobus m. minibus [minibas]

mikrospánok m. sleeping at the wheel [ˌsli:piŋ ət ðə ˈwi:l]

mikrovlnka ž. hovor. microwave (oven) [maikrəweiv (əuvn)]

míľa ž. mile [mail]

míľnik m. milestone [mailstəun]

milovať love [lav], (mať v obľube) be* fond of [bi ˈfond əv], like [laik]

milovník m. lover [lavə], fan [fæn], enthusiast [inˈθju:ziæst]; **m. prírody** nature lover; **m. slnka** sun lover

milý 1. (milovaný) dear [diə] **2.** (láskavý) kind [kaind]

➡ *To je m-é od teba/vás.* It's kind of you.

mimo outside [autsaid], out of [aut əv]

➡ *Bývam(e) m. mesta.* I (we) live out of the town.

mimoriadny 1. (nezvyčajný) extraordinary [ikˈstro:dinri], (pozoruhodný) remarkable [riˈma:kəbl]; **m-e okolnosti** extraordinary circumstances; **m-e náročná túra** extremely strenuous/difficult tour **2.** (nepravidelný) special [spešl]; **m. vlak** special train

minca ž. coin [koin]

➡ *Máte m-e do telefónneho automatu?* Do you have any change for the payphone?

minerálka ž. mineral water [ˌminrəl ˈwo:tə]; *neperlivá m.*

still mineral water; *ochutená m.* flavoured mineral water; *perlivá m.* sparkling mineral water

minibalenie s. minipack [minipæk]

minigolf m. minigolf [minigolf]

➡ *Nechceš/Nechcete si zahrať m.?* Do you want to play minigolf?

minichladnička ž. minirefrigerator [ˌminiriˈfridžreitə]

➡ *Je na izbách m.?* Is there a minirefrigerator in the rooms?

ministerstvo s. ministry [ministri]; **m. zahraničných vecí** Ministry of Foreign Affairs, BR the Foreign Office, AM State Department

minisukňa ž. miniskirt [miniskə:t]

minišaty ž. minidress [minidres]

minuloročný last year's [ˌla:st ˈjiəz]

minulosť ž. the past [ðə ˈpa:st]

minulý 1. (dávny) past [pa:st], old [əuld] **2.** (predchádzajúci) last [la:st], previous [pri:viəs]; **m. týždeň, mesiac, rok** last week, month, year; *v m-om storočí* in the last century

mínus minus [mainəs]

minúť 1. (utratiť) spend* [spend] **2.** (uplynúť) pass [pa:s]

➡ *Koľko si m-ul/ste m-uli za...?* How much money did you spend for...?

minúť sa (nestretnúť sa) miss each other [ˌmis i:č ˈaðə], cross [kros]

➡ *M-uli sme sa len o niekoľko minút.* We've missed each other just by several minutes.

minúta ž. **1.** minute [minit]; *každú m-u* every minute; *m. jazdy autom* one minute drive **2.** (okamih) minute, moment [məumənt]

➡ *Vrátim(e) sa o... m-t.* I am (We are) back in... minutes.
Môžeš/Môžete počkať ešte... m-t? Can you wait... minutes more?
Koľko m-t pešo? How many minutes walking?

✳ *... premáva každé... m-y. ...* goes every... minutes.

minútka ž. kuch. minute steak [minit steik], fast meal made to order [‚fa:st mi:l meid tə 'o:də]

misa ž. (plytká) dish [diš], (hlboká) bowl [bəul]; *studená švédska m.* kuch. cold buffet, (s mäsom) (selection of/assorted) cold meats, AM cold cuts

miska ž. small dish/bowl [‚smo:l 'diš/'bəul]

mládež ž. youth [ju:θ], young people [‚jaŋ 'pi:pl]; *m-i (do... rokov) neprístupný* adults only

mladistvý | **neplnoletý**

mladomanželia m. newly married couple [‚nju:li mærid 'kapl], newlyweds [nju:liwedz]

mladý young [jaŋ]

mláka ž. puddle [padl], pool [pu:l]

mliečny milk [milk], dairy [daiəri],

odb. lactic [læktik]; *m-e výrobky* dairy products

mlieko s. **a)** (potravina) milk [milk]; *fľaškové m.* bottled milk; *kokosové m.* coconut milk; *kondenzované m.* evaporated, (sladené) (sweetened) condensed milk; *kravské m.* cow's milk; *kyslé m.* sour milk; *nízkotučné m.* skimmed milk; *plnotučné m.* whole/full-cream milk; *polotučné m.* semi-skimmed milk; *sójové m.* soya milk; *sušené m.* dry/dried/powdered milk, milk powder; *trvanlivé m.* long-lasting milk; *vrecúškové m.* pouch milk **b)** (obyč. kozmetické) milk, lotion [ləušn]; *pleťové m.* cleansing milk, skin lotion; *samoopaľovacie m.* self-tanning milk; *m. na opaľovanie* sun milk; *m. po opaľovaní* after-sun milk

mlyn m. mill [mil]; *veterný m.* windmill; *vodný m.* watermill

mnoho much [mač], many [meni], a lot of [ə 'lot əv]

mnohokrát many times [meni taimz]

➡ *M. ďakujem!* Many thanks! Thank you very much!

množstvo s. **1.** (počet) quantity [kwontəti] **2.** (hojnosť) abundance [ə'bandəns], plenty [plenti], multitude [maltitju:d], wealth [welθ]; *m. zrážok* precipitation

mobil m. mobile [məubail], mobile/cellular phone [ˌməubail/ˌseljələ 'fəun]

močarina ž. swamp [swomp], marsh [ma:š], bog [bog]

móda ž. (v rôzn. význ.) fashion [fæšn], vogue [vəug]; *byť v m-e* be* in fashion/in vogue

moderna ž. modernism [modənizm]

modernistický modernist [modənist]

moderný 1. (súčasný) modern [modn], present-day [ˌpreznt-'dei], contemporary [kən'temprəri]; *m-é umenie* contemporary art **2.** (módny) fashionable [fæšnəbl], modish [məudiš], trendy [trendi]

módny fashionable [fæšnəbl], modish [məudiš], trendy [trendi]; *m-a prehliadka* fashion show

modrý blue [blu:]

mohyla ž. barrow [bærəu], tumulus* [tju:mjələs], grave-mound [ˌgreiv'maund]

mokasíny ž. moccasins [mokəsin]

mokrý wet [wet]

➠ *Vozovka, tráva,... je m-á.* The road, the grass,... is wet.

mólo s. pier [piə]; *prístavné m.* landing stage

moment m. moment [məumənt], minute [minit]

➠ ✳ *Počkaj(te) (tu), prosím, m.!* Wait (here) a moment, please!

✳ *M., prosím!* Just a moment/a minute, please!

momentka ž. snapshot [snæpšot]; *urobiť m-u* snap

monacký Monacan [monəkən]

Monačan m. Monacan [monəkən]

Monako s. Monaco [monəkəu]

monokiny ž. monokini [ˌmonə-'ki:ni]

moped m. moped [məupəd]

Morava ž. **1.** (územie) Moravia [mə'reiviə] **2.** (rieka) Moravia river [mo'reiviə rivə]

Moravan m. Moravian [mə'reiviən]

moravský Moravian [mə'reiviən]

morčacina ž. kuch. turkey (meat) [tə:ki (mi:t)]

more s. sea [si:]; *otvorené m.* open sea; *pokojné m.* calm sea; *rozbúrené m.* rough/stormy/choppy sea; *Baltské m.* the Baltic (Sea); *Čierne m.* the Black Sea; *Jadranské m.* the Adriatic Sea; *Mŕtve m.* the Dead Sea; *Severné m.* the North Sea; *Stredozemné m.* the Mediterranean (Sea); *šíre m.* high seas, open sea; *obklopený morom* surrounded by sea; *smerom na (otvorené) m.* seaward(s); *vlnenie mora* waves of the sea; *kúpať sa v mori* swim* in the sea

➠ *Dovolenkovali sme pri mori.* We were on holiday/AM on vacation at/by the seaside.

M

Cestujem(e) k moru. I am (We are) travelling to the seaside.

morský (dno, prúd) sea [si:], (podnebie) maritime [mæri-taim], (flóra) marine [məˈriːn], (ryba) saltwater [soːltwɔːtə]; *m. breh* seashore; *m-é oko* tarn; *m. planktón* sea plankton; *m. príliv a odliv* tide

most m. bridge [bridž]; *cestný m.* road bridge; *diaľničný m.* motorway bridge; *lanový m.* rope bridge; *oblúkový m.* arch bridge; *padací m.* draw bridge; *pontónový m.* floating bridge; *reťazový m.* chain bridge; *visutý m.* suspension bridge; *železničný m.* railway bridge

mostík, môstik m. **1.** bridge [bridž], (lávka) footbridge [futbridž]; *lyžiarsky m.* ski-jump; *pristávací m.* landing stage; *kapitánsky m.* captains bridge; *lodný m.* gangplank; *skokanský m.* ski-jump, ski-platform **2.** (zubný) (dental) bridge/bridgework [(dentl) bridž/bridžwəːk]

motel m. motel [məuˈtel], motor hotel [ˌməutə həˈtel]

➧ *Ako sa dostanem(e) k m-u X?* How can I(we) get to the motel X?
Ako ďaleko je k najbližšiemu m-u? How far is it to the next/to the nearest motel?

motocykel m. motorcycle [məu-təsaikl], hovor. motorbike [məutəbaik]

motocyklista m. motorcyclist [məutəsaiklist]

motohliadka ž. motorized patrol [ˌməutəraizd ˈpætrəl]

motokára ž. go-kart, go-cart [ˌgəuˈkaːt]

motor m. (spaľovací) engine [endžin], (elektrický) motor [məutə]; *dieselový m.* Diesel engine; *dvojtaktný m.* two-stroke engine; *dvojvalcový m.* two-cylinder engine; *prúdový m.* jet engine; *spaľovací m.* combustion engine; *štvortaktný m.* four-stroke engine; *štvorvalcový m.* four-cylinder engine; *porucha m-a* engine trouble, (väčšia) engine failure; *výkon m-a* engine output/power, horsepower; *naštartovať m.* start the engine

➧ *M. nebeží dobre, nefunguje dobre, zadrháva sa, vynecháva, sa prehrieva, ide nepravidelne, ide na tri valce, klope, nechce naskočiť, je poškodený.* The engine doesn't run, isn't working properly, hiccups, misses every now and then, overheats, runs irregularly, runs on three cylinders, is knocking, won't start, is damaged.

✳ *Vypnite m.* Stop/Switch off the engine.

motorest m. service station/area

[ˌsə:vis 'steišn/'eəriə], Services [sə:visiz], travel/motor lodge [trævl/məutə lodž], motorway restaurant [məutəwei restro:n], AM roadhouse [rəudhaus], BR hovor. pull-in [pulin]

motorista m. motorist [məutrist]

motorizovaný motorized [məutraizd]

motorka ž. hovor. bike [baik], motorbike [məutəbaik], motorcycle [məutəsaikl]

motorkár m. hovor. motorbiker [məutəbaikə]

mototuristika ž. mototourism [ˌməutə'tuərizm]

mozaika ž. mosaic [mə'zeiik]

mozoček m. kuch. brains [breinz]

mozog m. brain [brein]; *otras mozgu* concussion (of the brain)

možno maybe [meibi], perhaps [pə'hæps], possibly [posibli]

možnosť ž. **1.** possibility [ˌposə'biləti], (*príležitosť*) opportunity [ˌopə'tju:nəti] **2.** (*potrebné/vhodné zariadenie*) facility [fə'siləti] **3.** (*vyhliadka*) perspective [pə'spektiv]; *ubytovacie m-ti* accommodation facilities; *zárobkové m-ti* (*money*) earning opportunities; *m. nakupovania/nákupov* shopping opportunities; *podľa m-ti* if possible

možný possible [posəbl]; *tak rýchlo, ako je to len m-é* as fast as possible

➡ *To (nie) je m-é!* It is (not) possible!

môcť 1. (*vyj. schopnosť*) can* [kæn], be* able [bi 'eibl], be* capable [bi 'keipəbl] **2.** (*vyj. možnosť*) be* possible [bi 'posəbl] **3.** (*smieť*) can*, may* [mei], be* allowed to [bi ə'laud] **4.** (*vyj. domnienku*) may*

➡ *Kde možno...?* Where can I/we...?
Môže sa tu...? Is it allowed to... here?

môj my [mai], (*samostatne*) (of) mine [(əvˑ) main]

➡ *To (nie) je moje.* That is (not) mine.
Dajte mi, prosím, m. kľúč, pas,... Give me my key, my passport,..., please.

môstik | mostík

mračno s. cloud [klaud]; *prietrž m-čien* cloudburst, downpour, torrential rain

mravec m. ant [a:nt]

mráz m. frost [frost], (*teplota*) freeze [fri:z], (*pocit chladu*) chill [čil]; *prízemný m.* ground frost; *citlivý na m.* sensitive to chill; *bod m-u* freezing point; *udreli m-y* frosts set in

mrazený frozen [fruzn], (*chladený*) chilled [čild]; *m-é potraviny* frozen food; *m. výrobok* frozen product

mrazivý frosty [frosti]; *m-é počasie* frosty weather

mraznička ž. deep freeze [ˌdiːp ˈfriːz], freezer [friːzə]

mrazuvzdorný frost-resistant [ˌfrost riˈzistnt]

mrholenie s. drizzle [drizl]

mrholiť drizzle [drizl]; *m-í* it's drizzling

mrkva ž. carrot [kærət]

mŕtvica ž. apoplexy [æpəpleksi], stroke [strəuk]; *mozgová m.* apoplexy, stroke; *srdcová m.* heart attack/failure

mŕtvy 1. dead [ded], (zosnulý) deceased [diˈsiːst] **2.** (ticho) deathly [deθli]

mrznúť freeze* [friːz]

➡ *Vonku m-e.* It's freezing outside.

mrzutý 1. (nevľúdny) ill-tempered [ˌilˈtempəd], sulky [salki] **2.** (nepríjemný) unpleasant [anˈpleznt]

múčnik m. pastry [peistri]

múdry wise [waiz]

mucha ž. fly* [flai]

múka ž. flour [flauə]

múr m. wall [woːl]

musieť must* [mast], have* to [həv tə], should [šud]

➡ *... musí prísť každú chvíľu.* ... should arrive at any moment.

✴ *Musíš/Musíte ísť/cestovať autobusom, vlakom,...* You must go/travel by bus, by train,...

✴ *To ste nemuseli!* You shouldn't have done that!

mušľa ž. shell [šel], (lastúra) conch [konč]

mušt m. must [mast], fruit/hl. grape juice [fruːt/greip džuːs]; *hroznový m.* grape juice; *jablkový m.* cider

múzeum s. museum [mjuːˈziːəm]; *banské m.* mining museum; *národné m.* national museum; *národopisné m.* ethnographic museum; *prírodovedné m.* (natural) science museum, museum of natural history; *technické m.* technical museum; *vlastivedné m.* museum of national history and geography; *m. kuriozít* curiosity museum; *m. moderného umenia* Museum of Modern Arts; *m. umeleckých remesiel* handicraft museum

➡ *Rád by som navštívil/Radi by sme navštívili... m.* I'd/We'd like to visit... museum. *Kedy je otvorené m.?* What time is the museum open? *Kedy sa začína prehliadka m-a so sprievodcom?* What time does the guided tour of the museum begin?

muž m. **1.** man* [mæn] **2.** | **manžel**

mužský male [meil]

mužstvo s. **1.** men [men] **2.** šport. team [tiːm]; *futbalové m.* football team; *záchranné m.* rescue team/(polícia) squad **3.** (posádka) crew [kruː]

my we [wiː]

mydlo s. soap [səup]; *toaletné m.* toilet soap

mýliť sa be* mistaken/wrong [ˌbi miˈsteikn/ˈroŋ], err [er]

myslieť 1. (uvažovať) think* [θiŋk], reason [riːzn] **2.** (nazdávať sa) think*, suppose [səˈpəuz], believe [biˈliːv]

➡ *Čo si m-íš/m-íte o...?* What do you think of...?
M-ím(e) si, že... I (We) think (that)...

myš ž. mouse* [maus]

myšlienka m. thought [θoːt], (nápad) idea [aidiə]

mýto s. toll [təul], duty [djuːti], Ⓐⓜ turnpike charge [təːnpaik čaːdž]; *cestné, mostné m.* road, bridge toll

mzda ž. (zárobok) pay [pei], (za hodinu, týždeň, fyzicky pracujúcich) wage [weidž], (mesačná, duševne pracujúcich) salary [sælri]

M

N

na 1. (priestorovo) on [on]; *byť na dovolenke* be* on holiday/ⒶⓂ on vacation; *bývať na prízemí, druhom poschodí* live on the ground floor, on the second floor; *smerom na východ, západ,* eastwards, westwards **2.** (časovo) for [fə], at [ət]; *odcestovať na dlhší, kratší čas* leave* for the longer, for the shorter time; *na začiatku... storočia* at the beginning of... century **3.** (vyj. cieľ, účel, želanie ap.) to [tə], for, on; *cestovať na dovolenku* go* on holiday; *pripiť si na zdravie koho* drink* a toast to sb **4.** (vyj. spôsob) per [pə:], à la [æ la:]; *... eur na osobu* ... euros per person; *hovädzie na... spôsob* ... style beef

➡ *Prišiel som/Prišli sme na pozvanie.* I've/We've come at the invitation.

✳ *Môžem ťa/vás pozvať na kávu?* May I invite you for a cup of coffee?

naberačka ž. kuch. ladle [leidl], (s dierkami) straining spoon [streiniŋ spu:n]

nabíjačka ž. tech. charger [ča:džǝ]; *n. batérií, mobilu* battery, mobile charger

nabiť charge [ča:dž]; *n. batériu* charge (up) a battery

nablízku nearby [ˌniǝ'bai]

➡ *Kde je tu n. .....?* Where is... nearby?

nabok aside [ǝ'said]

➡ *Môžeš/Môžete sa posunúť trocha n.?* Could you move a little aside?

nábrežie s. (mora) shore [šo:], (rieky) bank [bæŋk], embankment [im'bæŋkmǝnt]; *promenádne n.* shore/seaside promenade; *prístavné n.* quay, quayside, (na vykladanie tovaru) wharf

nabúrať hovor. smash [smæš], crash [kræš] // *n. sa* hovor. smash one's car [smæš ka:]

načas on time [on 'taim], (včas) in time [in 'taim]

➡ *Budeme n. v...?* Shall we be in/at... on time?

načasovať (termíny) time [taim]

načo 1. (účel) what for [wot fo:] **2.** (príčina) why [wai]

nad 1. (priestorovo) over [ǝuvǝ], above [ǝ'bav]; *zavesiť čo n. sedadlo* hang sth above the seat; *... metrov n. hladinou mora* ... metres above the sea level **2.** (vyj. mieru) over, above; *deti n. 12 rokov* children over 12 years

➡ *Je... stupňov n. nulou.* It's... degrees above zero.

nadávať rail [reil] (na čo against sth)

nadcestie s. flyover [flaiǝuvǝ]

nádhera ž. splendour [splendə], (veľkoleposť) magnificience [mægˈnifikəns], grandeur [grændjə]

nádherný splendid [splendid], (veľkolepý) magnificent [mægˈnifisnt], (úžasný) marvellous [maːvləs], wonderful [wandəfl], hovor. gorgeous [goːdžəs], superb [suːˈpəːb]

nadhmotnosť ž. overweight [ˌəuvəˈweiƚt], excessive weight [ikˈsesiv weit]; *n. batožiny* excess luggage; *n. osôb* excessive weight

nádcha ž. cold in the head [kəuld in ðə hed], common cold [komən kəuld], (head) cold [(hed) kəuld], hovor. running nose [raniŋ nəuz], odb. rhinitis [ˌraiˈnaitis]; *alergická n.* allergic rhinitis; *senná n.* hay/rose fever; *dostať n-u* catch* a cold

nadchádzka ž. way-round [ˌweiˈraund]

nadchod m. overhead crossing [əuvehed krosiŋ]; *n. pre chodcov* footbridge

nadjazd m. BR flyover [flaiəuvə], AM overpass [əuvəpaːs], road bridge [rəud bridž]

nadlho for long [fə ˌloŋ]

nádoba ž. vessel [vesl], bin [bin]

nadol down [daun], downwards [daunwədz]

nadránom at dawn [ət ˈdoːn]

nádražie s. | **stanica**

nádrž ž. **1.** container [kənˈteinə], (na vodu ap.) tank [tæŋk]; *n. na benzín* tank; *palivová n.* fuel tank; *obsah n-e* contents/volume of the tank **2.** (vodná) (storage) reservoir [(stoːridž) rezəwaː]

nadšený enthusiastic [inˌθjuːziˈestik], (horlivý) zealous [zeləs]

nadštandardný extra [ækstrə]; *n-é služby* extra services

nadviazať establish [iˈstæbliš], initiate [iˈnišieit], start [staːt], enter [entə] (čo into sth); *n. rozhovor* enter into conversation

nafta ž. (mineral) oil [(minrl) oil], (crude) petroleum [(ˌkruːd) pəˈtrəuliəm]

➤ *Natankujte mi, prosím, motorovú n-u!* Tank up the diesel (fuel), please!

nafukovačka ž. hovor. airbed [eəbed], inflatable mattress [inˌfleitəbl ˈmætris]

nahlas aloud [əˈlaud], (hlasno) loudly [laudli]

➤ *Musíš/Musíte hovoriť n.* You must speak loudly/up.

náhly sudden [sadn]

nahnevaný angry [æŋgri]

náhoda ž. chance [čaːns], coincidence [kəuˈinsidns]

náhodou by chance/coincidence [ˌbai ˈčaːns/kəuˈinsidns]

nahor up [ap], upwards [apwədz]

nahovoriť talk [toːk] (koho sb, na

čo into sth), persuade [pə-'sweid] (koho sb, na čo to sth)

náhrada ž. 1. (vyrovnanie) compensation [ˌkompən'seišn] 2. (škody) indemnification [inˌdemnifi'keišn], damages [dæmidžiz] 3. (zastúpenie) substitute [sabstitju:t]; *rovnocenná n.* equivalent substitute; *žiadať n-u škody* claim the damages

nahradiť 1. (odčiniť) compensate [kompənseit] 2. (zastúpiť) substitute [sabstitju:t], (vymeniť) replace [ri'pleis]

náhradník m. šport. substitute [sabstitju:t], reserve [ri'zə:v], (v práci) stand-in [stændin], (delegácie) alternate [o:l'tə:net]

náhradný substitute [sabstitju:t], supplementary [ˌsaplə'mentri], (súčiastka) spare [speə], (dodávka) compensatory [ˌkompən'seitri]; *n-é riešenie* supplementary solution

náhrobok m. tombstone [tu:mstəun], gravestone [greivstəun]

náhubok m. (pre zviera) muzzle [mazl]

nahý naked [neikid], nude [nju:d], (holý) bare [beə]

nachádzať sa be* situated [bi 'sitjueitid], occur [ə'kə:], be* found [bi 'faund]
➡ *Kde sa práve n-me?* Where are we just now?
Povedzte mi/nám, prosím, kde

sa n-a...? Tell me/us, please, where... is?

nachladnúť | prechladnúť

nachystať | prichystať

najať si | prenajať si

nájazd: *diaľničný n., n. na diaľnicu* feeder lane

najazdiť cover [kavə], do* [du:]; *n. veľa kilometrov* do* many kilometres

najbližší the nearest [ðə 'niərist]
➡ *Koľko kilometrov je do n-ieho mesta, k n-ej benzínke,...?* How many kilometres is it to the nearest town, to the nearest petrol station,...?
Kde je n. ...? Where is the nearest...?

najesť sa eat* [i:t]

najneskôr at the latest [ət ðə 'leitist]; *n. o týždeň, zajtra* in a week, tomorrow at the latest

nájom m. (domu) renting [rentiŋ], (auta, služby) hiring [haiəriŋ], (lietadla) chartering [ča:triŋ], (nehnuteľnosti, hnuteľnosti) leasing [li:siŋ]

nájomné s. rent [rent], rental [rentl]; *n. bez kúrenia* rental without heating (charges); *n. s kúrením* rental including heating (charges)

najprv 1. (spočiatku) at first [ət 'fə:st] 2. (vyj. postupnosť) first [fə:st]

nájsť find* [faind]

➡ *Neviem(e) n. ....* I (We) cannot find...

najviac 1. (vyj. najvyššiu mieru) the most [ðə 'məust] **2.** (nanajvýš) at the most [ət ðə 'məust]

➡ *... stojí n. ... eur, korún,...* ... is... euros, crowns,... at the most.

nákaza ž. infection [in'fekšn]

nakaziť sa become* infected [bi,kam in'fektid]

nákazlivý infectious [in'fekšəs]

náklad m. load [ləud], (tovar) freight [freit], cargo [ka:gəu], goods [gudz]; *jazdiť bez n-u* drive* without cargo

¹nákladný cargo [ka:gəu], freight [freit]; *n-á doprava* freight; *n-á loď* cargo ship; *n. vlak* goods/AM freight train

²nákladný (drahý) expensive [ik'spensiv], costly [kostli]

náklady m. expenses [ik'spensiz], costs [kosts], charges [ča:džiz]; *bežné n-y* running costs; *cestovné n.* travelling costs; *dodatočné n-y* additional charges; *liečebné n.* medical treatment expenses; *prepravné n.* transportation expenses; *na vlastné n-y* at one's own expense

nakrátko (časovo) for a short time [,fər ə 'šo:t taim]

nakrémovať apply cream [ə,plai 'kri:m]

nákup m. (kupovanie) shopping [šopiŋ], (tovar) purchase [pə:čəs], (kúpa) buy [bai]; *ísť na n-y* go* shopping

nakupovanie s. shopping [šopiŋ], buying [baiiŋ]

nakupovať do* one's shopping [,du: 'šopiŋ]; *ísť n.* go* shopping

➡ *Idem(e) n.* I am (We are) going shopping.

nákyp m. pudding [pudiŋ]; *ryžový n.* rice soufflé/pudding

nalačno on an empty stomach [on ən 'emti stomæk], fasting [fa:stiŋ]

nálada ž. mood [mu:d], temper [tempə]

➡ *Máš/Máte dobrú, lepšiu, zlú,... n-u?* Are you in a good, in a better, in a bad,... temper?

nalakovať varnish [va:niš], polish [poliš]

naľavo 1. (vľavo) on the left [on ðə 'left] **2.** (doľava) to the left [tə ðə 'left]; *druhý vozeň n.* the second carriage/AM car/coach on the left

nálepka ž. dopr. hovor. label [leibl]; *diaľničná n.* toll sticker

nález m. (v rôzn. význ.) find [faind], finding [faindiŋ]; *archeologické n-y* archeological findings

nálezca m. finder [faində]

nálezisko s. finding site [faindiŋ sait]; *praveké n.* preahistoric finding place

naliať pour [po:]

N

➧ *Môžem ti/vám ešte n.?* May I pour in more?

naliehať (na koho) insist [in'sist], press [pres], urge [ə:dž]

naliehavý **1.** (neodkladný) urgent [ə:džnt], pressing [presiŋ] **2.** (nástojčivý) insistent [in'sistənt]

nalodiť (sa) embark [im'ba:k]

naložiť (náklad ap.) load [ləud]

námaha ž. (fyzická) strain [strein], (úsilie) efforts [efəts]; *neľutovať n-u* spare no trouble/no pains

namáhať strain [strein] // ***n. sa*** (usilovať sa) strive [straiv], exert o.s. [ig'zə:t], take* pains [ˌteik 'peinz]

namáhavý strenuous [strenjuəs], (ťažký) difficult [difiklt], (únavný) tiring [taiəriŋ], (vyčerpávajúci) exhausting [ig'zo:stiŋ]; *n. turistický pochod* exhausting tourist march

namaľovať paint [peint] // ***n. sa*** make* (one's face) up [ˌmeik (feis) 'ap]

➧ *Kto n-l tento obraz?* Who painted this picture?

námestie s. square [skweə]; *hlavné n.* main square; *kruhové n.* circus; *trhové n.* market square

➧ *Kde, ktorým smerom je... n.?* Where, which direction is... square?

namiesto instead of [in'sted əv], in place of [in 'pleis əv]

➧ *Prišiel som n. brata, otca,...* I've come instead of my brother, of my father,...

námorníctvo s. **1.** (plavidlá) navy [neivi] **2.** (povolanie) seamanship [si:mənšip]

námorník m. sailor [seilə], mariner [mærinə], seaman* [si:mən]

námorný naval, marine [mə'ri:n], sea [si:]; *n-á flotila* naval fleet; *n. prístav* seaport

námraza ž. icing [aisiŋ], (inovať) hoarfrost [ho:frost]; *n. na cestách* icing conditions

nanajvýš at the most [ət ðə 'məust], at the longest [ət ðə 'loŋgist]

➧ ✱ *Cesta z... do... trvá n. ... hodín,... hodiny.* The journey from... to... takes... hours,... hour at the longest.

nanuk m. choc-ice [čokais]

naobedovať sa have*/take* one's lunch/dinner [ˌhəv/ˌteik 'lanč/'dinə]

naolejovať (sa) oil [oil]

➧ ✱ *Dobre sa n-uj(te).* Make sure to use lotion.

naozaj really [riəli], indeed [in'di:d]

➧ *Je to n. pravda?* Is it really true? *To je mi/nám n. ľúto.* I am/We are indeed sorry.

nápad m. idea [ai'diə]

➧ *To bol dobrý, zlý n.* It was a good, a bad idea.

N

napadnúť 1. (útokom) attack [ə'tæk] **2.** (prísť na um) get* an idea [ˌget ən ai'diə], occur [ə'kə:]

➡ *Ani ma nen-e!* Catch me doing it! No way!

nápadný striking [straikiŋ], (krikľavý) shouting [šautiŋ], (výstredný) eccentric [ik'sentrik]

napätie s. **1.** tension [tenšn] **2.** (vypätie) strain [strein] **3.** elektr. voltage [voltidž]; *vysoké n.* high voltage; *pod n-ím* live

➡ *Aké je tu n. prúdu?* What voltage is it here?

napínavý thrilling [θriliŋ]; *n. film* thriller

nápis m. (oznamujúci) notice [nəutis], (na pamätníku) inscription [in'skripšn], (orientačný, firemný) sign [sain], (na minci) legend [ledžənd]

napísať write* [rait]

➡ ✱ *N-š(te) mi, prosím, svoju adresu, telefónne číslo,...!* Write me your address, your telephone number,..., please.

napiť sa have* a drink [ˌhəv ə 'driŋk]

náplasť ž. (na rany) (adhesive) plaster [(ədˈhi:siv) pla:stə], AM Band-Aid [bændeid]

nápoj m. beverage [bevridž], (hl. alkoholický) drink [driŋk]; *alkoholické n-e* alcoholic drinks/beverages, (hard/strong) drinks; *energetický n.* energetic drink; *horúce n-e* hot beverages; *chladený n. (s kockami ľadu)* iced drink (with ice cubes); *instantný n.* instant drink; *jogurtový n.* youghurt drink; *mixovaný n.* mixed drink; *nealkoholický n.* soft/non-alcoholic drink; *n. k jedlu* drink served with a meal; *ceny n-ov* beverages prices

napolitánka ž. wafer [weifə]

napoludnie at noon [ət 'nu:n]; *vždy n.* at noons

napomenúť reprimand [repriˈma:nd], (varovať) warn [wo:n], caution [ko:šn]

naposledy last [la:st]

➡ *N. som videl/sme videli... pred hodinou, včera,...* I/We saw... last one hour ago, yesterday,...

náprava ž. motor. axle [æksl]; *predná n.* front axle; *zadná n.* rear/back/end axle

napravo 1. (na pravej strane) on the right [on ðə 'rait] **2.** (doprava) to the right [tə ðə 'rait]; *n. od vchodu* to the right of the entrance

napriek in spite of [in 'spait əv]; *n. dažďu, hustej hmle* in spite of rain, thick fog

napríklad for example [fər igˈza:mpl]

¹naproti (v ústrety) meet* [mi:t]

➡ *Prídeme ti/vám n. na stanicu.* We shall meet you at the station.

²naproti opposite [ɔpəzit]
➡ *Bývam(e) hneď n.* I (We) live right across the street.
✳ *N. hotelu, radnici, stanici stojí...* There's... opposite the hotel, the town hall, the station.

napuchnúť | opuchnúť

napumpovať pump (up) [(ˌ)pʌmp ('ʌp)]

náradie s. tools [tu:lz], implements [implimənts], (telocvičné) apparatus [ˌæpə'reitəs], (kuchynské) utensils [ju:'tenslz]

náramok m. bracelet [breislət], (pevný) bangle [bæŋl]; *identifikačný n. (pre hostí hotelov poskytujúcich v cene pobytu kompletné služby)* identification bracelet

naraňajkovať sa have* breakfast [ˌhəv 'brekfəst]

naraz 1. (náhle) suddenly [sʌdnli]
2. (zároveň) at the same time [ət ðə 'seim taim]

náraz m. bump [bʌmp], (úder) stroke [strəuk], (nápor) gust [gʌst], blast [bla:st]

naraziť strike* [straik] (do čoho against/into sth), bump [bʌmp] (do čoho against sth); *n. do idúceho, stojaceho vozidla* strike* against the moving, the standing vehicle

nárazník m. motor. bumper [bʌmpə], AM fender [fendə]

nárečie s. dialect [daiəlekt]

nárez m. kuch. mixed/cold/selec-tion of meats [mikst/kəuld/si'lekšn əv mi:ts], sliced salami [ˌslaist sə'la:mi]

narkoman m. drug addict [ˌdrag 'ædikt]

náročný 1. exacting [ig'zæktiŋ], demanding [di'ma:ndiŋ]; *n. hotelový hosť* demanding hotel guest; *n. zákazník* discerning/discriminating customer
2. (ťažký) difficult [difiklt], (namáhavý) strenuous [strenjuəs], arduous [a:djuəs], (vyčerpávajúci) exhausting [ig'zo:stiŋ], (únavný) tiring [taiəriŋ]; *n-á túra* strenuous tour/trip

národ m. nation [neišn], hovor. people [pi:pl]

narodeniny ž. birthday [bə:θdei]
➡ *Všetko najlepšie k n-ám!* Happy birthday! Many happy returns (of the day)!

narodiť sa be* born [bi 'bo:n]
➡ ✳ *Tu sa narodil....* Here... was born.

národnosť ž. nationality [ˌnæšn-'æləti]

národný national [næšnl]; *n-é jedlo* national dish

nárok m. (právo) right [rait], (požiadavka) claim [kleim], (právny) title [taitl]; *n. na náhradu škody* claim for damages

nasadnúť (na dopr. prostriedok) get* on [ˌget 'on], board [bo:d], (do auta) get* into [ˌget 'intə]
➡ *N-ať, prosím!* All aboard!

naschvál on purpose [on 'pə:pəs]

násilný violent [vaiəlnt]; *n. čin* act of violence

naskočiť 1. (na idúce vozidlo) jump [džamp] (*na čo* on sth, *do čoho* in sth) **2.** (o motore) start up [ˌsta:t 'ap], fire [faiə]

náskok m. start [sta:t] (*v pretekoch, súťaži*) lead [li:d]; *pätnásťminútový n.* fifteen minute's start; *získať n.* get* a start

následok m. consequence [konsikwəns], result [ri'zalt], effect [i'fekt], outcome [autkam]; *n. nehody* consequence of the accident

nasledovať follow [foləu]

nasledujúci following [foləuiŋ], next [nekst], (*udalosti*) subsequent [sabsikwənt]

➡ *Prídem(e) n-m autobusom, trajektom, vlakom,...* I (We) shall come by the next bus, bytext ferry, next train,...

naspamäť by heart [bai 'ha:t]

naspäť back [bæk]

➡ *Kedy ide posledný autobus, vlak,... n. do...?* When is the last bus, train,... back to...?

nasťahovať sa move [mu:v] (*do čoho* in/into sth)

➡ *Kedy sa môžem(e) n. do apartmánu, hotelovej izby, stanov,...?* When can I (we) move into the suite/[AM] apartment, the hotel room, tents,...?

nástup m. (na dovolenku) setting

out [ˌsetiŋ 'aut], (*do vlaku, lietadla, na loď*) boarding [bo:diŋ]

nástupište s. platform [plætfo:m]

➡ *Na ktoré n. príde vlak z...?* Which platform does the train from... arrive at?
Z ktorého n-ťa odchádza vlak do...? Which platform does the train to... leave from? Which platform is the train to...?

nastúpiť (na dopr. prostriedok) get* [get] (*na čo* on sth, *do čoho* in/into sth), (*do lietadla, na loď*) board [bo:d], (*na loď*) embark [im'ba:k]

➡ *Na ktorej stanici, kde,... musím(e) n.?* Which station, where,... must I (we) get on?

náš our [auə], (samostatne) ours [auəz]

➡ *Kde je naša skupina, delegátka, vedúca zájazdu,...?* Where is our group, delegate, guide,...?

naštartovať start (up) [(ˌ)sta:t ('ap)]; *n. auto* start (up) a car

natáčka ž. roller [rəulə], curler [kə:lə]

natankovať fill up [ˌfil 'ap], refill [ˌri:'fil], [AM] gas up [ˌgæs 'ap], [AM] tank up [ˌtæŋk 'ap], odb. re-fuel [ˌri:'fju:əl]

➡ *N-ujte, prosím, auto doplna!* Full tank, please! Fill it up, please! [AM] Tank it up, please!
Ešte musíme n. We need to refill. We need to fill up the

tank. We need petrol. AM We must gas up.

natiahnuť 1. (vystrieť) reach out [ˌriː'aut], (napnúť) tighten [taitn] **2.** (hodinky ap.) wind (up) [(ˌ)waind ('ap)]

nátierka ž. kuch. spread [spred]

nato afterwards [aːftəwədz], after that [aːftə 'ðæt]; *hneď n.* just/shortly/not long afterwards/after

natrieť (maslo) spread* [spred], (krém) apply [ə'plai], put* on [ˌput 'on]; *n. sa opaľovacím olejom* put* some suntan oil on

naučiť sa learn* [lə:n]

➡ * *Kde si sa n-l/ste sa n-li tak dobre po...?* Where did you learn to speak... so well?

náušnica ž. earring [iəriŋ]

nával m. (ľudí) crush [kraš], crowd [kraud]

navariť cook [kuk]

navečer in the evening [in ði 'iːvniŋ]

navečerať sa have* supper [ˌhəv 'sapə]

navigovať navigate [nævigeit], pren. show* round [šəu 'raund]

návod m. (postup) instruction [in'strakšn], (pokyny) directions [di'rekšnz], guidelines [gaidlainz]; *n. na použitie* directions for use, operating instructions

návrat m. return [ri'tə:n], comeback [kambæk]; *predčasný n.* untimely return; *n. domov/do vlasti* homecoming

návrh m. proposal [prə'pəuzl], suggestion [sə'džesčn]

navrhnúť propose [prə'pəuz], suggest [sə'džest]

návšteva ž. **1.** visit [vizit]; *dlhšia n.* stay; *krátka n.* call, short visit **2.** (ubytovaná u hostiteľa) guests [gests], (návštevníci) visitors [vizitez]

➡ *Som tu/Sme tu na n-e.* I am/We are on a visit here. *Mohli by ste pre našu skupinu zorganizovať n-u divadla, múzea,...?* Would you organize the visit of a theatre, a museum,... for our group? *Naša n. už odcestovala.* Our guests went away.

* *Ďakujem(e) vám za n-u.* Thank you for your visit.

návštevník m. visitor [vizitə], caller [ko:lə], guest [gest]

navštívenka ž. (visiting/(v práci) business/AM calling) card [(vizitiŋ/biznis/ko:liŋ) ka:d]

navštíviť (v rôzn. význ.) (pay* a) visit [(ˌpei ə') vizit], (krátko) call [ko:l], (mesto) go* to [gəu tə], see* [si:]

➡ *Rád by som n-l/Radi by sme n-li múzeum, skanzen,...* I'd/We'd like to visit a museum, an outdoor/open-air museum,...

* *Príď(te) nás niekedy n.* Come to see us sometimes.

* *Kedy nás zasa n-š/n-te?* When will you see us again?

názor m. opinion [ə'pinjən]
➤ *Podľa môjho n-u je... ...* is, in my opinion,...

nealkoholický non-alcoholic [ˌnɒnælkə'holik]; *n-é pivo* non-alcoholic beer; *n-á reštaurácia* non-alcoholic restaurant, restaurant with non-alcoholic drinks

nebezpečenstvo s. danger [dein-džə], risk [risk], hazard [hæzəd]; *n. na mori* danger in the open sea; *n. poľadovice* black-ice risk; *n. vytvárania sa námrazy* icing risk; *byť mimo n-a* be* out of danger

nebezpečný dangerous [dein-džrəz], hazardous [hæzədəs]

nebo s. sky [skai]; *pod holým n-m.* in the open air

necesér m. toilet/dressing case [toilit/dresiŋ keis], toilet bag [toilit bæg]

nečas m. bad weather [ˌbæd 'weðə]

¹neďaleko prísl. near [niə], near-by [ˌniə'bai]

²neďaleko predl. close [kləuz] (čoho to sth), not far [not 'fa:] (čoho from sth); *n. lesa, mora, pláže, stanice* near the forest, the sea, the beach, the station

nedávno recently [ri:sntli], lately [leitli]

nedeľa ž. Sunday [sandi]; *každú n-u* every Sunday, on Sundays

➤ ✳ *V n-u a vo sviatok zatvorené.* Closed on Sundays and Holidays.

nedisciplinovaný undisciplined [an'disiplind]

nedopatrenie s. oversight [əuvə-sait], (chyba) slip [slip], error [erə], mistake [misteik]; *n-ím* by mistake, by oversight

nedoplatok m. arrears [ə'riəz], AM back payment [bæk pei-mənt], outstanding payment [autstændiŋ peimənt]

nedorozumenie s. misunder-standing [ˌmisandə'stændiŋ]; *vyjasniť n.* clear up a misunder-standing
➤ *To bude určite n.* There must be certainly some misunder-standing.

nedostatok m. **1.** (chyba) imper-fection [ˌimpə'fekšn], defect [di:fekt], fault [fo:lt], flaw [flo:] **2.** (chýbanie) lack [læk], short-age [šo:tidž]; *pre n. času* due to the lack of time

nedovolený illicit [i'lisit], inadmis-sible [ˌinəd'misəbl], (zakázaný) prohibited [prə'hibitid]; *n-é predbiehanie* overtaking prohi-bited; *ísť n-ou rýchlosťou* be* speeding, go* over/exceed the speed limit

nefajčiar m. non-smoker [ˌnon-'sməukə]
➤ *Som n.* I don't smoke.

nehoda ž. accident [æksidnt]; *váž-*

na dopravná n. serious traffic accident; *n. so smrteľnými následkami* fatal accident; *príčina n-y* accident cause; *jazdiť bez n-y* drive* without accidents

➡ *Stala sa tu n.* A car accident happened here.
Mal som/Mali sme automobilovú, dopravnú n-u. I've/We've had a car, a traffic accident.
Kde môžem(e) nahlásiť dopravnú n-u? Where can I (we) report the traffic accident?

nehybný immobile [i'məubail], motionless [məuʃnləs]

nechať 1. (na urč. mieste ap.) leave* [li:v], keep* [ki:p] **2.** (zabudnúť, nevziať so sebou) leave* **3.** (zanechať) leave*

➡ *Môžem(e) si tu n. batožinu, auto,..?* May I (we) leave the luggage, the car,... here?
Neviem, kde som n-l dáždnik, kľúče, pas,... I don't know where I've left my umbrella, my keys, my passport,....
N-mám/N-máme si tu do zajtra tri kufre. I'll/We'll leave these three suitcases here until tomorrow.

✳ *N-jte nám správu, kedy, na ako dlho,...* Leave the message for us when, for how long,...

necht m. nail [neil]

neistý 1. (nezaručený) uncertain [un'sə:tn] **2.** (menlivý) change-

able [čeindžəbl]; *n-é počasie* unsettled/changeable weather

nejaký (dajaký) some [sam], (istý) a certain [ə 'sə:tn], a [ə], an [ən]

nemčina ž. German [džə:mən]

Nemec m. German [džə:mən]

Nemecko s. Germany [džə:məni]; *Spolková republika N.* Federal Republic of Germany

nemecký German [džə:mən]

nemocnica ž. hospital [hospitl]; *fakultná n.* teaching hospital *ležať v n-i* lie* in a hospital

➡ *Kde je (najbližšia) n.?* Where is the (nearest) hospital?

nemožný 1. (vylúčený) impossible [im'posəbl] **2.** (neuskutočniteľný) unfeasible [an'fi:zəbl]

➡ *To je časovo n-é.* It's impossible/unfeasible due to time constraints.

nenáročný (skromný) modest [modəst], unpretentious [ˌanpri'tenšəs], (zábava) lowbrow [ləubrau], (čítanie) light [lait]

neobsadený unoccupied [an'okjəpaid]

neobývaný uninhabited [ˌanin'hæbitid], (byt) empty [emti], unoccupied [an'okjəpaid], vacant [veiknt]

neoklasicistický neoclassical [ˌni:əu'klæsikl]

neoklasicizmus m. neoclassical style [ˌni:ə'klæsikl stail], neoclassicism [ˌni:ə'klæsisizm]

neopatrný careless [keələs], incautious [in'ko:šəs]

nepárny odd [od]

nepitný non-potable [,non'pəutəbl]

neplatný invalid [in'vælid], void [void], (bankovka) not current [,not 'karnt]

➡ ✳ *Máte už n. pas, n-é vízum,...* Your passport, visa,... is not valid yet.

neplavec m. non-swimmer [,non-'swimə]

neplnoletý not of age [,not əv 'eidž], underage [,andər'eidž], (mladistvý) juvenile [džu:və-nail]; *n-é dieťa* minor

nepohodlný uncomfortable [an'kamftəbl], (nevhodný) inconvenient [,inkən'vi:niənt]

nepojazdný unroadworthy [,anrəud'wə:ði], not roadworthy [,not 'rəudwə:ði]

nepokoj m. 1. restlessness [restləsnəs] 2. (spoločenský) unrest [anrest], (vzbura) riot [raiət]; *rasové n-e* race riots

nepokojný 1. restless [restləs], (neposedný) fidgety [fidžiti] 2. (rušný) troubled [trabld], stormy [sto:mi]; *n-é more* rough sea

neporiadok m. disorder [di'so:də]

nepozornosť ž. inattentiveness [,inə'tentivnəs], inattention [,inə'tenšn], (nedbalosť) carelessness [keələsnəs]; *z n-ti* due to the carelessness; *chyba z n-i* careless mistake

nepozorný inattentive [,inə'tentiv]

nepravidelne irregularly [i'regjə-ləli], on and off [,on ənd 'of]

nepravidelný irregular [i'regjələ]

➡ ✳ *... premáva n-e. ...* runs irregularly.

nepreclený uncustomed, (nápis na balíku) duty unpaid

nepremokavý waterproof [wo:təpru:f]

neprenosný stationary [steišnri]

nepresný 1. (časovo) unpunctual [an'paŋčuəl] 2. (op. presný) inaccurate [in'ækjərət], inexact [,inig'zækt]

➡ *Dostali sme n-é informácie o...* We've got inexact information about...

nepretržitý uninterrupted [,anintə'raptid], (neustály) continuous [kən'tinjjuəs], incessant [in'sesnt], (prevádzka) 24-hours-open [,twenti fo: auəz 'əupn]

➡ ✳ *Obchody, kúpaliská, múzeá,... sú otvorené n-e.* Shops, swimming pools, museums,... are open 24 hours.

nepriaznivý unfavourable [an'feivrəbl], adverse [ædvə:s], bad [bæd]; *pre n-é počasie* due to bad weather

nepríjemnosť ž. (mrzutosť) difficulties [difikltiz], trouble [trabl]

nepríjemný 1. unpleasant [an'pleznt] 2. troubling [trabliŋ], bothering [boðriŋ]

N

➡️ *Je mi/nám veľmi n-é, že...*
I am/We are very sorry to let you know...

neprístupný 1. (ťažko dostupný) inaccessible [ˌinek'sesəbl]
2. (človek) reserved [ri'zə:vd]; *mládeži n.* adults only

neprítomnosť ž. absence [æbsns]; *počas mojej n-ti* in my absence

neprítomný absent [æbsnt]

nerozhodný 1. indecisive [ˌindi'saisiv], (váhavý) hesitating [heziˈteitiŋ] 2. (hra) draw [dro:]

nerozvážny thoughtless [θo:tləs]

nerv m. nerve [nə:v]; *nestratiť n-y* keep* calm; *stratiť n-y* lose* one's cool

nervózny nervous [nə:vəs], (nepokojný) fidgety [fidžiti]

neschodný impassable [im'pa:səbl]

neskafé s., hovor. **neska** ž. Nescafé [neskəfei], instant coffee [instənt kofi]

neskoro late [leit]

➡️ *Musím(e) ísť, už je dosť n.*
I (We) have to leave/must be going, it's too late.
... prišiel zasa n. ... came late again.

neskorý late [leit]; *v n-om stredoveku* in the late Middle Ages

neskôr later on [ˌleitə 'on]

neslaný (neosolený) unsalted [an'so:ltid], (bez soli) saltless [so:ltləs]

nesplavný unnavigable [an'næviɡəbl]

nespokojný discontended [ˌdiskən'tentid], dissatisfied [dis'sætisfaid]

➡️ *Som n./Sme n-í s...* I am/We are discontented with...

nespoľahlivý unreliable [ˌanri'laiəbl]

nesprávny wrong [roŋ], incorrect [ˌinkr'ekt], false [fo:ls]

➡️ *Dali ste mi/nám n-e informácie.* You've given me/us incorrect information.

nestály (o počasí) unsettled [an'setld], changeable [čeindžəbl]

nestrážený unguarded [an'ga:did]

neškodný harmless [ha:mləs]

nešťastie s. misfortune [mis'fo:čn], (nehoda) accident [æksidnt], (katastrofa) catastrophe [kə'tæstrəfi], disaster [di'za:stə]; *automobilové n.* car accident/crash; *lavínové n.* avalanche disaster; *letecké n.* air disaster/crash, plane crash; *železničné n.* railway disaster

nešťastný 1. unfortunate [an'fo:čnət] 2. (skľúčený) unhappy [an'hæpi], bad [bæd] 3. (osudný) fateful [fetifl], (prinášajúci smolu) unlucky [an'laki]

neter ž. niece [ni:s]

netrpezlivý impatient [im'peišnt]

neúmyselný unintentional [ˌanin'tenšnl]

neurčitý indefinite [in'defnit], (nejasný) vague [veig]

neuveriteľný unbelievable [ˌanbi-'li:vəbl], incredible [in'kredəbl]
➡ *To je n-é!* It's incredible!

neverný unfaithful [an'feiθfl]

nevhod at the wrong/inconvenient moment/time
➡ *Prichádzam(e) n.?* Am I (Are we) coming at an inconvenient time?

nevidiaci m. blind person [blaind pə:sn]

nevinný innocent [inəsnt]
➡ *Som n./Sme n-í.* I am/We are innocent.

nevkusne tastelessly [testləsli], without taste [wiðaut 'teist], in bad taste [in ˌbæd 'teist]

nevkusný tasteless [teistləs]

nevodič m. nondriver [ˌnon-'draivə]
➡ *Som n.* I am non-driver.

nevoľnosť ž. indisposition [ˌindispə'zišn, (žalúdočná) upset [apset], nausea [no:siə], sickness [siknəs]; *chvíľková n.* temporary indisposition; *n. počas cesty dopravným prostriedkom* travel sickness, (autom) car sickness; *n. počas letu súvisiaca s časovým posunom* air sickness due to jet
➡ *Máte niečo proti n-ti z lietania?* Have you something against air sickness?

nevýhodný disadvantageous [disˌædvən'teidžəs], unfavourable [an'feivrəbl]

nevykúrený unheated [an'hi:tid]

nezamestnaný m. unemployed [ˌanim'ploid], jobless [džobləs]

nezáväzne without obligation [ˌwiðaut obli'geišn], (odpovedať) noncommittaly [ˌnonkə'mitli]; *prihlásiť sa n-e na...* pre-register for...

nezáväzný not binding [ˌnot 'baindiŋ], (údaje) subject to correction [ˌsabdžikt tə kə'rekšn], (odpoveď) noncommittal [ˌnonkə'mitl]; *n-á odpoveď* noncommittal answer; *n-á ponuka* not binding offer

nezjazdný impassable [im'pa:səbl], (cesta) impossible to drive on [imˌposəbl tə ˌdraiv 'on]; *n. počas zimných mesiacov* impossible to drive on through the winter months

neznámy unknown [an'nəun], unfamiliar [ˌanfə'miliə]

neznesiteľný unbearable [an'beərəbl]
➡ *Je n-e teplo, zima,...* It is unbearably hot, cold,...

nezodpovedný irresponsible [ˌiri'sponsəbl]; *n. vodič* irresponsible driver

nič nothing [naθiŋ], (v zápore) anything [eniθiŋ]; *vôbec n.* nothing at all
➡ *Ďakujem(e), už n. nepotrebujem(e).* Thanks, I (we) don't need anything now. *To n.!* It doesn't matter!

nie no [nəu]; *ešte n.* not yet, not now

➡ *Ideš/Idete s nami? N.!* Do you go with us? No, I/we don't.

niečo something [samθiŋ], (v otázke) anything [eniθiŋ]

➡ * *Ešte n.?* Anything else?

niekam somewhere [samweə], (v otázke a zápore) anywhere [eniweə]

niekde somewhere [samweə], (v otázke a zápore) anywhere [eniweə]

➡ *Je tu n. kemp, motorest, reštaurácia,...?* Is there a campsite, a motorest, a restaurant,... anywhere near here?

niekedy 1. (občas) sometimes [samtaimz] **2.** (v neurčitom čase) sometime [samtaim] **3.** (v minulosti) at some time [ət 'sam taim]

niekoľko several [sevrl], a few [ə 'fju:], some [sam]; *o n. dní* in a few days

➡ * *Počkaj(te), prosím, n. minút.* Wait some minutes, please.

niekto somebody [sambodi], someone [samwan], (v otázke a zápore) anybody [enibodi], anyone [eniwan]

➡ *Telefonoval mi/nám n.?* Did anybody call me/us by phone? *Je tu n.?* Is anybody here?

niesť 1. carry [kæri] **2.** (znášať) bear* [beə]; *n. náklady* bear*

costs; *n. za čo zodpovednosť* be* responsible for sth

nijaký no [nəu], (samostatne) none [nan]

nika ž. niche [ni:š]

nikam nowhere [nəuweə], (v zápore) anywhere [eniweə]

nikde 1. nowhere [nəuweə], (v zápore) anywhere [eniweə] **2.** (na nijaké miesto) at no place [ət 'nəu pleis]

nikdy never [nevə], (po zápore, v otázke) ever [evə]; *už n.* never again

nik(to) nobody [nəubədi], no one [nəu 'wan], none [nan], (v zápore) anybody [enibodi]

➡ *N. nie je zranený.* Nobody is injured.
N. nevidel, nestretol,... Nobody saw, met,...

niť ž. thread [θred]

niťovky ž. vermicelli [ˌvəˈmiˈčeli]

nízkokalorický low-calory [ˌləu ˈkælri]

nízkotučný low-fat [ˌləu ˈfæt]; *n-é výrobky* low-fat products

nízky 1. (op. vysoký) low [ləu]; *N-e Tatry* the Low Tatras/Tatra Mountains **2.** (vzhľadom na zem) low; *n-a oblačnosť* low clouds; *oblasť n-eho tlaku vzduchu* area of low pressure, depression **3.** (vyj. mieru) low; *n-e ceny* low/bargain prices; *n-e teploty* low temperatures

níž ž. (tlaková) area of low pressure [ˌeəriə ev ləu ˈpreʃə], depression [diˈpreʃn]

nížina ž. lowlands [ˈləuləndz]

noc ž. night [nait]; *polárne noci* polar nights; *až do noci* far in the night; *dnes v n-i* tonight; *včera, zajtra v noci* yesterday, tomorrow at night; *po celú n.* all night (long)

➡ *Chcel by som/Chceli by sme ubytovanie na jednu n., dve, tri,... noci.* I'd/We'd like an accommodation for one night, two, three,... nights.
Je... v noci, celú n.,... otvorený? Is... open at night, all the night,...?
Je... v noci strážený? Is... attended at night?
Dobrú n.! Good night!

nocľah m. (night's) lodging [(naits) lodžiŋ]; *n. s raňajkami* bed and breakfast; *poskytnúť komu n.* put* sb up (for the night)

nocľažné s. lodging fee [lodžiŋ fi:]

nocľažník m. (overnight) guest [(əuvənait) gest], lodger [lodžə]

nocovať pass/spend* the night [ˌpa:s/ˌspend ðə ˈnait], sleep* [sli:p], stay [stei]; *n. v hoteli, stane* pass the night at the hotel, in the tent; *n. u známych* sleep* at the house of/stay with friends

nočný night [nait]; *n. Londýn* London by night; *n-á prevádzka* open all night; *n-á služba* night services

noha ž. **1.** (od členka po prsty) foot* [fut] **2.** (celá dolná končatina) leg [leg]

➡ *Zlomil som si n-u.* I broke my leg.

nohavice ž. trousers [trauzəz], AM pants [pænts]; *dlhé n.* long trousers; *krátke n.* short leg trousers; *lyžiarske n.* ski-pants, (oteplʹovacie) salopettes; *pančuchové n.* tights

nohavičky ž. knickers [nikəz], underpants [andəpænts], AM panties [pæntiz]

Nór m. Norwegian [noːˈwiːdžn]

Nórsko s. Norway [noːwei]

nórsky Norwegian [noːˈwiːdžn]

normál m. hovor. (o benzíne) normal/two star petrol [noːml/tuː ˌstaː petrl]

normálny normal [noːml], standard [stændəd], regular [regjələ]

nos m. nose [nəuz]

¹nosič m. (osoba): *n. batožiny* porter

➡ *N.! Vezmite, prosím, moju/našu batožinu!* Porter! Take my/our luggage, please!

²nosič m. | ohrádka

nosiť 1. carry [kæri] **2.** (na sebe) wear* [weə]; *n. okuliare* wear* glasses

N

november m. November [nə'vembə]; *v n-ri* in November

novembrový November [nə'vembə]; *n-é hmly* November fogs

novinka ž. **1.** (vec) novelty [novlti] **2.** hovor. (správa) news [nju:z]

noviny ž. newspaper [nju:speipə], hovor. press [pres], (denná tlač) daily press [deili pres]

novootvorený newly open [nju:li əupn]

novovek ž. New Age [ˌnju: 'eidž], modern times/age/era [ˌmodn 'taimz/'eidž/'iərə]

novoveký modern [modn]

nový (v rôzn. význ.) new [nju:]

➡ *Čo je n-é?* What's the news? How is it going?

nožík m. (vreckový) pocket knife* [pokit naif]

nožnice ž. (a pair of) scissors [(ə ˌpeə əvˈ) sizəz]

nôž m. knife* [naif]

nuda ž. boredome [bo:dəm]

nudista m. nudist [nju:dist], AM naturist [neičrist]

nudistický nudist [nju:dist], AM naturist [neičrist]; *n-á pláž* nudist/AM naturist beach

nudiť bore [bo:] // *n. sa* be* bored [bi 'bo:d]

nudizmus m. nudism [nju:dizm], BR naturism [neičrizm]; *pestovať n.* go* in for nudism

nudný boring [bo:riŋ], dull [dal]

núdza ž. **1.** (bieda) poverty [povəti] **2.** (tvŕdza) necessity [nə'sesəti], distress [di'stres]

núdzový emergency [i'mə:džnsi]; *n-é osvetlenie* emergency lighting; *n-á situácia* emergency (situation); *n. východ* emergency exit, fire escape; *n-o pristáť* make* an emergency/forced landing

núkať | **ponúkať**

nula ž. zero [ziərəu], null [nal], šport. nill [(nil]

➡ *Je... stupňov nad, pod nulou.* It is... degrees above, below zero. It is plus, minus... degrees Celsius.

nútiť force [fo:s], push [puš], compel [kəm'pel]

nutný necessary [nesəsri], (bezpodmienečne) essential [i'senšl]

POZNÁMKY

O

o 1. (časovo) in [in]; *(najneskôr)*
o pol hodiny in half an hour (at
the latest); *zajtra o tomto čase*
this time tomorrow **2.** (vyj. rôz-
ne okolnosti) for [fə]; *volať*
o pomoc cry for help; *hrať*
o peniaze play for money
➡ *... sa začína o....* ... begins at...
o'clock.

obal m. cover [kavə], (balenie)
packing [pækiŋ], (papierový,
plastový) wrapping [ræpiŋ],
wrapper [ræpə]

obálka ž. **1.** envelope [envələup]
2. (obal knihy) cover [kavə]

obava ž. fear [fiə]
➡ ✳ *Nemajte (zbytočné) o-y!*
There's nothing to fear.

obávať sa be* afraid [bi ə'freid]
(čoho of sth)

občan m. citizen [sitizn]; *štátny o.*
citizen, national; *o. štátu EÚ*
EU citizen

občas occasionally [ə'keižnli],
from time to time [from ,taim
tə 'taim]

občerstvenie s. **1.** (jedlo, nápoj)
refreshments [ri'frešmənts],
(menšie) snack [snæk] **2.** (bu-
fet ap.) buffet [bufei]; *rýchle o.*
fast food

občerstviť (sa) refresh (o.s.) [ri-
'freš] (čím with sth)

občianstvo s. citizenship [sitizn-

šip]; *štátne o.* citizenship, na-
tionality; *osvedčenie o získaní*
štátneho o-a naturalization cer-
tificate; *vlastník dvojitého o-a*
double citizenship owner

obdiv n admiration [,ædmə'reišn]

obdivovať admire [əd'maiə]

obdobie s. period [piəriəd],
(ročné) season [si:zn], (dejín)
epoch [i:pok], stage [steidž];
gotické o. gothic period; *pose-*
zónne o. after-season/post-sea-
son period; *predsezónne o.*
pre-season period; *o. dažďov*
rainy period/spell

obec ž. municipality [mju:,nisi-
'pæləti]

obecenstvo n. audience [o:diəns]

obed m. **1.** (denná doba) midday
[,mid'dei], noon [nu:n]; *cez o.*
at midday, at noon; *okolo o-a*
round about midday **2.** (hlavné
jedlo) dinner [dinə], (ľahký)
lunch [lanč]
➡ *Čo bude na o.?* What's for lunch?
O koľkej sa podávajú o-y?
What time is dinner served?
✳ *Pozývam ťa/vás na o.* I'd like
to invite you to lunch.

obedár m. hovor. lunch box [lanč
boks]

obedňajší lunch [lanč], lunchtime
[lančtaim]

obedovať (have*/take one's)
lunch [(,həv'/,teik') lanč]
➡ ✳ *O-l si/O-li ste už?* Have you
had your lunch yet?

O

Ešte som neo-l/sme neo-li.
I/We haven't lunched yet.
Už som o-l/sme o-li. I've/We-
've already had my/our lunch.
Poďme o. Let's have lunch.

obehať scour [skauə], comb
[kəum]; *o. celé mesto, všetky
obchody* scour all the city, all
the shops

obeť ž. victim [viktim]; *o. doprav-
nej nehody* (traffic) casualty,
accident victim

obetavý self-sacrificing [ˌselfˈsækri-
faisiŋ]

obchádzka ž. dopr. detour
[diːtuə], (dočasná) diversion
[daiˈvəːšn]

obchod m. (predajňa) shop [šop],
AM store [stoː]; *o. s biopotravi-
nami* wholefood shop; *chodiť
po o-och* go* shopping

➡ *Kedy sa otvára, zatvára tento
o.?* What time does this shop
open, close?

✴ *O. má od... do... otvorené, za-
tvorené.* The shop is open
from... till... The shopping
ours are from... to...

✴ *O-y sú cez obed, v nedeľu,...
zatvorené.* The shops are
closed at noon, on Sundays,...

obchodný commercial [kəˈməːšl],
business [biznis], trade [treid];
o-é centrum commercial/busi-
ness centre; *o-á štvrť mesta*
business area of the town

obchvat m. dopr. bypass

[baipaːs]; *kruhový o.* ring road,
AM beltway

obidva(ja), oba both [bəuθ]

obísť 1. (dookola) go*/walk
round [ˌgəu/ˌwoːk ˈraund]
2. (vyhnúť sa) avoid [əˈvoid]
3. (obchádzkou) make*/AM
take* a detour [ˌmeik/ˌteik
ə ˈdiːtuə] **4.** (vozidlom) drive*
around [ˌdraiv ə ˈraund], (chô-
dzou) walk around [ˌwoːk ə-
ˈraund] **5.** hovor. (ponavštevo-
vať) visit [vizit], scour [skauə],
comb [kəum]; *o. obchody*
scour the shops; *o. pol mesta*
visit half a town

objaviť discover [diˈskavə], find*
[faind] // *o. sa* (zjaviť sa) ap-
pear [əˈpiə], (vyskytnúť sa)
emerge [iˈməːdž], occur [əˈkəː]

➡ *O-l som/O-li sme príjemnú reš-
tauráciu, peknú pláž, zaujímavú
výstavu,...* I've/We've found
a cosy restaurant, a nice beach,
an interesting exhibition,....

objaviteľ m. discoverer [diˈskav-
ərə], (vedec) explorer [ik-
ˈsploːrə]

objazd m. roundabout [raundə-
baut]; *kruhový o.* roundabout

objednať (tovar) order [oːdə],
(letenku) reserve [riˈzəːv], (vo-
pred) book [buk], (v rešturá-
cii) give* one's order [(ˌgivˈ)
oːdə]; *o. si dodatočne* make*
the supplementary order; *o. te-
lefonicky* order by phone

➡ *O-jte mi/nám, prosím, na (zaj-tra)...* Reserve... for me/for us for (tomorrow), please.
Chcel by som si/Chceli by sme si o. ... I'd/We'd like to order...
Kde si možno o. ....? Where can I/we book...?

objednávka ž. order [o:də], (letenky) reservation [ˌrezəˈveišn], booking [bukiŋ]; *hromadná o.* group order; *záväzná o.* binding order; *o. cez internet* online order; *na o-u* to order; *stornovať o-u* cancel the order

➡ *Musím(e) zmeniť o-u letu.* I (We) have to change the flight reservation.

objektívny objective [əbˈdžektiv]; *z o-ch príčin* due to the objective reasons

obklad m. compress [kompres]; *horúce o-y* hot packs/compresses; *studené o-y* cold compresses; *octanový o.* (alumunium) acetate compress

oblačnosť ž. cloudy weather [klaudi weðə], cloudiness [klaudinəs]; *kopovitá o.* cumulus clouds; *pribúdanie o-ti* increasing cloud formation

oblačný cloudy [klaudi]

oblak m. cloud [klaud]; *búrkový o.* thunderstorm cloud, odb. cumulonimbus

oblasť ž. **1.** area [eəriə], region [ri:džn], (pásmo) zone [zəun]

2. (sféra) sphere [sfiə], field [fi:ld], area [eəriə]; *chránená krajinná o.* protected landscape area; *lyžiarska o.* ski area; *rekreačná o.* recreational area, recreation ground(s)/zone; *vinárska o.* wine area; *o. nízkeho tlaku (vzduchu)* area of low pressure, low, cyclone

oblátka ž. wafer [weifə], cirk. the Host [ðə ˈhəust]

oblečenie s. clothing [kləuðiŋ], clothes [kləðz], dress [dres]; *plážové o.* beach clothing; *spoločenské o.* formal dress; *športové o.* sports clothes

oblek m. suit [su:t]; *konfekčný o.* ready-to-wear/off-the-peg suit; *nohavicový o.* trouser/AM pant suit; *pánsky o.* men's suit; *potápačský o.* wet suit

obletieť fly* around [ˌflai əˈraund]

oblička ž. kidney [kidni]

obliecť (sa) dress [dres]

➡ ✴ *Teplo sa obleč(te).* Wrap up well!

obliečka ž. cover [kavə]

obloha ž. **1.** sky [skai] *bezoblačná, zamračená o.* clear, cloudy sky **2.** kuch. side salad [ˌsaid ˈsæləd]

oblok m. | **okno**

obloženie s. facing [feisiŋ], lining [lainiŋ]; motor. *brzdové o.* brake lining

obľúbený favourite, AM favorite [feivrit]

O

oblúk m. arch [a:č]; *gotický, románsky* o. gothic, roman arch; *lomený* o. pointed arch; *víťazný* o. triumphal arch

obmedzenie s. limit [limit], limitation [ˌlimiˈteišn], restriction [riˈstrikšn]; o. *dopravy* traffic limitation; o. *rýchlosti* speed limit

obmedziť limit [limit], restrict [riˈstrikt]; o. *rýchlosť* impose a speed limit // o. sa limit o.s., restrict o.s.

oboče s. eyebrows [aibrauz]

obojok m. (dog) collar [(ˌdogˈ) ˈkolə]

obojsmerný dopr. two-way [ˌtuːˈwei]

oboplávať sail round [ˌseil ˈraund], (*svet, ostrov*) circumnavigate [ˌsəːkəmˈnævigeit]

oboznámiť familiarize [fəˈmiliraiz] (*koho* sb, *s čím* with sth) // o. sa familiarize o.s. (*s čím* with sth)

obrátiť turn [təːn] // o. sa
1. (*opačným smerom*) turn
2. (*so žiadosťou*) apply [əˈplai] (*na koho* to sb), (*osloviť*) address [əˈdres] (*na koho* sb)

obrátka ž. motor. revolution [ˌrevəˈljuːšn]

➡ *Motor beží na plné o-y.* The engine goes/runs at full speed.

obraz m. picture [pikčə]; *oltárny* o. altar picture; o. *od...* the picture by...

➡ *Som v o-e.* I am informed/in.

obrazáreň ž. picture/art gallery [pikčə/aːt gælri]

obrazovka ž. screen [skriːn]

obrubník m. kerb, AM curb [kəːb]

obrus m. tablecloth [teiblkloθ]

➡ *Vymeňte nám, prosím, o.!* Would you bring us a clean tablecloth, please?

obrúsok m. napkin [næpkin], serviette [ˌsəːviˈet], (*papierový*) paper napkin [peipə næpkin]; *osviežujúci* o. *na cesty* refreshing wet wipe

obsadenosť ž. (*izby, zájazdu ap.*) occupation (rate) [ˌokjəˈpeišn (reit)]; *maximálna* o. maximal occupation rate; *minimálna* o. minimal occupation rate

obsadený occupied [okjəpaid], booked [bukt], taken [teikn]

➡ *Hotel je plne o.* The hotel is full/fully booked. All rooms are taken. No vacancies.

obsadiť 1. (*zaujať miesto*) occupy [okjəpai], engage [inˈgeidž]
2. (*rezervovať*) reserve [riˈzəːv], book [buk], take* [teik], save [seiv]; o. *sedadlo pri okne* take* the seat near the window

➡ *O-ďte mi/nám, prosím, miesta v autobuse, pri stole,...* Save me/us the seats on the bus, a place at the table,...
Je o-ené WC? Is the toilet engaged?

Sú tieto miesta, stoly,... už o-ené? Are these seats, tables,.. taken?

✳ *Linka je o-ená.* The line is engaged/ⒶⓂ busy.

observatórium s. observatory [əbˈzɜ:vətri]

obsluha ž. **1.** service [sə:vis]; *vrátane o-y* service included **2.** (personál) service personnel [ˌsə:vis ˈpə:snəl], staff [sta:f], (jednotlivec) attendant [əˈtendnt], tender [tendə]; *izbová o.* room service

➡ *Je v cene aj o.?* Is the service included in the price? *O., prosím! Čakám(e) už desať minút!* Waiter! I've (We've) been waiting ten minutes now!

✳ *O. je zahrnutá v cene.* The service is included in the price.

obsluhovať serve [sə:v], (čašník) wait [weit] (koho on sb), attend [əˈtend] (koho to sb)

➡ *O-uje tu niekto?* Is anybody attending here?

✳ *O-úžte sa, prosím, sami.* Serve yourselves, please.

✳ *O-ujú vás už?* Are you being served?

obslužné s. tip [tip]

obťažovať bother [boðə], trouble [trabl]

➡ *Neo-ujte ma!* Leave me alone! Don't trouble me! *Prepáčte, že vás o-ujem.* Sorry to trouble you.

obuť put* (shoes) on [ˌput (šu:z) ˈon]

obuv ž. (boots and) shoes [(bu:ts ənd) šu:z], footwear [futweə]; *dámska o.* ladie's footwear; *detská o.* children's footwear; *domáca o.* home/indoor shoes, shoes for home; *horolezecká o.* climbing shoes/boots; *letná o.* summer shoes; *lyžiarska o.* ski boots; *pánska o.* men's footwear; *plážová o.* beach shoes/footwear; *športová o.* sport(s) shoes; *vychádzková o.* walking shoes; *o. na kúpanie* swimming shoes, watershoes; *o. na pešie túry* footwear for hiking; *obchod s o-ou* shoe shop/ⒶⓂ store; *oddelenie o-i* footwear department

obväz m. dressing [dresiŋ], bandage [bændidž]; *elastický o.* elastic bandage; *sadrový o.* gypsum/plaster bandage, (plaster) cast; *tekutý o.* liquid bandage; *tlakový o.* pressure bandage/dressing; *priložiť, vymeniť o.* put*/apply, change the bandage

obviazať (ranu) bandage [bændidž], dress [dres]

obviniť accuse [əˈkju:z] (koho z čoho sb of sth), charge [ča:dž] (koho z čoho sb with sth), blame [bleim] (koho z čoho sb for sth)

obyčaj ž. custom [kastəm]; *ľudo-*

vá, miestna, národná o. folk, local, national custom; *zvyky a o-e* manners and customs

obyčajný common [komən], general [dženrl], (bežný) usual [juːžl], ordinary [oːdnri]

obytný: *o. automobil* camper; *o. blok* apartment building; *o-á budova* residential building; *o. dom* dwelling house; *o-á štvrť* residential area/ district; *o-é vozidlo* recreational vehicle; *o-á zóna* residential zone

obývaný (dom) inhabited [in-'hæbitid], (oblasť aj) populated [popjəleitid]; *husto o.* densely populated; *riedko o.* sparsely populated

obývať (oblasť) populate [popjə-leit], inhabit [in'hæbit], (dom) live in [ˌliv 'in], reside in [ri'zaid in]

obyvateľ m. (domu) occupier [okjəpaiə], occupant [okjə-pənt], (oblasti) inhabitant [in'hæbitnt], (domu, mesta, krajiny) resident [rezidnt]; *počet o-ov* population, number of inhabitants

obyvateľný habitable [hæbitəbl], (dom) fit to live in [ˌfit tə 'liv in]

obyvateľstvo s. population [ˌpopjə'leišn], inhabitants [in'hæbitənts]

obzor m. horizon [hə'raizn], sky-line [skailain]

obzrieť si look around [ˌluk ə'raund]; *o. si mesto, výstavu* look around the city, the exhibition // *o. sa* (obrátiť sa) turn (round) [tə:n (raund)]

oceán m. ocean [əušn]; *Atlantický o.* the Atlantic Ocean; *Indický o.* the Indian Ocean; *Severný ľadový o. the Arctic Sea; Tichý o.* the Pacific Ocean

Oceánia ž. Oceania [ˌəuši'einiə]

oceánsky (ostrov) oceanic [ˌəuši'ænik], (loď) ocean-going [əušngəuiŋ]

oceniť 1. (zistiť hodnotu) value [vælju:] **2.** (kladne ohodnotiť) value, appreciate [ə'pri:šieit], highly esteem [ˌhaili i'sti:m]

ocitnúť sa find* o.s. [faind]

ocliť clear (goods) for customs [ˌkliə (gudz) fə 'kastəmz]

ocot m. vinegar [vinigə]; *balzamový/balzamilkový o.* balsamic vinegar; *bylinkový o.* herb/ herbal vinegar; *jablčný o.* cider vinegar; *ryžový o.* rice vinegar; *vínny o.* wine vinegar

octan m. acetate [æsiteit]; *o. hlinitý* aluminium acetate

očariť charm [ča:m], captivate [kæptiveit], enchant [in'ša:nt]

očkovanie s. vaccination [ˌvæksi-'neišn], inoculation [iˌnokjə-'lešn]; *povinné o.* compulsory vaccination; *o. pri cestách do zahraničia* traveller's vaccination; *o. proti hepatitíde* vacci-

O

nation against hepatitis; *o. proti kiahniam* vaccination against varicella; *o. proti kliešťom* vaccination against tick-borne encephalitis; *o. proti tetanu* vaccination against tetanus

očkovať vaccinate [væksineit], inoculate [i'nokjəleit]

od(o) 1. (priestorovo) from [frəm], of [əv]; *cestovať od mesta k mestu* travel from town to town; *vietor od severu* wind from the north 2. (časovo) from, since [sins]; *denne od... do... hodiny* everyday from... till... o'clock; *od budúceho týždňa, mesiaca* starting from/as from next week, next month; *odo dneška* from today; *od rána do večera* from morning to evening 3. (vyj. pôvodcu, materiál ap.) by [bai]; *obraz, socha od...* picture, sculpture by... 4. (vyj. príčinu ap.) from, for [fə], with [wið], of; *triasť sa od zimy* tremble/shiver with cold

odbavenie s. (cestovných formalít) check [ček]; *o. cestujúcich* (pred odletom) check-out, (po prílete) check-in

odbaviť (cestovné formality) check in [ˌček 'in]; *o. let* clear the plane

odbočiť turn [təːn] (z čoho off sth)
➡ *Kedy, kde mám(e) o.?* When, where shall I (we) turn?

➡ *Odbočte doľava, doprava.* Turn (to the) left, (to the) right.

odbočka ž. (cesty ap.) turn [təːn], turning [təːniŋ], turn-off [ˌtəːnˈof] (na čo for sth); *o. doprava* right-hand turn

odbrzdiť release the brakes [riˌliːz ðə 'breiks]

odcestovať depart [di'paːt], leave* [liːv]; *o. do...* leave* for...
➡ *O-ujem(e) večer, v pondelok,...* I am (We are) leaving in the evening, on Monday,...
O-l o... hodine, včera, pred týždňom,... He has left at... o'clock, yesterday, a week ago,...

oddelenie s. 1. (v rôzn. význ.) department [di'paːtmənt], section [sekšn]; *pasové o.* passport office; *o. dopravných nehôd* road traffic accident department; *o. nepotravinárskeho sortimentu* (v supermarketoch ap.) non-grocery items; *o. pasovej kontroly* passport control/inspection department; *o. strát a nálezov* lost property office 2. (nemocničné) ward [woːd]

oddelený separate [seprət]

oddeliť (sa) separate [sepreit]

oddnes from today [frəm tə'dei]

oddych m. rest [rest]; *potrebujúci o.* rest-needing

oddýchnuť si (have* a) rest [(ˌhəv əˈ) rest]; *o. počas cesty* make* an interval, take* a break

odev m. | **oblečenie**

odfaxovať fax [fæks]; *o. list* fax a letter

odfotiť hovor. snap [snæp]

odfotografovať take* a photograph [ˌteik ə 'fəutəgra:f] (čo of sth), photograph [ˈfəutəgra:f]

➧ *Mohli by ste ma/nás o.?* Could you take a photograph of me/of us?

odhadnúť estimate [estimeit]; *nesprávne o. vzdialenosť* misestimate the distance

odhlásiť (výlet) cancel [kænsl] // *o. sa* (z hotela) check out [ˌček 'aut] (z čoho of sth)

➧ *Chcel by som sa/Chceli by sme sa o. zo stravy, z výletu,...* I'd/We'd like to cancel the meal, the trip,...
Už si sa o-l/ste sa o-li z...? Have you already cancelled...?

odchádzať leave* [li:v], depart [diˈpa:t]

➧ *Kedy o-a autobus, vlak,... (do)...?* What time does the bus, the train,... for... leave?

✱ *Škoda, že už o-š/o-te.* It's pitty you are leaving now.

odchod m. **1.** (dopr. prostriedku) departure [diˈpa:čə]; *pripravený na o.* ready to leave/to depart **2.** (osôb) departure, leaving [li:viŋ]; *predčasný o. z dovolenky* early departure from holiday; *posunúť o. o deň* postpone leaving by a day

➧ *Kde sa možno informovať o o-e vlakov, autobusov,...?* Where can I/we inform about departures of trains, of buses,...?

✱ *O. je večer, po raňajkách, o... hodine,...* The departure is in the evening, after breakfast, at... o'clock,...

✱ *Pravidelný čas o-u o... hodine z... nástupišťa.* The scheduled time of departure is at... o'clock from the platform number...

odchýliť sa (od daného smeru) turn off/aside/away [ˌtəːn 'of/əˈsaid/əˈwei]

odísť 1. (chôdzou) go* away [ˌgəu əˈwei], leave* [li:v], AM quit [kwit], (vlakom, loďou, lietadlom) depart [diˈpa:t], (autom) leave* off [ˌli:v 'of] **2.** (niekam) leave* (do čoho for sth); *o. na dovolenku, do zahraničia* leave* for holiday, abroad

➧ ✱ *Autobus, vlak odíde o chvíľu, o hodinu, o... hodín, minút,...* The bus, the train,... departs in a minute/a moment, in an hour, in... hours, in... minutes,...

✱ *Odišiel včera, pred hodinou, pred týždňom,...* He left yesterday, an hour ago, a week ago,...

odkaz m. message [mesidž], note [nəut]

➧ *Môžem(e) tu nechať o. pre...?*

May I (we) leave a message for... here?

odkázať send* a message/a note [ˌsend ə 'mesidž/ə 'nəut]

➡ *Čo mu/jej/im môžem o.?* What message can I leave for him/her/them?

O-žte mu/jej/im, že... Could you tell him/her/them that...?

odkazovač m. telef. answering machine [aːnsərɪŋ məšiːn], BR answerphone [aːnsəfəun], telerecorder [teliriko:də]

odkedy since when [sins 'wen]

➡ *O. si/ste v...?* How long are you in/at...?

odkiaľ from where [frəm 'weə]

➡ *O. ste/si?* Where are you from?

odkloniť divert [di'və:t]; *o. dopravu* divert/reroute the traffic

odkrojiť cut* off [ˌkat 'of], (plátok) slice off [ˌslais 'of]

odľahlý remote [ri'məut], faraway [ˌfa:rə'wei], distant [distnt], (zastrčený) out-of-the-way [ˌautəvðə'wei]

odlakovač m. nail-varnish remover [ˌneilva:niš ri'mu:və]

odlet m. departure [di'pa:čə]; *po o-e* after departure; *pred o-om* before departure; *čas o-u* time of departure/of flight; *odbavenie cestujúcich pred o-om* check-in; *pripravený na o.* ready to take* off

odletieť (o lietadle) depart [di'pa:t]

odliv m. ebb (tide) [(ˌ)eb ('taid)], low tide [ˌləu 'taid]; *o. a príliv* ebb and flow, the tides

odlomiť (sa) break* off [ˌbreik 'of]

odložiť 1. (na urč. miesto) put* aside/away [ˌput ə'said/ə'wei] **2.** (časovo) delay [di'lei], postpone [pəust'pəun], put* off [ˌput 'of]; *o. dovolenku na budúci týždeň, mesiac* put* the holiday until next week, month off; *o. odchod* postpone one's departure

➡ ✳ *O-(te) si, prosím!* Take* off your coat, please!

odmäk m. thaw [θɔ:]

➡ *Je o.* The thaw has set in. It is thawing.

odmeniť reward [ri'wo:d], (finančne) remunerate [ri'mju:nreit] // *o. sa* repay* [ri'pei] (za čo for sth)

odmietnuť refuse [ri'fju:z], (zdvorilejšie) decline [di'klain]; *o. návrh, ponuku* turn down a suggestion, an offer; *o. koho pozvanie* refuse/decline one's invitation

odo | od

odobjednať hovor. cancel the booking [ˌka:nsl ðə 'bukiŋ]; *o. hotelovú izbu* cancel the booking of a hotel room

odobrať 1. take* (off/away) [(ˌ)teik ('of/ə'wei)]; *o. komu vodičský preukaz* take* away sb's driving licence **2.** (urč. množstvo) take*

odolný resistant [ri'zistnt] (proti čomu to sth); *o. proti mrazu* frost-resistant

odomknúť unlock [an'lok]

odosielateľ m. sender [sendə], AM mailer [meilə], (tovaru) shipper [šipə]

odoslať send* (off) [(,)send ('of)], (poštou) post [pəust], AM mail [meil], (tovar) ship [šip], (úradne) dispatch [di'spæč]; *o. list* pass a letter

odovzdať 1. hand over [,hænd 'əuvə] **2.** (odkaz ap.) pass [pa:s]; *o. komu pozdravy* pass one's greetings on sb

➡ ✱ *O-jte, prosím,... na recepcii.* Hand... over at the reception, please.

odpadky m. refuse [refju:s], waste [weist], BR rubbish [rabiš], garbage [ga:bidž]

odpadnúť 1. (nekonať sa) not to take* place [,not tə teik 'pleis] **2.** (zamdlieť) faint [feint], pass out [,pa:s 'aut]

odpočinok m. | **oddych**

odpočinúť si | **oddýchnuť si**

odpočítať deduct [di'dak]t, subtract [səb'trækt]; *o. daň z pridanej hodnoty* deduct the value added tax

odpočívadlo s. (na diaľnici) lay-by [leibai]

odpojiť detach [di'tæč], (vlak, vo-

zeň ap.) uncouple [an'kapl], (spotrebič) disconnect [,diskə'nekt] // *o. sa* detach o.s. (od čoho from sth); *o. sa od skupiny* detach o.s. from the group

➡ ✱ *Jedálny vozeň o-a v...* The restaurant car will be uncoupled at...

odpoludnia | **popoludní**

odpoludnie s. | **popoludnie**

odporučiť recommend [,rekə'mend]

➡ *Čo mi/nám o-íte?* What would you recommend to me/to us? *Môžete mi/nám o. dobrý hotel, kemp...?* Can you recommend to me/to us a good hotel, a good camp,...?

odpoveď ž. answer [a:nsə], response [ri'spons], reply [ri'plai]; *kladná, odmietavá, vyhýbavá o.* positive, negative, evasive answer

odpovedať answer [a:nsə] (na čo sth), reply [ri'plai] (na čo to sth), (oficiálne reagovať) respond [ri'spond] (na čo to sth); *o. na pozdrav* return sb's greetings

odpratávač m. scavenger [skævindžə]; *o. snehu* snowplouh, AM snowplow

odprevadiť see* off [,si: 'of], accompany [ə'kampəni]

➡ *Neo-íš ma/nás?* Would you see me/us off?

✱ *Smiem ťa/vás o. ešte na kúsok,*

domov, do hotela,...? May
I see you off part of the way,
home, to the hotel,...?

✳ *O-íme ťa/vás na autobus, vlak,
na stanicu,...* We see you off
to the bus, to the train, to the
station,...

odpudzovač m. repellent [ri-
'pelnt]; *elektrický o. komárov*
electric mosquito repellent
(device)

odpustiť | prepáčiť

odpútať (sa) unfasten [an'fa:sn];
o. sa z bezpečnostných pásov
unfasten one's safety/seat belts

➡ *O-jte sa!* (v lietadle) Unfasten
your seat belts.

odradiť discourage [di'skaridž],
dissuade [di'sweid] (koho sb,
od čoho from sth)

odrátať | odpočítať

odrezať | odkrojiť

odrieknuť call off [ˌkoːl 'of], can-
cel [kænsl]

➡ *Musím(e), žiaľ, o. ...* Unfortu-
nately, we must call... off.

odskočiť si (nakrátko niekde)
pop [pop], BR nip [nip]

➡ *O-li sme si do...* We popped to...

odsťahovať sa (z mesta, krajiny)
move (away) [(ˌ)muːv (ə'wei)],
(z domu) move (out)
[(ˌ)muːv ('aut)]

➡ *O-l som sa/O-li sme sa do iné-
ho hotela, kempu, penziónu,...*
I/We moved to the another ho-
tel, camp, boarding house,...

odstaviť 1. (na urč. miesto) put*
aside [ˌput ə'said], set* aside
[ˌset ə'said] **2.** (dočasne vyra-
diť) take* out of service/of
operation [ˌteik aut əv 'sə:-
vis/əv 'opreišn]

➡ *Môžem(e) o. auto na dvore,
pred hotelom,...?* May I (we)
set the car aside on the yard,
in front of the hotel,...?

odstrániť remove [ri'muːv], take*
away [ˌteik ə'wei]

odstup m. (priestorový) distance
[distns]; *o. medzi vozidlami pri
jazde* gap length, headway, fol-
lowing/separation distance;
v -metrovom o-e in -metres in-
tervals/distance

odstúpenie s. withdrawal [wið-
'dro:l], (zrušenie) cancellation
[ˌkænsl'eišn]; *o. od zmluvy o zá-
jazde* cancellation of the holi-
day contract; *o. so stornova-
cím poplatkom* withdrawal
from the holiday contract at
a partial fee

odstúpiť (od zmluvy) back/pull
out [ˌbæk/ˌpul 'aut] (od čoho
of sth), withdraw [wið'dro:]
(od čoho from sth)

odškodné s. damages [dæmidžiz],
indemnity [in'demnəti], com-
pensation [ˌkompən'seišn]; *ná-
rok na o.* claim for damages

odškodniť indemnify [in'demni-
fai], compensate [kompənseit]
(za čo for sth)

O

odteraz from now on [ˌfrəm nau 'on]

odtiahnuť (vozidlo) tow away [ˌtəu ə'wei], (zle zaparkované) impound [im'paund]

➡ *Musel som sa dať o.* I had to be towed away.
O-ol nás džíp, traktor,... The jeep, the tractor,... towed us away.

odtiaľ from there [frəm 'ðeə]; *vzdialený len niekoľko metrov o.* in a just several metres distance from there

odtok m. outlet [autlet], drain [drein]

➡ *Je upchatý o.* The outlet is blocked.

odvážiť weigh out [ˌwei 'aut]

➡ *O-te mi, prosím, kilo..., dve, tri kilá...* Weigh/May I have a kilo of..., two, three kilos of..., please.

odvážiť sa dare [deə]

odvážny brave [breiv], courageous [kə'reidžəs]

odvčera since yesterday [ˌsins 'jestədei]

odviezť (autom) give* a lift [ˌgiv ə 'lift], drive* [draiv], take* [teik]

➡ *Môžete ma o. na kúsok?* Can you take me part of the way? Can you give me a lift?

odvoz m. pick-up [pikap]

odvtedy since then [ˌsins 'ðən]

odzadu from behind [ˌfrəm bi'haind]

ofrankovať stamp [stæmp]

oheň m. 1. fire [faiə]; *naklásť o.* make* fire 2. (požiar) fire; *nebezpečenstvo ohňa* fire hazard

ohľad m. regard [ri'ga:d], consideration [kənˌsidə'reišn]

➡ *Prečo neberieš/neberiete o. na...* Why don't you have regard for...?

ohľaduplný considerate [kən'sidrət], thoughtful [θɔ:tfl], (taktný) tactful [tæktfl]

ohlásiť 1. announce [ə'nauns], report [ri'po:t]; *o. svoju návštevu* announce one's visit 2. (úradom) register [redžistə] (u koho at sb), notify [nəutifai] (komu to sb) // *o. sa* (pri príchode) announce one's arrival [əˌnauns ə'raivl]

➡ *Chcel by som/Chceli by sme o. krádež auta, nehodu,...* I'd/We'd like to notify the theft of a car, the accident,...

ohnisko s. 1. (kozub) fireplace [faiəpleis] 2. (centrum) focus [fəukəs]

ohňostroj m. fireworks [faiəwə:ks]

ohňovzdorný fireproof [faiəpru:f]

ohodnotiť evaluate [i:'væljueit]

ohrádka ž. motor. roof(-rack) [ru:f(ræk)]

ohraničiť 1. (územie) border [bo:də] 2. (vymedziť) define [di'fain]

ohrievač m. heater [hi:tə], warmer [wo:mə]; *o. vody* water warmer, (bojler) water heater; *o. jedla* meal/food heater, (na tanieri) plate warmer

ohroziť endanger [in'deindžə], (plány) jeopardize [džepədaiz]

ochladenie s. drop/fall in temperature [ˌdrop/ˌfo:l in 'temprəčə]; *náhle o.* sudden drop/ fall in temeperature

ochladiť cool (down) [(ˌ)ku:l] ('daun)] // *o. sa* become* cool [biˌkam 'ku:l], (počasie) turn cold [ˌtə:n 'kəuld]

ochodza ž. gallery [gælri], bridge [bridž]

ochorenie s. sickness [siknəs], illness [ilnəs], disease [di'zi:z]; *črevné o.* intestinal disease; *plesňové o. chodidiel/nôh* athlete's foot

ochorieť fall*/become* ill [ˌfo:l/biˌkam 'il]

ochota ž. willingness [wiliŋnəs], (pripravenosť) readiness [redinəs]

ochotný willing [wiliŋ], (pripravený) ready [redi]

ochrana ž. protection [prə'tekšn], conservation [ˌkonsə'veišn], (uchovanie) preservation [ˌprezə'veišn], (starostlivosť) care [keə]; *protišmyková o.* motor. anti-skid protection/ system; *o. pamiatok* preservation of monuments; *o. životného prostredia* environmental protection/conservation

ochrániť protect [prə'tekt], save [seiv], (uchovať) preserve [pri'zə:v]

ochranka ž. security guards [si'kjuərəti ga:dz]

ochrankár m. hovor. security guard [si'kjuərəti ga:d]

ochrnutý paralysed [pærlaizd]

ochromiť paralyse [pærlaiz], bring* to a standstill [ˌbriŋ tə ə 'stændstil], hold* up [ˌhəuld 'ap]; *o. dopravu* paralyse the traffic

ochutnať taste [teist], try [trai]

ochutnávka ž. tasting [teistiŋ]; *o. miestych špecialít, vína* tasting of local specialities, wine tasting

ojnica ž. motor. connecting rod [kə'nektiŋ rod]

okamih m. moment [məumənt], hovor. minute [minit], second [seknd]; *v tomto o-u* at this moment

➡ ✳ *O., prosím!* One moment, please! Just a second, please!

okamžitý immediate [i'mi:diət], (náhly) instantaneous [ˌinstən'teiniəs]

okej! hovor. O.K. [ə'kei]

okienko s. | **priehradka**

oklamať 1. (ociganiť) tell* lies [ˌtel 'laiz] 2. (podviesť) deceive [di'si:v], cheat [či:t]

okľuka ž. (zachádzka) roundabout route/way [raundəbaut ru:t/wei], detour [di:tuə]

okno s. **1.** window [windəu]; *zadné o. na aute* rear window; *o. na lodi* porthole; *o-á na južnú stranu* windows facing south; *o-á na severnú stranu* windows facing north **2.** (o výpadku pamäti) blackout [blækaut], memory lapse [memri læps]; *mať o.* have* a blackout

➡ *Smiem otvoriť, zatvoriť o.?* May I open, close the window? Would you mind if I open, close the window?

✱ *Otvorte, zatvorte, prosím, o.!* Open, close the window, please!

oko s. (v rôzn. význ.) eye [ai]; *kurie o.* corn; *morské o.* mountain lake, tarn; *volské o.* kuch. fried egg; *na vlastné oči* with one's own eyes; *voľným o-m* with the naked eye

➡ *Bolia ma oči.* My eyes hurt.

okolie s. surroundings [sə'raundiŋz], (blízke) vicinity [visinəti]

➡ *Kde je tu v o-í...?* Where's... here nearby?
Chcem(e) sa len trocha povoziť po o-í. I'd (We'd) like to have some ride here about.

okolo 1. (priestorovo) around [ə'raund], round [raund]; *sedieť o. stola* sit* around the table **2.** (vyj. časovú al. číselnú približnosť) around, about [ə'baut], approximately

[ə'proksimetli]; *o. polnoci* around midnight

➡ *Prišiel som/Prišli sme o. ... hodiny, polnoci,...* I/We came approximately at... o'clock, at midnight,...
... stojí o. ...eur. ... is/costs approximately... euros.

okradnúť rob [rob] (o čo of sth)

➡ *V noci, na odpočívadle, v kempe,... nás o-li.* We were robbed at night, at the lay-by, in the camp,...

okraj (v rôzn. význ.) edge [edž], border [bo:də], margin [ma:džin], (mesta) outskirts [autskə:ts], periphery [pə'rifri]

➡ *Bývam(e) na o-i mesta.* I am (We are) living on the outskirts of the city.

okrem except (for) [ik'sept (fə)], in addition to [in ə'dišn tə]; *o. toho* besides, moreover

okruh m. **1.** (priestorovo) range [reindž], radius [reidiəs]; *v kilometrovom o-u* within a radius of one kilometre **2.** dopr. ringroad [riŋrəud], bypass [baipa:s]

okrúhly round [raund]

oktánový octane [oktein]; *o-é číslo* octane rating

október m. October [ok'təubə]; *v o-ri* in October

októbrový October [ok'təubə]

okuliare m. (a pair of) glasses [(ə ˌpeə əv') gla:siz], (a pair of) spectacles [(ə ˌpeə əvˈ) spektə-klz]; *dioptrické o.* dioptric glasses; *lyžiarske o.* ski goggles; *potápačské o.* diving goggles; *slnečné o.* sunglasses; *o. na čítanie* reading glasses; *o. s UV-filtrom* UV filter (safety) glasses

olej m. (v rôzn. význ.) oil [oil]; *motorový o.* engine oil; *olivový o.* olive oil; *stolový o.* cooking oil; *opaľovací o.* suntan oil; *výmena o-a* change of the engine oil

➡ *Doplňte, vymeňte, prosím, motorový o.* Fill up, change the engine oil, please.
Dajte mi, prosím,... litrov o-a. Give me... litres of the engine oil, please.
Uniká o. The oil is leaking.

olejnička ž. oil can [oil kæn]
olejomaľba ž. oil painting [oil peintiŋ]
olejový oil [oil]; *o-é čerpadlo* oil pump
oliva ž. olive [oliv]
olivovník m. olive tree [oliv tri:]
olovrant m. hovor. snack [snæk]
olovrantovať have* one's snack [ˌhəv ˈsnæk]
oltár m. altar [oːltə]; *barokový o.* baroque altar; *bočný o.* side altar; *hlavný o.* main/high altar; *krídlový o.* wing altar; *vyrezávaný drevený o.* cut wooden altar
olúpať peel [piːl]

omáčka ž. sauce [soːs]; *mäsová o.* gravy; *rajčinová o.* tomato sauce; *sójová o.* soya sauce; *tatárska o.* Tartar sauce; *o. na šaláty* dressing
omdlieť faint [feint]
omeleta ž. omelette, Ⓐⓜ omelet [omlət]; *sedliacka o.* farmer's style omelette; *syrová o.* cheese omelette
omrzlina ž. frostbite [frostbait]
omša ž. mass [mæs]
omyl m. error [erə], mistake [miˈsteik]

➡ telef. *Prepáčte, o.!* Sorry, wrong number!

omylom by mistake [bai miˈsteik]
on he [hiː]

➡ *(Ne)Videl som ho.* (I didn't see) I saw him.

ona she [šiː]
oneskorenec m. latecomer [leitkamə], (skupiny) straggler [stræglə], dawdler [doːdlə]

➡ *Počkajte ešte chvíľu na o-cov.* Wait a moment for the stragglers.

oneskoriť sa be*/come* late [ˌbi/ˌkam ˈleit], (omeškať sa) be* delayed [ˌbi diˈleid]

➡ *Prepáčte, že som sa o-l.* Excuse me for being late.

oni they [ðei]
ono it [it]
opačný (protiľahlý) opposite [opəzit], (protichodný aj) contrary [kontrəri]; *na o-om konci*

O

mesta, ulice, vlaku on the opposite side of the town, of the street, of the train; *v o-om prípade* otherwise

opakovať (sa) repeat (o.s) [ri'pi:t]

opálený suntanned [santænd], tanned [tænd], bronzed [bronzd], (*príliš*) sunburnt [sanbə:nt]

opáliť sa get* suntan/tan [ˌget 'santæn/'tæn]

opaľovací suntan [santæn]; *o. krém* suntan preparation/lotion/cream

opaľovanie s. sunbathing [sanbeiðiŋ]

opaľovať sa sunbathe [sanbeið]

opar m. 1. (*hmla*) haze [heiz] 2. (*herpes*) herpes [hə:pi:z], (*na perách*) herpes on the lips [ˌhə:pi:z on ðə 'lips], cold sore [ˌkəuld 'so:], fever blister [fi:və blistə]

opasok m. belt [belt]

opatrenie s. measure [mežə], step [step], action [ækšn]; *protilavínové o-ia* avalanche control; *sprísnené bezpečnostné o-ia na letiskách* tightened security measures at the airports

opatrnosť ž. caution [ko:šn], (*obozretnosť*) prudence [pru:dns]

opatrný cautious [ko:šəs], careful [keəfl], (*obozretný*) prudent [pru:dnt]

➧ ✳ *Jazdi(te), prosím, o-e!* Drive with caution, please!

opatrovanie s. care [keə]; *o. detí* childcare

opätok m. | **podpätok**

opečiatkovať stamp [stæmp]

opera ž. 1. opera [oprə] 2. (*budova*) opera house [oprə haus]

➧ *Rád by som išiel/Radi by sme išli na o-u.* I'd/We'd like to see an opera.

operácia ž. 1. operation [ˌopə'reišn], surgery [sə:džri] 2. (*finančná*) transaction [træn'zækšn]; *naliehavá o.* urgent operation

operadlo s. rest [rest], (*bočné*) armrest [a:mrest], (*zadné*) backrest [bækrest]; *nastaviteľné o.* adjustable backrest

opereta ž. operetta [ˌopr'etə]

operovať operate [opreit]

opierka ž. (*operadlo*) rest [rest]; *o. hlavy* headrest; *o. nôh* footrest

opis m. description [di'skripšn]; *o. páchateľa* description of the perpetrator

opiť make* drunk [ˌmeik 'draŋk] // *o. sa* get* drunk [ˌget 'draŋk]

opitý drunk [draŋk], drunken [draŋkən], inebriate [i'ni:briət]

opláchnuť rinse [rins], (*umyť*) wash off [ˌwoš 'of]

oplatiť sa be* worthwhile [ˌbi wə:θ'wail]

➧ *(Ne)O-lo sa ísť na/do...* It was (not) worthwhile to go on/to...

opovážiť sa dare [deə]

oprava ž. repair [ri'peə]; *bežná o.* ordinary repair

➡ *Ako dlho bude trvať o. ...?* How long will the repair of... take?

Koľko bude stáť o. ...? How much wil the repair of... cost?

Urobte, prosím, len tú najnutnejšiu o-u. Make the utmost necessary repair, please.

opraváreň ž. repair shop/service [ri'peə šop/sə:vis]

opraviť repair [ri'peə], mend [mend]

➡ *Kde si možno dať o. ...?* Where can I/we repair...?

O-li by ste mi, prosím,... Could you repair..., please?

oprieť (sa) lean* [li:n] (o čo on/ against sth)

oproti | ¹**naproti**, ²**naproti**

optika ž. optics [optiks]

opuchlina ž. swelling [sweliŋ]

opuchnúť swell* [swel], become* swollen [bi,kam 'swəulən]

➡ *O-i mi nohy.* My legs have swollen.

opuchnutý swollen [swəulən]

opustiť leave* [li:v]

opýtať sa ask [a:sk] (na čo about sth)], ask a question [,a:sk ə 'kwesčən]; *o. na cenu* ask the price; *o. na cestu, na podrobnosti* ask the way, the details

➡ *Môžem sa vás niečo o.?* May I ask you a question?

ordinácia ž. consulting room [kən'saltiŋ ru:m], (špecialistu) surgery [sə:džri], ⟨AM⟩ doctor's office [,daktəz 'ofis]

ordinovať hold* surgery [,həuld 'sə:džri], receive patients [ri,si:v 'peišnts], have* surgery/office hours [,həv 'sə:džri/'ofis auəz]

➡ *Kedy o-uje...?* When are the surgery hours of...?

orech m. nut [nat]; *kokosový o.* coconut

orechovník m. walnut (tree) [wo:lnat (tri:)]

organizovať organize [o:gnaiz]

➡ *Kto o-uje výlet, prehliadku mesta, múzea,...?* Who does the trip, the sightseeing tour, the guided tour of the museum,... organize?

orientácia ž. orientation [,o:riən-'teišn]

➡ *Stratil som/Stratili sme o-iu.* I've/ We've lost my/our bearings.

orientovať sa orient o.s. [o:riənt], orientate o.s. [o:riənteit]; *o. sa podľa mapy* navigate by map, take* one's bearings with map

oriešok m. small nut [smo:l nat]; *búrsky o.* peanut; *lieskový o.* hazelnut

orloj m. calendar/astronomical clock [kælændə/,æstrə'nomikl klok]

os ž. **1.** mat., fyz. axis [æksis] **2.** mech. axle [æksl], shaft [ša:ft]; *o. kolesa* axle

O

osa ž. wasp [wosp]; *uštipnutie osou* wasp sting

osada ž. settlement [setlmənt]; *horská o.* mountain settlement; *kempingová o.* summer/holiday camp; *rybárska o.* fishing settlement

osádka ž. staff [sta:f], personnel [ˌpə:sn'el]; *letecká o.* (v lietadle) crew, aircrew, (na letisku) airport staff

osamelý 1. (človek) lonely [ləunli] 2. (okolie) deserted [di'zə:tid], secluded [si'klu:did]

osemtisícovka ž. (končiar) the eightthousand (peak) [ði ˌeit-'θauznd (pi:k)]; *zdolať o-u* reach the eightthousand

oslabnutý weakened [wi:knd]

oslava ž. party [pa:ti], celebration [ˌseləˈbreišn]

oslavovať celebrate [seləbreit], party [pa:ti]

oslepiť blind [blaind]; *o-ený snehom* blind with snow

oslobodenie s. liberation [ˌlibr-'eišn], rescue [reskju:]; *o. rukojemníkov* liberation of the hostages

oslobodiť liberate [libreit], set* free [ˌset 'fri:] //*o. sa* liberate o.s. [libreit], free o.s. [fri:]

oslovenie s. addressing [əˈdresiŋ], form of address [ˌfo:m əv əˈdres]

osloviť 1. address [əˈdres] 2. (požiadať) ask [a:sk]

osoba ž. person [pə:sn]; *platiaca o.* paying in person; *samostatne cestujúca o.* person travelling individually, individual passenger/traveller

➡ *Chcel by som/Chceli by sme izbu pre... osôb.* I'd/We'd like the room for... persons.

✱ *Vstupné je... eur, korún na o-u.* Admission (fee) is... euros, crowns per person.

osobitný 1. (samostatný) separate [seprət], individual [ˌindi'vidžuəl] 2. (mimoriadny) special [spešl], extraordinary [ik'stro:dnri], extra [ekstrə]

osobný personal [pə:snl], private [praivət]; *o-é auto* private car; *o-á doprava* passenger service; *o. vlak* slow/local train; *z o-ch dôvodov* on personal grounts

➡ *Mám(e) len predmety o-ej potreby.* I (we) have just the personal items.

osoliť salt [so:lt]

ospalý sleepy [sli:pi]

ospravedlnenie s. excuse [ik-'skju:s], apology [əˈpolədži]

➡ *Prosím o o.* Excuse me, please.

ospravedlniť excuse [ik'skju:z] //*o. sa* apologize [əˈpolədžaiz]

➡ *Musím sa ti/vám o.* I must apologize to you.

osprchovať sa take* a shower [ˌteik ə 'šauə]

ostať 1. (na urč. mieste) stay [stei],

(v urč. stave) keep* [ki:p], remain [ri'mein]; *o. bez následkov* have* no consequences 2. (zvýšiť) be* left over [bi ˌleft 'əuvə]

➡ **✻** *Ako dlho o-neš/o-nete v...?* How long are you going to stay at/in...?
O-nem(e) tu... dni, týždne. I (We) intend to stay here for... days, weeks.
✻ *O-ňte, prosím, pri telefóne!* Hold the line, please!

ostrekovač m. motor. (predného skla) windscreen/AM windshield washer [ˌwindskri:n/AM ˌwindši:ld 'wošə]

ostrov m. island [ailənd]

➡ *Ako často chodí na o. trajekt, parník,...?* How often does the ferry, the steamer,... for the island leave?

ostrovan m. islander [ailəndə]

ostrý 1. (op. tupý) sharp [ša:p] **2.** (štipľavý) hot [hot], spicy [spaisi] **3.** (prenikavý zrak) keen [ki:n], (hlas, vietor) piercing [piəsiŋ]; *o. vietor* piercing wind

osuška ž. bath towel [ba:θ tauəl]

osvedčenie s. certificate [sə'tifikət]; *o. o technickej spôsobilosti/stave vozidla* motor. M.O.T. certificate; *o. o získaní štátneho občianstva* naturalization certificate

osvetlenie s. lighting [laitiŋ],

(zdroj svetla) light [lait]; *núdzové o.* emergency lighting

osviežiť (sa) refresh o.s. [ri'freš]

osviežovač m. refreshener [ri'frešnə], freshener [frešnə]; *o. vzduchu* air refreshener, (do auta) car air freshener

osýpky ž. measles [mi:zlz]

ošetrenie s. treatment [tri:tmənt]; *ambulantné o.* outpatient treatment; *kozmetické o.* cosmetic treatment; *lekárske o.* medical treatment/attendance; *o. rany* dressing

ošetriť (ranu) dress [dres], treat [tri:t], (pacienta) attend [ə'tend] (koho to sb)

➡ *Môžete mi o. ...?* Can you treat my...?

ošetrovňa ž. treatment room [tri:tmənt ru:m], outpatient department [ˌautpeišnt di'pa:tmənt]

otáčať (sa) 1. rotate [rə'teit], revolve [ri'volv] **2.** turn (round) [(ˌ)tə:n ('raund)]

otáčkomer m. tachometer [tæk-'omitə], BR rev counter [rev kauntə]

otázka ž. question [kwesčən]

➡ **✻** *Má niekto ešte nejakú o-u?* Any questions?

otec m. father [fa:ðə]; *starý o.* grandfather

otepliť sa get* warmer [ˌget 'wo:mə], warm up [ˌwo:m 'ap]

otepľovačky ž. (úbor) warm(-up) suit [ˌwo:m(ap) 'su:t]

O

otlak m. corn [ko:n]

otočiť (sa) | obrátiť (sa)

otrava ž. poisoning [poizniŋ], intoxication [inˌtoksiˈkeišn]; *o. krvi* blood poisoning, sepsis; *o. hubami* mushroom poisoning; *o. potravinami* alimentary intoxication, food poisoning

otráviť poison [poizn] // *o. sa* be*/get* poisoned [ˌbiˌget ˈpoiznd]

otvárač m. opener [əupnə]; *o. na fľaše* bottle opener, (vývrtka) corkscrew; *o. na konzervy* tin opener

otvorený 1. (op. zatvorený) open [əupn]; (o predajni) *o. po celý deň* all-day open, 24-hours open; *o. denne od... do...* open daily from... to...; *o. nepretržite 24 hodín* open for 24-hour service, (nápis) We never close. 2. (ničím nehatený) open, free [fri:]; *vyplývať na o-é more* set* sails on the open sea

➡ *Je... o. aj v nedeľu?* Is... open on Sundays, too?

otvoriť 1. (op. zatvoriť) open [əupn] 2. (začať) initiate [iˈnišieit] // *o. sa* open up [ˌəupn ˈap]

➡ ✳ *O-te, prosím...* Open..., please.
Kedy sa o-ára kúpalisko, múzeum,...? What time is the swimming pool, the museum,... open?

Kedy sa o-árajú obchody, obchodné domy,...? What time do the shops, the shopping centres,... open?

✳ *Obchody sa o-árajú o... hodine, popoludní.* The shops open at... o'clock, in the afternoon.

oveľa much [mač], by far [bai ˈfa:]; *o. horší, lepší* much worse, better

overal m. overall [əuvro:l]

overiť 1. verify [verifai] 2. (úradne) legalize [li:glaiz]

ovládať 1. (územie) control [kənˈtrəul], (trh) dominate [domineit] 2. (vládnuť) rule [ru:l], govern [gavn] 3. (vedieť) master [ma:stə], grasp [gra:sp] (čo of sth); *o. vozidlo* be* in full control of a car // *o. sa* control o.s./one's temper [kənˌtrəul ˈtempə]

➡ ✳ *Aké cudzie jazyky o-š/o-te?* What foreign languages can you speak?

ovocie s. fruit [fru:t]; *južné o.* tropical fruit; *sušené o.* dried fruit

ovocný fruit [fru:t]; *o. koktail* fruit cocktail; *o. koláč* fruitcake; *o-á šťava* fruite juice; *o. sad* orchard; *o-é víno* fruit wine; *o. cukrík* fruit sweet

ovzdušie s. atmosphere [ætməsfiə]

ozdravovňa ž. sanatorium [ˌsænəˈto:riəm]

označiť mark [ma:k]; *o-ený turis-
tický chodník* marked tourist
path
označovač m. marker [ma:kə]
oznam m. announcement
[ə'naunsmənt]; (na tabuli,
stene ap.) notice
oznámiť 1. (dať vedieť) announce

[ə'nauns]; *o. písomne, telefo-
nicky* announce in a written
form, by phone **2. | ohlásiť 2.**
ozón m. ozone [ə'zəun]; *kon-
centrácia o-u v ovzduší* ozone
concentration in the atmo-
sphere
ozvena ž. echo [ekəu]

O

P

motor. gear lever/stick, AM gearshift

pacient m. patient [peišnt]

páčiť sa 1. like [laik], enjoy [in-'džoi] **2.** (pri ponúkaní) like, find* [faind]

➡ ✳ *Nech sa páči!* (pri ponúkaní) Here you are!, (vstúpte) Come in, please!

✳ *Ako sa ti/vám tu páči?* Do you like this place?

✳ *Ako sa ti/vám p-l...?* How did you find/enjoy...?

... sa mi/nám (ne)p-l. I/We liked (didn't like)....

✳ *Bude sa vám p. čaj, káva,...?* Would you like some tea, coffee,... ?

pád m. fall [fo:l]; *zraniť sa pri páde* be* injured by falling down

padák m. parachute [pærəšu:t]; *zoskok p-om* parachute jump

padať fall* [fo:l]; *padá sneh* it's snowing

pádlo s. paddle [pædl]

pádlovať paddle [pædl]

pahorok m. hillock [hilək], small hill [ˌsmo:l 'hil]

páchateľ m. offender [ə'fendə], culprit [kalprit], práv. perpetrator [pə:pitreitə]; *opis p-a* description of the perpetrator

páchnuť smell* [smel], (zapáchať) stink* [stiŋk]

palác m. palace [pælis]

palacinka ž. pancake [pænkeik]

páľava ž. heat [hi:t]

palčiaky m. mittens [mitənz]

palec m. **1.** thumb [θam], (na nohe) toe [təu] **2.** (cól – 2,54 cm) inch [inč]

➡ *Držím(e) ti/vám palce!* I (We) keep my (our) fingers crossed for you!

palica ž. stick [stik], club [klab]; *golfová p.* golf club; *lyžiarska p.* ski pole

páliť 1. (silno hriať) heat [hi:t], burn* [bə:n] **2.** (štípať) bite* [bait], sting* [stiŋ], burn*, (oči) hurt* [hə:t]

➡ *Pália ma oči.* My eyes hurt.

palivo s. fuel [fjuəl]

palma ž. palm (tree) [pa:m (tri:)]

paluba ž. **1.** (lietadla) board [bo:d]; *stravovacie služby na p-e (lietadla)* catering on board **2.** (lode) (plošina) deck [dek], (priestor) board [bo:d]; *dolná p.* lower deck; *horná p.* upper deck

pamätať sa remember [ri'membə], recall [ri'ko:l], recollect [ˌrekl'ekt] (na koho/čo sb/sth)

➡ *P-áš sa/P-áte sa na...?* Do you remember...?

pamätihodnosť ž. sight [sait]

➡ *Chcel by som/Chceli by sme si*

pozrieť p-ti mesta. I'd/We'd like to see/to visit the sights of the town.

pamätihodný memorable [memrəbl]

pamätník m. memorial [məˈmo:riəl], monument [monjəmənt]

➡ *Čí je to p.?* Whose memorial is it?

pamätný memorial [məˈmo:riəl], commemorative [kəˈmemrətiv]; *p-á tabuľa* commemorative/ memorial plaque

pamiatka ž. **1.** (spomienka) memory [memri], commemoration [kəˌmeməˈreišn], remembrance [riˈmembrns], (predmet) souvenir [ˌsu:vnˈiə]; *darovať komu čo na p-u* give* sb sth as a souvenir **2.** (pamätihodnosť) memorial [məˈmo:riəl], monument [monjəmənt], (historic) sight [(hiˈstorik) sait], historic building [hiˈstorik ˈbildiŋ]; *kultúrna p.* cultural monument; *národná p.* national monument; *stavebná p.* architectural monument; *umelecká p.* monument of art

➡ *Mohli by ste mi/nám ukázať niektoré p-y?* Could you show me/us any sights? *Aké p-y sú v...?* What sight are in... ?

pán m. gentleman* [džentlmən], sir [sə:], mister [mistə], Mr [mistə]

➡ *P. hlavný, platím(e)!* Waiter, the bill, please! *Chcel by som/Chceli by sme hovoriť s p-om X.* I'd/We'd like to talk to/with Mr. X. *P. XY už prišiel, odcestoval,...?* Has Mr XY arrived, left,... yet?

✳ *Vážení páni!* Dear sirs!

pančucha ž. stocking [stokiŋ]

pančucháče m. hovor. tights [taits], AM pantyhose [pæntihəuz]

pani ž. lady [leidi], madam [mædəm], Mrs [misiz]

panika ž. panic [pænik]

➡ *Nerobte p-u!* Don't panic!

pankreas m. pancreas [pæŋkriəs]

panoráma ž. panorama [ˌpænəˈra:mə]; *p. mesta* skyline

panovať 1. rule [ru:l] **2.** (prevládať) prevail [priˈveil], predominate [priˈdomineit]

pánsky men's [menz], gentleman's [džentlmənz]; *p-e WC* Men's room, hovor. the gents

panva ž. (horská) basin [beizin]

panvica ž. (frying) pan [(fraiiŋ) pæn]

papier m. **1.** paper [peipə]; *baliaci p.* wrapping paper, wrapper; *listový p.* writing paper, notepaper; *listový p. s hlavičkou* headed notepaper; *toaletný p.* toilet paper **2.** mn. č. *p-e* hovor. (o dokladoch) papers [peipəz], documents [dokjəmənts]

P

➡ ✳ *Nemáte v poriadku p-e.*
  Your papers are not valid.

papiernictvo s. stationer's shop
  [steišnəz šop]

paplón m. quilt [kwilt]

paprika ž. 1. (zelenina) green/
  red/yellow pepper [ˌgri:n/ˌred/
  ˌjeləu ˈpepə]; *plnená p.* stuffed
  pepper 2. (korenie) paprika
  [pæprikə], red pepper [ˌred
  ˈpepə], cayenne (pepper)
  [ˌkeiən (ˈpepə)]

papuče ž. 1. slippers [slipəz]
  2. motor. clamp [klæmp]

¹pár m. pair [peə], (ľudí) couple
  [kapl]

²pár a few [ə ˈfju:]; *o p. dní* in
  a few days

paradajka ž. | *rajčina*

paragliding m. paragliding
  [pærəglaidiŋ]; *tandemový p.*
  tandem paragliding

paralelný parallel [pærəlel]; *p-á
  cesta* parallel road

parašutizmus m. parachuting
  [pærəšu:tiŋ], parachute jump-
  ing [ˌpærəšu:t džampiŋ]; *akro-
  batický p.* skydiving

pardon Sorry. Excuse me, please.
  I beg your pardon.

parfé s. kuch. parfait [pa:ˈfei]

parfum m. perfume [pəfju:m]

parfuméria ž. perfumery
  [pəfju:mri]

park m. park [pa:k]; *hradný p.*
  castle park; *industriálny p.*
  science and technology park,

business park; *mestský p.*
town/city park; *národný p.* na-
tional park; *vodný p.* aquapark;
zábavný p. amusement park;
zámocký p. (castle) parkland

parkovací parking; *p-ie miesto*
  parking place; *p-ie miesto
  s p-m automatom* parking me-
  ter bay; *vyznačené p-ie miesto*
  parking bay

parkovanie s. parking [pa:kiŋ]; *di-
  voké/nedovolené p.* unauthor-
  ized parking; *dlhodobé p.* long-
  term/long-stay/long-lasting
  parking; *krátkodobé p.* short-
  term/short-stay/short-time
  parking; *dĺžka p-ia* parking
  time; *nedostatok miest na p.*
  parking places shortage, lack
  of parking places; *p. pod ho-
  lým nebom* parking under the
  stars

➡ ✳ *Koľko stojí hodina p-ia?*
  What's the charge per hour?
  ✳ *Zákaz p-a!* No parking!

parkovať park [pa:k]

➡ *Kde môžem(e) p.?* Where can
  I (we) park?
  *Možno tu, v tejto ulici, pred
  hotelom,... p.?* Can I/we park
  here, in this street, in front of
  the hotel,...?
  Ako dlho tu možno p.? How
  long can I/we park here?
  ✳ *Tu možno p. iba hodinu, ...ho-
  diny.* You can park here just
  one hour,... hours.

P

✳ *Tu nemožno p.* Parking is not allowed here. No parking here.

parkovisko s. parking (place/area) [pa:kiŋ (pleis/eəriə)], BR car park [ka: pa:k], AM parking lot [pa:kiŋ lot]; *autobusové p.* coach park; *časovo obmedzené p.* restricted parking; *kryté p.* parking garage; *nestrážené p.* car park without an attendant/a park-keeper/hovor. a parkie; *odstavné p.* lay-by; *poschodové p.* multistorey car park, multilevel parking garage/BR car park; *strážené p.* car park with an attendant/a park-keeper/hovor. a parkie, supervised car park; *zastrešené p.* roofed car park; *p. pre hotelových hostí* car park for guests; *p. taxíkov* taxi rank, AM taxi stand, AM cabstand

➼ *Je p. strážené?* Is the car park attended?
Má hotel vlastné p.? Has the hotel its private car park?

✳ *P. (nie) je strážené, obsadené,...* The car park is (not) attended, is full,...

parkujúci m. parking [pa:kiŋ]; *nesprávne p.* incorrectly parking

párky m. (smoked) sausages [(sməukt) sosidžiz]; *frankfurtské, viedenské p.* frankfurters, Vienna sausages; *p-y s horčicou v rožku* hot dogs

parlament m. (budova) building

of Parliament [ˌbildiŋ əv 'pa:ləmənt]

parník m. steamer [sti:mə], steamship [sti:mšip], steamboat [sti:mbəut]; *pobrežný p.* coastal steamer; *výletný p.* pleasure steamer; *zaoceánsky p.* ocean liner; *plavba p-om* steamer cruise

párny 1. (op. nepárny) paired [peəd] 2. (čísla) even [i:vn]

partia ž. 1. (jednotlivá hra) game [geim] 2. hovor. (skupina ľudí) party [pa:ti], group [gru:p], company [kampəni], team [ti:m]

➼ *Zahráme si p-iu biliardu, šachu,...?* Would you play a game of billiards, a game of chess,... with me?

partner m. partner [pa:tnə]; *životný p.* partner in life

párty ž. hovor. party [pa:ti]; *ísť na p.* go to party

➼ *Môžem ťa/vás pozvať na p.?* May I invite you to the party?

pas m. passport [pa:spo:t]; *diplomatický p.* diplomatic passport; *(platný) cestovný p.* (valid) (traveller's) passport; *zbrojný p.* firearm licence/AM license

➼ *Potrebujete môj p./naše p-y?* Do you need my passport/our passports?
Môj p. platí ešte... roky. My passport is valid still... years.

P

Deti mám zapísané v p-e. My children are registered in my passport.

✳ *Máte pri sebe cestovný p.?* Do you have a passport with you?

✳ *Máte neplatný p.* Your passport is not valid.

pás m. 1. motor. belt [belt]; *bezpečnostný p.* seat/safety belt; *pripútať sa bezpečnostným pásom* tighten one's safety belts 2. (driek) waist [weist]; *odstavný p.* dopr. hard shoulder

pasáž ž. passage [pæsidž], passageway [pæsidžwei], corridor [koridə], (s obchodmi) arcade [a:'keid]

pasažier m. passenger [pæsndžə]; *čierny p.* deadhead, (na lodi, v lietadle) stowaway, (vo vlaku, autobuse) fare-dodger; *zoznam p-ov* list of passengers

páska ž. tape [teip], strip [strip], band [bænd]; *lepiaca p.* BR Sellotape, AM Scotch tape

pásmo s. 1. (oblasť) zone [zəun], area [eəriə]; *bezcolné p.* duty-free zone; *časové p.* time zone; *mierne p.* temperate zone; *pohraničné p.* frontier zone; *rovníkové p.* torrid zone; *subtropické p.* subtropical zone; *tropické p.* tropical zone 2. dopr., telef. zone; *tarifné p.* tariff rate zone; *p. s časovým obmedzením parkovania* parking time limitation zone

pasový passport [pa:spo:t]; *p-á kontrola* passport control/inspection

pasta ž. paste [peist]; *zubná p.* toothpaste

pašerák m. smuggler [smaglə]

pašovať smuggle [smagl]

paštéta ž. paste [peist]; *pečeňová p.* pâté

pátračka ž. hovor. 1. (pátranie) search [sə:č]; *policajná p.* criminal investigation 2. (oddiel) search party [sə:č pa:ti], reconnaissance squad [ri'konəsns skwod]

pátrať search [sə:č] (po kom/čom for sb/sth); *p. po nezvestných* search for the missing

patriť belong [bi'loŋ]

➡ *Komu to p-í?* Whom does it belong to?

paušál m. (poplatok) flat rate [flæt reit], (suma) lump sum [,lamp 'sam]

paušálny 1. flat [flæt], lump [lamp] 2. (zovšeobecňujúci) general

pavilón m. pavilion [pə'viljən]; *hudobný p.* bandstand; *veľtržný/ výstavný p.* exhibition hall

pavúk m. spider [spaidə]

pazucha ž. armpit [a:mpit]

pažítka ž. chive [čaiv]

päta ž. heel [hi:l]

pečeň ž. liver [livə]

pečený roast [rəust], roasted [rəustid], baked [beikt]; *p-é* *mäso* roast meat; *p-é zemiaky* baked potatoes

pečiatka ž. stamp [stæmp]; *poštová p.* postmark

pečienka ž. roast (meat) [rəust (mi:t)]; *bravčová p.* loins of pork, roast pork; *hovädzia p.* roast beef; *sviečková p.* tenderloin; *teľacia p.* roast veal

pečivo s. **1.** (pekárenské) baker's ware/goods [beikəz weə/gudz], baked goods [beikt gudz] **2.** (sladké) pastry [peistri]; *čajové p.* bisquits, cookies

pedál m. pedal [pedl]; *brzdový p.* brake pedal; *plynový p.* accelerator, throttle, AM gas pedal

pedikúra ž. pedicure [pedikjuə]

pekáreň ž. bakery [beikri]

pekný pretty [priti], handsome [hænsəm]

peľ m. pollen [polən]

pena ž. **1.** (v rôzn. význ.) foam [fəum]; *p. do kúpeľa* bath bubbles; *p. na holenie* shaving foam **2.** (na pive) froth [froθ], head [hed]

penále s. penalty [penlti]

penalizovať penalize [pi:nlaiz]

peňaženka ž. purse [pə:s], AM charge purse [ča:dž pə:s], (pánska) wallet [wolət]

➨ *Stratil som p-u.* I've lost my purse.
Nenašli ste náhodou moju p-u? Haven't you found my purse by chance?

peniaze m. money [mani]; *drobné p.* (small) change; *papierové p.* paper money, notes, AM bills; *p. v hotovosti* ready money, cash; *rozmeniť p.* change money

➨ *Kde si môžem(e) zameniť p.?* Where can I (we) change money?
(Ne)Mám(e) pri sebe p. I (We) have money on me/on us.
I (We) don't have any money on me/on us.
Môžeš/Môžete mi/nám požičať p.? Could you lend me/us money?

penzia ž. **1.** (strava a ubytovanie) board and room [,bo:d ənd 'ru:m], skr. B&R, (v hoteli ap.) board and lodging [,bo:d ənd 'lodžiŋ]; *plná p.* full board; *polovičná p.* half board **2.** | **dôchodok**

➨ *Koľko stojí na deň, na týždeň,... izba s plnou, polovičnou p-iou?* How much is a room with full board, with half board per day, per week,...?
Zoberiem(e) si izbu s plnou p-iou, polovičnou p-iou. I'll (We'll) take the room with full board, with half board.

penzión m. guest/boarding house [gest/bo:diŋ haus]

➨ *Môžete mi/nám odporučiť dobrý, lacný,... p.?* Could you recommend to me/to us a good, a cheap,... guest house?

P

Bývam(e) v p-e (na tichom mieste). I (We) live in a boarding house (in a quiet place).

pera ž. lip [lip]

percento s. per cent [pə'sent], (podiel) percentage [pə'sentidž]

perfektný perfect [pə:fikt]

➡ *...bol p-e zorganizovaný.* ... was perfectly organized.

periféria ž. periphery [pə'rifiri]

perina ž. eiderdown [aidədaun]

permanentka ž. hovor. pass [pa:s], season ticket [si:zn tikit]; *lyžiarska p.* skipass

perník m. gingerbread [džindžəbred]

pero s. pen [pen]; *guľôčkové p.* ball pen

perón m. hovor. platform [plætfo:m]

personál m. personnel [ˌpə:sn'el], staff [sta:f]; *hotelový p.* hotel staff; *letecký p.* flight staff, (posádka) crew, aircrew, (na letisku) airport staff

pes m. dog [dog]; *lavínový p.* avalanche dog

pestrý 1. (farebne) colourful [kaləfl], coloured [kaləd] 2. (op. jednotvárny) varied [veərid]; *p. program* varied programme

peši, pešo on foot [on 'fut]; *p-ia zóna* pedestrian zone

➡ *Poďme (radšej) p.!* Let's go on foot!

petržlen m. parsley [pa:sli]

pevnina ž. 1. (súš) land [lænd], mainland [meinlənd] 2. (kontinent) continent [kontinənt]

pevnosť ž. stronghold [stroŋhəuld], bastion [bæstiən], (vojenská) fortress [fo:trəs]; *mestská p.* citadel; *stredoveká p.* Middle-Age stronghold

pevný 1. (o materiáli) strong [stroŋ] 2. (ustálený dohodou) fixed [fikst]; *p-á cena* fixed price

piatkový Friday

piatok m. Friday [fraidei]; *každý p.* every Friday, on Fridays; *v p.* on Friday; *p. trinásteho* pren. Friday the Thirteenth

piecť 1. (koláč) bake [beik], (mäso) roast [rəust] 2. hovor. (hriať) heat [hi:t], roast // *p. sa* (na slnku) roast (o.s.) in the sun [ˌrəust in ðə 'san]

piesčina ž. the sands [ðə 'sændz]

piesčitý sandy [sændi]

pieseň ž. song [soŋ]; *ľudová p.* folk song

pieskovisko s. (detské) sandpit [sændpit], AM sandbox [sændboks]

piesok m. sand [sænd]; *hrubozrnný p.* coarse sand; *jemný p.* fine-grained sand

piest m. piston [pistn]

pichať stab [stæb], prick [prik]

➡ *Pichá ma v...* I've got a stabbing pain in my...

pichnúť sa prick o.s. [prik]

pikantný piquant [pi:kənt]

piknik m. picnic [piknik]

pilník m. file [fail]; *p. na nechty* nail file

pilul(k)a ž. pill [pil]

pingpong m. ping-pong [piŋpoŋ], table tennis [teibl tenis]

➡ *Kde si možno zahrať p.?* Where can I/we play tabletennis?

pirát m. pirate [pairət]; *cestný p.* road hog, AM cowboy; *vzdušný p.* air pirate

písať write* [rait] // *p. si* correspond [ˌkoriˈspond] (s kým with sb)

➡ *Ako sa píše...?* How do you spell...?

pískať whistle [wisl]

písmeno s. letter [letə]

písmo s. (sústava grafických znakov) script [skript], alphabet [ælfəbet]; *arabské p.* Arabic script; *tlačené p.* type

písomný written [ritn]

pistácia ž. pistachio (nut) [pəˈstaːʃiəu (nat)]

piškóta ž. sponge cake [spondž keik]

piť (v rôzn. význ.) drink* [driŋk]

➡ *Nesmiem p., ešte budem šoférovať.* I must not drink, I'll drive.

✳ *Čo by si chcel/ste chceli p.?* What would you like to drink?

pitný drinkable [driŋkəbl], drinking [driŋkiŋ], potable [pəutəbl]; *p-á voda* drinking/ potable water

piváreň ž. beer-house [biəhaus], hovor., zastar. alehouse [eilhaus], pub [pab]; *záhradná p.* garden pub

pivnica ž. cellar [selə]; *radničná p.* city hall cellar; *vínna p.* wine cellar

pivo s. beer [biə]; *anglické p.* ale; *čapované p.* draught beer, beer on tap/on draught; *fľaškové p.* bottle(d) beer; *malé p.* short/ small beer; *nealkoholické p.* non-alcoholic beer; *plzenské p.* Pilsner beer; *silné p.* strong beer; *slabé p.* light beer; *sladové p.* malt beer; *svetlé p.* lager; *tmavé/čierne p.* porter, brown ale, AM dark beer; *zázvorové p.* ginger ale; *p. v plechovke* canned/tinned beer; *p. zo suda (bez kysličníka uhličitého)* real beer

➡ *Pán hlavný, prineste mi/nám jedno malé p., dve, tri,... svetlé, tmavé pivá.* Waiter, one short lager, porter, two, three,... lagers, porters, please.

pizza ž. pizza [pi:tsə]

pizzeria ž. pizzeria [ˌpi:tsəˈri:ə]

placka ž. pancake [pæŋkeik]; *zemiaková p.* potato pancake

plachetnica ž. sailing boat [seiliŋ bəut], (väčšia) yacht [jot]

plachtár m. **1.** (na plachetnici)

P

sailor [seilə] 2. (na vetroni)
glider [glaidə]

plachtiť 1. (na plachetnici) sail
[seil]; *p. proti vetru* sail against
the wind 2. (na vetroni) glide
[glaid]

plakať cry [krai]
➡ *Prečo p-češ/p-čete?* Why are
you crying?

plameň ž. flame [fleim]

plán plan [plæn], (časový) sched-
ule [šedju:l], (mesta) map [mæp];
orientačný p. orientation map;
podľa p-u according to plan
➡ *Aké máš/máte p-y?* What are
your plans/intentions?
Kde dostať p. mesta? Where
can I/we get a street map?
Máte p. mesta...? Do you have
the street map of...?

plánovať plan [plæn]
➡ *P-uješ/P-ujete na dnes, zajtra,...*
niečo? Do you plan anything
for today, for tomorrow,...?

plastika ž. výtvar. (socha) sculp-
ture [skalpčə], statue [stætju:];
drevená p. wooden sculpture

plášť m. 1. coat [kəut]; *kúpací p.*
robe, bathrobe; *p. do dažďa*
raincoat 2. motor. (kryt) case
[keis], casing [keisiŋ]; *p. pneu-*
matiky rubber tyre/ĀM tire

plat m. pay [pei], (mesačný) sala-
ry [sələri], (hodinový, týždenný)
wage [weidž]

plátenný canvas [kænvəs], linen
[lainən]

platený paid [peid]; *p-é služby*
paid services

platiť 1. (mať platnosť) be* valid
[bi 'vælid] 2. (peniazmi) pay*
[pei]; *p. dopredu, poštovou*
poukážkou pay* in advance,
with postal order; *p-í sa na*
mieste pobytu onsite payment
(at the destination)
➡ *Ako dlho p-í cestovný lístok,*
vstupenka,...? How long is the
ticket, (entrance/admission)
ticket,... valid for?
Pán hlavný, p-ím(e)! Waiter,
the bill/ĀM the check, please!
Kde p-ím(e)? Where can I (we)
pay?
Chcel by som/Chceli by sme
p. I'd/We'd like to pay.
Čo p-ím(e)? How much am
I (are we) to pay?
P-ím(e) vopred alebo až po-
tom? Am I (Are we) to pay in
advance or after?
P-ím všetko/za všetkých.
It's my treat.
P-íme osobitne/zvlášť. We shall
pay separately.
P-ím(e) v eurách, korunách,...
I (We) pay in euros, in
crowns,...
P-í! It's a deal!
✳ *... p-í do...* ... is valid till...

platnička ž. disc [disk]; *medzi-*
stavcová p. intervertebral disc

platnosť ž. validity [vəˈlidəti]; *do-*
ba p-ti period of validity, expi-

ry date; *predĺžiť p. pasu, víza* extend the validity of/renew a passport, a visa

➡ ✳ *Váš pas stratí onedlho p.* Your passport will soon expire.

platný valid [vælid]; *p. od... do* valid from... till...

➡ ✳ *... už nie je p. ...* is not valid any longer/has expired.

plaváreň ž. swimming pool [swimiɳ puːl]; *solárne ohrievaná p.* swimming pool heated with solar energy, swimming pool with solar (pool) heating

➡ *Je tu krytá p.?* Is there an indoor swimming pool here?

plávať (o ľuďoch) swim* [swim], (o plavidlách) sail [seil]; *p. kraulom, motýlika, prsia, znak* swim* crawl, butterfly, breaststroke, backstroke; *p. proti prúdu, po prúde* swim* upstream, downstream

➡ *Ako ďaleko možno p.?* How far can I (we) swim? *(Ne)Viem p.* I can (can't) swim.

plavba ž. 1. voyage [voiidž], (výletná) (pleasure/recreation) cruise [(pležə/ˌrekriˈeišn) kruːz], (na druhú stranu) crossing [krosiɳ], passage [pæsidž] 2. (doprava) navigation [ˌnæviˈgeišn]; *krížová p. po mori* sea cruise; *okružná p. po prístave* cruise along the harbour, har-

bour cruise; *p. po prúde* downstream navigation; *p. proti prúdu* upstream navigation; *p. po mori* sea navigation

plavčík m. lifeguard [laifgaːd]

➡ *Kde je p.?* Where is the lifeguard? *Zavolajte rýchlo p-a!* Call the lifeguard, quick!

plavec m. swimmer [swimə]

plavky ž. 1. (dámske) swimming/bathing costume [swimiɳ/beiðiɳ kostjuːm], Ａ Ｍ bathing suit [beiðiɳ sjuːt], swimsuit [swimsjuːt]; *dvojdielne p.* bikini; *jednodielne p.* monokini; *pretekárske p.* racing swimsuit 2. (pánske) swimming/bathing trunks [swimiɳ/beiðiɳ traɳks]

pláž ž. beach [biːč]; *hotelová p.* hotel beach; *kamienková p.* pebbly beach; *kilometrové p-e* many kilometres long beaches; *morská p.* sea beach; *nudistická p.* nudists/Ａ Ｍ naturists beach; *piesčitá p.* sandy beach; *skalnatá p.* rocky beach; *súkromná p.* private beach; *verejná p.* public beach; *p. pri jazere* lido; *p. vhodná/bezpečná pre deti* beach suitable/safe for children; *blízkosť p-e* vicinity of the beach; *znečistenie p-í* beaches pollution; *na p-i* on the beach

➡ *Idem(e) na p.* I am (We are) going to the beach.

Má hotel vlastnú p.? Has the hotel its (own) private beach?

plážový beach [bi:č]; *p. kôš* wicker chair; *p-é oblečenie* beachwear

plece s. shoulder [šəuldə]

plecniak m. rucksack [raksæk]; *p. s kovovou výstužou* rucksack with metal back-support

plechovka ž. tin [tin], can [kæn]

pleseň ž. 1. (povlak) mould, AM mold [məuld] 2. (choroba) fungus* [fangəs]; *kožná p.* dermatophytosis

pleso s. tarn [ta:n], mountain lake [mauntin leik]

plienka ž. BR nappy [næpi], AM diaper [daiəpə]

plnoklimatizovaný fully air-conditioned [,fəli əkən'dišnt]

plnoletý of age [əv 'eidž], (dospelý) adult [ə'dalt]

plný full [ful]
➡ *Natankujte, prosím, p-ú nádrž!* Full tank, please! Fill it up, please. AM Tank it up, please!

plocha ž. area [eəriə]; *parkovacia p.* parking area

plochý flat [flæt]

plomba ž. (pečať) seal [si:l]; *zubná p.* filling
➡ *Vypadla mi p.* I've lost a filling.

ploštica ž. bug [bag]

plť ž. raft [ra:ft]; *plavba p-ou* trip/travelling on a raft, rafting trip

pľúca s. lungs [laŋz]

pluh m. plough, AM plow [plau];

snehový p. snowplough, AM snowplow

plus plus [plas]; *p. ... stupne/stupňov* plus... degrees, ... degrees above zero

plutva ž. (ryby) fin [fin], (delfína) flipper [flipə]; *potápačské p-y* flippers

pľuzgier m. blister [blistə]

plyn m. (v rôzn. význ.) gas [gæs]; *výfukový p.* exhaust; *variť na p-e* cook with gas
➡ ✳ *Pridajte p!* Press on the gas! Open the throttle!
   ✳ *Uberte p.!* Take your foot off the gas! Throttle down!

plytčina ž. shallows [šæləuz]

plytký shallow [šæləu]

plzenské m. (pivo) Pilsener [pilznə]

pneumatika ž. tyre, AM tire [taiə]; *bezdušová p.* tubeless tyre; *celoročná p.* all-season tyre; *diagonálna p.* cross-ply tyre; *letná p.* summer tyre; *náhradná p.* spare tyre; *ojazdená p.* used tyre; *radiálna p.* radial (tyre); *vysokovýkonná p.* high performance tyre; *zimná p.* winter tyre; *p. s protišmykovými hrotmi* studded tyre; *protektorovať p-u* retread (a tyre)
➡ *Praskla mi zadná p.* I've got a puncture in my back tyre. *Môžete nafúkať, opraviť, vymeniť, zaplátať,... túto p-u?* Could you blow up, repair, change,

mend a puncture of,... this
tyre?

¹po predl. **1.** (priestorovo) along
[ə'loŋ], round [raund]; *túlať sa
po meste* go* for a watch
round the town **2.** (vyj. časovú
al. priestorovú hranicu) as far
as [əz 'fa: əz], (up) to [(ap) tə];
od... až po... from... (up) to;
plávať až po bóje swim* up to
the buoys **3.** (časovo) after
[a:ftə], upon [ə'pon], on [on];
po celý deň all day (long),
throughout the day; *po obede,
večeri* after lunch/dinner,
supper; *po niekoľkých minú-
tach, hodinách* after some
minutes, hours **4.** (vyj. účel)
for [fə]; *poslať po lekára* go*
for/call the doctor **5.** (vyj.
poradie) for, after; *jeden po
druhom* one after another;
po prvý raz for the first time
6. (vyj. spôsob) in [in], by
[bai]; *hovoriť po...* speak*...;
poslať po železnici send* by
rail; *spýtať sa po...* ask in...

➡ *Ako sa to povie po anglicky?*
How do you say it in English?
How is it in English?
Až po vás, prosím! After you!
*Odprevadím(e) ťa/vás až po
zastávku, po hotel,...* I'll
(We'll) accompany you up to
the stop, up to the hotel,...

²po čast. (+ číselné údaje) by
[bai]; *po troch* three by three;

po... osôb by... persons; *po
jednom* one by one

pobočka ž. agency [eidžnsi], sub-
sidiary [səb'sidiəri], branch (of-
fice) [bra:nč (ofis)], subbranch
[sab'bra:nč]; *p. cestovnej kan-
celárie* travel agency branch

pobrežie m. shore [šo:], (morské)
seaside [si:said], seashore
[si:šo:], coast [kəust], (rieky)
riverside [rivəsaid]; *skalnaté p.*
rocky coast

➡ *Prešli sme (autom, loďou,...)
pozdĺž p-ia.* We passed (by car,
ship,...) along the seaside.

pobyt m. (krátkodobý) stay [stei],
(trvalý) residence [rezidns]; *do-
volenkový, prázdninový p.* holi-
day, vacation stay, (krátkodo-
bý) short stay; *hotelový p.*
hotel stay; *víkendový p.* week-
end stay; *dĺžka p-u* length of
stay; *miesto p-u* place of resi-
dence/of stay; *povolenie p-u*
residence permit; *predĺženie
dovolenkového p-u* extension
of/to a holiday stay; *týždeň
predĺženého dovolenkového
p-u* week of an extended holi-
day stay

pocit m. feeling [fi:liŋ], (vedomie
niečoho) sense [sens]; *p. zod-
povednosti* sense of responsi-
bility

pocítiť m. feel* [fi:l], experience [ik
'spiəriəns]; *p. únavu* experience
the fatigue

P

počas during [djuəriŋ], in/during the course of [,in/,djuəriŋ ðə 'ko:s əv], throughout [θru:'aut], in [in], within [wi'ðin], on [on]; *p. cesty, dňa, dovolenky* on a way, in a day, during holiday

počasie s. weather [weðə]; *daždivé p.* rainy weather; *letové p.* flight weather; *mrazivé p.* frosty weather; *pekné p.* fine weather; *slnečné p.* sunny weather; *ustálené p.* settled weather; *zlé p.* bad weather; *p. na horách* mountain weather; *predpoveď p-ia* weather forecast; *správa o p-í* weather report; *za každého p-a* in all weathers; *za priaznivého p-ia* weather permitting

➡ *Aké bude (dnes, zajtra,...) p.?* What will be the weather like (today, tomorrow,...)?
P. sa zlepší. The weather is on the mend.
Bude pekné, zlé,... p. It'll be fine, bad,... weather.
Udrží sa pekné, daždivé,... p.? Will the fine, the rainy,... weather last?
Zmení sa p. The weather will change.

počet m. number [nambə]; *minimálny p. účastníkov* minimal number of participants/of members; *v plnom počte* at full strength

počítať 1. (zisťovať počet) count [kaunt], recon [rekn] 2. (spoliehať sa) count (s kým/čím on/upon sb/sth), rely [ri'lai] (s kým/čím on sb/sth)

➡ *S tým som (ne)p-l/sme (ne)p-li.* I/We (didn't count) counted on it.

počkať wait [weit]

➡ *Môžeš/Môžete p. ešte... minút, niekoľko dní,...?* Can you wait... minutes, several days,... more?
P-j(te), kým tu nebudú všetci. Wait until we are all here.
P-j(te) tu, prosím, chvíľku! Wait a minute here, please!
P-j(te)! (Moment!) Let me see!

počuť hear* [hiə]

pod (v rôzn. význ.) under [andə], below [bi'ləu]; *... metrov p. hladinou mora ...* metres below sea level; *predávať p. cenu* undersell*

➡ *Je... stupňov p. nulou.* It's... degrees below zero.
Stanujeme p. holým nebom. We are camping in the open/ under the open sky.

poďakovať sa thank [θæŋk] (komu sb)

➡ *Chcel by som/Chceli by sme sa p. za...* I'd/We'd like to thank you for...

podanie s. (listu) posting [pəustiŋ], AM mailing [meiliŋ], (telegramu) sending [sendiŋ];

p. batožiny registration/ĀM checkin of luggage/ĀM of baggage

podariť sa be* successful [bi ˌsek'sesfl], succed [sək'si:d]

podať 1. (vložiť do ruky) hand [hænd], pass [pa:s]; *p. komu ruku* offer sb one's hand, (potriasť) shake* hands **2.** (odoslať: list) post [pəust], ĀM mail [meil], (telegram) send* [send]; *p. list doporučene* register a letter

➡ *P-j(te) mi, prosím...* Hand me..., please.
Kde možno p. batožinu, telegramy,...? Where can I/we check (in) the luggage, send the telegrammes,... ?

podceniť underestimate [ˌandə'estimeit]

podhradie s. outer bailey [ˌautə 'beili]

podchladený subcooled [sab'ku:ld]

podchod m. (pedestrian) subway [(pi'destriən) sabwei], underpass [andəpa:s]; *p. pre chodcov* pedestrian subway

podjazd m. underpass [andəpa:s]

podkolienky ž. knee socks [ni: soks]

podľa according to [ə'ko:diŋ tə], in accordance with [in ə'ko:dns wið]; *p. možnosti* if possible; *p. potreby* according to requirements, as necessary, as relevant

podmienka ž. condition [kən-'dišn], (žiadosť) requirement [ri'kwaiəmənt], práv. (zmluvná) term [tə:m], (okolnosti) circumstances [sə:kəmstænsiz]; *jazdné p-y* driving conditions; *(ne)priaznivé snehové p-y* (un)favourable snow conditions; *platobné p-y* conditions of payment, payment conditions; *poistné p-y* insurance terms and conditions; *poveternostné p-y* weather conditions; *prepravné p-y* conditions of shipment; *dohodnúť p-y* agree terms

➡ *Aké máte p-y?* What are your requirements?
Za akých p-nok...? What are the conditions of...?

podmorský submarine [sabmə-ri:n]

podnapitý tipsy [tipsi]

¹podnebie s. (v ústach) palate [pælət]

²podnebie s. climate [klaimət]; *drsné p.* severe climate; *mierne p.* mild climate; *kontinentálne/vnútrozemské p.* continental climate; *prímorské p.* seaside/coastal climate; *subtropické p.* subtropical climate; *suché p.* dry climate; *tropické p.* tropical climate; *vlhké p.* humid climate; *vysokohorské p.* high mountain climate; *zmena p-ia* climate change

P

podnik m. **1.** (lokál) club [klab], bar [ba:]; *nočný p.* night club; *striptízový p.* striptease bar **2.** (firma ap.) enterprise [entəpraiz], (komerčný) company [kampəni], firm [fə:m]

podnikateľ m. entrepreneur [,ontrəprə'nə:], (obchodný) businessman* [biznismæn]

podniknúť carry out [,kæri 'aut], make* [meik], undertake* [andəteik]

➡ *Chcem(e) p. výlet, túru,...* I'd (We'd) like to make a trip, a hike,...

podobať sa resemble [ri'zembl], be* alike [bi ə'laik], look like [,luk 'laik] (na koho sb)

podobný similar [similə]

➡ *Dobrú chuť! P-e!* Enjoy your meal! You too!

podošva ž. (na obuvi, chodidla) sole [səul]

podozrievať suspect [sə'spekt] (koho sb, z čoho of sth)

podpalubie s. lower deck [ləuə dek]

podpätok m. heel [hi:l]; *topánky s nízkymi p-ami* low-heeled/ flat shoes, flats; *topánky s vysokými p-kami* high-heeled shoes, (high) heels

podpis m. signature [signičə]; *vlastnoručný p.* personal signature; *potvrdiť p-om* countersign

podpísať (sa) sign [sain]

➡ ✳ *P-šte sa, prosím, sem.* Sign here, please.

podplatiť pay* off [,pei 'of], bribe [braib]

podpriemerný below average [bi'ləu ævridž], substandard [sab'stændəd]

podprsenka ž. brassière [bræziə], hovor. bra [bra:]

podradný (kvalitou) inferior [in'fiəriə]

podráždený irritated [iriteitid], annoyed [ə'noid]

podriadiť sa submit o.s. [sabmit]

podrobný detailed [di:teild]

podržať hold* [həuld]

➡ *P-ž/P-žte mi, prosím...* Hold for me, please.

podujatie s. event [i'vent], undertaking [andəteikiŋ]; *kultúrne p.* cultural event; *spoločenské p.* social event; *športové p.* sporting event

poduška ž. | vankúš

podvečer (čas) early evening [ə:li 'i:vniŋ], nightfall [naitfo:l]

podvečerom at nightfall [ət 'naitfo:l]

podviesť deceive [di'si:v], cheat [či:t]

podvod m. deceit [di'si:t], deception [di'sepšn], (finančný) fraud [fro:d], swindle [swindl]

podvozok m. motor. chassis* [šæsis], (lietadla) undercarriage [andəkæridž], landing gear [lændiŋ giə]

podzemný underground [andə-graund]

pohanský pagan [peign], heathen [hi:ðn]

pohár m. (v rôzn. význ.) glass [gla:s], (plastový, šport.) cup [kap]; *zmrzlinový p. s čokoládovou polevou a ovocím* ice cream with chocolate topping and fruit, chocolate sundae; *zmrzlinový p. s fondánom* hot fudge sundae; *p. na jednorazové použitie* disposable cup

➡ *Prineste mi, prosím, p. ...* Bring me a glass of..., please.

pohľad m. **1.** look [luk] **2.** (výhľad) view [wju:], sight [sait]; *na prvý p.* at first sight; *p. na hory, more, mesto* view of the mountain, of the sea, of the city

pohľadnica ž. (picture) postcard [(,pikčə') pəustka:d]

➡ *Kde možno kúpiť p-e?* Where can I (we) buy the picture postcards?

pohlavie s. sex [seks]

pohnúť (sa) move [mu:v]

➡ *P-i!* Move along!

pohoda ž. contentment [kən-'tentmənt], well-being [,wel-'bi:iŋ]

➡ *To je v p-e!* It's O.K.!, It's fine!

pohodlie s. comfort [kamfət]

➡ ✳ *Urob(te) si p.!* Make yourself (yourselves) comfortable/at home!

pohodlný comfortable [kamftəbl]

pohon m. drive [draiv], propulsion [prə'palšn]; *predný, zadný p.* front, rear drive; *p. na štyri kolesá* four-wheel drive

pohorie s. mountain range [mauntin reindž]

pohostenie s. entertainment [,entə'teinmənt]

pohostinnosť ž. hospitality [,hospi'tæləti]

pohostinný hospitable [hospitəbl]

pohostinstvo s. **1.** | **pohostinnosť 2.** (jednoduchšia reštaurácia) public house [pablik haus], pub [pab]

pohostiť entertain [,entə'tein], treat [tri:t]

pohotovosť ž. **1.** (rýchlosť reakcie) readiness [redinəs], promptness [promptnəs] **2.** hovor. (lekárska) emergency (room) [i'mə:džnsi (ru:m)]

pohraničie s. borderlands [bo:dələændz]

pohraničný border [bo:də], frontier [fran'tiə]; *(malý) p. styk* border traffic

pohrebisko s. burial site [beriəl sait]

pohrudnica ž. pleura [pluərə]

pohyb m. move [mu:v]; *dať sa do p-u* start moving

➡ *P.!* hovor. Move along!

pohyblivý movable [mu:vəbl]; *p-é sviatky* movable holidays

pohybovať sa move [mu:v]

P

pochádzať (z istého obdobia) date back to [ˌdeit 'bæk tə], be [bi:]

➡ *Z ktorého storočia p-a...?* What century is...?
Od koho p-a tento obraz, táto socha,...? What's the author of this picture, of this sculpture,...?

pochod m. march [ma:č]; *-hodinový, -kilometrový p.* -hours, -kilometres march

pochopiť understand* [ˌandə'stænd], comprehend [ˌkompri'hend], grasp [gra:sp]

➡ *To som/sme zle p-l(i).* I (We) misunderstood it.

pochovať bury [beri]

➡ *Kto je tu p-ný?* Who is buried here?

pochúťka ž. | **maškrta**

pochvala ž. praise [preiz]

pochváliť praise [preiz]

pochybovať doubt [daut]

➡ *P-ujem(e), že....* I (We) doubt that....

poistenec m. the insured [ði in'šuəd]

poistenie s. insurance [in'šuərns], cover [kavə]; *doplnkové p.* supplementary insurance; *havarijné p. motorových vozidiel* accident insurance, (komplexné) full coverage insurance, (čiastočné) partial coverage insurance; *hromadné p.* collective insurance; *povinné p.* compulsory insurance; *úrazové p.*

accident insurance; *p. cestovnej batožiny* luggage insurance; *p. liečebných nákladov* medical expenses insurance, medical travel insurance; *p. motorových vozidiel* motor insurance; *p. pre cesty a pobyt, cestovné p.* travel insurance; *p. pre prípad insolventnosti/úpadku CK* travel agency insolvency/bankruptcy insurance; *p. proti krádeži* theft insurance; *p. spolucestujúcich v aute* passenger insurance cover; *p. storna zájazdu* trip cancellation insurance; *p. zodpovednosti za škody (spôsobené premávkou vozidiel)* third party insurance, compulsory Road Traffic Act insurance

poistený insured [in'šuəd], covered [kavəd]

➡ ✳ *Ste p.?* Are you insured?
✳ *Kde máte p-é auto?* Where's your car insured?
✳ *Máte p-ú batožinu?* Is your luggage insured?

poistiť (v poisťovni) insure [in'šuə] // *p. sa* (zabezpečiť sa) secure o.s. [si'kjuə]; *p. sa lanom* secure o.s. with a rope

➡ *Chcel by som/Chceli by sme si p. túto batožinu.* I'd/We'd like to insure this luggage.

poistka ž. **1.** insurance policy [in'šuərns polisi] **2.** (elektrická) fuse [fju:z]

➡ *Prepálila sa p.* The fuse blew.

poistný insurance [in'šuarns]; *p-á udalosť* insurance claim, event insured against

poisťovňa ž. insurer [in'šuərə], insurance company [in'šuarns kampəni]

pokaziť break* [breik], spoil* [spoil], damage [dæmidž] // *p. sa* **1.** (potraviny) spoil* [spoil], go* bad [gəu 'bæd] **2.** (predmety) break* [breik], be* broken/damaged [bi 'brəukn/'dæmidžd]

➡ *P-l sa mi bicykel, kufor, nafukovací matrac,...* My bicycle, suitcase, airbed,... is damaged. *P-l som si žalúdok.* I've got an upset stomach. I ruined my stomach.

poklad m. treasure [trežə]; *muzeálne p-y* museum treasures

pokladnica ž. (v rôzn. význ.) (priehradka) cashier's desk [kæšəz desk], cash desk [kæš desk], (registračná) cash register [keš redžistə], (box) checkout [čekaut], (v obchode) till [til]; *koncertná p.* (concert) box office; *štátna p.* BR the Exchequer; *p. v divadle, kine, na stanici* booking office, AM ticket office

➡ *Kde je p.?* Where's the checkout?

✱ *Plaťte pri p-i!* Pay at the cash desk!

pokoj m. **1.** (nečinnosť) rest [rest] **2.** (nerušenie) calmness [ka:mnəs], peace [pi:s]; *p. na lôžku* rest in the bed; *deň pracovného p-a* public/BR bank holiday; *rušenie nočného, verejného p-a* disturbance of the night peace, of the public peace

➡ *Daj(te) mi, (prosím), p.!* Leave me alone (, please)!

✱ *Zachovaj(te) p.!* Keep calm! Wait and see! Take it easy!

pokojný calm [ka:m], still [stil], peaceful [pi:sfl]

➡ *Dnes je p-é more.* The sea is calm today.

pokožka ž. skin [skin]; *dobronzova opálená p.* bronzed skin

pokračovať continue [kən'tinju:] (v čom on/with sth); *p. v ceste autobusom, pešo, vlakom* continue the journey by bus, going on foot, by train

pokrievka ž. lid [lid]

pokryť (sa) cover [kavə]; *p. sa snehom* be*/get* covered with snow

pokrývka ž. **1.** (vrstva) cover [kavə]; *snehová p.* coat of snow **2.** (prikrývka) blanket [blæŋkit]; *p. hlavy* headgear

pokúsiť sa try [trai], (neúspešne) attempt [ə'tempt] (o čo sth)

pokuta ž. fine [fain], penalty [penlti]; *bloková p.* (za dopr. priestupky) fine; *colná p.* cus-

P

toms fine; *peňažitá p.* financial
fine; *vysoká p.* heavy/hefty
fine; *uložiť p-u* impose a fine

➡ ✳ *Musíte zaplatiť p-u vo výš-*
ke... eur. You must pay the...
euros fine.

pokutovať (impose a) fine [(im-
'pəuz ə) fain] (*za čo* for sth)

pokyn m. instruction [in'strakšn]

pol half [ha:f]

➡ *Dajte mi, prosím, p. kila...* Give
me half a kilo of..., please.

pól m. pole [pəul]; *južný p.* South
Pole; *severný p.* North Pole

poľadovica ž. icy conditions
[ˌaisi kən'dišnz], black ice
[blæk ais]

Polárka ž. Pole/North Star [pəul/
no:θ sta:]

polárny polar [pəulə]; *p. kruh* po-
lar circle

polaroid m. fot. Polaroid (came-
ra) [pəulroid (kæmrə)]

poldenný half-day [ha:fdei]; *p. vý-*
let half-day trip

pole s. field [fi:ld]

polhodina ž. half an hour [ˌha:f
ən 'auə]; *každú p-u* every half
hour

polhodinový half-an-hour [ˌha:f
ən 'auə]

Poliak m. Pole [pəul]

policajný police [pə'li:s]; *p-é auto*
police car; *p-á stanica* police
station; *p-e hlásený* registered
with police

policajt m. policeman* [pə'li:s-

mən], hovor. cop [kop], (stráž-
nik) ʙʀ constable [kanstəbl],
ᴀᴍ police officer [pə'li:s
ofisə]

policajtka ž. policewoman*
[pə'li:swumən], ʙʀ Woman
Police Constable [ˌwumən
pə'li:s 'kanstəbl]; *dopravná p.*
traffic policewoman*

polícia ž. police [pə'li:s]; *doprav-*
ná p. traffic police; *cudzinecká*
p. alien's registration office;
kriminálna p. criminal investi-
gation office, ʙʀ Criminal In-
vestigation Department; *mest-*
ská p. city police; *železničná p.*
rail/railway police

➡ *Upovedomte, prosím, p-iu.* In-
form the police, please.
Zavolajte p-iu! Call the police,
please!

polievka ž. soup [su:p]; *držková p.*
tripe soup; *fazuľová p.* bean
soup; *hovädzia p.* beaf tea/
bouillon; *hrachová p.* pea soup;
hubová p. mushroom soup;
instantná/vrecúšková p. instant/
packet soup; *rajčinová p.* toma-
to soup; *rybia p.* fish soup; *sle-*
pačia p. hen soup; *studená*
ovocná p. cold/chilled fruit
soup; *šošovicová p.* lentil soup;
zeleninová p. vegetable soup;
zemiaková p. potato soup

➡ *Mohli by ste mi/nám priesť...*
p-u? Could you bring me/us
the... soup?

polnoc ž. midnight [midnait]; *do p-i* till midnight; *o p-i* at midnight; *okolo p-i* around midnight; *po p-i* after midnight

polnočný midnight [midnait]; *p. vlak* midnight train

poloha ž. location [lə'keišn], situation [ˌsitju'eišn]; *geografická p.* geographical location

➡ *Penzión, hotel, pláž,... má ideálnu p-u.* The boarding/guest house, the hotel, the beach,... has the ideal location/is ideally located.

polostrov m. peninsula [pə'ninsjulə]

polotieň m. half-shade [ha:fšeid]

polotovary m. (o potravinách) convenience/ready-to-cook/ oven-ready foods [kən'vi:niəns/ reditəkuk/əuvnredi fu:dz]

poľovačka ž. hunting [hantiŋ]

poľovať hunt [hant] (*na čo* sth)

polovica ž. half* [ha:f]

polovičný half [ha:f]; *p-á porcia* small helping; *zaplatiť p-ú cenu* pay* the half-price

položiť put* [put], place [pleis], lay* [lei]; *p. slúchadlo* hang* up

polpenzia ž. half board [ˌha:f 'bo:d]; *p. vrátane nápojov k jedlu* half board including drinks at meals

➡ *Koľko stojí izba s p-iou na deň?* How much is a room with half board per day?
Objednám(e) si len p-iu. I'll (We'll) book just the half board.

polrok m. half of the year [ˌha:f əv ðə 'jiə]

Poľsko s. Poland [pəulənd]

poľský Polish [pəuliš]

poltopánky ž. shoes [šu:z]

poludňajší midday [ˌmid'dei], lunch [lanč]; *p. oddych* midday rest; *p-ia prestávka* lunch break

poludnie s. midday [ˌmid'dei], noon [nu:n]; *okolo p-ia* round midday

poludník m. meridian [mə'ridiən]

pomáhať | pomôcť

pomalý slow [sləu]

➡ * *Jazdi(te), hovor(te),..., prosím, p-šie!* Drive, speak,... more slowly, please!

pomaranč m. orange [orindž]

pomer m. relationship [ri'leišnšip]; *príbuzenský p.* family relationship

pomfritky ž. chips [čips], |AM| French fries [frenč fraiz]

pomliaždenina ž. bruise [bru:z], bruising [bru:ziŋ]

pomník m. monument [monjumənt], (pamätník) memorial [mə'mo:riəl]

➡ *Čo je to za p.?* What monument is it?

pomoc ž. help [help], aid [eid], assistance [ə'sistns]

➡ *Kto vie poskytnúť prvú p.?* Who can give the first aid?
Vďaka za p. Thank you for your help.

P.! Help!

✱ *Potrebuješ/Potrebujete p.?* Do you need help?

pomôcť help [help], give* a helping hand [ˌgiv ə 'helpiŋ hænd] // **p. si** help o.s.

➡ *P-žte mi/nám, prosím.* Help me/us, please.

✱ *Môžem ti/vám nejako p.?* Can I help you anyway?

pomýliť confuse [kən'fju:z], mislead* [mi'sli:d] // **p. sa** make* a mistake [ˌmeik ə mi'steik], err [ə:] // **p. si** mistake* [mi'steik] (koho sb, s kým for sb)

ponáhľať sa hurry (up) [(ˌ)hari ('ap)], be* in a hurry [bi in ə 'hari]

➡ *P-m(e) sa.* I am (We are) in a hurry.

✱ *P-š/P-te sa?* Are you in a hurry?

✱ *P-j(te) sa, prosím!* Hurry up, please!

pondelkový Monday [mandei]

pondelok m. Monday [mandei]; *každý p.* every Monday, on Mondays; *v p.* on Monday

ponoriť sa submerge [səb'mə:dž], dive [daiv]

ponožky ž. socks, ⟨AM⟩ sox [soks]

ponuka ž. offer [ofə]; *dovolenková p.* holiday offer; *internetová p.* internet offer; *lákavá p.* attractive offer/proposition; *nezáväzná, výhodná p.* not binding offer; *mimoriadna p.* special offer; *výhodná p.* favourable offer; *p. cestovných kancelárií* travel agencies offer; *p. rodinných dovoleniek* family holiday offer; *p. last minute/moment* last minute/moment offer/deal

ponúknuť offer [ofə]

➡ *Môžem ťa/vás p. ...?* May I offer you...?

✱ *P-ite sa, prosím!* Help yourself!

popálenina ž. burn [bə:n]; *ťažké p-y* severe burns

popáliť burn* [bə:n] // **p. sa** be* burnt/scalded [bi 'bə:nt/'sko:ldid], get* burnt [ˌget 'bə:nt], burn* o.s. // **p. si** burn*

poplach m. alarm [ə'la:m]

poplatok m. fee [fi:], charge [ča:dž]; *cestný p.* toll; *colný p.* (customs) duty; *diaľničný p.* freeway toll; *kúpeľný p.* watering rate; *letiskový p.* airport charge; *manipulačný p.* handling fee; *miestny p.* local fee; *parkovací p.* parking charge; *plážový p.* beach fee/access rate; *poštový p.* postage, postal charge; *stornovací p.* cancellation charge; *účastnícky p.* registration fee; *vízový p.* visa fee; *p. za pátraciu a záchrannú akciu* (na mori al. na horách) search and rescue action fee; *p. za požičanie* hire charge; *p. za prevoz v prípade úmrtia* fee for the transport of the de-

ceased; *p. za prenájom na...
hodín,... dní* ... hours,... days
hire fee; *bez p-tkov* charge-free;
bez platenia cestných p-kov
without paying road fees/(free-
way) toll; *podliehajúci p-kom*
subject to a charge/to a fee;
za p. paid

➡ ✱ *Aká je výška p-ku za...?*
What's the charge for...?

popolník m. ashtray [æʃtrei],
(stojanový) ashstand [æʃstænd]

popoludňajší afternoon [ˌaːftə-
ˈnuːn]

popoludní in the afternoon [in
ðiˌaːftəˈnuːn]; *vždy p.* always in
the afternoon

➡ ✱ *P. si môžete prísť po...* You
can take... in the afternoon.

popoludnie s. afternoon [ˌaːftə-
ˈnuːn]; *celé p.* all afternoon;
dnes p-í this afternoon

popozajtra two days after tomor-
row [tuː deiz ˈaftə təˌmorəu]

poprechádzať sa walk [woːk]

➡ *Poďme sa trocha p.* Let's go
for a walk/for a stroll. Let's
take a walk.

popri 1. (priestorovo) by [bai],
past [paːst], along [əˈloŋ]
2. (okrem) in addition to [in
əˈdišn tə], alongside [əˌloŋˈsaid]

poprosiť ask [aːsk] (koho sb, o čo
for sth)

➡ *Mohol by som/Mohli by sme
vás p. o...?* Can I/we ask you
for...?

Musím(e) vás p. o pomoc.
I (We) must ask you for help.

pór m. leek [liːk]

poradie s. order [oːdə], (sled) se-
quence [siːkwəns], šport. rank-
ing [ræŋkiŋ]

➡ *V akom p-í?* In what sequence/
order?

poradiť advise [ədˈvaiz], odb. con-
sult [kənˈsalt] // *p. sa* consult
(s kým sb, o čom sth), ask
sb's advice [ˌaːsk ədˈvais]
(o čom about sth)

poranenie s. wound [waund], in-
jury [indžəri]; *povrchové p.* su-
perficial/flesh injury; *vnútorné
p.* internal injury

poranený injured [indžəd]

poraniť (si) injure [indžə] //
p. sa be✱ injured/hurt [bi
ˈindžəd/ˈhəːt]

porážka ž. stroke [strəuk]; *moz-
gová p.* stroke, apoplexy; *srd-
cová p.* heart attack

porcelán m. porcelain [poːslin],
china [čainə]

porcia ž. portion [poːšn], helping
[helpiŋ], serving [səːviŋ]; *det-
ská p.* small helping; *dvojitá p.*
double helping; *polovičná p.*
small helping

➡ *Prineste mi/nám, prosím, jednu
p-iu, dve, tri p-ie...* Bring me/us
one portion of, two, three
portions of..., please. Can
I/we have one helping, two,
three helpings of..., please?

P

poriadny 1. (poriadkumilovný) orderly [o:dli] **2.** (slušný) decent [di:snt], mannerly [mænli] **3.** hovor. (primeraný) adequate [ædikwət] **4.** hovor. (značný) considerable [kən'sidrəbl], substantial [səb'stænšl]

poriadok m. **1.** (op. neporiadok) order [o:də] **2.** (v rôzn. význ.) timetable [taimteibl], schedule [šedju:l]; *cestovný p.* timetable, schedule, (autobusový) bus schedule, (letový) air/airline/ flight schedule, (letný) summer timetable, (vlakový) train timetable, (zimný) winter timetable, (výtlačok) timetable (copy); *domový p.* house rules; *dopravný p.* traffic regulations; *zasadací p.* seating (plan)

➡ *Môžete dať do p-ku...?* Could you put... in order?
Izba, kúpeľňa, WC,... nie je v p-ku. The room, the bathroom, the toilet,... is not in order.
V p-ku! All right! That's all right!

porovnávať compare [kəm'peə]; *p. ceny* compare the prices

porozumenie s. (prejav pochopenia) understanding [ˌandə'stændiŋ], (ohľad) consideration [kənˌsidə'reišn]

➡ ✳ *Prosíme o p.!* We ask you for your understanding!

Portugalec, Portugalčan m. Portuguese [ˌpo:tə'gi:z]

portugalčina ž. Portuguese [ˌpo:tə'gi:z]

Portugalsko s. Portugal [potəgl]

portugalský Portuguese [ˌpo:tə'gi:z]

porucha ž. (obyč. na aute) breakdown [breikdaun], failure [feilə]; *p. motora* engine trouble, (väčšia) engine failure; *odstrániť p-u* repair/remove the failure

porušiť damage [dæmidž], (zmluvu) breach [bri:č], (predpisy) break* [breik], violate [vaiəleit], (nedodržať) disobey [ˌdisə'bei]

porušovateľ m. violator [vaiəleitə]; *p. dopravných predpisov* violator of traffic rules

posadiť sa sit* down [sit daun]
➡ ✳ *P-ď(te) sa, prosím!* Sit down, please!

posádka ž. crew [kru:]; *p. lode* crew of a ship; *p. lietadla* crew (of an aircraft), aircrew

poschodie s. floor [flo:], storey, ⒶⓂ story [sto:ri]
➡ *Na ktorom p-í je moja/naša izba?* What floor is my/our room on?
Bývam(e) na... p-í. I (We) live on the... floor.
Bývam(e) o p. vyššie, nižšie. I (We) live one floor up, down.

posilňovňa ž. (conditioning) gym [(kən'dišniŋ) džim], gymnasium [džim'neiziəm]

poskytnúť give* [giv], offer [ofə], provide [prə'vaid]; *p. komu ubytovanie* accommodate sb, provide accommodation for sb, provide sb with lodging(s), give* sb lodging(s); *p. komu prvú pomoc* give* sb the first aid

poslať (v rôzn. význ.) send* [send]; *p. esemesku* send* SMS message/a text message

posledný last [la:st]
➠ *Kto je p.?* Who's the last? *Minul som svoje p-é peniaze.* I've spent my last money.

poslúžiť 1. (obslúžiť) serve [sə:v] 2. (pomôcť) do* good [du: 'gud] 3. do* [du:], help [help]
➠ ✻ *Čím môžem p.?* What can I do for you? Can I help you?

postarať sa take* care [ˌteik 'keə] (o koho/čo of sb/sth), look after [ˌluk 'a:ftə] *p. o hotelových hostí* look after the hotel guests

postaviť 1. (na urč. miesto) put* [put], place [pleis], stand* [stænd] 2. (vybudovať) build* [bild], erect [i'rekt]; *p. stany* pitch/put* up the tents // *p. sa* 1. (vstať) stand up [stænd ap], raise o.s. [reiz] 2. (na urč. miesto) position [pə'zišn]
➠ *P-te, prosím, moje/naše veci do...* Put my/our things into..., please.

Kedy bol p-ený...? When was... built?
✻ *P-(te) sa do radu!* šport. Get into a line! (v obchode) Join the queue! Queue!

posteľ ž. bed [bed]; *kempingová p.* camp/folding bed, AM cot; *manželská p.* double bed; *poschodová p.* bunk beds

poste restante s. poste restante [ˌpəust 'resto:nt], AM general delivery [ˌdženrl di'livri]

¹**postihnutý** príd. 1. (telesne) invalid [in'vælid], disabled [di'seibld] 2. (katastrofou) -stricken [strikn], -affected [ə'fektid]; *sluchovo p.* hearing impaired

²**postihnutý** m. the injured party [ði 'indžəd pa:ti]

postúpiť step/move forward [ˌstep/ˌmu:v 'fo:wəd], move along [ˌmu:v ə'loŋ]
➠ ✻ *P-te, prosím, ďalej!* Move along, please!

posun m. shift [šift]; *časový p.* (pri zmene geografického pásma) time change

posunúť 1. (inam) move [mu:v], shift [šift], push [puš] 2. (časovo) postpone [pəus'pəun]; *p. termín cesty* postpone the term of a journey
➠ ✻ *Môžeš/Môžete sa p. o kúsok nabok?* Can you move a little aside?

poškodenie s. damage [dæmidž] (čoho to sth); *nepatrné p. ka-*

rosérie (po nehode) negligible/ petty body damage (after an accident)

➧ *Opravte, prosím, p. na aute.* Repair this car damage, please.

poškodený damaged [dæmidžd]; *p. lak* chipped paint

poškodiť damage [dæmidž]

pošmyknúť sa slip [slip]

pošta ž. **1.** (inštitúcia) post [pəust], AM mail [meil], (budova) post office [pəust ofis] **2.** (zásielka) post, AM mail; *p-ou* by post/mail

➧ *Kde je tu najbližšia p.?* Where's the nearest post office here? *Mám(e) p-u?* Are there any letters/Is there any mail for me (for us)?

poštovné s. postage [pəustidž], postal charges [pəustl č:džiž]; *p. a balné* postage and wrapping costs; *bez p-ho* postage-free

➧ *Aké je p. za...?* How much is the postage for...?

poštový postal [pəustl]; *p-á poukážka* postal money order; *p. priečinok* post office box; *p-á schránka* post/AM mail box; *p-é smerovacie číslo* post/AM zip code

pot m. sweat [swet]

potápač m. diver [daivə]; *prístrojový p.* scuba diver

potápačský diving [daiviŋ]; *p. kurz* diving course, (pre začia-*

točníkov) beginners' diving course; *p-é okuliare* (diving) goggles; *p. výstroj* diving equipment; *p-á základňa* diving base

potápanie m. (underwater) diving [(ˌandəwo:tə') daiviŋ]; *nočné p.* night diving; *prístrojové p.* scuba diving; *športové p.* underwater diving; *p. bez prístroja* skin diving; *p. s dýchacou rúrkou* snorkelling; *p. s kyslíkovým prístrojom* scuba diving; *p. pod ľadom* ice diving; *p. v jaskyniach* cave diving; *terén vyhradený na p.* marked diving area

potápať sa dive [daiv]; *p. sa s dýchacou rúrkou* snorkel

potešenie s. pleasure [pležə], delight [di'lait]

➧ ✳ *Bolo mi/nám p-ím.* It was a pleasure for me/for us.
✳ *S p-ím!* It's a pleasure!. My pleasure! (ochotne) With pleasure!

potešiť please [pli:z], delight [di-'lait] (koho sb, čím with sth)

potiaľ as far as [əz 'fa: əz], up to there [ap tə 'ðeə]

➧ *Pôjdeme iba p. a už nie ďalej.* We shall go up to there and not farther.

potiť sa sweat [swet]

potkan m. rat [ræt]

potknúť sa stumble [stambl]

potok m. stream [stri:m], brook [bru:k]

P

potom afterwards [a:ftəwədz]

potopiť sa (o lodi) sink* [siŋk]

potrava ž. food [fu:d]

potraviny ž. foods [fu:dz], food-stuffs [fu:dstafs]; *mrazené p.* frozen foods; *základné p.* basic foodstuffs

potreba ž. **1.** need [ni:d], (nevyhnutnosť) necessity [nə'sesəti]; *podľa p-y* according to requirements; *v prípade p-y* in the case of necessity **2.** mn. č. *p-y* things [θiŋz]; *holiace p-y* shaving things; *šijacie p-y* sewing things; *športové p-y* sports goods, sporting things; *toaletné p-y* toiletries **3.** (telesná): *ísť na (malú, veľkú) p-u* go* to the toilet (and do* number one, number two)

potrebný necessary [nesəsri], needed [ni:did]

potrebovať need [ni:d], require [ri'kwaiə], want [wont]

➠ *P-ujem(e) (súrne)...* I (We) need (badly/urgently)...

✳ *P-uješ/P-ujete niečo,...?* Do you need anything,...?

potrestať punish [paniš]

potulka ž. wandering [wondriŋ]; *p. mestom* wandering round the city; *p. za nákupmi* wandering and shopping; *p. spojená s prezeraním výkladov* wandering and windowshopping

potvrdenka ž. receipt [ri'si:t]

➠ *Vystavte mi, prosím, p-u!* Make out a receipt for me, please! Write me a receipt, please!

✳ *Dostanete to na p-u.* You will get it on presentation of the receipt.

potvrdiť confirm [kən'fə:m], (písomne) certify [sə:tifai]; *p. objednávku* confirm the order/ (ubytovanie) the booking/the reservation

potykať si (s kým) call each other by one's first name

➠ *P-jme si!* Let's call each other by our first names!

poukážka ž. (platobná) order [o:də], (doklad) voucher [vaučə]; *benzínová p.* petrol voucher; *poštová p.* postal order

použiť use [ju:z], (aplikovať) apply [ə'plai], (využiť) utilize [ju:tilaiz], make* use [meik ju:z] (čo of sth); *p. slovník* consult a dictionary

➠ ✳ *P-te obchádzku smerom na...* Make use of the detour in the direction of...

povďačný thankful [θæŋkfl], grateful [greitfl]

➠ *Som/Sme vám veľmi p./p-í.* I am/We are much obliged to you.

povedať tell* [tel], say* [sei]

➠ *P-dzte mi/nám, prosím, kto je..., kde je..., kedy je,...?* Tell me/us who is..., where is..., when is..., please?

P

Ako sa to povie po...? How do you say it in...? What is it in...?

✳ *P-dz(te) to po...* Say it in..., please.

povedomý familiar [fə'miliə]

povinnosť ž. duty [dju:ti], (záväzná) obligation [ˌobli'geišn]; *ohlasovacia p.* obligation to register; *vízová p.* obligation to hold a visa

povodeň ž. flood [flad]

povodiť show* [šəu] (po čom round sth)

➡ ✳ *Môžem ťa/vás p. po meste?* May I show you round the town?

povolanie s. profession [prə'fešn], occupation [ˌokjə'peišn], career [kə'riə]

➡ *Aké je vaše p.?* What's your profession?
P-ním som... I am... by profession/by trade.

povolenie s. permission [pə'mišn], permit [pə:mit]; *tranzitné p.* transit permit; *vycestovacie p.* exit permit; *uchádzať sa o pracovné p.* apply for a work permit

povoliť permit [pə'mit]

povrch m. surface [sə:fis]

pozadu behind [bi'haind]; *ostať p.* lag behind

pozajtra the day after tomorrow [ðə dei 'a:ftə tə'morəu]

➡ *P. odchádzam(e).* I am (We are) leaving the day after tomorrow.

pozdĺž along [ə'loŋ]; *p. pobrežia* along the seaside

pozdrav greeting [gri:tiŋ]; *napísať komu p. z dovolenky* write* sb holiday greeting

➡ *Odovzdajte... p. odo mňa/od nás.* Give... my/our greetings.

pozdraviť greet [gri:t]

pozdravovať send* one's regards [ˌsend ri'ga:dz], be* remembered [bi ri'membəd]

➡ *P-ujte odo mňa/od nás...* Please, remember me/us to... Give... my/our regards.

pozerať sa look [luk]; *p. sa z okna* look out of the window

poznámka ž. (ústna) remark [ri'ma:k], (písomná) note [nəut]

poznať know* [nəu] // *p. sa* know* one another [ˌnəu 'wan ə,naðə]

➡ *P-áte sa (už)?* Have you ever met?
Odkiaľ sa p-áme? Have we met before?

¹pozor m. attention [ə'tenšn]; *dávať p.* pay* attention

➡ *Dali by ste mi/nám, prosím, p. na batožinu?* Would you watch/keep an eye on my/on our luggage, please?

✳ *Dávaj(te) p.!* Pay attention, please!

²pozor cit. (vyj. výstrahu) Watch out! [woč aut], Look out! [luk aut], Be careful! [bi 'keəfl], (varovanie) Beware! [bi'weə]

pozornosť ž. attention [ə'tenšn]; *vzbudiť p.* draw* attention, attract/catch* one's attention

pozorný attentive [ə'tentiv], (ohľaduplný) thoughtful [θɔ:tfl]

pozorovať watch [woč], observe [əb'zə:v]

pozoruhodnosť ž. (pamätihodnosť) sight [sait]

pozoruhodný remarkable [ri'ma:kəbl]

pozrieť si see* [si:]

➡ ✳ *Čo by si si chcel/ste si chceli p.?* What would you like to see?
Rád by som si p-el/Radi by sme si p-eli starú časť mesta, radnicu, okolie mesta,... I'd/We'd like to see the Old Town, the Town Hall, the city surroundings,...

pozvanie s. invitation [ˌinvi'teišn]; *prijať, odmietnuť p.* accept, decline an invitation

➡ *Srdečná vďaka za tvoje/vaše p.* Many thanks for your invitation.

pozvánka ž. invitation card [ˌinvi'teišn ka:d]

pozvať invite [in'vait]

➡ ✳ *Môžem ťa/vás p. na obed, do kina,...?* May I invite you for lunch, to go to the cinema,...?

požiadať 1. ask [a:sk] (*o čo* for sth) 2. (oficiálne) apply [ə'plai] (*o čo* for sth)

➡ *Môžem ťa/vás p. o...?* May I ask you for...?

✳ *Musíte p. o vízum.* You must apply for a visa.

požiadavka ž. requirement [ri'kwaiəmənt], (nárok) claim [kleim]; *oprávnená p.* justified claim

požiar m. fire [faiə]; *lesný p.* forest fire

požiarnici m. firemen* [faiəmen], firefighters [faiəfaitəz], (zbor) fire brigade [faiə brigeid]

požičať lend* [lend], loan [ləun] // *p. si* borrow [borəu]

➡ *Môžete mi/nám p. ...?* Can you lend me/us...?
Môžem(e) si p...? May I (we) borrow...?

požičiavanie s. hire [haiə]; *p. člnov* hire of boats; *p. ležadiel* deckchairs/beach chairs hire; *p. lyží* hire of skis; *p. lôpt a tenisových rakiet* balls and tennis rackets hire; *p. osušiek/uterákov (pri bazéne, na pláži)* towels hire (at the swimming pool, on the beach); *p. posteľnej bielizne* bed linen hire; *p. slnečníkov* sunshades hire

požičovňa ž. rental (company) [ˌrentl ('kampəni)], hire (company) [ˌhaiə ('kampəni)], lending office [lendiŋ ofis]; *p. áut* car hire/rental company; *p. bicyklov* bicycle rental; *p. člnov* boats rental; *p. lyží* ski rental;

p. *motocyklov* motorcycles rental; p. *plachetníc* sailing boats rental; p. *surfov* windsurfs rental; p. *vodných bicyklov* water bicycle rental company

pôsobiť (dojmom) make* an impression [ˌmeik ən imˈpreʃn]

pôvod m. origin [ˈoridʒin]

pôvodný original [əˈridʒinl]

➡ *Zmenil som/Zmenili sme p. plán.* I/We have changed my/our original plan.

pôžitok m. enjoyment [inˈdʒoimənt], relish [ˈreliʃ]

práca ž. **1.** work [wəːk], labour, [Am] labor [leibə] **2.** (zamestnanie) job [dʒob], employment [imˈploimənt]

pracovať 1. work [wəːk] **2.** (byť zamestnaný) be* employed [bi imˈploid]; p. *načierno* work without licence

➡ *Kde p-uješ/p-ujete?* Where are you employed?
P-ujem v banke, vo firme X, na univerzite,... I am employed at the bank, in the X company, at university,...

práčka ž. washing machine [wošiŋ məʃiːn], [Am] washer [wošə]

práčovňa ž. laundry [loːndri]; *verejná p. (na mince)* laundrette, [Am] laundromat

prach m. dust [dast]

prales m. primaeval/virgin forest [praiˌmiːvl/ˌvəːdʒin ˈforist]; *dažďový p.* rain forest

prameň m. spring [spriŋ]; *minerálny p.* mineral water spring; *termálny p.* thermal water spring

prameniť 1. (vyvierať) rise* [raiz] **2.** (mať pôvod) stem [stem] (z čoho from sth)

prasknúť rupture [rapčə], burst* [bəːst], (ľad) crack [kræk]

➡ *P-la pneumatika.* The tyre blew out.

prašan m. hovor. powdery snow [paudri snəu]

prášok m. (v rôzn. význ.) powder [paudə]; *prací p.* washing powder; p. *proti bolestiam hlavy* headache pill

prať wash [woš]

pravda ž. truth [truːθ]

➡ *Nemám p-u?* Am I wrong?
Máš/Máte úplnú p-u. You are absolutely right.
To (nie) je p. It is (not) true.

pravdepodobný probable [proˈbəbl], likely [laikli]

pravdivý true [truː], (opis) truthful [truːθfl]

práve just [džast]

➡ *P. som prišiel/sme prišli.* I/We have just come/arrived.

praveký primaeval [ˌpraiˈmiːvl], prehistoric [ˌpriːiˈstorik]

pravidelný regular [regjələ], (spoj) scheduled [šedjuːld]; *p-é autobusové, lodné, vlakové spoje-*

nie scheduled bus, ship, rail line/service; *p-á letecká linka* scheduled flight

pravidlo s. rule [ru:l]; *p-á cestnej premávky* traffic rules, BR Highway/AM Traffic Code

právo s. (oprávnenie) right [rait]
➡ *Mám(e) na to p.* I (We) have a right to it. I am (We are) entitled to it.

pravý 1. (op. ľavý) right [rait]; *na p-ej strane* on the right side; *po p-ej ruke* on the right-hand side **2.** (typický) typical [tipikl], (ozajstný) real [riəl], true [tru:]; *p. Slovák* true-borne Slovak

prázdninovať spend* one's holidays/AM vacation [,spend 'holədeiz/və'keišn]

prázdniny ž. holidays [holədeiz], AM vacation [və'keišn]; *letné p.* summer holidays; *polročné p.* winter holidays

prázdny empty [emti]

praženica ž. kuch. scrambled eggs [skrambld egz]

pražiť 1. kuch. roast [rəust] **2.** (slnko) beat* down [bi:t daun]; *p. sa na slnku* hovor. bake o.s. in the sun

pre 1. (vyj. dôvod) due to [dju: tə], because of [bi'koz əv], on the grounds of [on ðə 'graundz əv]; *p. chorobu* on the grounds of illness; *p. zlé počasie* due to bad weather **2.** (vyj. účel) for [fə]; *výlet p. deti* trip for children

prebudiť | zobudiť

preceniť overestimate [,əuvər'esti-meit]
➡ *P-l svoje schopnosti.* He overestimated his abilities.

precestovať 1. (územím bez zastávky) tour [tuə], travel through [trævl θru:], traverse [trævə:s], roam [rəum]; *p. autostopom celú Európu* travel whole Europe by hitch-hiking, hitch-hike through whole Europe **2.** (cestovaním stráviť) spend* travelling [,spend 'trævliŋ]; *p. celú noc* spend* the night travelling

precliť declare [di'kleə], impose duty [im,pəuz 'dju:ti] (čo on sth)
➡ *Musím(e) si dať p. ...?* Have I (we) to clear my (our)... through customs?

preč 1. away [ə'wei], **2.** (časovo) gone [gon]; *je už... hodín p.* it's already gone... o'clock
➡ *Musím(e) ísť už p.* It's time to go (away).

prečo why [wai]
➡ *P. si neprišiel/ste neprišli...?* Why didn't you come...?

pred (priestorovo) before [bi'fo:], in front of [in 'frant əv], ahead of [ə'hed əv], outside [autsaid], (časovo) before, prior to [praiə tə], ago [ə'gəu]; *p. hotelom, stanicou* in front of the hotel, of the station; *p. chvíľou* a minute ago; *v roku... p. na-*

P

ším letopočtom in the year... before Christ

➠ *Počkám ťa/vás p. stanicou, kinom, vchodom,...* I'll wait for you in front of the station, outside the cinema, in front of entrance,...

Posaď(te) sa predo mňa. Take the seat in front of me.

predaj m. sale [seil], selling [seliŋ]; *p. cestovných lístkov* tickets sale; *p. leteniek* airline tickets sale; *p. vstupeniek* entrance tickets sale

predajňa ž. (| aj **obchod**) shop [šop], AM store [sto:]; *diskontná p.* discounter; *p. domácich potrieb* household goods (shop), AM houseware; *p. obuvi* shoe shop; *p. potravín* grocery; *p. rýb* fishmonger('s); *p. suvenírov* gift and souvenir shop; *p. športových potrieb* sports shop, outdoor/sports equipment; *p. umeleckých predmetov* art shop; *p. vína* wine shop; *p. s predĺženou predajnou dobou* shop with extended shopping hours

➠ *Je tu v blízkosti p. potravín, zeleniny,...?* Is there any grocery, greengrocer's,... here nearby?

predavač m. shop assistant [ˌšop ə'sistnt], salesman* [seilzmən], (pouličný) (street) vendor [(ˌstri:t') vendə]

predavačka ž. shop assistant [ˌšop

ə'sistnt], saleswoman* [seilzwumən]

predávať sell* [sel]

➠ *Kde sa p-a/p-jú...?* Where... is/are sold?

predbehnúť outrun* [ˌaut'ran], outdo* [ˌaut'du:]

predbežný preliminary [pri'liminri], (dočasný) provisional [prə'vižnl]

predcvičiteľ m. demonstrator [ˌdemən'streitə]

predčasný premature [preməčə]

preddavok m. advance (money/payment) [əd'va:ns (mani/peimənt)]; *p. vo výške... % ceny zájazdu* advance payment... % of trip costs

pre(d)historický prehistoric [ˌpri:i'storik]

predchádzajúci preceding [pri'si:diŋ], past [pa:st], previous [pri:viəs], (bývalý) former [fo:mə], last [la:st]; *v p-om storočí* (in the) last century

predjedlo s. starter [sta:tə], hors d'oeuvre [ˌo: 'də:v]

predkresťanský pre-Christian [ˌpri:'krisčn]

predĺženie s. extension [ik'stenšn], prolongation [ˌprəuloŋ'geišn], (platnosti ap.) renewal [ri'nju:əl]; *možnosť p-ia pobytu* possibility to extend the stay; *p. víza* renewal of the visa

predĺžiť (časovo) prolong [prə'loŋ], (lehotu) extend [ik-

'stend], (priestorovo) lengthen [leŋθən]; *p. si dovolenku* extend one's holiday

➡ ✳ *Musíte si dať p. platnosť pasu, víza,...* You have to prolong the validity of your passport, visa,...

predlžovačka ž.: *elektrická p.* extension lead

predmestie s. suburb [sabə:b]

predmet m. object [obdžikt], item [aitəm], article [a:tikl]; *darčekový p.* souvenir; *umelecký p.* work of art; *p-y osobnej potreby* personal items

➡ *Môžete uschovať tieto cenné p-y?* Can you put these articles of value in safekeeping?

prednedávnom recently [ri:sntli]

prednosť ž. 1. (zvýhodnenie) advantage [əd'va:ntidž], (zo zdvorilosti) priority [prai'orəti], privilege [prividž] 2. motor. priority

➡ *Mal som (Mali sme) p. v jazde.* I (We) had the right of way.

predný front [frant]; *p-á pneumatika* front tyre; *p-é koleso* front wheel

➡ *Obsaďte nám p-é sedadlá!* Could you keep the front seats for us?

predpis m. rule [ru:l], regulation [ˌregjə'leišn]; *dopravné p-y* traffic rules, BR Highway/AM Traffic Code; *dovozné a vývozné p-y* import/export rules; *oč-*

kovacie p-y vaccination rules; *bez lekárskeho p-u* (available) over the counter; *len na lekársky p.* (available) on prescription only

predpísať (liek) prescribe [pri-'skraib]

➡ *Môžete mi p. ...?* Can you prescribe... for me?

predplatiť subscribe [səb'skraib]

predpoludňajší morning [mo:niŋ]

predpoludnie s. morning [mo:niŋ]; *každé p.* every morning

predpoludním in the morning [in ðə 'mo:niŋ], before a noon [bi,fo: ə 'nu:n]; *včera, dnes p.* yesterday, today in the morning

predpoveď ž. forecast [fo:ka:st]; *p. počasia* weather forecast

predpredaj m. 1. (cestovných lístkov, vstupeniek) advance booking/sale [əd'va:ns bukiŋ/ seil] 2. (pokladnica) advance booking office [əd,va:ns 'bukiŋ ofis]

predsa (aj tak) though [ðəu]

predsezóna ž. preseason [pri'si:zn]

predstava ž. image [imidž], idea [aidiə], notion [nəušn]

predstavenie s. performance [pə'fo:məns], (estráda) show [šəu]; *detské p.* performance for children*; *divadelné p.* theatrical performance; *filmové p.* film, AM movie; *nočné p.*

night performance; *dopolud-*
ňajšie p. matinee

➡ *Ako dlho trvá p.?* How long
does the performance last?
Kedy sa začína p.? What time
does the performance begin?

predstaviť introduce [ˌintrəˈdjuːs],
present [priˈzent] // *p. sa* in-
troduce o.s. // *p. si* imagine
[iˈmædžin]

➡ *Smiem ti/vám predstaviť pani,*
pána X? Allow me to intro-
duce Mr, Mrs X.
Dovoľte, aby som sa predsta-
vil. Volám sa... Let me intro-
duce myself. My name is...

predtým before [biˈfoː], formerly
[foːmli]

predvčerom the day before yes-
terday [ðə ˌdei biˈfoː ˈjestədei]

predvečer m. eve [iːv]

predvlani the year before last
[ðə ˌjiə biˈfoː ˈlaːst]

predvoľba ž. telef. BR (dialling)
code [(daiəliŋ) kəud], AM area
code [eəriə kəud]

➡ *Akú p-u má...?* What is the dial-
ling code of...?

preháňadlo s. laxative [læksətiv],
purge [pəːdž]

prehánka ž. shower [šauə]; *búrko-*
vé p-y stormy showers; *dažďo-*
vé p-y rain showers; *miestne/*
miestami p-y scattered showers;
snehové p-y snow showers

prehľadný well-arranged [ˌwelə-
ˈreindžd]

prehliadka ž. **1.** visit [vizit], tour
[tuə], (mesta, pamiatok) sight-
seeing (tour) [saitsiiŋ (tuə)];
p. mesta (autokarová) coach
sightseeing, (pešia) walking
visit **2.** (múzea, mesta ap. so
sprievodcom) guided tour [gai-
did tuə] **3.** (kontrola) check
[ček], examination [igˌzæmi-
ˈneišn], inspection [inˈspekšn];
colná p. customs inspection/
examination; *osobná p. perso-*
nal examination/search **4.** (le-
kárska) check-up [čekap], exa-
mination

➡ *Chcel by som/Chceli by sme*
ísť na p-u mesta. I'd/We'd like
to go sightseeing.
Mohli by ste nám zorganizovať
p-u na zajtra, na pondelok,...?
Could you organize/run the
guided tour for tomorrow, for
Monday,... for us?
Kedy sa začína najbližšia p.?
What time does the next guid-
ed tour begin?
Ako dlho bude trvať p.? How
long is the tour?
Koľko stojí p. hradu, múzea,...?
How much is the guided tour
of the castle, of the muse-
um,...?
Robíte aj nočné p-y mesta? Do
you also arrange evening tours
of the town?

prehliadnuť 1. (kontrolne) check
[ček], examine [igˈzæmin]

2. (zámer ap.) see* through [si: θru:] **3.** (nevšimnúť si) overlook [ˌəuvəˈluk] // **p. si** have* a look [ˌhæv ə ˈluk] (čo at sth); **p. si mesto** take* a look round the town

prehovárať persuade [pəˈsweid], talk into [toːk intə] (na čo sth)

prehrať lose* [luːz]

prechádzať sa walk [woːk], (bezcieľne) ramble [ræmbl]

prechádzka ž. (po meste ap.) walk [woːk]; *zdravotná p.* constitutional; *ísť na p-u* go* for a walk

prechladnúť catch* a cold [ˌkæč ə ˈkəuld]

prechladnutie s. (common) cold [(komən) kəuld]

prechladnutý having a cold [ˌhæviŋ ə ˈkəuld], hovor. coldy [kəuldi]

➡ *Som strašne p.* I've a bad/ a severe cold.

prechod m. crossing [krosiŋ]; *p. hraníc* crossing of the frontier

prechodný transitional [trænˈzišnl], transitory [trænzitri], (dočasný) temporary [temprəri]

prejaviť show* [šəu]

prejazd m. **1.** (prejdenie) passage [pæsidž] **2.** (komunikácia) crossing [krosiŋ]

prejazdiť spend* driving [ˌspend ˈdraiviŋ]

prejsť 1. pass [paːs] (popri kom/ čom by sb/sth), walk past [woːk paːst] (popri kom/čom sb/sth) **2.** go* [gəu] (cez čo through sth), cross [kros] (cez čo sth), pass through [paːs] (cez čo through sth), drive [draiv] (cez čo across sth); *p. cez tunel* pass the tunnel **3.** (istú vzdialenosť) cover [kavə], travel [trævl], do* [duː] **4.** (jazdou zraniť/usmrtiť) run* over [ˌran ˈəuvə], knock down [nok daun] **5.** (pominúť sa) be* over [bi ˈəuvə]

➡ *Prešiel som/Prešli sme... kilometrov.* I/We covered... kilometres.

✳ *Dovolíte, chcel by som p.* Excuse me, please, I'd like to go through.

✳ *Práve sme prešli (cez) hranice.* We have just crossed the frontier.

✳ *Prejdite cez ulicu, námestie,...* Cross the street, the square,...

prekaziť thwart [θwoːt], cross [kros]

prekážať 1. (zavadzať) be* in the way [bi in ðə ˈwei] **2.** (brániť) obstruct [əbˈstrakt], hinder [hində], hamper [hæmpə]

prekážka ž. obstruction [əbˈstrakšn], obstacle [obstəkl]

preklad m. translation [trænzˈleišn]; *p. z... do...* translation from... into...

prekonať 1. (výkonom ap.) surpass [səˈpaːs], (rekord) break* [breik]

P

2. (zdolať) overcome* [ˌəuvə-'kam], get* over [ˌget 'əuvə], (prekročiť) exceed [ik'si:d]

➡ ... p-l všetky naše očakávania. ... exceeded all our expectations.

prekontrolovať check [ček], (zoznam pasažierov ap.) go* over [ˌgəu 'əuvə])

➡ P-l si/P-li ste si účet? Have you checked your bill?
Mohli by ste, prosím, p. brzdy, tlak v pneumatikách,...? Can/Could you check the brakes, the tyre pressure,..., please?

prekročiť exceed [ik'si:d]; *p. (povolenú) rýchlosť* exceed the speed limit

prekvapenie s. surprise [sə'praiz]

➡ To je ale p.! What a surprise!

prekvapiť surprise [sə'praiz] (*čím* with sth)

➡ Nechajme sa p.! Let's make it a surprise!

prelet m. flight [flait], flyby [flaibai], (pri slávnostnej prehliadke) BR flypast [flaipa:st], AM flyover [flaiəuvə]

preletieť fly* [flai] (nad čím/čo over sth), overfly* [əuvəflai]

preložiť 1. (časovo) postpone [pəus'pəun], move [mu:v], change [čeindž], (priestorovo) move over [ˌmu:v 'əuvə], transfer [trænsfə:], hovor. reload [ri'ləud] **2.** (z jazyka do jazyka) translate [trænz'leit]

➡ Mohli by ste mi/nám to p.? Could you translate it for me/for us?

premávať (o dopr. prostriedkoch) run* [ran], (pravidelne) ply [plai], go* [gəu]

➡ P-a... na stanicu, do centra,...? Does... run to the station, to the city centre,...?
V nedeľu vlaky ne-jú. There are no trains on Sundays.
Z ktorého nástupišťa p-a vlak do...? Which platform for the train to...?

✳ Autobus, trajekt, vlak,... p-a len v pracovné dni, každých... minút, len v nedeľu a vo sviatok,... The bus, the ferry, the train,... runs just over the working days, every... minutes, just on Sundays and Holidays,...

premávka ž. traffic [træfik]; *cestná p.* road traffic; *hustá p.* heavy traffic; *jednosmerná p.* one-way traffic; *obojsmerná p.* two-way traffic; *p. jedným smerom vo dvoch prúdoch* double banking/two-lane traffic

premenlivý (o počasí) changeable [čeindžəbl], unsettled [an'setld]

premoknúť get* wet/soaked [ˌget 'wet/'səukt]

premrznúť freeze* through [ˌfri:z 'θru:]

prenajať (dom) let* out [let aut], (auto) hire out [haiə aut], (loď,

lietadlo) charter [ča:tə] // *p. si*
hire [haiə], rent [rent]

➡ *Chcel by som si/Chceli by sme
si p. ...* I'd/We'd like to hire...
*Kde si môžem(e) p. auto,
čln,...?* Where can I (we) hire
a car, a boat,...?

prenájom m. lease [li:s], hire
[haiə]; *p. áut, člnov* hire of cars,
of boats; *p. izieb* letting of
rooms; *podmienky p-mu* terms
of lease/of hire, terms and
conditions of leasing, rental
terms

prenasledovať pursue [pə'sju:],
(mocou) persecute [pə:sikju:t]

preniesť (v rôzn. význ.) carry
[kæri], take* [teik]

prenocovanie s. overnight stay
[əuvənait stei]

prenocovať stay (overnight)
[(ˌ)stei ('əuvənait)], sleep*
[sli:p]; *p. v hoteli* stay at the
hotel; *p. v stane* stay in the
tent, sleep* under canvas

➡ *Mohol by som/Mohli by sme
p. vo vašom hoteli, penzió-
ne,...?* May I/we stay at your
hotel, guest house,...?

prenosný 1. portable [po:tabl],
mobile [məubail] 2. (o choro-
bách) communicable [kə'mju:-
nikəbl], infectious [in'fekšəs]

prepáčenie s. forgiveness
[fə'givnəs], pardon [pa:dn]

➡ *Prosím(e) o p.!* Excuse me (us),
please!

prepáčiť excuse [ik'skju:z], for-
give* [fə'giv], pardon [pa:dn]

➡ *P-te, zle som rozumel.* Sorry
I didn't understand well.
P-te, zle som počul. Sorry
I couldn't hear properly.

✳ *P-te, že vyrušujem(e).* I'm
(We're) sorry to trouble you.
Sorry for interrupting.

✳ *P-te, (prosím)!* I'm sorry! Par-
don me!

prepad m. attack [ə'tæk], assault
[ə'so:lt]; *lúpežný p.* robbery
with violence

¹**prepadnúť** attack [ə'tæk], assault
[ə'so:lt], (na ulici) mug [mag]

➡ *P-li ma/nás (v noci) na diaľnici,
na ulici,...* I was/We were at-
tacked/mugged on the free-
way, in the street,... (at night).

²**prepadnúť** (stratiť platnosť) go*
unused [ˌgəu an'ju:zd]

➡ *P-li mi/nám lístky do divadla,
vstupenky,....* My/Our tickets
to the theatre, entrance/admis-
sion tickets,... have gone un-
used.

prepálený (o žiarovke, poistke
ap.) blown [bləun]

prepečený kuch. (o mäse): *mier-
ne/slabo p.* rare, underdone;
stredne p. medium; *dobre p.*
well-done

prepitné s. tip [tip]

preplatiť overpay* [ˌəuvə'pei]

preplávať swim* [swim] (cez čo
across sth); *p. len niekoľko*

metrov swim* just several metres

preplaviť (z brehu na ostrov ap.) take* [teik]

➡ ✳ *Trajekt vás nemôže za takéhoto zlého počasia p. na...* Due to this bad weather the ferry can not take you to...

prepočítať 1. (na inú menu) convert [kən'vɜːt]; *p. koruny na eurá* convert crowns into euros **2.** (kontrolne) check [ček], count [jaunt]

preprava ž. **1.** transport [træn'spɔːt], transportation [ˌtrænspə'teišn]; *hromadná p.* public transport; *kombinovaná cestná a koľajová p. tovaru al. osobných áut s pasažiermi* combined road and railway transport of goods or private cars with passengers; *p. autovlakom* articulated lorry with trailer transport; *p. batožiny* luggage transport; *p. bicyklov* bicycles transport **2.** (v medzinárodnom cestovnom ruchu) transport, transfer [trænsfə], (cez tretiu krajinu) transit [trænsit]; *p. na letisko, do hotela* transport to the airport, to the hotel

prepravca m. shipper [šipə], (kamiónmi) haulier [ho:liə], AM hauler [ho:lə]

prepraviť transport [træn'spɔːt], (hl. loďou) ship [šip]

prepychový (hotel) luxurious [lag'žuəriəs], (vlak, tovar) luxury [lakšri]

prerušiť 1. (dočasne) interrupt [ˌintə'rapt], break* off [breik of] **2.** (ukončiť) stop [stop], cut* off [kat of]

➡ *Chcel by som/Chceli by sme p. cestu v...* I/We would like to break my/our journey at... *Môžem(e) p. cestu?* Can I (we) break the journey?

preskočiť skip [skip]

preslaviť sa become* famous [bi̱kam 'feiməs] (čím for sth), win* renown [ˌwin ri'naun] (čím for sth)

➡ ✳ *... sa p-l...* ... made a name for himself with

presmerovať redirect [ˌriːdi'rekt]; *p. dopravu* redirect traffic

presnosť ž. accuracy [ækjərəsi], (časová) punctuality [ˌpaŋkču'æləti]

presný 1. (dochvíľny) punctual [paŋkčuəl] **2.** (správny) precise [pri'sais], accurate [ækjərət], exact [ig'zækt]

➡ *Buď(te) tu, prosím, (zajtra) p-e o...* Be here (tomorrow) on the stroke of.../at... on the dot, please. *Máte p. čas?* Have you got the exact/the right time? *Je p-e... hodín.* It's exactly... o'clock.

preso s. hovor. espresso (coffee) [es'presəu (kofi)]

➡ *Prineste mi, prosím, jedno p.*
Could you bring me one espresso, please?
Vypime si p! Let's have a cup
of espresso coffee!

prespať | prenocovať

presťahovať sa move [mu:v] (do
čoho into sth)

➡ *P-l som sa/P-li sme sa do iné-
ho, prvotriedneho,... hotela.*
I/We have moved into the
other, into the first-class,...
hotel.

prestať stop [stop], cease [si:s]

➡ *P-lo pršať.* The rain stopped/
ceased. The rain ceased to fall.
Prestalo snežiť. The snow stop-
ped. The snow ceased to fall.
It stopped snowing.

prestávka ž. **1.** break [breik]; *od-
dychová p.* tea/ＡＭ coffee
break **2.** | aj **zastávka 2.** stop
[stop]; *cestovať ďalej bez p-y*
travel without stopping

➡ *Kedy je obedňajšia p.?* When is
the lunch break?

✱ *Obedňajšia p. je od... do...* The
lunch break is from... till...

✱ *Urobme si p-u!* Let's have
a break!

prestieradlo s. (posteľné) sheet
[ši:t]

prestrieť (stôl) set*/lay* the table
[,set/,lei ðə 'teibl]

➡ *Je p-eté pre... osoby,... osôb.*
The table is set for... persons.

prestúpiť change [čeindž]

➡ *Musím(e) p.?* Have I (we) to
change?
Kde, kedy,... musíte p. do...?
Where, when,... must I (we)
change for...?

✱ *V... musíš/musíte p. (na osob-
ný vlak, autobus,...).* You must
change (to the passenger train,
to the bus,...) in/at...

✱ *Týmto spojom nemusíte p.* If
you take this line, you need
not to change.

presunúť (časovo) postpone
[pəus'pəun], move [mu:v],
(na skôr) bring* forward [,briŋ
'fo:wəd], (na neskôr) put* back
[,put 'bæk]; *p. čo z jedného
dňa na druhý* move sth from
one day to another one

presvedčiť convince [kən'vins], per-
suade [pə'sweid] // *p. sa* make*
certain/sure [,meik 'sə:tn/'šuə]

➡ ✱ *P-te sa, prosím, sám.* Go and
see for yourself.

preteky m. race [reis], racing
[reisiŋ]

pretelefonovať spend* phoning
[,spend 'fəuniŋ]

➡ *P-l som/P-li sme... eur, ... hodi-
ny.* I/We spent... euros,...
hours phoning.

pretlačiť sa squeeze/fight* one's
way [,skwi:z/,fait 'wei] (cez čo
through sth), edge (one's way)
[(,)edž ('wei)] (k čomu towards
sth); *p. sa k východu* edge
one's way towards the exit

P

preto that's why [ðæts wai], therefore [ðeəfo:]
➧ *Práve p.!* That's why! *Tak p.!* So that's why!

preukaz m. card [ka:d], ticket [tikit], (na vstup) pass [pa:s], licence, ᴀᴍ license [laisns], certificate [sə'tifikət]; *dôchodcovský p.* pensioners/seniors card; *kempingový p.* camping card; *medzinárodný kempingový p.* Camping Card International; *medzinárodný očkovací p.* international vaccination card; *novinársky p.* journalist card; *občiansky p.* identity card; *služobný p.* service card; *študentský p.* student(s) card; *technický p. vozidla* certificate of roadworthiness, ʙʀ MOT certificate; *vodičský p.* driving licence, ᴀᴍ driver's license; *p. poistenca* insurance card; *odobrať vodičský p.* take* away the driving licence; *predložiť p.* submit a card
➧ *(Ne)Mám očkovací p.* I (don't) have the vaccination card.

preukázať sa (dokladom) prove one's identity [,pru:v ai'dentəti]; *p. sa pasom, vstupenkou* produce a passport, a ticket

prevádzka ž. running [raniŋ], operation [,opr'eišn], service [sə:vis]; *celodenná p. all-day service; nepretržitá p.* twenty-four hour service

previesť (ako sprievodca) guide [gaid], show* round [,šəu 'raund]
➧ *... ma/nás p-dol po celom meste, po múzeu,...* ... he showed us round the town, the museum,...

prevodovka ž. motor. gearbox [giəboks], transmission [trænz'mišn]; *automatická p.* automatic transmission; *päťrýchlostná p.* five-speed manual transmission

prevoz m. transport [trænspo:t]; *schopný p-u* transportable

prevziať take* over [,teik 'əuvə]

prezervatív m. condom [kondəm], hovor. rubber [rabə], hovor. French letter [,frenč 'letə]

prezliecť (sa) change [čeindž]; *p. postele* change the bed linen

prezrieť (si) look [luk] (čo through sth), scrutinize [skru:tinaiz]; *p. si mesto* take* a look round the town

prežiť 1. survive [sə'vaiv] **2.** (zažiť) experience [ik'spiəriəns] **3.** (obdobie) spend* [spend]

pri 1. (priestorovo) at [ət], by [bai], close to [kləus tə], near [niə]; *tesne p. ...* close to... **2.** (časovo) at, in [in], during [djuəriŋ]; *p. najbližšej príležitosti* on the next occasion
➧ *Bývam(e) hneď p. stanici, p. pláži,...* I (We) live close to the station, to the beach,...

priamy direct [di'rekt]

➤ ✳ *Autobus, vlak má p. prípoj do...* The bus, the train has the direct connection to/ for...

priať | želať

priateľ m. 1. friend [frend] 2. (frajer) boyfriend [boifrend]

priateľka ž. 1. friend [frend] 2. (frajerka) girlfriend [gə:lfrend]

priateľsky in a friendly way [in ə ˌfrendli 'wei]

priateľský friendly [frendli]

priaznivý favourable, A̲M̲ favorable [feivrəbl]

príbalka ž. hovor. package insert [ˌpækidž in'sə:t], drug information sheet [ˌdrag ˌinfə'meišn ši:t]

priblížiť sa come* near/nearer [ˌkam 'niə/'niərə]

približne approximately [ə'proksimətli], roughly [ra:fli], about [ə'baut], around [ə'raund], (pri letopočte) circa [sə:kə]; *p. o týždeň* approximately in a week

➤ *Cesta trvá p. pol hodiny,... hodín.* The journey lasts roughly half an hour,... hours. *Prídem(e) p. o hodinu, o... hodín.* I'll (We'll) come/arrive approximately in one hour, in... hours.

príboj m. surf [sə:f]

príbor m. (jedálenský) knife*, fork and spoon [naif fo:k ənd spu:n], cutlery [katlri];

čínsky paličkový p. China chopsticks

➤ *Pán hlavný, prineste nám ešte jeden p.* Waiter, can we have another set of silver ware? *Tu chýba jeden p., dva, tri,... p-y.* One set of silver ware is missing, two, three,... sets of silver ware are missing here. There's a set of silver ware, there are two, three,... sets of silver ware missing here.

pribrzdiť brake [breik], apply the brakes [əˌplai ðə 'breiks]

¹príbuzný 1. (rodinne) related [ri'leitid] 2. (podobný) cognate [kogneit], kindred [kindrəd], similar [similə], related [ri-'leitid]

²príbuzný m. relative [relətiv]

pricestovať arrive [ə'raiv]; *p. autom, vlakom* arrive by car, by train

príčina ž. cause [ko:z], (dôvod) reason [ri:zn]

pridať 1. add [æd] (čo k čomu sth to sth) 2. (do kroku) speed* up [ˌspi:d 'ap]; *p. plyn* press/step on the gas, open the throttle // *p. sa* join [džoin] (ku komu sb)

➤ *P-j(te)!* Speed up!

✳ *Smiem sa k tebe/vám p.?* May I join you?

prideliť assign [ə'sain]

pridržiavať sa adhere [əd'hiə] (čoho to sth); *p. sa pokynov* adhere to instructions

priebeh m. course [ko:s]; *v p-u niekoľkých dní* within some/several days

prieberčivý choosy [ču:zi], selective [si'lektiv]

priecestie s. level/grade/AM railway crossing [ˌlevl/ˌgreid/ˌreilwei 'krosiŋ]

priečelie s. face [feis], frontage [frantidž], (fasáda) facade [fə'sa:d]; *bohato zdobené barokové p.* richly decorated baroque facade

priedušky ž. bronchi* [broŋki:]

priehrada ž. 1. dam [dæm] 2. (nádrž) dam/man-made lake [ˌdæm/ˌmænmeid 'leik], reservoir [rezəvwa:]; *Oravská p.* the Orava dam; *údolná p.* dam

priehradka ž. 1. (okienko) counter [kauntə]; *p. na odbavenie cestujúcich* check-in counter; *p. na výdaj cestovných lístkov* ticket collecting counter 2. (priečinok) drawer [dro:], (na úschovu predmetov ap.) compartment [kəm'pa:tmənt]; *poštová p.* post (office) box, skr. P.O.Box

➡ *Máš/Máte kľúč(e) v p-e.* Your key (keys) are in the drawer.

priechod m. passage [pæsidž], crossing [krosiŋ]; *hraničný p.* border crossing; *p. pre chodcov* pedestrian crossing, AM crosswalk

priekopa ž. ditch [dič]; *cestná p.* (road) ditch; *hradná p.* castle moat; *vodná p.* moat; *p. bez vody* dry moat

prieliv m. straits [streits]; *Gibraltársky p.* the Straits of Gibraltar

priemer m. 1. (rozmer) diameter [dai'æmitə] 2. (hodnota) average [ævridž]

priemerne on average [on 'ævridž]

priemerný average [ævridž], mean [mi:n]; *p-á denná teplota* daily average temperature

priepasť ž. chasm [kæzm], abyss [ə'bis]

prieplav m. canal [kə'næl]; *morský p.* canal, seaway

priepustka ž. pass [pa:s], permit [pə:mit]

priesmyk m. pass [pa:s], defile [di'fail]

priestor m. space [speis], room [ru:m]; *batožinový p.* motor. (luggage) boot/AM trunk; *úložný p.* (lode, lietadla) stowage (space), (auta) loading space/capacity, payload space

priestupok m. offence, AM offense [ə'fens]; *dopravný p.* traffic offence, (chodca) jaywalking

prietrž ž.: *p. mračien* cloudburst [klaudbə:st], downpour [daunpo:]

prievan m. draught, AM draft [dra:ft]

prievoz m. (kompa) ferry [feri]

priezvisko m. surname [sə:neim], family/last name [fæmli/la:st neim]; *p. za slobodna* maiden name

➡ ✳ *Aké je vaše p.?* What's your surname?

prihlásiť sa (na skúšku, do súťaže) enter [entə] (do čoho, na čo for sth), (na kurz) enrol [in'rəul] (do čoho, na čo on/in sth); *policajne sa p.* register with the police

➡ *P-l som sa/P-li sme sa telefonicky.* I/We registered by phone.
Chcel by som/Chceli by sme sa p. na... I'd/We'd like to enter for...

prihláška ž. **1.** (prihlásenie) application [‚æpli'keišn], (do súťaže) entry [entri] **2.** (tlačivo) application form [‚æpli'keišn fo:m]

príchod m. **1.** arrival [ə'raivl]; *p. autobusom, vlakom* arrival by bus, by train; *čas p-u* time of arrival; *deň p-u* day of arrival; *oneskorený p. vlaku* late arrival of the train; *tabuľa s časom p-ov* arrival time indicator **2.** (prístup) access [æksəs]; *p. k vlakom* access to the trains

➡ *Kedy má p. ...?* When does... arrive?

prichystať prepare [pri'peə], make* ready [‚meik 'redi] // *p. sa* prepare o.s., get* ready [‚get 'redi]

prijať 1. (ponúkané) accept [ək'sept], take* [teik], (hosťa) receive [ri'si:v]; *p. koho pozvanie* accept the invitation of sb **2.** (súhlasiť) accept

prijateľný acceptable [ək'septəbl]; *za p-ú cenu* at a fair/a reasonable price

prijatie s. reception [ri'sepšn]

➡ *Ďakujem(e) za (srdečné) p.* Thank you for your (cordial/warm) reception.

príjazd m. **1.** | **príchod 1. 2.** dopr. access road [æksəs rəud], (k domu) drive [draiv], |AM| driveway [draivwei]; *p. na diaľnicu* slip road, |AM| entrance ramp

príjem m. **1.** (miesto) reception [ri'sepšn]; *(nemocničný)* centrálny *p.* central reception; *p. a výdaj balíkov* parcels office; *p. batožiny* left-luggage office **2.** (prebratie) receipt [ri'si:t]; *potvrdenie p-jmu* delivery receipt **3.** (zárobok) income [iŋkam]

príjemca m. recipient [ri'sipiənt]

príjemný pleasant [pleznt], agreeable [ə'gri:əbl], pleasurable [pležrəbl]

➡ *Bolo by mi/nám p-ejšie, keby...* It would be more pleasant for me/us if...
Mali sme p-ú cestu, p. let,... We had a pleasurable journey, flight,...

P

príkaz m. order [o:də], instruction [in'strakšn]

príklad m. example [ig'za:mpl]

prikryť cover [kavə]

prikrývka ž. cover [kavə], (deka) blanket [blæŋkit]

prilba ž. helmet [helmit]; *p. pre motoristov* crash helmet

prílet m. arrival (of the plane) [ə,raivl (əv ðə 'plein)]; *čas p-u* time of arrival

priletieť arrive (by air) [ə,raiv (bai 'eə)]

príležitostne occasionally [ə'keižnli]

príliš too [tu:]; *p. často* too often; *p. dlho* much too long

➡ *Už je p. neskoro.* It's too late.

príliv m. **1.** high tide [,hai 'taid] **2.** (turistov) influx [inflaks]

príloha ž. **1.** (časopisu) supplement [saplimənt], (listu) enclosure [in'kləužə]; *víkendová p. novín* weekend supplement to the newspaper **2.** (k jedlu okrem šalátov) side dish [said diš]; *zeleninová p.* vegetables, (pikantná) relish; *rezeň s p-ou* cutlet with side dish

príma hovor. great [greit], super [sju:pə], fantastic [fæn'testik]

➡ *To je p.!* It's great!

primeraný adequate [ædikwət], (vhodný) appropriate [ə'prəupriət]; *za p-é ceny* at reasonable prices

prímorie s. coastal area [,kəustl 'eəriə]

prímorský seaside [si:said], coastal [kəustl]

priniesť carry [kæri], bring [briŋ], (ísť a priniesť) fetch [feč]

➡ *P-este mi/nám, prosím,...* Bring me/us..., please.

prípad m. case [keis]; *v najhoršom p-e* at most; *v najlepšom p-e* at best; *v p-e, že* in the event of, in case (of); *v žiadnom p-e* on no account, by no means

➡ *V p-e, že bude pršať...* In the event of rain/In case it rains...

✳ *V naliehavom p-e ma nájdeš/nájdete na tomto čísle, v...* In case of emergency you can find me at this number, in/at...

prípadne possibly [posəbli]

pripadnúť (na určitý termín) fall* [fo:l] (na čo on sth)

pripevniť fix [fiks], fasten [fa:sn]

pripiť si drink* [driŋk] (na čo to sth)

➡ *Rád by som si p-l na tvoje/vaše zdravie.* I'd like to drink to your health. I'd like to raise my glass to you.

prípitok m. toast [təust]; *predniesť p.* propose a toast

priplatiť pay* extra [,pei 'ekstrə]

príplatok m. **1.** additional/extra payment/charge [ə,dišnl/,ekstrə 'peimənt/'ča:dž]; *nočný p.* extra payment for night shift; *sezónny p.* high-season surcharge; *p. za jednoposteľovú izbu* extra

charge for a single room
2. (vlakový) supplementary train charge [ˌsapləmentri 'trein ča:dž]; *rýchlikový p.* express surcharge, supplementary charge (for travel on a fast train), express/rapid train charge; *p. na vlak Intercity* Intercity extra charge; *bez (rýchlikového) p-ku* without (express train) charge; *podliehajúci (rýchlikovému) p-ku* with (express train) charge

pripoistenie s. reinsurance [ˌri:inˈʃuərns], additional premium [əˌdišnl ˈpri:miəm]

prípoj m. connection [kəˈnekšn]; *vlakový p.* train connection

➡ *Má tento vlak p. do...?* Has this train the connection to...?
Je priamy p. do...? Is it a direct connection to...?
Zmeškal som/Zmeškali sme p. I/We missed my/our connection.

pripojiť connect [kəˈnekt], (vozeň) couple [kapl] (k čomu on sth) // *p. sa* join [džoin] (k čomu sth); *p. sa k zájazdu* join the excursion/the trip/the tour

prípojka ž. connection [kəˈnekšn]; *elektrická p.* electrical connection, power supply; *telefónna p.* telephone connection; *železničná p.* branch line

➡ *Je tu p. na elektrický prúd?* Is there any electrical connection here?

pripomenúť remind [riˈmaind] (komu sb, čo sth)

pripraviť prepare [priˈpeə], make* ready [ˌmeik ˈredi] // *p. sa* prepare (o.s.), get* ready [ˌget ˈredi]; *p. sa na cestu* get* ready for the journey

prípravok m. (obyč. o lieku) preparation [ˌpreprəˈeišn], agent [eidžnt]; *inzulínový p.* insuline preparation; *p. pre citlivú pokožku* sensitive-skin preparation

pripútať bind* [baind], fasten [faːsn] // *p. sa* fasten [faːsn]

➡ ✳ *P-jte sa, prosím!* Fasten your (seat) belts, please!

prirážka ž. additional charge [əˌdišnl ˈča:dž], surcharge [səːča:dž]; *p. k cene* addition to the price

príroda ž. nature [neičə]; *ísť do p-y* go* to the country

➡ *Urobme si výlet do p-y!* Let's take a nature trip!

prírodný 1. natural [næčrl]; *p-é živly* the elements **2.** (op. umelý) natural [næčrl], plain [plein]; *p-á rezervácia* nature/wildlife reserve

prirodzený 1. natural [næčrl] **2.** (nenútený) unstudied [anˈstadid]

príručka ž. manual [mænjuəl], handbook [hændbuk]; (sprievodca) guide [gaid], guidebook [gaidbuk]; *cestovná p.* travelling guide; *konverzačná p.* conversation handbook; *turistická p.* quide, quidebook; *p. anglickej konverzácie* handbook of English conversation, English conversation handbook

príslušenstvo s. accessories [ək'sesriz], conveniences [kæn'vi:niənsiz]; *apartmán, byt s p-m* apartment, flat conveniences; *p. auta* motor-car accessories/equipment

príslušník m. member [membə]; *cudzí štátny p.* foreign national; *rodinný p.* (family) dependant; *štátny p.* citizen, national

príslušnosť ž. membership [membəšip]; *štátna p.* citizenship, nationality

prísny strict [strikt]

prispôsobiť (sa) adapt (o.s.) [ə'dæpt], adjust [ə'džast]

prísť 1. come* [kam], (o dopravnom prostriedku aj) arrive [ə'raiv] **2.** (stratiť) lose* [lu:z], cost* [kost] **3.** (naspäť) come* back [kam bæk], return [ri'tə:n] **4.** pick up [pik ap] (po koho/čo sb/sth)

➡ *Kedy prídeš/prídete?* When do you come?
Kedy mám(e) p.? When am I (are we) to come?
Nemohol som/Nemohli sme p. I/We could not come.
Príď(te) okamžite, večer, zajtra,... Come immediately, in the evening, tomorrow,...

Kedy, ako, o koľkej,... si prišiel/ste prišli? When, how, at what time,... did you come/arrive?
Prišiel som/Prišli sme dnes, včera, pred hodinou, pred týždňom,... I/We have arrived today, arrived yesterday, an hour ago, a week ago,...
Prišiel som/Prišli sme autobusom, trajektom, vlakom,... I/We arrived by bus, by ferry, by train,...
Veľmi rád/radi prídem(e). It'll be a pleasure for me/us to come.
Mohli by ste p. po mňa/nás na stanicu? Could you pick me/us up at the station?
Kedy si môžem(e) p. po auto, batožinu,...? When can I (we) pick up the car, the luggage,...?
✳ *Prídeme po teba/vás (dnes, zajtra,...) o...* We'll pick you up (today, tomorrow,...) at... o'clock.

pristáť (o lodi) land [lænd], (zakotviť) dock [dok], (o lietadle) land, touch down [tač daun]

➡ *Kedy p-aneme v...?* When are we to land in/at...?
P-lo už lietadlo z...? Has the plane from... landed yet?
P-ane lietadlo aj v...? Does the plane touch down also in/at...?

pristátie s. landing [lændiŋ]; *nú-*

dzové p. emergency/forced landing

prístav m. (miesto) harbour, A͞M harbor [haːbə], (aj mesto) port [poːt]; *jachtársky p.* yacht harbour; *námorný p.* sea harbour/ port; *rybársky p.* fishing port; *trajektový p. ferry harbour; vnútrozemský p.* inland port; *kotviť v p-e* be* anchored at a port/at a harbour; *vyplávať z p-u* set* sails

➡ *Ktorým smerom je p.?* Which direction is the harbour? *V ktorých p-och sa zastavia lode?* Which ports do the ships stop at?

prístavisko s. wharf [woːf]

prístavok m. (prístavba) outbuilding [autbildiŋ], outhouse [authaus], annexe [æneks]

prístelka ž. extra bed [ekstrə bed]

➡ *Môžete pridať do izby p-u?* Can you give me/us an extra bed to the room?

prístroj m. apparatus* [ˌæprˈeitəs], instrument [instrəmənt], (zariadenie) device [diˈvais], equipment [iˈkwipmənt]; *hasiaci p.* fire extinguisher; *kyslíkový p.* life-support equipment, oxygen (breathing) apparatus*, respirator (oxygen set); *potápačský p.* diving equipment; *p. na batériu* battery-operated apparatus/device

prístup m. **1.** (možnosť účasti) access [ækses], admission [ədˈmišn] **2.** (miesto) access

prístupný 1. (dostupný) accessible [əkˈsesəbl] **2.** (s dovoleným prístupom) open [əupn]; *p. (verejnosti) po celý rok* open to the public all the year; *mládeži p.* carrying a U certificate

príťažlivý attractive [əˈtræktiv]

prítok m. (rieky) tributary [tribjutri], (do mora) inlet [inlet]

prítomnosť ž. **1.** (účasť) presence [prezns]; *za našej p-ti* in our presence **2.** (súčasnosť) the present (times) [ðə ˈpreznt (taimz)]

prítomný present [preznt]

privádzač m. dopr.: *diaľničný p.* approach/link road, feeder road (to the motorway), (nájazd) slip road

prívarok m. (omáčka) sauce [soːs]

príves m. **1.** dopr. trailer [treilə]; *p. s tandemovou nápravou* tandem/twin axle trailer **2.** | **karavan**

prívetivý kind [kaind], friendly [frendli]

priviazať tie (up) [tai (ap)] (k čomu to sth)

privítanie s. welcome [welkəm]

privítať welcome [welkəm], receive [riˈsiːv]

➡ ✳ *Dovoľte, aby som vás p-l (v mene...).* Allow me to welcome you (in the name of...).

P

prízemie s. **1.** ground/bottom/ AM first floor [ˌgraund/ˌbo-təm/ˌfəːst 'floː] **2.** (v divadle) stalls [stoːlz], AM parterre [paˈteə]

➡ *Prosím si... miesta na p-í.* I'd like... seats in the pit/on the ground floor.

priznať sa confess [kənˈfes] (k čo-mu to sth)

problém m. problem [probləm], trouble [trabl]; *bez p-ov* without problems

➡ *To nie je p.!* No problem!

program m. (v rôzn. význ.) programme, AM program [prəu-græm], (časový) schedule [šed-juːl]; *nabitý p.* cramped/full schedule; *pestrý p. varied programme;* *výletný p.* itinerary; *p. televízie* TV guide; *byť na p-e* (televízie ap.) be* on (the programme); *podľa p-u* according to the programme; *zmena p-u* programme change

➡ *Aký máš/máte dnes, zajtra,... p.?* What are your plans for today, for tomorrow,...?

promenáda ž. (pobrežná, aj prechádzka) BR promenade [ˌproməˈnaːd], (korzo) esplanade [espləneid]; *plážová p.* sea front

prosba ž. request [riˈkwest]

➡ *Mám(e) k vám p-u.* I (We) want to ask a favour of you.

prosím please [pliːz]

➡ *Pomôžte mi/nám p.!* Help me/us, please!
Povedzte mi, p., kto je..., kde je..., ...? Excuse me, please, who is..., where is..., ...?
Ďakujem! P.! Thank you! You are welcome!

✳ *Prepáčte, p.!* Excuse me, please!

✳ *Ako p.?* Pardon? I beg your pardon?

prosiť ask [aːsk]

➡ *Smiem p.?* May I have the pleasure (of this dance)? Shall we dance?

prostitútka ž. prostitute [prosti-tjuːt], hovor. streetwalker [striːwoːkə], hovor. hooker [hukə], hovor. tart [taːt]

prostredie s. environment [in-ˈvairnmənt], surroundings [səˈraundiŋz]; *rodinné p.* family backgrounds; *životné p.* environment; *znečistenie životného p-ia* environmental pollution/ contamination

prostredníctvom by means of [bai ˈmiːnz əv], through [θruː]

prostredný middle [midl]

prostriedok m. **1.** | stred **2.** dopr. means [miːnz]; *hromadný dopravný p.* means of (public) transport, public conveyance **3.** (chemický, obyč. čistiaci ap.) agent [eidžnt]; *čistiaci p.* detergent; *odpudzujúci p.* repellent; *ochranný p. proti hrdzaveniu* protective anti-corrosive/anti-corrosion agent; *prací p.* detergent; *p. na hubenie hmyzu* insecticide; *p. proti zamŕzaniu* antifreeze; *p. na umývanie riadu* dish liquid 4. (obyč. o lieku) drug [drag], substance [sabstns]; *liečivý p.* remedy [remədi]; *povzbudzujúci p.* excitant, stimulant; *uspávací p.* somnifacient, soporific; *upokojujúci p.* calming agent, calmative, tranquillizer; *p. proti bolestiam* painkiller, analgesic

protest m. protest [prəutest]

protestovať protest [prə'test]

protéza ž. prosthesis* [pros'θi:sis]; *zubná p.* dental prosthesis*, denture, hovor. false teeth

➠ *Môžete opraviť túto p-u?* Can you repair this denture?

proti 1. (vyj. protismer) against [ə'geinst], opposite [opəzit]; *veslovať p. prúdu, vetru* row against the stream, against the wind 2. (vyj. prostriedok, účel) against; *očkovať p. ...* vaccinate against... 3. (vyj. ochranu) for [fə]; *liek p. chrípke* remedy for flu 4. (vyj. odporovanie) against, šport., práv. versus [və:səs], skr. vs., v.

➠ *Máš/Máte niečo p. tomu?* Do you have anything against it? *(Nie) Som/(Nie) Sme p.* I am/We are a pro. (I am/We are an anti.)

protiprávny unlawful [an'lo:fl], illegal [i'li:gl]

protismer m. dopr. opposite direction [ˌopəzit di'rekšn]; *otočenie do p-u* U-turn; *otočiť do p-u* make* a U-turn

protišmykový anti-skid [ˈæntiskid], skid-resisting [ˌskidri'zistiŋ]; *p-é pneumatiky* anti-skid tyres

protivietor m. head wind [ˌhed 'wind]

protokol m. (zápis) record [reko:d], report [ri'po:t]; *p. o priebehu nehody* road accident record

➠ *Spíšte, prosím, p. o...* Write out/Take* down a report on..., please.

proviant m. provisions [prə'vižnz], (supplies of) food [(səˌplaiz əv) 'fu:d]

provizórny provisional [prə'vižnl], (dočasný) temporary [temprəri]

➠ *Môžete mi p-e ošetriť zub?* Can you treat my tooth provisionally?

provokovať provoke [prə'vəuk]; *p. predstavivosť* challenge the imagination

prsia s. 1. (hruď) chest [čest] 2. (ženské) breasts [brests] 3. šport. breaststroke [breststrəuk] 4. kuch. breast; *kuracie p.* chicken breast; *morčacie p.* turkey breast

prst m. finger [fiŋgə]

prsteň m. ring [riŋ]

P

pršať rain [rein]
➡ *Bude p.?* Will it rain?
   Bude p. It's going to rain.
   Začína p. It's beginning to rain.
   (Nepretržite) Prší. It's raining
   (incessantly).
   Prestáva p. The rain is going to
   stop.
   Už prestalo p. It has stopped
   raining.
   Silno prší, pršalo. It's/It was
   raining heavily.

pršiplášť m. hovor. mac [mæk],
   mackintosh [mækintoš], rain-
   coat [reinkəut]

prúd m. a) *(vodstva)* stream
   [stri:m], current [karnt]; *morský
   p.* sea current; *dole p-om* down-
   stream; *hore p-om* upstream b)
   elektrický p. current c) *(množ-
   stvo pohybujúce sa jedným sme-
   rom)* flood [flad], stream; *do-
   pravný p.* stream of traffic

prúdenie s. streaming [stri:miŋ]
➡ *Je tu silné p. vody?* Are there
   strong water currents here?

prúdiť *(krv)* circulate [sə:kjuleit],
   (voda, ľudia) stream [stri:m],
   run* [ran]

prudký 1. *(intenzívny)* sharp
   [ša:p], strong [stroŋ] 2. *(svah)*
   steep [sti:p]

pruh m. dopr. lane [lein] *jazdný
   p.* (traffic) lane; *jazdný p. pre
   (bi)cyklistov* cycle lane; *jazdný
   p. na odbočovanie doľava, do-
   prava* left, right turn lane; *jazd-*

ný p. pre pomalé vozidlá climb-
ing/crawler lane; *odstavný p.*
BR hard shoulder, lay-by,
shoulder of the motorway;
predbiehací p. overtaking/
fast/AM passing lane; *stredový
p.* centre/AM center lane

prút m. rod [rod]; *rybársky p.*
   fishing rod

prv 1. *(včaššie)* earlier [ə:liə],
   sooner [su:nə] 2. *(kedysi)* be-
   fore [bi'fo:]

prvolezec m. beginner climber
   [beginə klaimə]

prvotriedny first-class [ˌfə:st'kla:s],
   first-rate [ˌfə:st'reit], top-quality
   [ˌtop'kwoləti]

prvovýstup m. *(horolezecký)* first
   ascent [ˌfə:st ə'sent]

prvýkrát, prvý raz first time
   [fə:st taim]
➡ *Si/Ste po p. raz v...?* Are you
   in/at... for the first time?

pstruh m. trout [traut]

púder m. powder [paudə], tal-
   cum powder [tælkəm paudə];
   tekutý p. liquid powder; *tuhý
   p.* powder stick

puk m. šport. puck [pak]

pukance m. popcorn [popko:n]

puklica ž. motor. hubcap [habkæp]

pulóver m. pullover [puləuvə],
   jumper [džampə]

pult m. *(v obchode)* counter
   [kauntə]; *samoobslužný p.
   s čerstvým mäsom* self-service
   meat counter; *studený p.* buf-

fet; *p. s čerstvým mäsom* fresh
meat counter; *p. so syrmi*
cheese counter; *p. s voľným*
výberom výpredajového tovaru
sales counter

pulz m. | **tep**

pumpa ž. **1.** pump [pamp]; *tlako-*
vá p. pressure pump **2.** hovor.
filling/petrol/ĀM gas station
[ˌfiliŋ/ˌpetrl/ˌgæs ˈsteišn], petrol
pump [petrl pamp]

➡ *Ako ďaleko je k najbližšej p-e?*
How far is it to the nearest
petrol station?

pumpár m. hovor. petrol (pump)/
ĀM gas station attendant
[ˌpetrl (pamp)/ˌgæs steišn
əˈtendnt]

punč m. punch [panč], toddy
[todi]

pustiť 1. (nechať spadnúť) drop
[drop] **2.** (prestať držať) release
[riˈliːs], let* go [ˌlet ˈgəu] **3.** (do-
vnútra) let* in [let in] **4.** (dať
do chodu) turn on [ˌtəːn ˈon],
switch on [ˌswič ˈon]; *p. rádio*
turn the radio on // *p. sa*
(istým smerom) set* out [ˌset
ˈaut]; *p. sa iným smerom* set*
out in another direction; *p. sa*
najkratšou cestou take* the
shortest way

pustý deserted [diˈzəːtid], empty
[emti]

púšť ž. desert [dezət]

púť ž. pilgrimage [pilgrimidž]; *zú-*
častniť sa na púti go* on a pil-
grimage

pútavý gripping [gripiŋ], catchy
[kæči]

pútnický (of) pilgrimage [(əvˈ)
pilgrimidž]; *p-e miesto* place of
pilgrimage

puzdro s. case [keis], box [boks],
holder [həuldə]

pyré s. puree [pjuərei]; *gaštanové*
p. (sweet) chestnut puree; *ze-*
miakové p. mashed potatoes

pyšný proud [praud]

pýtať ask [aːsk], (požadovať aj)
demand [diˈmaːnd] // *p. sa*
ask [aːsk] (na čo about sth); *p.*
sa koho na cestu, podrobnosti
ask sb the way, about the de-
tails

➡ *Čo za to p-te?* What are you
asking?

pyžama ž., **pyžamo** s. pyjamas
[piˈdžaːməz] , ĀM pajamas
[pəˈdžaːməz]

P

POZNÁMKY

R

rad m. **1.** line [lain], row [rəu], queue [kju:] **2.** (množstvo) sequence [si:kwəns], series [siəri:z], (poradie) turn [tə:n]

➡ *Prosím si jeden lístok, dva lístky,... do... r-u.* I'd like a seat, two seats,... in the row.../in the... row.
Kedy prídem(e) na r.? When will be my (our) turn?

✳ *Počkajte, prosím, kým neprídete na r.* Wait your turn, please.

✳ *Postavte sa do r-!* Queue up! Line up!

rád (v rôzn. význ.) like [laik], be* glad [bi 'glæd]

➡ *Som r./Sme radi, že...* I am/ We are glad to/that...
R. by som prišiel/Radi by sme prišli. I'd/We'd like to come.

rada ž. advice [əd'vais]

rádio s. radio [reidiəu]

rádiobudík m. radio alarm [ˌreidiəu ə'la:m]

radiť advise [əd'vaiz] // **r. sa** consult [kən'salt] (s kým sb)

radnica ž. town/city hall [ˌtaun/ ˌsiti 'ho:l]; *historická r.* historical town hall

radosť ž. joy [džoi], pleasure [pležə]

➡ *S r-ou!* With pleasure!

radostný joyful [džoifl], cheerful [či:rfl]

radšej rather [ra:ðə], better [betə]

➡ *Chceš/Chcete... alebo r. ...?* Do you prefer... to...? Do you like... better than...?

rafting m. rafting [ra:ftiŋ]

ragú s. ragout [ræ'gu:]

rajčina ž. tomato [tə'ma:təu]

¹raketa ž. racket, racquet [rækit]; *pingpongová r.* table-tennis bat; *tenisová r.* tennis racket

²raketa ž. hovor. (plavidlo) hydrofoil [haidrəfoil]

Rakúsko s. Austria [o:striə]

rakúsky Austrian [o:striən]

Rakúšan m. Austrian [o:striən]

rameno s. **1.** anat. shoulder [šəuldə] **2.** (rieky) branch [bra:nč], (kružidla) leg [leg], (zariadenia) arm [a:m]; *mŕtve r. rieky* dead branch of a river

ramienko s. (vešiak) (coat) hanger [(ˌkəut') hæŋə]

rana ž. wound [waund]; *povrchová r.* superficial/flesh wound; *hlboká r.* deep wound

➡ *Ošetrite mi, prosím, r-u.* Dress/ Treat my wound, please.

raňajkovať (have*/take*) breakfast [(ˌhæv/ˌteik ə') brekfəst]

➡ *Mohol by som/Mohli by sme r. zajtra už o...?* Could I/we have breakfast tomorrow at... o'clock?

raňajky ž. breakfast [brekfəst]; *anglické r.* English breakfast; *kontinentálne r.* continental breakfast; *neskoré r.* late breakfast; *teplé r.* hot/cooked breakfast

➡ *Chcel by som/Chceli by sme izbu s r-ami.* I'd/We'd like bed and breakfast accommodation. *Kedy sa podávajú r-y?* What time is breakfast served?

raňajší morning [mo:niŋ]

rande s. date [deit]

➡ *Dnes mám r. s...* I have a date with... today.

ranný | raňajší

¹**ráno** in the morning [in ðə 'mo:niŋ]; *dnes, včera r.* this, tomorrow morning; *vždy r.* every morning

²**ráno** s. morning [mo:niŋ]; *nad r-m* at dawn, towards the morning; *od r-a* since the morning; *skoro r.* early in the morning

➡ *Dobré r.!* Good morning!

ranobarokový early baroque [ɪə:li bə'rok]

ranogotický early Gothic [ɪə:li 'goθik]

ranokresťanský early Christian [ɪə:li 'krisčn]

rarita ž. rarity [reərəti]

rasca ž. kuch. caraway (seed) [kærəwei (si:d)]

rasistický racist [reisist]

rastlina ž. plant [pla:nt], (liečivá) herb [hə:b]

rátať | počítať

raz once [wans]; *ani r.* not a single one; *iba r.* only once, one time only; *posledný r.* one last time

➡ *Zopakujte to, prosím, ešte r.*

Repeat it once more/once again, please.
Som/Sme tu po prvý r. I am/We are for the first time here.

rázcestie s. crossroads [krosrəudz]

razia ž. raid [reid]; *nočná policajná r.* night police raid, night raid by police

razeň m. barbecue [ba:bikju:], (ihlica) spit [spit]; *mäso na ražni* barbecued meat, meat cooked on a spit

rebierko s. kuch. cutlet [katlət], chop [čop]; *bravčové r.* rib of pork; *hovädzie r.* rib of beef; *prírodné r.* roast rib (of beef); *teľacie r.* breast of veal; *údené r.* smoked beef

rebro s. rib [rib]

¹**recepcia** ž. reception [ri'sepšn], AM front desk [frant desk]; *hotelová r.* hotel reception

➡ ✱ *Ohláste sa, prosím, na r-ii.* Register at the reception, please.

²**recepcia** ž. (podujatie) reception [ri'sepšn]

recepná ž. receptionist [ri'sepšnist]

recepný m. receptionist [ri'sepšnist]

recept m. lek. prescription [pri'skripšn]; *bez r-u* (available) over the counter

➡ *Tento liek dostať iba na r.?* Is this medicine on prescription

R

only? Is this drug available on prescription only?

reč ž. **1.** (jazyk) language [læŋ-gwidž] **2.** (hovorenie) speech [spi:č]

➡ *O tom nemôže byť ani r-i.* It's/That's out of the question. *To nestojí za r.* It's not worth mentioning. Don't mention it.

reďkovka ž. radish [rædiš]

reflektor m. floodlight [fladlait], motor. headlight [hedlait], headlamp [hedlæmp]

reflektovať hovor. be* interested [bi 'intrəstid] (na čo in sth)

región m. region [ri:džn]

regulovať regulate [regjəleit], (ceny) adjust [ə'džast], (dopravu) direct [di'rekt]

reklama ž. advertising [ædvə-taiziŋ], (predaja) (sales) promotion [(ˌseilz) prə'məušn], (inzerát) advertisement [əd-'və:tismənt], hovor. ad [æd]

reklamácia ž. claim [kleim], complaint [kəm'pleint]

reklamovať claim [kleim]

➡ *Chcel by som r. poškodený tovar.* I'd like to claim damaged goods.

rekreácia ž. recreation [ˌrekri'ei-šn], rest [rest], (dovolenka) holiday [holədei], ᴀᴍ vacation [və'keišn]

rekreant m. holiday-maker [holədimeikə], ᴀᴍ vacationer [və'keišnə]

rekreovať sa relax [ri'læks], holiday [holədei], ᴀᴍ vacation [və'keišn]

relax m. hovor., **relaxácia** ž. relaxation [ˌri:lek'seišn]

relaxovať relax [ri'lks]

remeň m. (opasok) belt [belt]

remeslo s. trade [treid], craft [kra:ft]; *umelecké r-á* handicrafts

renesancia ž. Renaissance [rə-'neisns]

renesančný Renaissance [rə'neisns]; *r. palác* Renaissance palace

repelent m. repellent, repellant [ri'pelnt]

republika ž. republic [ri'pablik]

rešpektovať respect [ri'spekt], (dodržiavať) observe [əb'zə:v], obey [ə'bei]

➡ ✳ *Ner-li ste...* You didn't observe...

reštaurácia ž. restaurant [restro:n], ᴀᴍ, hovor. eatery [i:tri]; *luxusná r.* luxurious restaurant; *nefajčiarska r.* non-smoking restaurant; *pouličná r.* street restaurant; *samoobslužná r.* cafeteria; *staničná r.* station buffet; *vegetariánska r.* vegetarian restaurant; *vyhliadková r.* lookout restaurant; *záhradná r.* garden restaurant; *r. s grilovanými jedlami* restaurant serving grilled food/meals; *r. s nefajčiarskou časťou* restaurant with non-smoking

section; *r. s podávaním jedál
do auta* drive-in/AM through
restaurant, fast food drive-in;
r. s rybími špecialitami restaurant with fish specialities; *r.
v televíznej veži* TV/television
tower restaurant

➡ *Je tu niekde dobrá (čínska,
vegetariánska,...) r.?* Is there
a good (Chinese, vegetarian,...)
restaurant around here?
Má hotel vlastnú r-iu? Is there
a restaurant at the hotel?
*Kde je tu v blízkosti nejaká
dobrá r.?* Where can I find
a good restaurant around here?

✳ *R. je otvorená, zatvorená
od... do... hodiny.* The restaurant is open, closed from...
till...

reťaz ž. chain [čein]; *snehové r-e*
motor. snow/tyre/anti-skid/
non-skid chains

retiazka ž. chain [čein]

reumatický rheumatic [ru:'mætik]

revízia ž. (kontrola) check [ček],
inspection [in'spekšn]; *r. batožiny* luggage inspection; *r. cestovných lístkov* ticket inspection

revízor m. (cestovných lístkov) inspector [in'spektə]

rezance m. noodles [nu:dlz], vermicelli [,və:mi'čeli]

rezať cut* [kat]

rezeň m. kuch. cutlet [katlət],
chop [čop]; *bravčový r. naprírodno* pork steak; *prírodný r.*

steak; *teľací r.* veal cutlet; *(vyprážaný) viedenský r.* Viennese
steak, (Wiener/Vienna) schnitzel; *vyprážaný r.* breaded cutlet

rezerva ž. **1.** (zásoba) reserve
[ri'zə:v] **2.** motor. (pneumatika)
spare tyre/AM tire [,speə 'taiə],
(koleso) spare wheel [,speə
'wi:l]

¹rezervácia ž. (indiánska) reservation [,rezə'veišn], (prírodná) reserve [ri'zə:v]; *pamiatková r.*
preserved architectural monuments; *prírodná r.* nature reserve, national park, wildlife/
nature preserve; *r. chránených
druhov zveri* wildlife reserve
for protected species of animals; *r. voľne žijúcej zveri* wildlife reserve/sanctuary, (vtáčia)
bird sanctuary

²rezervácia ž. booking [bukiŋ],
(v reštaurácii) reservation
[,rezə'veišn]; *r. miesteniek* seats
booking; *r. stola* table reservation; *r. zájazdu* trip booking

rezervovaný reserved [ri'zə:vd]

➡ *Apartmán, stôl,... je r. do... hodiny.* The suit, the table,... is
reserved till... o'clock.
Mám(e) r. ... I've (We've) reserved...

rezervovať 1. (objednať si vopred) book [buk]; *r. si letenku,
zájazd* book an air-ticket, a trip
2. (obsadiť si) reserve [ri'zə:v]

➡ *Cestovná kancelária mi/nám*

R

dala r. izbu. The travel agency let to book the room for me/us.

Rád by som si r-l/Radi by sme si r-li izbu vo vašom hoteli. I'd/We'd like to book a room in your hotel.

R-ujte mi/nám, prosím, jeden stôl pre... osôb. I'd/We'd like to make a table reservation for... persons.

R-li by ste mi/nám... miesta v lietadle, na lodi,...? Could you book... seats on plane, on ship,... for me/for us?

rezidencia m. residence [rezidns]

riad m. dishes [dišiz], pots and pans [ˌpots ənd 'pænz], kitchen utensils [ˌkičn ju:'tenzlz]; *r. z umelej hmoty* plastic kitchen utensils

➡ *Je v apartmánoch k dispozícii aj r.?* Are there kitchen utensils available in apartments?

riadenie s. control [kən'trəul]; *automatické r.* automatic control

riadiť manage [mænidž], run* [ran]; *r. dopravu* direct the traffic // *r. sa* follow [foləu], obey [ə'bei] (*čím sth*)

riaditeľ m. managing director [ˌmænidžiŋ di'rektə], manager [mænidžə]

riaditeľstvo s. head office [hed ofis]

riasa ž. obyč. mn. č. *r-y* (morská) seaweed [si:wi:d], algae [ældži:]

ríbezle ž. currants [karənts]; *červené, čierne r.* red, black currants

riedky thin [θin], rare [reə]

rieka ž. river [rivə]

rifle ž. (blue) jeans [(ˌblu:') dži:nz]

riskantný risky [riski], (nebezpečný) hazardous [hæzədəs]

riskovať (run*/take* the) risk [(ˌran/ˌteik ðə') risk]

ríša ž. empire [empaiə]

riziko s. risk [risk], (nebezpečenstvo) hazard [hæzəd]; *na vlastné r.* at one's own risk

rizoto s. risotto [ri'zotəu]

robiť 1. (v rôzn. význ.) do* [du:], (vyrábať) make* [meik] 2. hovor. (o cene) be* [bi:] 3. (byť zamestnaný) be* employed

➡ *Čo mám(e) teraz r.?* What shall I (we) do now?

Neviem, čo mám r. I don't know what to do.

Čo tu r-íš/r-íte? What are you doing here?

Nedá sa nič r. There's nothing to do.

Účet robí... eur. The bill is... euros.

ročne annually [ænjuəli], yearly [jiəli], per year [pə 'jiə]; *raz r.* once a year

ročník m. 1. (ľudia narodení v jednom roku) age group [eidž gru:p] 2. (školský stupeň) form [fo:m], AM grade [greid]

3. (časopisu) volume [volju:m]

4. (vína) vintage [vintidž]

rod m. (pokolenie) family [fæmli], lineage [liniidž], stock [stok], clan [klæn]; *panovnícky r.* dynasty

rodák m. native [neitiv], compatriot [kəm'pætriət]

rodený née [nei]; *pani X, r-á Y* Mrs X née Y

rodičia m. parents [peərnts]; *starí r.* grandparents

rodina ž. family [fæmli]

➡ *Máš/Máte veľkú r-u?* Do you have a large family?

rodinný family [fæmli]; *r. stav* marital status

rodisko s. place of birth [ˌpleis əv 'bæ:θ], birthplace [bə:θpleis]

rogalista m. hang-glider [ˌhæŋ'glaidə]

rogalo s. hang-glider [ˌhæŋ'glaidə]; *lietanie na r-e* hang-gliding

roh m. corner [ko:nə]; *r. ulice* corner of the street

➡ *Hotel, nemocnica, obchodný dom,... je hneď za r-om.* The hotel, the hospital, the shopping centre,... is just round the corner.
Zahnite za r. Turn the corner.
Zastavte, prosím, na r-u. Stop at the corner, please.

rohožka ž. doormat [do:mæt]

rok m. year [jiə]; *kalendárny r.* calendar year; *priestupný r.* leap year; *každý r.* every year; *na bu-dúci r.* next year; *o r.* in a year; *po celý r.* all the year round; *pred r-om* one year ago; *raz do r-a* once a year; *tohto r-u* this year; *v minulom r-u* last year; *deti do, nad... r-ov* children up to the age of, above the age of... years

➡ *V ktorom r-u bol postavený...?* Which year was... built?
Koľko máš/máte r-ov? How old are you?
Mám... r-ov. I am... years old.
Všetko dobré do nového r-u! Happy New Year!
Šťastný Nový r.! (pri prípitku) Happy New Year!

roklina ž. (strž) ravine [rə'vi:n], gully [gali], (prielom) gorge [go:dž]

rokoko s. **1.** (sloh) rococo (style) [rə'kəukəu (stail)] **2.** (obdobie) rococo period [rə'kəukəu piəriəd] **3.** (diela) rococo (work) [rə'kəukəu (wə:k)]

rokokový rococo [rə'kəukəu]

rolák m. hovor. polo neck (sweater) [(ˌ)pəuləu nek ('swi:tə)], AM turtleneck [ta:tlnek]

roleta ž. (roller) blind [(rəulə) blaind], AM window shade [windəu šeid]

románsky Romanesque [ˌrəumn'esk]; *r. sloh* Romanesque style

romantický romantic [rə'mæntik]

romantizmus m. Romanticism [rə'mæntisizm]

R

rosa ž. dew [dju:]

roštenka ž. kuch. sirloin [sə:loin], (pečená) roast beef [ˌrəust 'bi:f], entrecôte [a:ntrəkəut]

rovina ž. plain [plein], lowland [ləulənd]

rovinatý flat [flæt]

rovnako equally [i:kwəli], alike [æ'laik]

rovnaký same [seim], identical [ai'dentikl], equal [i:kwəl]; *v r-om čase* at he same time

➡ *Bývame v r-om hoteli.* We live at/in the same hotel.

rovník m. the equator [ði i'kweitə]

rovníkový equatorial [ˌəkwə-'to:riəl]; *r. krst* equatorial baptism

rovno (o smere, priamo) straight [streit]

➡ *Ako sa ide k/na...? Stále r.!* Excuse me, which is the way to...? How do/can I/we get to...? Go straight on!
Táto cesta, ulica,... vedie r. do centra, k hotelu, na pláž,... This road, street,... goes directly to the centre, to the hotel, to the beach,...

rovný 1. (op. krivý) straight [streit] **2.** (povrch) even [i:vn], smooth [smu:ð]

rozbehnúť sa 1. (o ľuďoch) start running [ˌsta:t 'raniŋ], (rozpŕchnuť sa) scatter [skætə], disperse [di'spə:s] **2.** (o motore) start [sta:t]

➡ *Motor sa ťažko r-ieha.* The engine starts with difficulties.

rozbif m. kuch. roastbeef [rəust-bi:f]

rozbiť break* [breik]; *r. auto (pri nehode)* wreck the car in an accident // *r. sa* break* [breik]

➡ *R-lo sa mi predné sklo.* My windscreen is broken.

rozcvička ž. warm-up [wo:map]; *ranná r.* (early) morning exercises

rozčúlený exasperated [ig'zæs-preitid]

rozčúliť exasperate [ig'zæspreit] // *r. sa* lose* one's temper [ˌlu:z 'tempə]

➡ *Ner-uj(te) sa!* Take it easy!

rozdeliť divide [di'vaid] // *r. sa | rozísť sa*

rozdeľovač m. motor. distributor [di'stribjətə]

rozdiel m. difference [difrns]; *cenový r.* difference in price; *výškový r.* difference in elevation/in altitude

rozhľad m. view [vju:], panorama [ˌpænr'a:mə]

rozhľadňa ž. lookout (tower) [lukaut (tauə)]

rozhlas m. radio [reidiə]

rozhodnúť decide [di'said], determine [di'tə:min] // *r. sa* decide [di'said], determine, make* a decision [ˌmeik ə di'sižn], make* up one's mind [ˌmeik ap 'maind]

➡ *Musíš sa/Musíte sa definitívne, hneď, zajtra,... r.* You must decide definitively, immediately, tomorrow,....
Neviem(e) sa r. I (We) don't know how to decide.

rozhorúčiť sa become* warm/heated up [bɪˌkam ˈwoːm/ˈhiːtid ap]

rozhovor m. talk [toːk], conversation [ˌkɒnvəˈseišn], (dvoch ľudí) dialogue [daiəlɒg]; *nadviazať r.* start/enter/get* into conversation

rozísť sa (na rôzne strany) break* up [ˌbreik ˈap], disperse [diˈspəːs]

rozkázať order [oːdə]

rozličný 1. (rozmanitý) various [veəriə] **2.** (odlišný) different [difrnt]; *obchod s r-ým tovarom* general stores

rozloha ž. extent [ikˈstent], (plocha) area [eəriə], (veľkosť) size [saiz]

rozlúčiť sa say* goodbye [ˌsei gudˈbai], take* leave [ˌteik ˈliːv] (s kým of sb)

➡ *Chcel by som sa/Chceli by sme sa r.* I'd/We'd like to say goodbye.

rozlúčka ž. leave taking [liːv teikiŋ], goodbye [gudˈbai]

rozmeniť change [čeindž]

➡ *Môžete mi/nám r. ...?* Can I/we get change for...?
R-íte mi, prosím,... na drobné. Can you give me change for...?

rozmyslieť si (zmeniť zámer) change one's mind [čeindž maind]

rozpätie s. (rozmer) span [spæn], ekon. range [reindž], spread [spred], margin [maːdžin]; *cenové r.* price range/spread; *časové r.* space/stretch of time

rozprávať talk [toːk], speak* [spiːk]; *r. po...* speak*... // *r. sa* talk, speak* (s kým to/with sb)

rozprávka ž. fairy tale/story [feəri teil/stoːri]

rozprestierať sa (o území ap.) spread* [spred], extend [ikˈstend]

rozptýlenie s. distraction [diˈstrækšn]

rozruch m. excitement [ikˈsaitmənt], sensation [senˈseišn]; *vzbudiť r.* cause a sensation

rozsah m. extent [ikˈstent]

rozsvietiť switch/turn on (the light) [(ˌ)swič/(ˌ)təːn on (ðə ˈlait)]

rozšíriť sa spread* [spred]

rozťahovať sa hovor. sprawl out [ˌsproːl ˈaut]

➡ *Ner-uj(te) sa tak!* Don't sprawl out!

roztiahnuť (sa) (do dĺžky, šírky) stretch [streč]

roztopiť sa melt [melt]; *r. sa na slnku* melt in the sun

roztrhať (sa) tear* [teə]

roztrpčený embittered [imˈbitəd]

roztržka ž. quarrel [kworl]

R

rozum m. reason [ri:zn], intellect [intlekt]

rozumieť (v rôzn. význ.) understand* [ˌandəˈstænd]

➡ *R-š/R-te mi?* Do you understand me?, hovor. Do you get me?

R-eli ste mi? Have you understood me?

Ner-m(e) vám. We don't understand you.

Ako tomu mám(e) r.? How can I (we) see what you mean?

✳ *Hovor(te) hlasnejšie, nič ner-m.* Speak up loudly, I can't understand.

✳ *R-m, keď hovoríš/hovoríte pomaly.* I understand if you speak slowly.

✳ *Všetko som r-el/sme r-eli.* I/We could understand everything.

rozumný 1. (múdry) wise [waiz] **2.** (cena) reasonable [ri:znəbl]

rozvedený divorced [diˈvo:st]

➡ *Som r./r-á.* I am divorced.

rozvidnievať sa dawn [do:n]; *r-a sa* the day is dawning

rozviezť (tovar) distribute [diˈstribju:t], deliver [diˈlivə]; *r. dovolenkárov autobusmi* take* holidaymakers by bus

rozvodka ž. (elektrická) two-way plug/adapter [ˌtu:wei ˈplag/əˈdæptə]

rozvodniť sa overflow [əuvəfləu], flood [flad]

rožok m. (pečivo) roll [rəul]

ručiť vouch [vauč] (za koho for sb), answer [a:nsə] (za čo for sth), (za výrobok) guarantee [ˌgærənˈti:], warrant [wornt]

ručiteľ m. guarantor [ˌgærnˈto:], warrantor [wornto:]

ručník m. **1.** (šatka) scarf* [ska:f] **2.** | **vreckovka 3.** | **uterák**

ruch m. (zhon) rush [raš], (hustle and) bustle [(hasl ənd) basl]; *cestovný r.* tourism, (odvetvie) tourist industry/trade; *cudzinecký r.* tourism, (domáci) domestic tourism; *dopravný r.* traffic; *hromadný turistický r.* mass tourism

ruina ž. | **rozvaliny**

ruka ž. (od zápästia po končeky prstov) hand [hænd], (celá horná končatina) arm [a:m]; *po pravej, ľavej r-e* on the right-hand, left-hand side; *zlomiť si r-u* break* one's arm

rukáv m. sleeve [sli:v]; *šaty s dlhými, krátkymi r-mi* dress with long, short sleeves

rukavica ž. glove [gləuv]

rukojemník m. hostage [hostidž]

rukopis m. **1.** (písmo) writing [raitiŋ] **2.** (do tlače) manuscript [mænjəskript], copy [kopi] **3.** (historická pamiatka) manuscript; *čitateľný, nečitateľný r.* legible, illegible writing; *stredoveké r-y* medieval manuscripts

ruksak m. hovor. rucksack

[raksæk], AM, AU pack [pæk], backpack [bækpæk]

ruleta ž. roulette [ru:'let]; *hrať r-u* play roulette

Rumun m. Rumanian [ru'meiniən]

rumunčina ž. Rumanian [ru'meiniən]

Rumunsko s. Rumania [ru'meiniə]

rumunský Rumanian [ru'meiniən]

runda ž. hovor. round (of drinks) [(ı)raund (əv 'driŋks)]
➡ *Zaplatil všetkým hosťom r-u piva.* He bought a round of beer for all the guests.

rúra ž. (na pečenie) oven [əuvn]; *mikrovlnová r.* microwave (oven)

rúrka ž. pipe [paip], tube [tju:b]; *detekčná r.* breathalyzer; *potápačská dýchacia r.* snorkel

Rus m. Russian [rašn]

Rusko s. Russia [rašə]

ruský Russian [rašn]

rušeň m. locomotive [ˌləukə'məutiv]

rušenie s. disturbance [di'stə:bns]; *r. nočného pokoja* nocturnal disturbance

rušiť disturb [di'stə:b]

rušný (mesto) busy [bizi], (diskusia) lively [livli], (deň) hectic [hektik]

ruština ž. Russian [rašn]

rúž m. lipstick [lipstik]

ruža ž. rose [rəuz]

ryba ž. fish* [fiš]; *marinovaná r.* marinated fish*; *pečená r.* roast(ed) fish*; *smažená r.* fried fish*; *údená r.* smoked fish*; *chytať r-y* catch* fish*

rybár m. fisherman* [fišəmən]

rybárčiť fish [fiš], go*/do* fishing [ˌgəu/ˌdu: 'fišiŋ]

rybník m. pond [pond]

rybníkarstvo s. fish farming [fiš fa:miŋ]

rybolov m. fishing [fišiŋ]

rýchlik m. fast train [fa:st trein], express (train) [ik'spres (trein)]; *diaľkový r.* long-distance express (train); *medzimestský r.* intercity train; *medzinárodný r.* international express (train); *r. Intercity* Intercity (train), (expresný) Intercity express train; *r. s priamymi vozňami do...* express with direct coaches/with through carriages to...

rýchlikový express [ik'spres]; *r. príplatok* extra/supplementary charge

rýchločistiareň ž. express (dry cleaner's) service [ik'spres ('drai kli:nəz) 'sə:vis], one hour cleaning [wan auə kli:niŋ]

rýchlodoprava ž. express transport [ikˌspres 'trænspo:t]

rýchlodráha ž. elevated railway [ˌeliveitid 'reilwei]

rýchloobväz m. instant bandage [ˌinstant 'bændidž]

rýchloopravovňa ž. express service repair shop [ikˌspres 'sə:vis ri'peə šop]; *r. obuvi* express shoe repairs

R

rýchlosť ž. **1.** speed [spi:d], (priemerná) rate [reit]; *najnižšia r.* minimum speed; *najvyššia r.* maximum/top speed, (odporúčaná na autostráde) highway speed limit, (povolená) speed limit; *povolená r.* speed limit, regulation speed; *predpísaná r.* regulation speed; *priemerná r.* average speed/rate; *obmedzenie r-ti* (maximum) speed limit; *r. jazdy* driving speed; *r. pri zrážke* collision speed; *ísť -kilometrovou r-ou za hodinu* do* ... kilometres per hour; *nabrať r.* increase/pick up speed, accelerate, speed up; *prekročiť povolenú r.* exceed/go* over the speed limit; *v plnej r-ti* at full/top speed; *znížiť r.* slow down, decelerate; *zvýšiť r.* increase/pick up speed, accelerate, speed up **2.** motor. gear [giə]; *prehodiť r.* change/Am

shift gear(s), change (into another) gear; *zaradiť r.* engage the gear; *zaradiť... r.* engage... gear, shift into... gear, put* in... gear

rýchlovarič m. (kanvica) electric kettle [i'lektrik ketl]

rýchlovlak m. high-speed train [haispi:d trein]

rýchly quick [kwik], fast [fa:st], speedy [spi:di], rapid [ræpid]; *r-o reagujúci* quickly reacting; *tak r-o, ako je len možné* as fast as possible

➡ *Zavolaj(te) r-o... Call... quickly, please.*

rytectvo s. výtvar. engraving [in-'greiviŋ]

ryža ž. rice [rais]; *dusená r.* stewed rice; *hnedá/prírodná r.* brown rice; *predvarená r.* preboiled rice; *r. vo varných vrecúškach* rice bags; *mäso s r-ou* meat and rice

POZNÁMKY

S

s, so 1. a) (vyj. spoluúčasť) with [wið]; *cestovať spolu s rodinou* travel together with one's family **b)** (vyj. príslušnosť k čomu) with, and [ənd]; *izba/nocľah s raňajkami* bed and breakfast (accommodation) **2.** (vrátane) inclusive (of) [in'klu:siv (əv)]; *cena s obsluhou* price inclusive of service, (v reštaurácii) includes service

sa oneself [wan'self], skr. *o.s.*; *zabávať sa* enjoy oneself
➡ *Spolieham(e) sa na teba/vás.* I (We) rely on you.

sadnúť si sit* down [ˌsit 'daun]
➡ ✱ *S-i(te) si, prosím!* Sit down, please!

sadzba ž. rate [reit], tariff [tærif]; *znížená s.* reduced rate; *s. pre mládež* youth rate
➡ ✱ *Denná s. zahŕňa ubytovanie a voľné/bezplatné používanie bazéna a posilovne.* The daily tariff includes accommodation and unlimited use of the pool and gymnasium.

safaládka ž. sausage [sosidž]

safari s. safari [sə'fa:ri]; *s. na džípe* jeep safari; *zimné s.* winter safari

safaripark m. safari park [sə'fa:ri pa:k]

sako s. jacket [džækit]; *športové s.* sports jacket

sakristia ž. sacristy [sækristi]

saláma ž. salami [sə'la:mi], |AM| summer sausage [saməsosidž]; *Maďarská s.* Hungarian salami; *pečeňová s.* liver sausage; *šunková s.* ham salami; *trvanlivá s.* long-life salami; *turistická s.* tourist salami

salaš m. sheepcote [ši:pkot], sheepfold [ši:pfəuld]

salmonelóza ž. salmonellosis [ˌsælmənə'ləusis]

salón m. salon [sælon]; *kadernícky s.* hair salon; *kozmetický s.* beauty salon

sám 1. (jediný) alone [ə'ləun] **2.** (osobne) on one's own [on 'əun]; *s. od seba* of one's own accord
➡ *Si/Ste tu s.?* Are you alone here? *Áno. Cestujem s.* Yes, I am. I travel alone/on my own.

samolepka ž. stick-on label [ˌstik-on 'leibl]

samobsluha ž. **1.** (predajňa) self-service shop/|AM| store [ˌself-'sə:vis šop/sto:], supermarket [su:pəma:kit] **2.** (činnosť) self-service [ˌself'sə:vis]

samostatný (v rôzn. význ.) independent [ˌindi'pendənt], (spoliehajúci sa na vlastné sily aj) self-reliant [ˌselfri'laiənt]

samozrejme of course [əv 'ko:s], certainly [sə:tnli]

S

samozrejmý obvious [obviəs], evident [evidnt]

samý (vyj. výlučnosť) only [əunli], just [džast], solely [səul-li], all [o:l]

sandále m. sandals [sændlz]

sane ž. sledge [sledž], (nízke) toboggan [tə'bogən], (ťahané koňmi) sleigh [slei], AM sled [sled]; *s. so psím záprahom* dog sledge

sanica ž. (sánkovačka) sledging [sledžiŋ], AM sledding [slediŋ]

sanitka ž. hovor. ambulance [æmbjələns]

➡ *Zavolajte (rýchlo) s-u!* Call the ambulance (, quickly)!

sánkovať sa sledge [sledž], AM sled [sled], go* sledging/AM sledding [ˌgəu 'sledžiŋ/'slediŋ]

sánky ž. | **sane**

sardela ž. anchovy* [ænčəvi]

sardinka ž. sardine [sa:'di:n]; *s-y v oleji* sardines in oil

sauna ž. sauna [so:nə], steam room [sti:m ru:m]; *domáca s.* domestic/home sauna

➡ *Je v hoteli s.?* Is there a sauna at the hotel?

saunovať sa have* a sauna [ˌhəv ə 'so:nə]

sčervenanie s. red reaction [ˌred ri'ækšn], rubefaction [ˌru:bi-'fækšn]; *s. pokožky po opaľovaní* erythema solare

sebaobrana ž. self-defence [ˌselfdi'fens]

➡ *Konal som/Konali sme v s-e.* I/We acted in self-defence.

secesia ž. Art Nouveau [ˌa:t nu:'vəu]

secesný Art Nouveau [ˌa:t nu:'vəu]

second hand m. second-hand shop [ˌseknhænd 'šop]

sedačkový: *s-á lanovka* chair lift

sedadlo s. seat [si:t]; *anatomické s.* body-contoured/anatomically shaped/bucket seat; *polohovacie s.* (v autobuse ap.) reclining seat; *predné s.* front seat; *sklápacie s.* folding seat; *zadné s.* back/rare seat; *s. spolujazdca* (front) passenger seat; *(na motorke)* pillion seat; *s. vodiča* driver's seat; *číslo s-a* seat number

sedieť 1. (v rôzn. význ.) sit* [sit]; *s. v smere jazdy* face the engine; *s. za volantom* sit* at the steering wheel; *s. pri káve* sit* and enjoy a coffee; *auto s-í/tieto pneumatiky s-ia dobre na ceste* the car holds/ these tyres grip the road well **2.** (o odeve ap.) fit [fit]

➡ *Chcel by som/Chceli by sme s. vpredu, vzadu,...* I'd/We'd like the seats in the front, in the rear,...

✶ *Sedí sa ti/vám pohodlne?* Do you sit comfortably? *Šaty mi (ne)sedia.* The dress (doesn't fit) fits me.

sedliacky farmer's [fa:məz]

sedliak m. farmer [fa:mə], zastar. peasant [peznt]

sedlo s. 1. saddle [sædl] 2. (horské) saddle, col [kol], mountain pass [mauntin pa:s]

sejf m. safe [seif]; *hotelové s-y* hotel safes

sekaná ž. meat loaf [mi:t ləuf], mince [mins], minced meat [minst mi:t], forcemeat [fo:smi:t]

sekt m. sparkling wine [spa:kliŋ wain], (šampanské) champagne [šæm'pein]

sekunda ž. second [seknd]
➡ *Počkaj(te), prosím, s-u!* Wait a second, please!

sem here [hiə]; *až s.* up to here
➡ *Poď s.!* Come here!
Sadni(te) si s.! Sit down here!

semafor m. traffic lights(s) [træfik lait(s)], hovor. stop-go light [stop gəu lait]; *s. s tlačidlom pre chodcov* pedestrian traffic light (with button)

sendvič m. sandwich [sændwič], hovor. sarnie [sa:ni]

senzačný fabulous [fæbjələs], gorgeous [go:džəs], excellent [ekslnt], terrific [tə'rifik], hovor. superb [su:'pə:b]; *s-á dovolenka* fabulous holiday/ AM vacation

september m. September [sep-'tembə]; *v s-ri* in September; *začiatkom, koncom s-ra* at the beginning of, towards the end of September

septembrový September [sep'tembə]; *s-á dovolenka* September holiday/ AM vacation

seriózny (spoľahlivý) reliable [ri'laiəbl], (dôstojný) respectable [ri'spektəbl], reputable [repjə-təbl], (vážny) serious [siəriəs]

servírka ž. waitress [weitrəs]

servírovať serve (up) [(,)sə:v ('ap)]

servis m. 1. service [sə:vis]; *hotelový izbový s.* room service; *plážový s.* beach service 2. | *autoopravovňa*
➡ *Kde je najbližší s.?* Where's the nearest service station here?

servítka ž. napkin [næpkin], BR serviette [,sə:vi'et], AM table napkin [teibl næpkin]

servus hallo [hə'ləu], hi [hai]

sesternica ž. cousin [kazn]

sestra ž. 1. sister [sistə] 2. (zdravotná) (female) nurse [(fi:meil) nə:s], (staničná) sister, AM head nurse [hæd nə:s]

set m. šport. set [set]

sever m. north [no:θ]; *ďaleký s.* far north; *na s-e* in the north; *smerom na s.* towards the north, (vedúci na s.) northbound

severák m. north wind [no:θ wind]

severný north [no:θ]; *chladný s. vietor* cold north wind; *s-á žiara* northern lights, aurora borealis; *s-e od...* (to the) north of...

severoeurópsky North European [,no:θ juərə'pi:ən]

severovýchod m. northeast [,no:θ'i:st]

S

severovýchodný northeast
[‚no:θˈi:st]

severozápad m. northwest
[‚no:θˈwest]

severozápadný northwest
[‚no:θˈwest]

severský Nordic [no:dik], Scandinavian [‚skændiˈneiviən]

sexturista m. sex tourist [seks
tuərist]

sexturizmus m. sex tourism [seks
tuərizm]

sexuálny sexual [sekšuəl]; *s-e ob-
ťažovanie* sexual harassment

sezóna ž. season [si:zn]; *dovolen-
ková s.* holiday season; *hlavná
turistická s.* peak (tourist) sea-
son; *letná s.* summer season;
poľovnícka s. open season;
uhorková s. hovor. the silly
season; *vedľajšia s.* off-peak
season; *zimná s.* winter season;
mimo, počas s-y out of season,
in season; *po s-e* after season;
vrchol s-y peak of the season

sezónny seasonal [si:znl], season
[si:zn]; *s-a prevádzka* seasonal
operation

schladiť cool down [ku:l daun]
//*s. sa* get* cold [‚get ˈkəuld]

schnúť dry [drai]

schod m. (vonku) step [step],
(v budove) stair [steə]

schodisko s. staircase [steəkeis]

schodný (o ceste) passable [pa:
səbl]; *s. aj v zimných mesia-
coch* passable in/all winter

schody m. stairs [steəz], staircase
[steəkeis]; *pohyblivé s.* moving
staircase, escalator

schopnosť ž. ability [əˈbiləti],
capability [‚keipəˈbiləti], skill
[skil]; *orientačná s.* sense of di-
rection; *s. prežiť* ability to sur-
vive

schopný able [eibl], capable
[keipəbl]; *s. cesty* in a fit state
to travel; *s. jazdy* (auto) road-
worthy

schovať (sa) hide* [haid]; *s. sa
pred čím* take* a shelter from
sth; *s. si darček na pamiatku*
hide* a gift as a memento

schôdzka ž. get-together [gettə-
geðə], (dohovorená) appoint-
ment [əˈpointmənt]

schránka ž. box [boks], case [keis];
batožinová s. (luggage) locker;
bezpečnostná s. safe; *mejlová s.*
(electronic) mailbox; *sejfová s.*
safe; *poštová s.* (domová) letter-
box, (pouličná) post/[BR] pillar
box, [AM] mailbox

schudnúť lose* one's weight
[‚lu:z ˈweit]

schváliť approve [əˈpru:v]

si | sa

siahať (až kam) reach down
[ri:č daun] (po čo to sth), (ča-
sovo) go* back [‚gəu ˈbæk] (až
do as far as)

sídlisko s. **1.** housing estate/[AM]
project [‚hauziŋ iˈsteit/prə-
ˈdžekt] **2.** (historické) settle-

ment [setlmənt]; *slovanské s.* Slavic settlement

sídliť 1. (o národe) live 2. (o panovníkoch ap.) reside [ri'zaid], be* in residence [bi in 'rezidns]

sídlo s. 1. (osada) settlement [setlmənt] 2. (panovníkov ap.) residence [rezidns], estate [i'steit], (inštitúcie) seat [si:t]; *vidiecke s.* country estate

sieň ž. hall [ho:l]; *pamätná s.* commemorative hall, Hall of Fame

siesta ž. siesta [si'estə]

sieť ž. 1. (sieť) net [net]; *rybárska s.* fishing net; *s. na batožinu* (vo vlaku) luggage rack 2. (systém) network [netwə:k]; *cestná s.* road network/system; *diaľničná s.* motorway network; *s. služieb* service sector/industries

signalizácia ž. motor. signalling [signliŋ]; *svetelná s.* traffic signal/lights, hovor. stop-go lights

signalizovať signal [signl]

sila ž. force [fo:s], power [pauə], strength [strenθ]; *z celej s-y* with all one's strength; *z posledných síl* at the end of one's tether; *zo všetkých síl* with all one's might

silný strong [stroŋ] 1. (op. slabý) powerful [pauəfl] 2. (intenzívny) heavy [hevi]; *príliš s-á káva* too strong coffee 3. (tuhý) firm [fə:m], good [gu:d], sound [saund]

➡ *Silno prší, sneží.* The rain, the snow falls heavily.

silueta ž. silhouette [ˌsilu'et], (mesta) skyline [skailain], (obrys) outline [autlain]; *charakteristická s. mesta* characteristic skyline

silvestrovať spend*/celebrate the New Year's Eve

simultánny simultaneous [ˌsimlˈteiniəs]; *s-e tlmočenie* simultaneous interpretation

single m. single (room) [siŋgl (ru:m)]

sirup m. (aj liek) syrup [sirəp]; *s. proti kašľu* cough syrup/mixture

sito s. sieve [si:v]

sitko s. strainer [streinə]

situácia ž. situation [ˌsitju'eišn]; *poveternostná s.* weather conditions/situation

➡ *Vžite sa do našej s-ie!* Put yourselves in our position!

sivý grey, AM gray [grei]

skákať jump [džamp]

skala ž. rock [rok]

skalnatý rocky [roki]; *s-é pobrežie* rocky coast

skalolezec m. rock climber [rok klaimə]

skalolezectvo s. rock climbing [rok klaimiŋ]

skanzen m. open-air/outdoor museum [əupneə/autdo: mju:ziəm]

skejtbord m. skateboard [skeitbo:d]

skejtbording m. skateboarding [skeitbo:diŋ]

skejtbordista m. skateboarder [skeitbo:də]

skejtbordovať sa go* skateboarding [ˌgəu ˈskeitbo:diŋ]

skladať sa consist [kənˌsist] (z čoho of sth), be* composed [bi kəmˈpəuzd] (z čoho of sth)

skladovať store [sto:]; s. v chlade a suchu store in cool dry place

sklamanie s. disappointment [ˌdisəˈpointmənt]

sklamať disappoint [ˌdisəˈpoint] // s. sa be* disappointed [bi disəˈpointid]

skle(ne)ný glass [gla:s], glassy [gla:si]

sklo s. (v rôzn. význ.) glass [gla:s]; odrazové s. motor. side light; predné s. motor. windscreen, AM windshield; zadné s. motor. rear window; s. do okuliarov lens

➡ *Vyčistite, prosím, predné s.!* Clean up the front window, please!

sklon m. 1. (spád) slope [sləup], (vozovky) gradient [greidiənt] 2. (tendencia) tendency [tendənsi]; s. k búrkam tendency to storms

sklznica ž. (na lyži) running surface [ˌraniŋ ˈsə:fis]

skok m. jump [džamp]; s-y do

vody diving; s-y na lyžiach ski jumping

skolabovať collapse [kəˈlæps]

skončiť 1. finish [finiš], end [end], terminate [təˈmineit] 2. (prestať) stop [stop], cease [si:s] // s. sa end, be* over [bi ˈəuvə]

skontaktovať sa contact [kontækt] (s kým sb)

skontrolovať (po technickej stránke ap.) check [ček]; s. množstvo paliva v nádrži check the fuel level in a tank; s. lietadlo pred štartom check the aircraft before take-off

¹skoro prísl. 1. (onedlho) soon [su:n]; tak s., ako je len možné as soon as possible 2. (zavčasu) early [ə:li]; s. ráno early in the morning

➡ *Do s-ého videnia!* See you soon!

²skoro čast. (takmer) almost [o:lməust], nearly [niəli]; s. nič hardly anything

skorý early [ə:li]; s-á zelenina early vegetable; s-é ovocie early fruit

¹skôr sooner [su:nə], earlier [ə:liə]

➡ *Prečo si ma/ste nás neinformovali s.?* Why didn't you inform me/us sooner?

²skôr: s. ako/než... before...

➡ *S. než odcestujeme, musíme...* Before we depart/our departure we must...

skrachovať hovor. go* bust/bankrupt [ˌɡəu 'bʌst/'bæŋkrʌpt]; *s-ná cestovka* bust travel agency

skrat m. (elektrický) short circuit [ˌšo:t 'sə:kit]

skrátiť (časovo aj priestorovo) shorten [šo:tn], cut* (short) [ˌkʌt ('šo:t)]; *s. si cestu* take* a short cut; *s. dovolenku* cut* short the holiday/AM vacation

skratka ž. short cut [šo:t kʌt]
➡ ✳ *Choď(te) s-ou.* Take a short cut.

skriňa ž. **1.** (šatník) wardrobe [wo:drəub] **2.** (výkladná) showcase [šəukeis], shop window [ˌšop 'windəu] **3.** motor. *rýchlostná s.* gearbox [giəboks]

skrinka ž. (v rôzn. význ.) box [boks], case [keis]; *s. na úschovu (príručnej) batožiny* locker; *s. prvej pomoci* first aid box

skromný 1. (nenáročný) modest [modəst], unassuming [ˌanə-'sju:miŋ] **2.** (jednoduchý) plain [plein], (raňajky) scanty [skænti]

skrutkovač m. screwdriver [skru:draivə]

skupina ž. a) (osôb) group [gru:p]; *turistická s.* group of tourists; *po s-ách* by/in groups b) (v rôzn. význ.) *cenová s.* price category/range; *krvná s.* blood group

skúsený experienced [ik'spiə-riənst]; *s. cestovateľ* seasoned traveller

skúsiť try [trai]

skúška ž. test [test], examination trial [igˌzæmi'neišn traiəl]; *s. na obsah alkoholu* a) (dychová) breath test, b) (krvná) blood test; *na s-u* on trial, on approval; *podrobiť dychovej s-e* breathalyze

skutočný real [riəl]

skúter m. (motor) scooter [(ˌməutə') sku:tə]; *snehový s.* snowmobile; *vodný s.* water scooter

skvost m. jewel [džu:əl], gem [džem]; *staviteľský s.* jewel of the architecture

slabosť ž. (v rôzn. význ.) weakness [wi:knəs]

slabý 1. weak [wi:k] **2.** (riedky) thin [θin]; *s-á káva* watery coffee **3.** (málo výkonný) poor [puə] **4.** (nekvalitný) poor

sladidlo s. sweetener [swi:tnə]; *umelé s.* artificial sweetener

sladiť sweeten [swi:tn] (čím with sth)

sladkosti ž. sweets [swi:ts], AM candies [kændiz]

sladký sweet [swi:t]

slalom m. slalom [sla:ləm]

slamenák m. straw hat [stro: hæt], (straw) boater [(stro:) bəutə]

slamka ž. (na pitie) (drinking) straw [(drinkiŋ) stro:]

slanina ž. bacon [beikn]; *anglická s.* bacon; *prerastená s.* streaky bacon; *údená s.* smoked bacon

S

slaný salty [so:lti]

sláva ž. fame [feim], glory [glo:ri]

sláviť celebrate [seləbreit]

slávnosť ž. celebration [ˌseləˈbreišn], festival [festivl], gala [ga:lə]; *Bratislavské hudobné s-ti* Bratislava Music Festival

slávnostný festive [festiv], gala [ga:lə]

slávny famous [feiməs], famed [feimd] (*čím* for sth)

slečna ž. young lady [ˌjaŋ ˈleidi], (*v oslovení*) Miss [mis]

sleď m. herring [heriŋ]

sledovať 1. follow [foləu], track [træk] (*koho* sb); *s. koho vozidlom* follow sb in a car 2. (*venovať pozornosť*) follow, watch [woč]

slepý 1. blind [blaind] 2. (*na jednom konci uzavretý*) blind, dead-end [ˌdedˈend]; *s-á ulica* blind/dead-end alley, cul-de-sac, (*značka*) No Through Road

slezina ž. anat. spleen [spli:n]

sliepka ž. hen [hen]

slimák m. snail [sneil]; *jedlý, morský s.* edible, marine snail

slipy m. underpants [andəpænts]

slivka ž. plum [plam]

slivovica ž. slivovitz [slivəvits], plum brandy [ˌplam ˈbrændi]

sliznica ž. mucous membrane [ˌmju:kəs ˈmembrein]

slnečník m. sunshade [sanšeid], parasol [pærəsol]

▸ *Jeden s., prosím!* One sunshade, please!

slnečný sunny [sani]

▸ *Chcel by som/Chceli by sme s-ú izbu.* I'd/We'd like to have a sunny room.

slniť sa sunbathe [sanbeið]

slnko s. 1. sun [san]; *východ s-a* sunrise, dawn, [AM] sun-up; *západ s-a* sunset, sundown; *spálený od s-a* sunburnt 2. *horské s.* sunray lamp [sanrei læmp], sunlamp [sanlæmp]

▸ *Neznášam s.* I am sun intolerant.

slnovrat m. solstice [solstis]; *letný s.* summer solstice; *zimný s.* winter solstice

slobodný 1. free [fri:], (*nezávislý*) independent [ˌindiˈpendənt] 2. (*o rodinnom stave*) single [siŋgl]

sloh m. style [stail]; *barokový s.* baroque style; *empírový s.* Empire/Napoleonic style; *gotický s.* Gothic style; *klasicistický s.* classicistic (style), classicism; *renesančný s.* Renaissance (style); *rokokový s.* rococo (style); *románsky s.* Romanesque style; *secesný s.* Art Nouveau

Slovák m. Slovak [sləuvæk]; *zahraničný S.* Slovak living abroad

slovenčina ž. Slovak (language) [sləuvæk læŋgwidž]

Slovensko s. Slovakia [slə'vækiə]

slovenský Slovak [sləuvæk], Slovakian [slə'vækiən]; *S-á republika* the Slovak Republic

➤ *Hovoríte po s-y?* Do you speak Slovak?

slovíčka s. (cudzieho jazyka) vocabulary [və'kæbjuləri]

slovinčina ž. Slovene [slə'vi:n]

Slovinec m. Slovene [slə'vi:n]

Slovinsko s. Slovenia [slə'vi:niə]

slovinský Slovenian [slə'vi:niən]

slovník m. dictionary [dikšnri], (slovná zásoba) vocabulary [və-'kæbjuləri]; *vreckový s.* pocket dictionary

➤ *Máte ...-slovenský turistický slovník?* Do you have ...-Slovak tourist dictionary?

slovo s. word [wə:d]; *inými s-ami* in other words; *od s-a do s-a* word for word, literally

➤ *Čestné s.!* I give you my (solemn) word!

sľúbiť promise [promis]

➤ *S-li ste nám, že...* You have promised us...

sluch m. hearing [hiəriŋ]

slúchadlo s. telef. receiver [ri'si:və], (k rádioprijímaču) headphone [hedfəun]; *počúvať hudbu cez s-á* listen to the music on (a pair of) headphones

slušný 1. (zdvorilý) polite [pə'lait], courteous [kə:tiəs] **2.** (dobrý) decent [di:snt], reasonable [ri:znəbl]

služba ž. service [sə:vis]; *bezpečnostná s.* security service; *bezplatné s-y* free services; *cestná havarijná s.* road accident rescue service; *donášková s. (do domu)* home delivery; *doplnkové s-y* additional services; *dopravná/prepravná s. (na letisko)* airport bus/transport/service; *expresná s.* express service; *horská s.* alpine rescue service; *hotelová autobusová s.* hotel bus/regular service; *informačná s.* information service; *internetové s-y* internet services; *kľúčová s.* locksmith's; *lekárska pohotovostná s.* medical emergency service; *objednávková telefónna s.* ordering by phone (service); *odťahovacia s.* towing service; *pátracia s.* search services; *pohotovostná s. (lekára)* standby duty, *(v prípade katastrof)* emergency services (in the event of disasters); *poriadková s.* police; *poveternostná s.* weather service; *sprievodcovská s.* guide service, *(turistická)* tourist guide service; *stravovacie s-y* catering services, *(na palube lietadla)* aircraft/aviation//flight catering services; *strážna s.* guard service; *záchranná s.* rescue service, *(vyprosťovacia)* (vehicle) recovery services, *(horská)* alpine rescue service, *(na mori)*

S

sea rescue service; *zdravotníc-ke s-y* medical services; *s. zá-kazníkom* customer service; *s-y cestovnej kancelárie* travel agency services; *zmeny ponú-kaných služieb CK* change in the offer of the travel agency

➡ *Mohli by ste zabezpečiť pre na-šu skupinu nemeckú, sloven-skú,... sprievodcovskú s-u?* Could you arrange the Ger-man, the Slovak,... guide ser-vice for our group?
Ktorá lekáreň má (dnes) noč-nú, nedeľnú s-u? Which phar-macy has the night, the Sunday service (today)?

služobný (auto) official [ə'fišl], (cesta) business [biznis]

➡ *Som tu s-e.* I am on a business trip here.

slziť (oči) be* full of tears [bi ˌful əv 'tiez], (od chladu ap.) water (wo:tə], tear (teə]

➡ *Slzia mi oči.* My eyes are wate-ring.

smäd m. thirst [θə:st]; *utišujúci s.* thirst-reducing; *uhasiť s. i* quench one's thirst

smädný thirsty [θə:sti]

➡ *Som s./Sme (veľmi) s-í.* I am/We are (very) thirsty. *Nie som s.* I am not thirsty.

smer m. direction [di'rekšn], (kurz) course [ko:s]; *opačný s.* opposite direction; *s. jazdy* driving/travel direction; *južným,* severným, *východným, západ-ným s-om* southward(s), north-ward(s), eastward(s), west-ward(s); *sedieť proti s-u jazdy* sit* with one's back to the en-gine, (v autobuse) sit* facing backwards; *sedieť v s-e jazdy* sit* facing the engine, (v auto-buse) sit* facing the front; *stra-tiť, zachovať, zmeniť s.* lose*, maintain/keep*, alter the course; *zmeniť s. letu* change the course of the flight

➡ *Ktorým s-om leží...?* Which di-rection is...?
Z ktorého s-u? From which di-rection?
Myslím, že idem(e) nespráv-nym s-om. I think I am/we are going the wrong direction.
Ukážete mi/nám, prosím, s. do...? Show me/us the way to..., please.

✳ *Pôjdem s vami, idem tým s-om.* I'll go with you I am taking the same route.

✳ *Choďte týmto s-om.* You should go this direction/this way.

smerovať head [hed], be* bound [bi 'baund] (do čoho for sth)

smerovka ž. motor. indicator [indikeitə], hovor. winker [wiŋkə], AM blinker [bliŋkə]

smetník m. dustbin [dastbin], AM garbage can [ga:bidž kæn]

smiať sa laugh [la:f]

smiech m. laugh [la:f]

➡ *To nie je na s.* It's not laughable.

smiešny funny [fani], laughable [la:fəbl], (neprimeraný) ludicrous [lu:dikrəs]; *s-e nízka cena* ludicrously low price

smieť (vyj. dovolenie, želanie, prosbu ap.) may* [mei], be* allowed [bi ə'laud]

➡ *Smiem prosiť?* May I have a pleasure of the next dance with you? Shall we dance? *Smiem(e) si pozrieť...?* May I (we) see...?

✳ *Smiem ťa/vás odprevadiť do hotela, domov, na stanicu,...?* May I accompany/see you off to the hotel, home, to the station,...?

smog m. smog [smog]

smola ž. hovor. bad luck [ˌbæd 'lak]

➡ *S.!* Hard/Bad luck!

smotana ž. cream [kri:m]; *kyslá s.* sour cream; *sladká s.* (na šľahanie) whipping cream, (hustá) BR double/AM heavy cream; *s. v prášku* creamer

➡ *Prineste mi/nám, prosím, s-u do kávy.* Bring me/us the cream for the coffee, please.

smotánka ž. the cream (of society) [ðə (ˌ)kri:m (əv sə'saiəti)], elite [i'li:t]; *medzinárodná s.* the jet set

smotanový creamy [kri:mi]; *s. syr* cream cheese

smrdieť stink* [stiŋk]

smrek m. spruce [spru:s]

smršť ž. vortex [vo:teks]; *veterná s.* whirlwind

smrť ž. death [deθ]

smrteľný fatal [feitl], lethal [li:θl]; *s. úraz* fatal accident

smutný sad [sæd]

snack-bar m. snack bar [snæk ba:]

sneh m. snow [snəu]; *čerstvo napadnutý s.* fresh-fallen snow; *kašovitý s.* mushy snow; *mokrý s.* wet snow; *prachový s.* powdery snow; *rozmočený s.* slush; *starý s.* old snow; *sypký s.* loose snow; *technický s.* artificial snow; *večný s.* eternal/perpetual snow; *hrubozrnný/zrnitý zľadovatený s.* firn, nève; *zmrznutý s.* icy snow; *bez s-u* snowless; *pokrytý s-om* covered with snow, snow-covered, (cesta) snowy; *padá s.* snow is falling, it's snowing

➡ ✳ *Napadlo veľa s-u.* There was a heavy snowfall.

snehový snow [snəu]; *s. pluh* snowplough, AM snowplow; *s-é prehánky* snow showers; *s-á reťaz* snow/anti-skid/tyre chain; *s-á vločka* snowflake; *s-é delo* snowgun

➡ ✳ *V... sú (ne)priaznivé s-é podmienky.* There are (un)favourable snow/snowy conditions in...

snehuliak m. snowman* [snəu-mæn]

S

snežeňie s. snowfall [snəufo:l], snowing [snəuiŋ]; *husté s.* heavy snowfall; *vytrvalé s.* long-lasting snowing

snežiť snow [snəu]

➨ *Bude s.* It's going to snow. *S-í.* It's snowing. *Prestalo s.* It's stopped snowing. *Silno/Husto s-lo.* It was snowing heavily.

snežný snow [snəu]; *s. človek* yeti; *s-á slepota* snow blindness

snímať (záber, nahrávku ap.) pan [pæn]; *s. videokamerou* video; *s. zoom-objektívom* zoom-in

snímka ž. photograph [fəutəgra:f], photo [fəutəu], picture [pikčə], hovor. snap [snæp]

snoubord m. (náradie) snowboard [snəubo:d]

snoubording m. snowboarding [snəubo:diŋ]

snoubordista m. snowboarder [snəubo:də]

sobota ž. Saturday [sætədei]; *každú s-u* every Saturday, on Saturdays

sobotňajší, sobotný Saturday [sætədei]

sódovka ž. soda (water) [so:də (wo:tə)]

softbal m. softball [sofbo:l]

socha ž. statue [stæču:], sculpture [skalpčə], mn. č. *s-y* statuary [stæčuri]; *mramorová s.* marble statue

sochár m. sculptor [skalptə]

sochárstvo s. sculpture [skalpčə]

soľ ž. salt [so:lt]; *morská s.* (sea) salt

solárium s. solarium* [sə'leəriəm]

soliť salt [so:lt]

➨ *Nesolím!* I don't use salt!

soľnička ž. salt cellar/AM shaker [so:lt selə/šeikə]

sopka ž. volcano [voľkeinəu]; *činná s.* active volcano; *vyhasnutá s.* extinct volcano; *výbuch s-y* volcanic eruption

sortiment m. assortment [ə'so:tmənt], range [reindž]

sotiť shove [šav], push [puš]

sotva hardly [ha:dli]

spadnúť 1. fall* (down) [fo:l (daun)] **2.** (zrútiť sa) fall* in [fo:l in], tumble down [tambl daun]

spálenie s. burn [bə:n]; *s. pokožky po opaľovaní* sunburn [sanbə:n]

spálený burnt [bə:nt]; *s. od slnka* sunburnt

spáliť burn* (up) [ˌbə:n 'ap] // *s. sa* (od slnka) burn* [bə:n], get* burnt [ˌget 'bə:nt]

spálňa ž. bedroom [bedru:m]; *obývacia s.* living/sleeping room/area

spamäti by heart [bai 'ha:t]

spánok m. sleep [sli:p]; *popoludňajší s.* siesta

sparný sultry [saltri]

spať 1. sleep* [sli:p] **2.** | **nocovať**

späť back [bæk]

➨ *Prosím si jeden (lístok) do...*

a s.! One return (ticket) to..., please!

spešnina ž. express mail/parcel [ik'spres meil/pa:sl]

spevák m. singer [siŋgə]

spiatočka ž. motor. hovor. reverse gear [ri'və:s giə]; *zaradiť s-u* put* the car into reverse gear/ into reverse shift

spiatočný (lístok) return [ri'tə:n], (rýchlosť) reverse [ri'və:s]; *s. cestovný lístok* return/AM round-trip ticket

spievať sing* [siŋ]

spínač m. switch [swič]; *časový s.* timer; *s. tlmených svetiel* motor. dip switch

splachovač m. washdown system [wošdaun sistəm]

➡ *V našom WC nefunguje s.* The washdown system in our toilet isnť working/is out of order.

splatný due [dju:]; *s. do...* due by...

splaviť (rieku) navigate [nævigeit]

splavný navigable [nævigəbl]

splniť fulfil, AM fulfill [ful'fil] // *s. sa* come* true [ˌkam 'tru:]

splnomocnenie s. authorization [ˌo:θərai'zeišn]

splnomocniť authorize [o:θəraiz]

spočítať add up [əd ap], sum [sam]

spodky ž. underpants [andə-pænts], briefs [bri:fs], (dlhé) (a pair of) long johns [(ə ˌpeə əv) ˌloŋ 'džonz]

spodok m. bottom [botəm]

spoj m. dopr. connection, BR aj connexion [kə'nekšn]; *autobusový s.* bus connection; *letecký s.* air connection; *lodný s.* sea connection; *mimoriadny s.* special connection; *pravidelný s.* scheduled connection

spojenie s. 1. dopr., telef. connection, BR aj connexion [kə'nekšn]; link [liŋk]; *letecké s.* flight connection, (s medziprístátím) direct flight, (s prestupovaním) connecting flight, (s prestupovaním so zmenou leteckej spoločnosti) offline connection, (s prestupovaním bez zmeny leteckej spoločnosti) online connection, *priame s.* direct connection; *vlakové/železničné s.* rail link/connection; *s. trajektom* ferry connection 2. (v rôzn. význ.) contact [kən'tækt], touch [tač]; *krátke s.* short circuit; *miestne s.* local connection; *telefonické s.* telephone connection; *dostať telefonické s. s kým* get* through to sb

➡ *Je odtiaľto priame, výhodné,... autobusové, letecké, vlakové,... s. do...?* Is there a direct, advantageous, ... bus, flight, rail,... connection to... from here?

spojiť (v rôzn. význ.) join [džoin], combine [kəm'bain], connect [kə'nekt]; *s. výlet s prehliadkou múzea* combine one's trip with guided tour of the museum

S

S-te ma ,prosím, s... Connect me to..., please.

spojka ž. motor. clutch [klač]

spojovka ž. conjunctiva* [,kon-džaŋ'taivə]; *zápal s-viek* conjunctivitis

spokojný content [kən'tent], satisfied [sætisfaid] (*s čím* with sth)

* *Som/Sme (veľmi) s./s-í s...* I am/We are (very) satisfied with...
Nie som s./sme s-í s obsluhou, personálom, ubytovaním,... I am not/We are not satisfied with the service, with the personnel, with accommodation,...

spoľahlivý reliable [ri'laiəbl]

* * *Neobávajte sa,... šoféruje s-o.* Don't worry,... drives reliably.

spoľahnúť sa rely [ri'lai] (*na koho/čo* on/upon sb/sth)

* *Môžem(e) sa na to s.?* Can I (we) rely on it?

spoločník m. companion [kəm'pænjən], fellow [feləu]

spoločnosť ž. **1.** (združenie) company [kampəni]; *letecká s.* airline (company), (charterová) charter company **2.** (okruh ľudí) society [sə'saiəti], company; *uzavretá s.* select company

spoločný (v rôzn. význ.) common [komən], (jedáleň, stravovanie) communal [komjunl], (vlastníctvo) joint [džoint]; *s-é stravovanie* communal catering; *s-é*

ubytovanie common lodging house, shared accommodation

spolu together [tə'geðə]

spolubývajúci m. roommate [ru:mmeit]

spolucestujúci m. fellow traveller [,feləu 'trævlə]

spolujazdec m. passenger [pæsindžə], (na motorke) pillion passenger [piliən pæsindžə]

spolusediaci m. companion [kəm'pænjən]; companion at the table *s. pri stole*

spomaliť (sa) slow down [sləu daun]

spomenúť mention [menšn] // *s. si* remember [ri'membə], recall [ri'ko:l], recollect [,rekə'lekt]

* *Neviem(e) si s., či...* I (We) can't remember if...

spomienka ž. memory [memri]

spona ž. clasp [kla:sp]; *s. do vlasov* hairpin, Br hairgrip, hair accessory

sporák m. cooker [ku:kə], Am stove [stəuv]; *elektrický s.* electric cooker; *plynový s.* gas cooker

spotreba ž. consumption [kən'sampšn]; *s. benzínu* petrol consumption; *s. na dlhých tratiach* touring consumption; *s. oleja* oil consumption; *s. paliva* fuel consumption, gas mileage

spotrebovať consume [kən'sju:m], use up [ju:z ap]

* *S-ujte do...* Use up by... Expira-

tion date by... AM Good
through...

spoznať 1. (nepoznané) get* to
know [ˌget tə ˈnəu] **2.** (rozpo-
znať) recognize [rekəgnaiz]
3. (uvedomiť si) realize [riəlaiz]

spozorovať notice [nəutis]

➡ *Kedy si s-l/ste s-li, že...?* When
did you notice that...?

spôsob m. (v rôzn. význ.) way [wei],
manner [mænə], fashion [fæšn],
style [stail]; *špagety na milánsky
s.* Milano style spaghetti

spôsobiť cause [ko:z]

sprava from the right [frəm ðə
ˈrait]; *s. doľava* from the right
to the left

správa ž. **1.** (informácia ap.) news
[nju:z], (odkaz) message [me-
sidž]; *mejlová s.* mail message
2. (oficiálne oznámenie) report
[riˈpo:t]; *s. o dopravnej situácii*
traffic condition report; *s.
o počasí* weather report, (vo vy-
braných turistických lokalitách
pre šoférov) weatherwatch (re-
port); *s. o zjazdnosti ciest* road
condition report, (pre šoférov)
roadwatch (report) **3.** rozhl.,
telev. *správy* news [nju:z]

➡ *Zanechaj(te) nám s-u.* Leave
the message for us, please.

správať sa behave [biˈheiv]

správca m. administrator [ədˈmi-
nistreitə], warden [wo:dn]; *s.
domu* caretaker; *s. hotela* hotel
manager; *s. kempu* camp man-

ager; *s. mládežníckej turistickej
ubytovne* youth hostel warden;
s. tábora camp manager

správny 1. (presný) correct
[kəˈrekt] **2.** (riadny) right [rait],
due [dju:], proper [propə]

sprej m. spray [sprei]; *s. proti ko-
márom* anti-mosquito/mosqui-
to spray

sprevádzať accompany [əˈkampə-
ni]; *s. koho po meste* show* sb
round the town

sprcha ž. shower [šauə]; *plážová
s.* beach shower; *dať si s-u*
have*/take* a shower; *mož-
nosť použitia s-y* shower facilities
(available), shower facilities

➡ *Máte (ešte) voľné izby so s-ou?*
Have you got any free rooms
with a shower yet?
Sú na pláži s-y? Are there
showers on the beach?

sprcháreň ž. shower(s) [šauə(z)],
shower room [šauə ru:m]

➡ *Kde sú v kempe s-ne?* Where
are the showers in a camp?

sprchovať sa shower [šauə],
have*/take* a shower [ˌhəv/
ˌteik ə ˈšauə]; *s. sa studenou,
teplou vodou* have* a cold/
a hot shower

sprievodca m. **1.** (turistov) guide
[gaid]; *s. počas zájazdu* trip
guide; *tranzitný s.* transit guide;
*s. cyklistickej turistickej skupi-
ny* cycling tourist group guide;
s. mestom guide to the town;

S

prehliadka mesta so s-om guided/conductor tour of the town **2.** (príručka) guide, guidebook [gaidbuk]; *s. hotelmi* hotel guide; *s. kempami* camp guide; *s. po umeleckých pamiatkach* monumets guide **3.** (v autobuse, vlaku) conductor [kən'daktə], BR (vo vlaku) guard [ga:d]; *vlakový s.* ticket collector
➡ *Je tu s., ktorý hovorí po...?* Is the guide speaking... here?

sprievodka ž. (balíka) dispatch note [dis'pæč nəut], form [fo:m], BR (s podrobným opisom) docket [dokit]
➡ *Dajte mi, prosím, jednu s-u na balík.* Give me a dispatch note, please.

sprostredkovanie s. mediation [ˌmi:di'eišn]; *s. ubytovania* mediation of accommodation

sprostredkovať (v rôzn. význ.) mediate [mi:dieit]

sprostredkovateľňa ž.: *s. práce* employment agency, BR job centre

spustiť 1. (nadol) lower [ləuə] (do čoho into sth), (oponu) drop [drop] **2.** (z ceny) reduce [ri'dju:s] **3.** (dať do chodu) start [sta:t] // *s. sa* **1.** (nadol) lower o.s. **2.** (po lane) rope down [rəup daun] **3.** (o lavíne) start [sta:t]

spúšťač m. motor. starter [sta:tə]

spýtať sa | **opýtať sa**

Srb m. Serb [sə:b]

srbčina ž. Serbian [sə:biən]

Srbsko s. Serbia [sə:biə]

srbský Serbian [sə:biən]

srdce s. heart [ha:t]; *búšenie s-a* throb, throbbing, palpitation *chorý na s.* cardiac

srdečný hearty [ha:ti], warm [wo:m], warm-hearted [ˌwo:m'ha:tid]
➡ *S-á vďaka za...* My warmest thanks for...
✳ *S-e ťa/vás vítam!* Welcome!

srieň ž. hoarfrost [ho:frost]

stačiť 1. (mať dosť) suffice [sə'fais], do* [du:], be* enough [bi i'naf] **2.** keep* up [ki:p ap] (komu with sb)
➡ *Ďakujem(e), to s-í!* Thank you, that's enough.

stále all the time [ˌo:l ðə 'taim]

stály continual [kən'tinjuəl], continuous [kən'tinjuəs], constant [konstənt]; *s-e počasie* settled weather

stan m. tent [tent]; *komfortný obývací s.* (rozkladací obytný príves) trailed tent; *prenajatý s.* hired tent; *postaviť, strhnúť/ zložiť s.* put* up/pitch, strike*/ put* down a tent
➡ *Môžeme si tu postaviť s.?* Can we put up the tent here?
Je tu ešte miesto na jeden s.? Is there any room for one tent yet?
Máte voľný s.? Have you got/Is there any free tent?

stanár m. hovor. camper [kempə]
stanica ž. **1.** dopr. station [steišn];
autobusová s. bus/coach station; *cieľová s.* destination station; *konečná s.* terminal, terminus; *pohraničná s.* border station; *prestupná s.* interchange/AM transfer station; *železničná s.* railway/rail/AM train station; *s. metra/podzemnej železnice* underground/AM subway station **2.** (zariadenie rôzn. zamerania) station; *čerpacia s.* petrol/AM gas station, (samoobslužná s mincovým automatom) coin-operated self-service filling pump; *s. prvej pomoci* first-aid post/station; *policajná s.* police station; *záchranná s.* rescue station
➡ *Ako sa dostanem(e) na s-u, s-u podzemnej železnice,...?* How can I (we) get to the railway, underground/AM subway station,...?
Ako sa volá táto s.? What station is this?
Ako sa volá nasledujúca s.? What's the name of the next station?
Ako sa volá posledná s. pred...? What's the name of the last station before...?
Kde je hlavná s.? Where's the main (railway) station?
Z ktorej s-e odchádzajú autobusy, vlaky,... do...? Which station do the buses, trains,... leave for..., please?
Na ktorej s-i musím(e) vystúpiť, nastúpiť, prestúpiť? Which station am I (are we) to get* off, get* on, change at?
Moja/Naša batožina je ešte na s-i. My/Our luggage is still at the station.
Koľko s-íc je ešte do...? How many stations are there to...?
Na s-u, prosím! To the station, please!
✳ *Musíte vystúpiť, nastúpiť, prestúpiť na ďalšej, tretej,... s-i.* You must get* off, get* on, change at the next, at the third,.... station.
✳ *Odprevadím ťa/vás na s-u.* I'll see you off to the station.
✳ *Prídeme po teba/vás na s-u.* I'll pick you ap at the station.
stánok m. stall [sto:l], stand [stænd]; *jarmočný s.* market stall/stand; *novinový s.* kiosk, newsstand; *predajný s.* sales stand; *výstavný s.* exhibition stand; *zmrzlinový s.* ice-cream stand
➡ *Je tu niekde nablízku s. s občerstvením?* Is there any refreshment kiosk nearby?
stanovať camp [kæmp]; *na zakázanom mieste* camp in the prohibited area
➡ *Môžeme tu s.?* Is it allowed to camp here?

stanovište s. stand [stænd], rank [ræŋk]; *kontrolné s. na hraničnom priechode* checkpoint; *s. taxíkov* taxi rank, AM cab stand; *s. vyhradené pre obytné prívesy/automobily* (reserved) for caravans/campers only; *s. vyhradené pre stanovanie* campsite

stanoviť determine [di'tə:min], (dátum) fix [fiks], (podmienky) set* [set]; *s. termín* fix the term

stanový camp [kæmp]; *s-é mestečko* camp city; *s. tábor* (holiday) camp

starať sa take* care [ˌteik 'keə] (o koho/čo of sb/sth), look [luk] (o koho/čo after sb/sth), care [keə] (o koho/čo for sb/sth)

starinárstvo s. junk shop [džaŋk šop]

starobylý antique [æn'tik], ancient [einšnt]

starokresťanský old-Christian [ˌəuld'krisčn]; *s. chrám* old-Christian temple

starosť ž. concern [kən'sə:n], worry [wari]
➡ *Buď(te) bez s-ti!* Don't worry! *Nerob(te) si kvôli mne/nám s-ti!* Don't worry about me/us!

starovek m. antiquity [æn'tikwiti], ancient times [ˌeinšnt 'taimz]

staroveký ancient [einšnt]

starožitníctvo s. antique shop [æn'ti:k šop]

starožitný antique [æn'ti:k]

starý 1. old [əuld], elderly [eldli] 2. (starobylý) ancient [einšnt], old-time [ˌəul'taim], old [əuld]; *diela s-ch majstrov* old masters, works of the Old Masters; *s-é mesto* Old Town

¹**stáť** 1. (v rôzn. význ.) stand* [stænd] 2. (ešte existovať) be* [bi:]; *hrad tu stojí ešte stále* the castle is still here 3. (nehýbať sa) stop [stop]; *ostať s.* keep* standing
➡ *Ako dlho stojíme v...?* How long are we going to stop at... for?
Kde stoja autobusy, električky,... do...? Where are the buses, the trams,... stopping for...?
Stoj! Stop!
✳ *Rýchlik tu nestojí, stojí iba... minúty.* The express train doesn't stop here, stops here just... minutes.

²**stáť** 1. (o cene) cost [kost], be* [bi] 2. (byť hoden) be* worth [bi 'wə:θ]
➡ *Čo stojí peceň chleba, kilo jablk, mäsa,...?* How much is a loaf of bread, a kilo of apples, of meat,...?
Čo to stojí? How much is it?
... nestojí za nič. ... is worth nothing/worthless.

stať sa happen [hæpn], occur [ə'kə:]
➡ *Čo sa stalo?* What happened?

Kedy sa to stalo? When did it happen?

Nič sa nestalo. Never mind! It's O.K. Don't worry about it!

Stala sa tu nehoda. There has been an accident here.

* *Ďakujem! Rado sa stalo!* Thank you! My pleasure! It was a pleasure. Don't mention it!

stav m. 1. (daná situácia) condition [kən'dišn], motor. aj repair [ri'peə]; *dobrý technický s. vozidla* good condition/repair of a car; *technický s. vozidla* operating condition, traffic fitness; *zlý technický s. vozidla* bad condition/repair of a car; *vysoký vodný s.* high water 2. (telesný al. duševný) state [steit], status [steitəs]; *zdravotný s.* state of health, health status 3. (rodinný) (marital) status [(mæritl) steitəs]

➡ *Aký je s. ciest po poľadovici, daždi, snežení,...?* What are the icy road conditions, the road conditions after rain, after snowing,...?

stavba ž. building [bildiŋ], construction [kən'strakšn], (významnejšia) edifice [edifis]; *historické s-y* historic edifices; *sakrálna s.* sacred building ; *svetská s.* secular building

staviť sa bet* [bet], wager [weidžə] (s kým sb, o čo sth)

➡ *O čo sa s-íme?* What do we bet? *S-íme sa, že...* I bet you...

sťažeň m. mast [ma:st]

sťažnosť ž. complaint [kəm'pleint]

sťažovať sa complain [kəm'plein]

➡ *Musím(e) sa s. na...* I (We) must complain about...

stehno s. 1. anat. thigh [θai], odb. femur* [fi:mə] 2. kuch. leg [leg]; *husacie s.* leg of goose; *pečené s.* roast leg

stena ž. wall [wo:l]; *skalná s.* rock wall

steward m. (v lietadle) flight attendant [ˌflait ə'tendənt], (na lodi) steward [stju:əd]

stewardka ž. (na lodi) stewardess [stju:ədis], (v lietadle aj) flight attendant [ˌflait ə'tendənt]

stierač m. motor. (windscreen/ AM windshield) wiper [(windscreen/windši:ld) waipə]; *zapnúť s-e* switch on/ activate wipers

➡ *Zlomil sa s.* The wiper is broken.

stlačiť 1. compress [kəm'pres], press [pres] 2. motor. depress [di'pres], press down [pres daun], push [puš]; *s. brzdu* depress the brake pedal; *s. klaksón, pedál* blow*/sound the horn, press down the pedal; *s. plyn* depress/press down the accelerator/ AM gas pedal; *s. spojku* push the clutch in, press down the clutch

S

stĺp m. post [pəust], pole [pəul], archit. column [koləm], pillar [pilə]

stĺporadie s. colonnade [ˌkolə- 'neid], (kryté) portico [po:ti- kəu]

stojan m. stand [stænd], rack [ræk]; *čerpací s. (na benzínke)* petrol pump [petrl pamp]

stojné s. demurrage [di'maridž]

¹stolica ž. (črevný obsah) stools [stu:lz]

²stolica ž. hist. (sídlo) seat [si:t], (územie) territory [teritəri]; *kráľovská s.* king's throne; *súdna s.* tribunal; *Svätá s.* Holy/ Apostolic See

¹stolička ž. chair [čeə], (barová) stool [stu:l]; *kempingová skladacia s.* collapsible/folding chair

²stolička ž. (zub) molar [məulə]

¹stop! cit. Stop! [stop], Halt! [ho:lt]

²stop m. | autostop

stopa ž. (zostatok) trace [treis], (po chôdzi, kolese) track [træk]; *s. po šmyku* skid mark/track; *s-y kolies* tyre tracks; *brzdná s.* skid mark/track; *policajné zaistenie stôp* securing traces by police; *zmiznúť bez s-y* disappear/vanish without trace

stopár m. | autostopár

stopercentný hundred per cent [ˌhandrid pə'sent]

stopnúť hovor. hitch a ride/a lift [ˌhič ə 'raid/ə 'lift]; *s. auto* hitch a ride in a car

stopovať hovor. (cestovať autostopom) hitchhike [hičhaik]

stornopodmienky ž. cancellation terms [ˌkænsə'leišn tə:mz]

stornopoplatok m. cancellation charge/fee [ˌkænsə'leišn ča:dž/fi:]

stornovať cancell [kænsl]; *s. rezerváciu, zájazd* cancel the booking, the trip

storočie s. century [senčri]

➡ *Z ktorého s-ia pochádza...?* What century is...?

✳ *... bol postavený v minulom s-í, v... s-í nášho letopočtu.* ... was built last century, in the year... of our century/A.D.

stovka ž. hovor. **1.** (bankovka) one hundred [ˌwan 'hanrid]; *platiť s-ou* pay* one hundred **2.** motor. one hundred; *jazdiť s-ou* drive* one hundred

stôl m. (v rôzn. význ.) table [teibl]; *nefajčiarske s-y* non-smoking tables; *bufetové/švédske stoly* buffet, smorgasbord table, *(raňajkové)* breakfast buffet, *(obedové)* dinner buffet, *(večerné)* supper buffet, *(s diétnymi jedlami)* dietary meals/ buffet, *(šalátové)* salad buffet, *(syrovo-ovocné)* cheese and fruit trays

➡ *Je tento s. ešte voľný, už obsadený,...?* Is this table free, taken,...?

Rezervujte mi/nám, prosím,

na... hodinu s. pre... osôb. Reserve the table for me/us for... persons for... o'clock.

✱ *Nech sa páči ku s-u!* Take your seats at the table, please!

strach m. fear [fiə]; *s. z lietania* fear of flights/of flying; *s. z výšok* fear of heights

strana ž. (v rôzn. význ.) side [said]; *slnečná s.* sunny side; *svetová s.* cardinal point; *na ľavej, pravej s-e ulice* on the left, right side of the street

stránkový: *s-é hodiny* business hours [biznis auəz]

strapačky ž. kuch. strapackas [ˌstrə'paċkəs]

strapec m. (ovocia) bunch [banč]; *s. hrozna* bunch of grapes

strašný 1. (vzbudzujúci strach) fearful [fiəfl] **2.** hovor. (hrozný, náramný) dreadful [dredfl]
➡ *Som s-e hladný, smädný,...* I am dreadfully hungry, thirsty,...

strata ž. loss [los]
➡ *Chcel by som/Chceli by sme nahlásiť s-u...* I'd/We'd like to report the loss of...

stratiť lose* [lu:z] // *s. sa* **1.** (zablúdiť) lose* one's way [ˌlu:z 'wei] **2.** (o veciach) get* lost [ˌget 'lost] **3.** (zmiznúť) disappear [ˌdisə'piə]
➡ *S-l som kľúče, pas, peňaženku,...* I've lost my keys, passport, purse,... My keys, passport, purse,... got lost.

S-la sa mi/nám batožina. My/Our luggage is missing.

strava ž. **1.** food [fu:d], meals [mi:lz], diet [daiət]; *bezmäsitá s.* non-meat diet, vegetarian meals; *diétna s.* special diet (meals); *domáca s.* homely food; *surová s.* raw-food diet; *teplá a studená s.* hot and cold meals; *vegetariánska s.* vegetarian food **2.** | **stravovanie**
➡ **✱** *Teplá s. (sa podáva) do... hodiny.* The hot meals (are served) till... o'clock.
Podávajú tu dobrú stravu. They serve good nosh here.

stráviť (čas) spend* [spend]
➡ *S-l som/S-li sme dovolenku v zahraničí, pri mori, na horách,...* I/We have spent my/our holiday/ⒶⓂ vacation abroad, by the sea, in the mountains,...

stravník m. boarder [bo:də]

stravovanie s. board [bo:d], (verejné) catering [keitriŋ]; *celodenné s.* full board; *možnosť s-ia* board/catering facilities; *s. a ubytovanie* board and lodgings; *s. vo vlastnej réžii (počas dovolenky)* self-catering

stravovať board [bo:d], provide (with) board [prəˌvaid (wiđ) 'bo:d] // *s. sa* board (u koho with sb), have*/take one's meals [ˌhæv/ ˌteik 'mi:lz], eat* [i:t]

➡ *Kde sa s-ujete?* Where do you take your meals? *S-ujeme sa sami, v hoteli, v blízkej reštaurácii,...* We are self-catering, eat at a hotel, in the near restaurant,....

stráž ž. guard [ga:d]; *výmena čestnej s-e* change of the guard of honour

strážca m. guard [ga:d], (zámku) custodian [kas'təudiən]; *nočný s.* night guard; *s. parkoviska* parking/car park attendant

strážiť guard [ga:d]

strčiť (zámerne) shove [šav], nudge [nadž]

stred m. centre, AM center [sentə]; *s. mesta* centre of a town/of a city

streda ž. Wednesday [wenzdei]; *každú s-u* on Wednesdays

stredajší Wednesday [wenzdei]

stredisko s. centre, AM center [sentə], resort [ri'zo:t]; *dovolenkové s.* holiday/AM vacation resort; *kultúrne s.* arts centre; *lyžiarske s.* ski resort; *nákupné s.* shopping centre/precinct/AM mall; *rekreačné s.* holiday resort; *s. zimných športov* winter resort; *zdravotné s.* health centre

stredný 1. central [sentrl] **2.** (prostredný) middle [midl]; *s-á Európa* Central Europe

stredoeurópsky Central European [,sentrl juərə'pi:ən]

stredoslovenský Central Slovakian [,sentrl slə'vækiən]

stredovek m. the Middle Ages [ðə ,midl 'eidžiz]

stredoveký medieval [,medi'i:vl]

strecha ž. (aj auta) roof [ru:f]; *posuvná s.* sunroof

strek m. (vínny) white wine and soda water mix [,wait wain ənd 'səudə wo:tə miks], spritzer [spritsə]

strelnica ž. (na jarmoku) shooting gallery [šu:tiŋ gælri]

stres m. stress [stres]; *byť v s-e* be* under stress

stretnúť (sa) meet* [mi:t], (nečakane) encounter [in'kauntə]

➡ *Kedy, kde, o koľkej,... sa s-eme?* When, where, (at) what time,... can we meet?

✴ *S-eme sa o... hodine, zajtra, večer, o týždeň,...* We'll meet at... o'clock, tomorrow, in the evening, in a week,...

✴ *Milé, že sme sa s-li.* It was nice to meet you.

stretnutie s. meeting [mi:tiŋ], (neformálne) get-together [gettə-geðə]; *uvítacie s. (účastníkov zájazdu)* gathering; *miesto s-ia* meeting place

strieborný silver [silvə]

striebro s. silver [silvə]

striedať alternate [o:ltəneit], change [čeindž] // *s. sa* take* turns [,teik' tə:nz], change, alternate

striekačka ž. syringe [si'rinž]; *injekčná s.* (hypodermic) syringe

striekať spray [sprei]

striptíz m. striptease [stripti:z]

strojček m. apparatus* [ˌæpr'eitəs]; *elektrický holiaci s.* electric razor/shaver, *(dámsky)* lady shaver/epilator

strom m. tree [tri:]; *ihličnatý s.* coniferous tree; *listnatý s.* deciduous tree; *ovocný s.* fruit tree

strop m. ceiling [si:liŋ]; *kazetový s.* coffered ceiling

stroskotať be* wrecked/shipwrecked [bi 'rekt/'šiprekt]

strúhadlo s. *(kuchynské)* grater [greitə]

strukovina ž. *(semeno)* pulse [pals], mn. č. *s-y* legumes [legju:mz], leguminous plants [li'gju:minəs pla:nts]

strýko m. uncle [aŋkl]

studený 1. cold [kəuld]; *s-á misa* kuch. cold dish/AM platter 2. *(o podnebí)* cold; *daždivý a s.* rainy and cold/chilly

studňa ž. well [wel]; *s. s pitnou vodou* drinking water well

stúpanie s. *(terénu)* gradient [greidiənt]

stúpať 1. *(nahor)* go* up [gəu ap], climb [klaim] 2. *(zvyšovať sa)* rise* [raiz]

stupeň m. 1. *(miera)* degree [di'gri:], grade [greid], extent [ik'stent]; *s. zemepisnej šírky* degree latitude; *30° južnej zeme-*

pisnej šírky 30 degrees (latitude) south 2. motor. *rýchlostný s.* (speed) gear [(spi:d) giə]

➡ *Koľko je s-ňov?* What's the temperature?
Je... s-ňov nad, pod nulou. It's... degrees below, above zero.

✳ *Zaraďte prvý, druhý,... rýchlostný s.!* Put the first, the second,... gear/speed!

stúpiť tread [tred], step [step]

styk m. 1. *(v rôzn. význ.)* contact [kontækt]; *bezhotovostný platobný s.* cashless payment; *(malý) pohraničný s.* border traffic 2. *(medziľudský)* relationship [ri'leišnšip]; *písomný s.* correspondence

subtropický subtropical [sab'tropikl]

súčasný contemporary [kən'temprəri], current [karnt], present [preznt]

súčiastka ž. component [kəm'pəunənt], part [pa:t]; *originálna/ pôvodná náhradná s.* original spare part

➡ *Máte náhradné s-y do/na...?* Have you got original spare parts for...?

súhlas m. 1. *(zhoda)* agreement [ə'gri:mənt] 2. *(privolenie)* consent [kən'sent], *(povolenie)* permission [pə'mišn], *(úradné)* approval [ə'pru:vl]

súhlasiť 1. agree [ə'gri:] *(s čím to sth)*, consent [kən'sent] *(s čím* to sth); *s. s podmienkami* agree to the terms **2.** (byť v poriadku) be* O.K. [bi ə'kei]

➡ ✳ *Adresa, účet,... (ne)s-sí.* The address, the bill,... is (not) correct.

suchár m. dietary toast [daiətri təust]

sucho s. (z horúčavy) drought [draut], dryness [drainəs]

suchý 1. (op. mokrý) dry [drai] **2.** (vysušený) arid [ærid]; *s-é leto* dry summer **3.** (o vínach) dry; *s-é šampanské* brut

sukňa ž. skirt [skə:t]; *zavinovacia s.* wrap skirt

súkromie s. **1.** privacy [praivəsi] **2.** (o spôsobe ubytovania) lodging (accommodation) [lodžiŋ (ə‚komə'deišn)]; *izba, ubytovanie na s-í* room/accommodation in lodgings

➡ *Bývam(e) na s-í.* I (We) live in lodgings.

súkromný private [praivit]; *s-á cesta* private road; *s-á pláž* private beach

suma ž. sum [sam]; *paušálna s.* lump sum; *zaplatiť s-u vo výške... eur* pay* the sum amounting... euros

súostrovie s. archipelago [‚a:ki-'peləgəu]

¹**super** príd. hovor. super [su:pə], great [greit], fantastic [fæn'tæstik]

➡ *To je s.!* It's great!

²**super** m. motor. (benzín) super/

four star petrol [‚su:pə/‚fo: sta:'petrl], super [su:pə]

supermarket m. supermarket [su:pəma:kit]

súprava ž. set [set], service [sə:vis]; *stolová s. koreničiek* seasoning set; *vlaková s.* set* of carriages/AM of cars

surf m. surf [sə:f]

surfing m. surfing [sə:fiŋ]

surfista m. (aj po internete) surfer [sə:fə]

surfovať surf [sə:f]

súrny urgent [ə:džnt]

➡ *Potrebujem(e) s-e...* I (We) urgently need...

súrodenci m. siblings [sibliŋz], AM sibs [sibz], brothers and sisters [braðəz ənd sistəz]

surový raw [ro:]

sused m. neighbour, AM neighbor [neibə]; *s. pri stole* neighbour

susedný neighbouring, AM neighboring [neibriŋ]; *s-á izba* adjoining/adjacent room

súsošie s. sculptural group [skalpčə gru:p], statuary [stæčuəri]

sústrasť ž. condolence [kən'dəuləns] (k čomu on sth)

➡ *Prijmite úprimnú s.* Please, accept my/our condolences.

sústrediť 1. (na jedno miesto) concentrate [konsntreit] **2.** (myšlienkovo) focus [fəukəs] // *s. sa* concentrate, focus

sušička ž. dryer [draiə]; *s. rúk*

(na WC ap.) hot air electric hand dryer

sušiť dry [drai]

suterén m. basement [beismənt]

sútok m. confluence [konfluəns]

suvenír m. souvenir [ˌsuːvəˈniə]

súvisieť be* connected [bi kəˈnek-tid]

súvislý continuous [kənˈtinjuəs]

svah m. slope [sləup]; *bubnovitý s.* bumpy slope; *lyžiarsky cvičný s.* nursery slope, practice (ski) slope; *mierny s.* gentle slope; *strmý s.* steep slope

sval m. muscle [masl]

➡ *Natrhol som si s.* I've got a torn/I tore a muscle.

svalovica ž. hovor. delayed-onset muscle soreness [diˈleid ˌonset ˈmasl soːnəs]

svätec m. saint [seint]

svätý saint [seint], holy [həuli]

svätyňa ž. 1. (chrám) temple [templ] 2. (posvätné miesto) sanctuary [sæŋkčuəri]

svedčiť (ako svedok) testify [testifai]

➡ *Pôjdete mi s.?* Would you testify for me?

svedok m. witness [witnəs]; *očitý s.* eyewitness; *s. nehody* witness to the accident

➡ *Mám(e) na to s-kov.* I (We) have the witnesses to prove it.

svet m. world [wəːld]; *cesta okolo s-a* journey/travel around the world; *odrezaný od s-a* isolated; *ísť do s-a* go* abroad; *vidieť*

kus s-a see* the world, be* well travelled; *vydať sa do s-a* set* out into the wide world

➡ *Ani za (celý) s.!* Not for the world!

svetadiel m. continent [kontinənt]

svetaskúsený worldly-wise [ˌwəːld-liˈwaiz]

svetlo s. 1. light [lait]; *denné s.* daylight; *citlivý na s.* sensitive to light 2. (svietidlo) light, lamp [læmp] a) motor. *brzdové s.* brake light; *diaľkové s.* main beam (light), headlight, driving distance lamp, BR headlamp, high-beam headlamp, driving lamp, distance headlamp, long-range lamp; *koncové s. (do hmly)* tail (fog) light; *obrysové s.* side-marker/clearance light; *odbočovacie s.* (direction) indicator; *parkovacie s.* parking light; *predné s.* headlight, (do hmly) fog headlamp/headlight; *smerové s.* direction indicator lamp/light, turn signal; *stretávacie s.* dipped beam headlight; *spätné s.* reversing lamp/light, reverse light, back-up lamp/light; *zadné s.* rear light, taillight; *stlmiť s-á* dim the headlights b) (obyč. signalizačné) *kontrolné s.* control lamp; *modré s.* blue light; *výstražné s.* warning lamp 3. (osvetlenie) light, lighting [laitiŋ]; *tlmené s.* dim lighting

➡ *V mojej/našej izbe nesvieti s.*
In my/our room the light
isn't working.

✳ *Zapnite, zhasnite, stlmte, prosím, s.!* Put on, put out, dim
the lights, please!

svetlý light [lait]

svetobežník m. globetrotter
[gləubtrotə]

svetový world [wə:ld]; *s-é strany*
cardinal points

svetoznámy world-famous
[‚wə:ld'feiməs]

svetský worldly [wə:ldli], earthly
[ə:θli], (nie nábožensky) secular [sekjələ]; *s-é a sakrálne stavby* secular and sacred buildings

sviatočný holiday [holədei]

sviatok m. holiday [holədei]; *cirkevný s.* religious holiday;
štátny s. public holiday; *veľkonočné s-tky* Easter holiday; *vianočné s-tky* Christmas/hovor.
Santa holiday; *vo s.* on holidays

➡ ✳ *V nedeľu a vo s. zatvorené.*
On Sundays and Holidays
closed.
Veselé s-tky! Happy holidays!

sviečka ž. 1. candle [kændl]
2. motor. spark(ing) plug
[spa:k(iŋ) plag]

➡ *Mohli by ste, prosím, vymeniť,
vyčistiť,... s-y?* Can you change,
clean,... the spark plugs, please?

sviečkovica ž. kuch. sirloin
[sə:loin], fillet [filət], tenderloin [tendəloin]

svietiť 1. (o lampe) cast* light
[‚ka:st 'lait] 2. (o slnku ap.)
shine [šain]

svieži 1. (čulý) vigorous [vigrəs]
2. (osviežujúci) fresh [freš],
(vzduch) crisp [krisp]

svitanie s. dawn [do:n]; *na s-í* at
dawn/daybreak

svitať dawn [do:n]; *už s-á* it's
dawning

svoj my [mai], your [jə], his [hiz],
her [hə], our [auə], their [ðeə];
rodičia so s-imi deťmi parents
with their children

➡ *Mám tu s-e doklady, s-u batožinu,...* I have my papers/documents, my luggage,... here.
Zober si s-e veci! Take your
things!

svojrázny peculiar [pi'kju:liə], specific [spə'sifik]

svokor m. father-in-law [fa:ðəinlo:]

svokra ž. mother-in-law [maðəinl:o]

svrbieť itch [ič]

sychravý raw [ro:], bitter [bitə],
damp and chilly [‚dæmp ən 'čili]

sympatický nice [nais], likeable
[laikəbl]

➡ *... mi (nie) je s.* I (don't) like...

syn m. son [san]

➡ *Nevidel si/Nevideli ste náhodou niekde nášho s-a?*
Haven't you seen our son
around here by chance?
To je môj/náš s. This is my/
our son.

synagóga ž. synagogue [sinəgog]

synovec m. nephew [nefju:]
syr m. cheese [či:z]; *čerstvé s-y*
fresh cheeses; *čerstvý tvaroho-*
vý s. cottage cheese; *eidamský*
s. Edam (cheese); *ementálsky*
s. Emmenthaler (cheese), Swiss
cheese; *kozí s.* goat cheese;
mäkký s. soft cheese; *ovčí s.*
sheep cheese; *plesňový s.* blue/
bleu/blue-veined cheese; *smo-*
tanový s. cream cheese; *troj-*
uholníkový s. triangular cheese
(cut); *tavený s.* processed
cheese; *tvrdé s-y* pressed/hard
cheeses; *s. feta* Feta (white)
cheese
syrový cheese [či:z]
sýty satiated [seišieitid], full [ful]

S

Š

šach m. chess [čes]
➡ *Hráš/Hráte š.?* Do you play chess?

šachovnica ž. chessboard [čésbo:d]

šál m. scarf* [ska:f]

šalát m. **1.** (zelenina) lettuce [letəs]; *hlávkový š.* butterhead lettuce **2.** kuch. salad [sæləd]; *cestovinový š.* pasta salad; *hydinový š.* chicken salad; *jarný miešaný š.* mixed fresh vegetable; *mäsový š.* meat salad; *ovocný š.* fruit salad; *uhorkový š.* cucumber salad; *vlašský š.* Russian salad; *zeleninový š.* mixed vegetable salad; *zemiakový š.* potato salad

šálka ž. cup [kap]
➡ *Prineste mi, prosím, š-u kávy, čaju.* Bring me a cup of coffee, of tea, please.

šampanské s. sparkling wine [ˌspa:kliŋ 'wain], (pravé) champagne [šæm'pein], BR hovor. champers [šæmpəz]; *suché š.* brut

šampiňón m. field/meadow mushroom [ˌfi:ld/ˌmedəu 'mašru:m]

šampón m. shampoo [šæmpu:]

šasi s. motor. chassis* [šæsi]

šatka ž. scarf* [ska:f]; *š. na hlavu* headscarf*

šatňa ž. cloakroom [kləukrum], div., šport. dressing room [dresiŋ rum]; *š. na kúpalisku* swimming pool dressing room
➡ ✻ *Dajte si, prosím,... do š-e.* Put your... to the cloakroom, please.

šaty ž. (odev) clothing [kləuðiŋ], clothes [kləuðz], (dámske) dress [dres]
➡ *Môžem si vyskúšať tieto š.?* May I try this dress?

šek m. cheque, AM check [ček]; *cestovný š.* traveller's cheque
➡ *Beriete aj cestovné š-y?* Do you also accept/take traveller's cheques?
Platím(e) š-om. I (We) pay by cheque.

šetriť sa spare o.s [speə], (chorý) take* care of o.s. [ˌteik 'keə]

šetrný (ohľaduplný) considerate [kən'sidrət], careful [keəfl]

šija ž. **1.** anat. (nape of the) neck [(ˌneip əv ðə') nek] **2.** geogr. isthmus [isməs]

šikmý (čiara) oblique [ə'bli:k], (naklonený) inclined [in'klaind], (zvažujúci sa) slanting [sla:ntiŋ]

šikovný skilful [skilfl]

šiltovka ž. peaked cap [ˌpi:kt 'kæp]

šípka ž. arrow [ærəu]; *smerová š.* directional arrow

šírka ž. breadth [bretθ], width [witθ]; *zemepisná š.* lattitude

široký wide [waid]

šiška ž. **1.** (ihličnanov) cone [kəun] **2.** kuch. doughnut [dəunat]

škatuľa ž. box [boks]

¹škoda cit. pity [piti]

➡ *Š., že nemôžeš/nemôžete...*
I wish you could...
Aká š.! What a pity!

²škoda ž. **1.** (hmotná) damage [dæmidž]; *vecná š. (vo výške...)* material damage (amounting...) **2.** (ujma) loss [los], waste [weist]

➡ ✳ *Nahraďte mi, prosím, š-u spôsobenú...* Indemnify me for the damage caused by..., please.

škodiť be* detrimental [bi ˌdetri-'mentl] (čomu to sth), harm [ha:m] (čomu sth)

škodlivý detrimental [ˌdetri'mentl], harmful [ha:mfl]

škola ž. school [sku:l]; *jazdecká š.* riding school; *lyžiarska š.* ski(ing) school; *š. potápania* diving school; *š. surfingu* wind-surfing school; *š. tenisu* tennis school; *š. vodného lyžovania* waterski school

škvrna ž. stain [stein], blotch [bloč], fleck [flek], slick [slik], spot [spot]; *ropné š-y (na mori)* oil slicks

šľahačka ž. whipping cream [wipiŋ kri:m], (ušľahaná) whipped cream [wipt kri:m]; *zmrzlina so š-ou* ice cream with whipped cream

šľacha ž. tendon [tendən], sinew [sinju:]

šľapky ž. (vietnamky) flip-flops [flipflops], AM throngs [θroŋz], summer shoes [samə šu:z]

šmyk m. slide [slaid], skid [skid]; *nebezpečenstvo š-u* danger of skidding, (značka) Slippery Carriage(a)way; *dostať š.* go* into a skid

šmýkačka ž. slide [slaid]

šmykľavý slippery [slipri]

šmyknúť sa skid [skid], slip [slip], slide [slaid]

➡ ✳ *Pozor, aby ste sa nešmykli!* Be careful not to slide!

šnorchel m. hovor. snorkel [sno:kl]

šnúra ž. line [lain], (motúz) cord [ko:d]

šnúrka ž. (do topánok) shoelace [šu:leis]

šofér m. (car/motor) driver [(ˌka:/ˌməutə') draivə], (profesionálny) chauffeur [šəufə]; *svia-točný š.* amateur/Sunday driver

➡ *Kde si môžem(e) prenajať auto so š-om?* Where can I (we) rent a car with a driver?

šoférovať drive* [draiv]

šortky ž. shorts [šo:ts]

šošovica ž. bot. lentil [lentl], kuch. lentils [lentlz]

šošovka ž. lens [lenz]; *kontaktné š-y* contact lenses

špagát m. cord [ko:d], string [striŋ]

špagety ž. spaghetti [spə'geti]; *š. so syrom* spaghetti and/with cheese

Španiel m. Spaniard [spænjəd]

Š

španielčina ž. Spanish [spæniš]

Španielsko s. Spain [spein]

španielsky Spanish [spæniš]

špáradlo s. toothpick [tu:θpik]

špargľa ž. asparagus [ə'spærəgəs]

špecialita ž. speciality [ˌspeši'ælə-ti], AM specialty [spešlti]; *národná š.* (o jedle) national speciality; *š. šéfkuchára* chief cook speciality

➡ *Môžete mi/nám odporučiť nejakú š-u?* Can you recommend to me/to us some speciality?

špenát m. spinach [spinidž]

špendlík m. pin [pin]

šperk m. jewel [džu:əl]

špička ž. peak [pi:k] *dopravná š. počas turistickej sezóny* peak/rush hours during the tourist season

➡ *V akých intervaloch premávajú... v dopravnej š-e?* What are the intervals of... in rush hours?

špina ž. dirt [də:t]

špinavý dirty [də:ti]

špirála ž. hovor. (ponorný varič) immersion heater [iˌmə:žn 'hi:tə]

špongia ž. sponge [spondž]

šport m. sport [spo:t]; *rekreačný š.* recreational sport; *vodné š-y* water/aquatic sports; *zimné š-y* winter sports

➡ *Aký š. pestuješ/pestujete?* What sport do you go in for?

športový sports [spo:ts]; *š-á hala* sports hall, indoor/covered

stadium*; *š-é zariadenie* sports facility

štadión m. stadium* [steidiəm]; *futbalový š.* football stadium*; *zimný š.* winter stadium*

štartér m. motor. starter [sta:tə]

štartovať motor. start [sta:t]

šťastie s. (pocit) happiness [hæpinəs], (okolnosť) luck [lak]

➡ *Veľa š-ia!* Good luck!

šťastný happy [hæpi], (úspešný) lucky [laki]

štát m. state [steit], (krajina) country [kantri]; *členské š-y EÚ* EU member states; *pobrežný š.* coastal country; *vnútrozemský š.* inland country

štátny (of) state [(əv') steit]

šťava ž. juice [džu:s], kuch. (z mäsa) gravy [greivi]; *citrónová š.* lemon juice; *malinová š.* raspberry juice; *ovocná š.* fruit juice; *pomarančová š.* orange juice; *rajčinová š.* tomato juice

šťavnatý juicy [džu:si]

štíhly slim [slim], slender [slendə]

štípať 1. (o jedle) be* hot [bi 'hot], burn [bə:n] **2.** (bolieť) bite* [bait], smart [sma:t]

➡ *Š-e ma chrbát.* My back smarts.

štipľavý hot [hot], piquant [pi:kənt], sharp [ša:p]

štít m. **1.** (vývesný) signboard [sainbo:d] **2.** archit. gable [geibl] **3.** (horský) peak [pi:k]

štrajkovať (be* on) strike [(bi on') straik]

➡ ✳ **V... š-uje letecký personál.** The airport staff in... is on strike.

študent m. student [stju:dnt]

študijný study [stadi]; *š. pobyt* study stay/sojourn

štúdio s. (typ ubytovania) studio (flat/apartment) [(ˌ)stju:diəu (ˈflæt/æˈpɑ:tmənt)]

študovať study [stadi]

➡ **Čo, kde š-uješ/š-ujete?** What, where do you study?

šťuka ž. pike* [paik]

štvorhra ž. šport. doubles [dablz]; *š. mužov* men's doubles; *zmiešaná š.* mixed doubles; *š. žien* ladies' doubles

štvorkolka ž. motor. hovor. four-wheeler [fo:wi:lə], skr. 4WD [fo: dablju di:], four-wheel-drive car [fo:wi:ldraiv ka:]

štvortisícovka ž. (končiar) the fourthousand (peak) [ðə ˌfo:ˈθauznd (pi:k)]

¹**štvrť** quarter [kwo:tə]; *š. litra* quarter of a litre

➡ **Stretneme sa o š. na...** We'll meet at a quarter past...

²**štvrť** ž. district [distrikt], quarter [kwo:tə]; *Čínska š.* Chinatown; *mestská š.* district of the town; *obchodná š.* shopping centre/district, (komerčná) business/commercial area/district; *predmestská š.* suburb; *vilová š.* exclusive residential area; *zábavná š.* entertainment district; *vykričaná*

š. ill-famed/infamous district; *židovská š.* Jewish quarter; *š. bohatých* (exclusive) residential area

štvrťhodina ž. quarter (of an hour) [(ˌ)kwo:tə (əv ən ˈauə)]

štvrtina ž. quarter [kwo:tə]

štvrtkový Thursday [θə:zdei]

štvrtok m. Thursday [θə:zdei]; *každý š.* on Thursdays; *vo š.* on Thursday

štvrťrok m. quarter (of the year) [(ˌ)kwo:tə (əv ðə ˈjiə)]

štýl m. (v rôzn. význ.) style [stail]; *životný š.* style of life

šunka ž. ham [hæm]; *pražská š.* Prague ham; *surová š.* raw ham; *údená š.* smoked ham, gammon; *varená š.* boiled ham; *š. s vajcom* ham and eggs; *obložená žemľa so š-ou* ham sandwich

➡ **Dajte mi... dkg š-y.** May I have... grams of ham, please?

šúpať sa (po opálení ap.) peel [pi:l], come* off [ˌkam ˈof]

šupka ž. (ovocia) peel [pi:l]

švagor m. brother-in-law* [braðə-inlo:]

švagriná ž. sister-in-law* [sistəinlo:]

Švajčiar m. Swiss [swis], mn. č. *Š-i* the Swiss

Švajčiarsko s. Switzerland [switsə-lənd]

švajčiarsky Swiss [swis]

Švéd m. Swede [swi:d]

švédčina ž. Swedish [swi:diš]

Švédsko s. Sweden [swi:dn]

švédsky Swedish [swi:diš]

Š

T

tablet(k)a ž. pill [pil], tablet [tæblət]; *t. na spanie* sleeping pill; *t. proti bolestiam hlavy* headache tablet/pill; *t. proti bolestiam* painkiller

tábor m. camp [kæmp]; *letný t.* summer camp; *prázdninový t.* holiday camp, (*detský*) children's holiday camp; *stanový t.* tent camp

➡ *Kde nájdem(e) vedúceho t-a?* Where can I (we) find the camp manager?

táborák m. campfire [kæmpfaiə]

táborisko s. campsite [kæmpsait], Am campground [kæmpgraund], archeol. settlement [setlmənt]

táboriť camp [kæmp]; *t. pod holým nebom* bivouac

tabuľa ž. (v rôzn. význ.) board [bo:d], plate [pleit], table [teibl]; *orientačná t.* signpost; *pamätná t.* memorial tablet, plaque; *t. príchodov a odchodov* arrivals and departures board/indicator; *smerová t.* (traffic) sign; *výstražná t.* warning sign; *t. s dopravnou značkou* traffic sign plate

tácňa ž. tray [trei], (*servírovacia*) server [sə:və]

tade that way [ðæt wei]

tadiaľto this way [ðis wei]

tágo s. (billiard) cue [(biljəd) kju:]

ťah m. **1.** (*ťahanie*) pull [pul]
2. (*pohyb*) move [mu:v]

ťahať (v rôzn. význ.) draw* [dro:], pull [pul]; *t. sánky* draw* a sledge

➡ *Kolesá ť-jú doľava.* The wheels pull to the left.
Ť-á tu. There is a draught/Am draft here.

tachometer m. motor. speedometer [spi:'domitə]

tajný secret [si:krət]

tak (v rôzn. význ.) so [səu], in this/that way [in 'ðis/'ðæt wei]; *t. skoro, ako je len možné* as soon as possible

➡ *T. poďme!* Well, let's go!
T. to nebolo. It wasn't like this/that.
No t.! Come on!

takmer almost [o:lməust], nearly [niəli]

takto in this way [in 'ðis wei], like this [laik ðis]

taký such [sač]

➡ *Buďte t. dobrý a...* Be so kind as to...

Talian m. Italian [i'tæliən]

taliančina ž. Italian [i'tæliən]

Taliansko s. Italy [itli]

taliansky Italian [i'tæliən]

tam 1. (op. tu) there [ðeə], in/at that place [in/ət 'ðæt pleis]
2. (op. sem) to that place [tə 'ðæt pleis], (*nápis na dverách*) Push [puš]; *cestovný lístok t. a späť* return ticket

➡️ *Kto je t.?* Who's there?
Ktorý autobus, vlak, ... t. ide?
Which bus, train,... is going
there?

tampón m. swab [swob], (hl. hygienický) tampon [tæmpon]; *menštruačný t.* tampon; *mulový t.* stopper of gauze

tancovať dance [da:ns]

tančiareň ž. dance hall [da:ns ho:l]

tandem m. **1.** (sedadlo spolujazdca na motocykli) pillion [piliən]; *ísť na t-e* ride* pillion **2.** (bicykel pre dvoch) tandem (bicycle) [tændəm (baisikl)]

tanec m. dance [da:ns]; *ľudový t.* folk dance

➡️ *Smiem ťa/vás požiadať o tento, nasledujúci,... t.?* May I have the pleasure of this, of the next,... dance?

tanečník m. dancer [da:nsə]

tanier m. plate [pleit]; *hlboký, plytký t.* soup, dinner plate

tankovať fill up [ˌfil 'ap], tank up [ˌtæŋk 'ap]

➡️ *Kde možno t.?* Where can I/we get petrol?

tapiséria ž. tapestry [tæpəstri]

tarifa ž. tariff [tærif], rate [reit]; *nočná t.* night rate; *nulová t.* dopr. null rate; *pásmová t.* dopr., telef. zone tariff

➡️ *Od koľkej platí nočná t.?* From which time is the night rate?

taška ž. bag [bæg]; *cestovná t.* travelling bag, Am holdall; *náprsná t.* wallet

kupná t. shopping bag; *náprsná t.* wallet

taxa ž. (poplatok) fee [fi:], charge [ča:dž], (sadzba) rate [reit]; *kúpeľná t.* watering rate

taxameter m. taximeter [tæksimi:tə]

taxík m. taxi [tæksi], Am cab [kæb], Am taxicab [tæksikæb]; *vodný t.* water taxi

➡️ *Objednajte mi/nám, prosím, t. na zajtra, na... hodinu.* Book a taxi for me/for us for tomorrow, for... o'clock.
Zavolali by ste mi/nám, prosím, t.? Could you get me/us a taxi, please?
Zoberme si t! Let's go by taxi!
Kde zoženiem(e) t.? Where can I/we get a taxi?
T.! Ste voľný? Taxi! Are you free?

taxikár m. taxi driver [tæksi draivə], Am cab/taxicab driver [kæb/tæksikæb draivə]

taxislužba ž. taxi service [tæksi sə:vis]

ťažkosť ž. **1.** obyč. mn. č. *ť-ti* difficulties [difikltiz], (problém) problem [probləm], trouble [trabl] **2.** (zdravotné) complaint [kəm'pleint], disorder [di'so:də]; *žalúdočné ť-ti* sickness, gastric distress

ťažký 1. (bremeno) heavy [hevi], weighty [weiti] **2.** (obťažný) difficult [difiklt], hard [ha:d]

3. (vážny) serious [siəriəs]; *t-o zranený* seriously injured/hurt, badly wounded

tehotná ž. pregnant [pregnənt], odb. gravid [grævid]

technický technical [teknikl]

tekutina ž. liquid [likwid]

tekutý liquid [likwid]

tekvica ž. pumpkin [pampkin]

teľacina ž. kuch. veal [vi:l]

telefón m. **1.** (zariadenie) telephone [telifəun], phone [fəun]; *diaľničný t.* motorway phone, (tiesňový) motorway emergency phone; *mobilný t.* mobile (phone), cellular phone **2.** hovor. | **telefonát**

➥ *Kto je pri t-e?* Who's calling? *T. (ne)funguje.* The phone is (not) working.

✱ *Máš/Máte t.* There's a call for you.

✱ *Ostaňte, prosím, pri t-e!* Hold on, please! hovor. Hang on!

✱ *... pri t-e!* ... speaking! It's... here!

telefonát m. hovor. (telephone/phone) call [(telifəun/fəun) ko:l]

➥ *Čakám(e) t.* I am (We are) expecting a call.

telefonický by phone [bai fəun]

➥ *Objednal som si/Objednali sme si t-y...* I/We have ordered... by phone.

telefónny telephone [telifəun]; *t-a informačná služba* telephone information service; *t-a objednávková služba* telephone ordering service; *t. zoznam* phone book, telephone book/directory

telefonovať telephone [telifəun], phone [fəun], call up [ˌko:l 'ap], ring* (ap) [(ˌ)riŋ ('ap)]; *t. telefónnym spojením sprostredkovaným operátorom* go* through the operator; *t. mobilom* use a mobile phone

➥ *Odkiaľ možno t.?* Where can I/we phone from? *Môžem od vás t.?* May I use your phone, please? *T-l mi/nám niekto?* Did anybody call me/us by phone? Any calls for me/us?

telefonujúci m. calling person

telegrafický telegraphic [ˌteliˈgræfik]

telegrafovať telegraph [teligra:f]

telegram m. telegram [teligræm]

➥ *Kde možno podať t.?* Where can I/we send a telegram?

teleskop m. telescope [teliskəup]

telesný body [bodi], physical [fizikl]; *t-e postihnutý* (physically) disabled

televízia ž. television [telivižn], TV [ˌti:'vi:]; *káblová t.* cable televison; *satelitná t.* satellite television

televízor m. television set [telivižn set]

➥ *Majú izby t.?* Are there TV sets in rooms?

telka ž. hovor. BR telly [teli], the box [ðə 'boks], AM the tube [ðə 'tjub]

telo s. body [bodi]

telocvičňa ž. gymnasium [džim'neiziəm], gym [džim]

tempera ž. výtvar. tempera [temprə]

tempo s. tempo [tempəu], rate [reit], speed [spi:d], pace [peis]

ten 1. (odkazuje na osobu) that [ðæt], this [ðis], the [ðə] **2.** (časovo) the, that; *za t. čas čo* during the time (when) **3.** iba *to* it [it]

➡ *Kedy to bolo?* When was it? *Kedy sa to stalo?* When did it happen?
Kto to bol? Who was it?
Nebolo to tak. It wasn't like this/that.

tenis m. tennis [tenis]; *stolný t.* table tennis, ping-pong

➡ *Hráš/Hráte t.?* Do you play tennis?

tenisky ž. tennis shoes [tenis šu:z], BR trainers [treinəz], training shoes/AM sneakers [treiniŋ šu:z/sni:kəz]

tenista m. tennis player [tenis pleiə]

tenký 1. (op. hrubý) thin [θin] **2.** (štíhly) lean [li:n], slim [slim]

tento 1. this [ðis]; *tohto roku* this year **2.** iba *toto* it [it]

➡ *Toto je môj manžel, moja manželka, náš sprievodca,...* It's my husband, my wife*, our guide,...

tep m. pulse [pals]; *nepravidelný,* *pravidelný t.* irregular, regular pulse; *zrýchlený t.* accelerated pulse

tepláky m. tracksuit [træksu:t], AM sweatsuit [swetsu:t]

teplo s. warmth [wo:mθ], heat [hi:t]

teplomer m. thermometer [θə'momitə]

teplota ž. **1.** temperature [temprəčə]; *denné t-y* daily temperatures; *nočné t-y* night temperatures; *priemerná ročná t.* annual average temperature; *t. vody* temperature of the water, water temperature; *t. vzduchu* air temperature; *t. v tieni,* *na slnku* temperature in the shade, in the sun; *výkyvy t-y* fluctuations in the temperature, temperature fluctuations **2.** | horúčka

teplý warm [wo:m], hot [hot]; *t-á* *večera* hor supper

➡ *Podávajú v reštaurácii t-é a studené jedlá?* Are hot and cold meals served in the restaurant?
Dnes je (veľmi) t-o. It's (very) warm today.
Je mi (veľmi) t-o. I am/feel (very) warm.

tepna ž. **1.** anat. artery [a:tri] **2.** dopr. artery, main route [mein ru:t], thoroughfare [θarəfeə]; *hlavná dopravná t.* main traffic route

terajší present [preznt]

terasa ž. terrace [teris]; *strešná t.*

T

roof garden; *zastrešená t.* roofed terrace, terrace covered with roof; *t. na opaľovanie* terrace for sunbathing

➡️ *Rád by som mal/Radi by sme mali izbu s t-ou.* I'd/We'd like a room with the terrace.

teraz now [nau], at the present moment [ət ðə ˌpreznt 'məumənt], at present [ət 'preznt]

➡️ *Kde sme t.?* Where are we at present?
Čo t.? What now?

terén m. terrain [təˈrein], ground [graund]; *horolezecký t.* mountain-climbing ground; *lyžiarsky t.* skiing grounds; *neprístupný t.* inaccessible terrain; *pahorkatý t.* hilly terrain

termín m. term [təːm], time [taim]; *cenovo výhodný t.* pricely favourable term; *podľa dohodnutého t-u* according to the agreed term; *po t-e* behind schedule; *pred stanoveným t-om* before the fixed term; *dohodnúť, posunúť, premeškať, stanoviť t.* agree, defer, miss, fix the term

➡️ *... je posledný t. ...* is the deadline.
Tento t. sa mi/nám (ne)hodí. This term (doesn't suit) suits me/us.

terminál m. terminal [təˈminl]

termonohavice ž. thermal leggings [θəːml leginz]

termoska ž. Thermos/vacuum flask [θəˈmos/ˈvækjuːm flaːsk], Thermos [θəˈmos]

termotaška ž. thermal bag [θəːml bæg]

teroristický terrorist [terərist]; *t. útok* terrorist attack

tesnenie s. seal [siːl]

tesný 1. (o odeve) tight [tait], (malý) small [smoːl] **2.** (úzky) narrow [nærəu] **3.** (blízky) close [kləus]

tešiť please [pliːz] // *t. sa* **1.** (očakávať) look forward [ˌluk ˈfoːwəd] (na čo to sht) **2.** enjoy [inˈdʒoi] (čomu sth)

➡️ *T-í ma, že som sa s vami zoznámil.* Nice/Pleased to meet you. I am pleased to meet you.
Už sa t-ím(e) na... I am (We are) looking forward to...
T-í ma! (pri predstavovaní) How do you do?

teta ž. aunt [aːnt]

tetanus m. tetanus [tetənəs]

texasky ž. (blue) jeans [(ˌbluː') dʒiːnz]

tiecť flow [fləu], run* [ran]

tielko s. vest [vest], AM undershirt [andəʃəːt]; *dámske t.* ladies' vest; *pánske t.* men's vest

tieň m. shade [ʃeid]; *neposkytujúci t.* not providing a shade; *poskytujúci t.* shade-providing

➡️ *Je... stupňov v tieni.* It's... degrees in the shade.
✴️ *Zdržuj(te) sa v tieni.* Keep yourself (yourselves) in the shade.

tienistý shady [šeidi], shadowy [šædəui]

tieniť (cast* a) shadow [(ˌka:st ə') šædəu], shade [šeid]

tieseň ž. pressure [prešə], lack [læk]; *byť v časovej t-ni* be* pushed for time

tiež too [tu:], also [o:lsəu]
➡ ✳ *Pôjdeš/Pôjdete t. s nami?* Do you also go with us?

ticho s. silence [sailəns]
➡ ✳ *T., prosím!* Silence, please!

tichý silent [sailənt], (hudba) soft [soft]; *t-ým hlasom* in a low voice

tinktúra ž. tincture [tiŋkčə], *jódová t.* tincture of iodine

tip m. (rada) tip [tip]

tirák m. hovor. lorry [lori], AM truck [trak]

tisícka ž. hovor. (o platidle) thousand-crown (banknote/note) [θauzənd kraun (bæŋknəut/nəut)], (dolárová) grand [grænd]

tlač ž. (noviny ap.) press [pres]; *denná t.* daily press; *domáca t.* domestic press; *zahraničná t.* foreign press

tlačenica ž. press [pres], throng [θroŋ], hovor. crush [kraš]
➡ *Stratili sme sa v t-i.* We got lost in the crowd.

tlačenka ž. white pudding [ˌwait 'pudiŋ], AM head cheese [hed či:z]

tlačidlo s. (push-)button [(puš)batn], knob [nob]

tlačiť 1. (posúvať) push [puš]; *t. bicykel* push the bicycle **2.** (omínať) pinch [pinč] // *t. sa* struggle [stragl], press [pres], push; *t. sa dopredu* push one's way forward
➡ *Net-čte sa, prosím!* Don't push, please!
T-ia ma topánky. My shoes pinch.

tlačivo s. blank [blæŋk], (printed) form [(printid) fo:m]
➡ ✳ *Vyplňte, prosím, toto t.!* Fill in this form, please!

tlak m. (v rôzn. význ.) pressure [prešə]; *krvný t.* blood pressure, (vysoký) high blood pressure, hypertension, (nízky) low blood pressure, hypotension; *t. vzduchu* air/atmospheric pressure, (v pneumatike) tyre (inflation) pressure

tlmočenie s. interpretation [inˌtə:pri'teišn]; *simultánne t.* simultánne interpretation

tlmočiť interpret [in'tə:prit]
➡ ✳ *T-ím do...* I act as an interpreter into...

tlmočník m. interpreter [in'tə:pritə]
➡ ✳ *Kde je náš t.?* Where's our interpreter?
Potrebujem(e) t-a. I (We) need an interpreter.

tma ž. dark [da:k], darkness [da:knəs]

tmavý dark [da:k]

T

to | ten

¹toaleta ž. gown [gaun], evening dress [ˌiːvniŋ 'dres]; *dámska t.* gown

²toaleta ž. (WC) toilet [toilit], hovor. loo [luː]

➧ *Kde sú t-y?* Where are the toilets here?

tobogan m. šport. toboggan [təˈbogn], (kĺzačka) slide [slaid], helter-skelter [ˌheltəˈskeltə]

točiť (sa) turn [təːn]

tofu s. Tofu (white) cheese [ˈtəufuː (wait) čiːz]

toh(t)oročný (of) this year [(əv) ˌðis 'jiə]

tok m. flow [fləu], stream [striːm]; *dolný t.* the lower reaches of; *horný t.* the upper reaches of

toľko so much/many [ˌsəu 'mač/ 'mæni]

tonik m. tonic (water) [(tonik) woːtə]

topánka ž. shoe [šuː]; *celé/vysoké t-y* boots; *dámske t-y* ladies' shoes; *horolezecké t-y* climbing boots; *lyžiarske t-y* ski boots; *t-y na nízkom podpätku* flat-heeled/low-heeled shoes; *t-y na podpätkoch* high-heeled shoes

➧ *Dajte mi, prosím, o číslo menšie, väčšie t-y.* Give me one size smaller, larger shoes, please.

¹topiť sa (o človeku) be* drowning [bi 'drauniŋ]

²topiť sa (o snehu ap.) melt* [melt]

torta ž. cake [keik], (s plnkou) rich cream cake [rič kriːm keik]; *čokoládová t.* chocolate cream pie, AM devil's-food cake; *nanuková t.* ice-cream gâteau; *ovocná t.* fruit cake; *šľahačková t.* whipped cream cake

totožnosť ž. (osôb) identification [aiˌdentifiˈkeišn]

tovar m. goods [gudz], (jednotlivý) article [aːtikl], (výrobok) product [prodakt]; *cenovo výhodný t.* bargain goods; *módny t.* fashion goods; *spotrebný t.* consumer goods; *zlacnený t.* reduced price goods; *značkový t.* branded goods; *t. oslobodený od cla* duty-free goods; *t. podliehajúci clu* goods liable to duty

trafika ž. tobacconist's (shop) [təˈbækənists (šop)]

trafiť 1. (zasiahnuť) hit* [hit] **2.** (kam) know*/find* one's way [ˌnəu/ˌfaind 'wei] **3.** hovor. (náhodou stretnúť) come* across [ˌkam əˈkros]

➧ *Neviem(e) t. do hotela, kempu, na stanicu...* I (We) can't find my (our) way to the hotel, to the camp, to the station,....

tragický tragic [trædžik]

trajekt m. ferry [feri], ferryboat [feribəut], (prepravujúci autá) car ferry [kaː feri], (prepravujúci vlaky) railway ferry [reilwei feri]

➧ *Kedy, ako často,... premáva t. do/na...?* When, how often,... does the ferry leave for...?

transfer m. transfer [trænsfə:]; *t. z letiska do hotela* transfer from the airport to the hotel

transport m. transport [trænspo:t]

transportovať transport [trænˈspo:t]

tranzistorák m. hovor. tranny [træni]

tranzit m. transit [trænsit]

tranzitný transit [trænsit]; *t-á hala (na letisku)* (airport) transit lounge

trasa ž. route [ru:t], (metra) line [lain]; *t. cesty/zájazdu* itinerary; *obchádzková t.* diversion route, (dočasná) detour; *turistická dovolenková t.* holiday itinerary

➧ *Pôjdeme najpohodlnejšou, najkratšou,... t-ou.* We'll take the most comfortable, the shortest,... route.
Zdolali sme -kilometrovú t-u. We've done the ...kilometres route.

trať ž. **1.** dopr. route [ru:t], line [lain]; *železničná t.* railway/AM railroad line, (hlavná) main railway line, (miestna) local railway line **2.** (pretekárska ap.) course [ko:s], track [træk]; *bežkárska t.* cross-country

course; *slalomová t.* slalom course; *zjazdová t.* downhill race course

tráva ž. grass [gra:s]

tráviť (čas) spend* [spend]

trávnik m. lawn [lo:n]

treba be* necessary/needed [bi ˈnesəsri/ˈni:did]

treking m. trekking [trekiŋ]

tréning m. training [treiniŋ]; *kondičný/vytrvalostný t.* fitness training; *t. prežitia v extrémnych podmienkach* survival training

trenírky ž. shorts [šots], šport. trunks [traŋks]

treska ž. cod* [kod]

trestný criminal [kriminl], (právo) penal [pi:nl]; *spáchať t. čin* commit a crime

tretina ž. third [θə:d]

tretry ž. spiked/running shoes [spaikt/raniŋ šu:z], spikes [spaiks]

trezor m. safe [seif]; *hotelový t.* hotel safe; *izbový t.* in-room safe

trh m. market [ma:kit]; *blší t.* flea market; *rybí t.* fish market; *vianočné t-y* Christmas market/trade; *zeleninový t.* vegetable market; *t-y umeleckých remesiel* handicrafts markets

➧ *Bývajú tu týždenné t-y?* Are the weekly markets held here?

✳ *... t-y tu bývajú každý týždeň, vždy v sobotu,...* The ... markets are held every week, on Saturdays,...

trhovisko s. marketplace [ma:kitpleis]

triasť sa shake [šeik], shiver [šivə]; *t. sa od zimy* shake with cold

triaška ž. (zimnica) the shivers [ðə 'šivəz], the shakes [ðə 'šeiks]

tričko s. 1. (s krátkymi rukávmi) T-shirt [ti:šə:t], (bez rukávov) singlet [siŋglət]; *bavlnené t. s krátkymi rukávmi* cotton T-shirt 2. (bielizeň) vest [vest], AM undershirt [andəšə:t]; *krátke opaľovacie t.* short vest

trieda ž. 1. (v rôzn. význ.) class [kla:s]; (v lodnej a leteckej doprave) *turistická t.* tourist/economy class; *cestovať prvou, druhou t-ou* travel first class, second class 2. (bulvár) boulevard [bu:ləva:d], avenue [ævənju:]

➡ *Prosím si cestovný lístok prvej, druhej t-y.* I would like one first class, economy class ticket.

triezvy (op. opitý) sober [səubə]

trištvrte three quarters [θri: 'kwo:təz]; *t. hodina* three quarters of an hour

trmácať sa hovor. plod [plod]

tŕň m. thorn [θo:n]

trocha a little [ə 'litl], a few [ə 'fju:], a bit [ə 'bit]

➡ *Hovorím, rozumiem t. po...* I speak, I understand a little...

Máme ešte t. času? Have you got a little time yet?

trojuholník m. (v rôzn. význ.) triangle [traiæŋgl]; *geografický t. (stretu troch štátov)* geographical triangle; *výstražný t.* motor. (advance-)warning/emergency triangle

trolejbus m. trolley-bus [trolibas]

➡ *Ktorý t. ide do starého mesta, do centra,... ?* What trolley-bus goes to the Old Town, to the centre,...?

✳ *Musíš/Musíte ísť t-om číslo...* You have to take a trolley-bus number...

trón m. throne [θrəun]

tropický tropical [tropikl]; *t-é letné počasie* tropical summer weather

trópy m. the tropics [ðə 'tropiks]; *vhodný, pripravený na pobyt v t-och* suitable, ready for the tropics stay

trosky ž. wreck [rek], (zrúcaniny) ruins [ru:inz]

trovy ž. expenses [ik'spensiz], costs [kosts]

trpezlivý patient [peišnt]

trpieť suffer [safə] (na čo/čím sth); *t. horúčavou* suffer the heat

trúbiť (klaksónom) blow* [bləu]

trup m. trunk [traŋk]

trvalá ž. (ondulácia) permanent (wave) [pə:mənənt (weiv)]

trvalý 1. (stály) permanent

[pə:mənənt], (neprerušovaný) continuous [kən'tinjuəs]; *t-é bydlisko* residence 2. (dlhšie trvajúci) lasting [la:stiŋ], persistent [pə'sistənt]; *t. dážď* persistent rain

trvanlivosť ž. durability [ˌdjuərə'biləti]; *dátum minimálnej t-ti* date of minimum durability

trvať 1. (neprestávať) continue [kən'tinju:], exist [ig'zist] 2. (prebiehať) last [la:st], take* [teik] 3. insist [in'sist] (na čom on sth), adhere [əd'hiə] (na čom to sth), stick* [stik] (na čom to sth)
➠ *Ako dlho trvá...?* How long does... last?
   Bude to t. dlho? How long will it last?
   T-ám(e) na tom, aby... I (We) insist that...

tržnica ž. markethall [ma:kitho:l]

tu here [hiə]
➠ *Kto je tu?* Who is here?
   Nezdržíme sa tu. We shall not stay here very long.
   Tu! Present! Here!
✳ *Tu žil, býval, zomrel...* ... lived, died here.

tuba ž. tube [tju:b]

tucet m. dozen [dəuzn]

tučný 1. (o človeku) fat [fæt], obese [ə'bi:s], corpulent [ko:pjulənt] 2. (o potravinách) fat, fatty [fæti]

tuhý 1. (op. mäkký) firm [fə:m], stiff [stif], hard [ha:d] 2. (inten-zívny) stiff, strong [stroŋ], bitter [bitə]; *t-á zima* bitter coldness

tuk m. fat [fæt], lard [la:d]

túlať sa (bezcieľne) stroll [strəul], roam [rəum], wander [wondə] (po about/around sth); *t. sa ulicami* wander around the streets

tunajší of this place [əv 'ðis pleis], (miestny) local [ləukl]

tunel m. tunnel [tanl]; *prejsť cez t.* pass through the tunnel

tuniak m. tuna* [tju:nə], tuna fish* [tju:nə fiš]

túra ž. hike [haik], walk [wo:k], (výlet) trip [trip]; *horolezecká t.* mountaineering tour; *horská t.* mountain hike; *individuálne t-y* personalized tours; *lyžiarska t.* ski(ing) tour; *pešia t.* walking tour, hike; *vysokohorská t.* trekking, hiking in high mountains; *ísť na t-u* go* hiking

turista m. 1. (dovolenkár) tourist [tuərist], holidaymaker [holədimeikə]; *individuálny t.* individual tourist 2. (výletník) tripper [tripə]; *vysokohorský t.* trekker

turistický 1. (týk. sa turizmu) tourist [tuərist]; *t. ruch* tourism, foreign travel 2. (týk. sa turistiky) touring [tuəriŋ], tourist [tuərist]; *t. bicykel* touring bike; *t-á cesta* marked footpath; *t-á mapa* tourist map; *t-á obuv* walking shoes; *t-á skupina* tourist group; *t-é oblečenie* tourist clothing; *t. zájazd* (hromadný) package tour

turistika ž. **1.** (cestovanie) tourism [tuərizm]; *ekologická t.* ecological tourism; *individuálna t.* (zabezpečená CK) personalized/individual tourism; *masová t.* mass tourism; *mestská poznávacia t.* city tourism; *vidiecka t.* country tourism; *vysokohorská t.* trekking; *zahraničná t.* foreign tourism; *zážitková/incentívna t.* incentive tourism; *t. zameraná na ďaleké/exotické kraje* exotic countries oriented tourism **2.** (výlety ap.) travelling [trævliŋ]; *horská t.* hiking, (so sprievodcom) guided hiking, (zimná) winter hiking; *pešia t. (s možnosťou prenocovania v hoteli)* rambling, walking tour (with overnight stays at a hotel); *vysokohorská t.* hiking in high mountains, (skupinová) group trekking

turnus m. batch [bæč], group [gru:p]

turoperátor m. tour operator [tuə opreitə]; *t. leteckých zájazdov* tour operator offering flights

tušenie s. (zlé) premonition [ˌpreməˈnišn], (poňatie) idea [aidiə]

➤ *Máš/Máte t., kedy, kde...?* Do you know when, where...?

Nemám(e) ani t-ia! I (We) haven't (got) the slightest idea!

tužidlo s. stiffener [stifnə]; *penové t.* styling mousse; *t. na vlasy* hair stiffener

túžiť desire [diˈzaiə], wish [wiš], want [wont]; long [loŋ] (po kom/čom for sb/sth)

tvár ž. face [feis]

tvaroh m. curd cheese [kə:d či:z], cottage cheese [kotidž či:z]

tvarožník m. curd/cheese cake [kə:d/či:z keik]

tvoj your [jə], (samostatne) yours [jəz]

tvoriť 1. (utvárať) form [fo:m], make* [meik] **2.** (o umelcoch) create [kriˈeit], compose [kəmˈpəuz], write* [rait], paint [peint], sculp [skalp] // *t. sa* form, be* formed [bi ˈfo:md], develop [diˈveləp], raise [reiz]

➤ *T-í sa hmla.* Fog develops/raises.

tvrdiť claim [kleim], maintain [meinˈtein], (konštatovať) state [steit]

tvrdý (v rôzn. význ.) hard [ha:d]

tyčinka ž. bar [ba:], stick [stik]; *čokoládová t.* chocolate bar; *(orientálna) vonná t.* aromatic oriental incense stick; *slané t-y* salt sticks; *syrové t-y* cheese sticks

týčiť sa tower [tauə] (nad čím above sth)

týfus m. (škvrnitý) typhus [taifəs],

(brušný) typhoid (fever) [tai-foid (fevə)]; *očkovanie proti t-u* vaccination against typhus, typhus vaccination

tykanie s. first-name terms [fə:st-neim tə:mz]

tykať komu use sb's Christian name [ˌjuːz ˈkrisčn neim] // *t. si* be* on first-name/Christian name terms [bi on ˈfə:stneim/ ˈkrisčn neim tə:mz] (s kým with sb)

týkať sa concern [kənˈsə:n], refer [riˈfə:] (čoho to sth)

typický 1. (príznačný) distinctive [diˈstiŋtiv], characteristic [ˌkær-əktəˈristik], typical [tipikl] **2.** (pravý) typical, original [əˈridžinl]

týždeň m. week [wi:k]; *budúci, minulý, tento t.* next, last, this week; *medové týždne* honey-moon; *každý t.* every week, on week days; *cez t.* during the week; *pred... týždňami ...* weeks ago; *začiatkom, uprostred, ku koncu týždňa* at the beginning, in the middle, towards the end of the week

➡ *Ostanem(e) tu t., dva, tri,... t-ne.* I'll (We'll) stay here for a week, for two weeks, for three weeks...
Príď(te) o t. Come in a week.

týždenne every week [evri wi:k]

týždenný, týždňový 1. (trvajúci týždeň) week's [wi:ks], (one) week [(wan) wi:k], weekly [wi:kli]; *t-á dovolenka* one week holiday; *t. pobyt* week's/ one week stay **2.** (opakovaný každý týždeň) weekly [wi:kli]

T

U

u (vyj. blízkosť, spoločnosť koho)
with [wið], in [in], at [ət]
➧ *Bývam(e) u známych.* I (We)
live/stay with our friends.

ubezpečiť assure [ə'ʃuə]
➧ ✳ *Chceme vás u., že...* We'd
like to assure you that...

úbor m. dress [dres], suit [su:t];
plavecký ú. swim suit; *potápač-
ský ú.* (suchý) dry suit, (mokrý)
wet suit; *spoločenský ú.*
evening dress

ubytovanie s. accommodation
[əˌkoməˈdeišn], lodging(s)
[lodžiŋ(z)]; *hotelové u.* hotel
accommodation; *náhradné u.*
supplementary accommoda-
tion; *núdzové u.* emergency
accommodation; *provizórne u.*
provisional/temporary accom-
modation; *spoločné u.* shared/
lodging house accommodation;
u. na súkromí accommodation
in lodgings; *u. s plnou penziou
– all inclusive* full board (accom-
modation) – all inclusive; *u.
s polpenziou* half board (accom-
modation); *u. v kempe* caravan
and camping park accommo-
dation; *u. v stane* tented accom-
modation; *možnosť u-ia* accom-
modation facilities
➧ *Hľadám(e) u.* I am (We are)
looking for an accommodation.

*Kde by som našiel/sme našli
(lacné) u.?* Where can I/we find
(cheap) accommodation?

ubytovať accommodate [əˈkomə-
deit] (u koho with sb), put*
up [ˌput ˈap] (u koho with sb),
(v podnájme) lodge [lodž]
(u koho at sb) // *u. sa* take*
lodgings/a room [ˌteik ˈlodžiŋz/
ə ˈru:m] (u koho with sb); *u. sa
v hoteli, kempe, penzióne, na
súkromí* put* up at a hotel, put*
up at a camp, take* the room in
a boarding house, in lodgings
➧ *Kde, v ktorom hoteli si sa u-l?/
ste sa u-li?* Where, at which ho-
tel are you quartered?

ubytovňa ž. lodging house [lodžiŋ
haus], hostel [hostl]; *mestská
u.* town/city lodging house; *tu-
ristická u.* tourist guest/lodg-
ing house, (mládežnícka) youth
hostel

účasť ž. turnout [tə:naut]

účastník m. participant [pa:ˈti-
sipənt], (zájazdu) member
[membə]; *ú. cestnej premávky*
road traffic participant, road/
traffic user; *ú. zájazdu* member
of a trip, trip member

účel m. aim [eim], (zámer) pur-
pose [pə:pəs]

účelný purposeful [pə:pəsfl], use-
ful [ju:sfl], (vhodný) suitable
[su:təbl]

učesať comb [kəum] // *u. sa*
comb one's hair [ˌkəum ˈheə]

účet m. bill [bil], AM check [ček]; *hotelový ú.* hotel bill; *na ú. volaného* reversed charge (call), AM collect (call); *vyrovnať, zaplatiť ú.* settle, pay* the bill
➡ *Dajte mi/nám, prosím, ú.* Bring me/us the bill, please!
Pripravte mi/nám, prosím, ú. Can you get my/our bill ready, please?
Vystavte mi/nám ú. Have a bill made out.
✳ *To ide na môj/náš ú.* This is my/our treat.

účinkovať 1. (pôsobiť) work [wə:k] **2.** div. perform [pə'fo:m], appear [ə'piə], (hrať) act [ækt]

účtenka ž. bill [bil], AM check [ček]

účtovať charge [č:dž]
➡ ✳ *Za... ú-ujeme... eur, neú-ujeme nič.* We charge... euros, nothing for...

údaj m. datum [deitəm], piece of information [ˌpi:s əv ˌinfə'meišn], fact [fækt]; *osobné ú-e* personal data, particulars

udalosť ž. (v rôzn. význ.) event [i'vent], (spoločenská) happening [hæpniŋ]; *nepredvídaná u.* contingency; *poistná u.* event insured against, insurance claim

udanie s. **1.** (uvedenie) indication [ˌindi'keišn]; *bez u-ia adresy* without address indication **2.** (na polícii ap.) denouncement [di'naunsmənt]; *podať u. na koho* inform on sb, denounce sb

udať 1. (uviesť) give* [giv] **2.** (na polícii ap.) inform [in'fo:m], denounce [di'nauns]

údenáč m. kipper [kipə]

údenina ž. smoked meat [ˌsməukt 'mi:t], mn. č. *ú-y* sausages [sosidžiz], smoked meat goods [ˌsməukt 'mi:t gudz]

udica ž. fishing/angling hook [fišiŋ/æŋgliŋ huk]; *chytať ryby na u-u* fish, angle

údiv m. astonishment [ə'stonišmənt], amazement [ə'meizmənt], (prekvapenie) surprise [sə'praiz]

údolie s. valley [væli]; *dolu ú-ím* down the valley; *hore ú-ím* up the valley

udržať keep* [ki:p], maintain [mein'tein], preserve [pri'zə:v] // *u. sa* (v pôvodnom stave) stay [stei], keep* [ki:p] // *u. si* keep*; *u. si dobrú náladu* keep* one's good mood

údržba ž. maintenance [meintnəns], (oprava) repairs [ri'peəz], motor. servicings [sə:visiŋz]; *ú. auta* car care/maintenance

uháňať rush [raš], sweep* [swi:p], dash [dæš]

uhasiť 1. (oheň) extinguish [ik'stiŋgwiš], put* out [ˌput 'aut] **2.** (smäd) quench [kwenč]

uhlie s. coal [kəul]; *živočíšne u.* activated charcoal, carbon

uhol m. angle [æŋgl]

uhorka ž.(šalátová) cucumber [kju:kambə], (naložená) gherkin [gə:kin]; *kvasené u-y* (lactic-acid) fermented cucumbers; *nakladané u-y* pickles, gherkins; *sladkokyslé u-y* sweet and sour gherkins; *šalátová u.* cucumber, (skleníková) seedless cucumber

uhradiť pay* [pei], settle [setl]; *u. vzniknutú škodu* recover damages, pay* compensation

ucho s. ear [iə]
➡ *Bolia ma uši.* I've got an earache.

uchvátiť 1. capture [kæpčə], seize [si:z] 2. (nadchnúť) grip [grip], electrify [i'lektrifai]

uistiť | ubezpečiť

ujsť 1. | *utiecť* 2. (uniknúť bez využitia) escape [i'skeip]
➡ *... si nenechám(e) u.* I (We) don't/won't let slip...

ukázať 1. show* [šəu] 2. (smer) point [point], tell* [tel]
➡ *Mohli by ste mi/nám u. cestu, smer,...?* Could you tell me/us the way, the direction,... ?
Ukážte mi/nám to, prosím, na mape. Show me/us it on a map, please.
Ukážte mi, prosím, moju izbu, moje miesto, moje sedadlo,... Show me my room, my place, my seat,..., please.
Môžete mi/nám u. aj inú izbu? Can you show me/us another room, too?

✳ *Ukážem ti/vám mesto, prístav,...* I'll show you the town, the harbour,...

ukazovák m. forefinger [fo:fiŋgə], index finger [indeks fiŋgə]

ukazovateľ m. indicator [indikei-tə]; *u. cesty* (road) sign, signpost; *u. množstva paliva v nádrži* fuel (level)/(consumption) gauge, fuel level indicator

ukončiť end [end], finish [finiš], terminate [tə:mineit], conclude [kən'klu:d], put* an end [ˌput ən 'end] (čo to sth); *u. cestu* finish one's journey

ukradnúť steal* [sti:l], hovor. pinch [pinč]
➡ *U-li mi/nám... ...* was stolen from me/from us.

ulica ž. street [stri:t], (úzka) lane [lein], (medzi domami) alley (way) [æli (wei)]; *bočná u.* lane, alley (street), back street; *hlavná u.* main/BR high street; *jednosmerná u.* one-way street; *obchodná u.* shopping/commercial street; *slepá u.* blind alley, cul-de-sac, dead end; *veľmi frekventovaná u.* busy street; *túlať sa u-mi* ramble around the streets; *uprostred u-e* halfway down the street
➡ *Ako sa volá táto u.?* What's the name of this street?
Kam vedie táto u.? Where does this street lead?

Kde nájdem(e)... u-u? Where can I (we) find... street?

✳ *Choďte rovno touto u-ou až k...* Go straight on/ahead this street as far as...

umelec m. artist [a:tist]

umeleckohistorický art and historical [ˌa:t əndhi'storikl]

umelecký artistic [a:tistik], (of) art [(əv') a:t]

umelý artificial [a:ti'fišl]

umenie s. 1. art [a:t] *ľudové u.* folk art; *moderné u.* modern art; *ranokresťanské u.* early Christian art; *remeselnícke u.* craft art; *stredoveké u.* Middle-Age craft; *súčasné u.* contemporary art; *výtvarné u.* visual/graphic art(s) 2. (zručnosť) skill [skil], art; *kuchárske u.* culinary skills

umiest(n)iť (na urč. miesto) place [pleis], put* [put]

umožniť facilitate [fə'siliteit], make*/render possible [ˌmeik/ˌrendə 'posəbl], enable [i'neibl]

úmyselný intentional [in'tenšnl], deliberate [di'libreit]

umyť wash [woš], (riad) wash up [ˌwoš 'ap] // *u. sa* have* a wash [ˌhəv ə 'woš], wash o.s.

➠ *Kde sa môžem(e) u.?* Where can I (we) have a wash? *U-te mi, prosím, auto.* Wash my car, please.

umývadlo s. washbasin [wošbeisn], sink [siŋk], Am washbowl [wošbəul]

➠ *U. je zapchaté.* The washbasin is blocked.

umyváreň ž. (spoločná) washroom [wošrum]

➠ *Ukážte mi/nám, prosím, kde sú u-ne.* Will you tell me/us, please, where the washroom is?

únava ž. fatigue [fə'ti:g], tiredness [taiədnəs]; *jarná ú.* spring tiredness

unavený tired [taiəd]; *u. z dlhého chodenia po meste* tired from a long walking aroud the town

➠ *Idem si ľahnúť, som veľmi u.* I am going to bed, I am very tired.

unaviť sa tire [taiə]

únia ž. union [ju:njən]; *Európska ú.* European Union

uniesť (únosom) (človeka) kidnap [kidnæp], abduct [əb'dakt], (lietadlo ap.) hijack [haidžæk]; *u. lietadlo* hijack a plane

uniknúť (make* an) escape [(ˌmeik ən) i'skeip]; *u. nebezpečenstvu* escape danger

univerzita ž. university [ˌju:ni'və:səti]

únos m. (dopr. prostriedku) hijack [haidžæk], hijacking [haidžækiŋ], (človeka) kidnap [kidnæp], kidnapping [kidnæpiŋ], abduction [əb'dakšn]; *ú. lietadla* (aircraft/airplane/plane) hijack

únosca m. (dopr. prostriedku) hijacker [haidžækə], (človeka) kidnapper [kidnæpə], abductor [əb'daktə]; *ú. lietadla* (aircraft/airplane/plane) hijacker

úpal m. sunstroke [sanstrəuk], odb. insolation [ˌinsəˈleišn]

➠ *Dostal som ú.* I've got sunstroke.

úplavica ž. dysentery [disntri]

úplný 1. complete [kəmˈpliːt], whole [həul], full [ful] **2.** (naprostý) total [təutl], entire [inˈtaiə]

➠ ✳ *... je ú-e vypredaný.* ... is completely sold out.

uplynulý (minulý) last [laːst]

uplynúť elapse [iˈlæps], go* by [ˌgəu ˈbai], (lehota) expire [ikˈspaiə]

upokojiť pacify [pæsifai], calm (down) [(ˌ)kaːm (ˈdaun)] // *u. sa* calm down [ˌkaːm ˈdaun]

upovedomiť inform [inˈfoːm], notify [nəutifai]

➠ *U-te, prosím, môjho/nášho..., políciu, rodinných príslušníkov, vedúceho zájazdu,...!* Inform my/our..., police, family members, tour guide,..., please!

upozorniť draw*/call sb's attention [ˌdroː/ˌkoːl əˈtenšn]

upratať make* up [ˌmeik ˈap], clean [kliːn], tidy (up) [(ˌ)taidi (ˈap)]

➠ *Teraz môžete u. izbu, prosím.* Make up the room now, please.

upratovačka ž. charwoman* [ˈčaːwumən]

upratovanie s. tiding up [ˌtaidiŋ ˈap], cleaning [kliːniŋ]; *záverečné u.* final cleaning; *u. izby/izieb* tiding up

uprednostniť prefer [priˈfəː], favour [feivə]

uprostred (časovo al. priestorovo) in the middle [in ðə ˈmidl], (počas) during [djuəriŋ], in the course [in ðə ˈkoːs]; *u. noci, týždňa* in the dead of night, in the middle of the week

upútať attract [əˈtrækt]

úrad m. office [ofis]; *colný ú.* customs office; *pasový ú.* passport office

úradný official [əˈfišl]; *ú-é hodiny* office hours; *ú-e povolený* officially allowed

uragán m. hurricane [harikən]

úraz m. injury [indžəri], odb. trauma [troːmə]; *dopravné ú-y* road traffic injuries; *utrpieť (smrteľný) ú.* sustain a fatal injury

uraziť (prejsť) travel [trævl], cover (the distance) [(ˌ)(kavə (ðə ˈdistns)] (čo of sth), do* [duː]

úrazovka ž. hovor. ambulance [æmbjələns]

určiť fix [fiks], set* [set]; *u. cenu, miesto, termín* set* the price, the place, the date

určite certainly [səːtnli], sure [šuə]

➠ *Celkom u.!* Most decidedly! Without fail!

určitý certain [səːtn], given [givn]

urobiť do* [duː], make* [meik]

➠ *Kto to u-l?* Who did it?

U-me si výlet, vychádzku,...
Let's go for a trip, for a walk,...

* *Môžem pre teba/vás niečo u.?*
Can I help you?

* *U-ím, čo môžem.* I'll do my best.

úroveň ž. **1.** (rovina) level [levl]
2. (stupeň) standard [stændəd],
level; *životná ú.* living standard;
ú. cien price level; *ú. morskej
hladiny* sea level

➡ *... nemá ú.* ... doesn't have style.

usadlosť ž. farmstead [fa:msted],
homestead [həumsted], estate
[i'steit]

úsek m. (časť) section [sekšn],
segment [segmənt], (cesty)
stage [steidž], leg [leg]; *ú. čas-
tých dopravných nehôd* acci-
dent black spot

uschovať put* in custody/in safe-
keeping [ˌput in 'kastədi/'seif-
ki:piŋ], (cennosti) deposit [di-
'pozit], keep* in a safe place
[ˌki:p in ə 'seif pleis]; *u. v chla-
de, hotelovom trezore* keep* in
a cool place, deposit in a hotel
safe

úschovňa ž. depository [di'pozit-
ri], (na kabáty) cloakroom
[kləukrum], ĀM checkroom
[čekrum]; *ú. batožiny* left-lug-
gage office; *ú. cenných pred-
metov* securities depository

uskutočniť realize [riəlaiz], (ko-
nať) hold* [həuld] // **u.** sa ma-
terialize [mə'tiəriəlaiz], be* rea-

lized [bi 'riəlaizd], (konať sa)
be* held [bi 'held]

usmrtiť kill [kil], (vozidlom) run*
over [ˌran 'əuvə], knock down
[ˌnok 'daun]

úspech m. success [sək'ses]

úspešný successful [sək'sesfl]

uspokojiť (požiadavky ap.) satisfy
[sætisfai], meet* [mi:t]

usporiadať 1. (zoradiť) arrange
[ə'reindž] **2.** (zorganizovať) or-
ganize [o:gənaiz]

usporiadateľ m. organizer [o:gə-
naizə]

ústa s. mouth [mauθ]

ustálený (počasie) settled [setld],
(stav) stabilized [steiblaizd]

➡ *Počasie je teraz u-é.* The weath-
er is settled now.

ustatý | unavený

ústie s. (rieky) mouth [mauθ], (do
mora) estuary [estjuəri]

ústiť (rieka) flow [fləu], (cesta)
lead* [li:d]

ústne verbally [və:bli], orally
[o:rli]; *dohodnúť čo ú-e*
agree/arrange sth verbally

ústny 1. (týk. sa úst) oral [o:rl],
mouth [mauθ]; *ú-a voda*
mouthwash **2.** (op. písomný)
(tradícia) verbal [və:bl], (skúš-
ka) oral

ústredňa ž. central office/station
[ˌsentrl 'ofis/'steišn]; *telefónna
ú.* (telephone) exchange

ustrica ž. oyster [oistə]

ústrižok m. (kupón) coupon

U

[ku:pon], (šeku) counterfoil [kauntəfoil]

ústupčivý yielding [ji:ldiŋ], submissive [səb'misiv]

ustúpiť 1. (smerom dozadu) step back [,step 'bæk] **2.** (prestať) cease [si:s], (pominúť) subside [səb'said] **3.** (urobiť ústupok) make* concession [,meik kən'sešn]

utáboriť sa encamp [in'kæmp], pitch a camp [,pič ə 'kæmp]

útek m. flight [flait], run [ran], (únik) escape [i'skeip]; *ú. vodiča z miesta nehody* run of the driver after accident

utekať run* [ran], (čas) fly* [flai]

uterák m. towel [tauəl]; *frotírový u.* terry towel

➡ *Na izbe chýbajú u-y.* There are the towels missing in my/in our room.
Vymeňte nám, prosím, u-y. Change the towels, please.

utiecť run* away [,ran ə'wei], (tajne) flee* [fli:]

utierka ž. cloth [kloθ]; *kuchynská u.* tea towel, Am dishtowel

utíšiť sa (o búrke ap.) abate [ə'beit], (o vetre) do* down [du: 'daun], (o mori) become* calm [bi,akm 'ka:m], (prestať) stop [stop]

útok m. attack [ə'tæk], (fyzický) assault [ə'so:lt]; *bombový ú.* bomb attack

utopiť sa drown [draun]

utorkový, utorňajší Tuesday [tju:zdei]

utorok m. Tuesday [tju:zdei] *každý u.* on Tuesdays; *v u.* on Tuesday

utrácať spend* [spend]

útrata ž. expenses [ik'spensiz]; *zaplatiť ú-y* pay* the bill

utrieť (mokré) wipe [waip], dry [drai]

útulňa ž. (v horách) hut [hat], cabin [kæbin], lodge [lodž]

útulný cosy [kəuzi]

útvar m. formation [fə'meišn]; *skalné ú-y* rock formations

uvádzačka ž. usher [ašə], attendant [ə'tendənt]

úvaha ž. consideration [kən,sidr-'eišn]; *brať čo do ú-y* take* sth into consideration; *po zrelej ú-e* after due consideration

➡ *To neprichádza do ú-y.* It's out of question.

uveriť believe [bi'li:v]

uviazať tie [tai]

uviaznuť stick* [stik]

➡ *Moje/Naše auto u-lo v blate, v snehu,...* My/Our car stuck in the mud, in the snow,...

uvidieť see* [si:] // *u. sa* see* each other [,si: i:č 'aðə], meet* [mi:t]

➡ *Kedy sa (zasa) u-íme?* When shall we meet (again)?
U-íme! We shall see!

uviesť 1. state [steit], say* [sei], (fakty) give* [giv], (dôkazy) produce [prə'dju:s]; *u. svoju adresu, osobné údaje* say* one's address, personal data 2. (do chodu motor ap.) get* [get], put* [put]

uvoľnený 1. (prázdny) empty [emti] 2. (nepevný) loose [lu:s]

uvoľniť 1. (priestor) vacate [və-'keit], (cestu) clear [kliə] 2. (povoliť) loosen [lu:sn] // *u. sa* 1. (telesne al. duševne) relax [ri'læks] 2. (uprázdniť sa) be* vacated [bi və'keitid], (cesta) be* cleared [bi 'kliəd] (od čoho of sth)

➡ *Kedy musím(e) u. izbu?* When do I (we) have to vacate the room? *U-lo sa v... miesto, sedadlo?* Has the place, the seat vacated in/at...? *U-li sa brzdy.* The brakes have got loose.

uzáver m. cap [kæp]

uzávera ž. barrier [bæriе]; *cestná u.* road barrier; *u. dopravy* closure of traffic

uzavretý 1. (op. otvorený) shut [šat], closed [kləuzd], (na kľúč) locked up [ˌlokt 'ap]; *cesta u-á pre nákladnú dopravu* the road closed to lorries 2. (vyriešený) settled [setld], solved [solvd]

uzavrieť 1. (op. otvoriť) shut* [šat], close [kləuz] 2. (prístup) close; *u. hranice* close the frontier

územie s. territory [teritri], (oblasť) area [eəriə], land [lænd]; *colné ú.* customs area/territory; *na ú-í mesta* in the town

uzemnenie n. elektr. BR earth, AM ground

úzky 1. narrow [nærəu]; *ú-e uličky* narrow streets 2. (blízky) close [kləus] 3. (tesný) tight [tait]

➡ *To mi je príliš ú-e.* It's too tight for me.

uznať admit [əd'mit], (názor) respect [ri'spekt]

➡ *U-ám, že...* I admit that...

uzol m. (v rôzn. význ.) knot [not]; *dopravný u.* (križovatka) traffic junction; *železničný u.* junction

uzrozumený agreed [ə'gri:d], settled [setld]

➡ *Som u.!/ Sme u-í!* I/We have come to the agreement.

už (v rôzn. význ.) already [o:l-'redi], now [nau], (v otázke) yet [jet]; *dovolenkové pobyty už od... korún, eur* holiday stay/ accommodation already from... crowns, euros

➡ *Už ideme.* We are going now. *Už ste...?* Have you... yet? *Už som tu raz bol/sme tu raz boli.* I've/We've have been here before. *Už je čas.* It's time now.

úžina ž. canyon [kænjən], gorge [go:dž]; *morská ú.* straits

užitočný useful [ju:sfl]

užívať (liek) take* [teik] // *u. si* live it up [ˌliv it 'ap], enjoy [in-'džoi]; *u. si dovolenku* enjoy one's holiday

užovka ž. grass snake [ˌgra:s 'sneik]

U

V

v, vo 1. (priestorovo) in [in], at [ət]; *dóm v...* cathedral in...; *v škole* in the school; *v hoteli* at the hotel 2. (časovo) in, on [on]; *v nedeľu, vo sviatok* on Sunday, on holiday; *v roku...* in the year...; *v lete* in summer; *vo dne* by day 3. (vyj. stav) in, by [bai]; *mesto v noci* town by night, night city; *byť v nebezpečenstve* be* in danger

▶ *V ktoré dni je...?* Which days is...?
Bývam(e) v... I (We) live in/at...
Je tu v bezprostrednej blízkosti...? Is there... nearby?

vadiť matter [mætə], (prekážať) be* in the way [,bi in ðə 'wei] // *v. sa* quarrel [kworəl]

vagón m. carriage [kæridž], coach [kəuč], AM car [ka:]

váha ž. | **hmotnosť**

váhať hesitate [heziteit]

vajce s. egg [eg]; *v. natvrdo* hard-boiled egg; *v. namäkko* soft-boiled egg; *v-cia so šunkou* ham and eggs

vak m. (v rôzn. význ.) bag [bæg], sack [sæk]; *cestovný v.* travel-ling bag, BR haldall; *spací v.* sleeping bag; *športový v.* sleep-ing bag

vákuový vacuum [vækju:m]; *v-o balený* vacuum-packed

váľanda ž. French bed [,frenč 'bed]

valčík m. waltz [wo:ls]; *viedenský v.* Viennese waltz

valec m. motor. cylinder [silində]; *brzdový v.* brake valve; *hlava valca* cylinder head

valuty ž. foreign currency [,forin 'karnsi]

vaňa ž. bath [ba:θ], AM bathtub [ba:θtab]

vanilkový vanilla [və'nilə]; *v. krém* vanilla cream

vankúš m. pillow [piləu], cushion [kašn]; *nafukovací v.* air cush-ion, (cestovný v tvare podkovy, podopierajúci šiju) travel sup-port cusion

varecha ž. (wooden) spoon [(wu:dn) spu:n]

varič m. cooker [kukə], (prenos-ný) mini portable stove [mini po:təbl stəuv], (stolový) hotplate [hotpleit], (do prírody) Primus (stove) [praiməs (stəuv)]; *elek-trický v.* electric stove; *liehový v.* spirit stove; *petrolejový v.* kero-sene/petroleum/paraffin stove; *plynový v.* gas cooker; *ponorný v.* immersion heater; *v. na pro-pán-bután* burner propane stove

variť cook [kuk], make* [meik]

▶ *Možno v apartmánoch aj v.?* Is it possible to cook in the apartments?

varovať warn [wo:n]

váš your [jə], (samostatne) yours [jəz]

➡ *Je to v-e?* Is it yours?

Váš (zdvorilostne) Your [jə], (samostatne) Yours [jəz]

➡ *Pozdravuje Vás Váš...* Yours sincerely... With kind regards Your...

vata ž. cotton wool [ˌkotn 'wul]; *obväzová v.* cotton wool

vatra ž. (táborák) campfire [kæmpfaiə]

vážený (v oslovení ap.) dear [diə]

➡ ✳ *V-í priatelia!* Dear friends!

vážiť weigh [wei]

➡ *Koľko v-i naša batožina, tento balík,...?* What's the weight of our luggage, of this parcel,...?

vážny serious [siəriəs]

➡ *Myslíš/Myslíte to v-e?* Are you serious?

väčšina ž. majority [məˈdžorəti], most [məust]

väzenie s. prison [prizn]

väz(y) m. (back/nape of the) neck [(ˌbæk/ˌneip əv ðə ') nek]

➡ *Zlom v.!* Break your neck! Good luck!

včas 1. (presne) on time [on 'taim] 2. (skoro) early [ə:li]

včasný 1. (skorý) early [ə:li] 2. (uskutočnený včas) timely [taimli]

včela ž. bee [bi:], honeybee [hanibi:]; *uštipnutie v-ou* bee bite

včera yesterday [jestədei]; *v. ráno, večer, v noci* last morning, yesterday (in the) morning, yesterday (in the) evening/at night, last night

➡ *Prišli ste len v.?* Did you arrive yesterday?

včerajší yesterday's [jestədeiz]

vďačný thankful [θæŋkfl], grateful [greitfl], (zaviazaný) obliged [əˈblaidžd]

➡ *Som ti/vám veľmi v.* I am obliged to you.

¹**vďaka** predl. thanks [θæŋks], due [dju:] (čomu to sth); *v. náhode* thanks to the chance

²**vďaka** ž. thankfulness [θæŋkflnəs], gratitude [grætitju:d]

➡ *V. za....* Thanks for.... *Srdečná v.!* Many thanks!

vdova ž. widow [widəu]

vdovec m. widower [widəuə]

vec ž. 1. (predmet) thing [θiŋ] 2. (záležitosť) affair [əˈfeə], matter [mætə]

➡ *Dali by ste, prosím, pozor na moje/naše veci?* Could you keep an eye on my/on our things, please? *To (nie) sú moje/naše veci.* These are (not) my/our things.

vecko hovor. loo [lu:]

➡ *Kde je tu v.?* Where's the loo here? *Musím ísť na v.* I must go to the loo.

¹**večer** in the evening [in ði 'i:vniŋ]; *dnes, včera, zajtra v.* this evening, tonight, yesterday in the evening, last night, yesterday/last evening; tomorrow/next evening; *každý v.* every

V

evening, on evenings; *predvče-rom v.* the evening before last

➡ *Čo máš/máte dnes v. na programe?* What are your plans for this evening?

✳ *Kam by si chcel/ste chceli ísť v.?* Where would you like to go in the evening?

²**večer** m. evening [i:vniŋ], (pred sviatkom) eve [i:v]; *k v-u* in the late afternoon; *od rána do v-a* from morning till night; *Štedrý v.* Christmas Eve

➡ *Vďaka za príjemný v.* Thank you for the pleasurable evening.

večera ž. dinner [dinə], (neskorá, ľahká) supper [sapə]; *rozlúčková v.* farewell

➡ ✳ *Môžem ťa/vás pozvať na v-u?* May I invite you for dinner?

večerať dine [dain], have* one's dinner [ˌhəv 'dinə]

➡ *Chcel by som/Chceli by sme v.* I'd/We'd like to dine.

✳ *V-l si/V-li ste už?* Have you had your supper yet?
Ešte som nev-l/sme nev-li. I/We haven't dined yet.
Už som v-l/sme v-li. I/We have dined already.
Poďme v. Let's have supper.

večerný evening [i:vniŋ]; *v-é predstavenie* evening performance; *vo v-ch hodinách* in the evening hours

večierka ž. hovor. (predajňa) all--night shop

večierok m. (evening) party [(ˌi:vniŋ') pa:ti]; *rozlúčkový v.* farewell party; *tanečný v.* dance party

vedenie s. elektr., telef. line [lain], (hlavné) main [mein]

vedieť 1. (byť oboznámený) know* [nəu], be* acquainted/informed [bi ə'kweintid/in-'fo:md]; *dať komu čo v.* let* sb know sth 2. (ovládať) know*, can [kæn]

➡ *Odkiaľ to mám(e) v.?* How can I (we) know it?
(Ne)Viem po... I (don't) speak...
Neviem, čo mám robiť. I don't know what to do.

vedľa beside [bi'said], alongside [ə'loŋsaid], close [kləuz] to, next [nekst] to, near [niə] by

➡ *Hotel, radnica stojí tesne v. ...* The hotel, the town hall is situated close to...
Sedíme v. seba? Do we sit side by side/next to each other/next to one another?

vedľajší 1. (bočný) side [side], (susediaci) neighbouring [nei-briŋ], next [nekst]; *v-ia izba* next room 2. (nepodstatný) insignificant [ˌinsig'nifiknt], secondary [sekndri]

vedomie s. consciousness [kon-šəsnəs]; *stratiť v.* lose* consciousness

vedro s. bucket [bakit]

vedúci m. chief [či:f], head [hed], boss [bos], leader [li:də]; *v. zájazdu* tour guide, (turistickej skupiny) group tour guide

⇒ *Chcel by som/Chceli by sme hovoriť s v-m predajne.* I'd/We'd like to speak to the shopwalker/ AM floorwalker.
Kde je náš v. zájazdu? Where's our (tour) guide?

vegetarián m. vegetarian [ˌvedži-'teəriən]

vegetariánsky vegetarian [ˌvedži-'teəriən]

⇒ *Máte aj v-e jedlá?* Do you also have any vegetarian dishes?
Stravujem(e) sa v. I (We) eat vegetarian (food).

vek m. (ľudský) age [eidž]

vekslovať hovor. speculate with foreign currency [spekjəleit wið forin karnsi]

veľa many [mæni], much [mač], a lot [ə 'lot]; *v. ráz* many times

veľdielo s. masterpiece [ma:stəpi:s]

Veľká Británia ž. Great Britain [ˌgreit 'britn]

veľkogaráž ž. large garage [ˌla:dž 'gæra:ž]

veľkomesto s. large town [ˌla:dž 'taun], city [siti], (nad 1 mil. obyv.) metropolis [mə'tropəlis]

veľkomestský city [siti], metropolitan [ˌmetrə'politn]

veľkosť ž. (v rôzn. význ.) size [saiz]; *konfekčná v.* ready-made clothing size; *nadmerná v.* extra-large

⇒ * *Akú v. potrebujete?* What's your size? What size do you take/are you?
Mám v. ... I've got size...

veľký 1. (rozmermi) big [big], large [la:dž] 2. (vysoký) tall [to:l], (vec) high [hai] 3. (početný) numerous [nju:mrəs] 4. (intenzívny) big, great [greit] 5. (časovo) long [loŋ]

⇒ *... mi je príliš v.* ... is too large for me.
Dajte mi, prosím, o číslo väčšie, menšie,... Give me one size larger, smaller,...
Mám v-é bolesti. I've got excruciating pains.

veľmi very [veri]

veľrieka ž. big/large/main river [ˌbig/ˌla:dž/ˌmein 'rivə]

veľryba ž. whale [weil]

veľtrh m. fair [feə]; *v. cestovného ruchu* travel and tourism fair

veľvyslanec m. ambassador [æm'bæsədə]

veľvyslanectvo s. embassy [embasi]

⇒ *Povedzte mi, prosím, ako sa dostanem odtiaľto k... v-u?* Tell me the way from here to the... embassy, please.

venovať give* [giv], present [pri-'zent], (knihu) dedicate [dedikeit]

⇒ * *V-ujte mi, prosím, pozornosť!* Pay attention to me, please!

ventil m. valve [vælv]; *poistný v.* safety valve

V

ventilátor m. ventilator [ventileitə],
fan [fæn]; *stolný v.* table (top)
fan, (table) desk fan

verejnosť ž. the public [ðə 'pablik]

➡ *Je... sprístupnený v-ti?* Is...
open to the public?

veriť believe [bi'li:v], (dôverovať)
trust [trast], (dúfať) hope
[həup]

vermút m. vermouth [və:məθ]

veselica ž. merry-making [meri-
meikiŋ], festivity [fə'stivəti]

veselohra ž. comedy [komədi]

veselý merry [meri], (nálada)
cheerful [čiəfl], (príhoda)
funny [fani]

➡ *V-é sviatky!* Have a nice holiday!
V-é Vianoce! Merry Christmas!

veslo s. oar [o:]

veslovať row [rəu]

vesta ž. 1. (oblečenie) waistcoat
[weiskəut], AM vest [vest]
2. (vec podobná veste) jacket
[džækit]; *nafukovacia/plávacia
v.* buoyant jacket; *záchranná v.*
life jacket

vešiak m. (skriňový) hanger [hæŋə],
(v obchode) clothes rack
[kləuðs ræk]; *cestovný (skladací)
v.* folding travel hanger

➡ *Prineste mi/nám, prosím, nie-
koľko v-ov!* Bring me/us some
hangers, please!

veta ž. sentence [sentns]

veterný windy [windi]; *v-á pláž*
windswept beach; *v-á smršť*
whirlwind

➡ *Dnes je v-o.* It's windy today.

vetranie s. ventilation [,venti'leišn]

vetrať ventilate [ventileit], air [eə]

vetroň m. glider [glaidə]; *let na
v-ni* flight in a glider

vetrovka ž. AM windbreaker
[windbreikə], (s kapucňou)
parka [pa:kə], anorak [ænræk];
páperová v. fluffy parka

veža ž. (v rôzn. význ.) tower
[tauə]; *kontrolná v.* control
tower; *kostolná v.* church
tower; *skokanská v.* diving
platform; *šikmá v. v Pise* the
Leaning Tower of Pisa; *televíz-
na v.* television tower; *vyhliad-
ková v.* lookout tower

vežiak m. hovor. tower [tauə],
towerblock [tauəblok]

vhod in time [in 'taim]

➡ *Prichádzaš/Prichádzate práve
v.* You are coming just in time.

vhodný suitable [su:təbl], appro-
priate [ə'prəupriət], favourable
[feivrəbl]; *vo v-om čase* in ap-
propriate time

vchádzať (o dopr. prostriedku)
arrive [ə'raiv]

➡ ✱ *Vlak v-a na... koľaj.* The train
is arriving at the... rail.

vchod m. entrance [entrəns], en-
try [entri], (dvere) doorway
[do:wei], (pre vozidlá) gate
[geit]; *hlavný v.* front door;
vedľajší v. service/side door;
zadný v. rear entrance; *v. vzadu*
entry at rear

viac more [mo:]; *ešte v.* even more; ... *alebo v. dní, osôb* ... or more days, persons

➡ *Už nemám(e) v. záujem.* I am (We are) not interested anymore.

viackrát, viac ráz several times [ˌsevrl ˈtaimz]

Vianoce ž. Christmas [krisməs]; *cez V.* for/over Christmas; *na V.* at Christmas

➡ *Veselé V.!* Merry Christmas!

vianočný Christmas [krisməs]; *v. stromček* Christmas tree

viazanie s. binding [baindiŋ]; *ski-alpinistické v.* touring binding; *lankové v.* cable binding; *lyžiarske v.* ski binding, (bezpečnostné) release binding

viaznuť stick* [stik], stagnate [stægˈneit], (reč) falter [fo:ltə]

vibramky ž. hovor. Vibram boots [vaibrəm bu:ts]

videokamera ž. video camera [vidiəu kæmrə], camcorder [kæmko:də]

vidiek m. country [kantri], countryside [kantrisaid]

vidieť see* [si:] // *v. sa* (stretávať sa) meet* [mi:t], see*

➡ *Kedy si videl/ste videli... naposledy?* When did you see... last time?

✴ *Teším(e) sa, že ťa/vás zasa vidíme.* I am (We are) happy to see you again.. It's very nice to see you again.

✴ *Videl si/Videli ste už...?* Have you seen... yet?

✴ *To treba v.!* It's worth of seeing!

viditeľnosť ž. visibility [ˌvizəˈbiləti]; *obmedzená v.* limited visibility/vision; *zhoršenie v-ti* worsening of visibility

➡ ✴ *Je len -metrová v.* There's just ... metres visibility.

viditeľný visible [vizəbl]

vidlička ž. fork [fo:k]

viecha ž. winevault [wainvo:lt]

viesť 1. (smerovať) lead* [li:d], take* [teik] 2. šport. coach [kəuč], (byť na čele) lead*, (riadiť) conduct [kənˈdakt]; *v. záchranárov v horách* conduct rescue parties in the mountains 3. (motorové vozidlo) drive* [draiv]

➡ *Kam vedie táto cesta, ulica?* Where does this road, this street lead?

✴ *... nás vedie priamo do centra, kempu, prístavu,...* ... takes us directly to the centre, to the camp, to the harbour,...

vietor m. wind [wind]; *bočný v.* side wind; *nárazový v.* gust wind; *prudký v.* wild wind; *severný v.* north wind; *v. proti smeru jazdy* head wind; *v. v smere jazdy* tail wind

viezť transport [trænˈspo:t], convey [kənˈvei], carry [kæri] // *v. sa* travel [trævl] (čím, v čom

V

in sth), go* [gəu] (čím by sth, v čom in sth)

víchrica ž. windstorm [windsto:m], gale [geil]

víkend m. weekend [ˌwi:k'end]; *predĺžený v.* prolonged weekend

víkendový weekend [ˌwi:k'end]; *v-á chata* holiday house/cottage; *v-é pobyty* weekend stays

vina ž. blame [bleim], (previnenie) fault [fo:lt]

➤ *To (nie) je moja/vaša v.* It's (not) my/your fault. I am/You are (not) to blame.

vináreň ž. wine bar [wain ba:], tavern [tævn]

víno s. wine [wain]; *biele v.* white wine, (nemecké) hock; *červené v.* rot wine, (bordeauxské) claret; *dezertné v.* dessert wine; *domáce v.* homemade wine; *ovocné v.* fruit (driven) wine; *perlivé v.* sparkling wine; *prírodné v.* natural wine; *stolové v.* table wine; *sudové v.* wine from the cask; *suché v.* dry wine; *šumivé v.* sparkling wine; *trpké v.* dry wine; *varené červené v.* mulled red wine; *značkové v.* branded wine; *v. servírované v pohároch* wine served in glasses; *pohár v-a* glass of wine

➤ ✳ *Smiem ťa/vás pozvať na pohárik v-a?* May I invite you for a drink of good wine?

vínovica ž. brandy [brændi]

vír m. whirl [wə:l], vortex* [vo:teks]; *vodný v.* whirlpool

visačka ž. tag [tæg]; *v. s cenou* price tag; *v. s menom (na batožine)* name tag

visieť hang* [hæŋ]

višňa ž. black/sour cherry [blæk/sauə čeri]

vitaj, vitajte welcome [welkəm]

➤ ✳ *V-(te) u nás!* Welcome in our house! Welcome to our place!

vítať welcome [welkəm]

➤ ✳ *Srdečne (ťa/vás) v-me!* Welcome!

vizitka ž. (visiting/ ĀM calling) card [(vizitiŋ/ko:liŋ) ka:d]

➤ *Dáš mi svoju/Dáte mi vašu v-u?* May I have your card?

vízum s. visa [vi:zə]; *hromadné v.* group visa; *tranzitné v.* transit visa; *vstupné v.* entry visa; *výstupné v.* exit visa; *dostať v.* be* granted a visa; *udelenie víza* visa granting; *udeliť v.* grant/issue visa; *požiadať o v. do...* apply for a visa to...

➤ ✳ *Máte vstupné v.?* Do you have an entry visa? *Môžem(e) tu dostať v.?* May I (we) get the visa here?

vjazd m. (miesto) entrance [entrəns], (s bránou) gate [geit], gateway [geitwei], (do garáže, z cesty k domu) driveaway [draivəwei], drive [draiv], (na diaľnicu) access (road) ramp [ækses (rəud) ræmp]

V

vklad m. (do hry) stake [steik]

vkus m. taste [teist]

vláda ž. government [gavmənt], (vládnutie) rule [ru:l], reign [rein]; *za v-y...* in the reign of...

vládať be* able/capable [bi 'eibl/'keipəbl], manage [mænidž]

vládnuť rule [ru:l], govern [gavn], reign [rein]

➡ ✳ *... v-ol od... do...* reigned from... to...

vlajka ž. flag [flæg]; *modrá v. Európy (označujúca mimoriadne čisté pláže)* blue flag (awards clean and well-managed beaches)

vlak m. train [trein]; *expresný v.* express (train), (diaľkový) long-distance express (train), (Intercity) Intercity (train); *mimoriadny dovolenkový v.* special holiday train; *nákladný v.* goods/ ᴀᴍ freight train; *nočný v.* night train; *osobný v.* (op. nákladný) passenger train, (op. rýchlik) stopping/slow train, (miestny) local train; *pravidelný v.* scheduled train; *prímestský v.* suburban train; *prvý ranný v.* first train; *v. Eurocity* Eurocity train; *v. kyvadlovej dopravy* commuter train; *cestovať v-om* travel by train

➡ *Je to v. do...?* Is this the right train to...?

Kedy ide (osobný) v. do...? When does the (passenger) train leave for...?

Kde je v. do...? Where is the train to...?

Kedy príde v. z...? When does the train from... arrive?

Koľko hodín ide v. do...? How many hours does it take to get to... by train?

Ide tento v. cez...? Does this train go through...?

Má v. z... meškanie? Is the train from... delayed?

Na ktoré nástupište príde v. z...? Which platform does the train from... arrive?

Stojí tento v. v...? Does this train stop in/at...?

Pôjdem(e) raňajším, skorším, večerným,... v-om. I'll (We'll) take the morning, the earlier, the evening,... train.

V. už prešiel...? Has the train arrived already?

V. mi/nám ide o hodinu, dve hodiny,... The train goes in an hour, in two hours,...

✳ *Vlak č. ... z... mešká... minút.* The train number... from... is... minutes delayed.

✳ *V. (ne)má prípoj.* The train has (hasn't got) a (any) connection.

vlámanie s. burglary [bə:gləri]

vlámať sa break* in [ˌbreik 'in], commit burglary [kəˌmit 'bə:gləri], burglarize [bə:gləraiz], (do domu) burgle [bə:gl]; *v. sa do auta* break* into a car

vlaňajší last year's [ˌla:st 'jiəz]

vlani last year [ˌlaːst ˈjiə]

vlasť ž. native country [neitiv kantri], motherland [maðə-lənd], fatherland [faˈðələnd], (domovina) home [həum]

vlastniť own [əun], possess [pəˈzes], have* [hæv]

vlastný (one's) own [(ˌwanzˈ) əun], personal [pəˈsnl], private [praivit]

vlasy m. hair [heə]; *farba v-ov* colour of one's hair

➧ *Zafarbite, ostrihajte, umyte mi,... prosím, v.* I'd like to have my hair dyed, cut, a shampoo,...

vľavo 1. (naľavo) on the left [on ðə ˈleft] **2.** (doľava) to the left [tə ðə ˈleft]

vlažný (o vode) tepid [tepid], lukewarm [ˌluːkˈwoːm]

vlek m. **1.** (odvlečenie) tow [təu], towing [təuiŋ], pull [pul], pulling [puliŋ] **2.** (zariadenie) tow; *lyžiarsky v.* rope/ski tow, (sedačkový) ski lift

➧ *Džíp, traktor nás zobral do v-u.* The jeep, the tractor took us in tow.
Je tu v. alebo sedačková lanovka? Is a ski tow or a chair lift here?

vlhký moist [moist], (vzduch) humid [hjuːmid]

¹vlna ž. (v rôzn. význ.) wave [weiv]; *prílivová v.* surf; *zelená v.* dopr. synchronized/tuned traffic lights; *v. horúčav* heat wave/spell

²vlna ž. (priadza) wool [wul]

vlnený wool [wul], woolen [wulən]

vlnobitie s. surge [səːdž], (lashing of the) waves [(læšiŋ əv ðə) weivz], heavy sea [hevi siː]

vlnolam m. breakwater [breikwoːtə], wave wall [weiv woːl], breaker [breikə]

vločka ž. flake [fleik]; *kukuričné v-y* cornflakes; *ovsené v-y* oat flakes

vložka ž. (v rôzn. význ.) insert [insəːt]; *menštruačná v.* sanitary towel/ĀM napkin; *v. do topánok* arch supporter

vnučka ž. granddaughter [grændo:tə]

vnuk m. grandson [grænsan]

vnútorný 1. inner [inə] **2.** (op. zahraničný) internal [inˈtəːnl], home [həum]

vnútri inside [insaid]

vnútrozemie s. inland [inlənd]; *smerom do v-ia* inlandwards

vnútrozemský inland [inlənd], interior [inˈtiəriə], continental [ˌkontiˈnentl]; *v-é more* inland sea; *v-é podnebie* continental climate; *v. štát* inland country

voda ž. **1. a)** water [woːtə]; *destilovaná v.* distilled water; *minerálna v.* mineral water, (stolová) table mineral water; *morská v.* sea water; *pitná v.*

drinking/potable water; *teplá v.* warm water; *v. z vodovodu* tap water **b)** (tekutý prípravok) lotion [ləušn]; *ústna v.* mouthwash; *v. po holení* after-shave; *v. na vlasy* restorer, hairwash, hair tonic/lotion **2.** (o vodstve) water

➡ *Netečie (studená, teplá) v.* There is no (cold, hot) water. *Možno piť túto v-u?* Is this water potable/drinkable? *Aká hlboká, teplá je v. v bazéne, jazere, mori,...?* How deep, warm is the water in the swimming pool, in the lake, in the sea,...? *Je tu veľmi hlboká v.?* Is very deep water here? *Táto v. nie je pitná.* No drinking water!

✳ *Neplávajte ďaleko, je tam veľmi hlboká v.* Don't swim far, there's very deep water.

vodca m. (sprievodca) guide [gaid]; *horský v.* (mountain) guide

vodič m. driver [draivə]; *diaľkový v.* long-distance driver; *podnapitý v.* slightly drunk/hovor. tipsy driver; *sviatočný v.* amateur/Sunday driver; *v. autobusu* bus driver, *v. často prechádzajúci do iného pruhu* lane jumper; *v., ktorý vybočil do protismeru* driver turning into opposite direction; *v. nákladného auta* lorry/Ⓐ truck

driver, L-driver, Ⓐ trucker; *v. osobného auta* car/private driver; *v. z povolania* professional driver; *v. prekračujúci povolenú rýchlosť* driver exceeding the speed limit; *v. začiatočník* learner-driver

vodný water [wo:tə], (doprava) waterborne [wo:təbo:n]; *v-á cesta* waterway; *v-á doprava* waterborne transport; *v. dopravný prostriedok* waterborne means of transportation

vodoliečba ž. water cure [wo:tə kjuə], hydropathy [hai'dropəθi], hydrotherapy [,haidrə'θerəpi]

vodopád m. fall [fo:l], waterfall [wo:təfo:l], cataract [kætərækt]

vodorovný horizontal [,hori'zontl]

vodotesný watertight [wo:tətait], waterproof [wo:təpru:f]

vodová ž. (ondulácia) set [set]

vodovod m. water main [wo:tə mein]

vojsť 1. (dovnútra) enter [entə], come* in [,kam 'in], step in [,step 'in] **2.** (o vlaku, lodi) arrive in [ə'raiv in], sail in [,seil 'in]

➡ *Smiem(e) v.?* May I (we) enter?

volačka ž. hovor., telef. prefix [pri:fiks], (dialling) code [(daiəliŋ) kəud], Ⓐ area code [eəriə kəud], STD code [es ti: di: kəud]

volajúci m. caller [ko:lə]

volanie s. call [ko:l], calling

V

[ko:liŋ]; *tiesňové v.* emergency call, (na diaľnici) motorway emergency call; *v. o pomoc* call/cry for help

volant m. (steering) wheel [(stiərin) wi:l]

volaný m. telephonee [telifəuni:]

volať 1. cry [krai] 2. (osloviť menom) call [ko:l] 3. telef. phone (up) [,fəun ('ap), ring* up [,rin 'ap], call up [,ko:l 'ap] // *v. sa* be* called [bi 'ko:ld]

➡ ✳ *Ako sa, prosím, v-áte?* What's your name, please? Tell me your name, please! *V-ám sa...* My name is...

✳ *V-j(te) číslo...* Dial the number...

✳ *V-jú ťa/vás k telefónu.* There's a phone call for you. You are wanted on the phone.

volejbal m. volleyball [volibo:l]; *plážový v.* beach volleyball

volkmen m. Walkman [wo:k-mən], personal stereo [,pə:snl 'steriəu]

¹voľno prísl. (pri zaklopaní) come* in [,kam 'in]

➡ ✳ *V.!* Dvere sú otvorené. Come in! Am Come! The doors are open.

²voľno s. (o čase) spare/free/lei-sure time [,speə'fri:/,leižə 'taim], (dovolenka) holiday [holədi]; *deň v-a* day off

voľný 1. (neobsadený) vacant [veiknt], empty [emti], free [fri:] 2. (bezplatný) free; *v-á vstupenka* free ticket 3. (ničím neobmedzený) open [əupn], free; *v-é more* open sea 4. (bez prekážok) clear [kliə]; *cesta je v-á* the road is clear

➡ *Kedy bude izba v-á?* When will the room be vacated? *Máte ešte v-é izby?* Have you got/Do you have any vacancies/any rooms available?

✳ *Máme ešte... v-ch izieb.* We have... rooms available yet. *Je tu ešte v-é miesto?* Is there an empty place/vacant seat here? *Taxík! Ste v.?* Taxi! Are you free?

von out [aut]

vonku outside [,aut'said], out-doors [,aut'do:z]

vopred 1. (časovo) beforehand [bi'fo:hænd], in advance [in əd'va:ns] 2. (priestorovo) ahead [ə'hed] 3. (poradie) first [fə:st]

➡ *V. ďakujem(e)!* Thank you in advance!

vosk m. wax [wæks]; *lyžiarsky v.* ski wax

voucher m. voucher [vaučə]

vozeň m. (železničný) carriage [kæridž], coach [kəuč], odb., Am car [ka:]; *batožinový v.* luggage coach; *fajčiarsky v.* smoker; *jedálny v.* restaurant/dining car; *ležadlový v.* couchette car; *lôžkový v.* sleeping/Pullman car, sleeper; *miestenkový v.* car with seat reservations; *nefajčiarsky v.* non-smoker; *priamy v.* direct coach; *rýchlikový v.* express train coach; *v. prvej triedy* first-class coach; *v. druhej triedy* second-class coach

➡ *Kde je v. číslo...?* Where's the coach number...?
Je to priamy v. do...? Is it the direct coach to...?
Kde je... v.? Where is the... coach?

✱ *... v. je na začiatku, konci vlaku, za naším vozňom,... vozňov pred nami.* ... coach is at the beginning, at the end of the train, behind our coach,... coaches before us.

vozidlo s. vehicle [viəkl], car [ka:]; *motorové v.* motor vehicle; *nesprávne zaparkované v.* wrongly/ilegally parked vehicle; *odťahovacie v.* towing vehicle; *policajné hliadkovacie v.* (police) patrol car; *záchranné vyprosťovacie v.* accident rescue vehicle; *v. horskej záchrannej služby* mountain rescue car; *v. kyvadlovej dopravy* shuttle services vehicle; *v. rýchlej zdravotníckej pomoci* mobile clinic; *v. zúčastnené na dopravnej nehode* vehicle involved in an accident; *v. z požičovne* hire-car

➡ *Kde môžem(e) nechať/odstaviť v.?* Where can I (we) leave the vehicle?

vozík m. trolley [troli], ĀM cart [ka:t]; *batožinový v.* luggage trolley; *invalidný v.* wheelchair; *nákupný v.* trolley

voziť take* [teik] // *v. sa* travel [trævl] (na čom, v čom in sth), go* [gəu] (na čom, v čom by sth)

vozovka ž. road [rəud], roadway [rəudwei], carriageway [kæridžwei], (povrch) surface [sə:fis]; *mokrá, suchá, posypaná, zľadovatená v.* wet, dry, gritted, icy road; *zúžená v.* (značka) Road narrows; *okraj v-y* road border, edge of the road

vôbec (pri zápore) at all [ət 'o:l], (vo všeobecnosti) in general [in 'dženrl]

vplávať (o lodiach) sail in [ˌseil 'in]; *v. do prístavu* enter the port

vplyv m. influence [influəns]

vpravo 1. (napravo) on the right [on ðə 'rait] 2. (doprava) to the right [tə ðə 'rait]

➡ ✱ *Držte sa v!* Keep over/well to the right!

vpredu at the front [ət ðə 'frant], in the front [in ðə 'frant]; *sedieť v. v autobuse* sit* in the front of the bus

➡ *Sedíme celkom v.* We are sitting right in the front.

vracať vomit [vomit], throw* up [θrəu 'ap]

➡ *Je mi na v-nie.* I am/feel sick.

V

vrátane inclusive [inˈklu:siv] (čoho of sth); *v. obsluhy* inclusive of service

vrátiť 1. return [riˈtə:n], give* back [ˌgiv ˈbæk] **2.** (poslať späť) send* back [ˌsend ˈbæk] // *v. sa* return, come* back [ˌkam ˈbæk]

➡ *Kedy sa v-š/v-te z...?* When do you come back from...? *Hneď sa v-m(e).* I'll (We'll) be back right away.

vrátnica ž. (hotela) doorman's room/lodge [do:mənz ru:m/ lodž]

vrátnik m. (v hoteli) doorman* [do:mən]

vraziť bump [bamp], knock [nok] (do koho/čoho into/against sb/sth), (vozidlom) ram [ræm] (do koho/čoho sb/sth), crash [kræš] (do koho/čoho into sb/sth)

vreckové s. pocket/spending money [pokit/spendiŋ mani]

vreckovka ž. handkerchief* [hændkəči:f]; *papierová v.* (paper) handkerchief*

vrecúško s. bag [bæg]; *čajové v.* tea bag *igelitové v.* plastic bag; *polyetylénové v. na potraviny* polyethylene/hovor. poly bag; *v. s toaletnými potrebami na cesty* travel toiletry bag

vreckový pocket [pokit]; *v. slovník* pocket dictionary

vred m. ulcer [alsə]

vrelý 1. (vrúcny) warm [wo:m], fervent [fə:vənt] **2.** (vriaci) boiling [boiliŋ]

vretenica ž. viper [vaipə], adder [ædə]; *uštipnutie v-ou* viper bite

vrch m. **1.** (kopec) hill [hil] **2.** (horná plocha) top [top], (povrch) surface [sə:fis]

vrchnák m. lid [lid], top [top]

vrchol m. peak [pi:k]; *v. sezóny* peak of the season

vrcholec m. peak [pi:k]

vrieť boil [boil]

vrstva ž. layer [leiə], odb. stratum* [streitəm]; *ozónová v.* ozone shield/layer, ozonosphere; *strata ozónovej v-y* ozone loss

vrtuľník m. helicopter [helikoptə]; *v. leteckej záchrannej služby* life saver rescue/air-rescue (service) helicopter

vstávať (z postele) get* up [ˌget ˈap]

vstup m. **1.** (vchádzanie) entry [entri], entering [entriŋ] *nepovolaným v. zakázaný* restricted access; *povolenie v-u* (do krajiny) entry permit/pass; *v. voľný* admission/entry free **2.** (vchod) entrance [entrəns], (dopr. prostriedku) driveway [draivwei]

➡ ✳ *V. zakázaný!* No admittance! Keep out!

vstupenka ž. (entrance/admission) ticket [entrəns/ədˈmišn tikit]; *sezónna v.* season ticket; *voľná v.* free ticket

vstúpiť enter [entə], come* in [ˌkam 'in]

➡ ✳ *V-te, prosím!* Come in, please!

vstupné s. entrance fee [entrəns fi:], admission (fee) [əd'mišn (fi:)]

➡ *Aké je v. do/na...?* How much is the admission for...? What's the admission fee for...?

✳ *V. pre dospelých, deti, študentov, dôchodcov,... je...* Admission fee for adults, children, students, OAPs/Old Age Pensioners,... is...

všade everywhere [evriweə]

➡ *V. som ťa/vás hľadal.* I was looking for you everywhere.

všetci all [o:l]

➡ *Sme v.?* Are we complete? *Už sme tu v.* All of us are here.

všetko everything [evriθiŋ]

➡ *V. najlepšie!* (k narodeninám) Happy Birthday! Many Happy Returns!

všimnúť si notice [nəutis], note [nəut]

vták m. bird [bə:d]

vtedy then [ðen], at that time [ət 'ðæt taim]

vtip m. joke [džəuk]

vtipný witty [witi], (zábavný) comical [komikl], (anekdota) humorous [hju:mrəs]

¹**vy** you [jə]

➡ *Vy ste to nevideli?* Haven't you seen yet?

²**vy, Vy** (pri vykaní) you [jə]

➡ *Mám(e) k vám prosbu.* I (We) want ask a favour of you.

✳ *Dovoľte, aby som vás pozval do...* Let me/Allow me to invite you to...

vybaliť unpack [an'pæk], undo* [an'du:]; *v. kufre* unpack the suitcases

výbava ž. | **výstroj**

vybavenie s. 1. (cestujúcich) clearance [kliərns], check-in [čekin]; *colné v. (cestujúcich)* customs clearance; *v. batožiny* luggage check-in 2. (vystrojenie) equipment [i'kwipmənt], (bytu, hotela) furnishings [fə:nišiŋz], appointments [ə'pointmənts]; *luxusné v.* luxurious furnishings/appointments; *štandardné v.* standard furnishings/appointments; *v. apartmánov* apartment furnishings; *v. kuchyne* kitchen furnishings/appointments

vybaviť 1. (cestujúcich ap.) clear [kliə] 2. (zariadiť) settle [setl], (korešpondenciu) attend [ə'tend] 3. (vystrojiť) provide [prə'vaid], fit (out) [(ˌ)fit ('aut)], outfit [autfit], furnish [fə:niš]; *kompletne v-ený* completely furnished

➡ *V-ené!* Settled!

výber m. choice [čois], selection [si'lekšn]; *cesta/zájazd podľa vlastného v-u* one's own selection/choice trip; *veľký v. jedál* large choice of meals

výbežok m. projection [prə'džek-šn]; *skalnatý v.* ledge; *v. pevniny* promontory; *v. tlakovej níže* ridge of low pressure

výborný excellent [ekslnt]

vybrať 1. (zvoliť) choose* [ču:z], select [si'lekt] 2. (peniaze) withdraw* [wiθ'dro:] 3. (vytiahnuť) take* out [,teik 'aut]; *v. si dovolenku* use one's holiday; *v. si voľno* take* a free day // **v. sa** (na cestu) set* out [,set 'aut], start [sta:t], (loďou) set* sails [,set 'seilz], (autom) leave* off [,li:v 'of]

výbuch m. explosion [ik'spləužn], eruption [i'rapšn], detonation [,detn'eišn]; *v. sopky* volcanic eruption

vybuchnúť 1. explode [ik'spləud], blow* up [,bləu 'ap], (sopka) erupt [i'rapt] 2. (zlyhať) flop [flop]

➡ *V-la mi/nám dovolenka.* hovor. My/Our holiday collapsed wreck.

výbušnina ž. explosive [ik'spləuziv]

vycestovací exit [eksit]; *v-ia doložka* exit permit

vycestovanie s. (do zahraničia) leaving the country for abroad ['li:viŋ ðə ,kantri fər ə'bro:d]

vycestovať (do zahraničia) leave* the country for abroad ['li:v ðə ,kantri fər ə'bro:d]

vycliť clear through the customs [,kliə θru: ðə 'kastəmz]

výčap m. taproom [tæpru:m], (pult) bar [ba:]

vyčasiť sa clear up [,kliə 'ap]; *v-lo sa* the weather has changed for the better, it's turned out nice

vyčerpaný exhausted [ig'zo:stid, tired [taiəd], weary [wiəri]

vyčerpať 1. (odčerpať) pump out [,pamp 'aut] 2. (minúť) use up [,ju:z 'ap], consume [kən'sju:m] 3. (vysiliť) exhaust [ig'zo:st], tire [taiə], wear* out [,weə 'aut] // **v. sa** 1. (minúť sa) get* exhausted [,get ig'zo:stid], be* used up [bi ,ju:zd 'ap] 2. (unaviť sa) exhaust o.s.

vyčistiť clean (out) [,kli:n ('aut)]

➡ *Chcel by som si dať v. ...* I'd like to have my... dry-cleaned. *V-te mi, prosím, predné, zadné sklo.* Clean the front, the rear window, please.

výdaj m. 1. (vydávanie) issue [išu:]; *v. jedla* food counter 2. aj *výdajňa* issuing office/room [išu:iŋ ofis/ru:m], (pult) issuing counter [išu:iŋ kauntə]; *v. a príjem balíkov* parcles office; *v. batožiny* left-luggae office; *v. cestovných lístkov* ticket office; *v. a príjem tovaru* goods issue and goods receipt

vydať 1. (minúť peniaze) spend* [spend] **2.** (vrátiť pri platení) give* back the small change [ˌgiv bæk ðə smoːl ˈčeindž] // **v. sa** (na cestu) set* out [ˌset ˈaut] (na čo on sth), start [staːt] (do čoho for sth)

➡ *Máte mi v.?* Have you small change?

✳ *Ešte vám v-áme... eur.* We'll give you... euros back yet.

vydatá married [mærid]

➡ *Ste v.?* Are you married?

výdatný substantial [səbˈstænšl], (zrážky) heavy [hevi], (strava) rich [rič]

výdavky m. expenditure [ikˈspendičə], expenses [ikˈspensiz], costs [kosts]; *mimoriadne v.* extraordinary expenses

vydržať 1. (zniesť) bear* [beə], stand* [stænd] **2.** (pretrvať) last [laːst], (počasie) keep* [kiːp], continue [kənˈtinjuː], (potraviny) keep* long [ˌkiːp ˈloŋ]

➡ *To sa (ne)dá v.* It's (not) bearable.
　Nemôžem v. tie bolesti. I can't stand the pain.

výfuk m. (rúra) exhaust pipe [igˈzoːst paip], AM tailpipe [teilpaip]

výhľad m. view [vjuː], (rozhľad) outlook [autluk], (scenéria) scene [siːn]; *panoramatický v.* panoramic view, panoramic outlook

➡ *Chcel by som/Chceli by sme izbu s v-om na hory, more,...* I'd/We'd like a room with the view of the mountains/looking out on the mountains, with the view of the sea/looking on the sea,...
　Z... je nádherný v. There's a marvellous view from...
　Z veže je nádherný v. na hory. The tower commands a beautiful view of the mountains.

vyhlásenie s. proclamation [ˌprokləˈmeišn], declaration [ˌdekləˈreišn]; *colné v.* customs declaration

➡ *Musím(e) podať colné v.?* Must I (we) make the customs declaration?
　Všetko je uvedené v colnom v-í. All things are listed/referred in the customs declaration.

vyhnúť sa 1. (uniknúť) avoid [əˈvoid] **2.** (z cesty) make* way [ˌmeik ˈwei] (komu for sb), get*/go* out of sb's way [ˌget/ˌgəu aut əv ˈwei], (nabok) step aside [ˌstep əˈsaid], (dozadu) step back [ˌstep ˈbæk]; *v. sa doprava, doľava* step to the right, to the left

výhoda ž. advantage [ədˈvaːntidž]

vyhodiť (nepotrebné) throw* off [ˌθrəu ˈof]

výhodný advantageous [ˌædvənˈteidžəs], (podmienky) favourable [feivrəbl]; *v. obchod, v-á*

V

kúpa bargain; *cenovo v.* at a favourable price

vyhostiť (z krajiny) expel [ik'spel], (z vlasti) exile [eksail]

vyhovoriť sa use as an excuse [ˌjuːz əz ən ik'skjuːs]

vyhovorka ž. excuse [ik'skjuːs], pretext [priːtekst]

výhra ž. (v lotérii) winning [winiŋ], (cena) prize [praiz]

výhrada ž. reservation [ˌrezə'veišn], (námietka) objection [əb'džekšn]

vyhrať win* [win], (vyžrebovať si) draw* [droː]

➡ *Kto v-l?* Who's the winner?

výhybka ž. points [points], Am switch [swič]

vychádzka ž. walk [woːk], stroll [strəul], (výlet) trip [trip], outing [autiŋ]; *v. na aute* drive [draiv], ride [raid]

¹východ m. 1. (op. vstup) exit [eksit], way out [ˌwei 'aut], passage out [ˌpæsidž 'aut]; *núdzový v.* fire exit, (v dopr. prostriedku) emergency exit; *zadný v.* rear exit 2. (nebeských telies) rise [raiz]; *v. slnka* sunrise

➡ *Kde je v.?* Where's the exit? *Počkaj(te) ma pri v-e.* Wait for me at the exit.

²východ m. 1. (svetová strana) east [iːst]; *smerom na v.* eastward(s), to the east; *na v. od* (to the) east of 2. (východné oblasti) the East [ði 'iːst]

východisko s. 1. point of departure [ˌpoint əv di'paːčə], starting point [staːtiŋ point], (cesty) setting-off point [setiŋof point] 2. (riešenie) solution [sə'luːšn], way out [ˌwei 'aut]

východný (na východe) east [iːst], (východná časť) eastern [iːstən], (vietor) easterly [iːstəli]; *v-m smerom* eastward(s); *v-e od...* (to the) east of...

východoeurópsky East European [iːst ˌjuərə'piːən]

východoslovenský East Slovakian [ˌiːst slə'vækiən]

vyjasniť sa | vyčasiť sa

výjazd m. 1. (vychádzanie) departure [di'paːčə], leaving [liːviŋ] 2. (miesto) way out [ˌwei 'aut], exit (point) [eksit (point)]; *diaľničný v.* motorway exit

➡ *Kde je v. z diaľnice?* Where's the motorway exit/off-ramp?

vyjsť 1. (von) go* out [ˌgəu 'aut] 2. (nahor) go* up [ˌgəu 'ap] 3. (na oblohe) rise* [raiz] 4. (vystačiť) manage on [ˌmænidž 'on], make* do [ˌmeik 'duː]

vykať be* on formal terms [bi on 'foːml təːmz] (komu with sb), call/address sb as Mr/Ms/Mrs/Miss [ˌkoːl/əˌdres əz 'mistə/'mis/'misəz/'mis]

výklad m. (obchodu) shop window [ˌšop 'windəu]; *potulka s prezeraním v-ov* (rambling and) window shopping

vykĺbiť (si) dislocate [disləkeit], put* out (of joint) [ˌput 'aut (əv 'džoint)], odb. luxate [lakseit]

➠ *V-l som si ruku, nohu.* I've put my arm, my leg out of joint.

vykoľajiť sa derail [di'reil], run* off the rails [ˌran of ðə 'reils]

vykopávky ž. finds [fainds]; *prehistorické v.* prehistoric finds

vykrádač m. hovor. robber [robə]; *v. áut* car-robber, carjacker

vykradnúť knock off [ˌnok 'of], rob [rob]

vykričaný (štvrť) ill-famed [ˌil-'feimd], of ill fame [əv ˌil'feim], infamous [infəməs], unfavourably known [ˌan'feivrəbli nəun]

vykrvácať bleed* to death [ˌbli:d tə 'deθ]

výlet m. trip [trip], (krátky) outing [autiŋ], excursion [ik'skə:šn]; *celodenný v.* one-day trip; *fakultatívny v.* facultative trip; *jednodenný v.* one-day trip; *poldenný v.* half-day trip; *turistický (horský) v.* tourist('s) (mountain/hiking) trip; *v. autom* drive, ride; *v. na bicykli* cycling trip; *v. člnom* boat trip; *v. loďou* ship trip; *v. na pevninu (pri plavbe loďou)* shore excursion (during the stay aboard the ship); *v. s možnosťou kúpania* trip with swimming possibilities; *v. spojený s jedením v prírode* picnic; *ísť na v.* take* a trip, go* on an outing, make* an excursion, (autom) take* a ride

➠ *Kde sa môžem(e) prihlásiť na v. do...?* Where can I (we) enter for the trip to...?
Usporadúvajú sa v-y na pevninu, do hlavného mesta, na ostrov...? Are the excursions to the mainland, to the capital, to the island,... organized?
Koľko stojí v. do... na jednu osobu? How much is the trip to... per person?

výletník m. tripper [tripə], holidaymaker [holədimeikə], excursionist [ik'skə:šnist], (peší) hiker [haikə]

výlevka ž. sink [siŋk], outlet [autlet]

➠ *Zapchala sa v.* The sink is blocked.

vyliečiť cure [kjuə], restore to health [riˌsto: tə 'helθ], heal [hi:l]

vylodenie s. disembarkation [ˌdisimba:'keišn], unloading [an-'ləudiŋ]

vylodiť (cestujúcich) disembark [ˌdisim'ba:k], (náklad) unload [an'ləud], unship [an'šip], discharge [dis'ča:dž] // *v. sa* disembark, (pristáť) land [lænd]

vyložiť (nahor) put* up [ˌput 'ap], lay* up [ˌlei 'ap]

vylúčiť 1. expel [ik'spel], exclude [iks'klu:d] 2. (nepripustiť)

V

count out [ˌkaunt 'aut], rule out [ˌruːl 'aut]; *v. omyl* rule out an error

➡ *V-ené!* Out of the question!

výlučný exclusive [iksˈkluːsiv]

výmena ž. exchange [iksˈčeindž], change [čeindž]; *v. oleja* oil change; *v. peňazí* money exchange; *v. pneumatiky* tyre change/replacement; *v. posteľnej bielizne a uterákov* change of bed linen and towels

vymeniť 1. (vystriedať) change [čeindž] **2.** (zameniť) exchange [iksˈčeindž], (navzájom) interchange [ˌintəˈčeindž]

➡ *Môžeme si v. miesta?* Can we change our seats?
Môžem(e) v. koruny na eurá? Can I (we) change crowns into euros?
V-ňte, prosím, motorový olej, pneumatiku,... Can you change the engine oil, the tyre,..., please?

vynechať 1. (neuviesť) omit [əˈmit] **2.** (preskočiť) skip [skip] **3.** (vymeškať) miss [mis], fail to take* advantage [ˌfeil tə ˌteik ədˈvaːntidž] (čo of sth) **4.** (zlyhať: motor) fail [feil]

vynikajúci excellent [ekslnt], hovor. great [greit]

➡ *Cítim(e) sa tu v-o.* I (We) feel great here.

výnimka ž. exception [ikˈsepšn]; *urobiť v-u* make* an exception

výnimočne exceptionally [ikˈsepšnli], (tentoraz) for once [fə 'wans]

vypadnúť (von) fall* out [ˌfoːl 'aut] (z čoho o sth)

výpadovka ž. hovor. urban clearway [ˌəːbn 'kliəwei], arterial road [aːˈtiəriəl rəud]

vypátrať search out [ˌsəːč 'aut], (policajne) trace [treis], (zločinca) hunt down [ˌhant 'daun]

vypínač m. switch [swič]; *elektrický v.* electric switch

vypiť drink* up [ˌdriŋk 'ap]

vyplatiť pay* up [ˌpei 'ap]; *v. v hotovosti* pay* in cash // *v. sa* be* rewarding/worthwhile [bi riˈwoːdiŋ/ˈwəːθwail]

vyplávať (z prístavu) set* sails [ˌset 'seilz]

vyplniť fill in [ˌfil 'in], complete [kəmˈpliːt]

➡ ✳ *V-ňte, prosím, tento dotazník, prihlášku, toto tlačivo,...* Fill in this questionnaire, this application form, this form,..., please.

vypnúť switch off [ˌswič 'of], cut* out [ˌkat 'aut]; *v. motor* cut* out/shut* off/switch off/turn off the engine, (zastaviť) stop the engine

vypočítať calculate [kælkjəleit]

vypočúvať (policajne ap.) interrogate [inˈterəgeit]

vypovedať (svedčiť) testify [testifai]; *v. ako svedok* witness

vypožičať si borrow [borəu] (čo od koho sth from sb), (prenajať si) hire (out) [(ˌ)haiə ('aut)], AM rent [rent]

➠ *Dajú sa tu v. lyže, nafukovačky, stany,...?* Is it possible to hire skis, air beds, tents,... here?

výpožičné s. rental [rentl], charge [ča:dž]

vyprať wash [woš]

➠ *Chcel by som si dať v. ...* I'd like to have washed my...

vypraviť (zásielky aj osoby) **1.** (na cestu) prepare [pri'peə], make* ready [ˌmeik 'redi] **2.** (zásielku) (prepare to) dispatch [(ˌ)pri'peə tə) di'spæč] **3.** (vlak) dispatch [di'spæč]

vyprázdniť (priestor) vacate [vəˈkeit], clear out [ˌkliə 'aut], empty [emti]

výpredaj m. clearance (sale) [kliərns (seil)], sellout [selaut]; *letný v.* summer sale; *mimoriadny v.* special sale; *sezónny v.* seasonal sale; *zimný v.* winter sale

vypredaný (o dopr. prostriedkoch, hoteloch ap.) sold out [ˌsəuld 'aut]

➠ *Všetky lety, autobusy, trajekty,... sú už týždne v-é.* All flights, buses, ferries,... have been sold out for many weeks.

vypredať sell* off/out [ˌsel 'of/ 'aut]

vypršať expire [ik'spaiə], terminate [təːmineit]

➠ ✳ *V-la vám už platnosť víza.* Your visa has expired.

vypustiť (vynechať) omit [ə'mit]

vyrátať | **vypočítať**

vyraziť 1. (úderom otvoriť) break* [breik], smash [smæš] **2.** (na cestu) set* out [ˌset 'aut], set* off a journey [ˌset of ə 'džəːni], AM hit* the road [ˌhit ðə 'rəud]

vyrážka ž. rash [ræš], odb. eruption [i'rapšn]

výrobok m. product [prodakt], (poľnohospodársky) produce [prə'dju:s]

výron m. haemorrhage, AM hemorrhage [hemridž]

vyrovnať (účet ap.) settle [setl], pay* [pei]

vyrušovať disturb [di'stəːb]

➠ *Prepáčte, že v-ujem(e).* Excuse me/us for disturbing you. Sorry to trouble you.
Nedajte sa v. Don't let me disturb you.
Nev-ujem(e)? Am I (Are we) disturbing you?

vysadiť (z dopr. prostriedku) put* down/off [ˌput 'daun/'of], let* off [ˌlet 'of], (z vlaku) detrain [di'trein], (z lode) disembark [ˌdisim'ba:k], put* ashore [ˌput ə'šo:]

➠ *V-ďte ma/nás na stanici, pred hotelom, na rázcestí,...* Let me/us off at the station, in front of the hotel, at the crossroads,...

V

vysadnúť | **vystúpiť 1.**

vysielačka ž. (radio) transmitter [(ˌreidiəu) trænzˈmitə]; *volanie v-ou SOS* distress call SOS sent by transmitter

vyskúšať try [trai]
➭ *Môžem(e) si v. ....?* Can I (we) try (on)...?

vyslanec m. envoy [envoi]

vyslanectvo s. legation [liˈgeišn]
➭ *Ako sa dostanem(e) k... v-u?* Can you tell me (us) the way to the... legation?

vysloviť pronounce [prəˈnauns]
➭ *Ako sa v-uje toto slovo?* What's the pronunciation of this word?

výslovne explicitly [ikˈsplisitli], (práve) this very [ðis ˈveri]

výslovný express [ikˈspres], explicit [ikˈsplisit]

výsluch (policajný ap.) interrogation [inˌterəˈgeišn]

vysokohorský (lúka) alpine [ælpain], (oblasť) mountain [mauntin], (podnebie) highmountain [ˌhaiˈmauntin]; *v. ľadovec* alpine/valley/mountain glacier; *v. les* high-altitude forest; *v-é lyžiarske oblasti* mountain ski regions; *v-é lyžovanie* high-mountain skiing; *v-é podnebie* high-mountain climate

vysokoškolák m. **1.** undergraduate [ˌandəˈgrædžuet], university student [ˌjunivəˈsəti ˈstjuːdənt]

2. (absolvent) university graduate [ˌjunivəˈsəti ˈgrædžuet]

vysoký (v rôzn. význ.) high [hai], (človek) tall [toːl]; *V-é Tatry* the High Tatras; *-metrov v. vrch* ... metres high mountain
➭ *Ceny v... sú veľmi v-é.* The prices at/in... are very high/exorbitant.

vyspať sa get*/have* one's sleep/rest [ˌget/ˌhæv ˈsliːp/ˈrest]
➭ *Dobre si sa v-l/ste sa v-li?* Had you a good sleep?

vystačiť manage [mænidž] (s čím with sth); *v. s peniazmi* make* one's money last

výstava ž. exhibition [ˌeksiˈbišn], (veľtrh) fair [feə]; *umelecká v.* art exhibition; *v. expresionistického umenia* exhibition of expressionist art
➭ *Chcel(i) by sme ísť na v-u.* I'd (We'd) like to see/to visit some exhibition.

vystaviť 1. (doklad ap.) make* out [ˌmeik ˈaut], (pas) issue [išuː], (účet) draw* up [ˌdroː ˈap], (vypísať) write* out [ˌrait ˈap]; *v. komu pas* issue the passport for sb **2.** expose [ikˈspəuz] (koho čomu sb to sth); *v. koho nebezpečenstvu* expose sb to danger
➭ *V-te mi/nám, prosím, účet.* Make out a bill for me/for us, please.

výstraha ž. warning [woːniŋ], alert [əˈləːt], caution [koːšn]; *la-*

vínová v. avalanche warning; *v. pred búrkou/víchricou* storm/windstorm warning; *v. pred zlým počasím* (na horách ap.) severe weather warning

vystriedať change [čeindž], (nahradiť) replace [ri'pleis] // *v. sa* alternate [o:ltəneit] (s kým with sb), (viacerí) take* turns [ˌteik 'təːns] (s kým with sb)

vystrieť sa hovor. (ľahnúť si) lie* down [ˌlai 'daun], stretch o.s. out [ˌstreč 'aut]

výstrih m. neck [nek], neckline [neklain]

vystríhať | varovať

výstroj m. gear [giə], outfit [autfit], (vybavenie) equipment [i'kwipmənt]; *horolezecký v.* climbing gear, camping gear, equipment for camping; *lyžiarsky v.* ski equipment/gear; *potápačský v.* scuba diving gear/equipment; *rybársky v.* fishing tackle; *športový v.* sports equipment

vystrojiť equip [i'kwip], (turisti) outfit [autfit]

výstup m. ascent [ə'sent]; *v. na vrchol* climb

vystúpiť 1. (z dopr. prostriedku ap.) get* out/off [ˌget 'aut/'of] **2.** (na končiar ap.) ascend [ə'send], climb [klaim], mount [maunt]

➧ *Kde, na ktorej zastávke, stanici,... musím(e) v.?* Where, at which stop, station,... do I (we) have to get off?

vysvetliť explain [ik'splein], make* clear [ˌmeik 'kliə]

➧ *Buďte taký láskavý, v-te mi/nám...* Be so kind to explain me/us...

výš ž. height [hait]; *tlaková v.* high(-pressure) area, high, anticyclone

vyše over [əuvə], more than [moːðən]

➧ *... stojí v. ... eur.* ...is/costs... more than... euros.

vyšetriť (lekársky) examine [igˈzæmin], test [test], (policajne) investigate [in'vestigeit]

výška ž. height [hait], (úroveň) level [levl], geogr. altitude [æltitjuːd]; *nadmorská v.* altitude; *prejazdná v.* dopr. clearance height, headroom

➧ *... sa nachádza vo v-e... metrov.* ... is situated/to be found at a height of... metres.

vyškrtnúť cross off/out [ˌkros 'of/'aut], (zrušiť) delete [di'liːt]

➧ *V-ite ma/nás zo zoznamu.* Cross my name/our names off the list.

vyštartovať (v rôzn. význ.) start [staːt], (lietadlo) take* off [ˌteik 'of]

výťah m. lift [lift], AM elevator [eliveitə]; *nákladný v.* freight lift; *osobný v.* passenger lift; *sedačkový v.* chair lift

V

➥ *Môžem(e) ísť v-om?* Can I (we) take the lift?

✳ *V. nepremáva.* The lift is not operating.

vytiahnuť (nahor) lift (up) [(,)lift ('ap)], pull up [,pul 'ap], draw* up [,dro: 'ap], raise [reiz], (zástavu) hoist [hoist], (kotvu) pull in [,pul 'in]

vytiecť flow out [,fləu 'aut]

výtlk m. (na ceste) road hole [rəud 'həul]

vytriezvieť become* sober [bi-,kam 'səubə]

výtržnosť ž. disturbance [di'stə:bns], riot [raiət]

výtvarníctvo s. art and design [,a:t en di'zain]

vytvoriť (umelecké dielo) create [kri'eit]

vyúčtovanie s. account [ə'kaunt], settling of accounts [,setliŋ əv ə'kaunts], (výdavkov) return of expenses [ri,tə:n əv ik'spensiz]; *konečné v.* final settlement of accounts, final account and settlement

využiť make* use [,meik 'ju:z] (čo of sth); *v. príležitosť* take* chance

vývar m. bouillon [bu:jo:n], stock [stok], broth [broθ], consommé [kən'somei]; *hovädzí v.* beef tea; *mäsový v.* meat broth, consommé; *slepačí v.* chicken broth/consommé/stock/bouillon; *zeleninový v.* vegetable

stock; *v. v kocke* bouillon cube

vyvážať export [ik'spo:t]

➥ ✳ *Máte veci, ktoré sa nesmú v.?* Do you have things not allowed to be exported?

vyvolať fot. develop [di'veləp]

➥ *V-jte mi, prosím, tento film (a spravte fotografie).* I'd like to have this film developed (and printed).

vývoz m. export [ekspo:t]

vývrtka ž. corkscrew [ko:kskru:]

vyzerať (v rôzn. význ.) look [luk]; *dobre, zle v.* look good, bad

vyzliecť take* off [,teik 'of], undress [an'dres], strip [strip] // *v. sa* undress, strip off [,strip 'of]

význam m. 1. (dôležitosť) significance [sig'nifikns], importance [im'po:tns] 2. (zmysel) point [point]

➥ *To nemá v.* It's pointless.

významný significant [sig'nifiknt], important [im'po:tnt]

vyznať sa 1. (vedieť) know* [nəu] 2. (poznať cestu) know* one's way [nəu 'wei]

➥ *(Ne)V-ám(e) sa tu, v tomto meste,...* I (We) (don't) know my (our) way here, about this town,...

vyzuť sa slip off [,slip 'of]

výzva ž. telef. (hovor na výzvu) personal call [,pə:snl 'ko:l], AM person-to-person call [ˌpə:sn-təpə:sn ˈko:l]

výživa ž. 1. (stravovanie) nutrition [njuˈtrišn], nurishment [narišmənt] 2. (potrava) food [fu:d]; *dojčenská v.* baby/infant food; *racionálna v.* well balanced diet

vzácny 1. precious [prešəs] 2. (zriedkavý) rare [reə]

vzadu at the back/rear [ət ðə ˈbæk/riə], aback [əˈbæk]

vzdialenosť ž. 1. (priestorovo) distance [distns]; *v. medzi idúcimi vozidlami* gap length, headway, following/separation distance; *dodržiavať bezpečnú v.* make* headaway as necessary; *vo v-i...* at a distance of... 2. (časovo) interval [intəvl]

vzdialený 1. (priestorovo) distant [distnt], (krajina) faraway [ˌfa:rəˈwei], far-off [ˌfa: ˈof]; *v. odtiaľto na hodinu (cesty)* far from here one hour walking/(autom) one hour drive 2. (časovo) far off/apart [ˌfa: ˈof/əˈpa:t], distant

➡ *Ako ďaleko je v. hotel, kemp,... od...?* How far is the hotel, the campsite,... from...?

vzdialiť sa 1. (odstúpiť) go* back [ˌgəu ˈbæk] (od čoho away from sth) 2. (odísť) leave* [li:v], depart [diˈpa:t]

vzduch m. 1. air [eə]; *čerstvý v.* fresh air; *studený v.* cold air; *vlhký v.* damp air 2. (ovzdušie)

atmosphere [ætməsfiə] 3. (príroda) open air [ˌəupn ˈeə], outdoors [ˌautˈdo:z]; *vysokohorský v.* high-mountain climate; *ísť na v.* get* out into the fresh air

vzduchotesný airtight [eətait], airproof [eəpru:f], hermetic [həˈmetik]

vzdušný 1. (týk. sa vzduchu) air [eə]; *v-á doprava* air transport; *dopravovaný v-ou cestou* airborne 2. (byt) airy [eəri], (šaty) light [lait]

vziať 1. (chytiť rukami) take* [teik] 2. (zobrať) take* away [ˌteik əˈwei] 3. (prijať ponúkané) receive [riˈsi:v], accept [əkˈsept], take* 4. (podnájomníka) take* in [ˌteik ˈin] 5. (so sebou) take* along [ˌteik əˈloŋ] 6. (zaviesť) take*, (autom) drive* [draiv], run* [ran]

➡ *To sa mi páči. Vezmem si to.* I like it. I'll take it. *Vzali by ste ma do...?* Would you run me to...?

✶ *Vezmite si, prosím,...!* Take..., please! *Vezmi(te) si!* Help yourself (yourselves)!

vznášadlo s. hovercraft [hovəkra:ft]

vzniknúť 1. originate [əˈridžneit], (objaviť sa) arise* [əˈraiz], emerge [iˈmə:dž], develop [diˈveləp] 2. (byť vytvorený) be* created/built/formed/(maľba)

painted/(skladba) composed/
(kniha) written [bi kri'eitid/
'bilt/'fo:md/'peintid/kəm-
'pəuzd/'ritn]

➡ *Kedy v-ol...?* When was... cre-
ated?

vzor m. pattern [pætn], (typ)
exemplar [ig'zemplə], (príklad)
example [ig'za:mpl], (vzorka)
design [di'zain], (predloha)
model [modl]

vzpružiť sa refresh o.s. [ri'freš]
(čím with sth); *v. kávou* refresh
o.s. with coffee

vzťah m. relationship [ri'leišnšip];
príbuzenské v-y family/blood
relations

vždy 1. (stále) always [o:lweiz]
2. (zakaždým) everytime [evri-
taim], all times [ˌo:l 'taimz]
3. (navždy) forever [fə'revə]

POZNÁMKY

V

W

WC s. WC (skr. z water closet) [ˌdablju:ˈsi:], hovor. loo [lu:]; *dámske WC* the ladies' room, hovor. the Ladies; *pánske WC* men's room, hovor. the Gents

➡ *Kde je tu WC?* Where is the loo here/nearby?

western m. western [westən]

whisky ž. whisky [wiski]; *čistá w.* neat/straight whisky; *w. s ľadom* whisky on the rocks; *w. so sódou* whisky and soda; *w. so sódou a ľadom vo vysokom pohári* whisky and soda in highball glass (filled) with ice, AM Highballs, Highball drink

windsurfing m. 1. windsurfing [windsə:fiŋ] 2. (doska) surfboard [sə:fbɔːd]

windsurfista m. windsurfer [windsə:fə]

POZNÁMKY

W

Z

z, zo a) (priestorovo aj časovo) from [frəm]; *z -metrovej vzdialenosti* from the distance of... metres; *obraz z ... storočia* picture from the... century **b)** (vyj. príčinu, dôvod) for [fə], owing [əuiŋ], out of [aut əv], from; *zo záujmu* out of interest; *unavený z dlhého čakania, chodenia* tired from long waiting, from walking **c)** (poukazuje na materiál) of [əv], from; *múr z kameňa* wall of rock; *vyrezávaný z dreva* cut out of wood

➧ ✳ *Z ktorej krajiny ste/pochádzate?* Which country do you come from?
Som/pochádzam z... I am from...

za 1. (priestorovo) behind [bi-'haind], round [raund], outside [ˌaut'said]; *za mestom* outside the town; *za rohom* round the corner; *... kilometre za hranicami* ... kilometres behind borders **2.** (časovo) in [in]; *... hodín za sebou* ... hours running; *... km za hodinu* ... kilometres per hour; *raz za rok* once in a year; *za čias...* in the times of...; *za vlády...* in the reign of... **3.** (vyj. okolnosti) in, on [on], during [djuəriŋ], under [andə]; *za dažďa, hmly, pekného poča-*
sia during the rain, the fog, the nice weather; *za tmy* in the dark **4.** (+ číselné údaje) for [fə]; *zájazd za... eur, korún,...* trip for the price of... euros, crowns,...

➧ *Zabočte za roh.* Turn round the corner.
Čo si dal/ste dali za to? How much did you pay for it?
Koľko musím(e) zaplatiť za...? How much have I (we) to pay for...?
Kto je za? Who's in favour of it?

zabaliť pack up [ˌpæk 'ap]

zábava ž. **1.** (rozptýlenie) amusement [ə'mju:zmənt] **2.** (podujatie) entertainment [ˌentə'teinmənt], (tanečná) dance [da:ns], (oslava) party [pa:ti]; *silvestrovská z.* New Year's Eve Party

➧ *Dobrú/príjemnú z-u!* Have a good time! Enjoy yourself/yourselves! hovor. Have fun!

zabávať entertain [ˌentə'tein] // **z. sa** amuse o.s. [ə'mju:z], entertain o.s., enjoy o.s. [in'džoi]

zábavný 1. (veselý) amusing [ə'mju:ziŋ], entertaining [ˌentə'teiniŋ], (hudba) light [lait] **2.** (určený na zábavu) (of) amusement [(əv) ə'mju:zmənt]; *z. park* amusement park, funfair; *z. podnik* bar

záber ž. fot., film. shot [šot], (amatérsky) picture [pikčə]; *z. zblízka* closeup

zabezpečiť ensure [in'ʃuə], secure [si'kjuə], arrange [ə'reindʒ]

zablokovanie s. block [blok]; *z. dopravy* (traffic) obstruction, traffic block

zablokovať block (up) [(ˌ)blok ('ap)], (kolesá, brzdy) lock [lok], (dopravu) obstruct [əb'strakt]; *z. dopravu* hold up/obstruct the traffic; *z. vozidlo* immobilize a car

zablúdiť 1. (stratiť orientáciu) get* lost [ˌget 'lost], lose* one's way [ˌluːz 'wei] 2. (náhodne prísť) stray [strei]

➡ *Z-l som/Z-li sme autom v meste.* I've/We've got lost with my/our car in the city.
Z-li sme v hustej hmle. We got lost in thick fog.

zabočiť turn (off) [(ˌ)təːn ('of)] (do čoho for sth)

➡ *Kde mám(e) z.?* Where do I (we) have to turn off?

✳ *Zabočte doľava, doprava.* Turn left. Take a left turn. Turn off to the left. Turn right. Take a right turn. Turn off to the right.

zábradlie s. railing [reiliŋ], (schodiska) bannister [bænistə]

zábrana ž. barrier [bæriə]; *protilavínové z-y* avalanche control; *protisnehová z.* snow-fence

zabrániť prevent [pri'vent], hinder [hində] (čomu sth)

zabrať (miesto ap.) occupy [okjə-pai], (zaujať) take* up [ˌteik 'ap]

zabrzdiť brake (down) [(ˌ)breik ('daun)], apply the brake [əˌplai ðə 'breik]

➡ *Nemohol som už z.!* I was not able to brake.

zabudnúť 1. (nezapamätať si) forget* [fə'get] 2. (nedopatrením nechať) forget* (to take) [fə'get (tə teik)], leave* behind [ˌliːv bi'haind] 3. (zanedbať) neglect [ni'glekt]

➡ *Celkom som z-ol/sme z-li, že...* I've/We've forgot that...
Z-ol som si/Z-li sme si v hoteli, vo vlaku... I/We had left... at the hotel, in the train.
Nez-i(te) si zobrať so sebou... Don't forget to take...
Nesmieš z., že... You must bear in mind that...

záclona ž. curtain [kəːtn]

začať (sa) begin* [bi'gin], start [staːt]

➡ *Kedy sa z-ína...?* When does... begin?
Z-lo pršať, snežiť. It's begun raining, snowing.

začiatočník m. beginner [bi'ginə]; *kurzy pre z-ov* courses for beginners

začiatok m. (priestorovo aj časovo) beginning [bi'giniŋ], (rozvrh) start [staːt], (vznik) onset [onset], (otvorenie) opening [əupniŋ], (úvod) introduction [ˌintrə'dakʃn]; *z. obce* dopr. entering built-up area; *na z-tku uli-*

Z

ce at the beginning of the street; *od z-tku* from beginning; *z-tkom mesiaca, roka* at the beginning of the month, of the year; *na z. marca* early in March

zadarmo free (of charge) [(ˌ)fri:(əv 'ča:dž)], gratis [gra:tis]

zadný back [bæk], rear [riə]; *z-é sedadlá* back/rear seats; *z. vchod* rear entrance

zadok m. hovor. backside [ˌbæk-'said], bottom [botəm]

záha ž. heartburn [ha:tbə:n]

zahasiť 1. (oheň) put* out [ˌput 'aut] **2.** (svetlo) switch off [ˌswič 'of]

zahlásiť announce [ə'nauns], (podať správu) report [ri'po:t], (informovať) notify [nəutifai]

➡ *Chcel by som/Chceli by sme z. krádež, stratu dokladov,...* I'd/We'd like to report the theft, the loss of documents/ of papers,...

záhrada ž. garden [ga:dn], (park) park [pa:k]; *botanická z.* botanical gardens; *zoologická z.* zoological gardens, zoo

záhradka | ohrádka

zahraničie s. foreign countries [ˌforin 'kantriz]; *cesta do z-ia* journey abroad

➡ *Cestujeme do z-ia.* We are going abroad.

zahraničný foreign [forin], external [ik'stə:nl], abroad [ə'bro:d];

z. pobyt stay abroad; *z-í turisti* tourists from abroad

zachádzka ž. roundabout way [raundəbaut wei], detour [di:tuə]

záchod m. toilet [toilit], BR lavatory [lævətri], (splachovací) WC [ˌdablju:'si:], hovor. loo [lu:] AM (búdka) outhouse [authaus]; *verejné z-y* public toilets/conveniences

➡ *Kde sú z-y?* Where are the toilets?

zachovaný (nepoškodený) well-preserved [ˌwelpri'zə:vd]

zachovať 1. (udržať) preserve [pri'zə:v], retain [ri'tein], keep* up [ˌki:p 'ap] **2.** (dodržať) keep* [ki:p], observe [əb'zə:v]; *z. povolenú/predpísanú rýchlosť* observe the maximum speed limit // *z. sa* **1.** (v urč. stave) be* kept/preserved [bi 'kept/pri'zə:vd], last [la:st] **2.** (správaním) behave [bi'heiv]

záchrana ž. rescue [reskju:], salvation [sæl'veišn], (vyprostenie aj) recovery [ri'kavri]

záchranár m. rescuer [reskju:ə], (zdravotník) paramedic [ˌpærə-'medik]

záchranca m. rescuer [reskju:ə], saver [seivə]

zachrániť rescue [reskju:], save [seiv], (vyprostiť aj) recover [ri-'kavə] // *z. sa* save o.s.

záchranka ž. **1.** (služba) hovor.

ambulance/first-aid/rescue service [ˈæmbjələns/fəːsteid/reskjuː səˈvis] **2.** | **sanitka**

záchranný rescue [reskjuː], life [laif], emergency [iˈməːdžnsi]; *z-á brzda* emergency brake; *z. čln* life boat; *z-é koleso (samonafukovacie)* self-inflating/auto-inflating life(-rescue) ring; *z. pás* life belt; *z-é práce* rescue/relief work; *z-á vesta* life jacket, Mae West; *z-é vozidlo* emergency vehicle

záchvat m. attack [əˈtæk], fit [fit], seizure [siːžə]; *astmatický z.* asthmatic attack/fit; *srdcový z.* heart attack/seizure, coronary episode; *mať, dostať z.* have*, fall* into a fit

zaistiť | zabezpečiť

zajačina ž. kuch. hare [heə]; *pečená z.* roast hare

zajatie s. confinement [kənˈfainmənt], captivity [kæpˈtivəti]; *z. rukojemníkov* captivity of the hostages; *držať v z-í* hold* in captivity

zájazd m. **1.** (organizovaný CK) excursion [ikˈskəːšn], trip [trip], outing [autiŋ], tour [tuə]; *autobusový z.* bus trip; *cenovo výhodný z.* trip at a favourable price; *katalógový z.* all inclusive (s balíkom služieb) catalogue trip; *letecký z.* flight trip/tour; *mládežnícky z.* youth trip; *nákupný/nakupovací z.* shopping excursion; *posezónny z.* postseason trip; *poznávací z.* educational trip/tour, (s kempingovým ubytovaním) educational trip with tented (camp) accommodation, (po mestách) educational city tour, educational trip through cities; *predsezónny z.* preseason trip; *skupinový z.* group trip; *školský z.* school trip/excursion; *tematický z.* thematical tour; *zahraničný z.* trip abroad; *z. s kombinovaným pobytom na viacerých ostrovoch* trip with combined stay on several islands; *z. s pevným programom* package tour; *z. vlastnou dopravou* self-driving trip; *z. z ponuky last minute/moment* last minute/moment deal; *byť na z-e* be* on tour; *ísť na z.* go* on/make* a trip **2.** (účastníci) members/participants ov the trip [mæmbəz/paːˌtisipənts əf ðə ˈtrip]

➧ *Ubytujete tu celý z.?* Do you lodge all the members of the trip here?

zajtra tomorrow [təˈmorəu]; *z. ráno* tomorrow (in the) morning, next morning; *z. predpoludním* tomorrow at noon; *z. popoludní* tomorrow afternoon; *z. večer* tomorrow evening

➧ *Príďte, prosím, z. (o tomto čase).* Come tomorrow (this time), please.

Z

Dovidenia z.! See you tomorrow!

zajtrajší tomorrow's [tə'morəuz], of tomorrow [əv tə'morəu]

zákaz m. ban [bæn], prohibition [ˌprəi'bišn]; *z. fajčenia* ban of smoking, (nápis) No smoking!; *z. nočnej jazdy* night drive ban; *z. odbočovania* no left, right turn; *z. otáčania* no U-turn; *z. parkovania* no parking; *z. predbiehania* no overtaking; *z. státia* no parking, no waiting; *z. trúbenia* car horn ban; *z. umývania áut* car wash ban; *z. vjazdu* ban of traffic, traffic prohibition, driving ban, (značka) No entry/access!, Keep out!; *z. vstupu do budovy* No entry/access!, Keep out!; *z. zastavenia* no stopping

zakázaný prohibited [ˌprǣ'hibitid]; *nepovolaným vstup z.* restricted access

zakázať forbid* [fə'bid], práv. prohibit [prə'hibit]

zákazník m. customer [kastəmə], purchaser [pə:čəsə], (klient) client [klaiənt]

zakladateľ m. founder [faundə]

základný basic [beisik]; *z. poplatok* basic fee

zaklopať knock [nok]

zakončiť (bring* to an) end [(ˌbriŋ tə ən') end], finish [finiš], terminate [tə:mineit]]

zakotviť (loď) anchor [æŋkə],

(spustiť kotvu) drop anchor [ˌdrop 'æŋkə]

zakročiť intervene [ˌintə'vi:n], take* steps [ˌteik 'steps]

zákruta ž. (road) curve [(rəud) kə:v], turn [tə:n], (serpentína) bend [bend]; *ľavotočivá z.* left-hand bend/curve; *pravotočivá z.* right-hand bend/curve; *ostrá z.* sharp bend/curve; *z. s prevýšením* superelevated curve; *cesta s mnohými z-mi* road with many curves; *rezať/vybrať z-u* cut* corner

zakúriť make* fire [ˌmeik 'faiə], light a fire [ˌlait ə 'faiə], heat [hi:t]

➡ *Mohli by ste už z.?* Could you make fire now?

zákusok m. (a piece of) sweet [(ə ˌpi:s əv') swi:t]

zakývať wave [weiv] (na koho at sb); *z. na čašníka, taxík* wave at the waiter, at the taxi

zalarmovať alarm [ə'la:m]; *z. políciu* alarm the police

záležať depend [di'pend] (na čom on sth)

záležitosť ž. affair [ə'feə], matter [mætə], business [biznis]; *súkromná z.* personal affair

záliv m. bay [bei], gulf [galf], (malý) cove [kəuv]; *Biskajský z.* the Bay of Biscay; *Mexický z.* the Gulf of Mexico; *morský z.* sea bay

záloha ž. **1.** reserve [ri'zə:v] **2.** (na

fľaše) charge [ča:dž]; z. *na fľašu* charge on bottle

zálohovaný (obal) returnable [ri'tə:nəbl]

➡ *Sú fľaše z-é?* Are the bottles returnable?

založiť found [faund], (ustanoviť) establish [i'stæbliš]

➡ *Kedy bol z-ený...?* When... was founded?

✱ *... bol z-ený okolo roku..., v... storočí,...* ... was founded approximately in the year..., in the ... century.

zaľúbený in love [in 'lav] (do koho with sb)

zaľúbiť sa 1. fall* in love [ˌfoːl in 'lav] (do koho with sb) 2. (zapáčiť sa) take* a fancy [ˌteik ə 'fænsi]

zamdlieť faint [feint], lose* consciousness [ˌluːz 'konšəsnəs]

zameniť | vymeniť 2., 3.

zamestnanec m. employee [imˈploiiː], mn. č. *z-i* personnel [ˌpəːsnˈel], staff [staːf]; *hotelový z.* hotel employee

zamestnanie s. (pomer) employment [imˈploimənt], (práca) job [džob], (povolanie) occupation [ˌokjəˈpeišn], (profesia) profession [prəˈfešn]

zamestnaný employed [imˈploid]

➡ *Kde ste z.?* Where do you work? Where are you employed?

zamestnať employ [imˈploi], (najať) engage [inˈgeidž]

zamestnávateľ m. employer [imˈploiə], (šéf) boss [bos]

zamietnuť refuse [riˈfjuːz], reject [riˈdžekt]

zámka ž. lock [lok]

zamknúť lock [lok]

zámok m. castle [kaːsl]; *barokové z-ky* baroque castles; *poľovnícky z.* hunting castle; *záhradný z.* garden castle

➡ *Kedy bol postavený tento z.?* When was this castle built?

zamorený (znečistený) polluted [pəˈluːtid], contaminated [kənˈtæmineitid], (hmyzom) infested [inˈfestid], (bacilmi) infected [inˈfektid]

zámorie s. overseas countries [ˌəuvəsiːz ˈkantriz]; *v z-í* overseas; *zo z-ia* from overseas

zamračený (o oblohe) cloudy [klaudi]

zamračiť sa (o oblohe) cloud over [ˌklaud ˈəuvə]

zamrznúť 1. freeze* [friːz] 2. (zahynúť) freeze* to death [ˌfriːz tə ˈdeθ]

zanedbaný neglected [niˈglektid], uncared-for [anˈkeədfəː]

zaniesť carry [kæri], take* [teik]

➡ *Z-este, prosím, túto batožinu k taxíku, k východu, na nástupište,...* Take this luggage to the taxi, to the exit, to the platform,..., please.

zaobísť sa do* [duː], make* [meik], manage [mænidž]; *z. sa bez* *cudzej pomoci* do* without any help

zaobstarať (si) get* [get], acquire [ə'kwaiə], obtain [əb'tein]

➧ *Kde si môžem(e) z. ...?* Where can I (we) get...?

zaostať remain behind [ri,mein bi'haind]

¹západ m. set [set]; *z. slnka* sunset

²západ m. (svetová strana) west [west]; *na z-e* in the west; *na z. od...* to the west of...; *smerom na z.* westwards

zapadnúť 1. (o slnku, mesiaci) set* [set], go* down [,gəu 'daun] 2. (zaboriť sa) fall* in [,fo:l 'in], sink* in [,siŋk 'in], (uviaznuť) get* stuck [,get 'stak]; *z. v snehu* sink* into the snow

západný west [west], western [westən], westernly [westənli]

západoeurópsky West-European [,west,juərə'pi:ən]

západoslovenský West-Slovak [,west'sləuvæk]

zápach m. bad smell [,bæd 'smel], stench [stenč]

zapáchať smell* badly [,smel 'bædli], stink* [stiŋk]

zápal m. inflammation [,inflə-'meišn]; *z. mozgových blán/ plien* meningitis; *z. pľúc* pneumonia; *z. spojoviek* conjunctivitis; *z. stredného ucha* otitis media

zapáliť 1. light* [lait], kindle [kindl] 2. hovor. (svetlo) switch

on [,swič 'on] // *z. sa* (dostať zápal) inflame [in'fleim], become* inflamed [bi,kam in-'fleimd]

➧ *Môžem si z.?* May I light myself a cigarette?

zápalky ž. (safety) matches [(seif-ti) mæčiz]

➧ *Dajte mi, prosím, škatuľku z-iek.* One matchbox, please.

zapaľovač m. lighter [laitə]

zapaľovanie s. motor. ignition [ig-'nišn]; *vypnúť, zapnúť z.* turn off, switch on the ignition; *za-suňte kľúčik do z-a* insert the ignition key

zapamätať si (nezabudnúť) remember [ri'membə]

zaparkovať (do medzery) park [pa:k]; *zle z.* park wrongly/illegally

zápas m. match [mæč]

zápästie s. wrist [rist]

zápcha ž. 1. (nepriechodnosť) jam [džæm]; *dopravná z.* traffic jam 2. (obstipácia) constipation [,konsti'peišn]

➧ *Dostali sme sa do z-y.* We have stuck in a traffic jam.

✳ *Počas z-y vypnite motor!* At the time of the traffic jam stop the engine!

zapísať register [redžistə], enter [entə], write*/put* down [,rait/,put 'daun] // *z. sa* (do kurzu) sign up [,sain 'ap] (do čoho for sth), (ako hosť) book in [ˌbuk ˈin] // **z. si** write*/ put* down

zápisnica ž. record [reko:d], (z porady) minutes [minits]; *z. o priebehu nehody* record of a road accident

zaplatiť pay* [pei]; *dodatočne z.* pay* afterwards; *z. čo v hotovosti, šekom* pay* in cash, by cheque; *z. dopredu* pay* in advance

záplava ž. flood [flad]

zaplombovať 1. (zub) stop [stop], fill [fil] 2. (pečaťou) seal [si:l]

zapnúť (prístroj) turn on [ˌtɜ:n ˈon], (motor) start [sta:t]

➡ ✳ *Z-i(te) svetlo!* Switch on! *Z-i(te) rádio!* Turn the radio on!

započítať include [inˈklu:d]

zapojiť sa join [džoin] (do čoho sth)

zapríčiniť cause [ko:z]; *z. nehodu* cause an accident

zarábať earn [ə:n], make* [meik]

zaradiť motor. (rýchlosť) engage [inˈgeidž], gear [giə]; *z. neutrál* shift into neutral // **z. sa** 1. (začleniť sa) join [džoin] (do čoho sth) 2. dopr. get* [get] in/into lane [ˌget in/intə ˈlein]; *z. sa do pravého jazdného pruhu* filter into the lane to the right; *z. sa do prúdu vozidiel* filter into the line of vehicles, move into the traffic stream

zarátať | započítať

zariadenie s. 1. (budova, miestnosť ap. urč. zamerania) insti-

tution [ˌinstiˈtju:šn], facilities [fəˈsilətiz]; *dovolenkové ubytovacie z.* holiday accommodation facility; *rekreačné z. (zábavy a športu)* recreational facility, sports and recreation facility; *sanitárne z.* sanitary facility, (spoločné) shared sanitary facility; *športové z.* sports facility 2. (mechanizmus) device [diˈvais]; *poplašné z.* alarm device, (signalizujúce výskyt dymu) fog warning device, fog alarm; *z. proti krádeži auta* (automotive/car) anti-theft device 3. (bytu) equipment [iˈkwipmənt], furnishings [fəːnišiŋz]

zárobkový gainful [geinfl]; *z-é možnosti* gainful employment opportunities

zároveň at the same time [ət ðə ˌseim ˈtaim]

záruka ž. guarantee [ˌgærnˈti:], warranty [wornti]

➡ ✳ *... má ročnú z-u.* ... has one year guarantee.

zasa again [əˈgein]

zásielka ž. delivery [diˈlivri], (tovar) consignment [kənˈsainmənt], (list) mail [meil], (balík) parcel [pa:sl]; *expresná z.* express delivery; *poštová z.* parcel, packet

zásielkový: *z. obchod* mail-order firm [meil o:də fəːm]

zasnežený snowy [snəui], snow-covered [snəukavəd]

zasnežiť (umelým snehom) snow up [ˌsnəu 'ap]

zásoba ž. stock [stok], (potravín) provisions [prə'vižnz]

zásobovanie s. supply [sæ'plai], supplying [sə'plai-iŋ], (potravinami) catering [keitriŋ]; *z. pitnou vodou* drinking water supply

zaspať 1. fall* asleep [ˌfoːl ə'sliːp] **2.** (a tým aj zmeškať) oversleep* [ˌəuvə'sliːp]

zastať 1. stop [stop], (na zástavke) call [koːl] **2.** (prerušiť chod) cease [siːs], stop

➡ *Z-ňte tu, prosím, na chvíľu.* Stop here for a while, please.

zastaviť 1. | zastať 2. (stopnúť) hitch a ride/a lift [ˌhič ə 'raid/ ə 'lift] // *z. sa* **1. | zastať 2.** (chvíľu pobudnúť) call in [ˌkoːl 'in]

➡ *Mohli by ste z.? Chcel by som/Chceli by sme vystúpiť.* Could you stop here? I'd/ We'd like to get off.
Kde mám z.? Where am I to stop?

✳ *Z-íme sa pri najbližšej čerpacej stanici, pri najbližšom motoreste,...?* Are we to stop at the nearest filling station, at the nearest motorway restaurant,...?

zastávka ž. **1.** (verejnej dopravy) stop [stop], (vlaku) station [steišn]; *konečná z.* terminus; *z. električky* tram/ AM streetcar stop; *z. na znamenie* request

stop **2.** (počas cesty) stop, halt [hoːlt]

➡ *Kde je najbližšia autobusová z.?* Where's the nearest bus stop?
Koľko z-vok je ešte do... How many stops are to the...?
Na ktorej z-e musím(e) vystúpiť, nastúpiť, prestúpiť? Which stop must I (we) get off, get on, change at?

✳ *Musíte vystúpiť, nastúpiť, prestúpiť,... na... z-e.* You must get off, get on, change,... at the... stop.

✳ *V... máte -minútovú z-u.* In... there is a... minute stop.

zastihnúť reach [riːč], catch* [kæč], find* [faind]

➡ *Kedy, ako, kde,... ťa/vás (dnes) z-em?* When, how, where can I find you (today)?

✳ *Možno ma/nás z. telefonicky, v hoteli, doma,...* You can reach me/us by phone, at the hotel, at home,...

zástrčka ž. (elektrická) plug [plag]

zástupca m. **1.** deputy [depjəti] **2.** (predstaviteľ) representative [ˌrepri'zentətiv]; *právny z.* lawyer, solicitor, (poradca) councel, legal advisor

zastupiteľstvo s. representation [ˌreprizen'teišn]; *diplomatické z.* diplomatic mission; *zahraničné z.* representation abroad

zastupovať 1. (nahradiť) substitute [sabstitjuːt], stand* in

[ˌstænd 'in] **2.** (byť predstavite-
ľom) represent [ˌrepri'zent]

zásuvka ž. (elektrická) socket
[sokit]

zašpiniť (make*) dirty [(ˌmeik')
də:ti]

zať m. son-in-law* [saninlo:]

zatancovať si have* a dance
[ˌhəv ə 'da:ns]
➡ *Z-ujeme si?* Shall we dance?

zaťažiť (zvýšeným nákladom)
charge [čaːdž]

zatelefonovať phone (up) [(ˌ)fəun
('ap)], ring* up [ˌriŋ 'ap], AM
call up [ˌkoːl 'ap] (komu sb)
➡ *Môžem si od vás z.?* May I use
your phone, please?
Kedy ti/vám môžem(e) z.?
When can I (we) phone you up?
Z-ujte mi/nám večer, zajtra,...
Phone me/us up in the eve-
ning, tomorrow,...

zátišie s. výtvar. still life [ˌstil 'laif]

zátka ž. (fľaše) stopper [stopə],
(korková) cork [koːk]

zátoka ž. bay [bei], (malá) cove
[kəuv], (úzka) creek [kriːk];
morská z. sea cove

zatvárať sa 1. (prevádzka, prí-
stup) close [kləuz], (premávka)
close off [ˌkləuz 'of] **2.** (roztvo-
rené) shut* [šat], close (up)
[ˌkləuz ('ap)]
➡ *Kedy sa z-jú múzeá, kúpaliská,
obchody,...?* What time do the
museums, swimming pools,
shops,... close?

Kedy z-te? When are your
closing/(v obchode) shopping
hours?
❋ *Obchody sa z-jú o... hodine.*
The shops close at... o'clock.
❋ *Brána, hotel, kemp,...sa z-a
(každý večer) o... hodine.* The
gate, the hotel the camp,...
closes (every evening) at...
o'clock.
Kufor, zámka,... sa zle z-a. The
suitcase, the lock,... closes with
difficulties.

zatvoriť 1. close [kləuz], shut*
[šat] **2.** (na kľúč) lock up [ˌlok
'ap]
➡ *Z-te, prosím okno, dvere!* Close
the window, the door, please!
❋ *Obchody sú cez obed, v nede-
ľu,... z-ené.* The shops are
closed in the lunchtime, on
Sundays,...
❋ *... sú dnes z-ené.* ... are closed
today.

zaúčtovať charge [čaːdž], put* on
account [ˌput on ə'kaunt]
➡ ❋ *Za... vám z-ujeme...* We
charge you... for...

zaujať 1. (obsadiť) occupy [okjə-
pai], take* [teik] **2.** (upútať)
attract sb's attention [ə,trækt
ə'tenšn]
➡ ❋ *Z-mite, prosím, svoje miesta!*
Take your seats, please!

záujem m. interest [intrəst]; *vo
vlastnom z-me* in one's own in-
terest

➥ *Máte z. o...?* Are you interested in...?
Nemám(e) z. o... I am (We are) not interested in...
Už nemám(e) z.! I am (We are) not interested now!

záujemca m. interested person [intrəstid pə:sn]

zaujímať sa 1. be* interested [bi in'trəstid] (o čo in sth), show* interest [ʃəu 'intrəst] (o čo in sth) **2.** (stáť o čo) care about [ˌkeə ə'baut]

➥ *... ma/nás (ne)z-a.* I am/We are (not) interested in...

zaujímavý interesting [intrəstiŋ]

zaváranina ž. preserved/bottled fruit//vegetables [pri'zə:vd/ batld fru:t//vedžtəblz], (ovocná aj) preserve [pri'zə:v]

záväzný binding [baindiŋ]

zavčasu 1. (skoro) early [ə:li] **2.** (načas) in time [in 'taim]

závej m. drift [drift]

záver m. end [end], close [kləuz]; *na z.* in the end

záverečná ž. hovor. closing hours [ˌkləuziŋ 'auəz]

➥ *Z.!* Last orders!

zaviať blow* (over) [(ˌ)bləu ('əuvə)], (snehom) snow up [ˌsnəu 'ap]; *snehom z-te cesty* snowed-up roads

zaviazať tie [tai] // *z. sa* bind o.s. [baind]

zaviesť 1. (na urč. miesto) bring* [briŋ], take* [teik] **2.** (zvyk) set* [set], (zriadiť) establish [i'stæbliš], set* up [ˌset 'ap]; *z. letný, zimný čas* introduce/ establish summer/AM daylight saving time, winter time

➥ *Zaveďte ma/nás, prosím, do hotela, na stanicu,...* Take me/us to the hotel, to the station,..., please.

zaviezť carry [kæri], (autom) drive* [draiv], take* [teik]

➥ *Zavezte ma/nás, prosím, do hotela, na stanicu,...* Take me/us to the hotel, to the station,..., please.

zavináč m. (sleď) rollmop [rəul-məp]

zaviniť cause [ko:z]; *z. nehodu* cause an accident

závisieť depend [di'pend] (od čoho on/upon sth), (byť podmienený) be* a matter [bi ə 'mætə] (od čoho of sth), rest [rest] (od čoho in sth), be* conditional [bi kən'dišnl] (od čoho on sth)

➥ *Bude z. od ceny, počasia, či...* It will depend on the price, on the weather, whether...

závislý dependent [di'pendənt]; *drogovo z.* drug addicted, addicted to drugs

zavolať 1. (zakričať) cry [krai], shout [šaut] **2.** (privolať) call [ko:l] **3.** | *zatelefonovať*

➥ *Z-jte, (prosím), lekára, odťahovaciu službu, políciu, sanitku,...* Call the doctor, the towing service. the police, the ambulance car,... (, please).

Z-l mi/nám niekto? Did anybody call me/us by phone?

závora ž. žel. (railway) gate [(reilwei) geit], dopr. barrier [bæriə]

závrat m. dizziness [dizinəs], giddiness [gidinəs], odb. vertigo [və:tigəu]; *náchylný na z-y* disposed/liable to giddiness; *netrpiaci z-mi* not suffering from giddiness

→ *Mám z.* I feel dizzy.
Mávam z-y. I suffer from giddiness.

zavrieť | zatvoriť

záznamník m. telef. answering machine [a:nsriŋ məˌši:n], BR answerphone [a:nsəfəun]

zazvoniť ring* [riŋ]

zaželať wish [wiš]

zažiť 1. (zakúsiť) experience [ikˈspiəriəns], live through [ˌliv ˈθru:] 2. (byť svedkom) witness [witnəs], see* [si:]

zážitok m. experience [ikˈspiəriəns]

zbadať (všimnúť si) notice [nəutis], note [nəut], (zazrieť) catch* a glimpse/sight [ˌkæč ə ˈglims/ˈsait] (čo of sth)

→ *Nez-l som/Nez-li sme, že....* I/We haven't noticed that...

zbaliť pack up [ˌpæk ˈap]

→ *Musím(e) sa ešte z.* I (We) must pack up (our things) now.

zbierať (v rôzn. význ.) collect [kəˈlekt], gather [gæðə]

zbierka ž. collection [kəˈlekšn]; *z. obrazov, umeleckých predmetov* collection of paintings, of works of art/of objects d'art

zbraň ž. weapon [wepən]

→ *Máte pri sebe z.?* Do you have any weapon with you?

zbytočný 1. (márny) pointless [pointləs] 2. (nepotrebný) needless [ni:dləs], unnecessary [anˈnesəsri]

zdola from below [frəm biˈləu]

zdolať overcome* [ˌəuvəˈkam], (horu) conquer [koŋkə]; *z. končiar* conquer the peak

zdravie s. health [helθ]

→ *Na z.!* Here's to you!

zdravotný (of) health [(əv) ˈhelθ], medical [medikl], sanitary [sænitri]; *zo z-ch dôvodov* on grounds of health

zdravý healthy [helθi]

zdražieť become* more expensive [biˌkam mo: ikˈspensiv], go* up [ˌgəu ˈap]

zdržať sa 1. (oneskoriť sa) be* delayed [bi diˈleid] 2. (dlhšie pobudnúť) stay [stei]

→ *Ako dlho sa z-íme v...?* How long shall we stay at...?

✷ *Nez-ím(e) sa tu (viac ako hodinu, niekoľko minút,...).* I (We) shall not stay here (more than one hour, several minutes,...).

zdržiavať take* sb's time [ˌteik ˈtaim]

→ *Nechcem(e) vás už ďalej z.*

I (We) don't want to take your time anymore.

zdvihnúť 1. (nahor) lift [lift], raise [reiz] **2.** (spôsobiť zvýšenie) increase [in'kri:s] // **z. sa 1.** (nahor) go* up [ˌgəu 'ap], raise **2.** (vstať) rise* [raiz]

➡ *V... znova z-li ceny.* In... there was the increase in prices again.

zdvorilý polite [pə'lait]

zebra ž. dopr. hovor. zebra crossing [ˌzebrə 'krosiŋ]

zeleň ž. (porast) greenery [gri:-nri], (plocha) green area/space/zone [ˌgri:n 'eəriə/'speis/'zəun]

zelenina ž. vegetables [vedžtəblz]; *čerstvá z.* fresh vegetables; *mrazená z.* frozen vegetables; *nakladaná z.* pickles

zeleninový vegetable [vedžtəbl]

zelený green [gri:n]; *z-á karta* (aj motor.) green card; *z-á vlna* dopr. synchronized/tuned traffic lights

zeler m. celery [selri]

zem ž. **1.** (zemský povrch) ground [graund], (surface of the) earth [(ˌsə:fis əv ðiˀ) ə:θ], (dlážka) floor [flo:]; *ležať na z-i* lie* on the ground **2.** (pevnina) land [lænd] **3.** (zemeguľa) the Earth [ði ˀə:θ], the globe [ðə 'gləub]

➡ *Na obzore z.!* The land on the horizon!

zemeguľa ž. the globe [ðə 'gləub], the Earth [ði ˀə:θ]

zemetrasenie s. earthquake [ə:θ-kweik], hovor. quake [kweik]; *ohnisko z-ia* epicentre/AM epicenter of na earthquake

zemiak m. potato [pə'teitəu]; *nové/skoré z-y* early potatoes; *opekané z-y* baked potatoes; *varené z-y* boiled potatoes; *z-y varené v šupe* potatoes boiled in their jackets

zhnitý (o ovocí ap.) rotten [rotn]

zhodiť throw* down [ˌθrəu 'daun]

zhon m. rush [raš], hustle and bustle [ˌhasl ən 'basl]

zhora from above [frəm ə'bav]

zhoršiť worsen [wə:sn], (problém) aggravate [ægrəveit] // **z. sa** worsen, get* worse [ˌget 'wə:s]

➡ *Z-lo sa počasie.* The weather has turned/changed for the worse.

zhromaždisko s. meeting place [mi:tiŋ pleis]

zhromaždiť sa gather [gæðə], get* together [ˌget tə'geðə]

➡ * *Z-te sa pred hotelom, na parkovisku, pred stanicou,...* Gather in front of the hotel, at the parking place, in front of the station,...

¹zima prísl. cold [kəuld]

➡ *Je z.* It is cold.
Je mi z. I am cold.

²zima ž. **1.** (chlad) cold [kəuld], chill [čil]; *treskúca z.* bitter cold **2.** (ročné obdobie) winter

[wintə]; *cez z-u* during winter/
wintertime; *v z-e* in winter

zimnica ž. shakes [šeiks], shivers
[šivəz]; *žltá z.* yellow fever/jack

zimník m. winter coat [wintə kəut]

zimný winter [wintə]; *z. šport*
winter sport; *z-á krajina* winter
land; *z-é mesiace* winter months;
z-é obdobie winter time; *vhod-
ný do z-ého počasia* suitable
for winter weather

zips m. zip (fastener) [(ˌ)zip ('faːs-
nə)], AM zipper [zipə]; *suchý z.*
velcro

získať obtain [əb'tein], get* [get]

zísť (nadol) get*/come* down
[ˌget/ˌkam 'daun], (z dopr. pro-
striedku) get* off [ˌget 'ɔf] //
z. sa 1. | **zhromaždiť sa**
2. (stretnúť sa) meet* [miːt]
3. (byť na úžitok) come* in use
[ˌkam in 'juːs], come* handy
[ˌkam 'hændi], suit [suːt]

➨ *To sa mi/nám zíde.* It will
come in use for me/for us.

zistiť 1. (odhaliť) find* out [ˌfaind
'aut] 2. (uvedomiť si) find*
[faind]

zívať yawn [joːn]

zjazd m. šport. downhill (ski) ra-
ce/run [daunhil (ski) reis/ran];
z. na lyžiach downhill skiing

zjazdný passable [paːsəbl], negoti-
able [ni'gəusiəbl]; *z. aj počas
zimných mesiacov* passable
in/all winter; *z. pre motorové
vozidlá* motorable

zjazdovka ž. ski slope [ski sləup],
downhill course [ˌdaunhil 'koːs]

zlacnený reduced [ri'djuːst]

zlacnieť become* cheaper [biˌkam
'čiːpə], go* down [ˌgəu 'daun]

zlacniť make* cheaper [ˌmeik
'čiːpə], reduce in price [ri'djuːs
in prais], lower the price [ˌləuə
ðə 'prais] (čo of sth)

zľadovatený frosty [frosti], (vo-
zovka) icy [aisi]

zlatníctvo s. goldsmith's (shop)
[gəuldsmiθs (šop)], jeweller's
(shop) [džuːələz (šop)]

zlato s. gold [gəuld]

zlatý (prsteň) gold [gəuld], (lesk)
golden [gəuldn], (pozlátený)
gilded [gildid], gilt [gilt]

¹zľava from the left [frəm ðə
'left]; *predbiehať z.* overtake*
on the left

²zľava ž. discount [diskaunt], price
reduction [ˌprais ri'dakšn]; *z. na
cestovnom* fare reduction;
z. na deti discount for children

➨ *Majú deti, dôchodcovia, štu-
denti,... z-u na...?* Is there a dis-
count/a reduced fee for chil-
dren, for pensioners/seniors,
for students,...?
Nedostanem(e) z-u? Can I (we)
get/have the price reduction?

zľaviť (z ceny) reduce [ri'djuːs]

zle badly [bædli]

➨ *Je mi z.* I feel sick.
Prišlo mi z. I don't feel well.

zlepšiť improve [im'pruːv], (make*)

Z

better [(,meik') betə] // z. sa
improve, (grow*/turn) better
[(,grəu/,tə:n') betə]

zlodej m. thief [θi:f]; *vreckový z.*
pickpocket

zlomenina ž. fracture [frækčə]

zlomiť (sa) break* [breik], frac-
ture [frækčə]; *z. si nohu, ruku*
break* one's leg/one's arm

zloženka ž. postal order [pəustl
o:də]

zložitý complicated [komplikeitid]

zlý 1. (kvalitou) bad [bæd], poor
[puə], inferior [in'fiəriə] **2.**
(o človeku ap.) bad, (dieťa)
naughty [no:ti] **3.** (nepríjemný)
unfriendly [an'frendli], unkind
[an'kaind] **4.** (chybný) wrong
[roŋ], erroneous [i'rəuniəs]
➡ *... hovorí zlou...* ... speaks bad...

zlyhať (v rôzn. význ.) fail [feil]

zmätkár m. hovor. puzzlehead
[pazlhəd]

zmätok m. chaos [keios], confu-
sion [kən'fju:žn]

¹zmena ž. **1.** (premena) change
[čeindž], transformation [,træns-
fə'meišn], (náhla) turn [tə:n]
2. (úprava) modification [,mo-
difi'keišn], alternation [,o:ltə-
'neišn] **3.** (za iné) change, ex-
change [iks'čeindž]; *z. bydliska*
change of residence; *z. podne-
bia* climate/climatic change;
z. prevodového stupňa gear
change/ĀM shift; *z. smeru*
change of direction

²zmena ž. shift [šift]; *nočná z.*
night shift

zmenáreň ž. exchange office [iks-
'čeindž ofis]
➡ *Je v hoteli, kempe,... z.?* Is
there an exchange office at the
hotel, in the camp,...?

zmenárnik m. money changer
[mani čeindžə]

zmeniť 1. change [čeindž]; *z. ob-
jednávku, rezerváciu* change
the booking/the ordering, the
reservation **2.** (upraviť) modify
[modifai], alter [o:ltə] **3.** (vy-
meniť) change, exchange [iks-
'čeindž] // *z. sa* change (na čo
to sth), turn [tə:n] (na čo into
sth)

zmes ž. (v rôzn. význ.) mixture
[miksčə], mix [miks]; *chladiaca
z.* motor. coolant; *olejová z.* oil
mixture; *palivová z.* fuel mixture

zmestiť sa get* [get] (do čoho
in/into sth)

zmeškať miss [mis]
➡ *Z-l som/Z-li sme autobus, prí-
poj, vlak,...* I've/We've missed
the bus, the connection, the
train,...

zmierniť (zmenšiť) reduce [ri-
'dju:s], (oslabiť) mitigate [miti-
geit], moderate [modreit], (uľa-
viť) alleviate [ə'li:vieit], relieve
[ri'li:v]

zmiznúť disappear [,disə'piə]

zmluva ž. contract [kontrækt],
agreement [ə'gri:mənt], (medzi-

národná) treaty [tri:ti]; *garanto-vaná* z. guaranteed contract; *poistná* z. insurance contract; *podľa z-y* according to the agreement

zmluvný contractual [kən'træk-čuəl]

zmoknúť get* drenched [ˌget 'drenčt]

zmrzlina ž. ice cream [ˌais 'kri:m], (porcia) BR ice [ais]; *čokoládo-vá* z. chocolate ice cream, (v kor-nútku) chocolate cone; *jaho-dová* z. strawberry ice cream; *miešaná* z. mixed ice cream; *ovocná* z. fruit ice cream; *pistá-ciová* z. pistachio ice cream; *smotanová* z. creamy ice cream; z. *v kornútku* (ice cream in a) cone

➡ *Dajte mi, prosím, porciu, dve tri,... porcie z-y.* Give me one portion, two, three,... ice creams, please.

zmrzlináreň ž. ice-cream shop [asikri:m šop]

zmrzlinový ice [ais], ice-cream [ˌais 'kri:m]; z. *pohár* sundae

značiť 1. | **znamenať** 2. (značka-mi) mark [ma:k]

značka ž. 1. sign [sain]; *dopravná* z. (traffic) sign motor. *štátna poznávacia* z. | *evidenčné číslo*; *zákazová* z. prohibitory sign 2. (tovaru) brand [brænd], (vý-robná) trademark [treidma:k]; z. *auta* make of car

značný considerable [kən'sidrəbl], substantial [səb'stænšl]

znalosť ž. knowledge [nolidž]; z. *miestnych pomerov* knowledge of local conditions/circum-stances, local knowledge

znamenie s. 1. signal [signl], (znak) sign [sain] 2. (označe-nie) sign, mark [ma:k]; *charak-teristické* z. characteristic fea-ture; *materské* z. birthmark 3. (predzvesť) omen [əumən], sign

znamenať mean* [mi:n]

➡ *Čo z-á toto slovo?* What's the meaning of this word? *Čo to má z.?* What it comes to?

známka ž. 1. stamp [stæmp] 2. (na označenie) disc [disk], label [leibl], tag [tæg]; *diaľnič-ná* z. toll sticker

➡ *Kde predávajú poštové z-y?* Where are the postage stamps sold?

známosť ž. (vzťah) acquaintance [ə'kweitns], contact [kontækt], relation [ri'leišn]; *nadviazať* z. make* sb's acquaintance

¹**známy** known [nəun], well-known [ˌwel'nəun], (povedo-mý) familiar [fə'miliə]

²**známy** m. acquaintance [ə'kwein-tns]

znásilniť rape [reip]

znášať tolerate [tolreit], endure [in'djuə], stand* [stænd], bear* [beə]

Z

➡ *Ako z-š/z-te túto strašnú horúčavu, zimu...?* How do you bear this awful heat, cold,...? *Nez-m horúčavy, slnko, chlad,...* I can't stand heats, sun, cold,...

znázorniť represent [ˌrepriˈzent], (názorne) demonstrate [demənstreit], show* [šəu]

➡ *Čo, koho,... z-nuje...?* What, whom,... does... represent?

znemožniť | **zábrániť**

znepokojovať worry [wari], disturb [disˈtə:b], make* anxious [ˌmeik ˈæŋkšəs] // *z. sa* be* worried/anxious [bi ˈwarid/ ˈæŋkšəs], worry

➡ *Nez-uj(te) sa!* Don't worry!

zničiť destroy [diˈstroi], ruin [ru:in] // *z. sa* ruin o.s.

zniesť 1. (nadol) bring*/take* down [ˌbriŋ/ˌteik ˈdaun] 2. | **vydržať** 1.

znížiť lower [ləuə], bring* down [ˌbriŋ ˈdaun], reduce [riˈdju:s], (ceny aj) knock down [ˌnok ˈdaun]; *z. ceny* lower the prices; *z. rýchlosť* reduce the speed, slow down

znova again [əˈgein]

zobrať | **vziať**

zobudiť (sa) wake* (up) [(ˌ)weik (ˈap)]

➡ * *Kedy vás máme z.?* When would you like us to call you? *Z-ďte ma, prosím, o... hodine.* Call me at... o'clock,

please. Can you wake me up at... o'clock, please?

zobúdzanie s. (služba) waking up service [ˌweikiŋ ap ˈsə:vis]

zodpovedať 1. (požiadavkám ap.) match up [ˌmæč ˈap], be* up [ˌbi ˈap], correspond [ˌkoriˈspond] 2. be* responsible [bi riˈsponsəbl] (za čo for sth)

zodpovednosť ž. responsibility [riˌsponsəˈbiləti]; *na vlastnú z.* off one's own bat

zodpovedný responsible [riˈsponsəbl]

➡ *Kto je z. za...?* Who's responsible for it?

zohriať (sa) warm (up) [(ˌ)wo:m (ˈap)]

zomrieť die [dai], práv. decease [diˈsi:z]

zóna ž. zone [zəun]; *obytná z.* residential zone; *pešia z.* pedestrian precinct/zone; *pohraničná z.* border/frontier zone; *z. krátkodobého parkovania* short-time/ time limit parking zone, green short-term zone; *z. s riadeným státím* controlled parking zone, (s platením parkovného) meter zone

zoo ž./s. hovor. zoo [zu:]

zopakovať repeat [riˈpi:t], say* again [ˌsei əˈgein]

➡ *Z-ujte to, prosím, ešte raz.* Say it again, please.

zorganizovať organize [oːgnaiz]

zorientovať sa get*/find* one's

bearings [ˌget/ˌfaind 'beəriŋz], orient o.s. [oːriənt], find* one's way [ˌfaind 'wei]

zosadnúť (o lietadle) land [lænd]

zostať | ostať

zostup m. (aj lietadla) descent [di'sent]; *z. z vrchu* descent of the mountain

zosuv m. slide [slaid]; *z. pôdy* landslide

zotavenie s. recovery [ri'kavri]

¹zotaviť sa recover [ri'kavə], convalesce [ˌkonvə'les]

zotavovňa ž. recovery/convalescent home [ri'kavri/ˌkonvə'lesnt həum], sanatorium* [ˌsænə'toːriəm], (rekreačná) holiday home [holədei həum]

zoznam m. list [list], (úradný) register [redžistə], (menný) roll [rəul], (adresár) directory [di'rəktri]; *telefónny z.* telephone directory, hovor. phone book; *z. hotelov* hotels list/directory; *z. kempov* camps list/directory; *z. pasažierov* list of passengers, (lietadla) list of passengers aboard an airplane; *z. účastníkov* list of participants/of members; *z. ulíc* (roads and) streets directory

➡ *Prosím(e) si telefónny z.!* I'd (We'd) like to have a phone book!

zoznámiť introduce [ˌintrə'djuːs] (koho s kým sb to sb) // *z. sa* (s kým) make* sb's acquaintance [ˌmeik ə'kweitns]

➡ *Smiem ťa/vás z. s...?* May I introduce you to...?
Z-te sa. Introduce yourselves.

✱ *Teší ma, že som sa s vami z-l!* Nice/Pleased to meet you!
Rád by som, aby ste sa zoznámili s... I'd like you to meet...
Už sme sa z-li. We have met before.

zranenie s. | **poranenie**

¹zranený | poranený

²zranený m. injured [indžəːd]

➡ *Mohli by ste sa postarať o z-ch?* Could you take care of the injured?

zraniť | poraniť

zraziť 1. (dopr. prostriedkom) knock down [ˌnok 'daun] 2. (strhnúť zo sumy) knock/take* off [ˌnok/ˌteik 'of] // *z. sa* (o dopr. prostriedkoch) collide [kə'laid], crash [kræš]

zrážka ž. collision [kə'ližn], crash [kræš]; *čelná z.* head-on collision; *hromadná z.* pile up; *z. vlakov* railway collision

zrážky ž. precipitation [priˌsipi'teišn]; *dažďové z.* rainfall; *snehové z.* snowfall; *bohatý na z.* rich in precipitation, with abundant precipitation; *chudobný na z.* poor in precipitation

zrelý ripe [raip]

zrenica ž. pupil [pjuːpl]

zreteľný clear [kliə], distinct [di'stiŋt], plane [plein]

zriedkavý rare [reə], (nezvyčajný) exceptional [ik'sepšnl]

zrkadielko s. mirror [mirə]; *toaletné z.* (v aute) vanity mirror

zrkadlo s. (aj motor.) mirror [mirə]; *bočné z.* fender mirror; *predné prejazdové z.* crossover mirror; *spätné z.* (vnútorné) rearview/driving mirror, (vonkajšie) outside/fender mirror, (na ťahanie obytného prívesu) trail-view mirror, (so širokým uhlom záberu) black spot mirror

zrozumiteľný intelligible [in'telidžəbl], understandable [ˌandə'stændəbl], (jednoduchý) simple [simpl]

zrúcanina ž. ruin(s) [ru:in(z)]; *z. hradu* ruins of a castle

zrušiť (objednávku ap.) cancel [kænsl]
➡ ✳ *Musím(e) z. tento let, zájazd,...* I (We) must cancel this flight, this trip,...

zrútiť sa fall* down [ˌfo:l 'daun], crash [kræš]

zrýchliť (sa) accelerate [ək'seləreit]

zub m. tooth* [tu:θ]
➡ ✳ *Bolia ma z-y.* I have (got) a toothache.
Zlomil sa mi z. I have a broken tooth.
Môžete mi (provizórne) ošetriť z.? Could you treat my tooth (provisionally)?

zubáč m. zander [zændə]

zubačka ž. hovor. cogwheel/rack railway [kogwi:l/ræk reilwei], AM rack railroad [ræk reilrəud]

zúčastniť sa take* part [ˌteik 'pa:t] (na čom in sth), participate [pa:'tisipeit] (čoho/na čom in sth), be* [bi] (čoho/na čom at sth)
➡ ✳ *Chcel by si sa/Chceli by ste sa z. na...?* Would you like to take part in...?

zúfalý desperate [desprət], hopeless [həupləs]

zúžený narrowed [nærəud]; *z-á vozovka* (značka) Road narrows

zvažovať sa (terén) decline [di'klain], (svah) slope (down) [(ˌ)sləup ('daun)], (strmo) slope steeply [ˌsləup 'sti:pli]

zvedavý curious [kjuəriəs] (na čo for/about sth)
➡ ✳ *Som z./Sme z-í na...* I am/ We are curious about...

zveličovať exaggerate [ig'zædžəreit]

zverolekár m. veterinary surgeon [vetrinri sə:džn], hovor. vet [vet], AM veterinarian [ˌvetri'neəriən]

zviera s. animal [æniml]; *domáce z.* domestic animal

zvládnuť manage [mænidž], (poradiť si) cope [kəup] (čo with sth)

zvlášť separately [seprətli], extra [ekstrə]

Z

➡ ✳ *Za... sa platí z.* There's an extra charge for...

zvláštny 1. (oddelený) separate [seprət]; *izba so z-m vchodom* room with a separate entrance **2.** (nezvyčajný) special [spešl], strange [streindž]

zvodidlo s. crash barrier [kræš bæriə], ᴀᴍ guard rail [ga:d reil]

zvolať 1. (zakričať) shout [šaut], cry [krai], exclaim [iks'kleim], call out [ˌko:l 'aut] **2.** (prítomných ap.) call together [ˌko:l tə'geðə]

zvon m. bell [bel]; *kostolné z-y* church bells

zvonček m. doorbell [do:bel], (v hoteli) call button [ko:l batn]

➡ *Nefunguje z.* The bell is out of order.

zvonica ž. belfry [belfri], bell tower [bel tauə]

zvoniť ring* [riŋ]

➡ *Z-í!* The bells are ringing!

zvonka 1. from the outside [ˌfrəm ði 'autsaid] **2.** (na povrchu) on the outside [on ði 'autsaid]

zvuk m. sound [saund]

zvýhodniť favour, ᴀᴍ favor [feivə], privilege [privilidž]

zvyk m. habit [hæbit], (zvyklosť) custom [kastm], (tradícia) tradition [trə'dišn]; *ľudové z-y* national customs; *miestne z-y* local customs

zvyknúť si get*/become* used [ˌget/biˌkam 'ju:st] (na čo to sth), acclimatize [ə'klaimətaiz]

zvýšiť lift [lift], raise [reiz], increase [in'kri:z]; *z. ceny* raise the prices // **z. sa** rise* [raiz], increase

zvyšný remaining [ri'meiniŋ], left over [ˌleft 'əuvə]

zvyšok m. rest [rest]

POZNÁMKY

Z

Ž

žalúdok m. stomach [stamək]; *pokazený ž.* upset stomach, indigestion; *chorý na ž.* ill with stomach; *na lačný ž.* in the empty state
➡ *Pokazil som si ž.* My stomach has been troubling me. *Je mi zle od ž-a.* I feel sick/nauseous.

žandár m. gendarme [žonda:m]

žart m. joke [džəuk]

žartovať joke [džəuk]

žasnúť be* astonished [bi ə'stoništ] (nad čím at sth)

že that [ðət]; *pod podmienkou, že...* on the condition that..., with the proviso that...
➡ *V prípade, že (ne)prídem(e).* In the case I (we) (don't) come.

žehlička ž. | hladidlo

žehliť | hladiť

želanie s. wish [wiš]; *mimoriadne/špeciálne ž.* special wish; *podľa ž-ia* according to one's wish

želať wish [wiš] // *ž. si* wish, want [wont]
➡ ✳ *Čo si ž-áte?* May I help you?
✳ *Ž-áte si ešte niečo?* Do you want anyting else?
✳ *Ako si ž-áte!* As you want/wish!
✳ *Ž-ám ti/vám všetko najlepšie, šťastnú cestu,...* I wish you every happiness, a good journey,...

železiarstvo s. (predajňa) ironmonger('s) [aiənmaŋgə(z)], AM hardware store [ha:dweə sto:]

železnica ž. railway [reilwei], AM railroad [reilrəud]; *horská ž.* mountain railway; *podzemná ž.* underground railway, AM subway; *prímestská ž.* suburban railway

železničný railway [reilwei], AM railroad [reilrəud]; *ž-á sieť* railway system

železný iron [aiən]; *ž-á opona* pren. Iron Curtain

žemľa ž. roll [rəul], (ochutená) bun [ban]

žemľovka ž. AM brown betty [ˌbraun 'beti]

žena ž. **1.** woman* [wumən]; *slobodná zamestnaná ž.* single employed woman; *ž. v domácnosti* housewife* **2.** hovor. (manželka) wife* [waif]

ženatý married [mærid]
➡ *Ste ž.?* Are you married?

ženský **1.** (týk. sa ženy) woman('s) [wumən(z)]; *ž. lekár* gynaecologist, women doctor **2.** (príznačný pre ženu) female [fi:meil], feminine [feminin], womanly [wumənli]

žetón m. (v hazardných hrách) chip [čip], jeton [džeton], (v spoločenských hrách) counter [kauntə], (do telefónneho automatu) token [təukn]

žiadať demand [di'ma:nd] (o čo sth), require [ri'kwaiə] (o čo sth), (pýtať) ask [a:sk] (o čo for sth)

žiaden, žiadny no [nəu], (samostatne) none [nan]; *za žiadnu cenu* not at any price

žiadosť ž. application [,æpli'keišn], request [ri'kwest]; *ž. o vízum* visa application, (formulár) visa application form

žiak m. pupil [pju:pl]

žiaľ unfortunately [an'fo:čnətli]

➡ *To, ž., nie je možné.* Unfortunately, it's not possible.
Musím(e), ž.,... Unfortunately, I (We) must...
Ž., nemôžem(e)... Unfortunately, I (we) can't...

žiara ž. light [lait]; *polárna ž.* aurora polaris

žiariť light [lait], shine* [šain]

žiarlivý jealous [dželəs]

žiarovka ž. (light) bulb [(lait) balb]

➡ *Vyhorela ž., vymeňte ju, prosím.* The light bulb has burnt out. Change it, please.

žid, Žid m. Jew [džu:]

židovský (zvyk) Jewish [džu:iš], (náboženstvo) Judaic [džu:-'deiik]

žihľava ž. nettle [netl]

žihľavka ž. nettle rash [netl ræš], odb. hives [haivz]

žila ž. vein [vein]

žiletka ž. razor blade [reizə bleid]

žinčica ž. whey of sheep's milk [wei əv ši:ps milk]

žinka ž. hovor. (na umývanie) facecloth [feiskloθ], BR face flannel [feis flænl], AM washcloth [woškloθ]

žiť live [liv] 1. exist [ig'zist], be* alive [bi ə'laiv], (prežívať) pass life* [,pa:s 'laif] 2. (bývať) dwell [dwel], reside [ri'zaid]; *ž. v meste* live in the town

➡ *Tu žil...* Here... lived.

✳ *Nech žije...!* Long live...!

živelný 1. elemental [,eli'mentl], natural [næčrl]; *ž-á pohroma* natural catastrophe/disaster 2. (nekontrolovateľný) unrestricted [,anri'striktid], wild [waild] 3. (spontánny) spontaneous [spon'teiniəs]

živiť sa 1. live on/off [,liv 'on/'of] 2. (zarábať) earn one's living [,ə:n 'livin]

živnostník m. trader [treidə]

živočích m. animal [æniml]

život m. 1. life* [laif], existence [ig,zistns]; *ohrozenie ž-a* danger to life, life threat; *ohrozujúci ž.* hazardous to life 2. (ruch v urč. prostredí) bustle [basl], stir [stir], life* [laif]; *nočný ž.* night life

životunebezpečný hazardous to life [,hæzədəs tə 'laif]

živý 1. (op. mŕtvy) living [livin],

Ž

alive [ə'laiv]; *ž. plot* hedge
2. (rušný) busy [bizi]; *žá premávka* busy traffic **3.** (temperamentný) lively [livli], brisk [brisk]
4. (trvajúci) lasting [la:stiŋ], continuing [kən'tinjuiŋ]

žľaza ž. anat. gland [glænd]; *podžalúdková ž.* pancreas; *štítna ž.* thyroid gland

žlčník m. anat. gall bladder [go:l blædə]

žltačka ž. jaundice [džo:ndis], icterus [iktərəs]

žĺtok m. (egg) yolk [(eg) jəuk]

žltý yellow [jeləu]

žobrák m. beggar [begə]

žolík m. joker [džəukə]

žralok m. shark* [ša:k]

žriedlo s. source [so:s], spring [spriŋ], fountain [fauntin]; *liečivé ž.* hot/thermal/curative spring

župan m. dressing gown [dresiŋ gaun], ĀM bathrobe [ba:θrəub]

žuvačka ž. chewing gum [ču:iŋ gam]

Príloha

Appendix

OBSAH

[Contents]

I. Praktické informácie

[Useful Information]

II. Niečo z anglickej gramatiky

[Something from English Grammar]

I. Praktické informácie

[Useful Information]

A

DÔLEŽITÉ ADRESY A TELEFÓNNE ČÍSLA
[Important addresses and telephone numbers]

I. Veľvyslanectvá

[Embassies]

Veľká Británia

Veľvyslanectvo Slovenskej republiky
Embassy of the Slovak Republic
25 Kensington Palace Gardens
London W8 4QY, United Kingdom
Tel.: 0044/207 313 6470,
207 313 6471, 207 313 6490
(Konzulárne oddelenie)
Fax: 0044/207 313 6481
E-mail: mail@slovakembassy.co.uk
Web: www.slovakembassy.co.uk

■ Spojené štáty americké

Veľvyslanectvo Slovenskej republiky
Embassy of the Slovak Republic
3523 International Court, NW
Washington, D.C. 20008
USA
Tel.: 001-202/237 1054
Fax: 001-202/237 6438
E-mail: info@slovakembassy-us.org
Web: www.slovakembassy-us.org

■ Kanada

Veľvyslanectvo Slovenskej republiky
Embassy of the Slovak Republic
50, Rideau Terrace
Ottawa, Ontario
K1M 2A1
Kanada (Canada)
Tel.: 001-613/749 4442
           795 4823 (stála služba)
           748 1773 (Obchodno-
           -ekonomické oddelenie)
Fax: 001-613/749 4989
E-mail: ottawa@slovakembassy.ca
Web: www.slovakembassy.com

■ Austrália

Veľvyslanectvo Slovenskej republiky
Embassy of the Slovak Republic
47 Culgoa Circuit,
O'Malley (Obchodno-ekonomické
oddelenie)
Canberra A.C.T. 2606
Austrália (Australia)
Tel.: 00612/6290 1516, 6290 2405,
6290 0036
Fax: 00612/6290 1755
E-mail: slovak@cyberone.com.au,
embassy@slovakemb-aust.org
Web: www.slovakemb-aust.org

■ Slovensko

VEĽVYSLANECTVO VEĽKEJ BRITÁNIE

Panská 16
811 01 Bratislava 1
Slovenská republika
Tel.: 00421/2/5998 2000
Fax: 00421/2/5998 2237
E-mail: bebra@internet.sk
Internet: www.britishembassy.sk
Vízové oddelenie:
Tel.: 00421/2/5998 2258
Fax: 00421/2/5998 2210
     britvisas@ internet.sk
Kultúrne oddelenie:
British Council
Panská 17
814 99 Bratislava 1
Slovenská republika
Tel.: 00421/2/5443 1074
            /5443 1793
            /5443 1261
Fax: 00421/2/5443 4705
E-mail:
bc.bratislava@britishcouncil.sk
Internet: www.britishcouncil.sk

VEĽVYSLANECTVO USA

Hviezdoslavovo nám. 5
811 02 Bratislava 1
Slovenská republika
Tel.: 00421/2/5443 0861
            /5443 3338
      00421/2/903 703 666 - stála
                      služba
Fax: 00421/2/5441 5148
            /5922 3026
Internet: www.usembassy.sk

VEĽVYSLANECTVO KANADY

Muchova 6
160 00 Praha 6
Česká republika
Tel.: 00420/2/7210 1800
Fax: 00420/2/7210 1800
**Oddelenie technickej spolupráce
(Bratislava):**
Kancelária veľvyslanectva Kanady,
Carlton
Courtyard & Savoy Buildings
Mostová 2
811 02 Bratislava
Slovenská republika
Tel.: 00420/2/5920 4031
Fax: 00420/2/5443 4227

VEĽVYSLANECTVO AUSTRÁLIE

Mattiellistrasse 2-4
1040 Viedeň
Rakúska republika
Tel.: 0043/1/506 74(99)
Fax: 0043/1/513 1656
            /504 1178
E-mail: name.surname@dfat.gov.au
(name.surname - meno.priezvisko
diplomata)

II. Tiesňové volania

[Emergency Call Numbers]

■ Spojené Kráľovstvo Veľkej Británie a Severného Írska

Polícia, požiarna služba, sanitka
[Police, Fire Sevice, and Ambulance]: 999

Pomoc motoristom v núdzi
[Road Assistance]:

Automotive Association (AA)
. 0256-20123

Royal Automobile Club (RAC)
. 01-839-7050

■ Spojené štáty americké

Polícia, požiarna služba, sanitka
[Police, Fire, and Ambulance]:
. . . . 911

Pomoc motoristom v núdzi
[Road Assistance]:

American Automobile Association
(AAA) 1-800-222-4357

■ Kanada

Polícia, požiarna služba, sanitka
[Police, Fire, and Ambulance]:
. . . . 911

Pomoc motoristom v núdzi
[Road Assistance]:

Canadian Automobile Association
(CAA) 222

■ Austrálsky zväz

Polícia, požiarna služba, sanitka
[Police, Fire, and Ambulance]:
. . . . 000

Pomoc motoristom v núdzi
[Road Assistance]:

Australian Automobile Association
(AAA) 061247 7311

■ Slovensko

Prvá pomoc [First Aid]: 155

Polícia [Police]: 158

Pomoc motoristom v núdzi
[Road Assistance]:

ASA Autoklub Slovakia
Assistance 18 124
Bratislava, Račianska 71
Internet: www. autoklub.sk

III. Predvoľba

[Dialling Code]

◗ Z Veľkej Británie
na Slovensko 00421
◗ Z USA na Slovensko 00421
◗ Z Austrálie na Slovensko . . 00421
◗ Zo Slovenska
do Veľkej Británie 0044
do USA 001
do Kanady 001
do Austrálie 0061

[Administrative Division of
Great Britain, USA, Canada,
and Australia]

*Názvy bez slovenskej podoby slova sa
aj v slovenčine používajú tak ako
v anglickom jazyku.*

■ Veľká Británia

United Kingdom .... London
The United Kingdom of Great
Britain and Northern Ireland
Veľká Británia .... Londýn
Spojené Kráľovstvo Veľkej Británie
a Severného Írska

England .... London
Anglicko .... Londýn

Northern Ireland .... Belfast
Severné Írsko .... Belfast

Scotland .... Edinburgh
Škótsko .... Edinburgh

Wales .... Cardiff

■ Spojené štáty americké

The United States of America
.... New York
Spojené štáty americké
.... New York

Federálne štáty:

Alabama .... Montgomery

Alaska .... Juneau
Aljaška .... Juneau

Arizona .... Phoenix

Arkansas .... Little Rock

California .... Sacramento
Kalifornia .... Sacramento

Colorado .... Denver

Connecticut .... Hartford

Delaware .... Dover

District of Columbia ... Washington

Florida .... Tallahassee

Georgia .... Atlanta

Hawaii .... Honolulu
Havajské ostrovy .... Honolulu

Idaho .... Boise

Illinois .... Springfield

Indiana .... Indianapolis

Iowa .... Des Moines

Kentucky .... Frankfort

Louisiana .... Baton Rouge

Maine .... Augusta

Maryland .... Annapolis

Massachusetts .... Boston

Michigan .... Lansing

Minnesota	Saint Paul
Minnesota	St. Paul
Mississippi	Jackson
Missouri	Jefferson City
Montana	Helena
Nevada	Carson City
New Hampshire	Concord
New Jersey	Trenton
New Mexico	Santa Fe
Nové Mexico	Santa Fe
New York	Albany
North Carolina	Raleigh
Severná Karolína	Raleigh
North Dakota	Bismarck
Severná Dakota	Bismarck
Ohio	Columbus
Oklahoma	Oklahoma City
Oregon	Salem
Pensylvania	Harrisburg
Pensylvánia	Harrisburg
Rhode Island	Providence
South Carolina	Columbia
Južná Karolína	Columbia
South Dakota	Pierre
Južná Dakota	Pierre
Tennessee	Nashville
Texas	Austin
Utah	Salt Lake City

Vermont	Montpelier
Virginia	Richmond
Virgínia	Richmond
Washington	Olympia
West Virginia	Charleston
Západná Virgínia	Charleston
Wyoming	Cheyenne

Federálna oblasť:

District of Columbia	Washington D. C.
Federálny dištrikt Kolumbia	Washington D. C.

■ **Kanada**

Canada	Ottawa
Kanada	Ottawa

Provincie:

Alberta	Edmonton
British Columbia	Victoria
Britská Kolumbia	Victoria
Manitoba	Winnipeg
New Brunswick	Fredericton
Newfoundland	Saint John's
Nova Scotia	Halifax
Nové Škótsko	Halifax
Nunavut	Iqaluit
Ontario	Toronto
Ontário	Toronto

Prince Edward Island . . . . **Charlottetown**	Austrália . . . . Canberra
Ostrov princa Eduarda . . . . Charlottetown	Austrálsky zväz
	Spolkové štáty a teritóriá:
Quebec . . . . **Quebec**	**New South Wales** . . . . **Sydney**
	Nový Južný Wales . . . . Sydney
Saskatchewan . . . . **Regina**	**Northern Territory** . . . . . . **Darwin**
	Severné teritórium . . . . Darwin
Teritóriá:	
	Queensland . . . . **Brisbane**
Northwest Territories . . . . **Yellowknife**	**South Australia** . . . . **Adelaide**
Severozápadné teritóriá . . . . Yellowknife	Južná Austrália . . . . Adelaide
	Tasmania . . . . **Hobart**
Yukon Territory . . . . . . **Whitehorse**	Tasmánia . . . . Hobart
Yukonské teritórium, Yukon . . . . Whitehorse	**Victoria** . . . . **Melbourne**
	Viktória . . . . Melbourne
	Western Australia . . . . **Perth**
	Západná Austrália . . . . Perth
■ **Austrália**	**Australia Capital Territory** . . . . **Canberra**
Australia . . . . Canberra	Teritórium hl. mesta . . . . . Canberra
The Commonwealth of Australia	

[Holidays]

New Year's Day	Nový rok (1. január)
Day of the Establishment of the Slovak Republic	Deň vzniku Slovenskej republiky (1. január)
Epiphany	Sviatok Troch kráľov (6. január)
Australia Day	Au Štátny sviatok (26. január)

Martin Luther King Day	AM Štátny sviatok (tretí pondelok v januári)
President's Day	AM Štátny sviatok (tretí pondelok vo februári)
Good Friday	Veľký piatok (pohyblivý sviatok)
Easter Monday	Veľkonočný pondelok (pohyblivý sviatok)
Anzac Day	AU Štátny sviatok (25. apríl)
Labour Day	Sviatok práce (1. máj)
May Day Bank Holiday	BR Štátny sviatok (prvý pondelok v máji)
Day of Victory over Fascism	Deň víťazstva nad fašizmom (Slovensko, 8. máj)
Spring Bank Holiday	BR Štátny sviatok (posledný pondelok v máji)
Memorial Day	AM Štátny sviatok (posledný pondelok v máji)
Queen's Birthday	AU Štátny sviatok (druhý pondelok v júni)
Independence Day	AM Deň nezávislosti (4. júl)
Holiday of Saints Cyril and Methodius	Sviatok sv. Cyrila a Metoda (Slovensko, 5. júl)
Summer Bank Holiday	BR Štátny sviatok (pohyblivý sviatok, raz v pondelok v auguste)
Anniversary of the Slovak National Uprising	Výročie Slovenského národného povstania (29. august)
Day of the Constitution of the Slovak Republic	Deň ústavy Slovenskej republiky (1. september)
Labour Day	AM Sviatok práce (prvý pondelok v septembri)
Our Lady of Sorrows	Sedembolestná Panna Mária (15. september)

Columbus Day	AM Štátny sviatok (druhý pondelok v októbri)
All Saints Day	Sviatok všetkých svätých (1. november)
Veterans Day	AM Štátny sviatok (druhý pondelok v novembri)
Day of the Fight for Freedom and Democracy	Deň boja za slobodu a demokraciu (Slovensko, 17. november)
Thanksgiving Day	AM Deň vďakyvzdania (posledný štvrtok v novembri)
Christmas Eve	Štedrý deň (24. december)
Christmas Day	25. december, prvý sviatok vianočný
Boxing Day	26. december, sv. Štefana, druhý sviatok vianočný

NIEČO ZO ŠPECIALÍT ANGLICKEJ, AMERICKEJ, KANADSKEJ, AUSTRÁLSKEJ A SLOVENSKEJ KUCHYNE

[Some Specialities from English, American, Canadian, Australian, and Slovak Cuisine]

■ Veľká Británia

Beefsteak	Anglický biftek
Rumpsteak	Anglická roštenka
Bowle	Horiaci punč
Christmas pudding	Vianočný puding
Cumberland sauce	Cumberlandská omáčka
Currant pie	Ríbezľový koláč s vanilkovou omáčkou
Farmhouse pudding	Farmársky puding
Hot pot	Jedlo z jedného hrnca
Irish stew	Baranie mäso na írsky spôsob

Mint sauce	Omáčka z mäty piepornej
Mutton broth	Polievka z baranieho mäsa
Porridge	Ovsená kaša
Queen cakes	Koláčiky pre kráľovnú
Sandwiches	Obložené chlebíčky
Savouries	Malé zákusky
Scotch huggis	Plnený baraní žalúdok
Shortbread	Škótske keksy
Strawberry cream gateau	Jahodový smotanový koláč
Toasts	Hrianky
Turtle soup	Korytnačia polievka
Windsoor salad	Kurací šalát so šampiňónmi

■ **USA**

American angel food cake	Americká bábovka, koláč z tatárskej omáčky s rôznymi príchuťami (vanilkovou, mandľovou ap.)
Barbecue sauce	Omáčka na opekanie na ražni
Canadian sweet pie	Kanadský sladký koláč
Chocolate mousse cake	Penový čokoládový koláč
Corn chowder	Kukuričná kašovitá polievka
Corn(ed) beef	Hovädzie mäso s kukuricou
Cranberry sauce	Brusnicová omáčka
Farm style beef stew	Hovädzie dusené na farmársky spôsob
Fried bananas	Vyprážané banány na rôzny spôsob
Fried chicken	Vyprážané kurča
Grilled flank steak	Grilovaný hovädzí bôčik s cesnakovo--rajčiakovou omáčkou
Hamburger	Hamburger

Champagne sauce	Omáčka zo šumivého vína
Jacket potatoes	Zemiaky pečené v šupke
Roast turkey with cranberry	Pečený moriak s brusnicovou omáčkou
Whopper burgers	Karbonátky so syrom a zeleninou (hamburger predávaný firmou Burger King)

■ Kanada

Buckwheat pancakes	Pohánkové lievance
Grettons de Québec	Quebecký ovar
Ham and cheese quiche	Šunkovo-syrový kiš
Kidney Stew	Dusené hovädzie obličky
Lemon Barbecue Sauce	Citrónová omáčka
Meat Pie	Mäsový páj
Oven Fried Chicken with Lemon Barbecue Sauce	Kurča s citrónovou omáčkou

■ Austrália

Banana crescents	Banánové rožky
Duck with almonds and raisins	Kačica s mandľami a hrozienkami
Lamb cutlets	Grilované baranie rebierka
Lamb with ham	Baranie stehno
Orange cake	Pomarančový koláč
Orange steak	Pomarančový stejk
Roast ham with peaches	Grilovaná šunka s broskyňami

■ Slovensko

Biftek s volským okom	Steak and egg
Bratislavský guláš	Bratislava (style) goulash

Bratislavské makové/orechové rožky	Bratislava poppy seed/nut rolls/crescents
Bravčové ražniči	Skewered pork
Bryndzové halušky	Bryndza/sheep cheese dumplings
Bryndzové pirohy	Pirogs stuffed with bryndza cheese
Demikát	Slovak bryndza soup
Domáca kapustnica	Homemade cabbage soup
Fazuľová polievka	Bean soup
Gemerské knedle	Gemer style dumplings
Horiaca valaška	Hatchet on a fire
Kapustnica s údeným mäsom/ s klobásou a hríbami	Cabbage soup with sausage and mushrooms
Kurča po gazdovsky	Farmer's style chicken
Liptovská kapustnica	Liptov style cabbage soup
Liptovské pirohy	Liptov style pirogi
Oravská kapustica	Orava style cabbage soup
Pastierska roštenka	Shepherd beefsteak
Pastierske ražniči	Shepherd's skewer
Pečená kačica s kyslou kapustou a jablkami	Fried duck with sour cabbage and apples
Pečené jahňacie stehno	Roasted leg of lamb
Pečené pstruhy	Fried trout
Pstruh namodro	„Blue cooked" trout
Sedliacka omeleta	Farmer's omelette
Slepačí vývyr s domácimi rezancami	Chicken soup with homemade noodles
Slovenská zemiaková polievka	Slovak potato soup
Spišské bryndzové pirohy	Spiš style pirogi stuffed with Bryndza cheese

Strapačky s kapustou a slaninkou	Strapackas/Slovak Pasta with sauer-kraut, dumplings with cabbage and bacon
Tatranská hovädzia polievka	Tatra style beeftea
Tvarohové knedličky	Farmer's cheese dumplings
Zemiakové placky	Potato pancakes
Zemiakové taštičky s lekvárom	Potato batter filled with jam
Zbojnícke ražniči	Highwayman's skewer
palacinky	Crêpes
Zapekaný oštiepok	Baked smoked sheep cheese
Zbojnícka šabľa	Sirloin, pork and veal flambed on a sword

B

OZNAMY, VÝSTRAHY, UPOZORNENIA

[Announcements, Warnings, and Notices]

■ Všeobecné

Admission free	Vstup voľný
Attention!	Pozor!
Authorized persons only! *No admittance except for business!*	Nepovolaným vstup zakázaný!
Authorized persons only!	Vchod len pre zamestnancov!
Avalanche danger!	Nebezpečenstvo lavín!
Beware of pickpocekts	Pozor na vreckových zlodejov!
Beware of the dog!	Pozor, zlý pes!
Caution! High voltage!	Pozor! Vysoké napätie!
Close the door!	Zatvárajte dvere!

Closed due to illness	Pre chorobu zatvorené
Closed from – to	Zatvorené od – do
Closed until further notice!	Až do odvolania zatvorené!
Company-wide holiday	Celozávodná dovolenka
Danger!	Životunebezpečné!
Do not lean out of the window!	Nevykláňajte sa!
Do not touch!	Nedotýkať sa!
Drinking water	Pitná voda
Emergency exit	Núdzový východ
Enter individually!	Vstupujte po jednom!
Exchange office	Zmenáreň
Family room	Miestnosť pre matky s deťmi
Fire hazard!	Nebezpečenstvo ohňa!
First aid	Prvá pomoc
For external use (only)!	Na vonkajšie použitie!
For hire	Na prenájom
For sale	Na predaj
Fragile!	Pozor sklo!
Gentlemen/Men	Páni/Muži
Heating – Ventilation	Kúrenie – Vetranie
Hospital	Nemocnica
Hot – Cold	Teplý – Studený
Change reserved!	Zmena vyhradená!
Information!	Informácie
Knock!	Klopať!
Left Luggage (Office)/ AM *Left Baggage Room*	Úschovňa batožiny
Mind the step(s)!	Pozor! Schod(y)!

Mobile phones prohibited!	Zákaz používania mobilných telefónov!
No entry. No entrance! (vjazd)	
No way in!	Vstup zakázaný!
No smoking!	Fajčenie zakázané!
No swimming! No bathing!	Kúpanie zakázané!
No way out!	Východ zakázaný!
Not drinking water!	Voda nie je pitná!
Occupied	Obsadené
Offer of the day:	Ponuka dňa:
Open - Closed	Otvorené - Zatvorené
Open from... till...	Otvorené od - do
Out of operation	Mimo prevádzky
Out - In	Tam - Späť
Pets welcome	Domáce zvieratá povolené
Pets not welcome	Domáce zvieratá nie sú povolené
Please keep off the grass!	Nestúpajte po trávniku!
Pull	Ťahať
Push the button!	Stlačte tlačidlo!
Push	Tlačiť
Push - Pull	Tlačiť - Ťahať
Reduced prices	Znížené ceny
Reserved for disabled	Vyhradené pre telesne postihnutých
Reserved	Rezervované
Room for hire/to let	Izba na prenájom
Shopping only with cart	Nákup len s nákupným vozíkom
Sold	Vypredané
Staff only!	Len pre personál!

Temporarily closed for service	Z technických dôvodov zatvorené
This side up!	Neklopiť!
Treatment room	Ošetrovňa
Turn off your mobiles/ Am cellular phones!	Vypnite si mobil!
Vacant – Occupied	Voľné – Obsadené
Waiting room	Čakáreň
WC, Lavatory/Toilet	WC
Wet paint!	Čerstvo natreté!
Wipe your feet (before entering)!	Očistite si obuv!
Women/Ladies	Ženy/Dámy

■ **Doprava**

(Speed) Radar control	Radarová kontrola
Accident hazard, Black spot, Road section of frequent accidents . . .	Úsek častých dopravných nehôd
Arrival (– departure)	Príchod (– Odchod)
Bicycles prohibited!	Bicyklovanie zakázané!
Compartment for mothers and toddlers, Nursery compartment	Kupé pre matky s deťmi
Departure	Odchod
Detour	Obchádzka
Drive slowly!	Jazdite pomaly!
Emergency brake	Záchranná brzda
Escalator	Pohyblivé schody
Except for loading, Loading/ Unloading Zone	Dopravnej obsluhe vjazd povolený
Falling rocks!	Padanie kameňov!
Get into lane!	Zaraďte sa!

Guarded parking place	Strážené parkovisko
Guarded railway crossing ahead	Chránené železničné priecestie
Charge parking	Platené parkovisko
Keep clear of the door!, *Keep driveaway exit clear!*	Pred vchodom neparkovať!
Keep the parking place clean!	Udržujte čistotu na parkovisku!
Last petrol/ AM *gas station*	Posledná čerpacia stanica
Loose gravel/chippings	Odletujúci štrk
Mandatory direction of travel	Prikázaný smer jazdy
No crossing!	Prechod zakázaný!
No parking on roadway	Zákaz státia
No passing (zone)	Zákaz predbiehania
No stopping on roadway	Zákaz zastavenia
No stopping! Clearway	Zákaz zastavenia!
No thoroughfare!, *No through traffic!*	Prejazd zakázaný!
Non-smokers	Nefajčiari
Overtaking prohibited!	Nepredbiehať!
Pedestrians only!	Len pre chodcov!
Private road, Drive, Driveaway	Súkromná cesta
Road closed	Zákaz vjazdu
Road under construction	Cesta vo výstavbe
Road work	Práce na ceste
Scheduled transit vehicles allowed!	Len pre tranzitnú dopravu!
School	Škola
Slippery when wet!	Nebezpečenstvo šmyku!
Smokers	Fajčiari
Steep downgrade	Nebezpečné klesanie

Stop!, Halt!	Stoj! Stop!
Summer road only	Cesta v zime uzavretá
Taxi stand	Stanovište taxíkov
This way to the trains,	
Ticekt barrier	Príchod k vlakom
Traffic pattern has been changed	Zmena v organizácii dopravy
Unguarded parking place	Nestrážené parkovisko
Unguarded/Unprotected railway	
crossing ahead	Nechránené železničné priecestie
Use front entry doors!	Nastupujte vpredu!
Yield!	Daj prednosť v jazde!

Koľko je hodín?

[What's the Time?]

13.00 o'clock: *It's (exactly, about) one o'clock.*
Je (presne, približne) jedna hodina.

13.15 o'clock: *It's a quarter past one.*
Je štvrť na dve.

13.30 o'clock: *It's half past one.*
Je pol druhej.

13.45 o'clock: *It's a quarter to two.*
Je trištvrte na dve.

13.50 o'clock: *It's ten to two.*
Je o 10 minút dve.

14.10 o'clock: *It's ten past two.*
Sú dve hodiny a 10 minút.

SKRATKY

$$aBc...$$

[Abbreviations]

Zoznam skratiek zahŕňa skratky používané v katalógoch cestovných kancelárií, prospektoch a ďalších informačných materiáloch.

■ **Anglické**

1/1 + EB	*1/1 + extra bed*	jednoposteľová izba s prístelkou
1/1 t, SGL	*1/1 tour*	jednoposteľová izba (manželská posteľ, spoločné sociálne zariadenie)
1/1, SGL	*1/1 single*	jednoposteľová izba
1/2 DBLt	*1/2 double tour*	dvojposteľová izba (spoločné sociálne zariadenie)
1/2 EB	*1/2 + extra bed*	dvojposteľová izba s prístelkou
1/2 SU	*1/2 single use*	dvojposteľová izba využívaná ako jednoposteľová
1/2 TW	*1/2 twin*	dvojposteľová izba (oddelené postele)
1/2 TWt	*1/2 twin tour*	dvojposteľová izba (oddelené postele, spoločné sociálne zariadenie)
1/2, DBL	*1/2 double*	dvojposteľová izba
1/3, 1/x	*1/3, 1/x*	trojposteľová, viacposteľová izba
1/3t, 1/xt	*1/3 tour, 1/x tour*	trojposteľová, viacposteľová izba (spoločné sociálne zariadenie)
1bd	*1 bedroom suite*	apartmán s jednou spálňou
2bd	*2 bedroom suite*	apartmán s dvoma spálňami
AA	*Automobile Association*	autoklub, automobilový klub

AAA	1. *American Auto-*	Americká automobilová
	mobile Association	asociácia
	2. *Australian Auto-*	Austrálska automobilová
	mobile Association	asociácia
Abf	*American breakfast*	americké raňajky (ubytovanie, raňajky, obed, večera)
A/C	*air-conditioning*	klimatizácia
AD	*Anno Domini*	nášho letopočtu
AE	*American Express*	American Express
AGT	*travel agent*	obchodný cestujúci
ALL	*all inclusive*	all inclusive, všetko v cene
am	*ante meridiem*	dopoludnia, ráno
AP	*American plan*	ubytovanie, raňajky, obed, večera
Apr	*April*	apríl
apt	1. *apartment*	apartmán
	2. *flat*	byt
ARR	*arrival*	dátum príchodu/príletu
ASAP	*as soon as possible*	čo najskôr
Atm	*automated teller machine*	bankomat
Aug	*August*	august
Av/Ave	*Avenue*	ulica, trieda, bulvár
B	1. *breakfast*	raňajky
	2. *bridge*	(v názvoch) most
B&B	*bed and breakfast*	ubytovanie s raňajkami, nocľah/raňajky
BA	1. *studio*	štúdio
	2. *British Airways*	Britské aerolínie
balc, blcny	*balcony*	balkón
BB	1. *bead and breakfast*	ubytovanie s raňajkami

	2. *1 bedroom*	s jednou spálňou
	3. *1 bedroom apartment* . .	apartmán s jednou spálňou
BB&D	*Bed, Breakfast & Dinner* .	ubytovanie, raňajky a večera
BC	1. *British Council*	Britská rada
	2. *2 Bedrooms*	s dvoma spálňami
	3. *before Christ*	pred Kristom/naším leto-počtom
BD	*3 Bedrooms*	s troma spálňami
BDR	*number of bedrooms* . . .	počet spální
bdrm	*bedroom*	spálňa
BE	*4 Bedroom*	so štyrmi spálňami
bgt	*budget accommodation* .	lacné ubytovanie
BCH	*beach*	pláž
BKG	*booking*	rezervácia
BLB	*Bed & Light Breakfast* . . .	ubytovanie a ľahké raňajky
BLDG	*building*	budova
Blvd	*boulevard*	bulvár, hlavná trieda
br	*bedroom*	spálňa
BREAK	*hotel room and breakfast* . .	ubytovanie s raňajkami
BS	*business suite*	biznis apartmán
BSMT	*basement*	suterén
BT	*British Telecom*	Britské telekomunikácie
bung	*bungalow*	bungalov
Byp, BYP	*bypass*	obchvat, obchádzková komuni-kácia
c	*century*	storočie
c/a	*current account*	bežný účet
c/v	*city view*	s výhľadom na mesto
c/y	*courtyard*	dvor
Can	*canal*	kanál

CAT	*category of the hotel*	hotelová kategória
cath	*cathedral*	katedrála
CB	*Carte Blanche*	Carte Blanche
cba	*cabana*	prenosná plátenná kabína (na pláži)
CH	*centrally heated*	s ústredným kúrením
CHD	*child*	dieťa
Chr/NY	*Christmas/ New Year packages*	mimoriadne programy na Vianoce/Nový rok
CI	*check in*	prihlásenie sa
Co	1. *company*	spoločnosť
	2. *county*	kniežatstvo
CO	*check out*	odhlásenie sa
Conf	*conference facilities*	možnosť usporiadať konferencie
COV	*cove*	jaskyňa
CP	1. *car parking*	parkovisko
	2. *continental plan*	ubytovanie, kontinentálne raňajky
Csway	*causeway*	zvýšená komunikácia/cesta
ctg	*cottage*	chalupa, chata
CTR	*centre*	centrum
D	1. *double*	dvojposteľová izba
	2. *downtown*	(poloha hotela) v strede mesta
	3. *dinner*	večera
	4. *drive*	príjazdová cesta
DBL	*double room*	dvojposteľová izba
DC	*Diners Club*	Diners Club
Dec	*December*	december
dep	*departure date*	dátum odchodu/odletu, odchod, odlet
dept	*department*	oddelenie
DI	*Discover (card)*	Discover (card)
DINNER	*hotel room and dinner*	ubytovanie s večerou

Dis	*access for physically handicapped*	Prístup pre telesne postihnutých
D/L	*driver license*	vodičský preukaz
dlx	*deluxe room*	luxusná izba
DN	*double per night*	dvojposteľová izba na noc
DND	*do not disturb*	nevyrušovať
dr, din rm	*dining room*	jedáleň
Dr	1. *Doctor*	lekár
	2. *drive*	príjazdová cesta
Dry	*drying room*	sušiareň
DST	*Daylight Saving Time*	ĀM letný čas
DW	*double per week*	dvojposteľová izba na týždeň
E	*east*	východ
EB	*extra bed*	(plnohodnotná) prístelka
EC	*European Community*	Európske spoločenstvo
eg	*exampli gratia, for example*	napr., napríklad
EH	*electric hook-up*	elektrická prípojka
Em	*evening meal*	večera
EnGB	*full English breakfast (coffee, tea, orange juice, fruit, cereal, eggs, sausages, bacon, toast, tomatoes, mushrooms, and a host of other offerings including orange marmalade and brown sauce)*	Kompletné anglické raňajky
EP	*European plan*	ubytovanie bez stravy
EU	*European Union*	Európska únia
EXP	*express*	rýchlik
EXPY, Exwy	*expressway*	ĀM (v meste) diaľnica

F	1. *Fahrenheit*	Fahrenheit
	2. *family*	izba pre rodinu
FB	*full board*	plná penzia
Feb	*February*	február
FL, flr	*floor*	poschodie
flt	*flight*	let
FLT	*flat*	byt
FR	*family room*	izba pre rodinu
Fri	*Friday*	piatok
FRY	*ferry*	trajekt, kompa
Frwy	*freeway*	AM expresná diaľnica
FS3, (FS4), (FS5)	*family suite*	rodinný apartmán
ft	*feet, foot*	stopa (30,4 cm)
FWY	*freeway*	AM expresná diaľnica, diaľničná komunikácia
G	*games room*	herňa
GAPT	*grand apartment*	grand apartmán
gar	*garage*	garáž
GB	*Great Britain*	Veľká Británia
Gdn, GDN	*garden*	záhrada
gdn	*garden view*	s výhľadom na záhradu
GMT	*Greenwich Mean Time*	greenwichský čas
Golf	*access for golf facilities*	golfové ihrisko
GTD	*guaranteed*	zaručený
GTWY	*gateway*	dopravné centrum
h	*hour*	hodina
H	*hospital*	nemocnica
H&C	*Hot & Cold*	teplá a studená voda
h/v	*harbour view*	s výhľadom na prístav

HBR	*harbour*	prístav
HC	*handicapped*	izba pre telesne postihnutých
Hdry	*hairdryer*	sušič vlasov
hi-	*high season*	vrchol sezóny
hrs	*hours*	hodiny/hodín
HST	*high speed train*	rýchlovlak
htl	*hotel building*	hotel
HW	*hot water*	horúca voda
HWY	*highway*	ᴀᴍ cesta, verejná komunikácia
I, i	*information*	informácie; informačná kancelária
ICE	*intercity express (train)*	vlak Intercity
IF	*ironing facilities*	možnosť žehliť
in	*inch*	palec (2,54 cm)
inc	*inclusive, including*	vrátane
IS	*island*	ostrov
Jan	*January*	január
JCB	*Japanese Credit Bureau*	Japanese Credit Bureau
JCT	*junction*	križovatka; žel. uzol
Jul	*July*	júl
Jun	*June*	jún
kit	*kitchen*	kuchynka
kng	*king bed room*	izba s veľkou posteľou
L	1. *learner driver*	žiak autoškoly
	2. *lunch*	obed
l/v	*lake view*	s výhľadom na jazero
lb	*pound*	libra (0,45 kg)
LDG	*lodge*	domček; chata; hl. budova rekreačného strediska, kempu ap.
LK	*lake*	jazero
LN	*lane*	ulica, ulička

loc	*location*	poloha
low	*low season*	mimosezóna
lr, lvg rm	*living room*	obývacia izba
LS	*laundry service*	práčovňa
Lu	*lunch served daily*	obed podávaný denne
lux	*luxury*	luxusný
LV	*luncheon voucher*	stravenka
lxy	*luxury type room*	luxusná izba
M	*midtown*	v strede mesta (poloha hotela)
main	*main hotel building*	hlavná budova (hotela)
MAP	*modified American plan*	ubytovanie, raňajky, večera
Mar	*March*	marec
May	*May*	máj
MC	*Mastercard*	Mastercard
mins	*minutes*	minúty/minút
MNR	*manor*	panské sídlo, zámoček
mnt	*mountain view room*	izba s výhľadom na hory
mo	*month*	mesiac
mod	*moderate category room*	izba priemernej/strednej kategórie
Mon	*Monday*	pondelok
mph	*miles per hour*	míľ za hodinu
MSG	*message*	správa
Mt	*Mount*	(v názvoch) hora
MTWY	*motorway*	BR diaľnica
MU	*motel unit*	motel
N	1. *north*	S, sever
	2. *per night*	na noc

NA, N/A	*not available,*		
	not applicable	nie je k dispozícii	
NE	*northeast*	severovýchod	
new	*new wing*	nové krídlo	
No, no	*number*	číslo; počet	
NOSH	*no show*	bez sprchy	
Nov	*November*	november	
NP	*night porter*	BR nočný vrátnik	
NS	*no show*	bez sprchy	
Nsmo	*separate area for*		
	non-smokers	priestor vyhradený pre nefajčiarov	
NW	*northwest*	severozápad	
Oct	*October*	október	
old	*old wing*	staré krídlo	
OPAS	*overpass*	AM nadjazd	
P	*page*	strana	
p/v	*pool view room*	izba s výhľadom na bazén	
parkg, pkg	*parking*	parkovanie, parkovisko	
Pax	*number of persons*	počet osôb	
PC	1. *personal computer*	osobný počítač	
	2. *penny, pence*	penca	
PG	*parents guidance*	odporúča sa v sprievode rodičov	
Pk	*park*	park	
Pkwy, PKY	*parkway*	AM aleja, stromoradie	
PL	*place*	miesto	
PLAT	*platform*	nástupište	
Play	*separate outdoor*	športové zariadenie	
	play area	(ihrisko, kurty ap.)	
Plu	*packed lunch provided*	k dispozícii obedové balíčky	
PLZ	*plaza*	námestie; trhovisko	

pm	*post meridiem*	odpoludnia, popoludní, večer
PNR	*passenger name record*	záznam/údaje o pasažieroch
POB	*post office box*	poštová priehradka
pp. dbl. occ.	*per person double occupancy*	cena na osobu v izbe
PRT	*port*	prístav
Pub Tel	*public telephone*	verejný telefón
Pw	*pets welcome*	domáce zvieratá povolené
QDP	*quadruple room*	štvorposteľová izba
R	1. *room*	izba
	2. *radio*	rozhlas
Rd, RD	*road*	cesta
red.	*reduction*	zľava
RES	*reservation*	rezervácia
Rid	*access to riding/ pony trekking facilities*	jazdenie na koňoch
RIV	*river*	rieka
RM	*room*	izba
ROW	*right-of-way*	prednosť v jazde
RR	*railroad*	Am železnica
RSVN	*reservation*	rezervácia
RT	*round trip*	okružná jazda
RY	*railway*	Br železnica
S	1. *south*	J, juh
	2. *single*	jednoposteľová izba
	3. *scenic*	(poloha hotela) s vyhliadkou
	4. *stop*	zastávka
	5. *station*	stanica
RTE	*route*	trasa
s/v	*sea/ocean view room*	izba s výhľadom na more/oceán

s/w	*summer/ winter rates - seasonal*	sezónne sadzby/ceny
Sat	*Saturday*	sobota
SD	*special diet provided*	podávanie osobitnej diéty/stravy
SE	*southeast*	juhovýchod
sec	*second*	sekunda
Sep	*September*	september
SGL	*single room*	jednoposteľová izba
SH	*showers*	sprchy
SHR	*shore*	pobrežie, pláž
SKWY	*skyway*	vyvýšená cesta
SN	*single per night*	jednoposteľová izba na noc
SPG	*spring*	prameň
SpGrp	*special group rates*	osobitné sazby pre skupiny
SQ	*square*	námestie
Srs	*single room supplement*	príplatok na jednoposteľovú izbu
St	1. *street*	ulica
	2. *Saint*	svätý
STA	*station*	stanica
std	1. *standard*	štandard
	2. *standard type room*	štandardná izba
ste	*suite*	suita
stu	*studio room*	štúdio
STVR	*stopover*	medzipristátie
Sun	*Sunday*	nedeľa
SW	1. *southwest*	juhozápad
	2. *single per week*	jednoposteľová izba na týždeň
T	1. *camping site*	(auto)kemping
	2. *twin*	dvojposteľová izba (oddelené postele)

T&C	tea/coffee making facilities	možnosť variť čaj/kávu
Tel	telephone	telefón
TER, terr	terrace	terasa
TERML	terminal	konečná stanica; let. terminál
Thfr, Thoro	thoroughfare	dopravná tepna
Thwy	throughway	AM diaľnica
To	toilets	toalety
Thu	Thursday	štvrtok
TN	triple per night	trojposteľová/trojlôžková izba na noc
TPKE	turnpike	cesta/ AM diaľnica s mýtom
TPL	triple room	trojposteľová izba
trans(p)	transportation	doprava
TRWY	throughway	AM diaľnica
TUNL	tunnel	tunel
TT	timetable	cestovný poriadok
Tue	Tuesday	utorok
TV	television	televízor
TVLo	TV lounge	spoločenská miestnosť s televízorom
TVM	ticket vending machine	automat na lístky
TW	1. twin	dvojposteľová izba (oddelené postele)
	2. triple per week	trojposteľová izba na týždeň
U(-film)	universal (film)	film prístupný mládeži
UK	United Kingdom	Spojené kráľovstvo
UPAS	underpass	podchod; podjazd
USA	United States of America	USA, Spojené štáty americké

V	1. *Visa (card)*	Visa (card)
	2. *vehicle*	vozidlo
VAT	*value-added tax*	pridaná hodnota
Veg	*vegetarian diets*	diétne jedlá
VIA	*viaduct*	viadukt
VLG	*village*	dedina
VLY	*valley*	dolina
W	1. *west*	Z, západ
	2. *per week*	na týždeň
WC	*wheelchair*	invalidný vozík
w/e	*weekend rate*	víkendová sadzba
Wed	*Wednesday*	streda
wk	*week*	týždeň
Wk	*walk*	promenáda
wknd	*weekend*	víkend
WL	*well*	studňa
WTO	*World Tourism Organisation*	Svetová organizácia cestovného ruchu
Wy	*way*	cesta
XING	*crossing*	priechod; križovatka
XL	*extra-large*	(veľkosť odevu) veľmi veľký
XRD	*crossroads*	križovatka
XWAY	*expressway*	AM (v meste) diaľnica, diaľničný úsek
yd	*yard*	jard (91 cm)

■ Slovenské

| **1/1** | *jednoposteľová izba so sprchou a s WC* | single room |
| **1/2** | *dvojposteľová izba so sprchou a s WC* | double room |

AI	*all inclusive*	all inclusive
A/C	*klimatizácia*	air-conditioning
ALL	*all inclusive*	all inclusive
all incl.	*program all inclusive*	all inclusive
ap.	*apartmány*	apartments
app., appt.	*apartmán*	apartment, suite
ATC	*autokemping*	campsite
AV	*apartmán vo vile*	villa apartment
B	1. *balkón*	balcony
	2. *bezbariérový vstup*	barrier-free access
BA	*vaňa*	bathtub
BGW	*bungalov*	bungalow
BL	*balkón*	balcony
BM	*balkón s orientáciou na morskú stranu*	sea view balcony
BS	*bez stravy*	accommodation only
bung.	*bungalovy*	bungalows
BUS	*autokarová doprava*	bus/ AM coach transport
CK	*cestovná kancelária*	travel agency
Cyclo	*podmienky na cyklistiku al. cykloturistiku*	cycling tour conditions
D	*domáce zvieratá povolené*	pets welcome
Deti	*detský kútik*	playroom
DPH	*daň z pridanej hodnoty*	value-added tax
DS, dosp. os.	*dospelá osoba*	adult
DT	*dieťa*	child
F	*posilňovňa al. fitness*	conditioning gym, fitness(room)
h.	*hotel*	hotel
H	1. *hotel*	hotel
	2. *dom*	house

HD	*hotelový dom*	hotel building
HH	*horský hotel*	mountain hotel
HCH	*horská chata*	mountain chalet
hot., htl	*hotel*	hotel
CH	*chata*	chalet
IND	*individuálna doprava*	individual transport
IPS	*individuálna príprava stravy*	self-catering
K	1. *kúpeľňa*	bathroom
	2. *kúpanie (v dochádzkovej vzdialenosti cca 5 minút)*	swimming facilities
KAR	*autokar Karosa*	Karosa bus
KB	*krytý bazén (v dochádzkovej vzdialenosti cca 5 minút)*	indoor swimming pool
KCP	*komplexné cestovné poistenie*	full travelling insurance
KD	*kombinovaná doprava*	combined transport
Klim. bus.	*klimatizovaný autobus*	air-conditioned bus
Kone	*jazdiareň (v dochádzkovej vzdialenosti cca 10 minút)*	horses
LET	*letecká doprava*	air transport
LM	*akcia LAST MINUTE*	last minute deal
LT	*letiskové poplatky*	airport charges
LUX, Lux. bus.	*luxusný autobus/ autokar*	luxury bus
Lyže	*podmienky na zimné športy*	winter sport conditions
M	1. *motel*	motel
	2. *izba s výhľadom na more*	sea view (room)

O	ostatné ubytovanie	other accommodation
os.	osoba	person
P	1. polpenzia, raňajky a večera	half board
	2. izba s výhľadom na park/hory	park/mountain view
	3. penzión	guest house
	4. možnosť parkovania	parking facilities
pav.	pavilóny	pavilion
Pay-TV	možnosť pripojenia videokanálu za poplatok	pay-TV
Pes	možnosť ubytovania so psom	dogs welcome
polop., POP	polpenzia	half board
PP	plná penzia, raňajky, obed a večera	full board
PPR	polpenzia v reštaurácii	half board in a reastaurant
príst.	prístelka	extra bed
R	raňajky, štvrťpenzia	breakfast
RS	rekreačné stredisko	holiday centre
Ryby	možnosť rybárčenia	fishing facilities
S	1. ubytovanie na súkromí	accommodation in lodgings
	2. sprcha	shower
	3. sauna	sauna
Sat-TV	televízia so satelitným príjmom	TV SAT facility
SH	sprcha	shower
SM	príplatok za silvestrovské menu	supplementary charge for New Year's Eve menu
Sport	športové zariadenie (ihrisko, kurty ap.)	sporting facilities
SS	morská strana	sea view

std., ST, Št	*štúdio*	studio
súkr.	*ubytovanie na súkromí*	accommodation in lodgings
TU	*turistická ubytovňa*	tourist lodging house
tur.	*podmienky na turistiku*	touring conditions
TV	*televízia*	television
TV SAT	*televízia so satelitným príjmom*	TV SAT
týž.	*týždeň*	week
U	*ubytovňa*	lodging house, hostel
V	1. *vila*	villa
	2. *večera*	dinner
VLAK	*vlaková doprava*	train transport
VM	*príplatok za vianočné menu*	supplementary charge for Christmas Eve menu
WC + S	*WC + sprcha*	WC and shower
Z	*záhrada*	garden

II. Niečo z anglickej gramatiky

[Something from English Grammar]

[Irregular Verbs]

Nepravidelné slovesá

Kmeň

PRÍTOMNÝ	MINULÝ	TRPNÉ PRÍČASTIE
abide [əˈbaid]	abided [əˈbaidid], abode [əˈbəud]	abided [əˈbaidid], abode [əˈbəud]
arise [əˈraiz]	arose [əˈrəuz]	arisen [əˈrizn]
awake [əˈweik]	awoke [əˈwəuk], awakened [əˈweiknt]	awoken [əˈwəukn]
be [bi:]	was [woz], were [wə:]	been [bi:n]
¹bear [beə] (*niesť*)	bore [bo:]	borne [bo:n]
²bear [beə] (*rodiť*)	bore [bo:]	born [bo:n]
beat [bi:t]	beat [bi:t]	beaten [bi:tn]
become [biˈkam]	became [biˈkeim]	become [biˈkam]
befall [biˈfo:l]	befell [biˈfel]	befallen [biˈfo:ln]
begin [biˈgin]	began [biˈgæn]	begun [biˈgan]
behold [biˈhəuld]	beheld [biˈheld]	beheld [biˈheld]
bend [bend]	bent [bent]	bent [bent]
beseech [biˈsi:č]	besought [biˈso:t], beseeched [biˈsi:čt]	besought [biˈso:t], beseeched [biˈsi:čt]
bet [bet]	bet [bet]	bet [bet]
¹bid [bid] (*ponúknuť: cenu*)	bid [bid]	bid [bid]
²bid [bid] (*vyzvať*)	bid [bid], bade [beid]	bidden [bidn]
bind [baind]	bound [baund]	bound [baund]

PRÍTOMNÝ	MINULÝ	TRPNÉ PRÍČASTIE
bite [bait]	bit [bit]	bitten [bitn]
bleed [bli:d]	bled [bled]	bled [bled]
blow [bləu]	blew [blu:]	blown [bləun]
break [breik]	broke [brəuk]	broken [brəukn]
breed [bri:d]	bred [bred]	bred [bred]
bring [briŋ]	brought [bro:t]	brought [bro:t]
broadcast [bro:dka:st]	broadcast [bro:dka:st]	broadcast [bro:dka:st]
build [bild]	built [bilt]	built [bilt]
burn [bə:n]	burnt [bə:nt],	burnt [bə:nt],
	burned [bə:nd]	burned [bə:nd]
burst [bə:rst]	burst [bə:rst]	burst [bə:rst]
buy [bai]	bought [bo:t]	bought [bo:t]
cast [ka:st]	cast [ka:st]	cast [ka:st]
catch [kæč]	caught [ko:t]	caught [ko:t]
choose [ču:z]	chose [čəuz]	chosen [čəuzn]
cleave [kli:v]	cleaved [kli:vd],	cleaved [kli:vd],
	cleft [kleft],	cleft [kleft],
	clove [kləu]	cloven [kləuvn]
cling [kliŋ]	clung [klaŋ]	clung [klaŋ]
come [kam]	came [keim]	come [kam]
cost [kost]	cost [kost]	cost [kost]
creep [kri:p]	crept [krept]	crept [krept]
crow [krəu]	crew [kru:],	crowed [krəud]
	crewed [krəud]	
cut [kat]	cut [kat]	cut [kat]
deal [di:l]	dealt [delt]	dealt [delt]
dig [dig]	dug [dag]	dug [dag]
do [du:]	did [did]	done [dan]
draw [dro:]	drew [dru:]	drawn [dro:n]
dream [dri:m]	dreamt [dremt],	dreamt [dremt],
	dreamed [dri:md]	dreamed [dri:md]
drink [driŋk]	drank [dræŋk]	drunk [draŋk],
		drunken [draŋkn]

PRÍTOMNÝ	MINULÝ	TRPNÉ PRÍČASTIE
drive [draiv]	drove [drəuv]	driven [drivn]
dwell [dwel]	dwelt [dwelt],	dwelt [dwelt],
	dwelled [dwelt]	dwelled [dwelt]
eat [i:t]	ate [eit]	eaten [i:tn]
fall [fo:l]	fell [fel]	fallen [fo:lən]
feed [fi:d]	fed [fed]	fed [fed]
feel [fi:l]	felt [felt]	felt [felt]
fight [fait]	fought [fo:t]	fought [fo:t]
find [faind]	found [faund]	found [faund]
flee [fli:]	fled [fled]	fled [fled]
fling [fliŋ]	flung [flaŋ]	flung [flaŋ]
fly [flai]	flew [flu:]	flown [fləun]
forbear [fo:'beə]	forbore [fo:'bo:]	forborne [fo:'bo:n]
forbid [fə'bid]	forbade [fə'beid]	forbidden [fə'bidn]
forget [fə'get]	forgot [fə'got]	forgotten [fə'gotn]
forgive [fə'giv]	forgave [fə'geiv]	forgiven [fə'givn]
forsake [fə'seik]	forsook [fə'suk]	forsaken [fə'seikn]
freeze [fri:z]	froze [frəuz]	frozen [frəuzn]
get [get]	got [got]	got [got]
give [giv]	gave [geiv]	given [givn]
go [gəu]	went [went]	gone [gon]
grind [graind]	ground [graund]	ground [graund]
grow [grəu]	grew [gru:]	grown [grəun]
hang [hæŋ]	hung [haŋ],	hung [haŋ],
	hanged [hæŋd] (*obesiť*)	hanged [hæŋd]
have [hæv]	had [hæd]	had [hæd]
hear [hiə]	heard [hə:d]	heard [hə:d]
heave [hi:v]	hove [həuv],	hove [həuv],
	heaved [hi:vd]	heaved [hi:vd]
hide [haid]	hid [hid]	hidden [hidn], hid [hid]
hit [hit]	hit [hit]	hit [hit]
hold [həuld]	held [held]	held [held]
hurt [hə:t]	hurt [hə:t]	hurt [hə:t]

PRÍTOMNÝ	MINULÝ	TRPNÉ PRÍČASTIE
keep [ki:p]	kept [kept]	kept [kept]
kneel [ni:l]	knelt [nelt]	knelt [nelt]
knit [nit]	knitted [nitid], knit [nit]	knitted [nitid], knit [nit]
know [nəu]	knew [nju:]	known] nəun]
lay [lei]	laid [leid]	laid [leid]
lead [li:d]	led [led]	led [led]
lean [li:n]	leant [lent],	leant [lent],
	leaned [li:nd]	leaned [li:nd]
leap [li:p]	leapt [lept],	leapt [lept],
	leaped [lept]	leaped [lept]
learn [lə:n]	learnt [lə:nt],	learnt [lə:nt],
	learned [lə:nd]	learned [lə:nd]
leave [li:v]	left [left]	left [left]
lend [lend]	lent [lent]	lent [lent]
let [let]	let [let]	let [let]
lie [lai]	lay [lei]	lain [lein]
light [lait]	lit [lit], lighted [laitid]	lit [lit], lighted [laitid]
lose [lu:z]	lost [lost]	lost [lost]
make [meik]	made [meid]	made [meid]
mean [mi:n]	meant [ment]	meant [ment]
meet [mi:t]	met [met]	met [met]
mow [məu]	mowed [məud]	mown [məun],
		mowed [məud]
overcome [‚əuvə'kam]	overcame [‚əuvə'keim]	overcome [‚əuvə'kam]
pay [pei]	paid [peid]	paid [peid]
prove [pru:v]	proved [pru:vd]	proved [pru:vd],
		proven [pru:vn]
put [put]	put [put]	put [put]
read [ri:d]	read [red]	read [red]
rend [rend]	rent [rent]	rent [rent]
rid [rid]	rid [rid]	rid [rid]
ride [raid]	rode [rəud]	ridden [ridn]
ring [riŋ]	rang [ræŋ]	rung [raŋ]

PRÍTOMNÝ	MINULÝ	TRPNÉ PRÍČASTIE
rise [raiz]	rose [rəuz]	risen [rizn]
run [ran]	ran [ræn]	run [ran]
saw [so:]	sawed [so:d]	sawn [so:n]
say [sei]	said [sed]	said [sed]
see [si:]	saw [so:]	seen [si:n]
seek [si:k]	sought [so:t]	sought [so:t]
sell [sel]	sold [səuld]	sold [səuld]
send [send]	sent [sent]	sent [sent]
set [set]	set [set]	set [set]
sew [səu]	sewed [səud]	sewn [səun]
shake [šeik]	shook [šuk]	shaken [šeikn]
shear [šiə]	sheared [šiəd]	shorn [šo:n]
shed [šed]	shed [šed]	shed [šed]
shine [šain]	shone [šon]	shone [šon]
shoe [šu:]	shod [šod]	shod [šod]
shoot [šu:t]	shot [šot]	shot [šot]
show [šəu]	showed [šəud]	shown [šəun], showed [šəud]
shrink [šriŋk]	shrank [šræŋk]	shrunk [šraŋk]
shut [šat]	shut [šat]	shut [šat]
sing [siŋ]	sang [sæŋ]	sung [saŋ]
sink [siŋk]	sank [sæŋk]	sunk [saŋk]
sit [sit]	sat [sæt]	sat [sæt]
slay [slei]	slew [slu:]	slain [slein]
sleep [sli:p]	slept [slept]	slept [slept]
slide [slaid]	slid [slid]	slid [slid]
sling [sliŋ]	slung [slaŋ]	slung [slaŋ]
slink [sliŋk]	slunk [slaŋk]	slunk [slaŋk]
slit [slit]	slit [slit]	slit [slit]
smell [smel]	smelt [smelt], smelled [smelt]	smelt [smelt], smelled [smelt]
smite [smait]	smote [sməut]	smitten [smitn]
sow [səu]	sowed [səud]	sown [səun], sowed [səud]

PRÍTOMNÝ	MINULÝ	TRPNÉ PRÍČASTIE
speak [spi:k]	spoke [spəuk]	spoken [spəukn]
speed [spi:d]	sped [sped]	sped [sped]
spell [spel]	spelt [spelt],	spelt [spelt],
	spelled [spelt]	spelled [spelt]
spend [spend]	spent [spent]	spent [spent]
spill [spil]	spilt [spilt],	spilt [spilt],
	spilled [spild]	spilled [spild]
spin [spin]	span [spæn],	spun [span]
	spun [span]	spun [span]
spit [spit]	spat [spæt]	spat [spæt]
split [split]	split [split]	split [split]
spoil [spoil]	spoilt [spoilt],	spoilt [spoilt],
	spoiled [spoilt]	spoiled [spoilt]
spread [spred]	spread [spred]	spread [spred]
spring [spriə]	sprang [spræŋ]	sprung [spraŋ]
stand [stænd]	stood [stud]	stood [stud]
steal [sti:l]	stole [stəul]	stolen [stəuln]
stick [stik]	stuck [stak]	stuck [stak]
sting [stiŋ]	stung [staŋ]	stung [staŋ]
stink [stiŋk]	stank [stæŋk],	stunk [staŋk]
	stunk [staŋk]	
strew [stru:]	strewed [stru:d]	strewn [stru:n],
		strewed [stru:d]
stride [straid]	strode [strəud]	stridden [stridn]
strike [straik]	struck [strak]	struck [strak],
		stricken [strikn]
string [striŋ]	strung [straŋ]	strung [straŋ]
strive [straiv]	strove [strəuv]	striven [strivn]
swear [sweə]	swore [swo:]	sworn [swo:n]
sweep [swi:p]	swept [swept]	swept [swept]
swell [swel]	swelled [sweld]	swollen [swəulən]
swim [swim]	swam [swæm]	swum [swam]
swing [swiŋ]	swung [swaŋ]	swung [swaŋ]

PRÍTOMNÝ	MINULÝ	TRPNÉ PRÍČASTIE
take [teik]	took [tuk]	taken [teikn]
teach [ti:č]	taught [to:t]	taught [to:t]
tear [teə]	tore [to:]	torn [to:n]
tell [tel]	told [təuld]	told [təuld]
think [θiŋk]	thought [θo:t]	thought [θo:t]
thrive [θraiv]	thrived [θraivd],	thrived [θraivd]
	throve [θrəuv]	
throw [θrəu]	threw [θru:]	thrown [θrəun]
thrust [θrast]	thrust [θrast]	thrust [θrast]
tread [tred]	trod [trod]	trodden [trodn]
understand	understood	understood [ˌandə'stud]
[ˌandə'stænd]	[ˌandə'stud]	
wake [weik]	woke [wəuk]	woken [wəukn]
wear [weə]	wore [wo:]	worn [wo:n]
weave [wi:v]	wove [wəuv]	woven [wəuvn]
weep [wi:p]	wept [wept]	wept [wept]
win [win]	won [won]	won [won]
wind [waind]	wound [waund]	wound [waund]
withdraw [wið'dro:]	withdrew [wið'dru:]	withdrawn [wið'dro:n]
withhold [wiðˈhəuld]	withheld [wiðˈheld]	withheld [wiðˈheld]
wring [riŋ]	wrung [raŋ]	wrung [raŋ]
write [rait]	wrote [rəut]	written [ritn]

ČÍSLOVKY 289...

[Numerals]

Základné číslovky

[Cardinal Numerals]

0 ...	zero	....	nula				
1 ...	one	....	jeden	6 ...	six	....	šesť
2 ...	two	....	dva	7 ...	seven	....	sedem

	English	Slovak
3 ...	three	tri
4 ...	four	štyri
5 ...	five	päť
8 ...	eight	osem
9 ...	nine	deväť
10 ...	ten	desať
11 ...	eleven	jedenásť
12 ...	twelve	dvanásť
13 ...	thirteen	trinásť
14 ...	fourteen	štrnásť
15 ...	fifteen	pätnásť
16 ...	sixteen	šestnásť
17 ...	seventeen	sedemnásť
18 ...	eighteen	osemnásť
19 ...	nineteen	devätnásť
20 ...	twenty	dvadsať
21 ...	twenty-one	dvadsaťjeden
22 ...	twenty-two	dvadsaťdva
...		
30 ...	thirty	tridsať
40 ...	forty	štyridsať
50 ...	fifty	päťdesiat
60 ...	sixty	šesťdesiat
70 ...	seventy	sedemdesiat
80 ...	eighty	osemdesiat
90 ...	ninety	deväťdesiat
...		
100 ...	a/one hundred	sto
200 ...	two hundred	dvesto
300 ...	three hundred	tristo
...		
1 000 ...	a/one thousand	tisíc
2 000 ...	two thousand	dvetisíc
...		
10 000 ...	one ten thousand	desaťtisíc
100 000 ...	one hundred thousand	stotisíc
1 000 000 ...	one million	milión

Radové číslovky
[Ordinal Numerals]

1. ...	*the first* .... prvý	**6.** ...	*the sixth* .... šiesty
2. ...	*the second* .... druhý	**7.** ...	*the seventh* ..... siedmy
3. ...	*the third* .... tretí	**8.** ...	*the eighth* ...... ôsmy
4. ...	*the fourth* .... štvrtý	**9.** ...	*the ninth* .... deviaty
5. ...	*the fifth* .... piaty	**10.** ...	*the tenth* .... desiaty

11. ...	*the eleventh*	jedenásty
12. ...	*the twelfth*	dvanásty
13. ...	*the thirteenth*	trinásty
14. ...	*the fourteenth*	štrnásty
15. ...	*the fifteenth*	pätnásty
16. ...	*the sixteenth*	šestnásty
17. ...	*the seventeenth*	sedemnásty
18. ...	*the eighteenth*	osemnásty
19. ...	*the nineteenth*	devätnásty
20. ...	*the twentieth*	dvadsiaty
21. ...	*the twenty-first*	dvadsiaty prvý
22. ...	*the twenty-second*	dvadsiaty druhý
	...	
30. ...	*the thirtieth*	tridsiaty
40. ...	*the fortieth*	štyridsiaty
50. ...	*the fiftieth*	päťdesiaty
60. ...	*the sixtieth*	šesťdesiaty
70. ...	*the seventieth*	sedemdesiaty
80. ...	*the eightieth*	osemdesiaty
90. ...	*the ninetieth*	deväťdesiaty
100. ...	*the hundredth*	stý
101. ...	*the one hundred and first*	stoprvý
102. ...	*the one hundred and second*	stodruhý
	...	
200. ...	*the two hundredth*	dvestý
300. ...	*the three hundredth*	tristý
	...	

1 000.	...	*the thousandth*	....	tisíci
2 000.	...	*the two thousandth*	....	dvetisíci
...				
10 000.	...	*the ten thousandth*	....	desaťtisíci
100 000.	...	*the hundred thousandth*	....	stotisíci
1 000 000.	...	*the millionth*	....	miliónty

Zlomky a desatinné čísla
[Fractions and Decimal Numbers]

1/2	...	*one/a half*	....	polovica
1/3	...	*one/a third*	....	tretina
1/4	...	*one/a quarter, one/a fourth*	....	štvrtina
1/5	...	*one/a fifth*	....	pätina
2/3	...	*two thirds*	....	dve tretiny
0,5	...	*nought/o-point-five*	....	nula celá päť
3,14	...	*three-point-one-four*	....	tri celé štrnásť

English-Slovak Dictionary

A – Z

Anglicko-slovenský slovník

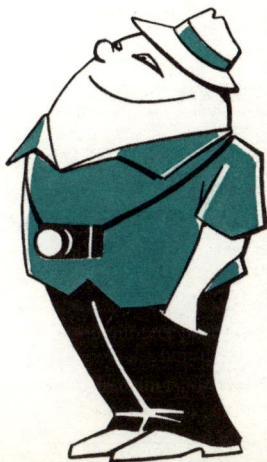

A
B
C
D
E
F
G
H
I
J
K
L
M
N
O
P
Q
R
S
T
U
V
W
X Y
Z

A

a, an 1. jeden; *in a day or two* za jeden až dva dni **2.** akýsi **3.** nejaký, istý

aback vzadu

abate (búrka) utíšiť sa

abdomen anat. brucho

abduct (únosom človeka) uniesť

abduction (človeka) únos

abductor (človeka) únosca

ability schopnosť; *a. to survive* schopnosť prežiť

➡ *He overestimated his a-ies.* Precenil svoje schopnosti.

able schopný; *be* a.* môcť, vládať

aboriginal domorodec, *A.* Au aborigén

Aborigine Au aborigén

¹**about** prep **1.** o **2.** (časovo, vyj. účel, cieľ) k; *be* at sb's disposition* byť komu k dispozícii

²**about** part asi, približne, hovor. cirka

➡ *In a. ... hour,... weeks,...* Asi o... hodinu,... týždne/týždňov,...

¹**above** adv hore; *from a.* zhora

²**above** prep nad; *hang* sth a. the seat* zavesiť čo nad sedadlo; *... metres a. the sea level ...* metrov nad hladinou mora

➡ *It's... degrees a. zero.* Je... stupňov/Sú... stupne nad nulou.

abroad do zahraničia, v zahraničí; *leave* the country for a.* vycestovať do zahraničia

➡ *We are going a.* Cestujeme do zahraničia.

absence neprítomnosť; *in my a.* počas mojej neprítomnosti

absent neprítomný; *be* a.* chýbať

➡ *Who is a.?* Kto chýba?

abundance hojnosť

abuse zneužívanie; *drug a.* zneužívanie drog

accelerate zrýchliť, motor. pridať plyn

accelerator plynový pedál

accept 1. akceptovať, súhlasiť **2.** (ponúkané) prijať

acceptable (cena) prijateľný

access 1. (možnosť účasti, miesto) prístup; *easy a.* bezbariérový prístup; *restricted a.* nepovolaným vstup zakázaný; *a. to internet* prístup na internet **2.** príchod; *a. to the trains* príchod k vlakom

➡ *No a.!* Zákaz vstupu do budovy!, (značka) Zákaz vjazdu!

accessible (miesto) dostupný, prístupný

accessory 1. doplnok; *hair a.* spona do vlasov **2.** obyč. pl *a-ies* príslušenstvo; *motor-car a.* autopríslušenstvo

accident nehoda, havária; úraz; *car/traffic a.* autonehoda; *fatal a.* nehoda so smrteľnými následkami, smrteľný úraz; *serious traffic a.* vážna dopravná nehoda; *cause an a.* zapríčiniť/zaviniť nehodu; *drive* with no/without a-s* jazdiť bez nehody

A

➡ *A car a. happened here.* Stala sa tu automobilová nehoda.
I've/We've had a car, a traffic a. Mal som/Mali sme automobilovú, dopravnú nehodu.
Where can I (we) report the traffic a.? Kde môžem(e) nahlásiť dopravnú nehodu?

acclimatize zvyknúť si; *become*/get* a-d* prispôsobiť sa

accommodate 1. ubytovať (*with sb* u koho) **2.** (*hotel*) mať kapacitu

accommodation ubytovanie; *caravan and camping park a.* ubytovanie v kempe; *emergency a.* núdzové ubytovanie; *full board a. – all inclusive* ubytovanie s plnou penziou – all inclusive; *half board a.* ubytovanie s polpenziou; *hotel a.* hotelové ubytovanie; *lodging a.* (ubytovanie) súkromie; *mass a.* hromadné ubytovanie; *provisional a.* provizórne/dočasné ubytovanie; *shared/lodging house a.* spoločné ubytovanie; *supplementary a.* náhradné ubytovanie; *temporary a.* prechodné bydlisko; provizórne/dočasné ubytovanie; *tented a.* ubytovanie v stane; *a. in lodgings* ubytovanie na súkromí; *provide a. for sb* poskytnúť komu ubytovanie

➡ *I am (We are) looking for an a.* Hľadám(e) ubytovanie.
Where can I/we find (cheap)
a.? Kde by som našiel/by sme našli (lacné) ubytovanie?
I'd/We'd like bed and breakfast a. Chcel by som/Chceli by sme izbu s raňajkami.

accompany odprevadiť, sprevádzať

accord samovoľnosť; *of one's own a.* z vlastnej vôle

accordance súlad; *in a. with* podľa

according to podľa

account 1. účet; *put* on a.* zaúčtovať **2.** konto; *bank a.* bankové konto **3.** aj *settling of a-s* vyúčtovanie **4.** cena, význam; *on no a.* v žiadnom prípade

accumulator, aj a. *battery* akumulátor

accuracy presnosť

accurate presný

accuse obviniť (*of sth* z čoho)

acetate octan; *aluminium a.* octan hlinitý

¹**ache** n bolesť

➡ *I've got/have (stabbing,...) a. here.* Tu mám (bodavé,...) bolesti.
I've got... -ache. Bolí ma...

²**ache** v bolieť

aching boľavý

acid odb. kyslý

acquaintance 1. (*vzťah*) známosť; *make* sb's a.* nadviazať známosť, zoznámiť sa s kým **2.** známy

acquainted: *be* a.* byť oboznámený (*with sth* s čím)

acquire zaobstarať (si)

¹**across** prep cez; *a. the street* cez cestu

➡ *I (We) live right a. the street.* Bývam(e) hneď naproti.

²**across** adv naproti, na druhej strane

¹**act** n **1.** čin; *terrorist a.* teroristický čin; *a. of violence* násilný čin **2.** dejstvo

²**act** v **1.** konať; *(un)able to a.* (ne)schopný konať **2.** div. účinkovať, hrať

action 1. akcia **2.** krok, čin, opatrenie

activity akcia

actor herec

actress herečka

acute akútny, kritický

ad hovor. inzerát, reklama

adapt prispôsobiť

adapted prispôsobený; *a. for wheelchairs* bezbariérový

adapter, adaptor adaptér; *two-way a.* (elektrická) rozvodka

add pridať *(to sth k čomu);* doliať *a. up* spočítať

adder vretenica

addict: *drug a.* narkoman

addition dodatok; *a. to the price* príplatok k cene; *in a. to* okrem, popri

additional dodatočný, doplnkový

¹**address** n adresa; *contact a.* kontaktná adresa; *e-mail a.* mejlová adresa; *internet a.* internetová adresa; *private a.* súkromná adresa; *not known at this a.* adresát neznámy

➡ *What's your new a.?* Akú máš/máte novú adresu? *Here's my/our (new) a.* Tu je moja/naša (nová) adresa. *My (Our) a. has been changed.* Mám(e) zmenenú adresu.

✳ *Leave your a. here, please.* Nechajte nám tu, prosím, adresu.

✳ *You've given me/us a wrong a.* Dali ste nám nesprávnu adresu.

²**address** v **1.** adresovať **2.** (osloviť) obrátiť sa *(sb na koho); a. sb as Mr/Ms/Mrs* vykať komu

addressee adresát

addressing oslovenie

adequate hovor. poriadny, primeraný

adhere 1. dodržať *(to sth čo)* **2.** riadiť sa *(to sth čím)*

adhesive lepidlo

adjust upraviť, (ceny) regulovať

administration administratíva

administrator správca

admire obdivovať

admission aj *a. fee* vstupné; *a. free* vstup voľný

➡ ✳ *How much is the a. for...? What's the a. for...?* Aké je vstupné do/na...?

admit uznať

➡ ✳ *I a. that...* Uznávam, že...

admittance prístup, vstup

➡ *No a.!* Vstup zakázaný!

adrenalin (šport) adrenalínový

Adriatic (the) Jadran

¹**adult** adj dospelý, plnoletý

²**adult** n dospelý (človek); *(for)* a-s only mládeži neprístupný

➡ *We are two a-s and one child, two, three,... children here.* Sme dvaja dospelí a jedno dieťa, dve, tri,... deti.

advance (vpred) postup; *in a.* (časovo) dopredu, (ďakovať) vopred; *pay* in a.* zaplatiť dopredu

advantage výhoda; *fail to take* a.* vynechať, vymeškať (of sth čo)

advantageous výhodný

adventure dobrodružstvo

adventurous dobrodružný

adverse nepriaznivý

advertisement inzerát, reklama

advertising reklama

advice rada; *ask sb's a.* poradiť sa (about sth o čom)

advise radiť, poradiť

advisor poradca; *legal a.* právny zástupca

aerial letecký

aerobics aerobik

aerodrome BR (menšie) letisko

aeroplane BR lietadlo

affair záležitosť, vec; *personal a.* súkromná záležitosť

affected (katastrofou) postihnutý, zasiahnutý

affirmative (odpoveď) kladný

afford dovoliť si

➡ *We can (can't) a. it.* To si (ne)môžeme dovoliť.

afraid poľakaný; *be* a.* obávať sa (of sth čoho)

Africa Afrika

¹**African** adj africký

²**African** n Afričan

¹**after** prep **1.** (časovo) po; *after lunch/dinner, supper* po obede, večeri; *after some minutes, hours* po niekoľkých minútach, hodinách **2.** (vyj. poradie) po; *one a. another* jeden po druhom

➡ *A. you!* Až po vás, prosím!

²**after** adv potom, aj *a. that* nato; *just/shortly/not long a.* hneď nato

¹**afternoon** n popoludnie; *all a.* celé popoludnie; *always in the a.* vždy popoludní; *in the late a.* k večeru; *this a.* dnes popoludní

➡ *Good a.!* (popoludní) Dobrý deň.
You can take... in the a. Popoludní si môžete prísť po...

²**afternoon** adj popoludňajší

after-shave voda po holení

afterwards potom, nato; *just/ shortly/not long a.* hneď nato

again zasa, znova

against (vyj. protismer, prostriedok, účel, odporovanie) proti; *row a. the stream, the wind* veslovať proti prúdu, vetru; *vaccinate a. ...* očkovať proti...

➡ *Do you have something a. it?* Máš/Máte niečo proti tomu?

age vek; *modern a., New A.* novovek; *Middle A-s* stredovek; *in the late Middle A-s* v neskorom stredoveku; *(not) of a.* (ne)plnoletý

agency 1. agentúra, kancelária; *employment a.* sprostredkovateľňa práce; *travel a.* cestovná kancelária, hovor. cestovka, (špecializovaná na letecké zájazdy) *travel a. specialised in air travel*, (špecializovaná na zájazdy do exotických krajín) *travel a. specialized in exotic countries* **2.** pobočka; *branch a.* filiálka

agent prostriedok, prípravok; *calming a.* upokojujúci prostriedok; *protective anti-corrosive/anti-corrosion a.* ochranný prostriedok proti hrdzaveniu

aggravate (problém) zhoršiť

agile čulý

ago (časovo) pred; *a long time a., long a.* dávno; *a minute a.* pred chvíľou

agree 1. súhlasiť (to sth s čím) **2.** dohodnúť sa (with sb s kým, on sth na čom), dohovoriť sa; *a. the price* dohodnúť sa na cene; *a. terms* dohodnúť podmienky; *a. to the terms* súhlasiť s podmienkami; *a. sth verbally* dohovoriť čo ústne; *as a-d* podľa dohody

➡ *A-d!* Dohodnuté!

agreed uzrozumený

agreement 1. dohoda, zmluva; *according to the a.* podľa zmluvy; *by a.* dohodou **2.** súhlas, zhoda

➡ *I/We have come to the a.!* Som uzrozumený!/Sme uzrozumení!

agrotourism agroturistika

ahead (op. dozadu) dopredu, vopred; *a. of* (priestorovo) pred

aid pomoc; *first a.* prvá pomoc

➡ *Who can give the first a.?* Kto vie poskytnúť prvú pomoc?

ail: *be* a-ing* chorľavieť

aim cieľ, účel

¹**air** n vzduch; *cold, damp, fresh a.* studený, vlhký, čerstvý vzduch; *get* out into the fresh a.* ísť na vzduch; *in the open a.* pod holým nebom, v prírode; *travel by a.* cestovať lietadlom

²**air** adj **1.** (týk. sa vzduchu) vzdušný **2.** (prevádzka) letecký

³**air** v vetrať

airbed nafukovací matrac, hovor. nafukovačka

airborne dopravovaný vzdušnou cestou

airbus airbus

air-conditioned klimatizovaný; *fully a.* plnoklimatizovaný

air-conditioner (zariadenie) klimatizácia

air-conditioning (systém) klimatizácia; *bus a.* autobusová klimatizácia

➡ *In/At... the a. isn't working/is out of order.* V... nefunguje klimatizácia.

aircraft lietadlo; *air rescue a.* lietadlo záchrannej leteckej služby; *jet a.* prúdové lietadlo; *large-ca-*

pacity a. veľkokapacitné lietadlo

aircrew letecká posádka

airdrome AM (menšie) letisko

airline 1. letecká linka **2.** obyč. pl *a-s* aerolínie, letecká spoločnosť

airliner dopravné lietadlo, lietadlo pravidelnej leteckej linky

airplane AM lietadlo

airport letisko; *departure, destination* a. východiskové, cieľové letisko; *inland, international* a. vnútroštátne, medzinárodné letisko

➡ *Can you tell me (us) the way to the a., please?* Ako sa dostanem(e) na letisko?
What time should we be at the a.? Kedy musíme byť na letisku?
You'll be taken to the a. Dopravíme ťa/vás na letisko.

airproof, airtight vzduchotesný

airway 1. letecká trasa **2.** obyč. pl *a-s* aerolínie, letecká spoločnosť

airy (byt) vzdušný

aisle 1. (medzi sedadlami) ulička **2.** aj *side* a. (v kostole) bočná (chrámová) loď

à la (vyj. spôsob) na

¹alarm n **1.** alarm, poplach **2.** alarm, poplašné zariadenie; *car security* a. autoalarm; *fire* a. požiarny alarm/hlásič; *fog* a. poplašné zariadenie signalizujúce výskyt dymu; *vibration* a.

vibračný alarm **3.** aj a. *clock* budík; *radio* a. rádiobudík

²alarm v zalarmovať; a. *the police* zalarmovať políciu

alcohol alkohol, lieh; *solid* a. pevný/tuhý lieh

➡ ✱ *The driver had a. in his blood system.* Vodič mal v krvi alkohol.

alcoholic alkoholický, alkoholový

ale anglické pivo; *brown* a. tmavé/čierne pivo; *ginger* a. zázvorové pivo

alert výstraha

algae✱ pl morské riasy

alias číže, inak nazývaný

¹alien adj (prostredie) cudzí

²alien n práv. cudzinec

alike podobný; *be*✱ a. podobať sa

alive (op. mŕtvy) živý

¹all adj (všetok) celý; a. *year around* celoročný; *valid in the whole of Europe* platný v celej Európe

²all pron všetci; všetko; *in* a. dohromady, celkove

➡ *Are we a.?* Sme už kompletní?
A. of us are here. Už sme tu všetci.

³all adv úplne; a. *round* dookola; *at* a. (v zápore) vôbec

all-day (výlet) celodenný

allergic alergický

➡ *I am allergic to...* Som alergický na...

allergy alergia; *pollen* a. alergia na peľ

alleviate zmierniť, uľaviť

alley aleja, (medzi stromami, bočná) ulica; *blind/dead-end a.* slepá ulica; *bowling a.* kolkáreň

allow dovoliť, povoliť; *be* a-ed* smieť, môcť; *oficially a-ed* úradne povolený

➡ *A. me to introduce myself.* Dovoľte, aby som sa predstavil.

✳ *A. me to invite you to/into...* Dovoľ(te), aby som ťa/vás pozval do...

Is it a-ed to... here? Smie sa tu...?

allowance prídavok; *expense a.* diéty; *travelling a.* cestovné diéty

alluring lákavý

almond mandľa; *bitter a-s* horké mandle; *burnt a-s* pražené mandle; *salt a-s* slané mandle

almost takmer, skoro

alone sám, jediný

➡ ✳ *Are you a. here?* Si/ste tu sám/sami?

Yes. I travel a. Áno. Cestujem sám.

along (priestorovo) po, popri, pozdĺž; *a. the seaside* pozdĺž pobrežia

alongside (okrem) popri, vedľa

aloud nahlas, hlasno

alphabet abeceda

alphabetical abecedný

alpine alpský, (lúka) vysokohorský, (klub) horolezecký

alpinist alpinista

Alps (the) Alpy

already už; *holiday stay/accommodation a. from... crowns, euros* dovolenkové pobyty už od.... korún, eur

➡ *I'll (We'll) come a. today, tomorrow,...* Prídem(e) už dnes, zajtra,...

also aj, tiež

➡ *Do you a. go with us?* Pôjdeš/Pôjdete tiež s nami?

altar oltár; *baroque a.* barokový oltár; *cut wooden a.* vyrezávaný drevený oltár; *main/high a.* hlavný oltár; *side a.* bočný oltár; *wing a.* krídlový oltár

alter zmeniť, upraviť

altering zmena; *course a.* zmena kurzu

¹alternate v striedať (sa), vystriedať sa (with sb s kým)

²alternate n náhradník

alternation úprava, zmena

altitude geogr. (nadmorská) výška; *flight a.* výška letu

➡ *What's the a. we are cruising now?* V akej výške letíme?

altogether 1. (úplne) celkom **2.** (spolu) celkove

always vždy, stále

a.m. skr. doobeda, dopoludnia

amazement údiv

ambassador veľvyslanec

amber jantár

ambulance ambulancia, sanitka, hovor. úrazovka

➡ *Call the a. (, quickly)!* Zavolajte (rýchlo) sanitku!

ambulatory (starostlivosť) ambulantný

America Amerika

¹**American** adj americký

²**American** n Američan

amid(s)t uprostred

among medzi; *a. guests* medzi hosťami

amount suma, čiastka; *total a.* celková suma

amphitheatre amfiteáter; *open-air a.* prírodný amfiteáter

amuse zabávať // *a. o.s.* zabávať sa

amusement (rozptýlenie) zábava

amusing zábavný

analgesic analgetikum

analysis* analýza, test; *blood alcohol content a.* krvný test na obsah alkoholu

¹**anchor** v (za)kotviť

➧ *Where... is a-ed?* Kde kotví...?

²**anchor** n kotva; *drop a.* zakotviť

anchorage kotvisko

anchovy* sardela

ancient 1. antický; staroveký 2. dávny, starodávny, starobylý

and a, s; *bed a. breakfast* izba/nocľah s raňajkami

angel anjel

¹**anger** n hnev

²**anger** v hnevať

angle n uhol

angle v chytať ryby (na udicu)

angry nahnevaný; *be* a.* hnevať sa, zlostiť sa (*with sb na koho*); *make* a.* nahnevať

animal zviera; *domestic a.* domáce zviera

ankle anat. členok

➧ *I sprained my a.* Vykĺbil som si členok.

annexe prístavok

Anno Domini, skr. *A.D.* pred naším letopočtom

announce ohlásiť, oznámiť; *a. in a written form, by phone* oznámiť písomne, telefonicky; *a. one's arrival* ohlásiť sa po príchode; *a. one's visit* ohlásiť svoju návštevu

announcement 1. ohlásenie 2. oznam

announcer hlásič

annoyed podráždený

annual každoročný

annually (každo)ročne

anorak vetrovka

another 1. iný, druhý; *a. time* druhý raz 2. ďalší, ešte jeden

¹**answer** n odpoveď; *noncommittal a.* nezáväzná odpoveď; *positive, negative, evasive a.* kladná, odmietavá, vyhýbavá odpoveď

²**answer** v 1. odpovedať (*sth na čo*) 2. ručiť (*for sth za čo*)

answerphone BR odkazovač, záznamník

ant mravec

Antarctic (the) Antarktída

antelope antilopa

anthem hymna; *national a.* národná hymna

anti proti

➤ *I am an a. We are the a-s.* Som proti./Sme proti.

antibiotic antibiotikum

anticyclone meteor. tlaková výš

antiperspirant dezodorant

antique 1. starožitný 2. starobylý

antiquity 1. antika; *Greek, Roman a.* grécka, rímska antika 2. dávnovek, starovek

anti-skid (pneumatika) protišmykový

anxious znepokojený; *be* a.* znepokojovať sa; *make* a.* znepokojiť

any 1. (v otázke) nejaký 2. (v zápore) nijaký 3. (akýkoľvek) každý 4. ľubovoľný

➤ *A. questions?* Máte ďalšie otázky?

anybody 1. (v otázke) niekto 2. (v zápore) nikto

➤ *Is a. here?* Je tu niekto? *Did a. call me/us by phone?* Telefonoval mi/nám niekto?

anyone (v otázke) niekto, (v zápore) nikto

anything 1. (v zápore) nič 2. (v otázke) niečo

➤ *Thanks, I (we) don't need a. now.* Ďakujem(e), už nič nepotrebujem(e). *A. else?* Ešte niečo?

anywhere 1. (v zápore) nikde 2. (v zápore) nikam 3. (v otázke) niekam 4. (v otázke) niekde

➤ *Is there a campsite, a motorest, a restaurant,... a. near here?* Je tu niekde kemp, motorest, reštaurácia,...?

apart osobitne, hovor. extra

apartment 1. apartmán; *a., flat conveniences* apartmán, byt s príslušenstvom; *studio a.* (typ ubytovania) štúdio 2. |AM| byt; *two-bedroom a.* apartmánový byt s 2 samostatnými spálňami; *three-bedroom a.* apartmánový byt s 3 samostatnými spálňami

apathetic ľahostajný, apatický

aperitif aperitív

➤ *I am going to have an a.* Dám si aperitív.

apologize ospravedlniť sa

➤ *I must a. to you.* Musím sa ti/vám ospravedlniť.

apology ospravedlnenie

apoplexy (mozgová) mŕtvica

apparatus* 1. prístroj, strojček; *battery-operated a.* prístroj na batériu; *oxygen (breathing) a.* kyslíkový prístroj 2. aparatúra, zariadenie 3. telocvičné náradie

appear 1. objaviť sa 2. div. účinkovať

appendix slepé črevo

appetite 1. (chcenie) chuť 2. chuť do jedenia, hovor. apetít

➤ *Bon A.!* z franc. Dobrú chuť!

apple jablko; *stewed a-s* jablkový kompót; *a-s in piecrusts* jablká v župane

appliance prístroj, zariadenie; *electric a.* elektrospotrebič;

electric a-s (obchod) elektropo-
treby

application 1. (prihlásenie) pri-
hláška **2.** žiadosť; *visa a.* žiadosť
o vízum

apply 1. použiť, aplikovať **2.** (so
žiadosťou) obrátiť sa (*to sb na*
koho), požiadať (*for sth o* čo)
3. aj *a. a cream* natrieť, nakré-
movať

➡ *You must a. for a visa.* Musíte
požiadať o vízum.

appointment (dohovorená)
schôdzka

appointments pl (bytu, hotela) vy-
bavenie; *kitchen a.* vybavenie
kuchyne; *luxurious a.* luxusné
vybavenie; *standard a.* štandard-
né vybavenie

appreciable (ochladenie) citeľný

appreciate ceniť si, vážiť si

approach 1. príchod **2.** (správa-
nie) prístup **3.** prístupová ko-
munikácia

appropriate primeraný, vhodný

approval súhlas, schválenie; *on a.*
na skúšku

approve 1. súhlasiť **2.** schváliť

approximately 1. (vyj. pochyb-
nosť, časovú al. číselnú približ-
nosť) asi, okolo, približne; *a. in*
a week približne o týždeň

➡ *... is/costs a. ... euros.* ... stojí
asi/okolo ... eur.
I/We came a. at... o'clock, at
midnight,... Prišiel som/Prišli
sme okolo... hodiny, polnoci,...

I'll (We'll) come/arrive a. in
one hour, in... hours. Prídem(e)
približne o hodinu, o... hodín.

apricot marhuľa; *stewed a-s* mar-
huľový kompót

¹**April** n apríl; *in A.* v apríli

²**April** adj (počasie) aprílový

aquapark aquapark, vodný park

Arab Arab

Arabia Arábia

Arabian arabský

Arabic arabčina

arbitrary ľubovoľný

arcade (s obchodmi) pasáž

arch oblúk; *gothic, roman a.* go-
tický, románsky oblúk; *pointed*
a. lomený oblúk; *triumphal a.*
víťazný oblúk

archbishop arcibiskup

archaelogical (vykopávky, nálezy)
archeologický

archaelogy archeológia

archipelago súostrovie

architectural (dedičstvo, pamiat-
ky) architektonický

architecture architektúra; *medie-*
val, modern a. stredoveká, mo-
derná architektúra

archives archív

¹**arctic** adj arktický

²**Arctic (the)** n Arktída

arduous namáhavý, ťažký, náročný

area 1. oblasť, pásmo, územie,
areál; *built-up a.* motor. obec;
business a. of the town obchod-
ná štvrť mesta; *coastal a.* prímo-
rie; *commercial a.* obchodná

štvrť; *customs* a. colné územie; *exclusive residential* a. vilová štvrť; *green* a. (plocha) zeleň; *high pressure* a. oblasť vysokého tlaku (vzduchu), tlaková výš; *low pressure* a. oblasť nízkeho tlaku (vzduchu), tlaková níž; *marked diving* a. terén vyhradený na potápanie; *nudist* a. nudistický areál; *parking* a. parkovisko, parkovacia plocha; *protected landscape* a. chránená krajinná oblasť; *recreational* a. rekreačná oblasť; *residential* a. obytná štvrť; *service* a. parkovisko s čerpadlom a motorestom; *ski(ing)* a. lyžiarska oblasť; *wine* a. vinárska oblasť **2.** (plocha) rozloha **3.** oblasť, sféra

arena aréna

argue dohadovať sa

arid suchý, vysušený

arise* vzniknúť, objaviť sa

arm 1. (celá horná končatina) ruka; *break* one's* a. zlomiť si ruku **2.** (zariadenia) rameno

armchair fotel, kreslo

armpit pazucha

armrest (bočné) operadlo

A-road BR cesta I. triedy

around 1. (priestorovo) okolo; *all* a. dookola; *sit* a. the table* sedieť okolo stola **2.** (vyj. časoval. číselnú približnosť) okolo, približne; a. *midnight* okolo polnoci

arrange 1. dohodnúť; a. *meeting* *place, accommodation* dohodnúť miesto stretnutia, ubytovanie; a. *sth verbally* dohovoriť čo ústne **2.** zabezpečiť **3.** usporiadať, zoradiť

arrears nedoplatok

arrival príchod, aj a. *of the plane* prílet; *late* a. of the train* oneskorený príchod vlaku; a. *by bus, by train* príchod autobusom, vlakom

arrive prísť, pricestovať, priletieť, (dopr. prostriedok) vchádzať, vojsť; a. *by car, by train* pricestovať autom, vlakom

➠ *When does... arrive?* Kedy má príchod...?
The train is a-ing at the... rail. Vlak vchádza na... koľaj.

arrow šípka; *directional* a. smerová šípka

¹**art** n **1.** umenie; *A. Noveau* secesia, secesný sloh; *contemporary* a. súčasné umenie; *craft* a. umelecké remeslo; *early Christian* a. ranokresťanské umenie; *folk* a. ľudové umenie; *graphic/visual* a./a-s výtvarné umenie; *modern* a. moderné umenie; a. *of engraving on wood* drevorytectvo; a. *of painting* maliarstvo **2.** zručnosť

²**art** adj umelecký; a. *and historical* umeleckohistorický

artery 1. anat. tepna **2.** dopr. tepna, magistrála

artichoke artičoka

article 1. (v novinách) článok **2.** predmet, (jednotlivý) tovar; *photographic and cinema a-s* fotopotreby, fotopredajňa
➡ *Can you put these a-s of value in safekeeping?* Môžete uschovať tieto cenné predmety?

artificial umelý

artist 1. umelec **2.** maliar

artistic umelecký

as ako; *as far as* (priestorovo) až; *as well* aj
➡ *Are you here as a tourist?* Ste tu ako turista?

ascend (na končiar ap.) vystúpiť

ascent výstup; *first a.* (horolezecký) prvovýstup

ashamed zahanbený; *be*/feel* a.* hanbiť sa

ashstand (stojanový) popolník

ashtray popolník

Asia Ázia

¹Asian adj ázijský

²Asian n Ázijčan

aside nabok
➡ *Could you move a little a.?* Môžeš/Môžete sa posunúť trochu nabok?

ask 1. pýtať sa (*about sth* na čo); *a. a question* opýtať sa; *a. the price, the way, the details* spýtať sa na cenu, cestu, podrobnosti **2.** osloviť, požiadať **3.** poprosiť, požiadať (*for sth* o čo) **4.** pýtať, požadovať
➡ *Has anybody a-ed for me/for us?* Hľadal ma/nás niekto?

May I a. you a question? Môžem sa vás niečo opýtať?
Can I/we a. you for...? Mohol by som/Mohli by sme vás požiadať o...?
I (We) must a. you for help. Musím(e) vás požiadať o pomoc.
May I a. you for...? Môžem ťa/vás požiadať o...?
What are you a-ing? Čo za to pýtate?

asleep spiaci; *fall* a.* zaspať

asphalt (road) asfaltový

aspic aspik

¹assault n prepad, (fyzický) útok

²assault v prepadnúť

assets pl (celkový) majetok

assign prideliť

assistance pomoc; *road a.* dopr. žltí anjeli

assistant pomocník; *shop a.* predavač(ka)

association združenie, asociácia; *Automobile A.* BR automotoklub

assortment kolekcia, sortiment

assure ubezpečiť
➡ *We'd like to a. you that...* Chceme vás ubezpečiť, že...

asthma astma; *suffer from a.* mať astmu

¹asthmatic adj (záchvat) astmatický

²asthmatic n astmatik; *be* an a.* mať astmu

astonishment údiv

astray mylný; *go* a.* blúdiť

A

asylum azyl; *apply/ask for a.* požiadať o azyl; *grant a.* poskytnúť azyl

at 1. (časovo) k, na, o; *at the beginning of the... century* na začiatku... storočia **2.** (vyj. cieľ, účel) k; *be* at sb's disposition* byť komu k dispozícii **3.** (priestorovo, časovo) pri **4.** (priestorovo) v; *at the hotel* v hoteli **5.** (bývať) u

➠ *I've/We've come at the invitation.* Prišiel som/Prišli sme na pozvanie.
... *begins at... o'clock.* ... sa začína o...

athletics atletika

atlas atlas

atmosphere 1. atmosféra, ovzdušie, vzduch, aj pren.; *pleasant a.* príjemná atmosféra; *city a.* veľkomestská atmosféra **2.** ráz, kolorit

attaché ataše

¹attack n **1.** útok, prepad; *bomb a.* bombový útok; *terrorist a.* teroristický útok **2.** záchvat; *asthmatic a.* astmatický záchvat; *heart a.* srdcový infarkt/záchvat, srdcová porážka/mŕtvica

²attack v (útokom) napadnúť, prepadnúť

➠ *I was/We were a-ed on the freeway, in the street,... (at night).* Prepadli ma/nás (v noci) na diaľnici, na ulici,...

attempt pokúsiť sa (sth o čo)

attend 1. ošetriť (to sb koho) **2.** obsluhovať (to sb koho) **3.** (korešpondenciu) vybaviť

➠ *Is anybody a-ing here?* Obsluhuje tu niekto?

attendance ošetrenie; *medical a.* lekárske ošetrenie

attendant 1. (jednotlivec) obsluha; *flight a.* (v lietadle) steward(ka); *(petrol) pump/petrol/* Ⓐⓜ *gas station a.* čerpadlár, hovor. pumpár **2.** strážca; *parking/car park attendant* strážca parkoviska **3.** uvádzačka

attention 1. pozor; *draw*/call sb's a.* upozorniť (to sth na čo); *pay* a.* dávať pozor **2.** pozornosť; *attract a.* zaujať pozornosť; *catch*one's a., draw* a.* vzbudiť pozornosť

➠ *Pay a., please!* Dávaj(te) pozor! *Pay a. to me, please!* Venujte mi, prosím, pozornosť!

attentive pozorný

attract (pozornosť) zaujať, upútať

attractive atraktívny, lákavý, príťažlivý

attribute (charakteristická vlastnosť) črta

aubergine baklažán

audience obecenstvo

auditorium* div. hľadisko

¹August n august; *at the beginning, towards the end of A.* začiatkom, koncom augusta

²August adj (holiday) augustový

aunt teta

au pair au-pair, hovor. auperka

aurora žiara; *a. borealis* severná žiara; *a. polaris* polárna žiara

Australia Austrália

[1]**Australian** adj austrálsky

[2]**Australian** n Austrálčan

Austria Rakúsko

[1]**Austrian** adj rakúsky

[2]**Austrian** n Rakúšan

authentic autentický

authorities (úrady) administratíva

authorization splnomocnenie

authorize splnomocniť

automat predajný automat

[1]**automobile** n AM auto

[2]**automobile** adj AM automobilový

autoroute diaľnica (vo Francúzsku)

autostrada diaľnica (v Taliansku)

[1]**autumn** n jeseň; *in a.* na jeseň

[2]**autumn** adj (farby) jesenný

autumnal (sezóna) jesenný

available (každému prístupný) dostupný, k dispozícii

➡ *Where is/are... a.?* Kde dostať...?

[1]**avalanche** n (hl. snehová) lavína; *snow a.* snehová lavína; *risk of a-s* lavínové nebezpečenstvo

[2]**avalanche** adj (pes) lavínový

avalanche-endangered ohrozený lavínami

avalanche-secured zabezpečený proti lavínam

avenue AM bulvár, trieda

[1]**average** n (hodnota) priemer; *below a.* podpriemerný; *on a.* priemerne

[2]**average** adj (teplota) priemerný

avoid obísť, vyhnúť sa

awake bdiaci; *be a.* bdieť

away preč; *right/straight a.* hneď, okamžite

➡ *A moment, please, I'll be back right a.!* Okamih, prosím, hneď prídem!

awful hrozný

axis mat., fyz. os

axle mech. (kolesa ap.) os, náprava; *back/end/rear a.* zadná náprava; *front a.* predná náprava

POZNÁMKY

B

baby bábätko, dojča

baby's detský

¹**back** adv dozadu, späť; *be**/ *come** *b.* vrátiť sa; *give** *b.* vrátiť

➧ *When do you come b. from...?* Kedy sa vrátiš/vrátite z...?
I'll (We'll) be b. right away. Hneď sa vrátim(e).

²**back** adj zadný

³**back** v, aj *b. up* cúvať; *b. a car* cúvať; *b. out of the garage* cúvať z garáže *b. out* (od zmluvy) odstúpiť

⁴**back** n **1.** chrbát **2.** kríže **3.** zadná strana; *at the b.* vzadu

➧ *My b. is sunburnt.* Spálil som si chrbát.
I've got a sore b. Seklo ma v krížoch.

backache bolesti v krížoch

➧ *I've got a b.* Seklo ma v krížoch.

backbone chrbtica

background pozadie; *family b-s* rodinné prostredie

backpack ᴀᴍ, ᴀᴜ batoh, plecniak, hovor. ruksak

backpacker ᴀᴍ, ᴀᴜ batôžkár

backrest (zadné) operadlo; *adjustable b.* nastaviteľné operadlo

backside hovor. zadok

backward(s) dozadu

bacon (anglická) slanina; *flank of*

b. bôčik; *smoked b.* údená slanina; *streaky b.* prerastená slanina, solený a údený bôčik

bad 1. (kvalitou, človek) zlý; *go* b.* (potraviny) pokaziť sa **2.** (počasie) nepriaznivý **3.** nešťastný, skľúčený

➧ *... speaks b. English. ...* hovorí zlou angličtinou.

badly zle

badminton bedminton

bag 1. kabela, taška, vak; *beach b.* plážová kabela; *camcorder/ videocamera b.* kapsa na videokameru; *cosmetic b.* kozmetická taška; *plastic b.* igelitová taška; *shopping b.* nákupná kabela/taška; *sleeping b.* spací vak; *thermal b.* termotaška; *toilet b.* necesér; *travelling b.* cestovná kabela, cestovný vak; *pack one's b-s* baliť kufre **2.** vrecúško; *plastic b.* igelitové vrecúško; *polyethylene/* hovor. *poly b.* polyetylénové vrecúško na potraviny; *rice b-s* ryža vo varných vrecúškach; *tea b.* čajové vrecúško; *travel toiletry b.* vrecúško s toaletnými potrebami na cesty

baggage ᴀᴍ batožina

baguette bageta

bail práv. kaucia; *stand*/put* up/ go* b.* zaplatiť kauciu (for sb za koho)

bailey vonkajšia stena hradu; *outer b.* podhradie

bake (koláč) piecť // **b. o.s.** *(in the sun)* pražiť sa (na slnku)

baked pečený

bakery pekáreň

balcony div. balkón

➧ *I'd/We'd like a room with a b.* Chcel by som/Chceli by sme izbu s balkónom.
I'd/We'd like two seats in the b. Dajte mi/nám, prosím, dva lístky na balkón.

ball 1. (v rôzn. význ.) guľa; *billiard b-s* biliardové gule **2.** lopta, loptička; *golf b.* golfová loptička; *inflatable b.* nafukovacia lopta do vody; *tennis b.* tenisová loptička; *table-tennis b.* pingpongová loptička; *play with a b.* hrať sa s loptou

ballet balet

balloon balón; *hot-air b.* teplovzdušný balón

Baltic (the), aj *the B. Sea* Baltik, Baltické more

bamboo bambus

ban zákaz; *car horn b.* zákaz trúbenia; *car wash b.* zákaz umývania áut; *driving b., b. of traffic* zákaz vjazdu; *night drive b.* zákaz nočnej jazdy

banan banán

band páska

¹bandage n obväz; *elastic b.* elastický obväz; *gypsum/plaster b.* sadrový obväz; *instant b.* rýchloobväz; *liquid b.* tekutý obväz; *pressure b.* tlakový obväz;

change the b. vymeniť obväz; *put*/ apply the b.* priložiť obväz

²bandage v (ranu) obviazať

Band-Aid AM (na rany) náplasť

bandstand hudobný pavilón

bangle (pevný) náramok

bank 1. banka **2.** (v hre) bank **3.** (riečny) breh, nábrežie; *reach the b.* doplávať (k brehu)

banknote bankovka; *counterfeit b.* falošná bankovka; *euro b.* eurobankovka; *thousand-crown b.* tisícka

bankrupt skrachovaný; *go* b.* skrachovať

bannister (schodiska) zábradlie

banquet banket

baptism krst; *equatorial b.* rovníkový krst

baptistery baptistérium

bar 1. bar, zábavný podnik, AM lokál; *dance b.* tanečný bar; *espresso b.* (kaviarnička) espreso; *hotel espresso b.* hotelové espreso; *milk b.* mliečny bufet; *night striptease b.* nočný striptízový bar; *pool b.* bar pri bazéne; *snack b.* denný bar, bufet, snack-bar; *station b.* staničný bufet **2.** (pult) výčap **3.** tyčinka; *chocolate b.* čokoládová tyčinka

➧ *Do you go to the b.?* Nepôjdeš/Nepôjdete do baru?

barbecue ražeň

barber (pánsky) kaderník

barber's, aj *b. shop* holičstvo, pánske kaderníctvo

bare nahý, holý

barefaced bezočivý

barefoot(ed) bosý; *walk b.* chodiť bosý

¹**bargian** n výhodná kúpa, výhodný obchod

²**bargain** v (o cene ap.) jednať sa

bark (kmeňa) kôra

barman* barman

barometer barometer

¹**baroque** n barok

²**baroque** adj (style, period) barokový; *early b.* ranobarokový

barrier 1. bariéra, zábrana, dopr. závora, uzávera; *road b.* cestná uzávera 2. zábradlie; *crash b.* zvodidlo

barrier-free bezbariérový

barrow mohyla

base 1. základ 2. základňa; *diving b.* potápačská základňa

basement suterén

basic (poplatok) základný

basilica bazilika; *Gothic, Romanesque b.* gotická, románska bazilika

basin (horská) panva, aj *valley b.* kotlina

basket kôš, košík; *shopping b.* nákupný košík

➧ *I'd/We'd like to hire a beach b.* Chcel by som/Chceli by sme si prenajať plážový kôš.

basketball basketbal

bastion bašta, pevnosť

bat šport. pálka; raketa; *table-tennis b.* pingpongová raketa; *off*

one's own b. na vlastnú zodpovednosť

batch turnus

¹**bath** n 1. kúpeľ; *bathtub b.* vaňový kúpeľ; *bubble b.* bublinkový kúpeľ; *curative b.* liečivý kúpeľ; *mud b.* bahenný kúpeľ; *Turkish/steam b.* turecký/parný kúpeľ; *whirlpool b.* perličkový/vírivkový kúpeľ 2. pl *b-s* (verejné) kúpele 3. vaňa

➧ *I'm going to take a Turkish b.* Dám si parný kúpeľ.

²**bath** v BR (vo vani) kúpať sa; *have* a b.* kúpať sa

bathe AM (vo vani), BR (v rieke) kúpať sa

bathing (čiapka) kúpací

bathrobe 1. kúpací plášť 2. AM župan

bathroom kúpeľňa

bathtub AM vaňa

battery 1. batéria; *charge (up) a b.* nabiť batériu 2. aj *accumulator b.* akumulátor

➧ *The b. needs to be recharged.* Treba dobiť batériu.

battle bitka

battlements cimburie

bay 1. záliv, zátoka; *the B. of Biscay* Biskajský záliv; *sea b.* morský záliv 2. vyhradený priestor; *parking b.* vyznačené parkovacie miesto; *parking meter b.* parkovacie miesto s parkovacím automatom; *service b.* autoopravovňa

baywatch pobrežná hliadka
bazaar bazár
be* 1. (v rôzn. význ.) byť; *be* O.K.* byť v poriadku; *be* on holiday/* ĀM *on vacation* byť na dovolenke 2. *be* to* (povinnosť ap.) mať 3. (vyj. obyč. prechodné stavy, pocity ap.) mať; *be* hungry* mať hlad 4. mať sa, vodiť sa 5. byť, nachádzať sa 6. pochádzať 7. (o dopr. prostriedkoch) ísť, premávať 8. (o cene) stáť, hovor. robiť 9. (ešte existovať) stáť; *the castle is still here* hrad tu ešte stojí 10. stať sa *be* back* vrátiť sa *be* on* dávať, uvádzať, hrať, byť na programe *be* over* prejsť, pominúť sa, skončiť sa *be* up* (požiadavkám) zodpovedať

➡ *What's on TV today?* Čo dávajú dnes v televízii?
What's on at the cinema (at the theatre) tonight? Čo hrajú dnes večer (v divadle)?
What's new? Čo je nové?
Where is... here? Kde je tu...?
Where are you from? Odkiaľ si/ste?
I am/We are from... Som/Sme z...
Where have you been so long? Kde si bol/ste boli tak dlho?
It will be cold, hot,... today, tomorrow,... Dnes, zajtra,... bude zima, teplo...
It's all the same to me. To mi je jedno.

Be at home here. Cíť(te) sa tu ako doma.
How are you? Ako sa máš/máte?
I am (We are) fine, thanks. Ďakujem(e), mám(e) sa dobre.
What am I (are we) to do? Čo mám(e) robiť?
What time are we to be at the station, at the hotel,...? Kedy mám(e) byť na stanici, v hoteli,...?
Where are we just now? Kde sa práve nachádzame?
Tell me/us, please, where is...? Povedzte mi/nám, prosím, kde sa nachádza...?
Here you are! (pri ponúkaní) Nech sa páči!
What century is...? Z ktorého storočia pochádza...?
Who's the author of this picture, of this sculpture,...? Od koho pochádza tento obraz, táto socha,...?
There are no trains on Sundays. V nedeľu vlaky nepremávajú.
How much is it? Čo to stojí?
How much is a loaf of bread, a kilo of apples, of meat,...? Čo stojí chlieb, kilo jabĺk, mäsa,...?
The bill is... euros. Účet robí... eur.
There has been an accident here. Stala sa tu nehoda.

[1]**beach** n pláž; *hotel b.* hotelová pláž; *nudists/* ĀM *naturists b.* nudistická pláž; *pebbly b.* ka-

mienková pláž; *private b.* súkromná pláž; *public b.* verejná pláž; *rocky b.* skalnatá pláž; *sandy b.* piesčitá pláž; *sea b.* morská pláž; *windswept b.* veterná pláž; *b. suitable/safe for children* pláž vhodná/bezpečná pre deti; *b-es pollution* znečistenie pláží; *on the b.* na pláži; *vicinity of the b.* blízkosť pláže

⇨ *I am (We are) going to the b.* Idem(e) na pláž.
Has the hotel its (own) private b.? Má hotel vlastnú pláž?

²**beach** adj plážový
beachwear plážové oblečenie
beacon motor. maják
beam lúč; *laser b.* laserový lúč; *main b.* motor. diaľkové svetlo
bean fazuľa; *runner b-s* zelená fazuľa
bear* 1. niesť, znášať; *b. costs* niesť náklady 2. zniesť, vydržať 3. rodiť

⇨ *Here... was born.* Tu sa narodil...
How do you b. this awful heat, cold,...? Ako znášaš/znášate túto strašnú horúčavu, zimu,...?

bearable znesiteľný

⇨ *It's (not) b.* To sa (ne)dá zniesť.

beard (ochlpenie) brada
bearing obyč. pl *b-s* určenie polohy, orientácia; *get*/find* one's b-s* zorientovať sa; *take* one's b-s with map* orientovať sa podľa mapy

⇨ *I've/We've lost my/our b-s.* Stratil som/Stratili sme orientáciu.

beat* (bitkou, o srdci) biť *b. down* (slnko) pražiť
beautiful krásny
beauty krása; *b-ies of nature* prírodné krásy
because lebo, pretože; *b. of* (vyj. dôvod) pre
bed posteľ; *air b.* nafukovací matrac; *bunk b-s* poschodová posteľ; *camp b.* kempingová posteľ; *double b.* manželská posteľ; *extra b.* prístelka; *folding b.* rozkladacie lôžko, kempingová posteľ; *French b.* váľanda; *hotel b.* hotelové lôžko; *sofa b.* rozťahovací gauč; *b. and board* izba so stravou; *b. and breakfast* tranzitný nocľah, nocľah s raňajkami; *go* to b.* ľahnúť si, ísť spať

⇨ *You must stay in b.* Musíte ostať ležať.
Can you give me/us an extra b. to the room? Môžete pridať do izby prístelku?

bedclothes posteľná bielizeň

⇨ *Do you provide b.?* Požičiavate posteľnú bielizeň?
✳ *We are providing b.* Požičiavame posteľnú bielizeň.
✳ *Bring your own b.* Prineste si so sebou posteľnú bielizeň.

bedroom spálňa
bed-settee gauč
bee včela

B

beforehand (časovo) dopredu, vopred

beef kuch. hovädzina; *roast b.* pečená hovädzina, hovädzia pečienka, (pečená) roštenka; *smoked b.* údené rebierko

beefsteak biftek

beer pivo; *bottle(d) b.* fľaškové pivo; *canned/tinned b.* pivo v plechovke; *dark b.* ‹Am› tmavé/čierne pivo; *draught/*‹Am› *draft b., b. on tap/on draught* čapované pivo; *light b.* slabé pivo; *malt b.* sladové pivo; *non-alcoholic b.* nealkoholické pivo; *Pilsner b.* plzenské pivo; *real b.* pivo zo suda (bez kysličníka uhličitého); *short/small b.* malé pivo; *strong b.* silné pivo

➧ ✳ *Waiter, one short b., porter, two, three,... lagers, porters, please.* Pán hlavný, prineste mi/nám jedno malé, čierne pivo, dve, tri,... svetlé, tmavé pivá.

beer-house piváreň

beet ‹Am› cvikla

beetle chrobák

beetroot cvikla

¹before prep (časovo, priestorovo) pred; *in the year... b. Christ* v roku... pred naším letopočtom

²before adv predtým, prv, kedysi; *b. ...* skôr ako/než...

➧ ✳ *B. we depart/our departure we must...* Skôr ako odcestujeme, musíme...

I've/We've have been here b. Už som tu raz bol/sme tu raz boli.

beg žobrať

beggar žobrák

begin* začať (sa)

➧ ✳ *When does... b.?* Kedy sa začína...?
It's begun to rain, to snow. Začalo pršať, snežiť.

beginner začiatočník

beginning (priestorovo aj časovo) začiatok; *at the b. of the street* na začiatku ulice; *at the b. of the month, of the year* začiatkom mesiaca, roka; *from b.* od začiatku

¹behind adv vzadu, (zaostať) pozadu; *from b.* zozadu

²behind prep (priestorovo) za; *... kilometres b. borders ...* kilometre/kilometrov za hranicami

beige béžový

believe myslieť, nazdávať sa

¹Belgian adj belgický

²Belgian n Belgičan

Belgium Belgicko

believe 1. (u)veriť **2.** dúfať

bell zvon, zvonček; *church b-s* kostolné zvony

➧ *The b. is ringing!* Zvoní!
The b. is out of order. Nefunguje zvonček.

belly brucho

bellyache bolesti brucha

➧ *I've got a b.* Bolí ma brucho.

belfry zvonica

belly-pork bôčik

belong patriť

➧ *Whom does it b. to?* Komu to patrí?

belongings pl (osobný) majetok

beloved (milý) drahý

¹**below** adv dole; *from b.* zdola

²**below** prep pod; *... degrees b. zero ...* stupne/stupňov pod nulou; *... metres b. sea level ...* metrov pod hladinou mora

belt 1. opasok, remeň 2. aj motor. pás; *safety/seat b.* bezpečnostný pás; *tighten one's safety b-s* pripútať sa bezpečnostnými pásmi; *unfasten one's safety/seat b-s* odpútať sa z bezpečnostných pásov

➧ *Unfasten your seat b-s!* (v lietadle) Odpútajte sa!

beltway ᴀᴍ dopr. kruhový obchvat, vonkajší okruh

bench lavica

bend zákruta; *left-hand, right-hand b.* ľavotočivá, pravotočivá zákruta; *sharp b.* ostrá zákruta

Bermuda Bermudy; *B. shorts* bermudy

Bermudas 1. Bermudy 2. (šortky) bermudy

berth (vo vlaku) ležadlo, (vo vlaku, na lodi) aj *sleeping b.* lôžko

➧ *I'd like one b., please! One b., please!* Jedno ležadlo, prosím!

beside vedľa

besides okrem toho

best najlepší; *at b.* v najlepšom prípade

bet* staviť sa (*sb s kým, sth o čo*)

➧ *What do we b.?* O čo sa stavíme? *I b. you...* Stavme sa, že...

¹**better** adv 1. lepšie; *make* b.* zlepšiť 2. radšej; *you'd b. go* radšej by si mal/ste mali ísť

➧ *I feel (a little) b.* Cítim sa (o niečo) lepšie.
Do you like... b. than...? Chceš/ Chcete... alebo radšej...?

²**better** v zlepšiť (sa)

betty: *brown b.* ᴀᴍ žemľovka

between (priestorovo, časovo) medzi; *parking space/car park b. the hotel and the camp* parkovisko medzi hotelom a kempom; *b. 10 and 12 o'clock a.m.* medzi 10. a 12. hodinou predpoludním

beverage nápoj; *alcoholic b-s* alkoholické nápoje; *hot b-s* horúce nápoje; *b-s only served with food* povinná konzumácia vína k jedlu

beware ochrániť sa (*of sth pred čím*)

➧ *B.!* (varovanie) Pozor!

bicycle bicykel; *city b.* mestský bicykel; *folded b.* skladací bicykel; *men's b.* pánsky bicykel; *mountain/all-terrain b.* horský bicykel; *road b.* cestný bicykel; *touring b.* turistický bicykel; *trekking b.* trekingový bicykel;

women's b. dámsky bicykel; push the b. tlačiť bicykel; ride* a b. bicyklovať sa

➡ Where can I (we) leave, hire,... a bicycle/bicycles? Kde si môžem(e) odložiť, požičať,... bicykel/bicykle?

bicyclist bicyklista

bidet bidet

¹biedermeier n biedermeier

²biedermeier adj biedermeierovský

big (rozmermi, intenzívny) veľký

bike hovor. bicykel, hovor. motorka; touring b. turistický bicykel

bikini bikin(k)y, dvojdielne plavky

bilberry čučoriedka; red b. brusnica

bilingual (tabule) dvojjazyčný

bill 1. účet; hotel b. hotelový účet; pay*, settle the b. zaplatiť (útratu), vyrovnať účet 2. účtenka 3. Am bankovka, pl b-s papierové peniaze

➡ Bring me/us the b., please! Dajte mi/nám, prosím, účet.
Can you get my/our b. ready, please? Pripravte mi/nám, prosím, účet.
Have the b. made out. Make out the b. for me/for us, please.
Will you get my/our b. ready, please? Vystavte mi/nám, prosím, účet.

billiard (gule) biliardový

billiards biliard; b. room miestnosť s biliardom

bin nádoba

bind zaviazať // bind o.s. zaviazať sa

¹binding n viazanie; cable b. lankové viazanie; release b. bezpečnostné lyžiarske viazanie; ski b. lyžiarske viazanie; touring b. skialpinistické viazanie

²binding adj záväzný; not. b. (ponuka) nezáväzný

binoculars pl, aj a pair of b. ďalekohľad

bioweather biopočasie

birthday narodeniny

➡ Happy b.! Všetko najlepšie k narodeninám!

birthmark materské znamenie

birthplace rodisko

biscuit keks, pl b-s čajové pečivo

bishop biskup

bishopric biskupský

bison* bizón

bistro bistro

bit kus; a b. trocha

¹bite* v páliť, štípať, bolieť

²bite n uštipnutie, pohryznutie; adder/viper b. uštipnutie vretenicou; bee b. uštipnutie včelou

¹bitter adj 1. horký 2. sychravý 3. (zima) tuhý

²bitter n horké, horká; herb b. bylinková horká

¹bivouac n bivak

²bivouac v bivakovať, táboriť pod holým nebom

¹black adj čierny

²black n, aj b. man* černoch, aj b. woman* černoška

blackout hovor. (výpadok pamäti) okno; *have* a b.* mať okno

blacktop AM (cesta) asfaltový

bladder mechúr; *gall b.* žlčník; *urinary b.* močový mechúr

blade čepeľ, ostrie; *razor b.* žiletka

¹**blame** n vina

➡ *I am/You are (not) to b.* To (nie) je moja/vaša vina.

²**blame** v obviniť (*for sth* z čoho)

blank formulár, tlačivo

blanket deka, pokrývka, prikrývka

bleed* krvácať; *b. to death* vykrvácať

bleeding krvácanie; *internal b.* vnútorné krvácanie

bleedy-looking krvavý

¹**blind** adj 1. slepý, nevidiaci 2. oslepený; *b. with snow* oslepený snehom 3. (na jednom konci uzavretý) slepý

²**blind** v oslepiť

³**blind** n 1. slepec 2. aj *roller b.* roleta

blindness slepota; *snow b.* snehová slepota

blinker AM hovor. motor. blinker, smerovka

blister pľuzgier; *fever b.* opar/herpes na perách

blizzard fujavica

¹**block** n zablokovanie; *traffic b.* zablokovanie dopravy

²**block** v, aj *b. up* zablokovať

¹**blood** n krv

²**blood** adj (tlak) krvný

bloodstained krvavý

bloody krvavý

bloom kvitnúť

blossom kvitnúť

blotch škvrna

blouse blúza

blow* 1. (ústami, vietor) fúkať 2. trúbiť *b. up* 1. (pneumatika) prasknúť 2. vybuchnúť

¹**blow-dry** v (vlasy) sušiť

²**blow-dry** n hovor. fúkaná

blown (žiarovka, poistka) prepálený

blue 1. modrý 2. smutný, skľúčený

blunt tupý

¹**board** n 1. doska, tabuľa; *arrivals and departures b.* tabuľa príjazdov a odjazdov 2. (lietadla, priestor) paluba; *catering on b.* stravovacie služby na palube (lietadla) 3. penzia, stravovanie; *full b.* plná penzia, celodenné stravovanie; *full b. – all inclusive* ubytovanie s plnou penziou – all inclusive; *half b.* polovičná penzia, polpenzia, ubytovanie s polpenziou; *half b. including drinks at meals* polpenzia vrátane nápojov k jedlu; *b. and lodging* (v hoteli) penzia, *b. and lodgings* strava a ubytovanie; *b. and room* (strava a ubytovanie) penzia; *provide (with) b.* stravovať

➡ *How much is a room with full b., with half b. per day, per week,...?* Koľko stojí na deň, na týždeň,... izba s plnou, polovičnou penziou?

B

I'll (We'll) book just the half b. Objednám(e) si len polpenziu. I'll(We'll) take the room with full b., with half b. Zoberiem(e) si izbu s plnou penziou, polovičnou penziou.

²**board** v 1. (na dopravný prostriedok) nasadnúť, (do lietadla, na loď) nastúpiť 2. stravovať (sa) (with sb u koho)

boarding (do vlaku, lietadla, na loď) nástup

boast (o.s.) chváliť sa (about/of sth čím)

boat čln, (menšia, odb.) loď; *fishing b.* rybársky čln; *folding b.* skladací čln; *life b.* záchranný čln; *motor b.* motorová loď; *pedal b.* šliapací čln; *sailing b.* plachetnica

➧ *Where can I/we rent a b.?* Kde požičiavajú člny? *Does this b. go/sail to...?* Ide táto loď do...?

boater, aj *straw b.* slameniak

boathouse (člnov ap.) lodenica

¹**bobsled** adj Am (dráha) bobový

²**bobsled** n Am boby

bobsledder Am bobista

¹**bobsleigh** adj (dráha) bobový

²**bobsleigh** n boby

bobsleigher bobista

¹**body** n 1. telo 2. body 3. aj *car b.* karoséria

²**body** adj telesný

bodysuit body

bodywork karoséria

bog močarina

Bohemia Čechy

boil vrieť

boiler bojler; *electric b.* elektrický bojler; *gas b.* plynový bojler

boiling vrelý, vriaci

bold odvážny, statočný

boletus hríb; *edible b.* dubák

bomb bomba

bonnet kapota

¹**book** n kniha; *address b.* adresár; *guest b.* kniha hostí; *telephone/hovor. phone b.* telefónny zoznam; *b. of complaints* kniha sťažností

➧ *I'd (We'd) like to have a phone b.!* Prosím(e) si telefónny zoznam!

²**book** v (vopred) objednať, rezervovať, obsadiť; *b. an air-ticket, a trip* objednať si letenku, zájazd *b. in* (ako hosť) zapísať sa

➧ *Where can I/we b. ...?* Kde si možno objednať...? *The travel agency X made to b. the room for me/for us.* Cestovná kancelária mi/nám dala rezervovať izbu.

I'd/We'd like to book a room in your hotel. Rád by som/Radi by sme si rezervovali izbu vo vašom hoteli.

Could you b. ... seats on plane, on ship, ... for me/us? Rezervovali by ste mi/nám... miesta v lietadle, na lodi,...?

booked obsadený

➡ *The hotel is fully booked.* Hotel je plne obsadený.

booking 1. objednávka; *advance b.* (cestovných lístkov, vstupeniek) predpredaj; *cancel the b. (of a hotel room)* zrušiť objednávku (hotelovej izby); *confirm the b.* potvrdiť objednávku ubytovania **2.** rezervácia; *trip b.* rezervácia zájazdu; *seats b.* rezervácia miesteniek; *cancel the b.* stornovať rezerváciu

bookshop kníhkupectvo; *second-hand b.* antikvariát

bookstall (novinový) kiosk

bookstore ⟨ĀM⟩ kníhkupectvo; *second-hand b.* antikvariát

boot 1. (celá, vysoká) topánka, pl *b-s* obuv; *climbing b-s* horolezecká obuv; *high b-s* čižmy; *ski b-s* lyžiarska obuv, lyžiarky; *b-s and shoes* obuv; *Vibram b-s* vibramky **2.** aj *luggage b.* motor. kufor auta, batožinový priestor

booth búdka; *telephone b.* telefónna búdka

¹border n **1.** kraj, okraj; *road b.* okraj vozovky **2.** hranica, pohraničie; *cross the b.* prekročiť hranice

➡ *How far is the b.?* Ako ďaleko je k štátnej hranici?
When are we going to be at the b.? Kedy budeme na hraniciach?

²border adj (priechod) hraničný, (styk) pohraničný

³border v **1.** hraničiť (*on/upon sth* s čím) **2.** (územie) ohraničiť

borderlands pohraničie

bore nudiť; *be* b-d* nudiť sa

boredome nuda

boring nudný

borrow (vy)požičať si (*from sb* od koho)

➡ *May I (we) b. ...?* Môžem(e) si požičať...?

boss vedúci, šéf, zamestnávateľ

botel botel

both obidva(ja), oba

bother obťažovať

bothering nepríjemný

bottle fľaša; *returnable/non-disposable b.* vratná/zálohovaná fľaša; *throwaway/disposable b.* nevratná/nezálohovaná fľaša; *water/bike b.* (umelohmotná) fľaša s nápojom (na bicykli)

➡ *Will you bring us a b. of white wine, of red wine, of mineral water,..., please?* Prineste nám, prosím, fľašu bieleho vína, červeného vína, minerálky,...
Is there a deposit for the b-s? Platí sa záloha na fľaše?

bottled fľaškový

¹bottom adj dolný

²bottom n **1.** dno, spodok; *b. of the sea* morské dno **2.** hovor. zadok

bouillon bujón, vývar; *beef b.* hovädzí vývar; *chicken b.* slepačí bujón

boulevard bulvár, trieda

B

B

bound: *be* b.* mať namierené, smerovať (for sth do čoho, kam)

➡ *Is this bus, ferry, train,... b. for...?* Ide tento autobus, trajekt, vlak,... do...?

boundary hranica, medza; *natural b.* prirodzená hranica

bouquet (formálna) kytica

boutique butik

bowel črevo

bowl (hlboká) misa; *small b.* miska; *sugar b.* cukornička

¹bowling n bowling

²bowling adj (dráha) bowlingový

box 1. škatuľa, skrinka; *chocolate b.* bonboniéra; *first aid b.* lekárnička; *lunch b.* hovor. obedár **2.** box; *freezing b.* mraziaci box; *ice b.* AM chladnička; *call b.* telef. (na pošte) hovorňa **3.** priečinok, priehradka; schránka; *post/* AM *mail b.* poštová schránka; *post office b.* poštový priečinok, poštová priehradka; *post/* BR *pillar b.* (pouličná) poštová schránka **4.** div. lóža **5.** puzdro; *spice b.* korenička

boy chlapec

boyfriend (frajer) priateľ

bra hovor. podprsenka

bracelet náramok; *identification b.* identifikačný náramok (pre hostí hotela poskytujúceho v cene pobytu kompletné služby)

brain 1. mozog **2.** pl *b-s* kuch. mozoček

¹brake n brzda; *disk b.* kotúčová brzda; *emergency b.* záchranná brzda; *hand brake* ručná brzda; *hydraulic b.* hydraulická brzda; *pedal/foot b.* nožná brzda; *apply the b-s* pribrzdiť, zabrzdiť; *release the b-s* odbrzdiť; *the b-s failed* zlyhali brzdy

➡ *The b-s pull to the left, to the right, are out of order.* Brzdy ťahajú doľava, doprava, nie sú v poriadku.

Can/Could you adjust,... the brakes? Môžete mi, prosím, zoradiť,... brzdy?

²brake v, aj *b. down* (za)brzdiť

➡ *I was not able to b.* Nemohol som už zabrzdiť.

braking brzdenie; *trial b.* skúška bŕzd

branch 1. aj *b. office/agency* filiálka, pobočka; *travel agency b.* pobočka cestovnej kancelárie **2.** (rieky) rameno; *dead b. of a river* mŕtve rameno rieky

brand (tovaru) značka

brandy brandy, vínovica; *cherry b.* čerešňovica; *French b.* koňak; *plum b.* slivovica

Brasil Brazília

Brasilian brazílsky

brassière podprsenka

brave odvážny

bravery statočnosť, odvaha

brawn kuch. huspenina

B

breach (zmluvu) porušiť

bread chlieb; *brown/black b.* čierny chlieb; *fancy b.* bábovka; *fruit b.* biskupský chlebíček; *homemade b.* domáci chlieb; *packed sliced b.* balený krájaný chlieb; *rye b.* ražný chlieb; *wheat b.* pšeničný chlieb; *white b.* biely chlieb; *wholemeal b.* celozrnný chlieb; *b. and butter* chlieb s maslom; *loaf of b.* bochník chleba; *slice of b.* krajec chleba

➡ *One kilo of b., please.* Dajte mi, prosím, kilo chleba.

breadth šírka

¹break n prestávka; *lunch b.* obedňajšia/poludňajšia prestávka; *pee b.* hovor. cikpauza (prestávka pri dlhšej ceste autobusom); *short b.* krátka prestávka; *tea/* Am *coffee b.* prestávka na oddych; *take* a b.* (počas cesty) oddýchnuť si

➡ *When is the lunch b.?* Kedy je obedňajšia prestávka?

✳ *The lunch b. is from... till...* Obedňajšia prestávka je od... do...

✳ *Let's have a b.!* Urobme si prestávku!

²break* v 1. zlomiť (sa/si), lámať (sa); *b. one's arm, leg* zlomiť si ruku, nohu 2. rozbiť (sa) 3. (diétu, predpisy) porušiť 4. pokaziť (sa) 5. (rekord) prekonať 6. aj *b. off* (dočasne) prerušiť

7. (úderom otvoriť) vyraziť *b. into* vlámať sa *b. up* (na rôzne strany) rozísť sa

➡ *I/We would like to b. my/our journey at...* Chcel by som/ Chceli by sme prerušiť cestu v... *Can I (we) b. the journey?* Môžem(e) prerušiť cestu? *My windscreen is broken.* Rozbilo sa mi predné sklo.

breakdown (obyč. na aute) porucha

breaker vlnolam

¹breakfast n raňajky; *continental b.* kontinentálne raňajky; *English b.* anglické raňajky; *hot/ cooked b.* teplé raňajky; *late b.* neskoré raňajky; *have*/take* b.* raňajkovať, naraňajkovať sa

➡ *What time is b. served?* Kedy sa podávajú raňajky? *Could I/we have b. tomorrow at... o'clock?* Mohol by som/ Mohli by sme raňajkovať zajtra už o...?

²breakfast v raňajkovať

break off odkloniť (sa)

breakwater vlnolam

breast 1. kuch. hruď, prsia; *stuffed b. of veal* plnená teľacia hruď; *b. of veal* teľacie rebierko 2. pl *b-s* (ženské) prsia

breaststroke šport. prsia

breath dych

breathalyze podrobiť dychovej skúške

➡ *I had to be b-d.* Musel som fúkať (do detekčnej rúrky).

breathalyzer detekčná rúrka
breathe dýchať
➡ *Stop b-ing!* Nedýchajte!
breathing dýchanie; *difficulty in b.* ťažkosti pri dýchaní
breeze vánok; *gentle b.* jemný vánok
bribe podplatiť
bridge 1. most, mostík, môstik; *arch b.* oblúkový most; *captain b.* kapitánsky mostík; *draw b.* padací most; *floating b.* pontónový most; *chain b.* reťazový most; *motorway b.* diaľničný most; *railway b.* železničný most; *road b.* cestný most, nadchod; *rope b.* lanový most; *suspension b.* visutý most 2. aj *dental b.* zubný mostík 3. ochodza
bridgework zubný mostík
brief krátky, stručný
briefs spodky
briefcase kufrík
briefing inštruktáž
brigade brigáda; *fire b.* (zbor) požiarnici
bright (deň) jasný
bring* 1. priniesť, doniesť 2. (na urč. miesto) zaviesť, doviesť *b. down* 1. (nadol) zniesť 2. znížiť *b. forward* (na skôr) presunúť
➡ *B. me/us..., please.* Doneste mi/nám, prosím,...
brisk čulý, živý, temperamentný
brisket kuch. hruď
Brit Brit

Britain, aj *Great B.* (Veľká) Británia
British britský
Britisher [AM] Brit
brittle krehký
B-road [BR] cesta II. triedy
broccoli brokolica
broil [AM] grilovať
broiled [AM] (jedlo) grilovaný
broiler [AM] (spotrebič) gril
broken pokazený; *be* b.* (predmety) pokaziť sa
bronchi* pl anat. priedušky
bronchitis bronchitída
bronzed opálený
brook potok
broth bujón so závarkou, vývar; *chicken b.* slepačí vývar; *meat b.* mäsový vývar
brother brat; *b-s and sisters* súrodenci
brother-in-law švagor
brown hnedý
bruise pomliaždenina
bruising pomliaždenina
brush kef(k)a; *clothes b.* kefa na šaty; *shoe b.* kefa na topánky
brut suché šampanské
bubble bublina; *bath b-s* pena do kúpeľa
bufallo bizón
buffet bufet, občerstvenie, studený pult, bufetové/švédske stoly; *breakfast b.* raňajkové švédske stoly; *cold b.* studená švédska misa; *dietary meals b.* švédske stoly s diétnymi jedlami; *dinner b.* obedové švédske stoly; *salad*

B

b. šalátové švédske stoly; *supper b.* večerné švédske stoly

bug ploštica

build* vybudovať, postaviť; *be* built* byť vytvorený, vzniknúť

➡ *When was... built?* Kedy bol postavený...?

building budova, stavba; *apartment b.* obytný blok; *government b.* vládna budova; *historic b.* pamätihodnosť; *listed b.* historicky cenná budova; *residential b.* obytný dom; *sacred b.* sakrálna stavba; *secular b.* svetská stavba; *b. of Parliament* (budova) parlament

➡ *What's that b.?* Čo je to za budovu?
What year, century,... was this b. built? V ktorom roku, storočí,... bola postavená táto budova?

bulb, aj *light b.* žiarovka

➡ *The light b. has burnt out. Change it, please.* Vyhorela žiarovka, vymeňte ju, prosím.

Bulgaria Bulharsko

¹**Bulgarian** adj bulharský

²**Bulgarian** n **1.** Bulhar **2.** bulharčina

bullring býčia aréna

bumbag hovor. (taštička) ľadvinka

¹**bump** n náraz; *get* goose b-s* pren. dostať husiu kožu

²**bump** v naraziť, vraziť (*into/ against sth* do čoho)

bumper motor. nárazník

bun buchta

bunch strapec; *b. of flowers* kytica; *b. of grapes* strapec hrozna

bungalow bungalov; *family b.* rodinný bungalov; *holiday b.* dovolenkový bungalov; *semidetached b.* dvojbungalov; *three-room b.* trojpriestorový bungalov; *two-room b.* dvojpriestorový bungalov

➡ *I'd/We'd like to hire a b. for one week, two, three,... weeks.* Chcel by som/Chceli by sme bungalov na jeden týždeň, na dva, tri,... týždne.

bungee jumping bungee jumping

buoy bója

➡ ✳ *Plávajte iba po bóje!* Swim just up to the buoys!

bureau úrad, kancelária; *information b.* informačná kancelária; *travel b.* cestovná kancelária

burglarize vlámať sa

burglary (vlámaním) krádež, vlámanie; *commit b.* vlámať sa

burgle (do domu) vlámať sa

¹**burn*** v **1.** horieť **2.** páliť, silno hriať **3.** aj *b. up* spáliť **4.** (od slnka) spáliť sa **5.** páliť, štípať **6.** popáliť (si); *be*/get* burnt* popáliť sa // *b. o.s.* popáliť sa

²**burn** n popálenina, spálenie

burst* prasknúť

bury pochovať

➡ *Who is b-ied here?* Kto je tu pochovaný?

¹**bus** n autobus, AM diaľkový/zájazdový autobus (s klimatizá-

ciou, kuchynkou, videom a WC); *air-conditioned b.* klimatizovaný autobus; *airport b.* dovozná/prívozná služba (na letisko); *city b.* autobus mestskej hromadnej dopravy; *shuttle b.* autobus kyvadlovej dopravy, (na letisko) *airport shuttle b.*, (na pláž) *beach shuttle b.*; *sightseeing b.* vyhliadkový autobus; *ski b.* lyžiarsky autobus; *suburban commuter b.* autobus prímestskej linky; *tourist b.* autobus pre účastníkov (horskej) turistiky

➡ *The b-es leave to Sydney on the hour.* Autobusy do Sydney odchádzajú každú hodinu.
Does any, this,... b. leave for...? Ide nejaký, tento,... autobus do...?
When is the (first, last,...) b. leaving for...? Kedy odchádza (prvý, posledný,...) autobus do...?
Which b. do I (we) take to...? Which b. goes to...? Ktorý autobus ide do...?
The b. runs every... minutes, just on holidays and Sundays, just on working/week days. Autobus premáva každých... minút, len v nedeľu a vo sviatok, len v pracovné dni.
You must take the b. number... Musíte ísť autobusom č. ...
The b-es run at... minutes inter-

vals. Autobusy premávajú v -minútových intervaloch.
²**bus** adj (doprava, klimatizácia) autobusový
bush 1. krovie, krovina 2. krík
¹**business** n 1. firma 2. záležitosť
²**business** adj 1. (štvrť) obchodný 2. (cesta) služobný
bust zruinovaný; *b. travel agency* skrachovaná cestovka; *go* b.* skrachovať
bustle | hustle
busy (mesto, premávka) rušný, živý, čulý, (ulica) frekventovaný
➡ *The line is b.* [AM] Linka je obsadená.
but ale
➡ *Excuse me, please, b. ...* Prepáčte, ale...
butcher's mäsiarstvo
butter maslo; *coconut b.* kokosové maslo; *herb b.* bylinkové maslo; *peanut b.* arašídové maslo; *bread and b.* chlieb s maslom
buttermilk cmar
button 1. (na odeve) gombík 2. tlačidlo, gombík; *call b.* (v hoteli) zvonček
¹**buy*** v kúpiť; *b. additionally* dokúpiť; *b. a ticket* kúpiť si cestovný lístok
➡ *Where can I/we b. ...?* Kde si možno kúpiť...?
²**buy** n nákup, kúpa
buyer kupujúci
buying nakupovanie

by 1. o; *by a day* (odložiť) o deň **2.** (vyj. pôvodcu, materiál ap.) od; *picture, sculpture by...* obraz, socha od... **3.** (priestorovo) popri, pri **4.** (časovo) v; *by day* vo dne **5.** (vyj. spôsob) po; *send* by rail* poslať po železnici **6.** po + číselné údaje; *one by one* po jednom; *three by three* po troch; *by... persons* po... osôb

bygone (pochádzajúci z minulosti) dávny

bypass dopr. obchvat, okruh

POZNÁMKY

C

cab Am taxík

cabbage kapusta; *red c.* červená kapusta; *white c.* biela kapusta

cabin 1. (na kúpalisku ap.) kabína 2. kajuta 3. (v horách) útulňa; *log c.* zrub

➠ *All c-s are occupied.* Všetky kabíny sú obsadené.
Where's the c. number...? Kde je kajuta číslo...?

cabinet (vláda) cabinet

cable (kovové) lano

cableway (kabínová) lanovka

cabstand Am parkovisko taxíkov

café kaviareň; *internet c.* internetová kaviareň; *non-smoking c.* nefajčiarska kaviareň; *street c.* pouličná kaviareň

➠ *Let's go to the c.* Poďme do kaviarne.

cafeteria samoobslužná reštaurácia

caffeine kofeínový

cage kôš; *rib c.* hrudný kôš

cake koláč, torta; *cheese/curd c.* tvarožník; *devil's food c.* čokoládová torta; *fruit c.* ovocná torta; *fruit sponge c.* bublanina; *honey c.* medovník; *Madeira/sponge c.* piškótový múčnik, piškóta; *marble c.* mramorová bábovka; *poppy-seed c.* makový koláč, makovník; *rich cream c.* torta s plnkou; *whipped cream c. šľahačková torta; *yeast c.* kysnutý koláč

calamity kalamita, katastrofa

calculate vypočítať

calculator kalkulačka; *pocket c.* vrecková kalkulačka

calendar kalendár; *c. of events* kalendár podujatí

calf* lýtko

calfskin teľacia koža

calibre formát, osobnosť

¹call n 1. volanie; *distress c. SOS sent by transmitter* volanie vysielačkou SOS; *c. for help* volanie o pomoc 2. aj *telephone/phone c.* telefonát, hovor. volanie; *cheep rate c.* Am zlacnený hovor; *collect c.* Am hovor na účet volaného; *economy rate c.* zlacnený hovor; *(motorway) emergency c. (na diaľnici)* tiesňové volanie; *fixed line c.* hovor na pevnú linku; *foreign trunk c.* medzištátny hovor; *international personal c.* medzinárodný hovor na výzvu; *local c.* miestny hovor; *long-distance c.* Am medzimestský hovor, hovor. medzimesto; *mobile c.* hovor na mobil; *personal c.* hovor na výzvu, výzva; *person-to-person c.* Am medzinárodný hovor na výzvu; *reverse charge c.* hovor na účet volaného; *intercity c.* medzimestský hovor, hovor. medzimesto 3. krátka návšteva

➡ *There's a c. for you.* Máš/Máte telefonát.

I am (We are) expecting the intercity c., the international c. from... Čakám(e) medzimestský, medzinárodný hovor z...

How much is the c. to..., the local c.,...? Koľko stojí hovor do..., miestny hovor,...?

Cancel the c., please. Zrušte, prosím, hovor.

Any c-s for me/for us? Telefonoval mi/nám niekto?

There's a phone c. for you. Volajú ťa/vás k telefónu.

²**call** v 1. aj *c. out* kričať, volať 2. volať, nazývať; *c. each other by one's first name* tykať si; *c. sb as Mr/Ms/Mrs* vykať komu; *be* c-ed* volať sa 3. (krátko) navštíviť 4. zavolať, ísť po, privolať; *c. the doctor* poslať po lekára 5. aj *c. up* telefonovať, volať 6. (na zastávke) zastať *c. in* (chvíľu pobudnúť) zastaviť; *call off* odrieknuť *c. together* (prítomných ap.) zvolať

➡ *Let's c. each other by our first names!* Potykajme si!

Did anybody c. me/us by phone? Telefonoval mi/nám niekto?

Who's c-ing? Kto je pri telefóne?

C. the doctor, the towing service, the police, the ambulance car,...(, please). Zavolajte (, prosím,) lekára, odťahovaciu službu, políciu, sanitku,...

Unfortunately, I (we) must c. ... off. Musím(e), žiaľ, odrieknuť...

caller 1. volajúci 2. návštevník

calling volanie

¹**calm** n bezvetrie

²**calm** adj pokojný; *become* c. (more)* utíšiť sa; *keep* c.* nestratiť nervy

➡ *Keep c.!* Zachovaj(te) pokoj!

The sea is c. today. Dnes je pokojné more.

³**calm** v, aj *c. down* upokojiť (sa), *(more)* utíšiť sa

calmative upokojujúci prostriedok

calmness (nerušenie) pokoj

caloric kalorický

calorie kalória

camcorder videokamera

camera fotoaparát, hovor. foťák; kamera; *Polaroid c.* polaroid; *safety/security/surveillance c.* bezpečnostná kamera; *underwater/submarine c.* podvodná kamera; *video c.* videokamera

¹**camp** n kemp, (stanový) tábor; *all-the-year-open c.* kemp s celoročnou prevádzkou; *children's holiday c.* detský prázdninový tábor; *holiday c.* prázdninový/stanový tábor, kempingová osada; *summer c.* kemp s prevádzkou iba v lete, letný tábor; *tent c.* stanový tábor; *trailer c.* AM (priestor) autokemping; *well-equipped c.*

komfortne vybavený kemp; *pitch c.* utáboriť sa

➡ *What's the way to the c.?* Ako sa dostaneme do kempu?
Is the c. attended at night? Je kemp v noci strážený?
Where is the management, the manager,... of the c.? Kde je správa, správca,... kempu?

²**camp** adj (preukaz ap.) kempingový, (mestečko) stanový

³**camp** v kempovať, stanovať, táboriť; *c. in/under the open sky* stanovať pod holým nebom

campaign kampaň; *charity c.* dobročinná akcia

camper 1. kempista, stanár 2. obytný automobil; *(reserved) for c-s only* vyhradené pre obytné prívesy/automobily

campfire táborák, vatra

campground AM (miesto) kemp, táborisko

¹**camping** n táborenie; *driving and c.* autoturistika

²**camping** adj kempingový

campsite (priestor) (auto)kemping, kemp, táborisko; *natural c.* prírodný kemping

➡ *Excuse me, how do I (we) get to the c.?* Ako sa dostanem(e) do autokempingu?
Is there a c. near here/nearby? Je tu nablízku nejaký autokemping/kemp?
Tell me/us, please, where's the nearest c. Povedzte mi/nám, prosím, kde je najbližší kemp.
How far is to the c. (from here)? Ako ďaleko je (odtiaľto) do kempu?

¹**can** n 1. AM konzerva, plechovka; *c. of meat* mäsová konzerva 2. bandaska, kanister, kanva; *garbage c.* AM smetník; *oil c.* olejnička; *petrol c.* benzínový kanister

²**can** v 1. (vyj. schopnosť) smieť, môcť 2. vedieť, ovládať

➡ *Where can I/we...?* Kde možno...?
What foreign languages c. you speak? Aké cudzie jazyky ovládaš/ovládate?

Canada Kanada

¹**Canadian** adj kanadský

²**Canadian** n Kanaďan

canal (vodná cesta, vnútrozemský) kanál, (morský) prieplav

canape kuch. chuťovka

cancel zrušiť, odhlásiť, odrieknuť, stornovať, odstúpiť; *c. the holiday/*AM *vacation contract* odstúpiť od zmluvy

➡ *I (We) must c. the flight to..., this trip,...* Musím(e) zrušiť let do..., tento zájazd,...
Have you already c-ed...? Už si sa odhlásil/ste sa odhlásili z...?
I'd/We'd like to c. the meal, the trip,... Chcel by som sa/Chceli by sme sa odhlásiť zo stravy, z výletu,...

cancellation zrušenie, stornovanie, odvolanie

candle sviečka

candy AM bonbón, cukrík; pl *c-ies* cukrovinky, sladkosti

canoe kanoe

canoeing kanoistika

canoeist kanoista

cantaloup ananásový melón

canteen (závodná) jedáleň

canvas plátenný

canyon kaňon; *Grand C.* Veľký kaňon

cap 1. čiapka; *bathing/swimming c.* kúpacia čiapka; *knitted c.* pletená čiapka; *peaked c.* šiltovka; *swimming c. (is) obligatory* povinné používanie kúpacej čiapky (pri vstupe do bazéna) 2. uzáver

capability schopnosť

capable schopný; *be* c.* (vyj. schopnosť) môcť, vládať (of sth čo)

capacity kapacita; *loading c.* (auta) úložný priestor; *sleeping c.* ubytovacia kapacita

capital 1. hlavné mesto 2. archit. hlavica stĺpa

cappuccino káva kapučíno, hovor. kapucíner

captain kapitán; *airplane/flight c.* letecký kapitán; *ship c.* lodný kapitán

captivate očariť

captivity zajatie; *c. of hostages* zajatie rukojemníkov; *hold* in c.* držať v zajatí

capture dobyť, uchvátiť

¹**car** n 1. auto; *four-wheel-drive c.* auto s pohonom všetkých štyroch kolies, hovor. štvorkolka; *passenger c.* osobné auto; *police c.* policajné auto; *police patrol/* BR *panda c.* policajné auto; *private c.* osobné auto; *rental/hire c., c. from a hire/ rental company* auto z požičovne; *second-hand/used c.* ojazdené auto; *short-time parking c.* krátkodobo parkujúce auto; *station c.* kombi; *c. overtaking in a string of c-s* auto predbiehajúce v kolón áut; *back a c.* cúvať; *break* into a c.* vlámať sa do auta; *immobilize a c.* zablokovať vozidlo 2. odb., AM vagón, vozeň; *couchette c.* ležadlový vozeň; *restaurant/dining c.* jedálny vozeň; *sleeping/Pullman c.* lôžkový vozeň; *c. with seat reservation* miestenkový vozeň

➡ *My/Our c. has stuck.* Moje/Naše auto uviazlo.

My/Our c. has broken down. Pokazilo sa mi/nám auto.

My/Our c. has been stolen. Ukradli mi/nám auto.

Can I (we) leave my (our) c. here? Môžem(e) tu nechať auto?

Can you check, repair, wash,... my/our c.? Mohli by ste prekontrolovať, opraviť, umyť,... moje/naše auto?

Where can I (we) rent a c.? Kde si môžem(e) prenajať auto?

✱ *The hotel, the camp, the guest house,... is... minutes c. drive.* Hotel, kemp, penzión,... je vzdialený na... minút cesty autom.

When was the c. in a service station last time? Kedy bolo auto naposledy v servise?

This train has two sleeping c-s. Tento vlak má dva lôžkové vozne.

²**car** adj (accident) automobilový

caramel karamelka

¹**caravan** n (obytné auto, príves) karaván; *(reserved) for c-s only* vyhradené pre obytné prívesy/automobily; *take* holidays in a c.* dovolenkovať v karavane

➧ *How much do you charge for a c.?* Aká je výška poplatku za karaván?

²**caravan** v (v obytných prívesoch) kempovať

caravanning (pobyt) (auto)kemping, (v obytných prívesoch) karavaning

caraway, aj *c. seed* kuch. rasca

carbon živočíšne uhlie

carburettor, AM **carburetor** karburátor

➧ *Could you check the c., please?* Prekontrolovali by ste, prosím, karburátor?

card (v rôzn. význ.) karta; *boarding c.* (vstupenka) palubný lístok; *business c.* (v práci) navštívenka; *camp(ing) c.* kempin-

gový preukaz; *Camping C. International* medzinárodný kempingový preukaz; *chip c.* čipová karta; *club/membership c.* členská karta; *credit c.* kreditná/platobná karta, hovor. kreditka; *green c.* motor. zelená karta; *hotel c.* hotelová karta; *identification c.* identifikačná karta; *identity c.* legitimácia, občiansky preukaz; *insurance c.* preukaz poistenca; *international credit c.* medzinárodná platobná/kreditná karta; *international vaccination c.* medzinárodný očkovací preukaz; *invitation c.* pozvánka; *journalist c.* novinársky preukaz; *parking c.* parkovacia karta; *pensioners/ seniors c.* dôchodcovský preukaz; *playing c.* hracia karta; *postal c.* AM korešpondenčný lístok; *service c.* služobný preukaz; *student(s) c.* študentský preukaz; *telephone c.* telefónna karta; *US-Green C.* zelená karta; *visiting/* AM *calling c.* navštívenka, vizitka; *youth c.* karta mládeže; *play at c-s* hrať (v) karty; *submit a c.* predložiť preukaz

➧ *Can I (we) pay with a credit c.?* Môžem(e) platiť kreditnou kartou?

Do you play (at) c-s? Hráš/Hráte karty?

Show your identity c.! Legitimujte sa!

I (don't) have the vaccination c. (Ne)Mám očkovací preukaz. *May I have your c.?* Dáš mi svoju/Dáte mi vašu vizitku?

cardiac chorý na srdce

cardphone kartový telefónny automat

¹**care** n starostlivosť; *ambulatory medical c.* ambulantná lekárska starostlivosť 2. údržba; *car c.* údržba auta; *take* c.* (po)starať sa (of sb/sth o koho/čo); *take* c. of o.s.* (chorý) šetriť (sa)

²**care** v 1. starať sa (for sb/sth o koho/čo) 2. (stáť o čo) zaujímať sa (about sb/sth o koho/čo)

➡ *I don't c. a hoot.* To mi je jedno.

career povolanie

careful 1. opatrný 2. šetrný, ohľaduplný

➡ *Be c.!* (výstraha) Pozor!

careless ľahkomyseľný, neopatrný

carelessness nepozornosť, nedbalosť; *due to c.* z nepozornosti

caretaker domovník, správca domu

carfax (v názve) križovatka viacerých ciest/ulíc

¹**cargo** n náklad; *drive* without c.* jazdiť bez nákladu

²**cargo** adj (loď) nákladný

carnival karneval

carousel Aᴍ kolotoč

carp* kapor

carriage 1. fiaker, kočiar; *baby c.* Aᴍ kočík 2. vagón

carriage(a)way vozovka; *dual c.* dvojprúdová komunikácia/vo-

zovka; *Slippery C.* (značka) nebezpečenstvo šmyku

carrier dopravca, prepravca

carrot karotka, mrkva

carry 1. nosiť, niesť 2. priniesť, zaniesť 3. viezť, dopraviť; doviezť; *c. to the hospital* dopraviť do nemocnice

➡ *C. this luggage to the taxi, to the exit, to the platform,..., please.* Zaneste, prosím, túto batožinu k taxíku, k východu, na nástupište,...

carry-all Aᴍ cestovná kabela

cart Aᴍ (obyč. nákupný) vozík

¹**Carthusian** adj kartuziánsky

²**Carthusian** n kartuzián

cartoon kreslený film

cascade kaskáda

case 1. schránka, skrinka; *cosmetic c.* kozmetický kufrík; *dressing/toilet c.* necesér; *first aid c.* (skrinka) lekárnička; *jewel c.* kazeta, klenotnica 2. motor. (kryt) plášť 3. puzdro 4. prípad

➡ *In the c. of emergency you can find me at this number, in/at...* V naliehavom prípade ma nájdeš/nájdete na tomto čísle, v... *In c. it rains...* V prípade, že bude pršať,... *In the c. I (we) (don't) come...* V prípade, že (ne)prídem(e),...

cash hotovosť, peniaze v hotovosti; *in c.* v hotovosti; *pay* in c.* (vy)platiť v hotovosti

C

➡ *I (We) pay in c.* Platím(e) v hotovosti.

✱ *Do you want to pay in c. or by cheque?* Chcete platiť v hotovosti alebo šekom?

cashless bezhotovostný

cashpoint AM bankomat

casing motor. (kryt) plášť

casino kasíno, herňa

casket kazeta, klenotnica

cassette (video ap.) kazeta

castle hrad, zámok; *baroque c-s* barokové zámky; *garden c.* záhradný zámok; *hunting c.* poľovnícky zámok; *knight('s) c.* rytiersky hrad; *Middle-Age(d)/Medieval c.* stredoveký hrad; *water c.* vodný hrad; *c. of/for defence* obranný hrad

➡ *When was this c. built?* Kedy bol postavený tento zámok?

casualty, aj *traffic c.* obeť dopravnej nehody

catalogue, AM **catalog** katalóg

cataract vodopád

catarrh katar

catastrophe katastrofa, nešťastie, pohroma; *natural c.* prírodná katastrofa/pohroma

catch* 1. chytiť, uchopiť 2. (chrípku) chytiť, dostať; *c. a cold* chytiť nádchu 3. stihnúť; zastihnúť 4. chytiť sa (at sth čoho) *c. up* dohoniť (náskok) (with sb koho)

➡ *Have you caught the bus, the train,... yet?* Chytil si/Chytili ste ešte autobus, vlak,...?

Am I (Are we) to c. the bus, the train,... to...? Chytím(e) ešte autobus, vlak,... do...?

C. me doing it! Ani ma nenapadne!

Go ahead, I'll c. up with you. Choďte dopredu, ja vás dohoním.

catchy pútavý

category kategória; *hotel, room c.* kategória izby, hotela; *price c.* cenová skupina

cathedral katedrála, dóm, (kresťanský) chrám

catering (verejné) stravovanie, stravovacie služby, (potravinami) zásobovanie; *communal c.* spoločné stravovanie; *mass c.* hromadné stravovanie; *c. on board* stravovacie služby na palube (lietadla)

¹**Catholic** adj katolícky

²**Catholic** n katolík

cauliflower karfiol

¹**cause** n príčina; *accident c.* príčina nehody

²**cause** v spôsobiť, zaviniť, zapríčiniť

¹**caution** n 1. opatrnosť 2. výstraha

➡ *Drive with c., please!* Jazdi(te), prosím, opatrne!

²**caution** v napomenúť

cautious opatrný

cavalry jazdectvo

cave jaskyňa; *ice/glacial c.* ľadová jaskyňa; *karstic c.* krasová jaskyňa

cavern (veľká) jaskyňa

caviar kaviár

CD hovor. cédéčko

cease prestať, ustúpiť, skončiť
> *The rain, the snow c-d to fall.* Prestalo pršať, snežiť.

ceiling 1. strop; *coffered c.* kazetový strop **2.** (hraničná úroveň) extrém

celebration oslava

celebrate oslavovať

celery zeler

cell bunka

cellar 1. pivnica; *city hall c.* radničná pivnica; *wine c.* vínna pivnica **2.** aj *salt c.* soľnička

cemetery cintorín

centimetre, AM **centimeter** centimeter

central (poloha, uzamykanie) centrálny, stredový; stredný

centre, AM **center** centrum **1.** stred, jadro; *city/town c.* centrum mesta; *historical c.* historické centrum; *tourist c.* turistické centrum **2.** stredisko; *business/commercial c.* obchodné centrum; *fitness/recreation c.* fit(nes)centrum; *health and beauty c.* centrum krásy a zdravia; *information c.* informačné centrum, infocentrum, informačná kancelária; *job c.* BR sprostredkovateľňa práce; *leisure time c.* centrum voľného času; *shopping c.* nákupné centrum/stredisko, obchodný dom, obchodná štvrť

> *Is the c. within a walking distance?* Dostanem(e) sa pešo do centra?
> *Can I/we take public transport to the c.?* Ide nejaký spoj do centra?
> *Can you recommend me/us a good, a cheep,... hotel in the city c.?* Môžete mi/nám odporučiť dobrý, lacný,... hotel v centre?
> *I (We) live in the c. of the town.* Bývam(e) v centre.

century storočie; *(in the) last c.* v minulom/predchádzajúcom storočí
> *What c. is...?* Z ktorého storočia pochádza...?
> *... was built last c., in the year...* ... bol postavený v minulom storočí, v... storočí nášho letopočtu

ceramics pl (výrobky) keramika

certain istý **1.** bližšie neurčený; *a c.* nejaký, istý **2.** zaručený; *make* c.* presvedčiť sa **3.** určitý
> *It is not c. if...* Ešte nie je isté, či...

certainly istotne, samozrejme, určite
> *I'll (We'll) c. come.* Istotne prídem(e).

certainty (presvedčenie) istota

certificate 1. certifikát, osvedčenie; preukaz; *M.O.T. c.* BR osvedčenie o technickej spôsobilosti/stave vozidla; *naturaliza-*

tion c. osvedčenie o získaní štátneho občianstva; *c. of roadworthiness* technický preukaz; *carrying a U c.* mládeži prístupný 2. doklad, potvrdenie, list; *birth certificate* rodný list; *death c.* úmrtný list

certify (písomne) potvrdiť

chain 1. reťaz, reťazec; *hotel c.* hotelový reťazec; *mountain c.* horstvo; *snow/tyre/anti-skid c-s* motor. snehové reťaze 2. retiazka

chair stolička; *beach c.* plážové ležadlo; *camp c.* kempingová stolička; *collapsible/folding c.* kempingová skladacia stolička

chalet (turistická) chata; *mountain c.* horská chata

challenge (predstavivosť) provokovať

¹chamber n (obchodná, parlamentná) komora

²chamber adj (orchester) komorný

chambermaid chyžná

chamois* kamzík

champagne (pravé) šampanské, sekt

champers Br hovor. šampanské

championship šport. majstrovstvá; *World. c.* majstrovstvá sveta

chance 1. náhoda; *by c.* náhodou 2. šanca, príležitosť; *take* c.* využiť príležitosť

¹change n 1. zmena; *climate/climatic c.* zmena podnebia; *gear c.* zmena prevodového stupňa; *programme c.* zmena programu; *time c.* (pri zmene geografického pásma) časový posun; *water c. in pools* výmena vody v bazénoch; *c. in the offer of the travel agency* zmeny ponúkaných služieb CK; *c. in weather* zmena počasia; *c. of direction* zmena smeru; *c. of residence* zmena bydliska 2. výmena; *oil c.* výmena oleja; *tyre, wheel c.* výmena pneumatiky, kolesa; *c. of bed linen and towels* výmena posteľnej bielizne a uterákov 3. aj *small/loose c.* drobné

➡ *Keep the c.* Nechajte si drobné.
Have you small c.? Máte mi vydať?
I have no c. Nemám drobné.
Prepare the c., please! Pripravte si, prosím, drobné!
Do you have any c. for the payphone? Máte mince do telefónneho automatu?
Can I/we get c. for...? Môžete mi/nám rozmeniť...?
Can you give mi c. for...? Rozmeňte mi, prosím, ... na drobné.

²change v 1. (z)meniť (sa); *c. the booking/the ordering* zmeniť objednávku; *c. the direction* meniť smer; *c. crowns for/into euros* meniť koruny na eurá; *c. the reservation* zmeniť rezerváciu 2. (peniaze) rozmeniť 3. vymeniť (si), vystriedať; striedať

sa **4.** prestúpiť **5.** prezliecť (sa);
c. the bed linen prezliecť postele **6.** (časovo) preložiť

➡ *Have I (we) to c.?* Musím(e)
prestúpiť?

*Where, when,... must I (we) c.
to...?* Kde, kedy,... musím(e)
prestúpiť na...?

*You must c. (to a passenger
train, to a bus,...) in/at...* V...
musíš/musíte prestúpiť (na
osobný vlak, na autobus,...).

*If you take this line, you need
not to c.* Týmto spojom nemusíte prestupovať.

Can we c. our seats? Môžeme
si vymeniť miesta?

Can I (we) c. crowns into euros? Môžem(e) vymeniť koruny
na eurá?

*Can you c. the engine oil, the
tyre,..., please?* Vymeňte, prosím,
motorový olej, pneumatiku,...

changeable (počasie) nestály, premenlivý

channel (podmorský, televízny)
kanál; *TV c.* televízny kanál; *the
(English) c.* Kanál La Manche

chaos chaos; *traffic c.* dopravný
chaos

chaotic chaotický

chapel kaplnka; *castle c.* hradná
kaplnka; *side c.* bočná kaplnka

[1]characteristic n (charakteristická
vlastnosť) črta

[2]characteristic adj charakteristický, typický

charcoal: *activated c.* živočíšne
uhlie

[1]charge n **1.** poplatok, taxa; príplatok; *additional/extra c.* doplatok, prirážka, dodatočné
náklady; *airport c.* letiskový poplatok; *cancellation c.* stornopoplatok, stornovací poplatok,
poplatok za zrušenie (letu, zájazdu ap.); *cover c.* kuvert;
extra c. rýchlikový príplatok;
extra c. (for a single room) príplatok (za jednoposteľovú izbu); *freight c.* dopravné; *hire c.*
poplatok za požičanie; *mileage
c.* kilometrovné; *parking c.* parkovací poplatok; *postal c./c-s*
poštový poplatok, poštovné; *reverse c.* hovor na účet volaného
telephone c. hovorné; *turnpike
c.* AM mýto; *supplementary c.*
(for travel on a fast train) rýchlikový príplatok; *c. on a bottle*
záloha na fľašu; *subject to a c.*
podliehajúci poplatkom **2.** výpožičné

➡ *What's the c. for...?* Aká je výška poplatku za...?

What's the c. per hour? Koľko
stojí hodina (parkovania ap.)?

✳ *There's an extra c. for...* Za...
sa platí zvlášť.

[2]charge v **1.** nabiť; *c. (up) a battery* nabiť batériu **2.** obviniť (*with
sth* z čoho) **3.** účtovať, zaúčtovať **4.** (zvýšeným nákladom) zaťažiť

C

➡ *We c. ... euros, nothing for...* Za... účtujeme... eur, neúčtujeme nič.

✷ *We c. you for...* Za... vám zaúčtujeme...

charge-free bez poplatkov, zadarmo

charger tech. nabíjačka; *battery, mobile c.* nabíjačka batérií, mobilu

¹**charm** n čaro, kúzlo

²**charm** v očariť

chart (astron., meteor., podrobná) mapa, navigačná mapa

charter (loď, lietadlo) prenajať

charter(ed) (let) charterový

chartering (lietadla) nájom

charwoman* upratovačka

chasm priepasť

chassis* motor. podvozok, šasi

chat zhovárať sa

chauffer (profesionálny) šofér

cheap lacný; *become**/*grow** *c.* zlacnieť; *make** *c.* zlacniť

➡ ✷ *Where can I/we find a c. accommodation, have a c. meal,...?* Kde sa možno lacno ubytovať, najesť,...?
Do you have anything cheaper? Máte niečo lacnejšie?

cheat oklamať, podviesť

¹**check** n 1. kontrola, revízia, prehliadka; *airport security c.* bezpečnostná kontrola na letiskách; *customs c.* colná kontrola; *emission c.* emisná kontrola; *pre-flight c.* kontrola lietadla pred štartom; *road c.* cestná kotrola; *speed c.* rýchlostná kontrola 2. potvrdenka, lístok; *left-baggage c.* AM batožinový lístok, lístok z úschovne batožiny 3. AM šek 4. AM účet, účtenka

²**check** v 1. (batožinu, pasy, po technickej stránke) skontrolovať, prekontrolovať, (kontrolne) prehliadnuť; *c. the aircraft before take-off* skontrolovať lietadlo pred štartom; *c. the fuel level in a tank* skontrolovať množstvo paliva v nádrži 2. (kontrolne) prepočítať *c. in* 1. (v hoteli) prihlásiť sa 2. AM (batožinu) podať *c. out* (z hotela) odhlásiť sa (of sth z čoho)

➡ *Have you c-ed your bill?* Prekontroloval si/Prekontrolovali ste si účet?
Can/Could you c. the brakes, the tyre pressure,..., please? Mohli by ste, prosím, prekontrolovať brzdy, tlak v pneumatikách,...?

check-in 1. check-in, odbavenie (batožiny pred odletom) 2. (v hoteli) registrácia

check-out 1. (z hotela) odhlásenie 2. (v supermarkete) pokladnica

➡ *Where's the c.?* Kde je pokladnica?

check-up lekárska prehliadka, AM kontrola

checkpoint kontrolné stanovište na hraničnom priechode

checkroom AM šatňa; podaj balíkov; úschovňa batožiny

cheek líce

cheerful radostný, veselý

¹**cheese** n syr; *blue/bleu/blue-veined c.* plesňový syr; *cottage c.* čerstvý tvarohový syr, tvaroh; *curd c.* tvaroh; *cream c.* smotanový syr; *Edam c.* eidam, eidamský syr; *Emmenthaler/Swiss c.* ementálsky syr, ementál; *Feta (white) c.* syr feta; *fresh c-s* čerstvé syry; *goat c.* kozí syr; *head c.* AM tlačenka; *pressed/hard c-s* tvrdé syry; *processed c.* tavený syr; *sheep c.* ovčí syr, bryndza; *triangular c.* trojuholníkový syr

²**cheese** adj syrový

chemist's AM lekáreň

cheque šek; *traveller's c.* cestovný šek

➡ *Do you accept/take traveller's c-s?* Beriete aj cestovné šeky? *I (We) pay by c.* Platím(e) šekom.

cherry čerešňa; *black/sour c.* višňa

chess šach

➡ *Do you play c.?* Hráš/Hráte šach?

chessboard šachovnica

chest 1. skrinka; *medicine c.* (v aute) lekárnička 2. hrudník, (prsia) hruď

chestnut 1. aj *c. tree* (strom) gaštan 2. (plod) gaštan; *roast(ed) c-s* pečené gaštany

chicken kuch. kurča, kuracina; *fried c.* vyprážané kurča; *grilled c.* grilované kurča; *roast c.* pečené kurča

¹**chief** adj hlavný

²**chief** n vedúci

child* dieťa; *c. of school age* školopovinné dieťa; *children up to the age of...* deti do... rokov

childcare opatrovanie detí

¹**chill** v chladiť

²**chill** adj chladný

³**chill** n (pocit chladu) zima, chlad; *sensitive to c.* citlivý na chlad

chilli (korenie) čili

chin (časť tváre) brada

¹**China** n Čína

²**china** n (čínsky) porcelán

Chinatown Čínska štvrť

¹**Chinese** adj čínsky

²**Chinese** n 1. Číňan 2. čínština

chip (v hazardných hrách) žetón

chips pl 1. AM čipsy, zemiakové lupienky 2. BR hranolčeky, pomfritky

➡ *A pocket of c. with ketchup, please.* Prosím si vrecúško hranolčekov s kečupom.

chlorinate chlórovať

➡ *The water is strongly c-d.* Voda je silno chlórovaná.

choc-ice nanuk

¹**chocolate** n čokoláda; *diabetic c.* diačokoláda; *milk c.* mliečna čokoláda; *plane c.* horká čokoláda

²**chocolate** adj (tyčinka) čokoládový

choice výber; *large c. of meals* veľký výber jedál; *meal c.* možnosť výberu jedál

choir chór; *temple c.* chrámový chór

cholesterol cholesterol

choose* vybrať, zvoliť

choosy prieberčivý

chop kuch. kotleta, rebierko

chopstick (čínska) palička; *Chinese c-s* čínsky paličkový príbor

Christ Kristus; *before C., skr.* *B.C.* pred naším letopočtom

christening krst

¹**Christian** n kresťan

²**Christian** adj 1. kresťanský; *early C.* ranokresťanský 2. (meno) krstný

Christianity kresťanstvo

Christianization christianizácia

Christianize christianizovať

¹**Christmas** n Vianoce; *at C.* na Vianoce; *for/over C.* cez Vianoce

➡ *Merry C.!* Veselé Vianoce!

²**Christmas** adj (stromček) vianočný

chronic chronický

chronicle kronika

¹**church** n 1. kostol; *convent/ monastery/nunnery c.* kláštorný kostol; *parish c.* farský kostol; *pilgrimage c.* pútnický kostol; *wooden c.* drevený kostol 2. cirkev

➡ *What century is this c.?* Z ktorého storočia pochádza tento kostol?

²**church** adj cirkevný

churchyard cintorín (pri kostole)

chute, aj *swimming-pool c.* (na kúpalisku) kĺzačka

ciao čao

cider jablkový mušt

cigar cigara

cigarette cigareta; *filter(-tipped), plain c.* cigareta s filtrom, bez filtra; *mild c-s* ľahké cigarety

➡ *One packet of c-s of the brand..., please.* Prosím si škatuľku cigariet značky...
May I light myself a c.? Môžem si zapáliť?

cinefilm kinofilm

cinema kino; *drive-in c.* autokino; *open-air c.* prírodné kino

➡ *What's on at the c.?* Čo hrajú v kine?
I'd/We'd like to go to the c. Rád by som išiel/Radi by sme išli do kina.

circa (pri letopočte ap.) približne

¹**circle** n 1. kruh; *polar c.* polárny kruh; *traffic c.* ⟨ĀM⟩ križovatka s kruhovým objazdom 2. div. balkón; *upper c.* horný balkón

²**circle** v krúžiť

circuit okruh; *short c.* (elektrický) skrat, krátke spojenie

circulate (krv) prúdiť

circumnavigate (svet, ostrov) oboplávať

circumstance okolnosť, podmienka; *extraordinary c-s* mimoriadne okolnosti

circus 1. cirkus **2.** BR kruhové námestie

citadel mestská pevnosť

citizen (štátny) občan, štátny príslušník; *EU c.* občan EÚ

citizenship (štátne) občianstvo, štátne príslušenstvo; *double c.* dvojité občianstvo

¹**city** n (väčšie) mesto, veľkomesto; *busy c.* čulý mestský ruch; *camp c.* stanové mestečko; *inner c.* vnútorné mesto; *shopping c.* nákupné stredisko (za mestom)

²**city** adj (hradby) mestský, veľkomestský

civil (občiansky) civilný

civilian (nevojenský) civilný

civilization civilizácia, kultúra

¹**claim** v **1.** (nárokovať si) dožadovať sa, domáhať sa; *c. the damages* žiadať náhradu škody **2.** tvrdiť

➡ *I'd like to c. damaged goods.* Chcel by som reklamovať poškodený tovar.

²**claim** n **1.** nárok, požiadavka; *insurance c.* poistná udalosť; *justified c.* oprávnená požiadavka; *c. for damages* nárok na náhradu škody/na odškodné **2.** reklamácia

clamp, aj *wheel c.* motor. papuča

clan rod

claret (bordeauxské) červené víno

¹**clash** v (nehodiť sa) biť sa

²**clash** n rozpor, konflikt

clasp spona

class (hotela) kategória, trieda; *economy/tourist c.* (v lodnej a leteckej doprave) turistická trieda; *travel first, second c.* cestovať prvou, druhou triedou

➡ *I would like one first class, economy c. ticket.* Prosím si cestovný lístok prvej, druhej triedy.

¹**classic, classical** adj klasický

²**classic** n klasika

classicism n klasicizmus

¹**classicistic** adj klasicistický

²**classicistic** n klasicistický sloh

claw klepeto

¹**clean** adj (op. špinavý) čistý

➡ *Keep... c.!* Udržujte čistotu!

²**clean** v **1.** čistiť, aj *c. out* vyčistiť **2.** aj *c. up* upratať

➡ *C. the windsereen, the rear window, please.* Vyčistite mi, prosím, predné, zadné sklo.

cleaner čistič

cleaner('s), aj *dry c.* čistiareň

¹**cleaning** n **1.** čistenie; *one hour c.* rýchločistiareň **2.** upratovanie; *final c.* záverečné upratovanie

²**cleaning** adj čistiaci

cleanliness, cleanness čistota

¹**clear** adj **1.** (počasie, deň) jasný **2.** (cesta) voľný, bez prekážok **3.** zreteľný

➡ *Is it c.?* Je všetko jasné?

²**clear** v precliť, (colne) odbaviť; *c. (goods) for customs* vyrúbiť clo; *c. through the customs*

preclíť; *c. the plane* odbaviť let
c. up vyčasiť sa *c. out* (priestor)
vyprázdniť, uvolniť; *be* c-ed
out* uvolniť sa (of sth od čoho)
➡ *Have I (we) to c. my (our)...
through customs?* Musím(e) si
dať preclíť...?

clearance 1. *flight c.* povolenie na
odlet; *customs c. (of passengers)* colné odbavenie (cestujúcich) 2. dopredaj

clearway BR cesta so zákazom
zastavenia; *urban c.* hovor. výpadovka

clergyman* (anglikánsky) kňaz

clerk úradník; *information c.* informátor; *parish c.* kostolník;
reception c. (v hoteli) informátor, recepčný

client klient, zákazník

cliff bralo, útes

climate podnebie; *coastal/seaside
c.* prímorské podnebie; *continental c.* kontinentálne/vnútrozemské podnebie; *dry c.* suché
podnebie; *high mountain c.* vysokohorské podnebie/vzduch;
humid c. vlhké podnebie; *mild/
temperate c.* mierne podnebie;
severe c. drsné podnebie; *subtropical c.* subtropické podnebie; *tropical c.* tropické podnebie; *c. change* zmena podnebia

¹climb v liezť, šplhať sa, (nahor)
stúpať, (na končiar ap.) vystúpiť

²climb n (na vrchol) výstup

climber lezec; *beginner c.* prvole-

zec; *mountain c.* alpinista, horolezec; *rock c.* skalolezec

¹climbing n lezectvo; *mountain c.*
horolezectvo, alpinizmus; *rock
c.* skalolezectvo

²climbing adj (stredisko) horolezecký

clinic klinika; ambulantné oddelenie; *mobile c.* vozidlo rýchlej
zdravotníckej pomoci

cloakroom šatňa
➡ *Put your... to the c., please.*
Dajte si, prosím,... do šatne.

clock hodiny; *alarm c.* budík; *calendar/astronomical c.* orloj; *travel alarm c.* cestovný budík; *vibration alarm c.* vibračný alarm;
c. on a tower vežové hodiny

clogs pl dreváky

¹close adj 1. blízky 2. (počasie,
deň) dusný 3. tesný, blízky

²close adv blízko; *c. to* neďaleko,
tesne pri, vedľa
➡ *It is very c. (today).* (Dnes) je
veľmi dusno.
*I (We) live c. to the station, to
the beach,...* Bývam(e) hneď pri
stanici, pri pláži,...
The hotel, the town hall is situated c. to... Hotel, radnica stojí
tesne vedľa...

³close n (časovo) koniec, záver

⁴close v 1. aj *c. up* (otvorené) zatvoriť 2. (zmluvu) uzavrieť *c.
off* (ulicu) uzavrieť
➡ *What time do the museums,
swimming pools, shops,... c.?*

Kedy sa zatvárajú múzeá, kúpaliská, obchody,...?
The shops c. at... o'clock.
Obchody sa zatvárajú o... hodine.
The gate, the hotel, the camp,... c-s (every evening) at... o'clock.
Brána, hotel, kemp,... sa zatvárajú (každý večer) o... hodine.
The shops are c-d in the lunchtime, on Sundays,... Obchody sú cez obed, v nedeľu,... zatvorené.
The suitcase, the lock,... closes with difficulties. Kufor, zámka,... sa zle zatvára.
C. the window, the door, please! Zatvorte okno, dvere, prosím!

closed uzavretý; *c. to lorries* (cesta) uzavretý pre nákladnú dopravu

closeness 1. blízkosť 2. dusno

closet klozet; *water c.* splachovací záchod

closeup záber zblízka

closure uzávera; *c. of the traffic* uzávera dopravy

cloth utierka

clothes oblečenie, šaty, odev; *ready-to-wear/off-the-peg c.* (odevy) konfekcia; *sports c.* športové oblečenie

clothier's (obchod) konfekcia

clothing oblečenie, šaty, odev; *beach c.* plážové oblečenie; *men's c.* pánska konfekcia;

tourist c. turistické oblečenie; *women's c.* dámska konfekcia

¹**cloud** n 1. mračno, oblak; *thunderstorm c.* búrkový oblak 2. pl *c-s* oblačnosť; *cumulus c-s* kopovitá oblačnosť; *low c-s* nízka oblačnosť

²**cloud** v zahaliť sa *c. over* (obloha) zamračiť sa

cloudburst prietrž mračien

cloudiness oblačnosť

cloudless bezoblačný

cloudy oblačný, zamračený

club 1. klub; *automobile c.* automotoklub; *cycling c.* cykloklub; *gambling c.* herňa s hracími automatmi; *golf c.* golfový klub; *riding c.* jazdecký klub; *sports c.* športový klub 2. podnik, lokál; *night c.* nočný bar/podnik; *striptease c.* striptízový podnik 3. palica; *golf c.* golfová palica

clutch motor. spojka; *press down/push the c.* stlačiť spojku

¹**coach** n 1. diaľkový/zájazdový autobus (s klimatizáciou, kuchynkou, videom a WC); *hackney c.* fiaker; *night c.* nočný autobus; *sightseeing c.* autokar 2. vagón, vozeň; *direct c.* priamy vozeň; *express train c.* rýchlikový vozeň; *first-class c.* vozeň prvej triedy; *luggage c.* batožinový vozeň; *second-class c.* vozeň druhej triedy

➡ *Where's the c. number...?* Kde je vozeň číslo...?

Is it the direct c. to...? Je to priamy vozeň do...?

Where is the... c.? Kde je... vozeň?

✳ *... c. is at the beginning, at the end of the train, behind our c.,... c-s before us.* ... vozeň je na začiatku, konci vlaku, za naším vozňom, ... vozňov pred nami.

²**coach** v šport. viesť

coal uhlie

coarse (op. jemný) hrubý

coast (morský) breh, pobrežie; *rocky c.* skalnaté pobrežie

coastal prímorský

coat 1. kabát, plášť; *fur c.* kožuch; *winter c.* zimník 2. *c. of arms* erb; *town c. of arms* mestský erb

cobra kobra

cock (uzáver potrubia) kohútik

cockpit kokpit

cocktail 1. (nápoj) koktail; *fruit c.* ovocný koktail; *milk c.* mliečny koktail 2. aj *c. party* koktail, spoločenské stretnutie

cocoa kakao

¹**coconut** n kokos, kokosový orech

²**coconut** adj kokosový

cod* treska

code 1. kód, číslo; *Bank C.* smerovacie číslo banky; *bar c.* čiarový kód; *post* BR/AM *zip c.* poštové smerovacie číslo 2. telef. predvoľba; *dialling* BR/AM *area c.* smerové číslo,

predvoľba 3. kódex, pravidlá; *Highway* BR/AM *Traffic C.* pravidlá cestnej premávky

➧ ✳ *What is the dialling c. of...?* Akú predvoľbu má...?

coding kódovanie; kód; *bar c.* čiarový kód

coffee káva; *black c.* čierna káva; *caffeine-free/decaffeinated c.* bezkofeínová káva; *drip c.* prekvapkávaná káva; *espresso c.* (káva) espreso, hovor. preso; *extra strong c.* extra silná káva; *filtered c.* filtrovaná káva; *ice c.* ľadová mrazená káva; *instant c.* instantná káva, hovor. neska; *Irish c.* írska káva; *light c.* slabá káva; *Mocha c.* káva mocca; *roasted c.* pražená káva; *strong c.* silná/tuhá káva; *sugar-free/sugarless c.* káva bez cukru; *Turkish c.* turecká káva; *Vienna/Vienese c.* viedenská káva; *watery c.* slabá káva; *white c.,* AM *c. with milk* biela káva; *c. with cream* káva so šľahačkou

➧ ✳ *I drink sugarless c.* Pijem kávu bez cukru.

Waiter, one c., two, three,... c-s, please! Pán hlavný, jednu kávu, dve, tri,... kávy, prosím!

Would you like some c.? Are you going to have a cup of c.? Nedáš si/Nedáte si kávu?

May I invite you for a cup of c.? Môžem ťa/vás pozvať na kávu?

cognac koňak
cognate príbuzný, podobný
coin minca; *euro c.* eurominca
col (horské) sedlo
cola kola
➨ *Bring me/us one c., two, three,... c-s, please!* Prineste mi/nám, prosím, jednu kolu, dve. tri,... koly, prosím!
¹**cold** n **1.** chlad, zima; *bitter c.* treskúca zima **2.** aj *common c.* prechladnutie; *catch* a c.* prechladnúť; *having a c.* prechladnutý
➨ *I've a bad/a severe c.* Som strašne prechladnutý.
²**cold** adj chladný, (aj o podnebí) studený
³**cold** adv chladno, zima; *get*/ turn c.* ochladiť sa
➨ *It is c.* Je zima.
I am c. Je mi zima.
coldness chlad, zima; *bitter c.* tuhá zima
coldy hovor. prechladnutý
colic kolika
¹**collapse** n kolaps
²**collapse** v **1.** skolabovať **2.** (dovolenka) vybuchnúť
collar 1. golier **2.** aj *dog c.* obojok
colleague kolega
¹**collect** v zbierať
²**collect** adv A̅M̅ na účet volaného; *c. call* A̅M̅ hovor na účet volaného
collection zbierka; *c. of paintings, of works of art/of objects d'art*

zbierka obrazov, umeleckých predmetov
collective hromadný, spoločný
collectively dohromady, spoločne
collector 1. zberateľ **2.** vyberač; *ticket c.* vlakový sprievodca
collide (o dopr. prostriedkoch) zraziť sa
collision zrážka; *head-on c.* čelná zrážka; *railway c.* zrážka vlakov
colonnade kolonáda, stĺporadie; *covered c.* krytá kolonáda
colony kolónia
colossus* kolos
¹**colour,** A̅M̅ **color** n farba; *c. of one's eyes* farba očí
²**colour,** A̅M̅ **color** adj farebný
colour-blind farboslepý
coloured farebný, (farebne) pestrý
colourful viacfarebný, farebný, (farebne) pestrý
column 1. kolóna; *c. of cars* kolóna (áut), autokolóna **2.** kolónka **3.** archit. stĺp
¹**comb** v **1.** česať; *c. one's hair* (u)česať sa **2.** hovor. obehať, obísť, prečesať
²**comb** n (na česanie) hrebeň
combine spojiť; *c. one's trip with guided tour of the museum* spojiť výlet s prehliadkou múzea
combustible horľavý
come* 1. prísť, dôjsť **2.** dostať sa (to sth kam); *c. near* blížiť sa *c. back* prísť naspäť, vrátiť sa *c. down* (nadol) zísť *c. in* (dovnú-

tra) vojsť *c. off* (po spálení) šúpať sa

➡ *C. in!/* AM *C.! The doors are open.* (pri zaklopaní) Ďalej! Voľno! Dvere sú otvorené.

C. in, please! (vstúpte) Nech sa páči!, Vstúpte, prosím!

C. on! (ihneď) Už aj!, No tak!

When do you c.? Kedy prídeš/prídete?

When am I (are we) to c.? Kedy mám(e) p.?

I/We could not c. Nemohol som/Nemohli sme prísť.

C. immediately, in the evening, tomorrow,... Príď(te) okamžite, večer, zajtra,...

When, how, at what time,... did you c.? Kedy, ako, o koľkej,... si prišiel/ste prišli?

It'll be a pleasure for me/us to c. Veľmi rád/radi prídem(e).

What it c-s to ? Čo to má znamenať?

comeback návrat

comedian komik

comedy komédia, veselohra; *situation c.* situačná komédia

comfort pohodlie, komfort

comfortable pohodlný, komfortný

➡ *Make yourself (yourselves) c.!* Urob(te) si pohodlie!

comic (komédia) komický

comical komický, smiešny; vtipný, zábavný

commemoration pamiatka

commemorative (tabuľa) pamätný

commence začať (sa)

[1]**comment** n poznámka

[2]**comment** v komentovať

commentator komentátor

commercial komerčný, (centrum) obchodný

commissioner komisár

commit spáchať, dopustiť sa (čoho sth)

➡ *You have c-ed a traffic offence.* Dopustili ste sa dopravného priestupku.

common 1. obyčajný, bežný 2. (ubytovanie) spoločný, hromadný

communal (jedáleň, stravovanie) spoločný

communicable (choroba) prenosný

communication dorozumievanie, komunikácia

companion druh, spoločník; *female c.* družka; *travel c.* spolucestujúci; *c. at the table* (pri stole) spolusediaci

company 1. spoločnosť, hovor. partia; *select c.* uzavretá spoločnosť 2. firma, (komerčný) podnik, spoločnosť; *airline c.* letecká spoločnosť; *charter c.* charterová spoločnosť; *(car) hire/rental c.* požičovňa (áut); *insurance c.* poisťovňa; *water bicycle rental c.* požičovňa vodných bicyklov

compare (ceny ap.) porovnať

compartment 1. (na úschovu predmetov) priehradka, priečinok

C

2. kupé; *non-smoking c.* kupé pre nefajčiarov; *smoking c.* kupé pre fajčiarov; *c. for mothers and toddlers/and babies* kupé pre matky s deťmi; *c. in a sleeping car* kupé v spacom vozni

compass buzola, kompas

compatriot rodák

compel nútiť

compensate 1. hradiť **2.** odškodniť (*for sth za čo*)

compensation odškodné; *pay* c.* uhradiť vzniknutú škodu

competition súťaž, preteky

complain sťažovať sa

➡ *I (We) must c. about...* Musím(e) sa sťažovať na...

complaint 1. sťažnosť **2.** zdravotné ťažkosti

¹**complete** v **1.** dokončiť **2.** doplniť (*chýbajúce*) **3.** vyplniť

²**complete** adj **1.** hotový, dokončený **2.** kompletný, úplný

➡ * *... is c-ly sold out.* ... je úplne vypredaný.
Are we c.? Sme všetci?

complex komplex; *hotel c.* hotelový komplex; *recreation(al) c.* rekreačný komplex

complicate komplikovať

complicated zložitý

complication komplikácia

compliment kompliment

component súčasť, súčiastka; *motor vehicle c.* autosúčiastka

compose zložiť, (*hudbu*) skomponovať, (*báseň*) napísať; *be* c-d*

1. skladať sa (*of sth z čoho*) **2.** (*skladba*) byť vytvorený, vzniknúť

compote (*čerstvý*) kompót

comprehend pochopiť

¹**compress** v stlačiť

²**compress** n obklad; (*aluminium*) *acetate c.* octanový obklad; *cold, hot c-s* studené, horúce obklady

comprise mať, obsahovať

concentrate sústrediť (sa)

concentration koncentrácia; *ozone c. in the atmosphere* koncentrácia ozónu v ovzduší

¹**concern** v týkať sa

²**concern** n starosť, znepokojenie

¹**concert** n koncert; *open-air c.* koncert pod šírym nebom; *organ c.* organový koncert; *promenade/hovor. prom c.* promenádny koncert; *tower c.* vežový koncert; *give* a c.* koncertovať

➡ *I'd/We'd like to go to a c.* Rád by som išiel/Radi by sme išli na koncert.

²**concert** adj (*sieň*) koncertný

concerto (*skladba*) koncert; *c. for piano and orchestra* koncert pre klavír a orchester

concession ústupok; *make* c.* spraviť ústupok

conch lastúra, mušľa

concise krátky, stručný

conclude 1. zakončiť **2.** (*zmluvu*) uzavrieť

concussion, aj *c. of the brain* otras mozgu

condition 1. podmienka; *driving c-s* jazdné podmienky; *icing c-s* námraza na cestách; *icy c-s* poľadovica; *insurance terms and c-s* poistné podmienky; *payment c-s, c-s of payment* platobné podmienky; *roads c.* stav ciest; *weather c-s* poveternostné podmienky, poveternostná situácia; *c-s of shipment* prepravné podmienky; *drive* under convoy c-s* jazdiť v kolóne áut; *on the c. that...* pod podmienkou, že... 2. stav; aj *physical c.* kondícia; *bad, good c. of a car* zlý, dobrý technický stav vozidla; *operating c.* technický stav vozidla

➠ *What are the c-s of...?* Za akých podmienok...?
There are (un)favourable snow(y) c-s in... V... sú (ne)priaznivé snehové podmienky.
What are the icy road c-s, the road c-s after rain, after snowing,...? Aký je stav ciest po poľadovici, daždi, snežení,...?

conditional podmienený; *be* c.* závisieť (on sth od čoho)

condolence sústrasť (on sth k čomu)

➠ *Please accept my/our c.* Prijmite úprimnú sústrasť.

condom prezervatív

conduct viesť; *c. rescue parties in the mountains* viesť záchranárov v horách

conductor 1. dirigent 2. (v autobuse, vo vlaku) sprievodca

cone 1. kornút(ik); *chocolate c.* čokoládová zmrzlina v kornútku; *ice-cream c.* kornút so zmrzlinou 2. (ihličnanov) šiška

confectioner's cukráreň

conference konferencia

confess priznať sa (to sth k čomu)

confinement zajatie

confirm (objednávku) potvrdiť

conflict konflikt

confluence sútok

confuse pomýliť, zmiasť

congratulate blahoželať, gratulovať (sb komu, on sth k čomu)

➠ *I c. you on...* Gratulujem ti/vám k...

congratulations blahoželanie, gratulácia

➠ *C-s on...!* Srdečné blahoželanie k...! Gratulujeme ti/vám k...!

congress kongres

conjunctiva anat. spojovka

conjunctivitis zápal spojoviek

connect pripojiť, spojiť; *be* c-ed* súvisieť

➠ *C. me to..., please.* Spojte ma, prosím, s...

connection 1. BR aj connexion spoj, prípoj; *air c.* letecký spoj; *bus c.* autobusový spoj; *sea c.* lodný spoj; *scheduled c.* pravidelný spoj; *special c.* mimoriadny spoj; *rail c.* vlakový spoj; *train c.* vlakový prípoj 2. BR aj connexion dopr., telef. spojenie; *direct c.* priame spojenie; *ferry c.* spojenie trajektom;

flight c. letecké spojenie; *local
c.* miestne spojenie; *offline c.*
letecké spojenie s prestupova-
ním so zmenou leteckej spoloč-
nosti; *online c.* letecké spojenie
s prestupovaním bez zmeny le-
teckej spoločnosti; *rail c.* vlako-
vé/železničné spojenie; *tele-
phone c.* telefonické spojenie
3. prípojka; *electrical c.* elek-
trická prípojka; *telephone c.* te-
lefónna prípojka 4. súvislosť; *in
this c.* v tejto súvislosti
➡ *The bus, the train has the di-
rect c. to/for...* Autobus, vlak
má priamy prípoj do...
Has this train the c. to...? Má
tento vlak prípoj do...?
Is it a direct c. to...? Je to pria-
my prípoj do...?
I/We missed my/our c. Zmeš-
kal som/Zmeškali sme prípoj.
*Is there a direct, advantage-
ous,... bus, air, rail,... c. to...
from here?* Je odtiaľto priame,
výhodné,... autobusové, letec-
ké, vlakové,... spojenie do...?
Is there any electrical c. here? Je
tu prípojka na elektrický prúd?
conquer dobyť, (horu) zdolať
consciousness vedomie; *lose* c.*
stratiť vedomie, zamdlieť
consent súhlas, privolenie
consequence dôsledok, následok,
efekt; *c. of the accident* násle-
dok nehody; *have* no c-s* ostať
bez následkov

conservation 1. zachovanie
2. ochrana; *environmental c.*
ochrana životného prostredia;
*landscape and environmental
c.* ochrana krajiny a životného
prostredia
considerable hovor. poriadny,
značný
considerate ohľaduplný, šetrný
consideration 1. úvaha; *after due
c.* po zrelej úvahe; *take* into c.*
brať do úvahy 2. ohľad, porozu-
menie
consignee obch. adresát
consignment (tovar) zásielka; *c.
with the declared price* cenná
zásielka
consist skladať sa (*of st z* čoho)
consommé kuch. (mäsový) vývar;
chicken c. slepačí vývar
constable BR (strážnik) policajt;
Woman Police C. BR poli-
cajtka
constant stály
constipation zápcha, obstipácia
constitutional zdravotná pre-
chádzka
construction stavba, budova
consul konzul
consular konzulárny
consulate konzulát
➡ *Can I (we) call up our c. ?*
Môžem(e) zatelefonovať na náš
konzulát?
*We'd like to speak to our con-
sulate.* Radi by sme hovorili
s naším konzulátom.

consult radiť (sa) (sb s kým, on sth o čom)

consume 1 konzumovať **2.** spotrebovať, vyčerpať, minúť

consumption spotreba; *fuel c.* spotreba paliva/benzínu; *oil c.* spotreba oleja; *petrol c.* spotreba benzínu; *touring c.* spotreba na dlhých tratiach

¹contact n **1.** kontakt, styk, spojenie; *be* in c. with sb, maintain c-c with sb* udržiavať s kým kontakt; *establish/make* c. with sb* nadviazať s kým kontakt, kontaktovať sa s kým **2.** (vzťah) známosť

²contact v skontaktovať sa (sb s kým)

contain mať, obsahovať

container nádoba; kanister; kontejner; *petrol c.* benzínový kanister

contaminated (voda) kontaminovaný, zamorený

contamination znečistenie; *environmental c.* znečistenie životného prostredia

contemporary moderný, súčasný

¹content adj spokojný

²content n obsah; *blood alcohol c.* hladina alkoholu v krvi; *with alcohol c.* obsahujúci alkohol

contentment pohoda

contest súťaž, preteky

continent pevnina, svetadiel, kontinent; *the C.* Európa (bez Veľkej Británie)

continental (podnebie) vnútrozemský

contingency nepredvídaná udalosť

continual stály

continue pokračovať (on/with sth v čom); *c. the journey by bus, going on foot, by train* pokračovať v ceste autobusom, pešo, vlakom

continuing živý, trvajúci

continuous nepretržitý, neustály, neprerušovaný

contract zmluva; *guaranteed c.* garantovaná zmluva; *holiday/ AM vacation c.* zmluva o zájazde; *insurance c.* poistná zmluva

contractual zmluvný

¹control n kontrola, riadenie, regulovanie; *automatic c.* automatické riadenie; *avalanche c.* protilavínové opatrenia/zábrany; *border c.* hraničná kontrola; *long-distance c.* dispečing; *luggage c.* kontrola batožiny; *passport c.* pasová kontrola; *radar c.* radarová kontrola; *be* in a full c. of the car* ovládať vozidlo

²control v **1.** kontrolovať, riadiť; *c. one's temper* ovládať sa **2.** (územie) ovládať // *c. o.s.* ovládať sa

conveniences príslušenstvo; *flat c.* byt s príslušenstvom; *public c.* verejné záchody

convenient vhodný, vyhovujúci

➠ *If it is c. for you...* Ak sa ti/vám to bude hodiť,...

convent (obyč. ženský) kláštor

convention dohovor, dohoda; *Schengen C.* Schengenská dohoda

conversation konverzácia, rozhovor; *get* into c. nadviazať rozhovor (with sb s kým)

converse konverzovať

convert (na inú menu) prepočítať; *c. crowns into euros* prepočítať koruny na eurá

converter menič; *(exhaust gas/ three-way) catalytic c.* motor. katalyzátor (výfukových plynov)

convey 1. viezť 2. dopraviť

conveyance 1. doprava 2. (hromadný) dopravný prostriedok

convince presvedčiť

convoy konvoj, aj *car c.* kolóna (áut), autokolóna; *drive* under c. conditions jazdiť v kolóne áut

¹**cook** n kuchár

²**cook** v variť; *c. with gas* variť na plyne

➡ *Is it possible to c. in the apartments?* Možno v apartmánoch aj variť?

cooker sporák, varič; *electric c.* elektrický sporák; *gas c.* plynový sporák/varič

¹**cookery** n (kuchárske umenie) kuchyňa

²**cookery** adj (kniha) kuchársky

cookie AM keks, pl *c-s* čajové pečivo

¹**cooking** n (spôsob varenia) kuchyňa

²**cooking** adj 1. kuchársky 2. (olej) jedlý

¹**cool** adj chladný, čerstvý; *become* c. ochladiť sa

²**cool** v 1. chladiť, dať vychladnúť 2. aj *c. down* ochladiť (sa)

³**cool** n 1. chlad 2. aj *c. place* chládok; *lose* c. stratiť nervy

coolant chladiaca zmes

cooled chladený

¹**cooling** n chladenie; *air, water c.* chladenie vzduchom, vodou

²**cooling** adj chladiaci

coolness chlad

coordinate koordinovať

coordinator koordinátor

cop hovor. poliš, policajt

cope zvládnuť (with sth čo), poradiť si (with sth s čím)

copperplate mediryt

copy 1. kópia; *authenticated/legalized c.* overená kópia 2. (do tlače) rukopis

¹**coral** n (útvar) koral

²**coral** adj (útes) koralový

cord šnúra, motúz, špagát; *spinal c.* anat. miecha

cork (korková) zátka

corkscrew vývrtka

corn 1. aj *Indian c.* AM kukurica 2. otlak

corner roh, kút; *c. of the street* roh ulice; *cut* c. rezať/vybrať zákrutu

➡ *Turn the c.* Zahnite za roh. *Stop at the c., please.* Zastavte, prosím, na rohu.

The hotel, the hospital, the shopping centre,... is just round the c. Hotel, nemocnica, obchodný dom,... je hneď za rohom.

cornet kornút(ik); *ice-cream c.* kornút so zmrzlinou

cornflakes kukuričné vločky

corpulent (človek) tučný

correct správny, (čas) presný, (správanie) korektný

➡ *The address, the bill,... is (not) c.* Adresa, účet,... (ne)sedí.

correction oprava; *subject to c.* (údaje) nezáväzný

correspond 1. písať si (*with sb* s kým) **2.** súhlasiť, zodpovedať

correspondence korešpondencia, písomný styk

corridor chodba, pasáž; *air c.* letecký koridor; *cross c.* krížová chodba

cosmetic kozmetický

cosmetician kozmetička

cosmetics pl kozmetika, líčidlá

¹**cost** n cena, pl *c-s* náklady; trovy, výdavky; *extra c.* cena navyše; *postage and wrapping c-s* poštovné a balné; *running c-s* bežné náklady; *travelling c-s* cestovné náklady; *c. of accommodation* cena za nocľah; *at no extra c.* zahrnuté v cene; *pay*/refund the c.* hradiť výdavky

²**cost** v (o cene) stáť

costfree bezplatný

costume (dámsky) oblek, kostým; *bathing/swimming c.* (dámske) plavky; *folk/national c.* kroj

cosy útulný

cot 1. detská postieľka **2.** ᴀᴍ kempingová posteľ

cottage (na vidieku, rekreačná, víkendová) chalupa; *beach c.* plážová chata; *gamekeeper's c.* hájovňa, horáreň; *weekend c.* rekreačná chalupa, víkendová chata; *wooden c.* drevenica

cottager chalupár

¹**cotton** n bavlna

²**cotton** adj bavlnený

couch gauč

¹**cough** n kašeľ; *whooping c.* čierny kašeľ

²**cough** v kašľať

councel (poradca) právny zástupca

¹**count** n (šľachtic) knieža

²**count** v **1.** (zisťovať počet) počítať, (kontrolne) prepočítať **2.** počítať (*on sb/sth* s kým/čím), spoliehať sa (*on sb/sth* na koho/čo) *c. out* nepripustiť, vylúčiť

➡ *I/We didn't c. on it.* S tým som nepočítal/sme nepočítali.

counter 1. počítač; *rev c.* ʙʀ otáčkomer **2.** (v obchode) pult; *cheese c.* pult so syrmi; *fresh meat c.* pult s čerstvým mäsom; *sales c.* pult s voľným výberom výpredajového tovaru **3.** (okienko) priehradka; *check-in c.* priehradka na odbavenie cestujúcich; *food c.* výdaj jedla; *issuing*

c. výdajňa; *ticket collecting c.*
priehradka na výdaj cestovných
lístkov; *(available) over the c.*
bez lekárskeho predpisu **4.**
(v spoločenských hrách) žetón
counterfeit (bankovka) falošný
counterfoil (šek) kontrolný ústri
žok, kupón
countersign potvrdiť podpisom
countess (šľachtičná) kňažná
country 1. krajina, štát; *coastal c.*
pobrežný štát; *developing c.*
rozvojová krajina; *distant c-ies*
diaľka; *EU c-ies* krajiny EÚ; *foreign c-ies* zahraničie, cudzina;
hilly/mountainous c. hornatina; *inland c.* vnútrozemský štát;
native c. domov, domovina,
vlasť; *overseas c-ies* zámorie **2.**
vidiek; *go* to the c.* ísť do prírody; *live in a c.* žiť na dedine
➡ *We are from the same c.* Sme
krajania.
countryside (okolie) krajina
¹**couple** n (ľudí) pár, (manželská)
dvojica; *married c.* manželia;
newly married c. mladomanželia
²**couple** v (vozeň) pripojiť
coupon (preukážka) kupón, ústri
žok
courage odvaha
courageous odvážny
courgette cuketa, cukina
courier kuriér
course 1. dráha, trať; ihrisko;
cross-country c. bežkárska trať;
downhill race c. zjazdová trať;

golf c. golfové ihrisko; *minigolf
c.* minigolfové ihrisko; *race c.*
dostihová dráha; *slalom c.* slalomová trať **2.** smer, kurz; *alter/change the c. (of the flight)*
zmeniť kurz (letu); *hold*/
keep*/maintan the c.* držať
kurz; *lose* the c.* stratiť kurz
3. (jedla) chod; *meat c.* mäsový
chod; *main c.* hlavný chod
4. školenie, kurz; *beginner's
diving c.* potápačský kurz pre
začiatočníkov; *language c.* jazykový kurz; *ski c.* lyžiarsky kurz;
swimming c. plavecký kurz; *c-s
for beginners* kurzy pre začatočníkov; *package tour with
a language c.* cesta do zahrani
čia spojená s jazykovým kurzom **5.** beh, priebeh; *during/
in the c. of* počas; *of c.* samozrejme
➡ *Where's the golf c. near here?*
Kde je tu golfové ihrisko?
court dvorec; *covered c.* krytý
dvorec; *motor c.* motoristický
hotel; *tennis c.* tenisový dvorec,
tenisový kurt
➡ *Where's the tennis c. near here?*
Kde je tu tenisový kurt?
courteous slušný, zdvorilý
courtyard nádvorie; *castle c.* hradné/zámocké nádvorie
cousin bratranec
cove (malá) zátoka, (malý) záliv;
sea c. morská zátoka
covenant dohoda

¹cover n 1. obal 2. obal knihy, obálka 3. deka, prikrývka 4. obliečka 5. (vrstva) pokrývka; *c. of snow* snehová pokrývka 6. poistenie; *passenger insurance c.* poistenie spolucestujúcich

²cover v 1. prikryť; *be*/get* c-ed with snow* pokryť sa snehom 2. (istú vzdialenosť) spraviť, najazdiť, prejsť, uraziť 3. poistiť

➧ *I/We c-ed... kilometres.* Prešli sme... kilometrov.

covered poistený

cowhide hovädzia koža

cowberry brusnica

cowboy AM cestný pirát

¹cox, coxwain n (veslice) kormidelník

²cox v (veslicu) kormidlovať

crab krab

crack (ľad) prasknúť

cracker kreker

craft remeslo; *Middle-Age c.* stredoveké umenie

cramp (bolestivý) kŕč

cranberry kľukva

cranium odb. lebka

crank (na točenie) kľuka

¹crash n nehoda, havária, nešťastie; *air/plane c.* letecké nešťastie; *car c.* autonehoda, automobilové nešťastie, hovor. búračka, zrážka

²crash v (dopr. prostriedky) zraziť sa, (auto) havarovať, hovor. nabúrať, vraziť (*into sth* do čoho), (lietadlo) zrútiť sa

¹crawl n šport. kraul; *do* the c.* kraulovať

²crawl v (po zemi) liezť

crawling (v dôsledku zápchy) jazda krokom

¹cream n (kozmetický) krém; *complexion/cold/face c.* pleťový krém; *ice cream | ice-cream; moisterising c.* hydratačný krém; *self-tanning c.* samoopaľovací krém; *shaving c.* krém na holenie; *sun/suntan c. (with a number eight factor)* opaľovací krém (s faktorom 8); *vanilla c.* vanilkový krém; *apply c.* (na)krémovať (sa) 2. smotana; *double* BR /AM *heavy c.* (hustá) sladká smotana; *sour c.* kyslá smotana; *whipped c.* (ušľahaná) šľahačka; *whipping c.* (na šľahanie) sladká smotana, šľahačka 3. pren. *the c.* (of society) smotánka

➧ *Bring me/us the c. for the coffee, please.* Prineste mi/nám, prosím, smotanu do kávy.

²cream adj (syr) smotanový

creamer smotana v prášku

creamy smotanový

create 1. (umelecké dielo) vytvoriť; *be* c-d* vzniknúť 2. formulovať

➧ *When was... c-d?* Kedy vznikol...?

creek (úzka) zátoka

creep (po zemi) liezť

crest (vtáčí, vlny) hrebeň

crew mužstvo, (letecká) posádka, letecký personál; *c. of an air-*

craft posádka lietadla; *c. of a ship* posádka lode

crib AM detská postieľka

cricket šport. kriket

crime trestný čin, zločin; *c. rate* kriminalita; *commit/perpetrate a c.* spáchať trestný čin

criminal trestný

crisis* kríza

crisp (vzduch) svieži, osviežujúci

crisps pl BR zemiakové lupienky

critical kritický

criticize kritizovať

Croat, Croatian Chorvát

Croatia Chorvátsko

¹**Croatian** adj chorvátsky

²**Croatian** n 1. | Croat 2. chorvátčina

crocodile krokodíl

croquette kroketa; *potato c-s* zemiakové krokety

¹**cross** n kríž; *the Red C.* Červený kríž; *warning c.* dopr. výstražný kríž

²**cross** v 1. (o cestách ap.) križovať sa 2. minúť sa 3. prejsť (sth cez čo) 4. prekaziť *c. off/out* (zo zoznamu) vyškrtnúť

➡ *C. the street, the square,...* Prejdite cez ulicu, námestie,... *We have just c-ed the frontier.* Práve sme prešli (cez) hranice.

crossing 1. križovatka; *level/*AM *grade/*AM *railway c.* železničné priecestie; *overhead c.* nadjazd; *police-controlled c.* križovatka riadená dopravným policajtom

2. prechod, priechod; *border c.* hraničný priechod; *pedestrian c.* priechod pre chodcov; *zebra c.* hovor. zebra *c. of the frontier* prechod hraníc 3. plavba (na druhú stranu) 4. (komunikácia) prejazd

¹**crossroads** n križovatka, rázcestie; *unmarked c.* križovatka bez označenia prednosti; *c. controlled by light signals* križovatka riadená svetelnou signalizáciou

²**crossroads** adj križovatkový.

crosswalk AM priechod pre chodcov

crosswind bočný vietor

crossword, aj *c. puzzle* krížovka

croupier krupier

crowd 1. dav; tlačenica 2. húf

➡ *We got lost in the c.* Stratili sme sa v tlačenici.

crown koruna; *royal c.* kráľovská koruna; *Slovak c.* slovenská koruna

crucifix náb. kríž

¹**cruise** n, aj *pleasure/recreation c.* (okružná, výletná) plavba; *harbour c., c. along the harbour* okružná plavba po prístave; *sea c.* okružná plavba po mori; *steamer c.* plavba parníkom

²**cruise** v (loď) konať zábavnú plavbu, (lietadlo) letieť cestovnou rýchlosťou

➡ *What's the altitude we are c-ing now?* V akej výške letíme?

cruiser 1. loď pre krížovú plavbu **2.** krížnik

crunching chrumkavý

crunchy chrumkavý

crush hovor. tlačenica

crutch barla

¹cry v **1.** kričať, volať **2.** plakať
➡ *Why are you c-ing?* Prečo plačeš/plačete?

²cry n volanie; *c. for help* volanie o pomoc

crystal krištáľ

cube kocka; *bouillon c.* vývar v kocke; *ice c.* kocka ľadu; *soup c.* polievková kocka
➡ *Do you give the ice c-s into...?* Dáš/Dáte si kocky ľadu do...?

cubicle (na kúpalisku) kabína; *dressing c.* kabína na prezliekanie; *shower c.* sprchovacia kabína
➡ *I'd/We'd like to hire a c.* Chcel by som/Chceli by sme si prenajať kabínu.

cubism kubizmus

cubist kubista

cucumber (šalátová) uhorka; *(lactic-acid) fermented c-c* kvasené uhorky; *seedless c.* skleníková uhorka

cue, aj *billiard c.* tágo

cuisine (úprava jedál, štýl varenia) kuchyňa; *Chinese, French, international, local, Slovak c.* čínska, francúzska, medzinárodná, miestna, slovenská kuchyňa

cul-de-sac slepá ulica

culinary (umenie) kuchársky

culprit páchateľ

cultural (dedičstvo) kultúrny; *c. and historical* kultúrnohistorický

culture kultúra

cumulonimbus odb. búrkový oblak

cup 1. (plastový, šport.) pohár; *disposable c.* pohár na jednorazové použitie **2.** šálka; *c. of cocoa* šálka kakaa **3.** AM golfová jamka
➡ *Bring me a c. of coffee, of tea, please.* Prineste mi, prosím, šálku kávy, čaju.

curb AM obrubník

¹cure n kúra, liečba; *water c.* vodoliečba; *c. at a spa* kúpeľná liečba

²cure v vyliečiť

curiosity kuriozita

curious zvedavý (*about sth* na čo)
➡ *I am/We are c. about...* Som zvedavý/Sme zvedaví na...

curler natáčka

curling curling

currant ríbezľa; *black, red c-s* čierne, biele ríbezle

¹currency n mena; *domestic c.* domáca mena; *foreign c.* cudzia/zahraničná mena, devízy, valuty; *local c.* miestna mena; *national c.* národná mena; *official c.* úradná mena; *obviating purchase of foreign c.* bezdevízový
➡ *I've (We've) got only... c. with*

me (us). Mám(e) pri sebe iba... menu.

²**currency** adj devízový

¹**current** adj 1. súčasný, aktuálny 2. v obehu, platný; *not c.* (bankovka) neplatný

²**current** n (aj elektrický) prúd; *sea c.* morský p.

curtain záclona; *Iron C.* pren. železná opona

curve, aj *road c.* zákruta; *left-hand, right-hand c.* ľavotočivá, pravotočivá zákruta; *sharp c.* ostrá zákruta; *superelevated c.* zákruta z prevýšenia

curved krivý, zakrivený

cushion vankúš; *air c.* nafukovací vankúš; *travel support c.* cestovný vankúš

custard kuch. (cukrársky) krém; *vanilla c.* vanilkový krém

custodian dozorca (múzea)

custody úschova, dohľad; *put* in c.* uschovať

custom zvyk, obyčaj; *local, national c.* miestny, národný/ľudový zvyk; *manners and c-s* zvyky a obyčaje

customer zákazník, klient, kupujúci; *discerning/discriminating c.* náročný zákazník

¹**customs** n 1. aj *c. duty* clo; *clear (goods) for c.* vyrúbiť clo 2. aj *c. house/office* colnica

²**customs** adj (kontrola ap.) colný

¹**cut*** v 1. rezať 2. aj *c. short* (dovolenku ap.) skrátiť *cut off* 1. odkrojiť 2. prerušiť, ukončiť *c. out* (motor) vypnúť

²**cut** n 1. kúsok, plátok, rez; *cold c-s* AM studená švédska misa; *triangular cheese c.* trojuholníkový syr 2. aj *short c.* (cesta) skratka; *take* a short c.* skrátiť si cestu

➡ *Take a short c.* Choď(te) skratkou.

cutlery príbor

cutlet kuch. kotleta, rebierko, rezeň (mäsa na rebierku); *breaded c.* vyprážaný rezeň; *veal c.* teľací rezeň; *c. with side dish* rezeň s prílohou

cutting zníženie; *price c.* zníženie cien

¹**cycling** n cyklistika

²**cycling** adj (klub) cyklistický, (trasa) cykloturistický

cyclist bicyklista

cyclone meteor. oblasť nízkeho tlaku (vzduchu)

cylinder motor. valec; *gas c.* plynová bomba; *oxygen c.* kyslíková bomba

¹**Czech** adj (republika ap.) český

²**Czech** n 1. Čech 2. aj *C. language* čeština

D

dad(dy) ded(k)o

¹daily adv denne

²daily adj denný, každodenný

³daily n (noviny) denník

dainty maškrta

dairy (výrobok) mliečny

dam (údolná) priehrada, hrádza; *Orava d.* Oravská priehrada

¹damage n 1. poškodenie (*to sth* čoho); *d. to luggage* poškodenie batožiny; *negligible/petty body d. (after an accident)* nepatrné poškodenie karosérie (po nehode) 2. (hmotná) škoda, pl *d-s* (škody) náhrada, odškodné; *material d-s (amounting...)* vecná škoda (vo výške...); *claim the d-s* žiadať náhradu škody; *recover d-s* uhradiť vzniknutú škodu

➡ *Repair this car d., please.* Oprave, prosím, poškodenie na aute.

✳ *Indemnify me for the d. caused by..., please.* Nahraďte mi, prosím, škodu spôsobenú...

²damage v pokaziť, poškodiť, porušiť; *be* d-d pokaziť sa

➡ *My bicycle, suitcase, airbed,... is d-d.* Pokazil sa mi bicykel, kufor, nafukovací matrac,...

damaged poškodený, pokazený

damp vlhký; *d. and chilly* sychravý

¹dance n 1. tanec; *folk d.* ľudový tanec; *have* a d. zatancovať si 2. tanečná zábava

➡ *May I have the pleasure of this, of the next,... dance (with you)?* Môžem ťa/vás požiadať o tento, o nasledujúci,... tanec? Smiem prosiť?

²dance v tancovať; *go* d-ing ísť tancovať

➡ *Shall we d.?* Smiem prosiť?

dancer tanečník

Dane Dán

danger nebezpečenstvo; *d. to life* ohrozenie života; *d. in the open sea* nebezpečenstvo na mori; *d. of skidding* nebezpečenstvo šmyku; *be* out of d. byť mimo nebezpečenstva; *escape d.* uniknúť nebezpečenstvu; *expose to d.* vystaviť nebezpečenstvu

dangerous nebezpečný

¹Danish adj dánsky

²Danish n dánčina

dare opovážiť sa, trúfnuť si

¹dark adj tmavý

²dark n tma

darkness tma

dash uháňať

¹date n datľa

²date v datovať sa; *d. back to* datovať sa do, pochádzať z (istého obdobia); *d. from* datovať sa od/z

³date n 1. dátum; *effective d.* dátum platnosti/nadobudnutia účinnosti; *expiration d.* dátum uplynutia platnosti; *d. of arrival* dátum príchodu/príletu; *d. of*

birth dátum narodenia; *d. of departure* dátum odchodu/odletu; *d. of minimal durability* dátum minimálnej trvanlivosti; *bring* up to d.* aktualizovať; *out of d.* nemoderný; *till d.* doteraz; *to d.* (až) do dnešného dňa **2.** (údaj) letopočet, epocha **3.** rande, schôdzka

➡ *What's the d. today?* Koľkého je dnes?

Expiration d. by... Spotrebujte do...

I have a d. with... today. Dnes mám rande s...

datum* údaj; *personal data* osobné údaje

daughter dcéra

➡ *This is my/our d.* To je moja/naša dcéra.

dawdler oneskorenec

¹**dawn** n úsvit, svitanie, brieždenie, východ slnka; *at d.* nadránom, na svitaní

²**dawn** v rozvidnievať sa, brieždiť sa, svitať; *the day is d-ing* rozvidnieva sa, svitá

¹**day** n deň **a)** (24 hodín) *... d-s ago* pred... dňami; *all d. (long)* po celý deň; *all d-s long* po celé dni; *by d., in the d., during the d.* cez deň; *every d.* každý deň, denne, každodenne; *denný; every two d-s, every other/ second d.* každý druhý deň; *fix the d. and the hour* určiť deň a hodinu; *in a d.* počas dňa;

in... d-s o... dni; *on the next/ on the following d.* na druhý deň; *on week d-s* vždy v pracovné dni; *through the d.* po celý deň; *to this d.* dodnes **b)** (konkrétny deň) *consulting d-s* stránkové dni; *d. of arrival* nástupný deň, deň nástupu/príchodu; *foggy, rainy, sunny d.* hmlistý, upršaný, slnečný deň; *week/working d.* pracovný/ všedný deň; *d. of departure* deň odchodu; *d. off* deň dovolenky/voľna; *take* a free d.* vybrať si voľno

➡ *What d-s?* V ktoré dni?

Which d-s is...? V ktoré dni je...?

I (We) need a room for one d., for two, three,... d-s. Izbu potrebujem(e) na jeden deň, na dva, tri,... dni.

What's the rate for... per d.? Koľko stojí... na deň?

I am/We are here for... d-s. Som/Sme tu na... dni.

²**day** adj denný

day-bed |A͞M| gauč

daybreak svitanie; *at d.* na svitaní

daylight denné svetlo

daytime denná doba

dead mŕtvy

dead-end (ulica) slepý

deadhead čierny pasažier

deadline konečný/posledný termín

deaf hluchý; *d. and dumb* hluchonemý

deal obchod; (vzájomne výhodná)

D

dohoda; *last minute/moment d.* zájazd z ponuky last minute/ moment

➡ *It's a d.!* Platí!

dear drahý, milý, milovaný, (v oslovení) vážený

➡ *D. friends!* Vážení priatelia!

death smrť

deathly (ticho) mŕtvy

debate debatovať

debt dlh

decade desaťročie

decagram(me) dekagram

decay (potraviny) kaziť sa

decease práv. zomrieť

deceased práv. mŕtvy, zosnulý

deceit podvod

deceive 1. klamať, zavádzať 2. podviesť

decelerate znížiť rýchlosť, spomaliť

¹**December** n december; *in D.* v decembri

²**December** adj decembrový

decent poriadny, slušný, dobrý

deception podvod

decide rozhodnúť (sa)

➡ *You must d. definitvely, immediately, tomorrow,...* Musíš/ musíte sa rozhodnúť definitívne, hneď, zajtra,...
I (We) don't know how to d. Neviem(e) sa rozhodnúť.

decidedly rozhodne

➡ *Most d.!* Celkom určite!

decilitre, AM **deciliter** deciliter

decimetre, AM **decimeter** decimeter

decision rozhodnutie; *make*/ take* a d.* rozhodnúť sa

deck (lode) paluba, (autobusu) poschodie, plošina; *lower, upper d.* dolná, horná paluba

deckchair (na lodi, v záhrade) ležadlo; *d. for hotel guests* ležadlo pre hotelových hostí

declaration vyhlásenie; *customs d.* colné vyhlásenie

➡ *Must I (we) make the customs d.?* Musím(e) podať colné vyhlásenie?
All things are listed/referred in the customs d. Všetko je uvedené v colnom vyhlásení.

declare 1. vyhlásiť 2. precliť

decline 1. (terén) zvažovať sa 2. (zdvorilo) odmietnuť; *d. one's invitation* odmietnuť pozvanie

decorate ozdobovať, maľovať

decoration dekorácia, výzdoba

decrease klesať, zmierňovať sa

dedicate (knihu) venovať

deduct odpočítať; *d. the value added tax* odpočítať daň z pridanej hodnoty

deep (v rôzn. význ.) hlboký

➡ *How d. is the water here?* Aká hlboká je tu voda?
It's d. water here. Je tu veľmi hlboká voda.

deer kuch. jelenina; *roasted d.* pečená jelenina

defect nedostatok, defekt, kaz

defend brániť, chrániť // *d. o.s.* brániť sa

deferred (časovo) odložený

defile priesmyk

define ohraničiť, vymedziť

definitive definitívny, konečný

degree stupeň; *30 d-s (latitude) south* 30 stupňov južnej zemepisnej šírky; *minus... d-s, ... d-s below zero* mínus... stupne/stupňov; *plus... d-s, ... d-s above zero* plus... stupne/stupňov

➡ *It is... d-s above, below zero. It is plus, minus... d-s Celsius.* Je... stupňov nad, pod nulou.

¹**delay** n meškanie, oneskorenie; *flight d.* oneskorenie letu; *train d.* meškanie vlaku

²**delay** v 1. zdržať, oneskoriť; *be* d-ed* meškať, oneskoriť sa; zdržať sa 2. (časovo) odložiť

➡ *Is the bus, the train from... d-ed?* Má autobus, vlak z... meškanie?
The bus, the train,... is... minutes d-ed. Autobus, vlak,... meská... minút.

delegate delegát; *tourist d.* delegát (CK v lokalite počas sezóny)

delete vyškrtnúť, zrušiť

deliberate úmyselný

delicacy delikatesa, lahôdka, maškrta

delicatessen, aj *d. shop/* AM *store* lahôdkareň

delicious (chuť) lahodný, chutný; *be* d.* chutiť

➡ *... was very d. ...* mi/nám veľmi chutilo.

¹**delight** n potešenie

²**delight** v potešiť (*with sth* čím)

delirious blúzniaci; *be* d.* blúzniť

deliver doručiť, (listy) rozniesť, (autom) rozviezť

D

delivery dodávka, doručenie, donáška; *delayed luggage d.* oneskorené doručenie batožiny; *express d.* expresná zásielka; *general d.* AM poste restante; *home d.* donášková služba (do domu); *special d.* AM (zásielka) expres; *send* by special d.* AM poslať expres

demand 1. žiadať (*sth o* čo), požadovať 2. vyžadovať

demanding (hosť) náročný

demonstrate (názorne) znázorniť

demonstrator predcvičiteľ

demurrage stojné

denim 1. džínsovina, texaskovina 2. pl *(a pair of) d-s* džínsy, texasky

Denmark Dánsko

denounce udať

denouncement (na polícii ap.) udanie

dense hustý

density hustota; *traffic d.* hustota premávky

dentist zubný lekár

denture umelý chrup, zubná protéza

➡ *Can you repair this d.?* Môžete opraviť túto protézu?

deodorant dezodorant; *antiperspirant d.* sprejový dezodorant;

roll-on d. guľôčkový dezodorant; *solid* d. tuhý dezodorant

depart (vlakom, lietadlom, loďou) odísť, (lietadlo) odletieť; odcestovať; *ready to* d. pripravený na odchod

➡ *The bus, the train... d-s in a minute, in an hour, at... o'clock, in... minutes.* Autobus, vlak,... odíde o chvíľu, o hodinu, o... hodine, o... minút.

department 1. oddelenie; *Criminal Investigation D.* BR kriminálna polícia; *footwear* d. oddelenie obuvi; *night emergency* d. nočná pohotovostná ambulancia; *outpatient* d. ambulancia, ošetrovňa; *passport control/inspection* d. oddelenie pasovej kontroly; *road traffic accident* d. oddelenie dopravných nehôd; *Road Traffic Licensing D.* BR dopravný inšpektorát **2.** AM ministerstvo; *State D., D. of State* ministerstvo zahraničných vecí

departure 1. (dopr. prostriedku) odjazd, (osôb) odchod, (lietadla) odlet; *after* d. po odlete; *before* d. pred odletom; *time of* d. čas odletu; *postpone one's* d. odložiť odchod **2.** výjazd, vychádzanie

➡ *Where can I/we inform about d. of trains, of buses,...?* Kde sa možno informovať o odchode vlakov, autobusov,...?

The d. is in the evening, after breakfast, at... o'clock,... Odchod je večer, po raňajkách, o... hodine,...

The scheduled time of d. is at... o'clock from the platform number... Pravidelný odchod vlakov je o... hodine z nástupišťa...

depend závisieť (on/upon sth od čoho), záležať (on sth na čom)

➡ *It will d. on the price, on the weather, whether...* Bude závisieť od ceny, počasia, od toho, či...

dependant, aj *family* d. rodinný príslušník

dependent závislý (on/upon sth od čoho)

depopulated ľudoprázdny

¹**deposit** n **1.** vklad **2.** (záruka) kaucia; d. *in cash* kaucia v hotovosti; *make* a* d. zložiť kauciu

²**deposit** v **1.** uložiť **2.** (v sejfe ap.) uschovať, deponovať

depositary, depository úschovňa; *securities* d. úschovňa cenných predmetov

depress, aj motor. stlačiť

depression meteor. oblasť nízkeho tlaku vzduchu, (tlaková) níž

depth 1. hĺbka; *at* d. *of... metres* v -metrovej hĺbke **2.** hlbočina

deputy zástupca

derail vykoľajiť

descent (aj lietadla) zostup; *d. of the mountain* zostup z vrchu

desire túžba

➡ *I (We) have a d. for...* Mám(e) chuť na...

dermal odb. kožný

dermatophytosis kožná pleseň

description opis; *d. of the perpetrator* opis páchateľa

deserted (okolie) osamelý, pustý

design vzor(ka); (pneumatiky) dezén

¹**desire** n túžba

²**desire** v túžiť (sth po čom)

desk: *cash/cashier's d.* (priehradka) pokladnica; *front d.* AM (v hoteli) recepcia; *inquiry d.* informačná kancelária

➡ *Pay at the cash d.!* Plaťte pri pokladnici!

desperate zúfalý

dessert (po hl. chode) zákusok, dezert

destination destinácia, cieľ cesty, miesto určenia; *attractive tourist d.* turisticky atraktívna krajina

destined smerujúci; *be* d. for* smerovať do čoho, kam

➡ *Is this bus, ferry, train,... d. to...?* Ide tento autobus, trajekt, vlak,... do...?

destroy zničiť

detach (o.s.) odpojiť (sa) (from sb/sth od koho/čoho); *d. o.s. from the group* odpojiť sa od skupiny

detail podrobnosť; *in d.* podrobne

detailed podrobný

detergent čistiaci/prací prostriedok

deteriorate zhoršiť sa, skaziť sa

determine 1. stanoviť **2.** rozhodnúť (sa)

detonation výbuch

detour dopr. obchádzka, (dočasná) obchádzková trasa; okľuka, zachádzka; *make*/*AM *take* a d.* (obchádzkou) obísť

detrain (z vlaku) vysadiť

detrimental škodlivý; *be* d.* škodiť (to sth čomu)

develop 1. vyvinúť sa, vzniknúť; (hmla) tvoriť sa **2.** fot. vyvolať **3.** (príznaky) objaviť sa

development rozvoj

device zariadenie, prístroj; *alarm d.* poplašné zariadenie; *(automotive/car) anti-theft d.* zariadenie proti krádeži auta; *battery-operated d.* prístroj na batériu; *electric mosquito repellent d.* elektrický odpudzovač komárov; *fog warning d.* poplašné zariadenie signalizujúce výskyt dymu

dew rosa

dextrose hroznový cukor

diabetes cukrovka, diabetes

¹**diabetic** adj diabetický

²**diabetic** n diabetik, hovor. cukrovkár

diagnosis* diagnóza

diagram diagram; *flow d.* grafikon

dial vytočiť (telef. číslo)

➡ *D. the number...* Volaj(te) číslo...

dialect nárečie

dialogue (dvoch ľudí) rozhovor, dialóg

diameter (rozmer) priemer

diaper AM plienka

diaphragm fot. clona

diarrhoea, AM **diarrhea** hnačka; *traveller's d.* cestovateľská hnačka

diary zápisník, kalendár; *flight d.* letový kalendár

dictionary slovník; *pocket d.* vreckový slovník; *consult a d.* použiť slovník

➠ *Do you have ...-Slovak tourist d.?* Máte ...-slovenský turistický slovník?

¹die v zomrieť

²die* n hracia kocka

diesel, aj *d. fuel* motorová nafta

➠ *Tank up the d., please!* Natankujte mi, prosím, motorovú naftu!

diet 1. diéta; *salt-free d.* neslaná diéta; *slimming/span/weight d.* redukčná/odtučňovacia diéta; *be* on a d.* držať diétu; *break* a d.* porušiť diétu **2.** strava, výživa; *non-meat d.* bezmäsitá strava; *raw-food d.* surová strava; *special d.* diétna strava; *well-balanced d.* racionálna výživa

➠ *I am on a d.* Mám diétu. *I must be regular in my d.* Musím dodržiavať diétu.

dietary, dietetic diétny

difference rozdiel; *price d-s, d-s in price* cenové rozdiely; *d. in altitude/in elevation* výškový rozdiel

different iný, inakší, odlišný

differently ináč, inak

difficult ťažký, náročný, namáhavý

difficulty (problém) ťažkosť, pl *d-ies* nepríjemnosť, mrzutosť, ťažkosti; *get* involved into d-ies* dostať sa do ťažkostí

dike hrádza

dill kôpor

¹dim adj kalný, zahmlený

²dim v (svetlá) stlmiť

dine večerať

➠ *I'd/We'd like to d.* Chcel by som/Chceli by sme večerať. *I/We haven't d-d yet.* Ešte som nevečeral/sme nevečerali. *I/We already have d-d.* Už som večeral/sme večerali.

dinghy malý čln; *rubber d.* nafukovací čln

dinner (hlavné jedlo) obed, večera *have*/take* one's d.* obedovať, večerať

➠ *What time is d. served?* O koľkej podávajú obedy? *Have you had your d. yet?* Večeral si/Večerali ste už?

dioptre, AM **diopter** dioptria

diplomat diplomat

diplomatic diplomatický

dipper 1. naberačka **2.** črpák; *big d.* BR horská dráha

direct priamy

➡ *The bus, the train has the d. connection to/for...* Autobus, vlak má priamy prípoj do...

direct (dopravu) riadiť, regulovať

direction 1. smer, kurz; *driving/travel d.* smer jazdy; *opposite d.* opačný smer, dopr. protismer; *change the d.* meniť smer; *hold* the d.* držať smer; *in the opposite d.* v protismere; *set* out in another d.* pustiť sa iným smerom **2.** pl *d-s* návod, pokyny; *d-s for use* návod na použitie

➡ *Which d. is...?* Ktorým smerom leží...?
From which d.? Z ktorého smeru?
I think I am (we are) going the wrong d. Myslím, že idem(e) nesprávnym smerom.
You should go this d. Choďte týmto smerom.

directly priamo, rovno

➡ *This road, street,... goes d. to the centre, to the hotel, to the beach,...* Táto cesta, ulica,... vedie rovno do centra, k hotelu, k pláži,...

director, aj *manager d.* riaditeľ
directorate riaditeľstvo
directory adresár, zoznam, katalóg; *camp(s) d.* zoznam kempov; *hotels d.* zoznam hotelov; *(roads and) streets d.* zoznam ulíc; *telephone/*hovor. *phone d.* telefónny zoznam
dirt špina

¹**dirty** adj špinavý; *make* d.* zašpiniť
²**dirty** v zašpiniť
disabled, aj *physically d.* telesne postihnutý
disadvantageous nevýhodný
disappear stratiť sa, zmiznúť
disappoint sklamať; *be* d-ed* sklamať sa
disappointment sklamanie
disaster katastrofa, nešťastie, pohroma, kalamita; *air d.* letecké nešťastie; *avalanche d.* lavínové nešťastie; *ecological d.* ekohavária; *natural d.* prírodná katastrofa/pohroma; *railway d.* železničné nešťastie
disc, AM **disk 1.** kotúč; *brake d.* motor. brzdový kotúč; *compact d.* kompaktná platňa, hovor. cédečko; *park time d.* (za sklom auta) parkovacie hodiny, parkovací kotúč **2.** platnička; *intervertebral d.* medzistavcová platnička
discerning (zákazník) náročný
discharge (náklad) vyložiť, vylodiť
disco hovor. disko
disconnect (spotrebič) odpojiť
discontented nespokojný

➡ *I am/We are d. with...* Som nespokojný/Sme nespokojní s...

discotheque diskotéka; *open-air d.* diskotéka pod šírym nebom
discount zľava; *d. for children* zľava na deti

➡ *Is there a discount for children,*

for *pensioners/seniors, for students,...?* Majú deti, dôchodcovia, študenti,... zľavu na...?

discounter diskont, diskontná predajňa

discourage odradiť

discover objaviť

discoverer objaviteľ

discriminating (zákazník) náročný

discuss debatovať, diskutovať

disease ochorenie; *intestinal d.* črevné ochorenie

disembark (o cestujúcich) vylodiť (sa), (z lode) vysadiť

disembarkation vylodenie

dish 1. jedlo, pokrm; chod; *cold d.* studená misa; *main d.* hlavné jedlo; *meat d.* mäsité jedlo; *meatless d.* bezmäsité jedlo; *national d.* národné jedlo; *side d.* (k jedlu okrem šalátov) príloha; *vegetarian d.* vegetariánske jedlo 2. (plytká) misa, pl *d-es* riad; *small d.* miska

➡ *Do you also have any vegetarian d-es?* Máte aj vegetariánske jedlá?

Give me/us the d. number... Dajte mi/nám menu (číslo)...

dishcloth, AM **dishtowel** kuchynská utierka

disease choroba; *heart d.* srdcová choroba; *infectious d.* infekčná choroba; *venereal d.* pohlavná choroba

disinfect dezinfikovať

disk | disc

dislocate vykĺbiť (si)

dislocation vykĺbenie

disobey porušiť, nedodržať

disorder 1. neporiadok 2. (zdravotné) ťažkosti

disorientation dezorientácia

dispatch 1. (úradne) odoslať 2. (vlak, zásielku) vypraviť

dispensary (v nemocnici) lekáreň

dispenser automat; *cash d.* bankomat; *ice d.* zmrzlinový automat; *soft-drink d.* nápojový automat

disperse (na rôzne strany) rozísť sa, rozbehnúť sa, rozpŕchnuť sa

disposal dispozícia

➡ ✴ *... is/are at your d. ...* máš/máte k dispozícii.
   ✴ *I am at your d. at any time.* Som ti/vám kedykoľvek k dispozícii.

dissatisfied nespokojný

dissuade odradiť (*from sth* od čoho)

distance 1. vzdialenosť; *braking d.* brzdná dráha; *at a d. of...* vo vzdialenosti...; *in a just several metres d. from there* vzdialený iba niekoľko metrov odtiaľ; *misestimate the d.* nesprávne odhadnúť vzdialenosť 2. diaľka 3. (priestorový) odstup; *following/separation d.* odstup medzi vozidlami pri jazde, vzdialenosť medzi idúcimi vozidlami; *in... metres d.* v -metrovom odstupe

distant 1. ďaleký, (aj časovo) vzdialený 2. odťahlý

distinct zreteľný

distinctive typický, príznačný

distraction rozptýlenie

distress 1. núdza, tvŕdza 2. (zdravotné) ťažkosti; *gastric d.* žalúdočné ťažkosti; *respiratory d.* ťažkosti pri dýchaní

distribute (tovar) rozviezť, (poštu) rozoslať

distributor motor. rozdeľovač

¹district n štvrť; *business/commercial d.* komerčná štvrť; *entertainment d.* zábavná štvrť; *ill-famed/infamous d.* vykričaná štvrť; *residential d.* obytná štvrť; *shopping d.* obchodná štvrť; *town d.* mestská štvrť

²district adj okresný, krajský

disturb rušiť, vyrušovať

➡ *Excuse me (us) for d-ing you.* Prepáčte, že vyrušujem(e). *Don't let me d. you.* Nedajte sa vyrušovať *Am I (Are we) d-ing you?* Nevyrušujem(e)?

disturbance 1. rušenie; *nocturnal d., d. of the night peace* rušenie nočného pokoja; *d. of the public peace* rušenie verejného pokoja 2. výtržnosť

ditch priekopa; *road d.* cestná priekopa

dive potápať sa, ponoriť sa

diver potápač; *scuba d.* prístrojový potápač

¹diving n šport. skoky do vody; aj *underwater d.* šport. potápa-

nie; *cave d.* potápanie v jaskyniach; *ice d.* potápanie pod ľadom; *night d.* nočné potápanie; *scuba d.* prístrojové potápanie, potápanie s kyslíkovým prístrojom; *skin d.* potápanie bez prístroja

²diving adj (kurz, výstroj) potápačský

diversion dopr. (dočasná) obchádzka

divert (dopravu) odkloniť

divide rozdeliť *d. up* rozdeliť (sa)

divorced rozvedený

➡ *I am d.* Som rozvedený/rozvedená.

dizziness závrat; *disposed/liable to d.* náchylný na závraty

➡ *I feel d.* Mám závrat.

dizzy trpiaci závratmi; *feel* d.* omdlievať

➡ *I feel d.* Točí sa mi hlava.

do* 1. (u)robiť 2. konať 3. (istú vzdialenosť) prejsť, uraziť, najazdiť; *do* many kilometres* najazdiť veľa kilometrov; *do* ... kilometres per hour* ísť -kilometrovou rýchlosťou za hodinu 4. poslúžiť 5. stačiť, mať dosť 6. zaobísť sa; *do* without any help* zaobísť sa bez cudzej pomoci *do* down* (vietor) utíšiť sa

➡ *Who did it?* Kto to urobil? *What shall I (we) do now?* Čo mám(e) teraz robiť? *I don't know what to do.* Neviem, čo mám robiť.

What are you doing here? Čo tu robíš/robíte?

There's nothing to do. Nič sa nedá robiť.

I'll do my best. Urobím, čo môžem.

What can I do for you? Čím môžem poslúžiť?

How do you do? (pri predstavovaní) Teší ma!

¹**dock** n (člnov ap.) lodenica

²**dock** v (loď) pristáť, zakotviť

docket BR (s podrobným opisom) sprievodka

doctor doktor, lekár; *emergency d.* lekár rýchlej zdravotníckej pomoci; *eye d.* očný lekár; *women d.* ženský lekár

➡ *I must go to/visit a d.* Musím ísť k lekárovi.

Where can I (we) find a d., please? Kde tu nájdem(e) lekára?

(Quickly,) Call the d., please! Zavolajte, prosím, (rýchlo) lekára.

The d. is coming soon. Lekár hneď príde.

document doklad, dokument; *identification d.* doklad o totožnosti; *travel d-s* cestovné doklady; *vehicle d-s* doklady od motorového vozidla

dog pes; *avalanche d.* lavínový pes; *hot d.* párok v rožku

dollar dolár

dolphin delfín

dolphinarium delfinárium

domicile miesto bydliska

dominate (trh) ovládať

donate darovať

door 1. dvere; *car d.* dvere na aute 2. vchod; *front d.* hlavný vchod; *service/side d.* vedľajší vchod

➡ *Open, close the d., please!* Otvor(te), zatvor(te), prosím, dvere!

doorbell zvonček

doormat rohožka

dose 1. lek. dávka; *adrenaline d.* adrenalínová dávka 2. slang. pohlavná choroba

dot bod; *on the d.* presne

➡ ✳ *Be here (tomorrow) at... on the d., please.* Buď(te) tu, prosím, (zajtra) presne o...

double 1. dvojitý 2. dvojnásobný

doubles pl šport. štvorhra; *ladies' d.* štvorhra žien; *men's d.* štvorhra mužov; *mixed d.* zmiešaná štvorhra

double-bed dvojlôžko

double-bedded (izba) dvojlôžkový

double-decker poschodový autobus

doubt pochybovať

➡ *I (We) d. that...* Pochybujem(e), že...

doughnut kuch. šiška

down 1. (op. hore) dole 2. nadol

downhill dole kopcom

downpour lejak, prietrž mračien

downstream dole prúdom

downward(s) (smerom) dole, nadol

doze driemať

dozen tucet

draft | draught

drain odtok

drama dráma

dramatic divadelný

¹**draught,** AM **draft** n prievan
➡ *There is a d. here.* Ťahá tu.

²**draught,** AM **draft** adj (nápoje) čapovaný

¹**draw*** v 1. (sánky) ťahať 2. vytiahnuť, vyžrebovať si *d. up* 1. (nahor) vytiahnuť 2. (účet) vyhotoviť

²**draw** adj (hra) nerozhodný

drawer priehradka, priečinok
➡ *Your key is in the d.* Kľúč máš/ máte v priehradke.

drawing kresba; *stone d-s* skalné kresby

dreadful hovor. (hlad ap.) strašný

drench premočiť; *get* d-ed* zmoknúť

¹**dress** n šaty, oblečenie; úbor; *evening d.* frak, spoločenský úbor, toaleta; *formal d.* spoločenské oblečenie; *national d.* kroj
➡ *May I try this d.?* Môžem si vyskúšať tieto šaty?

²**dress** v 1. obliecť (sa); *lightly d-ed* ľahko oblečený 2. (ranu) obviazať; ošetriť

dressing 1. dressing, omáčka na šaláty 2. obväz; *pressure d.* tlakový obväz 3. ošetrenie rany 4. oblečenie; *sports d.* športový úbor

drift závej

¹**drink** n (hl. alkoholický) nápoj,
drink; *alcoholic d.* liehovina; *alcoholic/hard/strong d-s* alkoholické nápoje; *diabetic d.* dianápoj; *energetic d.* energetický nápoj; *Highball d.* whisky so sódou a ľadom vo vysokom poháři; *iced d. (with ice cubes)* chladený nápoj (s kockami ľadu); *instant d.* instantný nápoj; *mixed d.* miešaný nápoj; *nonalcoholic/soft d.* nealkoholický nápoj; *raspberry d.* (z malín) malinovka; *youghurt d.* jogurtový nápoj; *d. served with a meal* nápoj k jedlu; *have* a d.* napiť sa; *d-ing and driving* alkohol za volantom
➡ *I'm going to have a d.* Dám si drink.

²**drink*** v 1. piť 2. pripiť si (to sth na čo) *d. up* vypiť
➡ *What would you like to d.?* Čo by si chcel/ste chceli piť?
I must not d., I'll drive. Nesmiem piť, ešte budem šoférovať.
I'd like to d. to your health. Rád by som si pripil na tvoje/vaše zdravie.

drinkable pitný

drinking (voda) pitný

drip kvapkať
➡ *... is d-ping.* Z... kvapká.

dripstone kvapeľ

¹**drive** n 1. (autom) cesta, jazda, výlet; *slow dead d.* jazda krokom (v dôsledku zápchy); *d. in*

D

a hackney coach jazda na fiakri
2. (z cesty k domu, do garáže)
príjazdová cesta, príjazd 3. pohon; *four-wheel d.* pohon na
štyri kolesá; *front, rear d.* predný, zadný pohon 4. AM bulvár
➡ *... is one hour d. ...* je vzdialený
hodinu cesty.

²**drive*** v jazdiť, (šofér) ísť autom,
šoférovať, (motorové vozidlo)
viesť; odviezť/zaviezť autom;
d. a car jazdiť na aute; *d. at
full/top speed* jazdiť vysokou
rýchlosťou; *d. at walking
speed/dead slow* jazdiť (iba)
krokom; *d. under full throttle*
jazdiť na plný plyn; *d. with no/
without accidents* jazdiť bez nehody *d. around* (vozidlom)
obísť *d. back* jazdiť dozadu/
spiatočkou

drive-in autokino

driver, aj *car/motor d.* vodič, šofér,
automobilista; *amateur/Sunday
d.* sviatočný šofér/vodič; *bus d.*
vodič autobusu; *car/private d.*
vodič osobného auta; *irresponsible d.* nezodpovedný vodič;
long-distance d. diaľkový vodič;
*lorry/*AM *truck d.* vodič nákladného auta; *professional d.* vodič
z povolania; *slightly drunk/hovor. tipsy d.* podnapitý vodič; *d.
exceeding the speed limit* vodič
prekračujúci povolenú rýchlosť;
d. turning into opposite direction vodič, ktorý vybočil do pro-

tismeru; *taxi/*AM *(taxi)cab d.*
taxikár
➡ *Where can I (we) rent the car
with a d.?* Kde si môžem(e)
prenajať auto so šoférom?

driveway AM (z cesty k domu, do
garáže) príjazdová cesta, príjazd

driving jazdenie *d. and camping*
autoturistika; *d. at walking
speed* doprava krokom (v dôsledku zápchy)

¹**drizzle** n drobný/jemný dážď,
mrholenie

²**drizzle** v mrholiť; *it's d-ing* mrholí

¹**drop** n 1. kvapka, pl *d-s* liečivé
kvapky; *cough d-s* kvapky proti
kašľu; *ear d-s* ušné kvapky; *eye
d-s* očné kvapky; *nasal/nose
d-s* kvapky do nosa; *stomach
d-s* kvapky proti bolestiam žalúdka 2. pokles; *(sudden) d. in
temperature* (náhle) ochladenie

²**drop** v 1. (ceny) klesať 2. (nechať
spadnúť) pustiť 3. (oponu)
spustiť

drought (z horúčavy) sucho

drown utopiť; *be* d-ed utopiť sa

drowse driemať

drug droga, liek, (liečivý) prostriedok; *prescribe a d. to sb for
sth* predpísať komu liek na čo

drugstore AM lekáreň, drogéria

drunk opitý; *get* d. opiť sa; *make*
d. opiť

drunken opitý

¹**dry** adj (op. mokrý; víno, leto)
suchý

²**dry** v 1. sušiť 2. (mokré) utrieť
dry-clean vyčistiť
➡ *I'd like to have my... d-ed.*
  Chcel by som si dať vyčistiť...
dryer sušička; *hot air electric hand*
  d. sušička rúk (na WC ap.)
dryness sucho
dual dopr. dvojprúdový
dual-track motor. dvojstopový
duck kuch. kačacina
due 1. správny, riadny 2. splatný;
  d. by... splatný do... 3. *d. to* (vyj.
  dôvod) pre, vďaka čomu; *d. to*
  bad weather pre zlé počasie
dull fádny, nudný
dumb-bell činka; *do* exercises*
  with d-s cvičiť s činkami
during (časovo) cez, počas; *d. the*
  course of počas; *d. summer,*
  lunch/lunchtime, holiday cez
  leto, obed, prázdniny
dummy cumeľ
dumpling kuch. knedľa, pl *d-s* ha-
  lušky; *baked yeast d.* buchta; *d-*
  s with sheep cheese bryndzové
  halušky
dune duna
duplicate kópia
durability trvanlivosť; *minimum*
  d. minimálna trvanlivosť

duration trvanie, (časovo) dĺžka
during (časovo) pri; počas
dust prach
dustbin smetník
¹**Dutch** adj holandský
²**Dutch** n 1. holandčina 2. pl *the*
  D. Holanďania
Dutchman* Holanďan
Dutchwoman* Holanďanka
dutiable podliehajúci clu
duty 1. povinnosť 2. clo, colný
  poplatok; *customs d-ies* colné
  poplatky; *export d.* vývozné
  clo; *import d.* dovozné clo; *d.*
  on goods tovarové clo; *d. un-*
  paid (nápis na balíku) neprecle-
  ný; *liable to d.* podliehajúci clu;
  impose d. uložiť clo, precliť
  3. mýto 4. (lekára) pohotovost-
  ná služba
➡ *Have I (we) to pay d. on...?*
  Musím(e) zaplatiť za... clo?
duty-free oslobodený od cla, bez-
  colný
dwell bývať, žiť
dynamo motor. dynamo
dynasty dynastia, panovnícky rod
dysentery dyzentéria, úplavica

D

E

each (všetci) každý; *for e. and every* za každého jedného

ear ucho

earache bolesti ucha
➡ *I've got an e.* Bolia ma uši.

eardrops ušné kvapky

eardrum (ušný) bubienok

earring náušnica

earlier skôr, včašie, prv

¹**early** adv skoro, zavčasu, včas; *e. in March* na začiatku marca; *e. in the morning* skoro ráno

²**early** adj skorý, včasný

earn zarábať

earth 1. aj *surface of the e.* zem 2. *the E.* (zemeguľa) Zem 3. BR elektr. uzemnenie

earthly svetský

earthquake zemetrasenie; *epicentre of the e.* ohnisko zemetrasenia

earthware (výrobky) keramika

¹**east** n 1. (svetová strana) východ; *to the e.* (smerom) na východ/východne (*of sth* od čoho) 2. *the E.* východ, východné oblasti

²**east** adj (na východe) východný

easterly (vietor) východný

eastern (východná časť) východný; orientálny

East-European východoeurópsky

East-Slovak východoslovenský

eastward(s) smerom na východ, východným smerom

easy (op. ťažký) ľahký, jednoduchý
➡ *Take it e.!* Nerozčuľuj(te) sa!

eat* jesť; *e. cold, hot food* jesť studenú, teplú stravu **e. out** stravovať sa (mimo domu)
➡ *Would you like to have something to e.?* Chcel by si/Chceli by ste niečo jesť?
I/We have nothing to e. yet. Ešte som nejedol/sme nejedli.
I've/We've already eaten. Už som jedol/sme jedli.
We e. at a hotel, in the near restaurant,... Stravujeme sa v hoteli, v blízkej reštaurácii,...

eatable jedlý

eatery AM hovor. reštaurácia

ebb, aj *e. tide* odliv; *e. and flow* odliv a príliv

eccentric nápadný, výstredný

eccentricity výstrednosť, extrém

ecclesiastical cirkevný

echo ozvena

ecodisaster ekohavária

ecological ekologický

ecoshop ekopredajňa

ecostore AM ekopredajňa

ecotourism ekoturistika

eczema ekzém

Edam, aj *E. cheese* eidamský syr, eidam

¹**edge** n okraj

²**edge** v, aj *e. one's way* pretlačiť sa (*towards sth* k čomu)

edible (hríb) jedlý

edifice (významnejšia) budova, stavba

effect efekt, následok; *greenhouse e.* skleníkový efekt

effective efektívny, účinný

efficient efektívny, výkonný

efforts pl úsilie, námaha; *spare no e-s* neľutovať námahu

egg vajce; *fried e.* volské oko; *hard-boiled e.* vajce natvrdo; *scrumbled e-s* praženica; *soft--boiled e.* vajce namäkko; *ham and e-s* vajcia so šunkou

eggplant AM baklažán

Egypt Egypt

¹**Egyptian** adj egyptský

²**Egyptian** n Egypťan

eiderdown perina

eighthousand (the), aj *e. peak* (končiar) osemtisícovka; *reach the e.* zdolať osemtisícovku

Eire Írska republika

either: *e. ... or* buď... alebo

elapse uplynúť

elderly starý

electric (prikrývka), **electrical** (energia) elektrický

electricity (energia) elektrina

electrify uchvátiť, nadchnúť

electromobile elektromobil

elegant elegantný

element prvok, pl *the e-s* živly

elemental živelný

elevator AM výťah

elevenses pl hovor. desiata; *have**/*take** *one's e.* desiatovať

elevation výška; *flight e.* výška letu

elite smotánka

else ešte

▶ *Anything e.?* Ešte niečo? *Who e. was here?* Kto tu ešte bol?

¹**e-mail** n mejl; *through/via e.* prostredníctvom mejlu

²**e-mail** adj (správa) mejlový

embankment 1. (rieky) nábrežie 2. (pobrežná) hrádza, násyp, val

embark (na loď) nastúpiť, naloďiť sa

embassy ambasáda, veľvyslanectvo

▶ *Tell me the way from here to the... e., please.* Povedzte mi, prosím, ako sa dostanem odtiaľto k... veľvyslanectvu?

embittered roztrpčený

emblema emblém

emerge objaviť sa, vyskytnúť sa; vzniknúť, objaviť sa

emergency 1. aj *e. situation* núdzová situácia 2. (lekárska) pohotovosť

emergency 1. (východ) núdzový 2. (vozidlo) záchranný

emetic dávidlo

emigrant emigrant

emigrate emigrovať

émigré politický emigrant

Eminence (titul kardinála) eminencia; *Your E.* Vaša Eminencia

Emment(h)aler, aj *E. cheese* ementálsky syr, ementál

emotion cit, emócia

emperor cisár

¹**empire** n ríša

²**empire** adj (nábytok) empírový

employ zamestnať; *be** *e-ed* pracovať, byť zamestnaný

➡️ *Where are you e-ed?* Kde pracuješ/pracujete? Kde si zamestnaný/ste zamestnaní?

I am e-ed at the bank, in the X company, at university,... Pracujem v banke, vo firme X, na univerzite,...

employee zamestnanec; *hotel e.* hotelový zamestnanec

employer zamestnávateľ

employment práca, (pomer) zamestnanie

empty 1. prázdny; (izba) uvoľnený, (byt) neobývaný **2.** voľný, neobsadený **3.** (ulica) ľudoprázdny, pustý

enable umožniť

encamp utáboriť sa

enchant očariť

enclosure (listu) príloha

encounter (nečakane) stretnúť sa

encylopaedia, AM **encyclopedia** encyklopédia

¹**end** n **1.** (časovo, priestorovo) koniec; *dead e.* slepá ulica; *rear e.* zadná časť auta; *e. of urban area/district* dopr. koniec obce; *at the e. of the street* na konci ulice; *bring* to an e.* zakončiť; *put* an e. to sth* ukončiť čo; *towards the e. of the week, of the month, of the year* koncom týždňa, mesiaca, roka **2.** záver; *in the e.* na záver

²**end** v skončiť (sa)

endanger ohroziť

endure znášať

engage 1. obsadiť **2.** zamestnať **3.** motor. (rýchlosť) zaradiť

➡️ *Is the toilet e-d?* Je obsadené WC?

The line is e-d. Linka je obsadená.

engine (spaľovací) motor; *combustion e.* spaľovací motor; *Diesel e.* dieselový motor; *four-cylinder e.* štvorvalcový motor; *four-stroke e.* štvortaktný motor; *jet e.* prúdový motor; *railway e.* lokomotíva; *two-cylinder e.* dvojvalcový motor; *two-stroke e.* dvojtaktný motor; *cut* out/ shut* off/switch off/turn off/stop the e.* vypnúť motor; *start the e.* naštartovať motor

➡️ *The e. doesn't run, is not working properly, hiccups, misses every now and then, overheats, runs irregularly, runs on three cylinders, is knocking, won't start.* Motor nebeží dobre, nefunguje dobre, zadrháva sa, vynecháva, sa prehrieva, ide nepravidelne, ide na tri valce, klope, nechce naskočiť.

The e. is damaged. Motor je poškodený.

✳ *Stop/Switch off the e.* Vypnite motor.

England Anglicko

¹**English** adj anglický

²**English** n **1.** angličtina **2.** pl *the E.* Angličania

Englishman* Angličan

Englishwoman* Angličanka

engraving výtvar. rytectvo

enjoy 1. vychutnávať, užívať si (dovolenku ap.), tešiť sa (sth čomu) 2. dovoliť si, dožičiť si 3. páčiť sa // *e. o.s.* zabávať sa
➡ *Are you e-ing your meal?* Chutí ti/vám?
E. your meal! Dobrú chuť!
How did you e. ...? Ako sa ti/vám páčil...?
E. yourself/yourselves! Dobrú/ Príjemnú zábavu! Maj/Majte sa dobre!

enjoyment pôžitok, potešenie

enough dosť; *be* e.* stačiť
➡ *It's not large e.* To nie je dosť veľké.
Thank you, that's e. Ďakujem(e), to stačí.

enrol (na kurz) prihlásiť (sa), zapísať (sa) (on/in sth do čoho, na čo)

ensure zabezpečiť

enter 1. vstúpiť, vojsť, (do prístavu) vplávať; *e-ing built-up area* začiatok obce 2. nadviazať; *e. into conversation* nadviazať rozhovor 3. (na skúšku, do súťaže) prihlásiť sa (for sth do čoho, na čo) 4. (do zoznamu) zapísať
➡ *May I (we) e.?* Smiem(e) vojsť?
I'd/We'd like to e. for... Chcel by som/Chceli by sme sa prihlásiť na...

enteralgia črevná kolika

entering vstup, vchádzanie

enterprise podnik, firma

entertain 1. zabávať // *e. o.s.* zabávať sa 2. pohostiť

entertaining zábavný

entertainment 1. (podujatie) zábava 2. pohostenie

enthusiast milovník

enthusiastic nadšený

entire 1. (všetok) celý 2. úplný, naprostý

entitle oprávniť; *be* e-d* mať právo
➡ *I am (We are) e-d to it.* Mám(e) na to právo.

entrance (miesto) vchod, vstup; vjazd; *motorway e.* diaľničný nájazd; *rear e.* zadný vchod
➡ *The e. is free.* Vstup bezplatný.

entrecôte kuch. roštenka

entrée BR predkrm, AM hlavný chod

entrepreneur podnikateľ

entry 1. (vchádzanie) vstup, vjazd; *visaless e.* bezvízový styk/vstup; *e. free* vstup voľný 2. vchod; *rear e.* zadný vchod
➡ *No e. without the guide.* Vstup bez sprievodcu zakázaný.
E. free! Vstup voľný!
No e.! Zákaz vstupu do budovy, dopr. (značka) Zákaz vjazdu! Vstup/Vjazd zakázaný!

envelope obálka

environment (životné ap.) prostredie; *alien e.* cudzie prostredie

environmental týk. sa (životného) prostredia, environmentálny

envoy 1. veľvyslanec **2.** delegát, zástupca

epicentre, AM **epicenter** ohnisko

epicure (pôžitkár) labužník

epidemic epidémia

epilator depilátor; *lady e.* dámsky holiaci strojček

¹**epileptic** n epileptik

²**epileptic** adj epileptický

episcopal biskupský

episode príhoda; *coronary e.* srdcový záchvat

epoch 1. (dejín) obdobie, epocha, éra **2.** letopočet

equal rovnaký

equally rovnako

equator (the) rovník

equatorial (krst) rovníkový

equip vystrojiť

equipment 1. zariadenie, vybavenie; *room e.* vybavenie izby /izieb **2.** prístroj; *car alarm e.* autoalarm; *diving e.* potápačský prístroj; *life-support e.* kyslíkový prístroj **3.** príslušenstvo; *motor-car e.* autopríslušenstvo; *outdoor/sports e.* predajňa športových potrieb **4.** výstroj, vybavenie, vystrojenie; *scuba diving e.* potápačský výstroj; *ski e.* lyžiarsky výstroj; *sports e.* športový výstroj; *e. for camping* kempingový výstroj

equitation jazdectvo

era éra, vek; *modern e.* novovek

erect vybudovať, postaviť

err mýliť sa

erroneous chybný, zlý

error chyba, nedopatrenie, omyl; *organisational e.* organizačná chyba; *rule out an e.* vylúčiť omyl

erupt vybuchnúť

eruption 1. výbuch; *volcanic e.* výbuch sopky **2.** vyrážka

erythema sčervenanie (kože), odb. erytém; *e. solare* sčervenanie pokožky po opaľovaní

escalator eskalátor, pohyblivé schody

¹**escape** n únik, útek; *fire e.* núdzový východ; *make* an e.* uniknúť

²**escape** v **1.** (nebezpečenstvu) uniknúť **2.** (bez využitia) ujsť

especially hlavne, predovšetkým

esplanade promenáda, korzo

espresso 1. aj *e. coffee* (káva) espreso, hovor. preso **2.** aj *e. coffee machine* (kávovar) espreso

➡ *Could you bring me one e., please?* Prineste mi, prosím, jedno preso.
Let's have a cup of e. coffee! Vypime si preso!

essential (bezpodmienečne) nutný

establish 1. zriadiť, založiť, ustanoviť, zaviesť **2.** (styky) nadviazať

estate sídlo, usadlosť; *country e.* vidiecke sídlo; *housing e.* sídlisko

esteem vážiť si; *highly e.* oceniť, kladne ohodnotiť

estimate odhadnúť

estuary (do mora) ústie

euro euro; *pay* in e-s* platiť eurom
➧ *I'd/We'd like to convert... to euros.* Chcel by som/Chceli by sme zameniť... na eurá.

Eurocheque eurošek

Europe Európa; *central E.* stredná Európa; *east E.* východná Európa; *north E.* severná Európa; *south E.* južná Európa; *west E.* západná Európa

¹**European** adj európsky; *North European* severoeurópsky; *South European* juhoeurópsky

²**European** n Európan

euroregion euroregión

evangelical evanjelický

eve predvečer, večer pred sviatkom; *Christmas E.* Štedrý večer; *celebrate/spend* the New Year's E.* silvestrovať

¹**even** adv dokonca; *not e.* ani

²**even** adj 1. (povrch) rovný 2. (čísla) párny

¹**evening** n večer; *early e.* podvečer; *every e.* každý večer; *in the e.* navečer, večer; *last e.* včera večer; *on e-s* každý večer; *the e. before last* predvčerom večer; *this e.* dnes večer; *tomorrow/next e.* zajtra večer; *yesterday (in the) e.* včera večer
➧ *What are your plans for this e.?* Čo máš/máte dnes večer na programe?
Where would you like to go in the e.? Kam by si chcel/ste chceli ísť večer?

Thank you for the pleasurable e. Vďaka za príjemný večer.

²**evening** adj večerný

event 1. udalosť, podujatie; *cultural e.* kultúrne podujatie; *social e.* spoločenské podujatie; *sporting e.* športové podujatie **2.** prípad; *e. insured against* poistná udalosť; *in the e. of* v prípade, že **3.** šport. disciplína; *track and field e-s* [Am] atletika
➧ *In the e. of rain....* V prípade, že bude pršať,...

eventuality eventualita, možnosť

ever 1. (po zápore, v otázke) nikdy **2.** (v otázke) ešte
➧ *Will I e. see you?* Uvidím ťa/vás ešte?

every každý; všetci
➧ *... runs e. ... minutes.* ... ide každých... minút.

everyday každodenný

everything všetko

everytime vždy, zakaždým

everywhere všade
➧ *I was looking for you e.* Všade som ťa/vás hľadal.

evidence dôkaz

evident jasný, zrejmý

ex- bývalý

exact presný
➧ *Have you got the e. time?* Máte presný čas?

exactly 1. presne **2.** presne tak; *not e.* nie práve
➧ *It's e. ... o'clock.* Je presne... hodín.

E

exacting náročný

exaggerate zveličovať

examination (lekárska ap.) prehliadka, kontrola; *customs e.* colná kontrola/prehliadka; *personal e.* osobná prehliadka; *vehicle e.* kontrola vozidla

examine (prezeraním) kontrolovať, (kontrolne) prehliadnuť

example príklad, vzor; *for e.* napríklad

exasperate rozčúliť

exasperated rozčúlený

exceed (rýchlosť) prekročiť, prekonať

➧ *... e-ed all our expectations. ...* prekonal všetky naše očakávania.

excellent vynikajúci, senzačný, výborný

except okrem (*for sth* čoho)

exception výnimka; *make* an e.* urobiť výnimku

exceptional (nezvyčajný) zriedkavý

exceptionally výnimočne

¹**exchange** n výmena, (za iné) zmena; *money e.* výmena peňazí **2.** mena; *domestic e.* domáca mena; *foreign e.* devízy **3.** aj *telephone e.* telefónna ústredňa

²**exchange** v vymeniť, zameniť

Exchequer (the) [BR] štátna pokladnica

excitant povzbudzujúci prostriedok

excitement 1. vzrušenie; *e. before a journey* cestovná horúčka **2.** rozruch

exclaim zvolať, vykríknuť

exclude vylúčiť

exclusive exkluzívny

excursion exkurzia, (krátky) výlet, zájazd; *school e.* školský zájazd; *shopping e.* nákupný/nakupovací zájazd; *shore e. (during the stay aboard the ship)* výlet na pevninu (pri plavbe loďou); *make* an e.* ísť na výlet

➧ *Are the e-s to the mainland, to the capital, to the island,... organized?* Usporadúvajú sa výlety na pevninu, do hlavného mesta, na ostrov,...?

excursionist výletník

¹**excuse** v ospravedlniť, prepáčiť

➧ *E. me!* (pri predchádzaní) S dovolením! *E. me, please.* Prosím o ospravedlnenie/prepáčenie. Pardón.

²**excuse** n **1.** ospravedlnenie **2.** výhovorka; *use as an e.* vyhovoriť sa

exemplar vzor, typ

exercise cvičenie; *(early) morning e-s* ranná rozcvička; *rehabilitation e-s* rehabilitačné cvičenie; *yoga/yogic e.* jogistické cvičenie/cviky; *do* e-s* cvičiť

exert vynaložiť, použiť // *e. o.s.* namáhať sa

¹**exhaust** n výfukový plyn

²**exhaust** v vyčerpať, vysiliť; *become* e-ed* unaviť sa; *get* e-ed* vyčerpať sa, minúť sa

exhausted vyčerpaný, unavený

➥ *I am/We are completetly e.*
Som/Sme úplne vyčerpaný/vy-
čerpaní.

exhausting namáhavý, náročný,
vyčerpávajúci

exhaustive (zoznam) vyčerpávajú-
ci, kompletný

exhibit exponát

exhibition výstava; *art e.* umelec-
ká výstava; *e. of expressionist
art* výstava expresionistického
umenia

exile (z vlasti) vyhostiť

exist 1. byť, existovať 2. trvať, ne-
prestávať

existence existencia, život

¹**exit** n (op. vstup) východ, aj *e.
point* výjazd; *emergency e.*
(v dopr. prostriedku) núdzový
východ; *fire e.* núdzový východ;
motorway e. diaľničný výjazd;
rear e. zadný východ

➥ *Where's the e.?* Kde je východ?
Wait for me at the e. Počkaj(te)
ma pri východe.

²**exit** adj (doložka) vycestovací

exotic exotický, cudzokrajný

exotica (zvláštnosť) exotika

expedition (výprava) expedícia;
take* part in an e. zúčastniť sa
na expedícii

expel (z krajiny) vyhostiť, vylúčiť

expenditure výdavky

expense výdavok, pl *e-s* náklady;
trovy; útrata; *extraordinary e-e*
mimoriadne výdavky; *medical
treatment e-s* liečebné náklady;

transportation e-s prepravné
náklady; *travelling e-s* (náhrada
cestovných nákladov) cestovné;
at one's own e. na vlastné ná-
klady; *return of e-s* (výdavkov)
vyúčtovanie

expensive (op. lacný) drahý, náklad-
ný; *become* more e.* zdražieť

➥ *It's too e. for me/for us.* To je
mi/nám príliš drahé.

¹**experience** v prežiť, zažiť, (úna-
vu) pocítiť

²**experience** n zážitok

experienced skúsený

expire (lehota) uplynúť

➥ ✳ *Your passport will soon e.*
Váš pas stratí onedlho plat-
nosť.

✳ *Your visa has e-d.* Vypršala
vám už platnosť víza.

explicit jasný, zrozumiteľný; vý-
slovný

explicitly jasne, výslovne

explode vybuchnúť

explorer (vedec) objaviteľ

explosion výbuch

explosive výbušnina

expose 1. vystaviť (to sth čomu);
e. to danger vystaviť nebezpe-
čenstvu 2. fot. exponovať

¹**export** v vyvážať

➥ ✳ *Do you have things not al-
lowed to be e-ed?* Máte veci,
ktoré sa nesmú vyvážať?

²**export** n vývoz

¹**express** adj 1. expresný 2. rýchli-
kový 3. výslovný

E

E

²**express** n 1. aj e. bus/coach expres, expresný autobus 2. aj e. train expres, expresný vlak, rýchlik; international e. medzinárodný rýchlik; long-distance e. diaľkový rýchlik; e. with direct coaches/with through carriages to... rýchlik s priamymi vozňami do... 3. aj e. mail (zásielka) expres

³**express** adv expres, rýchlo

expressionism expresionizmus

expressionistic expresionistický

expressway Am (mestský úsek) autostráda, diaľnica

expulsion vyhostenie z krajiny

extend 1. (lehotu) predĺžiť; e. one's holiday predĺžiť si dovolenku 2. rozprestierať sa

extension 1. predĺženie 2. telef. klapka

extent 1. rozloha 2. rozsah; e. of damage rozsah škody

external 1. vonkajší 2. zahraničný

extinguish (oheň) uhasiť

extinguisher: fire e. hasiaci prístroj

¹**extra** adv hovor. extra 1. osobitne, zvlášť 2. mimoriadne

²**extra** adj 1. (služby) nadštandardný 2. osobitný, mimoriadny

extraordinary (okolnosti) mimoriadny, nezvyčajný, osobitný

¹**extreme** n extrém

²**extreme** adj (situácia, športy) extrémny; krajný

extremity končatina; lower, upper e. dolná, horná končatina

eye oko; keep* an eye on dávať pozor na; with one's own e-s na vlastné oči; with the naked e. voľným okom

➡ My e-s hurt. Bolia ma oči. Would you keep an e. on my/on our luggage, please? Dali by ste mi/nám, prosím, pozor na batožinu?

eyebrow obočie

eyelash riasa, mihalnica; false e-s umelé mihalnice

eyewitness očitý svedok

POZNÁMKY

F

fable báj

fabric (textília) látka; *cotton f.* bavlnená látka; *woolen f.* vlnená látka

fabulous hovor. (prázdniny) senzačný

facade fasáda, priečelie; *richly decorated baroque f.* bohato zdobené barokové priečelie

¹**face** n 1. tvár; *make* one's f. up* namaľovať sa 2. priečelie

²**face** v byť obrátený (sth k čomu)

facecloth hovor. (na umývanie) frotírová rukavica

facilitate umožniť

facility (potrebné/vhodné) zariadenie, možnosť; *accommodation f-ies* ubytovacie možnosti, možnosť ubytovania; *board/catering f-ies* možnosť stravovania; *holiday accommodation f.* dovolenkové ubytovacie zariadenie; *recreational f., sports and recreation f.* rekreačné zariadenie (zábavy a športu); *(shared) sanitary f.* (spoločné) sanitárne zariadenie; *shower f-ies* možnosť použitia sprchy; *sports f.* športové zariadenie

facing obloženie

facsimile (dokument) fax

fact údaj

factor faktor; *human f.* ľudský faktor; *protective f. against UV*

rays ochranný faktor proti UV-lúčom

¹**fail** n zastar. zlyhanie
➠ *Without f.!* Celkom určite!

²**fail** v (motor) zlyhať, vynechať

fail-safe bezporuchový, bezpečnostný

failure chyba, zlyhanie, porucha; *engine f.* (väčšia) porucha motora; *human factor f.* zlyhanie ľudského faktora; *heart f.* srdcová mŕtvica; *repair/remove the f.* odstrániť poruchu

¹**faint** n mdloba

²**faint** v omdlieť, odpadnúť, zamdlieť

faintness mdloba; *temporary f.* chvíľková mdloba

¹**fair** n jarmok, veľtrh, výstava; *travel and tourism f.* veľtrh cestovného ruchu

²**fair** adj férový, spravodlivý, hovor. fér
➠ *It wasn't f. from...!* To nebolo od... fér!

fairground lunapark

fairly dosť

fake falošný

¹**fall*** v 1. spadnúť 2. aj *f. down* klesnúť; (budova) zrútiť sa 3. (na urč. termín) pripadnúť *f. in* (strecha) zrútiť sa, preboriť sa *f. out* (von) vypadnúť (of sth z čoho)
➠ *The temperature has f-en.* Klesla teplota.

²**fall** n 1. pád 2. vodopád 3. po-

kles; *(sudden) f. in temperature*
(náhle) ochladenie **4.** AM je-
seň; *in the f.* na jeseň

false falošný, nesprávny

falter (reč) viaznuť

fame sláva; *of ill f.* (štvrť) vykričaný

famed slávny *(for sth čím)*

familiar povedomý, známy

familiarize oboznámiť *(with sth
s čím)* // *f. o.s.* oboznámiť sa
(with sth s čím)

¹family n **1.** rodina **2.** pokolenie,
rod
➡ *How's your f.?* Ako sa majú do-
ma?
   Do you have a large f.? Máš/
Máte veľkú rodinu?

²family adj (stav) rodinný

famous slávny; *become* f.* preslá-
viť sa *(for sth čím)*

fan 1. fanúšik, milovník **2.** ventilá-
tor; *(table) desk f., table (top)
f.* stolový ventilátor

fancy 1. chuť *(for na)* **2.** náklon-
nosť *(for sb ku komu)*; *take*
a f.* zapáčiť sa *(to sb komu)*

fantastic hovor. fantastický, prí-
ma, super

¹far adv ďaleko; *as f. as* (vyj. časo-
vú al. priestorovú hranicu) po,
pokiaľ; *by f.* nepochybne; *not f.*
blízko *(from st čoho)*, neďale-
ko *(from sth od čoho)*; *so f.* až
do dnešného dňa, dosiaľ
➡ *How f. is it to... (from here)?*
Ako ďaleko je (odtiaľto) do...?
   Is it f. yet? Ešte je to ďaleko?

*How f. is the hotel, the cam-
psite,... from...?* Ako ďaleko je
hotel, kemp,... od...?

²far adj ďaleký, aj *f. off/away*
(priestorovo) vzdialený, aj
f. off/apart (časovo) vzdialený;
*f. from here one hour walk-
ing/one hour drive* vzdialený
odtiaľto na hodinu cesty
peši/autom

faraway odľahlý, vzdialený

fare (poplatok) cestovné

fare-dodger (vo vlaku, autobuse)
čierny pasažier

farewell rozlúčková večera

¹farm n farma

²farm v gazdovať

farmer farmár, gazda, sedliak

farmer's sedliacky

farming gazdovanie, hospodáre-
nie; *fish f.* rybníkarstvo

farmyard hospodársky dvor

farmhouse hospodársky/sedliac-
ky dom; *f. providing/offering
an accommodation within ag-
rotourism* sedliacky dvor posky-
tujúci ubytovanie v rámci agro-
turistiky

farmstead vidiecka usadlosť

farsighted ďalekozraký

farther ďalej

fashion 1. móda; *be* in f.* byť
v móde **2.** spôsob

fashionable moderný

¹fast adj rýchly

²fast adv rýchlo; *as f. as possible*
čo najrýchlejšie

fasten v 1. pripevniť 2. pripútať (sa)
➡ *F. your (seat) belts, please!* Pripútajte sa, prosím!

fastener, aj *zip f.* zips

fasting nalačno

¹fat n kuch. masť, tuk

²fat adj (krém) mastný, (človek, potraviny) tučný

fatal (úraz) smrteľný

fatback bôčik

fate osud

fateful nešťastný, osudný

father otec

father-in-law svokor

fatherland domovina, vlasť

fatigue únava; *experience the f.* pocítiť únavu

fatiguing namáhavý, únavný

fatty (mäso) mastný, (človek) tučný

faucet ᴀᴍ (vodovodný) kohútik

fault chyba 1. nedostatok 2. vina
➡ *It was (not) my/our f.* To (ne)bola moja/naša chyba.

fauna fauna; *submarine f.* podmorská fauna

¹favour, ᴀᴍ **favor** n (čin) láskavosť; *be* in f. of sth* byť za čo
➡ *Can/Could you do me a f. and...* Preukázali by ste mi láskavosť a...
I (We) want to ask a f. of you. Mám(e) k vám prosbu.
Who's in f. of it? Kto je za?

²favour, ᴀᴍ **favor** v 1. uprednostniť 2. zvýhodniť

favourable, ᴀᴍ **favorable** (počasie) priaznivý, (podmienky) vhodný, výhodný

favourite, ᴀᴍ **favorite** obľúbený

¹fax n 1. aj *f. machine* (zariadenie) fax 2. (dokument) fax

²fax v (od)faxovať; *f. a letter* odfaxovať list

¹fear n strach; *f. of flights/of flying* strach z lietania; *f. of heights* strach z výšok

²fear v báť sa (*for sb/sth* o koho/čo)
➡ *There's nothing to f.!* Nemaj(te) (zbytočné) obavy!

fearful (vzbudzujúci strach) strašný

feature (línia, charakteristická vlastnosť) črta; *characteristic f.* charakteristická črta; *strange f-s* zvláštne znamenia

¹February n február; *in F.* vo februári

²February adj februárový

federation federácia, zväz

fee poplatok, taxa; *admission/ entrance f.* vstupné; *basic f.* základný poplatok; *beach f.* plážový poplatok; *cancellation f.* stornovací poplatok; *handling f.* manipulačný poplatok; *hire f.* poplatok za prenájom; *local f.* miestny poplatok; *lodging f.* nocľažné; *mileage f.* kilometrovné; *registration f.* účastnícky poplatok; *search and rescue action f.* poplatok za pátraciu a záchrannú akciu (na mori al. horách); *visa f.* vízový poplatok; *f. for the transport of the de-*

ceased poplatok za prevoz
v prípade úmrtia; ... *hours,...*
days hire f. poplatok za prená-
jom na... hodín,... dní; *subject
to a f.* podliehajúci poplatkom

➡ *No admission f.* Vstup je bez-
platný.
*How much is the admission f..
for...? What's the admission f.
for...?* Aké je vstupné do/na...?
*Admission f. for adults, chil-
dren, students, OAPs/Old Age
Pensioners... is...* Vstupné pre
dospelých, deti, študentov,
dôchodcov,... je...
*Is there a reduced f. for chil-
dren, pensioners/seniors, stu-
dents,...?* Majú deti, dôchodco-
via, študenti,... zľavu?

feel* 1. cítiť, pociťovať 2. cítiť sa
3. domnievať sa

➡ *How do you f.?* Ako sa cítiš/cí-
tite?
I f. sick/nauseous. Je mi zle
(od žalúdka).
I don't f. well. Prišlo mi zle.
*Thank you, I (we) f. wonder-
ful, better.* Ďakujem(e), cí-
tim(e) sa vynikajúco, už lepšie.

feeling (zmysel) cit, pocit
fellow spoločník
fellow-countryman* krajan
female (príznačný pre ženu) žen-
ský
feminine (príznačný pre ženu)
ženský
femur anat. stehno

fender AM motor. blatník
fennel fenikel
ferry kompa, prievoz, trajekt; *car,
railway f.* trajekt prepravujúci
autá, vlaky

➡ *When does the f. leave to/
for...?* Kedy odchádza kompa
do/na...?
*When, how often,... does the f.
leave for...?* Kedy, ako často,...
premáva trajekt do/na...?

fervent vrelý, vrúcny
festival festival, slávnosť; *Bratisla-
va Music F.* Bratislavské hudob-
né slávnosti; *film f.* filmový fes-
tival; *music f.* hudobné leto;
open-air f. festival pod šírym
nebom; *f. of music* hudobný
festival
festive slávnostný
festivity 1. zábava 2. pl *f-ies* veseli-
ca, oslavy
feudal feudálny
fever horúčka; *hay/rose f.* senná
nádcha; *shoping f.* nákupná ho-
rúčka; *typhoid f.* brušný týfus;
yellow f. žltá zimnica

➡ *I've got a (high) f.* Dostal som
(vysokú) horúčku.

few (so spočítateľným substantí-
vom) málo; *a f.* niekoľko, tro-
cha; *in a f. days* o niekoľko dní
fewer menej
fiction 1. výmysel 2. beletria
fidgety nepokojný, neposedný,
nervózny
field 1. pole; *f. of vision* dohľad

2. (športové) ihrisko; *playing f.* (športové) ihrisko **3.** oblasť, sféra

fig figa

¹**fight*** v biť sa, zápasiť; *f. one's way* pretlačiť sa

²**fight** n bitka, zápas

file pilník; *nail f.* pilník na nechty

fill 1. naplniť **2.** (zub) zaplombovať *f. in* vyplniť *fill up* **1.** naplniť, doliať **2.** motor. natankovať

➡ *F. up the tank, please.* Natankujte mi, prosím, benzín do auta.
F. petrol, oil,... please. Doplňte, prosím, benzín, olej,...

✴ *F. in this questionnaire, this application form, this form, please.* Vyplňte, prosím, tento dotazník, prihlášku, toto tlačivo.
May I f. up your cup/glass? Smiem ti/vám doliať?
Fill it up, please! Natankujte, prosím, auto doplna/plnú nádrž!
We need to f. up the tank. Ešte musíme natankovať.

fillet kuch. filé; *f. of beef* hovädzie filé; *f. of fish* rybie filé

filling zubná plomba

➡ *I've lost a f.* Vypadla mi plomba.

¹**film** n **1.** (dielo) film; *animated f.* kreslený film; *black-and-white f.* čiernobiely film; *colour f.* farebný film; *feature f.* hraný film; *full-length f.* celovečerný film; *reversal f.* inverzný film;

sensitive f. citlivý film; *silent f.* nemý film; *35 mm f.* kinofilm **2.** filmové predstavenie

➡ *I'd like to have this f. developed (and printed).* Vyvolajte mi, prosím, tento film (a spravte fotografie).

²**film** v filmovať

³**film** adj filmový

fin (ryby) plutva

¹**final** adj konečný **1.** posledný **2.** definitívny

²**final** n šport. finále

finale hud. finále

finalist šport. finalista

finally konečne

financial finančný

¹**find*** v **1.** nájsť; zastihnúť **2.** objaviť **3.** zistiť, odhaliť **4.** zistiť, uvedomiť si **5.** *be* found* nachádzať sa **6.** zdať sa, považovať; páčiť sa, chutiť // *f. o.s.* dostať sa (*in sth* do čoho), ocitnúť sa (*in sth* v čom)

➡ *I (We) cannot f. ...* Neviem(e) nájsť...
I've/We've found a cosy restaurant, a nice beach, an interesting exhibition,.... Objavil som/ Objavili sme príjemnú reštauráciu, peknú pláž, zaujímavú výstavu,...
How did you f. ...? Ako sa ti/ vám páčil...?
When, how, where can I f. you (today)? Kedy, ako, kde,... ťa/ vás (dnes) zastihnem?

²**find** n nález, pl *f-s* vykopávky; *prehistoric f-s* prehistorické vykopávky

finder nálezca

finding nález; *archaeological f-s* archeologické nálezy

¹**fine** adv dobre

➡ *I feel f.* Cítim sa dobre.
It's f.! To je v pohode!

²**fine** adj 1. (piesok) jemný, drobný 2. dobrý; pekný

➡ *The weather was f.* Mali sme dobré počasie.

³**fine** n (bloková, za dopr. priestupky ap.) pokuta; *customs f.* colná pokuta; *financial f.* peňažitá pokuta; *heavy/hefty f.* vysoká pokuta; *impose a f.* uložiť pokutu, pokutovať

➡ *You must pay the... euros f.* Musíte zaplatiť pokutu vo výške... eur.

⁴**fine** v pokutovať (for sth za čo)

finger prst; *fish f-s* rybie prsty/tyčinky; *index f.* ukazovák; *little f.* malíček

➡ *I (We) keep my (our) f-s crossed for you!* Držím(e) ti/ vám palce!

finish skončiť; dokončiť

finished hotový, dokončený

Finland Fínsko

Finn Fín

¹**Finnish** adj fínsky

²**Finnish** n fínčina

¹**fire** n 1. oheň; *be* on f. horieť; *make* f. naklásť oheň, zakúriť 2. požiar; *forest f.* lesný požiar

➡ *Could you make f. now?* Mohli by ste už zakúriť?
F.! Horí!

²**fire** v 1. horieť 2. (motor) naskočiť

firebrigade (organizácia) hasiči

firefighters pl požiarnici

fireman* hasič, požiarnik

fireplace kozub, ohnisko

fireproof ohňovzdorný

fireworks ohňostroj

¹**firm** n firma, podnik

²**firm** adj (op. mäkky) tuhý, silný

firn hrubozrnný/zrnitý zľadovatený sneh

¹**first** adj prvý

²**first** adv (vyj. postupnosť) najprv, vopred

first-class prvotriedny

first-rate prvotriedny

¹**fish*** n ryba; *fried f.* smažená ryba; *jelly f.* medúza; *marinated f.* marinovaná ryba; *roast(ed) f.* pečená ryba; *smoked f.* údená ryba; *tinned f.* rybia konzerva; *tuna f.* tuniak; *f. and chips* rybie filé so zemiakovými hranolčekmi; *catch* f. chytať ryby;

²**fish** v, aj *do*/go* f-ing chytať ryby (na udicu), hovor. rybárčiť

fishbone rybia kosť

fisherman* rybár

fishing rybolov

fishmonger's predajňa rýb

¹**fit** n záchvat; *asthmatic f.* astmatický záchvat; *fall* into/have* a f. dostať, mať záchvat

²**fit** v hodiť sa, sedieť *f. out* vybaviť, vystrojiť

➡ *The dress (doesn't f.) f-s me.* Šaty mi (ne)sedia.

³**fit** adj **1.** vhodný, spôsobilý; *f. to live in* (dom) obývateľný **2.** zdravý, v dobrej kondícii

fitness telesná výkonnosť, forma, kondícia; *traffic f.* technický stav vozidla

fix 1. pripevniť **2.** dohodnúť **3.** (termín) stanoviť, určiť

fixed (cena) pevný, ustálený dohodou

flag vlajka; *blue f.* modrá vlajka Európy

flake vločka; *oat f-s* ovsené vločky

flame plameň

flammable AM horľavý

flannel flanel; *face f.* BR hovor. frotírová rukavica

flash motor. blikať (smerovkou)

flashlight 1. fot. blesk **2.** AM baterka

flask fľaša; *cycling f.* (umelohmotná fľaša s nápojom (na bicykli); *non-returnable f.* nevratná/nezálohovaná fľaša; *returnable f.* vratná/zálohovaná fľaša; *Thermos/vacuum f.* termoska

¹**flat** n **1.** byt; *studio f.* (typ ubytovania) štúdio **2.** pl *f-s* topánky s nízkymi podpätkami

²**flat** adj **1.** plochý **2.** rovinatý **3.** paušálny

flavouring korenie, koreniny

flaw kaz, chyba, nedostatok

flea blcha

fleck škvrna

flee* (tajne) utiecť

fleet flotila; *naval f.* námorná flotila

flicker motor. blikať

¹**flight** n **1.** let, cesta lietadlom; *afternoon f.* popoludňajší let; *connecting f.* letecké spojenie s prestupovaním a zmenou lietadla, príp. aj leteckej spoločnosti; *day f.* denný let; *direct f.* letecké spojenie s medzipristátím; *evening f.* večerný let; *holiday f-s* dovolenková letecká doprava; *charter(ed) f.* charterový let; *jet f.* doprava prúdovým lietadlom; *local f.* vnútroštátny let; *night f.* nočný let; *nonstop/direct f.* priamy let; *one-way f.* jednosmerný let; *outward f.* let tam; *pleasurable f.* príjemný let; *return f.* spiatočný let, let späť; *scheduled f.* pravidelný let, pravidelná letecká linka; *sightseeing f.* vyhliadkový let; *supplementary f.* náhradný let; *f. in a glider* let na vetroni; *f. without stopover* let bez medzipristátia; *f. delay* oneskorenie letu; *time of f.* čas odletu **2.** útek **3.** húf (vtákov, rýb)

➡ *How long is the f. to...?* Ako dlho trvá let do...?

I (We) must cancel the f. to... Musím(e) zrušiť let do...

We had a pleasurable, an un-

disturbed flight. Mali sme príjemný, pokojný let.

The f. number... is cancelled, postponed due to bad weather. Let číslo... sa pre nepriaznivé poveternostné podmienky ruší, odkladá.

When is the next f. to...? Kedy poletí najbližšie lietadlo do...?

Is this f. to, from... delayed? Má let do, z... meškanie?

²**flight** adj 1. letecký 2. (dráha, poriadok) letový

flip-flops pl šľapky, vietnamky

flipper (delfína) plutva, pl *f-s* potápačské plutvy

flirt flirtovať

flock (oviec) črieda, (husí) kŕdeľ

floe kryha

¹**flood** n 1. povodeň, záplava 2. (ľudí) prúd

²**flood** v rozvodniť sa

floodlight reflektor

floor 1. dlážka, zem 2. poschodie; *bottom/ground/* AM *first f.* prízemie; *mezzanine f.* mezanín, medziposchodie

➡ *What f. is my/our room?* Na ktorom poschodí je moja/naša izba?

I (We) live on the... f. Bývam(e) na... poschodí.

I (We) live one f. up, down. Bývam(e) o poschodie vyššie, nižšie.

I'd like... seats on the ground f. Prosím si... miesta/miest na prízemí.

floorwalker AM vedúci predajne/oddelenia

➡ *I'd/We'd like to speak to the f.* Chcel by som/Chceli by sme hovoriť s vedúcim predajne.

flop vybuchnúť, zlyhať

flora flóra

florist's kvetinárstvo

flour múka

¹**flow** n tok

²**flow** v 1. tiecť 2. (rieka) ústiť *f. out* vytiecť

flowchart 1. (výrobný) harmonogram 2. grafikon

flower kvetina

flu hovor. chrípka; *intestinal f.* črevná chrípka

fluctuation kolísanie; *temperature f-s* výkyvy teploty

fluid kvapalina; *brake f.* brzdová kvapalina

➡ *Can you check, fill up,... brake f.?* Prekontrolujte, doplňte,... brzdovú kvapalinu.

¹**fly*** v 1. letieť; *f. with jet plane* letieť prúdovým lietadlom 2. preletieť (*over sth* nad čím/čo) 3. (lietadlom) dopraviť 4. (čas) utekať *f. around* obletieť

²**fly** n 1. let 2. prelet 3. mucha

flyby prelet

flying (rýchlosť) letový

flyover 1. BR nadjazd 2. AM (pri slávnostnej prehliadke) prelet

flypast BR (pri slávnostnej prehliadke) prelet

foam pena; *shaving f.* pena na holenie

¹**focus** n (centrum) ohnisko

²**focus** v sústrediť (sa)

foehn, föhn (alpský vietor) fön; *the f. is blowing* fúka fön

fog (hustá) hmla; *ground f.* prízemná hmla; *November f-s* novembrové hmly

➡ *The f. is lifting now.* Hmla sa už dvíha.
The f. develops/raises. Tvorí sa hmla.
Drive/Go more slowly, there's a (thick/dense) f.! Jazdi/Jazdite pomalšie, je (hustá) hmla!

foggy hmlistý

➡ *It's f.* Je hmla.

föhn | foehn

foil fólia; *aluminium/kitchen f.* alobal

foil-packed balený vo fólii

folk (pieseň) ľudový

folklore folklór

follow 1. sledovať 2. dodržiavať

following 1. budúci 2. druhý, nasledujúci

fond: *be* f. of sb* mať v obľube/rád koho

font, aj *baptismal f.* (nádrž) krstiteľnica

food jedlo, potrava; strava; výživa; pl *f-s* potraviny; *baby/infant f.* dojčenská výživa; *convenience/oven-ready/ready-to-cook f-s* polotovary; *frozen f./f-s* mrazené potraviny; *grilled f.* grilované jedlo; *homely f.* domáca strava; *hygienically packed f.* hygienicky balené potraviny; *national f.* národné jedlo; *ready-to-eat/tinned f.* hotové/konzervované jedlo; *vegetarian f.* vegetariánska strava; *eat* hot, cold f.* jesť teplú, studenú stravu

➡ *I (We) eat vegetarian f.* Stravujem(e) sa vegetariánsky.

foodstuffs pl potraviny; *basic f-s* základné potraviny

foot* (od členka po prsty) noha; *athlet's f.* plesňové ochorenie chodidiel/nôh; *(walk) on f.* (chodiť) peši, pešo

➡ *Let's go on f.!* Poďme (radšej) peši!

¹**football** n 1. futbal; *beach f.* plážový futbal; *table f.* stolový futbal; *play f.* hrať futbal 2. futbalová lopta

²**football** adj (zápas) futbalový

footballer futbalista

footbridge mostík, lávka, nadchod pre chodcov

footpath cestička, chodník; *marked f.* turistická cestička

footrest opierka nôh

footwear obuv; *children's f.* detská obuv; *men's, women's f.* pánska, dámska obuv; *f. for hiking* obuv na pešie túry

for 1. pre; (vyj. smerovanie) do 2. (časovo) na; *leave* f. the longer, for the shorter time*

odcestovať na dlhší, kratší čas
3. (vyj. cieľ, účel, želanie) na,
po, pre; *f. children* pre deti; *f.
the first time* po prvý raz; *go*
f. the doctor* poslať po lekára
4. (vyj. príčinu, dôvod) z, zo
5. (+ číselné údaje) za; *trip f.
the price of... euros, crowns,...*
zájazd za... eur, korún 6. (vyj.
rôzne okolnosti) o; *cry f. help*
volať o pomoc; *play f. money*
hrať o peniaze 7. (vyj. príčinu
ap.) od(o) 8. (vyj. ochranu) proti;
remedy f. flu liek proti chrípke
➡ *May I invite you f. a cup of cof-
fee?* Môžem ťa/vás pozvať na
kávu?
*How much have I (we) to pay
f. ...?* Koľko musíme zaplatiť
za...?
How much did you pay f. it?
Čo si dal/ste dali za to?
forbid* zakázať
¹force n sila
²force v nútiť
forcemeat sekaná
¹ford n brod
²ford v brodiť sa
forecast predpoveď; *weather f.*
predpoveď počasia
forefinger ukazovák
forehand čelo
foreign 1. (týk. sa cudziny) cudzí,
zahraničný 2. (ruch) cudzinec-
ký 3. cudzojazyčný 4. cudzo-
krajný
¹foreigner n cudzinec

²foreigner('s) adj cudzinecký
forename krstné meno
¹forest n les, hora; *coniferous f.*
ihličnatý les; *deciduous f.* list-
natý les; *flood/alluvial f.* lužný
les; *high-altitude f.* vysokohor-
ský les; *pine f.* borovicový les;
primaeval/virgin f. prales; *rain
f.* dažďový prales
²forest adj (chodník) lesný
forever navždy
forged falošný, falšovaný
forget* 1. (nezapamätať si) zabud-
núť 2. aj *f. to take* zabudnúť,
nechať
➡ *I've/We've forgotten that...*
Celkom som zabudol/sme za-
budli, že...
Don't f. to take... Nezabudni-
(te) si zobrať so sebou...
forgive* prepáčiť
forgiveness prepáčenie
fork vidlička; *knife, f. and spoon*
príbor
¹form n 1. tvar, forma; *f. of ad-
dress* oslovenie 2. telesná výkon-
nosť, forma; *be* in a good/
great f.* byť v dobrej forme/
kondícii; *be* out of/off f.* nebyť
vo forme 3. tlačivo, formulár;
application f. (tlačivo) prihláška;
order f. objednávací lístok; *visa
application f.* žiadosť o vízum
4. sprievodka 5. dotazník
6. (školský stupeň) ročník
➡ *Fill in this f., please!* Vyplňte
tento formulár, prosím!

²**form** v tvoriť (sa)

formal formálny

formality formalita; *customs f-ies* colné formality

➡️ *I've/We've arranged/carried out/handled all necessary f-ies.* Vybavil som/Vybavili sme všetky potrebné formality.

format formát, veľkosť

formation 1. tvorba; *increasing cloud f.* pribúdanie oblačnosti **2.** útvar; *rock f.* skalné útvary

former 1. bývalý, predchádzajúci **2.** (pochádzajúci z minulosti) dávny

formerly predtým, prv

formulate formulovať

fortress (vojenská) pevnosť

fortune (majetok) bohatstvo

¹**forward** adv (op. dozadu) dopredu

²**forward** v dopraviť

found založiť

➡️ *When... was f-ed?* Kedy bol založený...?
... was f-ed approximately in the year..., in the... century. ... bol založený okolo roku..., v... storočí.

founder zakladateľ

fountain 1. fontána; *drinking water f.* fontánka **2.** žriedlo

fourthousand (the), aj *f. peak* (končiar) štvortisícovka

four-wheeler hovor. štvorkolka, auto s pohonom všetkých štyroch kolies

¹**fracture** n zlomenina

²**fracture** v zlomiť (sa)

fragile krehký

France Francúzsko

frankfurter (frankfurtský) párok; *f-s and/with mustard* párky s horčicou

fraud (fnančný) podvod

¹**free 1.** (neobsadený, ničím neobmedzený) voľný **2.** aj *f. of charge* (vstupenka) voľný, bezplatný, zadarmo **3.** slobodný; *set* f.* oslobodiť

²**free** v oslobodiť // *f. o.s.* oslobodiť sa

➡️ *(Unfortunately), I am (We are) (not) f. now.* (Ne)Mám(e) teraz (, žiaľ,) čas.
The entrance is f. Vstup je bezplatný.
Taxi! Are you f.? Taxík! Ste voľný?

freedom sloboda; *f. of travel* sloboda cestovania (po roku 1989)

freeway [AM] diaľnica (bez poplatku), autostráda

¹**freeze** n mráz

²**freeze** v **1.** (za)mrznúť; *f. to death* (zahynúť) zamrznúť **2.** zmraziť *f. through* premrznúť

➡️ *It's f-ing outside.* Vonku mrzne.

freezer mraznička, (v obchode) mraziaci box

freezing (box) mraziaci

¹**freight** n **1.** (tovar) náklad **2.** nákladná doprava **3.** aj *f. charge/ rate* dopravné

²**freight** adj (vlak) nákladný

freighter nákladná loď (s prepravou osôb); nákladné lietadlo

¹**French** adj francúzsky

²**French** n francúzština

Frenchman* Francúz

Frenchwoman* Francúzka

frequency frekvencia

frequent častý

frequently často

fresco výtvar. freska; *ceiling f.* stropná freska

fresh 1. (o potravinách ap.) čerstvý 2. chladný 3. svieži, osviežujúci

➡ *... is not f. yet.* ... už nie je čerstvý.

freshener osviežovač; *car air f.* (do auta) osviežovač vzduchu

friary (mužský) kláštor

Friday piatok; *every F.* každý piatok; *on F.* v piatok; *F. the thirteen* pren. piatok trinásteho

fridge skr. chladnička

friend kamarát(ka), priateľ(ka)

friendly priateľský, prívetivý; *in a f. way* priateľsky

fries pl: *French f.* AM hranolčeky, pomfritky

frivolous ľahkomyseľný

from (časovo, priestorovo) od(o); *f. ... to... až*, medzi; (vyj. trvanie deja al. rozpätie); *f. 8 till 10 a.m.* od 8. do 10. hodiny; *f. morning to evening* od rána do večera; *f. today* odo dneška; *everyday from... till... o'clock*

denne od... do... hodiny; *starting f./as f. next week, next month* od budúceho týždňa, mesiaca; *travel f. town to town* cestovať od mesta k mestu; *wind f. the north* vietor od severu 2. (vyj. príčinu ap.) od(o), z, zo; *tired f. long waiting, f. walking* unavený z dlhého čakania, chodenia 3. (časovo, priestorovo) z, zo; *f. the distance of ... metres* z -metrovej vzdialenosti; *picture f. the... century* obraz z... storočia

➡ *Which country do you come f.?* Z ktorej krajiny ste/pochádzate? *I am f. ...* Som/pochádzam z...

¹**front** adj (koleso, sedadlo) predný

²**front** n 1. predná časť, predok; *at the f.* vpredu; *in f. of* pred; *in f. of the hotel, of the station* pred hotelom, stanicou; *sit* in the f. of the bus* sedieť vpredu v autobuse 2. front; *cold, warm f.* front studeného, teplého vzduchu 3. BR (pobrežná) promenáda; *sea f.* plážová promenáda

➡ *I'll wait you in f. of the station, of the entrance,...* Počkám ťa/ vás pred stanicou, vchodom,... *Take the seat in f. of me.* Posaď(te) sa predo mňa. *We are sitting right at the f.* Sedíme celkom vpredu.

frontage priečelie, fasáda

¹**frontier** n hranica; *green f.* zelená

hranica; *close the f.* uzavrieť hranice

²**frontier** adj (mesto) pohraničný

frontiersman* hraničiar, obyvateľ pohraničia

frost mráz; *ground f.* prízemný mráz; *f-s set in* udreli mrazy

frostbite omrzlina

frost-resistant mrazuvzdorný, odolný proti mrazu

frosty 1. (počasie) mrazivý 2. zľadovatený

froth (na pive) pena

frozen (potraviny) mrazený

¹**fruit** n ovocie; *bottled f.* kompót v pohári, zaváranina; *dried f.* sušené ovocie; *early f.* skoré ovocie; *preserved f.* (zaváraný) kompót, zaváranina; *tinned f.* kompót v konzerve; *tropical f.* južné ovocie

²**fruit** adj (koktail) ovocný

fruitcake biskupský chlebíček

fuel benzín, palivo, pl *f-s* pohonné hmoty; *diesel f.* motorová nafta

➧ *Fill the diesel f., please!* Natankujte mi, prosím, motorovú naftu!

fulfil, AM **fulfill** splniť

full 1. plný 2. (služby) kompletný, úplný, celý 3. sýty 4. obsadený

➧ *The hotel is f.* Hotel je plne obsadený.
F. tank, please! Natankujte, prosím, plnú nádrž!

full-time (štúdium) denný

fun zábava

➧ *Have f.!* hovor. Dobrú/príjemnú zábavu!

¹**function** n funkcia

²**function** v fungovať

functional funkčný

funfair jarmok

fungus* 1. odb. huba 2. (choroba) pleseň

funicular, aj *f. railway* pozemná lanovka, visutá lanová dráha (na kolieskach)

funny komický, smiešny, (príhoda) veselý

furnish vybaviť, vystrojiť; *completely f-ed* kompletne vybavený

furnishings pl (bytu, hotela) vybavenie, zariadenie; *apartment f.* vybavenie apartmánov; *kitchen f.* vybavenie kuchyne; *luxurious f.* luxusné vybavenie; *standard f.* štandardné vybavenie

furniture nábytok; *empire f.* empírový nábytok

fur 1. (so srsťou) koža 2. kožušina

furrier kožušník

fuse elektr. poistka

➧ *The f. blew.* Prepálila sa poistka.

future budúci

futuristic futuristický

futurism futurizmus

G

gable archit. štít
gainful zárobkový
¹**gala** n slávnosť
²**gala** adj slávnostný
gale víchrica
gallery 1. aj *art/picture g.* galéria; *national g.* národná galéria; *picture/art g.* obrazáreň 2. div. galéria 3. ochodza 4. (cvičná) strelnica; *shooting g.* (na jarmoku) strelnica
➡ *G-ies are closed on Mondays, on Sundays,...* V pondelok, nedeľu,... sú galérie zatvorené.
game 1. šport. hra; *ball g-s* loptové hry; *board g-s* stolové hry; *parlour g.* spoločenská hra; *the Olympic G-s* Olympijské hry 2. (jednotlivá hra) partia
➡ *Would you play a g. of billiards, of chess,... with me?* Zahráme si partiu biliardu, šachu,...?
gamble (pri hre) hazardovať, hazardne hrať
gambler hazardný hráč
gambling hazardné hry
gamekeeper hájnik
gammon údená šunka
gangplank lodný mostík
gap medzera; *parking g.* medzera na zaparkovanie
¹**garage** n garáž; *hotel g.* hotelová garáž; *large g.* veľkogaráž; *multilevel parking g.* poschodové

parkovisko; *multi-storied g.* poschodová garáž; *parking g.* kryté parkovisko; *underground g.* podzemná garáž; *keep* (the car) in a g.* garážovať
➡ *Is there a private g. (for guests) at the hotel?* Má hotel garáž pre hotelových hostí?
Is the g. open 24 hours, all night,...? Je garáž otvorená po celý deň, po celú noc,...?
I'd like to pick up my car from the g. Chcel by som si vybrať auto z garáže.
²**garage** v garážovať
garageman* automechanik
garaging garážovanie
garbage odpadky
garden 1. záhrada; *botanic(al) g.* botanická záhrada; *roofed g.* strešná terasa; *zoological g-s* zoologická záhrada 2. záhradná reštaurácia
¹**gargle** n kloktadlo
²**gargle** v kloktať
garlic cesnak
¹**gas** n 1. plyn; *step on the g.* pridať plyn 2. ⒶⓂ hovor. benzín
➡ ✳ *Press on the g.!* Pridajte plyn!
✳ *Take your foot off the g.!* Uberte plyn!
²**gas** v: *g. up* ⒶⓂ natankovať
➡ *We must g. up.* Ešte musíme natankovať.
gasoline ⒶⓂ benzín
gastronomy gastronómia
gate 1. brána; *town/city g-s* mest-

ské brány **2.** (s bránou) vjazd, vchod **3.** aj *railway* g. žel. závora

gateway (s bránou) vjazd

gâteau torta so šľahačkou; *ice-cream* g. nanuková torta

gather zhromaždiť sa

➡ *G. in front of the hotel, at the parking place, in front of the station,...* Zhromaždite sa pred hotelom, na parkovisku, pred stanicou,...

gauge (na meranie) mierka; *fuel/level/consumption* g. ukazovateľ množstva paliva v nádrži

gauze gáza

¹**gear** n **1.** motor. rýchlosť; *reverse* g. hovor. spiatočka; *change (into another)/* AM *shift g./g-s* prehodiť rýchlosť; *engage... g., shift into... g., put* in... g.* zaradiť... rýchlosť; *put* the car into reverse* g. zaradiť spiatočku **2.** aj *landing* g. podvozok (lietadla) **3.** výstroj; *camping* g. kempingový výstroj; *climbing* g. horolezecký výstroj; *scuba diving* g. potápačský výstroj; *ski* g. lyžiarsky výstroj

➡ *Put the first, the second,... g.!* Zaraďte prvý, druhý,... rýchlostný stupeň!

²**gear** n motor. (rýchlosť) zaradiť

gearbox motor. prevodovka, rýchlostná skriňa

gearshift AM motor. rýchlostná páka

gel gél; *hair/styling* g. vlasový gél; *shower* g. sprchový gél

gem klenot, skvost

general 1. obyčajný **2.** celkový **3.** paušálny, zovšeobecňujúci; *in* g. vo všeobecnosti, vôbec

genius* 1. génius **2.** formát, osobnosť

gent hovor. pán; *the G-s* hovor. pánske WC

gentle jemný, ľahký

gentleman* džentlmen, pán

geographical geografický, zemepisný

geography geografia, zemepis

geological (mapa) geologický

geology geológia

¹**German** adj nemecký

²**German** n nemčina

Germany Nemecko; *Federal Republic of* G. Spolková republika Nemecko

gesticulate gestikulovať

gesture gesto

get* 1. (v rôzn. význ.) dostať **2.** (na urč. miesto) dostať sa (*to sth do čoho/kam*) **3.** chytiť, lapiť **4.** nastúpiť (*on sth na čo, into sth do čoho*) **5.** hovor. rozumieť, pochopiť **6.** zaobstarať (si) **7.** zmestiť sa **g. back** dostať naspäť **g. into** (do auta) nasadnúť **g. off/out** (z dopr. prostriedku) zísť, vystúpiť **g. on** (na dopr. prostriedok) nastúpiť, nasadnúť **g. over** prekonať, zdolať **g. up** (z postele) vstávať

G

➡ *G.!* (ihneď) Už aj!

I've got a fever, flu,... Dostal som horúčku, chrípku,...

How do I (we) g. to...? Ako sa dostanem(e) do/k,...?

Is it possible to g. to... this way? Dostanem(e) sa tadiaľto k...?

Which station, where,... must I (we) g. on? Na ktorej stanici, kde,... musím(e) nastúpiť?

Do you g. me? Rozumieš/Rozumiete mi?

Where can I (we) g. ...? Kde si môžem(e) zaobstarať...?

Where, at which stop, station, ... do I (we) have to g. off? Kde, na ktorej zastávke, stanici,... musím(e) vystúpiť?

get-together schôdzka, (neformálne) stretnutie

geyser gejzír

gherkin (naložená) uhorka; *sweet and sour g-s* sladkokyslé uhorky

giant gigantický

gigantic gigantický

giddines závrat; *disposed/liable to g.* náchylný na závraty; *suffering from g.* trpiaci závratmi

➡ *I suffer g.* Mávam závraty.

¹**gift** n dar

²**gift** v darovať

gilded, gilt pozlátený

gin borovička, džin

➡ *I drink pure g.* Pijem čistý džin.

gingerbread perník

girl dievča

girlfriend (frajerka) dievča, priateľka

give* 1. dať 2. darovať, venovať 3. poskytnúť, (fakty) uviesť, udať; *g. sb a piece of information* dať komu informáciu 4. podať; *g. sb hand* dať komu ruku 5. odovzdať 6. uložiť 7. konať, dávať; *be* given* konať sa *g. back* 1. vrátiť 2. (the small change) vydať (pri platení)

➡ *We'll g. you... euros back.* Ešte vám vydáme... eur.

given určitý

glacial (doba) ľadový

glacier (na horách) ľadovec; *alpine/mountain/valley g.* vysokohorský ľadovec

glad rád; *be* g.* byť rád

➡ *I am/We are glad to/that...* Som rád/Sme radi, že...

gland anat. žľaza; *thyroid g.* štítna žľaza

¹**glass** n 1. sklo 2. pohár; *g. of wine* pohár vína 3. pl (a pair of) *g-s* okuliare; *dioptric g.* dioptrické okuliare; *field g.* ďalekohľad; *opera g.* divadelný ďalekohľad; *reading g.* okuliare na čítanie; *UV filter (safety) g.* okuliare s UV filtrom

➡ *Bring me a g. of...* Prineste mi, prosím, pohár...

I'd like to raise my g. to you. Rád by som si pripil na tvoje/vaše zdravie.

²**glass, glassy** adj skle(ne)ný

glide 1. (hladko) kĺzať sa 2. (na vetroni) plachtiť

glider 1. (lietadlo) klzák, vetroň **2.** (na vetroni) plachtár

glimpse letmý pohľad; *catch* a g.* zbadať, zazrieť (*of sb/sth* koho/čo)

glitter ligotať sa, lesknúť sa

globe glóbus, *the g.* zemeguľa

globetrotter hovor. svetobežník, cestovateľ

glory sláva

glove rukavica

glucose hroznový cukor

glue lepidlo; *universal g.* univerzálne lepidlo

gnocchi pl halušky

go* 1. ísť; *go* dancing* ísť tancovať; *go* shopping* ísť nakupovať **2.** chodiť, kráčať; *go* on foot* chodiť pešo **3.** (o dopr. prostriedkoch) premávať, chodiť, ísť **4.** ísť, cestovať **5.** viezť sa (*by sth* čím, *in sth* v čom), voziť sa (*by sth* v/na čom); *go* by car* (cestujúci) ísť autom **6.** stať sa; *go* bad* pokaziť sa *go* away* (chôdzou) odísť *go* back* **1.** vzdialiť sa, odstúpiť (*away from sth* od čoho) **2.** (časovo) siahať (*as far as* až do) *go* by* uplynúť *go* down* **1.** klesať **2.** zlacnieť **3.** (nadol) zísť **4.** (slnko, mesiac) zapadnúť *go* off* (potraviny) pokaziť sa *go* on* diať sa *go* out* (von) vyjsť *go* over* (zoznam pasažierov) prejsť, prekontrolovať *go* round* (dookola) obísť

go* through prejsť (*sth cez* čo) *go* to* (mesto) navštíviť *go* up* **1.** (nahor) stúpať, vyjsť **2.** (nahor) zdvihnúť sa **3.** zdražieť

➡ *Does this bus, this train,... go from... to...?* Premáva tento autobus, vlak,... z... do...?
What's g-ing on here? Čo sa tu deje?
Where do you want to go? Kam chceš/chcete ísť?
Where do you go? Kam ideš/idete?
Do you want to go with us? Chceš/Chcete ísť s nami?
I'll (We'll) (rather) go on foot. Pôjdem(e) (radšej) pešo.
How is it going? Čo je nové?
It's time to go (away). Musím(e) ísť už preč.
Excuse me, please, I'd like to go through. Dovolíte, chcel by som prejsť?
Let's go for a trip, for a walk,... Urobme si výlet, vychádzku,...

goal 1. (v rôz. význ.) cieľ **2.** šport. bránka **3.** šport. gól

goalie hovor. brankár

goalkeeper brankár

goat koza

Gobelin gobelín

go-cart, go-kart motokára

god, aj *G.* boh, Boh

godfather krstný otec

godmother krstná mama

goggles pl ochranné okuliare;

G

diving g. potápačské okuliare; *ski(ing)* g. lyžiarske okuliare

go-kart | go-cart

¹**gold** n zlato

²**gold** adj zlatý

golden (lesk) zlatý

goldsmith's, aj g. *shop* zlatníctvo

¹**golf** n golf

➧ *Do you play g.?* Hráš/Hráte golf?

²**golf** adj (palica, ihrisko) golfový

gondola gondola

gone (časovo) preč; *it's g.* ... je... hodín preč

¹**good** adj **1.** (v rôz. význ.) dobrý **2.** silný, tuhý

➧ *Be so g. as to + inf.* Buď(te) taký dobrý a....
G. through... AM Spotrebujte do...
It is g. as it is! Aj tak dobre!

²**good** adv dobre; *do* g.* poslúžiť, pomôcť

➧ *Don't you feel g.?* Necítiš sa/ Necítite sa dobre?
I feel g. Cítim sa dobre.

¹**good-bye** interj dovidenia

²**goodbye** n rozlúčka; *say* g.* rozlúčiť sa (to sb s kým)

➧ *I'd/We'd like to say g.* Chcel by som sa/Chceli by sme sa rozlúčiť.

good-buy hovor. výhodná kúpa

¹**goods** n tovar; *baked/baker's g.* (pekárenské) pečivo; *bargain g.* cenovo výhodný tovar; *branded g.* značkový tovar; *consumer g.* spotrebný tovar; *diabetic baked g.* diapečivo; *duty-free g.* tovar oslobodený od cla; *fancy g.* (tovar) galantéria; *fashion g.* módny tovar; *household g.* predajňa domácich potrieb; *reduced price g.* zlacnený tovar; *smoked meat g.* údeniny; *sports g.* športové potreby; *g. liable to duty* tovar podliehajúci clu; *g. issue and g. receipt* výdaj a príjem tovaru

²**goods** adj (vlak) nákladný

gooseberry egreš

goose-meat kuch. husacina

gorge (prielom) roklina, úžina

gorgeous hovor. fantastický, nádherný, senzačný

¹**Gothic** adj gotický; *early G.* ranogotický

²**Gothic** n, aj G. *style* gotika

goulash kuch. guláš

gourmet (znalec) labužník

govern ovládať, vládnuť

government vláda

gown (dámska) toaleta; *dressing g.* župan

grab chytiť, uchopiť

grade 1. (miera) stupeň; *g. of petrol* oktánové číslo **2.** AM (školský stupeň) ročník

gradient (terénu) stúpanie, (vozovky) sklon

graduate absolvent; *university g.* (absolvent) vysokoškolák

graffiti pl kresby na stenách, grafity

gram(me) gram; *one hundred g-s* sto gramov

grand (dolárová) tisícka
granddaughter vnučka
grandeur nádhera, veľkoleposť
grandfather starý otec
grandmother stará mama
grandparents pl starí rodičia
grandson vnuk
grant (vízum) udeliť
grape hrozno; *black, white g-s* tmavé, biele hrozno
grapefruit grapefruit, hovor. grep
graphic grafický
graphics výtvar. grafika
grasp 1. chápať 2. ovládať, vedieť (*of sth čo*) 3. pochopiť
grass tráva
grateful (po)vďačný
grater kuch. strúhadlo
gratis zadarmo
grave hrob
grave-mound mohyla
gravestone náhrobok
gravid odb. tehotná
gravy mäsová omáčka, (z mäsa) šťava
gray $\boxed{\text{Am}}$ sivý
¹grease n mazadlo
²grease v natierať, mazať
greasy (vlasy) mastný
great 1. veľký 2. slávny 3. hovor. fantastický, úžasný, vynikajúci, príma, super
➡ *It's g.!* To je fantastické! To je príma!
I (We) feel g. here. Cítim(e) sa tu vynikajúco.
Greece Grécko

¹Greek adj grécky
²Greek n 1. Grék 2. gréčtina
greenery (porast) zeleň
greengrocer's predajňa zeleniny
➡ *Is there any g. here nearby?* Je tu v blízkosti predajňa zeleniny?
Greenland Grónsko
Greenlandish grónsky
greet pozdraviť
greeting pozdrav; *pass one's g-s on sb* odovzdať komu pozdravy; *return sb's g-s* odpovedať komu na pozdrav; *write* sb holiday g.* napísať komu pozdrav z dovolenky
➡ *Give... my/our g-s.* Odovzdajte... pozdrav odo mňa/od nás.
grey sivý
gridlock dopravný kolaps
¹grill n (spotrebič) gril
²grill v grilovať
grilled (jedlo) grilovaný
grip uchvátiť, nadchnúť
gripping pútavý
grocery predajňa potravín
grog grog
grope chytať, ohmatávať
ground 1. zem, zemský povrch; *lie* on the g.* ležať na zemi 2. územie, terén, oblasť; *football g.* futbalové ihrisko; *mountain-climbing g.* horolezecký terén; *recreation g.* rekračná oblasť; *skiing g-s* lyžiarsky terén 3. pl *g-s* dôvod; *on the g-s of illness* pre chorobu 4. $\boxed{\text{Am}}$ elektr. uzemnenie

G

➡ *On time, personal, health,...* g-s. Z časových, osobných, zdravotných,... dôvodov.

grounds pl areál (budovy); *sports g.* športový areál

group 1. skupina; *age g.* ročník; *blood g.* krvná skupina; *g. of tourists* turistická skupina; *sculpture g.* súsošie; *by/in g-s* po skupinách **2.** turnus

grove háj, lesík

grown-up dospelý

¹guarantee n garancia záruka; záručný list; *full g.* plná garancia; *under g.* v záruke

➡ ✻ *... has one year g. ...* má ročnú záruku.

²guarantee v (za výrobok) ručiť, garantovať

guarantor ručiteľ

¹guard n **1.** hliadka, stráž; *border/frontier g.* pohraničník, hovor. hraničiar; *security g.* hovor. ochrankár; *security g-s* hovor. ochranka; *g. of honour* čestná stráž **2.** strážca; *night g.* nočný strážca **3.** BR (vo vlaku) sprievodca

²guard v strážiť

¹guest n hosť, návštevník, pl *g-s* návšteva (ubytovaná u hostiteľa); *demanding hotel g.* náročný hotelový hosť; *frequent g.* častý hosť; *hotel g.* hotelový hosť; *overnight g.* nocľažník; *permanent g.* stály hosť; *spa g.* kúpeľný hosť; *unwelcome g.*

nevítaný hosť; *welcome g.* vítaný hosť

➡ *We are having g-s today.* Dnes k nám prídu hostia.
Our g-s went away. Naša návšteva už odcestovala.

²guest adj (izba) hosťovský

gugelhupf bábovka

¹guide n **1.** (turistov) sprievodca, (horský) vodca; *cycling tourist group g.* sprievodca cyklistickej turistickej skupiny; *group tour g.* vedúci turistickej skupiny; *mountain g.* horský vodca; *tour g.* vedúci zájazdu; *transit g.* tranzitný sprievodca; *trip g.* sprievodca turistov počas zájazdu **2.** bedeker, (turistická) príručka, sprievodca; *camp g.* sprievodca kempami; *hotel g.* sprievodca hotelmi; *monuments g.* sprievodca po umeleckých pamiatkach; *travelling g.* cestovná príručka; *TV g.* televízny program; *g. to the museum, to the town* sprievodca múzeom, mestom

➡ *Is the g. speaking... here?* Je tu sprievodca, ktorý hovorí po...?
Where's our (tour) g.? Kde je náš vedúci zájazdu?

²guide v (ako sprievodca) previesť

guidebook bedeker, (turistická) príručka; *g. to...* bedeker mesta...

guidelines návod, pokyny

gulf záliv; *the G. of Mexico* Mexický záliv

gull čajka
gullet hovor. hltan
gully roklina
gum guma; *chewing* g. žuvačka
gut črevo
guttae* pl (liečivé) kvapky
gym, aj *conditioning* g. posilňov-
  ňa, telocvičňa

gymnasium posilňovňa, telocvičňa
gymnastics gymnastika; *mental* g.
  duševná gymnastika; *rehabilita-*
  tion/remedial g. liečebná gym-
  nastika; *relaxation* g. relaxačná
  gymnastika
gynaecologist, AM **gynecologist**
  gynekológ, ženský lekár

G

POZNÁMKY

H

haberdashery (obchod) galantéria

habit zvyk

habitable obývateľný

haemorrhage, ~~Am~~ hemorrhage odb. krvácanie, výron

haggle (o cene) dohadovať sa

¹hail n meteor. krúpy

²hail v meteor.: it is h-ing padajú krúpy

hailstone (ľadová) krúpa

hailstorm krupobitie

hair vlasy

➡ I'd like to have my h. dyed, cut, a shampoo,... Zafarbite, ostrihajte, umyte mi,..., prosím, vlasy.

hairbrush kefa na vlasy

haircut, hairdo účes, hovor. frizúra

hairdresser (dámsky) kaderník

hairdresser's (dámske) kaderníctvo

hairdryer sušič na vlasy

hairgrip ~~Am~~, hairpin spona do vlasov

hairspray lak na vlasy

hairstyle účes, hovor. frizúra

hairwash voda na vlasy

¹half n polovica, pol; h. an hour polhodina; h.-an-hour polhodinový; h. of the year polrok

➡ Give me h. a kilo of..., please. Dajte mi, prosím, pol kila...

²half adj polovičný

half-day (výlet) poldenný

half-shade polotieň

hall 1. hala, sieň; commemorative h. pamätná sieň; concert h. koncertná sieň; dance h. tančiareň; exhibition h. veľtržný/výstavný pavilón; (historical) town/city h. (historická) radnica; sports h. športová hala; H. of Fame pamätná sieň, sieň slávy 2. vestibul, aj assembly h. dvorana

hallo servus

¹halt n (počas cesty) zastávka

²halt v zastaviť

➡ H.! Stop!

haluskas pl halušky

ham šunka; boiled h. varená šunka; Prague h. pražská šunka; raw h. surová šunka; smoked h. údená šunka; h. and eggs šunka s vajcom

➡ May I have... grams of h., please? Dajte mi... gramov šunky.

hamper 1. prekážať 2. obmedzovať, brzdiť

¹hand n (od zápästia po končeky prstov) ruka; give* a helping h. pomôcť; hold* sb's h./sb by h. držať koho za ruku; offer sb one's h. podať komu ruku; shake* h-s (potriasť) podať ruku; on the left h. po ľavej ruke

²hand v (do ruky) podať h. over odovzdať

➡ H. me..., please. Podaj(te) mi, prosím...

➡ H. over at the reception, please. Odovzdajte, prosím, ... na recepcii.

handbag kabelka
handball hádzaná
handbrake ručná brzda
handbook príručka; *conservation h.* konverzačná príručka; *English conversation h., h. of English conversation* príručka anglickej konverzácie
handicrafts pl umelecké remeslá
handkerchief* vreckovka; *paper h.* papierová vreckovka
handle 1. kľučka 2. kľuka
handsome pekný
handy šikovný, praktický; *come* h. (byť na úžitok) zísť sa
hang* 1. visieť 2. zavesiť *h. on* ostať pri telefóne *h. up* položiť slúchadlo
➡ *H. on!* Ostaňte, prosím, pri telefóne!
hanger, aj *coat h.* vešiak, ramienko; *folding (travel) h.* cestovný (skladací) vešiak
➡ *Bring me/us some h-s, please!* Prineste mi/nám, prosím, niekoľko vešiakov!
hang-glider rogalo, zried. deltaplán
hang-glider rogalista
hang-gliding lietanie na rogale
happen stať sa
➡ *What h-ed?* Čo sa stalo?
When did it h.? Kedy sa to stalo?
happening (spoločenská) udalosť
happiness (pocit) šťastie
happy šťastný
harassment obťažovanie; *sexual h.* sexuálne obťažovanie

harbour prístav; *ferry h.* trajektový prístav; *sea h.* námorný prístav; *yacht h.* jachtársky prístav; *be* anchored at a h.* kotviť v prístave
➡ *Which direction is the h.?* Ktorým smerom je prístav?
hard 1. (op. mäkký) tvrdý, tuhý 2. ťažký, obťažný
hardly sotva; *h. anything* skoro nič
hare kuch. zajačina; *roast h.* pečená zajačina
¹**harm** n škoda, ujma
²**harm** v škodiť (sth čomu)
harmful škodlivý
harmless neškodný
hat klobúk; *straw h.* slamený klobúk, slamenák
haulage kamiónová/nákladná doprava
haulier, A̅M̅ **hauler** (kamiónmi) prepravca
have* 1. aj *h. got* mať, vlastniť 2. dať si 3. držať, zachovávať 4. *h. to* (vyj. povinnosť ap.) mať, musieť 5. aj *h. got* mať, trpieť; *h. cough* mať kašeľ
➡ *What would you like to h.?* Čo sa bude páčiť?
What shall we h.? Čo si dáme?
We h. only... Máme už len...
How many inhabitants has...? Koľko obyvateľov má...?
I (We) don't h. time, money,... *yet.* Už nemám(e) čas, peniaze,...

H

Do you h. anything better, cheaper,...? Máte niečo lepšie, lacnejšie,...?

I don't h. the passport, vehicle documents,... with me. Nemám pri sebe pas, doklady od auta,...

I've got a fever, a flu,... Mám horúčku, chrípku...

H. a good time! Maj(te) sa dobre!

... has to come every moment. ... musí prísť každú chvíľu.

＊ *You shouldn't h. done it!* To ste nemuseli!

havoc zmätok; *traffic h.* dopravný chaos

¹**hazard** n nebezpečenstvo, riziko; *fire h.* nebezpečenstvo ohňa

²**hazard** v riskovať

hazardous nebezpečný, riskantný

haze opar

hazelnut lieskový oriešok

he on

➠ *I (didn't see) saw him.* (Ne)Videl som ho.

¹**head** n 1. hlava; *cylinder h.* motor. hlava valca 2. (na pive) pena 3. vedúci

²**head** v dať sa, zamieriť, smerovať (*for sth* kam/do čoho)

headache bolesti hlavy

➠ *I have a h.* Bolí ma hlava. *I'd like something for a h.* Dajte mi, prosím, niečo proti bolestiam hlavy.

headband čelenka

headgear pokrývka hlavy

headlamp, headlight, aj *driving/distance/high-beam h.* BR motor. reflektor, diaľkové/predné svetlo; *fog h.* hmlovka; *dim the h-s* stlmiť svetlá

headphone (k rádioprijímaču) slúchadlo; *listen to the music on (a pair of) h-s* počúvať hudbu cez slúchadlá

headquarters centrála, ústredie

headrest opierka hlavy

headroom dopr. prejazdná výška

headscarf＊ šatka (na hlavu)

headway odstup medzi vozidlami pri jazde, vzdialenosť medzi idúcimi vozidlami; *make* h. as necessary* dodržiavať bezpečnú vzdialenosť

heal vyliečiť

¹**health** n zdravie; *on the grounds of h.* zo zdravotných dôvodov; *restore to h.* vyliečiť

²**health** adj zdravotný; zdravotnícky

healthy zdravý

hear＊ počuť

hearing sluch

heart anat. srdce; *by h.* naspamäť, spamäti; *having weak h., ill. with h.* chorý na srdce

heartburn záha

hearty srdečný

¹**heat** n teplo, horúčava, páľava

²**heat** v 1. kúriť, vykurovať; zakúriť; *become* h-ed up* rozhorúčiť sa 2. hovor. piecť

heathen pohan

heat-intolerant neznášajúci horúčavy

heater ohrievač, bojler; *electric h.* elektrický bojler; *food/meal h.* ohrievač jedla; *gas h.* plynový bojler; *immersion h.* ponorný varič, hovor. špirála; *water h.* ohrievač vody

heating kúrenie; *central, gas h.* ústredné, plynové kúrenie

➡ *The h. is out of order/is not working.* Nefunguje kúrenie.

heavy 1. (bremeno) ťažký **2.** silný, (aktivita) intenzívny, (zrážky) výdatný, (hmla) hustý **3.** hovor. (pokuta) mastný, veľký

➡ *The rain, the snow falls h-ily.* Silno prší, sneží.

hectic (deň) rušný

hedge živý plot

hedgehog ježko

heel 1. päta **2.** podpätok, pl *(high) h-s* topánky s vysokými podpätkami

height výška; *clearance h.* dopr. prejazdná výška

➡ *... is situated/to be found at a h. of... metres.* ... sa nachádza vo výške... metrov.

heir dedič

heiress dedička

helicopter helikoptéra, vrtuľník; *(life saver) rescue/air-rescue (service) h.* vrtuľník leteckej záchrannej služby

heliport heliport, letisko pre vrtuľníky

hello ahoj

helmet prilba; *crash h.* prilba pre motoristov

helmsman* kormidelník

¹**help** n pomoc

➡ *H.!* Pomoc!
Thank you for your h. Vďaka za pomoc.

✳ *Do you need h.?* Potrebuješ/Potrebujete pomoc?

²**help** v **1.** pomôcť **2.** poslúžiť // *h. o.s.* **1.** pomôcť si **2.** poslúžiť si, naložiť si (na tanier)

➡ *Can I h. you?* Čo si želáte? Čím môžem poslúžiť? Môžem pre teba/vás niečo urobiť?
Can I h. you anyway? Môžem ti/vám nejako pomôcť?
May I h. you? Čo si želáte?
H. me/us, please. Pomôžte mi/nám, prosím.
H. yourself (yourselves)! Ponúkni(te) sa, prosím! Vezmi(te) si!

helping porcia (jedla); *double h.* dvojitá porcia; *small h.* detská/polovičná porcia

➡ *Can I/we have one h., two, three h-s of...?* Prinesie mi/nám, prosím, jednu porciu, dve, tri porcie...

helpless bezradný

helpline linka dôvery

helter-skelter [BR] (v lunaparku) tobogán

hen sliepka

hepatitis hepatitída

her jej, svoj

H

H

herb (liečivá) bylina, rastlina

herd črieda (koní, dobytka)

here 1. tu 2. sem; *up to h.* až sem
➡ *Who is h.?* Kto je tu?
It's... h.! ... pri telefóne!
... lived, died h. Tu žil/býval,
zomrel...
Come h.! Poď(te) sem!
Sit down h.! Sadni(te) si sem!
Here's to you! Na zdravie!

heritage dedičstvo; *architectural
h.* architektonické dedičstvo;
world cultural h. svetové kultúr-
ne dedičstvo

hermetic vzduchotesný

herpes herpes, opar; *h. on the
lips* opar na perách

herring* haring, sleď; *smoked
h./h-s* údené haringy

hesitate váhať

hesitating váhavý, nerozhodný

hi AM ahoj, servus

hiccup, hiccough čkanie

¹**hide** n (z väčších zvierat) koža;
crocodile h. krokodília koža

²**hide** n úkryt

³**hide*** v schovať (sa)

¹**high** adj (vrch) vysoký

²**high** n meteor. tlaková výš

Highball AM wisky so sódou
a s ľadom vo vysokom pohári

highlands pl vysočina, vrchovina

high-mountain (podnebie) vyso-
kohorský

highway AM, BR práv. cesta, vo-
zovka, komunikácia; *divided h.*
dvojprúdová komunikácia/vo-
zovka; *fast h.* rýchlostná komu-
nikácia

¹**hijack** n (hl. lietadla) únos; *air-
craft/airplane/plane h.* únos
lietadla

²**hijack** v (hl. lietadlo) uniesť

hijacker (hl. lietadla) únosca

hijacking (hl. lietadla) únos

¹**hike** n (pešia) túra; *mountain h.*
horská túra; *h. in high moun-
tains* vysokohorská túra

²**hike** v trampovať; *go* h-ing* ísť
na/podniknúť túru

hiker peší výletník, tramp

hiking pešia turistika; *guided h.* tu-
ristika so sprievodcom; *winter h.*
zimná turistika; *h. in high moun-
tains* vysokohorská turistika

hill kopec, vrch; *small h.* pahorok

hillock pahorok

hillside svah, úbočie; *down, up
the h.* dole, hore svahom

hilly hornatý

hinder 1. brániť, prekážať (from
sth v čom), zabrániť (sth čomu)
2. brzdiť

hip anat. bok

¹**hire** n 1. požičiavanie; *balls and
tennis rackets h.* požičiavanie
lôpt a tenisových rakiet; *beach
chairs/deckchairs h.* požičiava-
nie ležadiel; *bed linen h.* poži-
čiavanie posteľnej bielizne;
sunshades h. požičiavanie
slnečníkov; *towels h. (at the
swimming pool, on the beach)*
požičiavanie osušiek/uterákov

(pri bazéne, na pláži); *h. of boats* požičiavanie člnov; *h. of skis* požičiavanie lyží **2.** aj *h. company* požičovňa **3.** prenájom; *h. of cars, of boats* prenájom áut, člnov

²**hire** v prenajať si, vypožičať si *h. out* (auto) prenajať, požičať

➡ *I'd/We'd like to h. ....* Chcel by som/Chceli by sme si prenajať...

Where can I (we) h. a car, a boat,...? Kde si môžem(e) prenajať auto, čln,...?

Is it possible to h. skis, air beds, tents,... here? Dajú sa tu vypožičať lyže, nafukovačky, stany,...?

hire-car vozidlo z požičovne

his jeho, svoj

historical (pamiatky) historický

history 1. dejiny, história; *modern h.* najnovšie dejiny; *ancient, medieval, modern h.* dejiny staroveku, stredoveku, novoveku **2.** aj *case/medical/patient's h.* chorobopis, anamnéza

¹**hit** n hit; *price h.* cenový hit

²**hit*** v trafiť, zasiahnuť

hitch-hike ísť/cestovať (auto)stopom, hovor. stopovať; *h. through whole Europe* precestovať autostopom celú Európu

➡ *Do you often h.?* Cestujete často autostopom?

hitch-hiking autostop

hives pl odb. žihľavka

hoarfrost inovať, námraza, srieň

hobby hob(b)y

hock (nemecké) biele víno

hockey BR (pozemný) hokej, AM ľadový hokej; *field h.* AM pozemný hokej; *ice h.* BR ľadový hokej; *roller h.* hokej na kolieskových korčuliach

hog, aj *road h.* pirát (ciest)

➡ *... is a road hog. ...* jazdí bezohľadne.

hoist (zástavu) vytiahnuť

hold* **1.** držať, nepustiť; podržať **2.** držať (za ruku, smer); *h. sb's hand/sb by hand* držať koho za ruku **3.** chytiť sa (of sth čoho); *take** *h.* chytiť, uchopiť; *take** *h. of sb's hand* chytiť koho za ruku **4.** mať (pri sebe) **5.** konať; *be** *held* konať sa, uskutočniť sa *h. on* držať sa (to sth čoho) *h. up* (dopravu) zablokovať, ochromiť

➡ *H. ... for me, please.* Podrž/Podržte mi, prosím...

H. to the railing! Drž(te) sa zábradlia!

H. on, please! Ostaňte, prosím, pri telefóne!

holdall AM cestovná taška, cestovný vak

holder držiteľ; *small h.* chalupár

hole 1. diera; *road h.* (na ceste) výtlk; *ozone h.*, *h. in the ozone layer* ozónová diera; *full of h-s* deravý **2.** golfová jamka

¹**holiday** n **1.** dovolenka, rekreá-

cia, voľno, AM prázdniny; *active h.* aktívna dovolenka; *afterseason h.* posezónna dovolenka; *August h.* augustová dovolenka; *beach h.* plážová dovolenka; *boat/rafting/sailing h.* vodácka dovolenka; *club h.* klubová dovolenka; *customized h.* dovolenka na mieru; *cycling h. (with an overnight stay in a camp)* cyklistická dovolenka (s nocľahom v kempe); *diving h.* dovolenka spojená s potápaním; *exotic h.* exotická dovolenka; *fabulous h.* senzačná dovolenka; *family h.* rodinná dovolenka; *green h.* zelená dovolenka; *long-stay h.* dlhodobá dovolenka; *one-week h.* týždenná dovolenka; *preseason h.* predsezónna dovolenka; *recuperative h.* dovolenka na zotavenie; *self-drive h.* dovolenka s vlastnou dopravou; *skiing h.* lyžovačka; *summer h.* letná dovolenka; *tourist h. (with an overnight stay in a hotel, in a camp)* turistická dovolenka (s prenocovaním v hoteli, kempe); *walking h.* dovolenka spojená s vysokohorskou turistikou; *winter h.* zimná dovolenka; *working h.* pracovná dovolenka; *yacht(ing) h.* dovolenka na jachte; *h. abroad* dovolenka v zahraničí; *h. at the seaside, in the mountains* dovolenka pri mori, na horách; *h. for individuals* individuálna dovolenka; *h. in remote countries* dovolenka do vzdialených krajín; *enjoy one's h.* vychutnávať dovolenku; *be* on h., have* a h.* dovolenkovať; *cut* short the h.* skrátiť (si) dovolenku; *enjoy one's h.* užívať si dovolenku; *go* on h.* ísť na dovolenku; *set-off on h.* nástup na dovolenku; *spend* one's h.* dovolenkovať; *use one's h.* vybrať si dovolenku **2.** sviatok; *bank* BR */public/* AM *national h.* deň pracovného pokoja, štátny sviatok; *Christmas/hovor. Santa h-s* vianočné sviatky; *Easter h-s* veľkonočné sviatky; *movable h-s* pohyblivé sviatky; *religious h.* cirkevný sviatok; *on h-s* vo sviatok

➡ *I am/We are on h. here.* Som/Sme tu na dovolenke. *I (we) must interrupt my (our) h.* Musím(e) prerušiť dovolenku. *My/Our h. collapsed wreck.* Vybuchla mi/nám dovolenka. *On Sundays and H-s closed.* V nedeľu a vo sviatok zatvorené. *Happy h.!, Have a nice h.!* Veselé sviatky!

²holiday v dovolenkovať, rekreovať sa; *be* h-ing* dovolenkovať
holidaymaker dovolenkár, rekreant, turista, výletník
hollow kotlina
holy svätý

¹home n domov, dom; *coffee h.* (v strednej Európe) kaviareň; *convalescent/recovery h.* zotavovňa; *holiday h.* rekreačná/víkendová chalupa; *mobile h.* obytné auto, karaván; *at h.* doma; *go* h.* ísť domov **2.** domovina, vlasť
➧ *Be/Feel at h. here.* Cíť(te) sa tu ako doma.
Shall we be at h. in the evening? Budeme večer už doma?
May I go with you/see you off, give you a lift,... h.? Smiem ťa/vás odprevadiť, odviezť,... domov?
Make yourself (yourselves) at h.! Urob(te) si pohodlie!

²home adj (op. zahraničný) domáci, vnútorný

homecoming návrat domov/do vlasti

homeland domov, vlasť, domovina

homeless bezdomovec

homely (týk. sa domácnosti) domáci

homesick *be* h.* cnieť sa po domove

homestead usadlosť, gazdovstvo

homewards smerom domov

honest čestný

honey med

honeybee včela

honeymoon svadobná cesta, medové týždne

honour česť; *of h.* čestný

hood kapucňa

hook hák, háčik; *fish h.* háčik na ryby

hooker hovor. prostitútka

hooter motor. hovor. húkačka

hop chmeľ; *pick h-s* česať chmeľ

hope dúfať, veriť
➧ *I h. to see you soon.* Dúfam, že sa čoskoro uvidíme.
It is to be h-d that... Dúfajme, že...

hopeless zúfalý

hop-garden chmeľnica

horizon horizont, obzor

horizontal vodorovný

horn, aj *car h.* motor. klaksón, húkačka

hors d'oeuvre predjedlo

horse kôň; *race h.* dostihový kôň; *saddle h.* jazdecký kôň

horsemanship jazdectvo

horsepower výkon motora

horseraddish chren

hospice hospic

hospitable pohostinný, (podnebie) priaznivý

hospital nemocnica; *lie in a h.* ležať v nemocnici
➧ *Where's the (nearest) h.?* Kde je (najbližšia) nemocnica?

hospitality pohostinnosť, pohostinstvo

hospitalize hospitalizovať

¹host n hostiteľ

²Host (the) n cirk. hostia

hostage rukojemník

hostel ubytovňa; *youth h.* mládežnícka turistická ubytovňa

H

hostess hosteska; *air h.* letuška

hostile nepriateľský; *h. towards foreigners* nepriateľský voči cudzincom

hot 1. (v rôzn. význ.) horúci; (večera) teplý **2.** ostrý, štipľavý; *be* h.* (o jedle) štípať
➤ *It's (very) h.* Je (veľmi) horúco. *It was awfully h.* Bola strašná horúčava.

¹**hotel** n hotel; *airport h.* letiskový hotel; *all inclusive h.* hotel s plnou penziou – all inclusive; *beach h.* plážový hotel; *centrally located h.* centrálne položený hotel; *cheap h.* lacný hotel; *city h.* mestský hotel; *club h.* klubový hotel; *country h.* vidiecky hotel; *cycling h.* cyklistický hotel; *first-class h.* prvotriedny hotel, hotel prvej kategórie; *five star h.* hotel prvej kategórie; *luxurious/luxury h.* luxusný hotel; *mid-category/medium-priced h.* hotel strednej kategórie; *motor h.* motel, motoristický hotel; *mountain h.* horský hotel; *(railway) station h.* staničný hotel; *second-class h.* druhotriedny hotel; *-star h.* -hviezdičkový hotel; *youth h.* mládežnícky hotel; *reasonably priced h.* cenovo výhodný hotel; *h. for motorists* motoristický hotel; *h. for non-smokers* nefajčiarsky hotel; *h. garni* garni hotel; *h. suitable for families with children* hotel vhodný pre rodiny s deťmi, rodinný hotel; *put* up at a h.* ubytovať sa v hoteli
➤ *Could you recommend me/us a good, a reasonably priced/ a cheep,... h.?* Môžete mi/nám odporučiť dobrý, lacný,... hotel?
Where, which direction is the X h.? Kde, ktorým smerom sa nachádza hotel X?
Has the h. a bar, a private pool, a fitness centre/room, a sauna,...? Is there a bar, a private pool, a fitness centre/room, a sauna,... at the h.? Má hotel bar, vlastný bazén, fitnescentrum, saunu,...?
Is there a h. near the beach,...? Je tu hotel v blízkosti pláže,...?
Which h. do you stay at? V ktorom hoteli si sa ubytoval/ste sa ubytovali?

²**hotel** adj (personál, reťazec) hotelový

hotelier hoteliér

hotplate (stolový) varič

hour hodina **1.** (časová jednotka): *half an h.* polhodina; *half-an-h.* polhodinový; *every half an h.* každú polhodinu; *in (less than) an h.* o (necelú) hodinu; *one h. sooner, later* o hodinu skôr, neskôr **2.** (vymedzená na urč. činnosť) *business h-s* pracovná doba, stránkové hodiny; *clos-*

ing h-s záverečná; *consulting/ surgery* h-s ordinačné hodiny; *office/working* h-s úradné hodiny; *one* h. *drive* hodina cesty autom; *one* h. *walk* hodina cesty peši; *opening* h-s návštevné/otváracie hodiny; *peak/ rush* h-s *(during the tourist season)* dopravná špička (počas turistickej sezóny); *shopping/ business* h-s predajná doba; *hold* surgery/office* h-s ordinovať; *in the evening* h-s vo večerných hodinách

➡ *What are his/her consulting h-s?* Kedy má... ordinačné hodiny?

When are your closing/(v obchode) *shopping* h-s? Kedy zatvárate?

The bus, the train,... goes every h. There is a bus, a train,... every h. Autobus, vlak,... premáva každú hodinu.

The shopping h-s are from... to... Obchod má od... do... otvorené, zatvorené.

When are the surgery h-s of...? Kedy ordinuje...?

What are the intervals of... in rush h-s? V akých intervaloch premávajú... v dopravnej špičke?

hourly každú hodinu

➡ *The bus, the train,... goes h.* Autobus, vlak,... premáva každú hodinu.

¹**house** n dom; *apartment* h. apart-

mánový dom; *boarding/ guest* h. penzión; *common lodging* h. spoločné ubytovanie; *country* h. vidiecky dom; *customs* h. colnica; *dwelling* h. obytný dom; *farm* h. hospodársky/sedliacky dom; *gambling* h. herňa (s hracími automatmi); *guest* h. penzión; *holiday* h. víkendová chata; *hotel* h. dom hotelového typu; *lodging* h. ubytovňa; *Lower* H. Dolná snemovňa; *manor/mansion* h. kaštieľ; *movie* h. kino; *native* h. rodný dom; *opera* h. (budova) opera; *public* h. hostinec, krčma, pohostinstvo; *tourist guest/lodging* h. turistická ubytovňa; *town/city lodging* h. mestská ubytovňa; *treasure* h. klenotnica; *weekend* h. víkendový dom; H. *of Commons* BR Dolná snemovňa; *take* the room in the boarding* h. ubytovať sa v penzióne

➡ *Could you recommend (to) me/(to) us a good, a cheep,... guest* h.? Môžete mi/nám odporučiť dobrý, lacný,... penzión?

I (We) live in a boarding h. *(in a quiet place).* Bývam(e) v penzióne (na tichom mieste).

²**house** adj (týk. sa domácnosti) domáci

¹**household** n domácnosť

²**household** adj (týk. sa domácnosti) domáci

houseware AM predajňa domácich potrieb

housewife* 1. gazdiná **2.** žena v domácnosti

hovercraft vznášadlo

how ako; *h. long?* ako dlho?, dokedy? odkedy?; *h. many/much* koľko?; *h. many times?* koľkokrát?

➡ *H. do I (we) get to the highway, to the campsite, to the station,...?* Ako sa dostanem(e) na diaľnicu, do kempu, na stanicu,...?

H. are you? Ako sa máš/máte?

H. long do you stay in/at...? Dokedy ostaneš/ostanete v...?

H. long shall I (we) wait? Dokedy budem(e) čakať?

H. long is it open? Dokedy je otvorené?

H. long are you at/in...? Odkedy si/ste v...?

H. is it going? Čo je nové?

hubcap motor. puklica

human (faktor) ľudský

humid (vzduch) vlhký

humorous humorný, (anekdota) zábavný

hundred sto, stovka; *one h.* (bankovka, aj motor.) stovka; *drive* one h.* jazdiť stovkou; *pay* one h.* platiť stovkou

¹Hungarian adj maďarský

²Hungarian n **1.** Maďar **2.** maďarčina

Hungary Maďarsko

hunger hlad

hungry hladný

➡ *Aren't you h.?* Nie si/ste hladný/hladní?

I am/We are (dreadfully) h. Som hladný/Sme (strašne) hladní.

hunt poľovať (sth na čo), loviť *h. down* (zločinca) dopadnúť

hunting poľovačka

hurricane hurikán, uragán

¹hurry n náhlenie; *be* in a h.* ponáhľať sa

➡ *Are you in a h.?* Ponáhľaš/Ponáhľate sa?

I am (We are) in a h. Ponáhľam(e) sa.

²hurry (up) v ponáhľať sa

➡ *H. up, please!* Ponáhľaj(te) sa, prosím!

¹hurt* v **1.** bolieť, páliť, štípať **2.** zraniť; *be* h.* poraniť sa

➡ *Where does it h.?* Kde vás bolí?

My eyes h. Pália ma oči

²hurt adj (po)ranený; *seriously h.* ťažko ranený

husband manžel; *common law h.* životný druh; *h. and wife** manželia

➡ *Allow me to introduce my h. May I introduce my h.? I'd like to introduce my h.* Dovoľte, aby som vám predstavila svojho manžela.

This is my h. To je môj manžel.

Give my best regards to your h. Pozdravuj(te) manžela.

hustle ruch, zhon; *h. and bustle of the city* ruch veľkomesta

hut chata, búda, (v horách) útul-
ňa; *mountain h.* horská chata;
wooden h. drevenica
hydrofoil hovor. (plavidlo) raketa
hydropathy vodoliečba
hydrotherapy vodoliečba
hygiene hygiena

hygienic hygienický
hypermarket hypermarket
hypertension vysoký krvný tlak
hypotension nízky krvný tlak
hysterical hysterický
hysterics pl hysterický záchvat
hystery hystéria

H

POZNÁMKY

I

I ja
- ➤ *As far as I am concerned...* Pokiaľ ide o mňa....
¹ice n **1.** ľad; *artificial i.* umelý/technický ľad; *black i.* poľadovica; *chilled on i.* chladený na ľade **2.** [BR] (porcia) zmrzlina
- ➤ *Would you like... with ice?* Dáš/Dáte si ľad do...?
²ice v (na ľade) chladiť
³ice adj **1.** ľadový **2.** zmrzlinový
iceberg (v mori) ľadovec
iceberg-climbing lezenie po ľadovcoch
ice-cold ľadový, studený ako ľad
ice-covered pokrytý ľadom
¹ice-cream n zmrzlina; *chocolate i.* čokoládová zmrzlina; *creamy i.* smotanová zmrzlina; *frozen custard i.* mrazený krém; *fruit i.* ovocná zmrzlina; *mixed i.* miešaná zmrzlina; *pistachio i.* pistáciová zmrzlina; *strawberry i.* jahodová zmrzlina; *vanilla i.* vanilková zmrzlina; *i. with chocolate topping and fruit* zmrzlinový pohár s čokoládovou polevou a ovocím; *i. with whipped cream* zmrzlina so šľahačkou
- ➤ *Give me one portion, two, three,... portions of i., please.* Dajte mi, prosím, porciu, dve, tri,... porcie zmrzliny.

²ice-cream adj zmrzlinový
Iceland Island
Icelander Islanďan
¹Icelandic n islandčina
²Icelandic adj islandský
icicle cencúľ
icing 1. námraza **2.** [BR] kuch. cukrová poleva
icon ikona
icterus žltačka
icy 1. ľadový **2.** (vozovka) zľadovatený
idea 1. idea, myšlienka **2.** nápad; *get* an i.* napadnúť, prísť na um **3.** predstava **4.** tušenie
- ➤ *It was a good, a bad i.* To bol dobrý, zlý nápad.
  I (We) haven't got the slightest i.! Nemám(e) ani najmenšie tušenie!
ideal ideálny
identical rovnaký
¹identification n identifikácia, totožnosť
²identification adj (číslo) identifikačný
identify identifikovať
identikit identikit
identity identita, totožnosť; *prove one's i.* legitimovať sa, (dokladom) preukázať sa
idle lenivý; *be* i.* leňošiť
if 1. ak, keď **2.** keby **3.** aj keď, hoci **4.** či; *as if* akoby
- ➤ *If it is convenient for you... If it suits you...* Ak sa ti/vám to bude hodiť,...

I (We) don't know if... Neviem(e), či...

If I can not come, I'll call/ring you up. Keby som nemohol prísť, zavolám.

ignition motor. zapaľovanie; *turn off, switch on the i.* vypnúť, zapnúť zapaľovanie

ill chorý; *i. with heart* chorý na srdce; *i. with stomach* chorý na žalúdok; *fall*/become* i.* ochorieť

➧ *Do you feel i.?* Si chorý?/Ste chorí?

I feel i. Som chorý.

illegal protiprávny

ill-famed (štvrť) vykričaný

illicit nedovolený

illness choroba, ochorenie; *due to the i.* pre chorobu

ill-tempered mrzutý, nevľúdny

image predstava

imagination predstavivosť; *challenge the i.* provokovať predstavivosť

imagine predstaviť si

immediate bezprostredný, okamžitý

immediately hneď, okamžite

immigrate imigrovať

immigration imigrácia

imminent (časovo) blízky

immobile nehybný

immobilize (vozidlo) zablokovať

impaired poškodený, postihnutý; *hearing i.* sluchovo postihnutý

impassable neschodný, nezjazdný

impatient netrpezlivý

imperfect chybný, nedokonalý

imperfection chyba, nedostatok

imperial cisársky

impersonate imitovať

impersonator imitátor

implement náradie

¹**import** n dovoz

²**import** v dovážať

importance význam, dôležitosť

important dôležitý, významný

➧ *It's not so i.* Nie je to až také dôležité.

impose (pokutu, clo) uložiť

imposing impozantný

impossible nemožný, vylúčený; *i. to drive on (through the winter months)* nezjazdný (počas zimných mesiacov)

➧ *It's i. due to time constraints.* To je časovo nemožné.

impound (zle zaparkované vozidlo) odtiahnuť

impress urobiť dojem

impression dojem; *general/overall i.* celkový dojem; *make* an i.* (dojmom) pôsobiť

impressive efektný, pôsobivý

improve zlepšiť sa

impudent bezočivý

¹**in** adv 1. dnu, dovnútra 2. vnútri

²**in** prep 1. (priestorovo) v; *cathedral in...* dóm v... 2. (časovo) o, v; počas; pri; *in a day* počas dňa; *in half an hour (at the latest)* (najneskôr) o pol hodiny; *in summer* v lete; *in the year...* v roku... 3. (časovo) za; *once in*

a year raz za rok; *in the reign of...* za vlády...; *in the times of...* za čias... 4. (vyj. spôsob) po; *ask in...* spýtať sa po... 5. (vyj. okolnosti) za; *in the dark* za tmy 6. (vyj. stav) *be* in danger* byť v nebezpečenstve 7. u

➧ *I am in.* Som v obraze.
How do you say it in English? How is it in English? Ako sa to povie po anglicky?
I (We) live in... Bývam(e) v...

inaccessible neprístupný

inaccurate (op. presný) nepresný

inadmissible neprípustný

inattention nepozornosť

inattentive nepozorný

inattentiveness nepozornosť

incautious neopatrný

incessant neustály, nepretržitý

inch (cól) palec (2,54 cm)

incident incident

inclined šikmý, naklonený

include započítať

included vrátane; *service i.* vrátane obsluhy

inclusive vrátane (of sth čoho), s; *i. of service* vrátane obsluhy; *price i. of service* cena s obsluhou

income dôchodok, príjem, zárobok

inconvenient nepohodlný, nevhodný

incorrect chybný, nesprávny

➧ *You've given me/us i. information.* Dali ste mi/nám nesprávne informácie.

¹**increase** n nárast; *price i.* zvýšenie cien

²**increase** v zvýšiť, zdvihnúť

incredible neuveriteľný

➧ *It's i.!* To je neuveriteľné!

indecisive nerozhodný

indeed naozaj

➧ *I am/We are i. sorry.* To je mi/nám naozaj ľúto.

indefinite neurčitý

indemnification (škody) náhrada

indemnify odškodniť

indemnity odškodné

independent samostatný, nezávislý, slobodný

India India

¹**Indian** n 1. Ind 2. aj *Red I.* Indián

²**Indian** adj 1. indický 2. indiánsky

indication udanie, uvedenie; *without address i.* bez uvedenia adresy

indicator 1. ukazovateľ; *arrival time i.* tabuľa s časom príchodov; *fuel level i.* ukazovateľ množstva paliva v nádrži 2. aj *direction/light i.* motor. ukazovateľ smeru, hovor. smerovka

indigestion zažívacie ťažkosti, hovor. pokazený žalúdok

indisposition nevoľnosť; *temporary i.* chvíľková nevoľnosť

¹**individual** adj individuálny, samostatný, osobitný

²**individual** n jednotlivec

indulge povoliť, dovoliť // *i. o.s.* dovoliť si, dožičiť si (in sth čo)

industry 1. priemysel; *service i-ies*

sieť služieb **2.** odvetvie; *tourist
i.* cestovný ruch

inebriate opitý

inexact (op. presný) nepresný

➡ *We've got i. information
about...* Dostali sme nepresné
informácie o...

infamous (štvrť) vykričaný

infarction infarkt; *cardiac/myo-
cardial i.* srdcový infarkt

infect infikovať, nakaziť, zamoriť
(with sth čím); *become* i-ed*
nakaziť sa

infection infekcia, nákaza; *alimen-
tary i.* alimentárna infekcia; *in-
testinal i.* črevná infekcia

infectious (choroba) infekčný, ná-
kazlivý, prenosný

inferior (o kvalite ap.) druhotried-
ny, podradný, zlý

infested (hmyzom) zamorený

inflammable horľavý

inflammation zápal

inflame: *become* i-d* (rana) zapá-
liť sa

inflation inflácia

inflator motor. hustilka; *tyre/*AM
tire i. motor. hustilka na pneu-
matiky

influence vplyv; *be* under the i.
of alcohol/of drink* byť pod
vplyvom alkoholu

influenza chrípka

influx (turistov) prílev

infoline infolinka

inform 1. informovať, upovedomiť
2. podávať informácie **3.** udať

(on sb koho) // *i. o.s.* informo-
vať sa (of/on/upon sth o čom)

➡ *Keep me/us i-ed about..., plea-
se.* Informujte ma/nás, prosím,
o...

*I. my/our..., police, family
members, tour guide,..., please!*
Upovedomte, prosím,
môjho/nášho..., políciu, rodin-
ných príslušníkov, vedúceho zá-
jazdu,...!

I'd/We'd like to inform if...
Chcel by som sa/Chceli by sme
sa informovať, či...

I am i-ed. Som v obraze.

¹**information** n informácia, infor-
mácie; *ask for i.* informovať sa

➡ ✱ *For more i. go to...* Bližšie
informácie dostanete u/v...

  ✱ *Unfortunatelly, I (we) can't
give you the detailed/exact i.*
Neviem(e) vám, žiaľ, podať
presné informácie.

  ✱ *Ask for i. in an hour, in the
evening, tomorrow,... again.*
Informujte sa znovu o hodi-
nu, večer, zajtra,...

²**information** adj (kancelária) in-
formačný

informed informovaný; *be* i.* ve-
dieť, byť oboznámený

inhabit obývať

inhabitant (oblasti) obyvateľ, pl
i-s obyvateľstvo

inhabited obývaný

inhale inhalovať

inherit dediť

initiate 1. otvoriť, začať **2.** nadviazať

injection injekcia

injure poraniť; *get* i-d (by falling down)* zraniť sa (pri páde)

injured zranený, poranený; *seriously, slightly i.* ťažko, ľahko zranený

➡ *Could you take care of the i.?* Mohli by ste sa postarať o zranených?

injury 1. poranenie; *flesh/superficial i.* povrchové poranenie; *internal i.* vnútorné poranenie **2.** úraz; *road traffic i-ies* dopravné úrazy; *sustain (a fatal) i.* utrpieť (smrteľný) úraz

injustice krivda; *do* i.* krivdiť

¹inland n vnútrozemie

²inland adj **1.** (štát) vnútrozemský **2.** (op. zahraničný) domáci, vnútorný

inlandwards smerom do vnútrozemia

inlet malá zátoka

inn (štýlový) hostinec, krčma

inner vnútorný

innkeeper hostinský, krčmár

innocent nevinný

➡ *I am/We are i.* Som nevinný/ Sme nevinní.

inoculate očkovať

inquire informovať sa (about sth o čom)

inquiry 1. otázka; *make* i-ies about prices, charges, admission fee* informovať sa o cenách, poplatkoch, výške vstup-

ného **2.** pl *„I-ies"* (nápis) „Informácie"

inscription (na pamätníku) nápis

insect hmyz

insecticide insekticíd, prostriedok na hubenie hmyzu

insert (v rôzn. význ.) vložka; *package i.* príbalový lístok, príbalka

¹inside adv dovnútra; vnútri

²inside n interiér

insignificant bezvýznamný, nepodstatný, vedľajší

insist trvať (on sth na čom, that aby)

➡ *I (We) i. that...* Trvám(e) na tom, aby...

insistent (žiadosť) naliehavý, nástojčivý, (človek) neústupčivý

insolation odb. úpal

inspection (podrobná) kontrola, revízia, prehliadka; *customs i.* colná prehliadka; *luggage i.* revízia batožiny; *passport i.* pasová kontrola; *ticket i.* revízia cestovných lístkov

inspector 1. inšpektor; *police i.* policajný inšpektor **2.** (cestovných lístkov) revízor

inspectorate inšpektorát

¹instant n chvíľa

²instant adj (nápoj) instantný

instantaneous náhly, okamžitý

instantly hneď, okamžite

instead: *i. of* namiesto

➡ *I've come i. of my brother, of my father,...* Prišiel som namiesto brata, otca,...

instillation (liečivé) kvapky

institution zariadenie, ústav, inštitúcia

instruct inštruovať, dávať inštrukcie, poúčať

instruction 1. príkaz, pokyn; *adhere to i-s* pridržiavať sa pokynov **2.** pl *i-s* návod, postup; *operating i-s* návod na použitie

instructor inštruktor; *skiing i.* lyžiarsky inštruktor

instrument prístroj

¹**insurance** n poistenie; *accident i.* úrazové poistenie; *collective i.* hromadné poistenie; *compulsory i.* povinné poistenie; *compulsory Road Traffic Act i.* poistenie zodpovednosti za škody (spôsobené premávkou vozidiel); *full coverage i.* komplexné poistenie; *health i.* nemocenské poistenie; *luggage i.* poistenie cestovnej batožiny; *medical expenses i., medical travel i.* poistenie liečebných nákladov; *motor i.* poistenie motorových vozidiel; *partial coverage i.* čiastočné poistenie; *supplementary i.* doplnkové poistenie; *theft i.* poistenie proti krádeži; *third party i.* poistenie (zákonnej) zodpovednosti za škody (spôsobené premávkou vozidiel); *travel agency insolvency/bankruptsy i.* poistenie na prípad insolventnosti/úpadku CK; *travel i.* poistenie na

cesty a pobyt, cestovné poistenie; *trip cancellation i.* poistenie storna zájazdu; *take* out an i.* uzavrieť poistku

²**insurance** adj (udalosť) poistný

insure (v poisťovni) poistiť // *i. o.s.* poistiť sa proti (*against sth* proti čomu)

➡ *I'd/We'd like to i. this luggage.* Chcel by som/Chceli by sme si poistiť túto batožinu.

¹**insured** adj poistený

➡ *Are you i.?* Ste poistený?
Is your luggage i.? Máte poistenú batožinu?
Where's your car i.? Kde máte poistené auto?

²**insured (the)** n poistenec

insurer poisťovňa

intellect rozum

intelligible zrozumiteľný

intensive intenzívny, čulý

intention plán, zámer

➡ *What are your i-s?* Aké máš/máte plány?

intentional úmyselný

interchange vymeniť si

interest záujem; *in one's own i.* vo vlastnom záujme; *show* i.* zaujímať sa (*in sth* o čo)

interested zainteresovaný; *be* i. in* zaujímať sa o čo, hovor. reflektovať na čo

➡ *Are you i. in...?* Máte záujem o...?
I am (We are) not i. in... Nemám(e) záujem o...

I am (We are) not i. now! Už nemám(e) záujem!

interesting zaujímavý

¹interior n **1.** interiér **2.** *the i.* vnútrozemie

²interior adj **1.** vnútorný **2.** vnútrozemský

interlanding medzipristátie

internal (op. zahraničný) vnútorný, domáci

international medzinárodný, medzištátny

¹internet n, *the I.* internet; *I. access* prístup na internet; *use the I.* internetovať

²internet adj (adresa) internetový

interpret tlmočiť

interpretation tlmočenie; *simultaneous i.* simultánne tlmočenie

interpreter tlmočník

➡ *Where's our i.?* Kde je náš tlmočník?
I (We) need an i. Potrebujem(e) tlmočníka.

✳ *I act as an i. into...* Tlmočím do...

interrogate (policajne) vypočúvať

interrogation (policajný ap.) výsluch

interrupt (dočasne) prerušiť

intersect AM (o cestách ap.) križovať sa

intersection AM (hl. ciest) križovatka

interstate AM medzištátny

interval interval, (časový, priestorový) odstup, (časová) vzdialenosť; *in -metres i.* v -metrovom

odstupe; *make* an i.* (počas cesty) oddýchnuť si

➡ *... runs in -hour, short,... i-s. ...* premáva v -hodinových, krátkych,... intervaloch.

intervene zakročiť

intestine črevo

into (vyj. smerovanie) do

intolerant neznášanlivý; *be* i./of heat* neznášať horúčavy

intoxication otrava; *alimentary i.* otrava potravinami

introduce predstaviť (sb to sb koho komu), zoznámiť (sb to sb koho s kým) // *i. o.s.* predstaviť sa

➡ *Allow me to i. Mr, Mrs X.* Smiem ti/vám predstaviť pána, pani X?
May I i. you to...? Smiem ťa/vás zoznámiť s...?
I. yourselves. Zoznámte sa.
Let me i. myself. My name is... Dovoľte, aby som sa predstavil. Volám sa...

introduction začiatok, úvod

intrusive dotieravý

¹invalid adj invalidný, (telesne) postihnutý

²invalid adj neplatný

inventory AM inventúra

inversion inverzia; *temperature i.* teplotná inverzia

investigate vyšetrovať

investigation pátranie, vyšetrovanie; *criminal i.* policajné pátranie

investigator vyšetrovateľ

invitation pozvanie; *accept an i. of sb* prijať koho pozvanie; *decline/refuse one's i.* odmietnuť pozvanie
➡ *Many thanks for your i.* Srdečná vďaka za tvoje/vaše pozvanie.

invite pozvať
➡ * *May I i. you for lunch, to go to the cinema,...?* Môžem ťa/vás pozvať na obed, do kina,...?

invoice faktúra
➡ *Make out an i. for me/us, please!* Vystavte mi/nám, prosím, faktúru!

involve 1. týkať sa 2. zapojiť (in sth do čoho); *get i-d into difficulties* dostať sa do ťažkostí

inward, AM **inwards** dovnútra

Ireland Írsko; *Northern I.* Severné Írsko

¹**Irish** adj írsky

²**Irish** n 1. írčina 2. pl *the I.* Íri

Irishman* Ír

Irishwoman* Írka

¹**iron** n 1. železo; *curling i.* kulma 2. žehlička 3. AM golfová (železná) palica

²**iron** adj železný

³**iron** v žehliť

ironmonger BR 1. obchodník so železiarskym tovarom 2. aj *i.'s* železiarstvo

irregular nepravidelný

irregularly nepravidelne
➡ *... runs i.* ... premáva nepravidelne.

irresponsible (vodič) nezodpovedný

irritated podráždený

Islam Islam

Islamic islamský

island ostrov
➡ *How often does the ferry, the ship,... for the i. leave?* Ako často chodí na ostrov trajekt, parník,...?

islander ostrovan

isolated odrezaný od sveta

¹**issue** v 1. vydať 2. (pas) vystaviť, (vízum) udeliť

²**issue** n 1. vydanie, (tovaru) výdaj, vydávanie 2. vystavenie; *airticket i.* vystavenie letenky

isthmus geogr. šija

it to, toto, ono
➡ *When was it?* Kedy to bolo? *When did it happen?* Kedy sa to stalo?
Who was it? Kto to bol?
It's my husband, my wife*, our guide,... Toto je môj manžel, moja manželka, náš sprievodca,...

¹**Italian** n 1. Talian 2. taliančina

²**Italian** adj taliansky

Italy Taliansko

item položka, predmet; *non–grocery i-s* oddelenie nepotravinárskeho sortimentu (v supermarketoch ap.); *personal i-s* predmety osobnej potreby
➡ *I (We) have just the personal i-s.* Mám(e) len predmety osobnej spotreby.

itinerary itinerár, plán cesty; *holiday i.* turistická dovolenková trasa

J

jack: *yellow j.* žltá zimnica

jacket sako, vec podobné veste, Am) vesta; *buoyant j.* nafukovacia/plávacia vesta; *life j.* záchranná vesta; *sports j.* športové sako

jackpot (v kartách) bank

jam 1. džem, lekvár; *apricot j.* marhuľový džem; *currant j.* ríbezľový džem; *diabetic/sugar-free j.* diadžem; *strawberry j.* jahodový džem **2.** zápcha; *heavy traffic j.* dopravná kalamita; *traffic j.* dopravná zápcha
➡ *We have stuck in a traffic j.* Dostali sme sa do zápchy. *At the time of traffic j. stop the engine!* Počas zápchy vypnite motor!

janitor Am domovník

¹January n január; *at the beginning of/early in J.* začiatkom januára; *at/towards the end of J.* koncom januára

²January adj januárový

Japan Japonsko

¹Japanese adj japonský

²Japanese n **1.** japončina **2.** Japonec, pl *the J.* Japonci

jaundice žltačka

jaw anat. čeľusť

jawbone anat. čeľustná kosť

jaywalker nedisciplinovaný chodec

jaywalking (chodca) dopravný priestupok

jazz džez; *play j.* hrať džez

jealous žiarlivý

jeans pl, aj *a pair of (blue) j.* džínsy, rifle, texasky

jeep džíp

jelly 1. Br (dezert) želé **2.** Am džem

jeopardize (plány) ohroziť

jet, aj *j. aircraft* prúdové lietadlo; *jumbo j.* prúdové obrie lietadlo

jetliner Am prúdové lietadlo

jeton (v hazardných hrách) žetón

jetty mólo, kotvisko

Jew žid, Žid

Jewish (zvyk) židovský

jewel šperk, skvost, klenot, aj pren.; *coronation j-s* korunovačné klenoty; *j. of the architecture* staviteľský skvost

jeweller klenotník

jeweller's, aj *j. shop* klenotníctvo

jewelry, aj *costume j.* bižutéria

job práca, zamestnanie

jobless nezamestnaný

jogger džoger

jogging kondičný beh, džoging; *go* in for j.* pestovať džoging; *go* j.* kondične behať

john 1. Am hovor. klozet **2.** *(a pair of) long j-s* dlhé spodky

join 1. pridať sa, pripojiť sa (sb/sth ku komu/čomu), zapojiť sa (sth do čoho); *j. the excursion/the trip/ the tour* pripojiť sa k zájazdu **2.** začleniť sa **3.** spojiť

➡ *May I j. you?* Smiem sa k tebe/ vám pridať?

¹**joint** adj (vlastníctvo) spoločný

²**joint** n kĺb

jointly dohromady, spoločne

¹**joke** n žart, vtip

²**joke** v žartovať

joker žolík

journal (odborný) časopis

journey cesta, cestovanie; *a day j.* jednodenná cesta; *back/return j.* spiatočná cesta; *homeward j.* cesta domov/do vlasti; *-hour j.* -hodinová jazda; *outward and return j.* cesta tam a späť; *j. abroad* cesta do zahraničia; *j. around the world* cesta okolo sveta; *finish one's j.* ukončiť cestu; *make* a j.* cestovať (k urč. cieľu); *set* out/off (on) a j.* dať sa/vydať sa/vyraziť na cestu

➡ *Can I (we) break my (our) j. at...?* Môžem(e) v... prerušiť cestu?

How was the j.? Akú ste mali cestu?

We had a pleasant, tiring,... j. Mali sme príjemnú, namáhavú,... cestu.

I was sick during the j. Cestou mi prišlo zle.

joy radosť

joyful radostný

joyride bláznivá/divoká jazda

judaic (náboženstvo) židovský

judiciary justícia, súdnictvo

judo džudo

judoist, judoman* džudista

jug džbán, krčah

juice džús, šťava; *diabetic j.* diadžús; *fruit j.* ovocný mušt, ovocná šťava; *grape j.* (hroznový) mušt; *lemon j.* citrónová šťava; *orange j.* pomarančový džús, pomarančová šťava; *raspberry j.* (z malín) malinovka, malinová šťava; *tomato j.* rajčinová šťava

juicy šťavnatý

jukebox hudobný automat

¹**July** n júl; *in J.* v júli

²**July** adj (teploty) júlový

jumbo, aj *j. jet* prúdové obric lietadlo

¹**jump** v skákať; (na idúce vozidlo) naskočiť (on sth na čo, in sth do čoho); preskočiť; *j-ing the queue, queue j-ing,* predbiehanie v kolóne áut

²**jump** n skok; *parachute j.* zoskok padákom

jumper 1. skokan; *lane j.* vodič často prechádzajúci do iného pruhu **2.** pulóver, svetrík

jumping skákanie; *parachute j.* parašutizmus; *ski j.* skoky na lyžiach

¹**junction** n (ciest, tratí) križovatka; *controlled j.* riadená križovatka; *police-controlled j.* križovatka riadená dopravným policajtom; *staggered j.* križovatka, ktorej cesty neústia priamo proti sebe; *traffic j.* dopravný uzol; *unmarked j.* križovatka

bez označenia prednosti; *j. with a priority road* križovatka s hlavnou cestou

²**junction** adj križovatkový

¹**June** n jún; *in J.* v júni

²**June** adj júnový

jungle džungľa

juniper borievka

¹**just** part **1.** len, iba **2.** práve

➨ *I/We have j. come/arrived.* Práve som prišiel/sme prišli.

²**just** adj spravodlivý

J

K

kale kel

¹karst n kras

²karst adj krasový

¹kayak n kajak

²kayak v plaviť sa na kajaku

keen (zrak) ostrý, prenikavý

keep* 1. držať, zachovávať 2. dodržať (to sth čo), zachovať 3. držať sa, ísť 4. (na urč. mieste) nechať 5. (v urč. stave) ostať, (počasie) vydržať; *be* kept* (v urč. stave) zachovať sa; *k. long* (potraviny) vydržať 6. (záznamy) viesť *k. up* 1. stačiť (with sb komu) 2. zachovať, udržať

➡ *** K. straight, to the left, to the right,...** Choďte rovno, naľavo, napravo,...

   * K. away from the sun. K. out of the sun. Chráň(te) sa pred slnkom.

   Does this watch k. the right time? Idú dobre tieto hodinky?

   K. out! Vstup zakázaný!, Zákaz vstupu do budovy, (značka) Zákaz vjazdu!

keeper dozorca, (majáku) strážca, (múzea) kustód

keeping: *record k.* evidencia, vedenie záznamov

kerb obrubník

ketchup kečup

kettle kanvica; *electric water k.,* *hotwater k.* rýchlovarná kanvica; *small k.* kotlík

key kľúč, kľúčik; *apartment/room k.* kľúč od izby; *car k.* kľúčik od auta; *ignition k.* kľúčik zapaľovania; *spare k.* náhradný kľúč

➡ *The k. to the room..., please.* Prosím(e) si kľúč od izby číslo...
   Where can we get the k-s? Kde si môžeme vyzdvihnúť kľúče?
   I've/We've lost the room k. Stratil som/Stratili sme kľúč od izby.
   Insert the ignition k. Zasuňte kľúčik do zapaľovania.

kid 1. hovor. decko, dieťa 2. kozľa

¹kidnap n (človeka) únos

²kidnap v (človeka) uniesť

kidnapper (človeka) únosca

kidnapping (človeka) únos

kidney oblička

kilo, kilogram(me) kilogram, hovor. kilo; *half a k.* pol kila; *quarter a k.* štvrť kila

➡ *Could I have one k. of..., please?* Dajte mi, prosím, kilo...

kilometre, Am **kilometer** kilometer

➡ *How many k-s is it to...?* Koľko kilometrov je ešte do...?

kilometre-stone kilometrovník

¹kind n druh

²kind adj milý, láskavý, prívetivý

➡ *Be/Will you be so k. as to + inf.* Buď(te) taký dobrý a...
   It's very k. of you. To je od teba/vás veľmi láskavé/milé.

K

kindle zapáliť

kindness láskavosť

kindred podobný, príbuzný

kinetosis kinetóza, nevoľnosť z cestovania

king kráľ

kingdom kráľovstvo

kiosk kiosk, novinový stánok; *k. selling sausages* kiosk s predajom párkov/klobás

➡ *Is there any refreshment k. nearby?* Je tu niekde nablízku stánok s občerstvením?

kipper udenáč

¹kiss n bozk; *k. of life* hovor. umelé dýchanie z úst do úst

²kiss v (po)bozkať (sa)

kit náradie, nástroje; *cosmetic k.* kozmetický kufrík; *first aid k.* cestovná lekárnička

¹kitchen n kuchyňa; *camp k.* kuchyňa na varenie a umývanie riadu (v kempe); *fitted k.* kuchynská linka

➡ *Do the apartments have a k., too?* Je v apartmánoch aj kuchyňa?

²kitchen adj kuchynský

kitchenette (prípravňa občerstvenia v lietadle, na lodi ap.) kuchynka, kuchynský kút; *tea k.* čajová kuchynka

¹kitsch n gýč

²kitsch adj gýčový

kitschy gýčový

kivifruit kivi

knapsack chlebník, ruksak

knee koleno

knickers 1. nohavičky 2. ⟨AM⟩ pumpky

knife* nôž; *k., fork and spoon* príbor; *pocket k.* (vreckový) nožík

knob gombík, tlačidlo

knock 1. (za)klopať 2. vraziť (into/against sth do čoho) *k. down* 1. (jazdou zraniť, usmrtiť) prejsť, zraziť 2. (ceny) znížiť *k. off* 1. (strhnúť zo sumy) zraziť 2. vykradnúť

knot uzol

know* 1. vedieť, ovládať, vyznať sa 2. poznať 3. vedieť, byť oboznámený; *k. each other* poznať sa; *get* to k.* dozvedieť sa, (nepoznané) spoznať; *let* sb k. sth* dať komu čo vedieť

➡ *Do you k. when, where,...?* Máš/ Máte tušenie, kedy, kde,...? *How can we k. it?* Odkiaľ to máme vedieť? *I don't k. what to do.* Neviem, čo mám robiť.

knowledge znalosť; znalosti, vedomosti; *local k., k. of local conditions/circumstances* znalosť miestnych pomerov

known známy; *unfavourably k.* (štvrť) vykričaný

kohlrabi kaleráb

L

lab laboratórium; *photo(finishing) l.* fotoslužba

label nálepka, (na označenie) známka; *stick-on l.* samolepka

labour, AM **labor** práca

labyrinth labyrint

¹**lack** v, aj *be* l-ing* chýbať, nemať

²**lack** n chýbanie, nedostatok, tieseň; *l. of parking places* nedostatok miest na parkovanie; *due to the l. of time* pre nedostatok času

lactic odb. mliečny

lad hovor. chlapec

ladle kuch. naberačka

lady 1. pani 2. pl the *L-ies* BR hovor. dámske WC

lag zaostávať (behind sb/sth za kým/čím); *l. behind* ostať pozadu

lager (pivo) ležiak, svetlé pivo

➡ *Waiter, one short l., porter, two, three,... l-s, porters, please.* Pán hlavný, prineste mi/nám jedno malé svetlé, tmavé pivo, dve, tri,... svetlé, tmavé pivá.

lake jazero; *dam/man-made l.* priehradné jazero, priehrada, nádrž; *mountain l.* pleso

lamb kuch. jahňacina, jahňacie mäso; *roast l.* pečená jahňacina

lamp lampa, svetlo, svietidlo, motor. reflektor; *back-up l.* motor.

spätné svetlo; *control l.* kontrolné svetlo; *direction indicator l.* motor. ukazovateľ smeru, hovor. smerovka; *driving (distance) l.* motor. diaľkové svetlo; *fog tail l.* motor. (koncová) hmlovka; *long-range l.* motor. diaľkové svetlo; *reversing l.* motor. spätné svetlo; *sunray l.* horské slnko; *warning l.* výstražné svetlo

¹**land** n 1. pevnina, súš, zem; *native l.* domov, vlasť, domovina; *winter l.* zimná krajina 2. územie, oblasť

➡ *The l. on the horizon!* Na obzore zem!

²**land** v (loď, lietadlo) pristáť, (lietadlo) zosadnúť, (cestujúci) vylodiť sa

➡ *When are we to l. in/at...?* Kedy pristaneme v...?
Has the plane from... landed yet? Pristálo už lietadlo z...?

landing pristátie; *emergency/ forced l.* núdzové pristátie; *intermediate l.* medzipristátie; *make* an emergency/a forced l.* núdzovo pristáť

landlady domáca

landlord 1. domáci 2. (správca) chatár

landscape krajina, okolie

landslide zosuv pôdy

lane 1. aj *traffic l.* dopr. (jazdný) pruh; *centre/* AM *center l.* stredový pruh; *climbing/crawler l.*

jazdný pruh pre pomalé vozidlá; *cycle l.* jazdný pruh pre (bi)-cyklistov; *left, right turn l.* jazdný pruh na odbočovanie doľava, doprava; *overtaking/fast/*AM *passing l.* predbiehací pruh; *filter into the l. to the right* zaradiť sa do pravého jazdného prúdu; *get* in/into l.* zaradiť sa 2. (úzka, bočná) ulica, ulička

langlauf beh na lyžiach

language jazyk, reč; *Czech l.* čeština; *English l.* angličtina; *foreign l.* cudzí jazyk; *native l.* materinský jazyk; *Slovak l.* slovenčina; *world l.* svetový jazyk; *in a foreign l.* cudzojazyčný

➡ *What foreign l-s can you speak?* Aké jazyky ovládaš/ovládate?

lap šport. kolo

lapse zlyhanie; *memory l.* výpadok pamäti, hovor. okno

¹**laquer** n BR lak na vlasy

²**laquer** v BR lakovať

lard kuch. (bravčové) sadlo

large (rozmermi) veľký

➡ *... is too l. for me.* ... mi je príliš veľký.

¹**last** v 1. trvať, prebiehať 2. vydržať, pretrvať 3. (v urč. stave) zachovať sa

➡ *How long does... l.?* Ako dlho trvá...?
Will it l. long? Bude to dlho trvať?
How long will the journey, the performance,... l.? Ako dlho

bude trvať cesta, predstavenie,...?

²**last** adj 1. posledný 2. minulý, predchádzajúci, uplynulý

➡ *Who's the l.?* Kto je posledný?
I've spent my l. money. Minul som svoje posledné peniaze.

³**last** adv naposledy; *at l.* konečne

➡ *At l.!* No konečne!
I/We saw... l. one hour ago, yesterday... Naposledy som... videl/sme... videli pred hodinou, včera,...

lasting 1. (dlhšie trvajúci) trvalý 2. živý, trvajúci

¹**late** adj 1. bývalý 2. nedávny 3. neskorý; *be* l.* meškať; *in the l. Middle Ages* v neskorom stredoveku

➡ *I am (We are) l. now!* Už meškám(e)!
I am (We are) sorry to be l.! Prepáčte, že meškám(e)!
Excuse me for being l. Prepáčte, že som sa oneskoril.

²**late** adv neskoro; *come* l.* oneskoriť sa; *in a week, tomorrow at the l-st* najneskôr o týždeň, zajtra

➡ *... came l. again.* ... prišiel zasa neskoro.
I (We) must be going/have to leave, it's too l. Musím(e) ísť, už je dosť neskoro.
The bus, the train,... is running... minutes l. Autobus, vlak,... má meškanie... minút.

latecomer oneskorenec

lately nedávno

later, aj *l. on* neskôr

lateral bočný

latitude geogr. zemepisná šírka; *degree l.* stupeň zemepisnej šírky

¹**laugh** v smiať sa

²**laugh** n smiech

laughable smiešny, absurdný

➡ *It's not l.* To nie je na smiech.

laundrette, AM **laundromat** verejná práčovňa (na mince)

laundry čistiareň, práčovňa

lava láva

lavatory záchod

lawyer advokát, právny zástupca

lawful legálny, zákonný

laxative preháňadlo

lay* položiť *l. up* (nahor) vyložiť

lay-by BR motor. (na diaľnici) odpočívadlo, odstavné parkovisko; odstavný pruh

layer vrstva; *ozone l.* ozónová vrstva

L-driver BR žiak autoškoly

¹**lead*** v 1. viesť, smerovať, ústiť 2. (byť na čele) viesť 3. doviesť

➡ *Where does this road, this street l.?* Kam vedie táto cesta, ulica?

²**lead** n elektr. prívodný kábel; *extension l.* elektrická predlžovačka

leader vedúci

leaf* (rastliny, papiera) list

leaky deravý

¹**lean** adj (jedlo) chudý, (človek) tenký, štíhly

²**lean** v oprieť sa (on/against sth o čo)

learn* 1. (na)učiť sa 2. dozvedieť sa

➡ *Where did you l. to speak... so well?* Kde si sa naučil/ste sa naučili tak dobre po...?

learner-driver žiak autoškoly

lease 1. prenájom 2. zmluva o prenájme

leasing (hnuteľnosti, nenuteľnosti) nájom, prenájom

least najmenej; *at l.* aspoň

¹**leather** n (vypracovaná) koža; *imitation l.* koženka; ... *from genuine/pure l.* ... z čistej kože

²**leather** adj kožený

leatherette koženka

¹**leave*** v 1. odísť, odcestovať (for do, kam); *l. abroad* odísť do zahraničia; *l. for...* odcestovať do...; *l. for holiday* odísť na dovolenku; *l. for a long time* odcestovať na dlhý čas; *l. the country for abroad* vycestovať do zahraničia; *l-ing built-up area* dopr. koniec obce; *postpone l-ing by a day* posunúť odchod o deň; *ready to l.* pripravený na odchod 2. (o dopr. prostriedkoch) chodiť 3. (na urč. mieste) zabudnúť, nechať, nevziať so sebou *l. off* (cestujúceho) vysadiť; *be* left over* ostať, zvýšiť; *left over* zvyšný

➡ *What time does the bus, the train,... to... l.?* Kedy chodí autobus, vlak,...do...?

I (We) have to l. now. Už musím(e) ísť.

It's pitty you are l-ing now. Škoda, že už odchádzaš/odchádzate.

I am (We are) leaving in the evening, on Monday,... Odcestujem(e) večer, v pondelok,...

He has left at... o'clock, yesterday, a week ago,... Odcestoval/Odišiel o... hodine, včera, pred týždňom,...

May I (we) l. the luggage, the car,... here? Môžem(e) si tu nechať batožinu, auto,...?

I don't know where I've left my umbrella, my keys, my passport,... Neviem, kde som si nechal dáždnik, kľúče, pas,...

I'll/We'll l. these three suitcases here until tomorrow. Nechám/Necháme si tu do zajtra tri kufre.

L. the message for us when, for how long,... Nechajte nám správu, kedy, na ako dlho,...

L. me alone („please)! Daj(te) mi (, prosím,) pokoj! Neobťažuj(te) ma!

²**leave** n dovolenka; *take* l.* rozlúčiť sa; *l. taking* rozlúčka

ledge skalnatý výbežok

leek pór

¹**left** adj ľavý; *on the l. hand* po ľavej ruke; *on the l. side* po ľavej strane

²**left** adv doľava, naľavo, vľavo

³**left** n *on the l.* naľavo, vľavo; *to the l.* doľava, vľavo; *the second carriage/* AM *car/coach on the l.* druhý vozeň naľavo

➡ *Go to the l.* Choďte doľava. *Where can I/we turn to the l.?* Kde možno odbočiť doľava?

left-hand ľavý

left-handed ľavoruký

left-hander ľavák

leg 1. (celá dolná končatina) noha 2. kuch. stehno; *roast l.* pečené stehno; *l. of goose* husacie stehno 3. (kružidla) rameno 4. (cesty) úsek

➡ *I broke my l.* Zlomil som si nohu.

legal legálny, zákonný

legalize (úradne) overiť

legation vyslanectvo

➡ *Can you tell me (us) the way to the... l.?* Ako sa dostanem(e) k... vyslanectvu?

legend legenda, (na minci) nápis

leggings pl legíny; *thermal l.* termonohavice

legitimate legitímny, zákonný

legume strukoviny

lemon citrón

lemonade citronáda, limonáda; *squash l.* (z ovocnej šťavy) malinovka

lend* požičať

➡ *Can you l. me/us...?* Môžete mi/nám požičať...?

length (priestorovo) dĺžka, (časovo aj) *l. of time*; *gap l.* odstup medzi vozidlami pri jazde, vzdialenosť medzi idúcimi vozidlami; *l. of stay* dĺžka pobytu

lengthen (priestorovo) predĺžiť

lens 1. šošovka; *contact l-es* kontaktné šošovky 2. sklo do okuliarov

lentil bot. šošovica; pl *l-s* kuch. šošovica

less menej (s nespočítateľným substantívom); *l. than...* *persons* menej ako... osôb

let* nechať; *l. in* (dovnútra) pustiť *l. go* (prestať držať) pustiť *l. off* (z dopr. prostriedku) vysadiť *l. out* (dom) prenajať; *l-ting of rooms* prenájom izieb

➡ *L. me/us off at the station, in front of the hotel, at the cross-roads,...* Vysaďte ma/nás na stanici, pred hotelom, na rázcestí,...

lethal smrteľný

letter 1. list; *air mail l.* letecký list; *express l.* expresný list; *French l.* hovor. prezervatív; *insured l.* cenný list; *registered l.* doporučený list; *l. abroad* list do zahraničia; *register a l.* poslať list doporučene; *send* a l. by air mail* poslať list letecky 2. písmeno

➡ *How much is a l. to...?* Koľko sa platí za list do...? *How long will the l. to... take?* Ako dlho ide list do...?

letterbox (domová) poštová schránka

lettuce (zelenina) šalát; *butter-head l.* hlávkový šalát

[1]**level** n 1. (rovina) úroveň 2. stupeň, úroveň, výška (vodná ap.) hladina; *price l.* úroveň cien; *sea l.* úroveň morskej hladiny; ... *metres above, below sea l.* ... metrov nad, pod hladinou mora

[2]**level** adj (križovatka) úrovňový

lever páka; *gear l.* motor. rýchlostná páka

liable (clu ap.) podliehajúci (to sth čomu)

liberation oslobodenie; *l. of the hostages* oslobodenie rukojemníkov

liberate (o.s.) oslobodiť (sa)

library knižnica

licence, AM **license** licencia, osvedčenie, preukaz; *driving/* AM *driver's l.* vodičský preukaz; *firearm l.* zbrojný pas; *take* away sb's driving l.* odobrať komu vodičský preukaz

lid pokrievka, vrchnák

lido lido, pláž pri jazere

[1]**lie** v klamať

[2]**lie** n lož; *tell* l-s* klamať, cigániť

[3]**lie*** v ležať (na slnku) *l. down* ľahnúť si, hovor. vystrieť sa

[1]**Liechtenstein** adj lichtenštajnský

[2]**Liechtenstein** n Lichtenštajnsko

Liechtensteiner Lichtenštajnčan

[1]**life** n život, pren. ruch; *night l.* nočný život; *still l.* výtvar. zátišie; *bring* to l.* kriesiť; *danger to l.* ohrozenie života; *hazard-*

ous to *l.* ohrozujúci život, životunebezpečný; *pass l.* žiť, prežívať

²**life** adj (pás ap.) záchranný

lifeboat záchranný čln

lifeguard plavčík

➡ *Where is the l.?* Kde je plavčík? *Call the l., quick!* Zavolajte rýchlo plavčíka!

¹**lift** n výťah; *chair l.* sedačková lanovka, sedačkový výťah; *freight l.* nákladný výťah; *passenger l.* osobný výťah; *hitch a l.* hovor. stopnúť; *give* a l.* hovor. (autom) odviezť

➡ *Can I (we) take the l.?* Môžeme(e) ísť výťahom? *The l. is not operating.* Výťah nepremáva.

²**lift** v 1. aj *l. up* (nahor) vytiahnuť 2. zvýšiť, (nahor) zdvihnúť 3. (v obchode) kradnúť

¹**light** n 1. svetlo; *pedestrian traffic l.* semafor s tlačidlom pre chodcov; *stop-go l.* hovor. semafor, svetelná signalizácia; *traffic l./l-s* semafor, svetelná signalizácia; *switch/turn on the l.* rozsvietiť; *synchronized/tuned traffic l-s* dopr. zelená vlna; *sensitive to l.* citlivý na svetlo 2. (zdroj svetla) osvetlenie, svietidlo; *back-up l.* motor. spätné svetlo; *blue l.* modré svetlo; *brake l.* motor. brzdové svetlo; *direction indicator l.* motor. smerové svetlo; *fog l.* motor.

hmlovka; *main beam l.* motor. diaľkové svetlo; *northern l-s* severná žiara; *parking l.* ẠM motor. parkovacie svetlo; *rear l.* motor. zadné svetlo; *reverse/reversing l.* spätné svetlo; *side l.* motor. odrazové sklo; *side-marker/clearance l.* motor. obrysové svetlo; *tail (fog) l.* motor. koncové svetlo (do hmly); *cast* l.* (o lampe) svietiť 3. žiara

➡ *In my/our room the l. is not working.* V mojej/našej izbe nesvieti svetlo. *Put on, put out, dim the l-s, please!* Zapni(te), zhasni(te), stlm(te), prosím, svetlá!

²**light** v 1. zapáliť (si) 2. aj *l. up* rozžiariť (sa), rozjasniť (sa)

³**light** adj 1. (jedlo, oblečenie) ľahký, (šaty) vzdušný 2. svetlý 3. (čítanie) nenáročný, (hudba) zábavný

lighter zapaľovač

lighthouse (na mori) maják

lighting osvetlenie; *dim l.* tlmené osvetlenie; *emergency l.* núdzové osvetlenie

light-minded ľahkomyseľný

lightning blesk

¹**like** prep ako; *l. this* takto

➡ *It wasn't l. this/that!* Tak to nebolo!

²**like** v 1. mať rád 2. páčiť sa, byť sympatický 3. rád 4. *should/would l.* (vyj. vôľu, želanie) chcieť

➡️ *Do you l. this place?* Ako sa ti/vám tu páči?

I/We l. (didn't l.)... ... sa mi/nám (ne)páčil.

I (don't) l. ... ... mi (nie) je sympatický.

What would you l. to have? Čo sa bude páčiť?

What would you l. to see? Čo by si chcel/ste chceli pozrieť?

If it is possible I'd/we'd l. to... Keby to bolo možné, chcel by som/chceli by sme...

I'd/We'd l. to go to the museum, to the city, to the seaside, to the mountains,... Chcem(e) ísť do múzea, do mesta, k moru, do hôr,...

Would you l. some tea, coffee,...? Bude sa vám páčiť čaj, káva,...?

I'd/we'd l. to come. Rád by som prišiel/Radi by sme prišli.

likeable sympatický

¹**likely** adj **1.** pravdepodobný **2.** (miesto) vhodný

²**likely** adv pravdepodobne; *most l.* s najväčšou pravdepodobnosťou

limb končatina

¹**limit** n obmedzenie; *highway speed l.* (odporúčaná na autostráde) najvyššia rýchlosť; *maximum speed l.* obmedzenie rýchlosti; *speed l.* obmedzenie rýchlosti, (povolená) najvyššia rýchlosť; *go* over/exceed the speed l.* ísť nedovolenou rýchlosťou, prekročiť (povolenú) rýchlosť; *impose a speed l.* obmedziť rýchlosť; *observe the (maximum) speed l.* dodržiavať/zachovať povolenú/predpísanú rýchlosť

²**limit (o.s.)** v obmedziť (sa)

limitation obmedzenie; *traffic l.* obmedzenie dopravy

limited limitovaný, obmedzený; *l. in time* časovo obmedzený

limpet lastúrnik

¹**line** n **1.** čiara, črta, línia **2.** (spoj) linka; *branch l.* železničná prípojka; *coach l.* (hl. diaľková) autobusová linka; *scheduled l.* pravidelná linka; *scheduled bus, ship, rail l.* pravidelné autobusové, lodné, vlakové spojenie; *transport l.* dopravná linka **3.** (metra) trasa **4.** dopr. trať; *(local, main) railway/*ᴀᴍ *railroad l.* (miestna, hlavná) železničná trať **5.** telef. aj *extension l.* (telefónna) linka; *firm l.* pevná linka **6.** rad; *filter into the l. of vehicles* zaradiť sa do prúdu vozidiel **7.** šnúra **8.** elektr. vedenie

➡️ *The l. is busy, cut off, free.* Linka je obsadená, prerušená, voľná.

Hold the l., please! Ostaňte pri telefóne!

Get into a l. šport. Postav(te) sa do radu!

²**line** v: *l. up* postaviť (sa) do radu

✳ L. up.! Postav(te) sa do radu!

lineage rod

¹**linen** n **1.** ľanová tkanina, plátno **2.** (ľanová) bielizeň; *bed l.* posteľná bielizeň

➡ *Do you provide bed l.?* Požičiavate posteľnú bielizeň?

✳ *We are providing bed l.* Požičiavame posteľnú bielizeň.
Bring your own bed l. Prinesete si so sebou posteľnú bielizeň.

²**linen** adj plátenný

liner 1. aj *air l.* lietadlo pravidelnej leteckej linky **2.** loď na dlhé vzdialenosti, traťová loď; *ocean l.* zaoceánsky parník

liniment alpa

lining obloženie; *brake l.* motor. brzdové obloženie

link spojenie; *rail l.* vlakové/železničné spojenie

lip pera

lipstick rúž

liquer likér; *egg l.* vaječný likér

¹**liquid** n kvapalina, tekutina; *dish l.* prostriedok na umývanie riadu

²**liquid** adj tekutý

list 1. zoznam, súpis; listina; katalóg; *beverage l.* nápojový lístok; *camps l.* zoznam kempov; *exchange l.* kurzový lístok; *exhaustive l.* vyčerpávajúci zoznam; *hotels l.* zoznam hotelov; *price l.* cenník; *l. of attendance* prezenčná listina; *l. of names* menoslov; *l. of passengers*

(aboard an airplane) zoznam pasažierov (lietadla); *l. of participants/of members* zoznam účastníkov

➡ *Waiter, would you bring me/us the beverage l., please?* Pán hlavný, prineste mi/nám, prosím, nápojový lístok!
Cross my name/our names off the l. Vyškrtnite ma/nás zo zoznamu.

listen počúvať; *l. to reason* dať sa prehovoriť

literally od slova do slova

¹**little** adj malý

²**little** adv (s nespočítateľným substantívom) trocha, málo; *a l.* trocha

➡ *Stay a l. longer.* Ostaň(te) ešte aspoň chvíľu.
I speak, I understand a l. ... Hovorím, rozumiem trocha po...
Have you got a l. time yet? Máte ešte trocha času?

litre, AM **liter** liter

➡ *Give me one l. of milk, of wine,..., please.* Dajte mi, prosím, liter mlieka, vína,...

¹**live** v **1.** žiť; *l. it up* hovor. užívať si **2.** žiť, bývať; *l. in the town* žiť v meste **3.** (národ) sídliť *l. in* (dom) obývať *l. on/off* živiť sa *l. through* zažiť, skúsiť

➡ *Where do you l.?* Kde bývaš/bývate?
Do you l. here, in this hotel, in

a camp,...? Bývaš/Bývate v tomto hoteli, kempe,...?

I am (We are) l-ing in a camp, in a guest house, in lodgings... Bývam(e) v kempe, penzióne, na súkromí,...

I am/We are l-ing on the... floor, room number... Bývam(e) na... poschodí, izba číslo...

I am (We are) l-ing near the station, near the beach, just round the corner, on the other side of the street,... Bývam(e) pri stanici, pláži, hneď za rohom, na druhom konci ulice,...

Here... l-d. Tu žil...

✳ Long l. ...! Nech žije...!

²**live** adv pod napätím

lively (diskusia) živý, rušný

liver anat. pečeň

¹**living** adj (op. mŕtvy) živý

²**living** n živobytie, obživa; *earn one's l.* zarábať, živiť sa

¹**load** n 1. náklad 2. elektr. napätie

²**load** v (nákladom.) naložiť

loaf bochník; *long French l.* bageta; *meat l.* sekaná; *l. of bread* bochník chleba

loan požičať

lobby vestibul, predsieň, hala; *hotel l.* hotelová hala

lobster homár

¹**local** n (miestny obyvateľ) domorodec

²**local** adj tunajší, miestny

³**local** n lokál

locale lokalita, miesto, dejisko; *l. of the crime* miesto činu

locate umiestniť

➡ *The boarding/guest house, the hotel, the beach,... is ideally l-d.* Penzión, hotel, pláž,... má ideálnu polohu.

location poloha; *geographical l.* geografická poloha

➡ *The boarding/guest house, the hotel, the beach,... has the ideal l.* Penzión, hotel, pláž,... má ideálnu polohu.

¹**lock** n 1. zámka 2. aj *l. on a canal* plavebná komora

²**lock** v 1. zamknúť 2. (kolesá, brzdy) zablokovať *l. up* (na kľúč) zatvoriť

locker automat na úschovu batožiny, skrinka na úschovu (príručnej) batožiny

locking uzamykanie; *central l.* centrálne uzamykanie vozidla

locomotive |Am| lokomotíva, rušeň

¹**lodge** v 1. bývať (v podnájme) 2. (v podnájme) ubytovať (*at sb/sth* u koho/kde)

²**lodge** n (v horách) útulňa; *doorman's l.* (hotela) vrátnica; *travel/* |Am| *motor l.* motel

lodger (pod)nájomník; nocľažník

lodging 1. aj *l. accommodation* (na súkromí) ubytovanie; pl *l-s* podnájom, byt na súkromí; *take* the room in l-s* ubytovať sa na súkromí; *mass l.* hromadné ubytovanie; *give*sb l./l-s,*

L

provide sb with l./l-s poskytnúť komu ubytovanie; *take* l-s* ubytovať sa (with sb/sth u koho/kde) **2.** aj *night's l.* nocľah

➡ ✳ *I (We) live in l-s.* Bývam(e) na súkromí.

loins pl kríže; *l. of pork* bravčová pečienka

lollipop, hovor. **lolly** lízanka

lonely 1. (človek) osamelý **2.** (ulica) ľudoprázdny

¹**long** adj **1.** (priestorovo aj časovo) dlhý, veľký; *for a l. time* dlho **2.** (pochádzajúci z minulosti) dávny

²**long** adv dlho; *at the l-est* nanajvýš; *for l.* nadlho; *so l.* dovidenia

➡ *How l. will the journey, the performance,... last?* Ako dlho bude trvať cesta, predstavenie,...?
How much l-er? Ešte ako dlho?
How l. will you stay at/in...? Ako dlho ostaneš/ostanete v...?
How l. is it open? Dokedy je otvorené?
How l. are you at/in...? Odkedy si/ste v...?

✳ *The journey from... to... takes... hours at the l-est.* Cesta z... do... trvá nanajvýš... hodín,... hodiny.

³**long** v túžiť (for sb/sth po kom/čom)

longitude geogr. zemepisná dĺžka

longsighted ďalekozraký

loo hovor. vecko, záchod

➡ *Where's the l. here/nearby?* Kde je tu vecko?
I must go to the l. Musím ísť na vecko.

¹**look** v **1.** pozerať (sa); *l. out of the window* pozerať sa z obloka **2.** prezrieť si (through sth čo) **3.** vyzerať; *l. good, bad* vyzerať dobre, zle **4.** *l. like* podobať sa (sb na koho) *l. after* postarať sa (sb/sth o koho/čo); *l. after the hotel guests* postarať sa o hotelových hostí *l. around* obzrieť si; *l. around the city, the exhibition* obzrieť si mesto, výstavu *l. for* hľadať *l. forward* tešiť sa (to sth na čo)

➡ *What, who,... are you l-ing for?* Čo, koho,... hľadáš/hľadáte?
L. out! (výstraha) Pozor!
I am (We are) l-ing forward to... Už sa teším(e) na...

¹**look** n pohľad; *have* a l.* prehliadnuť si (at sth čo); *take* a l. round the town* prezrieť si mesto

lookout, aj *l. tower* rozhľadňa

loose uvoľnený; *get* l.* uvoľniť sa

➡ *The brakes has got l.* Uvoľnili sa brzdy.

loosen uvoľniť, povoliť

lord 1. pán **2.** boh; *the L.* Boh

lorry BR nákladné auto, kamión, hovor. tirák

lose* 1. prehrať **2.** prísť, stratiť; *get* lost* (o veciach) stratiť sa,

(človek) zablúdiť; *l. one's way*
stratiť sa

➡ *I've lost my keys, passport,*
purse,... My keys, passport,
purse,... got lost. Stratil som
kľúče, pas, peňaženku,...
I've/We've got lost with my/our
car in the city. Zablúdil som/
Zablúdili sme autom v meste.
We got lost in thick fog. Zablúdili sme v hustej hmle.

loss (kufra ap.) strata, (ujma) škoda; *ozone l.* strata ozónovej
vrstvy; *at a l.* bezradný

➡ *I'd/We'd like to report the l.*
of... Chcel by som/Chceli by
sme nahlásiť stratu...

¹**lot** n 1. AM miesto; *parking l.*
parkovisko; *(truck) reserved*
parking l. miesto vyhradené na
parkovanie (nákladných automobilov) 2. (dovolenkárov) turnus 3. veľké množstvo; *a l. of*
mnoho, veľa

²**lot** adv: *a l. better* oveľa lepšie

lotion (toaletná/pleťová) voda,
emulzia; *hair l.* voda na vlasy;
skin l. pleťové mlieko; *suntan l.*
opaľovacia emulzia

➡ *Make sure to use l.* Dobre sa
naolejuj(te).

loud hlasný

loudly nahlas, hlasno

➡ *You must speak l.* Musíš/Musíte hovoriť nahlas.

lounge (hotelová ap.) hala; *departure l.* odletová hala; *(airport)*

transit l. tranzitná hala (na letisku) 2. spoločenská miestnosť

¹**love** n láska; *in l.* zaľúbený (with
sb do koho); *fall* in l.* zaľúbiť sa

➡ *It was l. at first moment.* Bola
to láska na prvý pohľad.

²**love** v milovať, ľúbiť

➡ *I l. you.* Ľúbim ťa.

lover milovník; *nature, sun l.* milovník prírody, slnka

low meteor. oblasť nízkeho tlaku
(vzduchu), (tlaková) níž

lowbrow (zábava) nenáročný

low-calory nízkokalorický

¹**lower** adj (snemovňa) dolný

²**lower** v 1. (nadol) spustiť (into
sth do čoho) 2. (aj ceny) znížiť
// *l. o.s.* (nadol) spustiť sa

low-fat (výrobky) nízkotučný

lowlands nížina

luck šťastie; *bad l.* neúspech, nešťastie, hovor. smola

➡ *Good l.!* Maj(te) sa dobre. Všetko dobré! Zlom(te) väz!
Hard/Bad l.! Smola!

lubricant odb. mazadlo

lubricate odb. (mazadlom) mazať,
natierať

luck (okolnosť) šťastie

lucky (úspešný) šťastný

ludicrous (cena) smiešny, neprimeraný

luggage (cestovná) batožina;
advanced l. vopred zaslaná
batožina; *cabin l.* príručná batožina v lietadle; *checked l.* zapísaná batožina; *excess l.* bato-

L

žina s nadmernou hmotnosťou;
hand l. príručná batožina; *limit
access l.* nadmerná (letecká)
batožina; *overseized l.* mimo-
riadna/nadrozmerná batožina;
rolling/wheeled l. batožina na
kolieskach; *check l.* kontrolovať
batožinu; *pack one's l.* baliť
kufre

➡ *I/We would like to give my/
our l. to the left l. office.* Chcel
by som/Chceli by sme si dať
do úschovne batožinu.
*I'd/We'd like to have this l. re-
gistered, insured,...* Chcel by
som/Chceli by sme podať ako
batožinu, poistiť,... batožinu.
*Could you keep an eye on
my/our l., please?* Dali by ste
mi/nám pozor na batožinu?
May I (we) leave the l. here?
Môžem(e) si tu nechať bato-
žinu?
*Take this l. to the exit, to the
train, to the taxi,..., please!* Od-
neste, prosím, túto batožinu
k východu, vlaku, taxíku,...!
*Can you send somebody to
fetch my/our l.?* Môžete poslať
po moju/našu batožinu?
*What's the charge for limit
access l.?* Koľko sa platí za nad-
mernú batožinu?
Where is my/our l.? Kde je mo-
ja/naša batožina?

lukewarm (voda) vlažný
lump paušálny
¹**lunch** n (ľahký) obed; *packed l.*
obedový balíček; *have*/take**
one's l. obedovať, naobedovať
sa

➡ *What's for l.?* Čo bude na obed?
I'd like to invite you to l. Pozý-
vam ťa/vás na obed.
Have you had your l. yet? Obe-
doval si/Obedovali ste už?
I/We haven't l-ed yet. Ešte som
neobedoval/sme neobedovali.
*I've/We've already had my/our
l.* Už som obedoval/sme obe-
dovali.
Let's have l. Poďme obedovať.
*For tomorrow morning one
packed l. for me (packed lun-
ches for us), please.* Na zajtra rá-
no si prosím(e) obedový balíček.
²**lunch** adj (prestávka) obedňajší,
poludňajší
³**lunch** v obedovať
lunchtime obedňajší
lungs pľúca
luxate odb. vykĺbiť
luxurious (hotel) prepychový, kom-
fortný, (reštaurácia) luxusný

➡ *The restaurant... is too l. for us.*
Reštaurácia... je pre nás príliš
luxusná.
¹**luxury** n prepych, komfort
²**luxury** adj (vlak, tovar) prepy-
chový

M

macaroni pl makaróny

machine stroj, prístroj; *answering m.* telef. odkazovač, záznamník; *ATM banking m.* bankový automat; *automatic m.* automat; *change m.* mincový telefónny automat; automat na rozmieňanie mincí; *coffee m.* kávovar; *drink (vending) m.* nápojový automat; *espresso coffee m.* (kávovar) espreso; *fax m.* (zariadenie) fax; *photo sticker m.* fotoautomat; *slot*/BR *fruit m.* hrací automat; *ticket m.* automat na cestovné lístky; *vending/slot m.* predajný automat; *washing m.* práčka

mac hovor. gumák, pršiplášť

mackerel* makrela

mackintosh pršiplášť

madam pani

Mae West záchranná vesta

magazine časopis; *fashion m.* módny časopis; *illustrated m.* obrázkový časopis

magician kúzelník

magnificience nádhera

magnificient nádherný

¹**mail** n AM (inštitúcia, zásielka) pošta, (list) zásielka; *express m.* spešnina; *by air m.* letecky; *by m.* poštou

➧ *Is there any m. for me (for us)?* Mám(e) poštu?

²**mail** v AM (poštou) odoslať, (list) podať

mailbox, aj *electronic m.* mejlová schránka, AM (pouličná) poštová schránka

mailer odosielateľ

mailing AM (listu) podanie

¹**main** adj (op. vedľajší) hlavný

²**main** n (hlavné) vedenie, pl *m-s* vedenie vysokého napätia; *water m.* vodovod

mainland súš, pevnina

mainly hlavne, predovšetkým

maintain 1. zachovávať, držať, udržať **2.** tvrdiť

maintenance údržba; *car m.* údržba auta

maize kukurica

majority väčšina

¹**make*** v **1.** spraviť **2.** robiť, vyrábať **3.** (túru) podniknúť **4.** dopustiť sa (sth čoho) **5.** zarábať **6.** zaobísť sa; *m. do** vystačiť, vyjsť *m. out* (účet ap.) vystaviť *m. up* **1.** aj *m. up one's face* namaľovať sa **2.** dohoniť (zameškané) **3.** upratať

➧ *I'd (We'd) like to m. a trip, a hike,...* Chcem(e) podniknúť výlet, túru,...
The train made up (for) time. Vlak dohonil meškanie.
M. up my room now, please. Teraz môžete upratať izbu, prosím.

²**make** n (výrobná) značka; *m. of car* značka auta

make-up líčidlo
maker výrobca; *coffee m.* kávovar
malaria malária
mal de mer morská choroba
mal de mer-ridden postihnutý morskou chorobou
mall aj *shopping m.* AM nákupné centrum/stredisko, obchodný dom
man* 1. muž; chlap; *black m.* černoch; *white m.* beloch 2. človek; *repair m.* automechanik 3. *pl men* mužstvo
manage 1. riadiť 2. dokázať, zvládnuť 3. aj *m. on* vyjsť, vystačiť (with sth s čím); zaobísť
manager riaditeľ, správca, vedúci; *camp m.* správca kempu/tábora; *hotel m.* riaditeľ hotela
➡ *Where can I (we) find the camp m.?* Kde nájdem(e) vedúceho tábora?
mandarine, aj *m. orange* mandarínka
mandatory (nosenie kravaty ap.) povinný
manicure manikúra
manner spôsob; *m-s and customs* zvyky a obyčaje
mannerly poriadny, slušný
manual príručka
manuscript (do tlače, historická pamiatka) rukopis; *medieval m-s* stredoveké rukopisy
many veľa; *how m.?* koľko?; *m. times* často, veľakrát
➡ *How m. kilometres, metres is it to the sea, to the nearest village,...?* Koľko kilometrov, metrov je to k moru, do najbližšej dediny,...?

map mapa, plán; *geological m.* geologická mapa; *orientation m.* orientačný plán; *road/*AM *highway m.* automapa, cestná mapa; *tourist m.* turistická mapa; *weather m.* meteorologická/poveternostná mapa; *m. of the world* mapa sveta; *consult the m.* hľadať na mape; *navigate by m.* orientovať sa podľa mapy
➡ *Give me/us one road map, please.* Dajte mi/nám, prosím, jednu automapu.
Show me... on the m. Ukážte mi na mape...
Where can I/we get a street m.? Kde dostať mapu mesta?
Do you have the street m.? Máte mapu mesta?
¹March n marec; *in M.* v marci; *towards the end, at the beginning of/early in M.* koncom, začiatkom marca
²March adj (termín) marcový
³march n pochod; *exhausting tourist m.* namáhavý turistický pochod; *-hour's, -kilometre's m.* hodinový, -kilometrový pochod
margin 1. kraj, okraj 2. ekon. marža, rozpätie
marina prístav pre jachty
marine 1. (flóra) morský 2. námorný

M

mariner námorník

maritime (podnebie) prímorský

marjoram majorán

¹**mark** n 1. označenie 2. znak; *skid m.* brzdná stopa, stopa po šmyku

²**mark** v (značkami) značiť

marker označovač

market trh, jarmok; *Christmas m.* vianočné trhy; *fish m.* rybí trh; *flea m.* blší trh; *flower m.* kvetinový trh; *handicrafts m.* t-y umeleckých remesiel; *vegetable m.* zeleninový trh

➡ *Are the weekly m-s held here?* Bývajú tu týždenné trhy?

✳ *The... m-s are held every week, on Saturdays,... here.* ... trhy tu bývajú každý týždeň, vždy v sobotu,...

markethall tržnica

marketplace trhovisko

marmelade (z citrusových plodov) džem

married vydatá, ženatý

➡ *Are you m.?* Ste vydatá? Ste ženatý?

marsh močarina

marvellous nádherný, úžasný

mask maska; *oxygen/respiratory m.* kyslíková maska

¹**mass** n 1. fyz. hmotnosť 2. omša

²**mass** adj hromadný, masový; *en m.* hromadne, vo veľkom

¹**massage** n masáž; *whole body m.* celotelová masáž; *give* m.* masírovať

²**massage** v masírovať

¹**master** n majster; *old m-s* diela starých majstrov; *old Dutch, Italian,... m-s* starí nizozemskí, talianski,... majstri

²**master** adj majstrovský

³**master** v ovládať, vedieť

masterpiece majstrovské dielo, veľdielo

¹**match** v (pristať ako doplnok) hodiť sa *m. up* (požiadavkám ap.) zodpovedať

²**match** n zápas; *football m.* futbalový zápas

matchbox škatuľka zápaliek

➡ *One m., please!* Dajte mi, prosím, škatuľku zápaliek.

mate druh, spoločník

¹**material** n 1. hmota, látka; *synthetic m.* umelá hmota 2. textília, látka

²**material** adj hmotný

materialize uskutočniť sa

matinée dopoludňajšie predstavenie, matiné

¹**matter** n 1. hmota, látka 2. vec, záležitosť; *be* a m.* závisieť (of sth od čoho)

➡ *What's the m.?* O čo ide?

²**matter** v byť dôležitý

➡ *It doesn't m.!* To nič!

mattress matrac; *inflatable m.* nafukovací matrac, hovor. nafukovačka

maximum (hraničná úroveň) extrém

¹**May** n máj; *in M.* v máji

M

²**May** adj (búrky) májový

³**may** v (vyj. dovolenie, želanie, prosbu) smieť, môcť

➡ ✳ *M. I?* Dovolíte, prosím?

M. I invite you to/into...? Dovoľ(te), aby som ťa/vás pozval do...

M. I have a pleasure of the next dance with you? Smiem prosiť?

M. I (we) see...? Smiem(e) si pozrieť...?

M. I accompany/see you off to the hotel, home, to the station,...? Smiem ťa (vás) odprevadiť do hotela, domov, na stanicu,...?

maybe (vyj. pochybnosť) asi, možno

mayonnaise majonéza

me (v predmete a po predložkách) ja; mňa, mne

➡ *And what about me?* A čo ja?

meadow lúka; *mountain m.* (vysoko)horská lúka

meal (pravidelné) jedlo, pl *m-s* strava; *cold, hot m-s* studená, teplá kuchyňa; *egg m.* jedlo z vajec; *fast m. made to order* minútka; *fish m.* jedlo z rýb; *hot and cold m-s* teplé a studené jedlá, teplá a studená strava; *menu m.* jedlo podľa jedálneho lístka; *mushroom m.* jedlo z húb; *set m.* (kompletné jedlo) menu; *special diet m-s* diétna strava; *three course m.* trojcho-

dové menu; *vegetable m.* zeleninové jedlo; *vegetarian m-s* bezmäsitá strava; *m. choice* možnosť výberu jedál; *after a m.* po jedle; *before a m.* pred jedlom; *have*/take* one's m.* jesť, stravovať sa; *have*/eat* a m. in a restaurant* jesť v reštaurácii

➡ *Enjoy your m.! You too!* Dobrú chuť! Podobne!

Are you enjoying your m.? Chutí ti/vám?

Do you have some m-s for vegetarians? Máte aj vegetariánske jedlá?

What time, where,... is the m. served? Kedy, kde,... sa podáva jedlo?

Have you had your m. yet? Už si jedol/ste jedli?

Are hot and cold m-s served in the restaurant? Podávajú sa v reštaurácii teplé a studené jedlá?

The hot m-s (are served) till... o'clock. Teplá strava (sa podáva) do... hodiny.

mean* znamenať

meandering kľukatý

meaning zmysel, význam

➡ *What's the m. of this word?* Čo znamená toto slovo?

means (dopravný) prostriedok; *waterborne m. of transport* vodný dopravný prostriedok; *m. of (public) transport* hromadný dopravný prostriedok;

by m. of prostredníctvom čoho;
by no m. v žiadnom prípade
meantime medziobdobie; *in the
m.* medzitým, zatiaľ
meanwhile medzitým, zatiaľ
measles osýpky
¹**measure** n **1.** miera **2.** krok, opatrenie; *tightened security m-s at
the airports* sprísnené bezpečnostné opatrenia na letiskách
²**measure** v merať
meat mäso; *barbecued m.* mäso na
ražni/pečené na rošte; *boiled
m.* varené mäso; *braised/stewed
m.* dusené mäso; *cold/mixed
m-s* nárez; *fried m.* vyprážané
mäso; *goose m.* husacina; *grilled
m.* grilované mäso; *ground m.*
mleté mäso; *jellied m.* huspenina; *kid m.* kozľacina; *minced
meat* mleté mäso, sekaná BR/
AM hamburger; *roast(ed) m.*
pečené mäso, pečienka; *smoked m.* údené mäso, údenina;
steamed m. mäso varené v pare;
tinned m. mäsová konzerva;
turkey m. morčacina; *m. and
rice* mäso s ryžou; *m. cooked
on a spit* mäso na ražni; *(selection of/assorted) cold m-s* studená švédska misa, nárez
➡ *Today we have (not) m.* Dnes
(ne)bude mäso.
meatless bezmäsitý
mechanic mechanik; *car/motor
m.* automechanik
mechanism mechanizmus; *central*

locking m. centrálne uzamykanie vozidla
mediate sprostredkovať
mediation sprostredkovanie; *m.
of accommodation* sprotredkovanie ubytovania
medical 1. (predpis) lekársky
2. zdravotný
medicine liek; *cough m.* liek proti
kašľu; *fever-reducing m.* liek
proti horúčke; *m. for diarrhoea*
liek proti hnačke; *prescribe
a m.* (to sb komu, fot sth na
čo) predpísať liek (na čo/proti
čomu); *take* the m.* užívať liek
➡ *Can I get this m. without presciption, too?* Dostanem tento
liek aj bez lekárskeho predpisu?
This m., please. Tento liek,
prosím.
medieval stredoveký
Mediterranean (the), aj *the M.
Sea* Stredozemné more
medium kuch. (mäso) stredne
prepečený
meet* 1. stretnúť (sa); zísť sa; uvidieť sa **2.** ísť v ústrety **3.** (požiadavky ap.) uspokojiť
➡ *When, where, (at) what time,...
can we m.?* Kedy, kde, o koľkej,... sa stretneme?
✳ *We'll m. at... o'clock, tomorrow, in the evening, in a week,...*
Stretneme sa o... hodine, zajtra,
večer, o týždeň,...
✳ *It was nice to m. you.* Milé, že
sme sa stretli.

M

When shall we m. (again)? Kedy sa (zasa) uvidíme?

(I am) Pleased to m. you. Teší ma, že som sa s vami zoznámil.

I'd like you to m. ... Rád by som, aby ste sa zoznámili s...

Haven't you met...? Vy sa ešte nepoznáte?

Have you ever met? Poznáte sa (už)?

Have we met before? Odkiaľ sa poznáme?

We have met before. Už sme sa zoznámili.

We shall m. you at the station. Prídeme ti/vám naproti na stanicu.

meeting stretnutie

melon dyňa, melón; *honeydew m.* žltá dyňa, cukrový melón

melt (roz)topiť sa; *m. in the sun* roztopiť a na slnku

member 1. člen, príslušník; *m. (state) of European Union* člen Európskej únie **2.** (zájazdu) účastník; *road/traffic m.* účastník cestnej premávky; *m. of a trip, trip m.* účastník zájazdu

➡ *Do you lodge all the m-s of the trip here?* Ubytujete tu celý zájazd?

membership členstvo, príslušnosť

membrane membrána; *mucous m.* sliznica

memento pamiatka; *hide* a gift as a m.* schovať si darček na pamiatku

memorable pamätihodný

¹**memorial** n pamätník, pomník

➡ *Whose m. is it?* Čí je to pamätník?

²**memorial** adj (tabuľa) pamätný

memory 1. pamäť **2.** pamiatka, spomienka

mend opraviť

meningitis zápal mozgových blán/ plien

men's pánsky

menstruation menštruácia

¹**mention** n zmienka

²**mention** v zmieniť sa, spomenúť

➡ *Don't m. it!* Rado sa stalo! *It's not worth m-ing.* To nestojí za reč.

menu jedálny lístok, menu; *tourist m.* turistické menu; *according to m.* podľa jedálneho lístka

➡ *Waiter, would you bring me/us the m., please?* Pán hlavný, prineste mi/nám, prosím, jedálny lístok!

meridian poludník

merry veselý

merry-go-round kolotoč; *ride* round on a m.* voziť sa na kolotoči

merry-making veselica

message správa, odkaz; *mail m.* mejlová správa; *leave* a m.* odkázať; *send* an e-mail message* mejlovať; *send* SMS/a text m.* poslať esemesku

➡ *May I (we) leave a m. for... here?* Môžem(e) tu nechať odkaz pre...?

What m. can I leave for him/ for her/for them? Čo mu/jej/ im môžem odkázať?

Leave the m. for us, please. Zanechaj(te) nám správu.

messenger poslíček

metal kovový

metallic (zvuk) kovový

meter merač; *exposure/light m.* fot. expozimeter; *parking m.* (na chodníku, parkovisku) parkovacie hodiny

➡ *Don't forget to put the coins into the parking m.* Nezabudnite vložiť peniaze do parkovacích hodín.

metre, Am **meter** meter

metro (v Prahe, Paríži) metro

metropolis metropola, veľkomesto

metropolitan veľkomestský

mezzanine, aj *m. floor* mezanín, medziposchodie

microwave, aj *m. oven* mikrovlnná rúra, hovor. mikrovlnka

¹midday n 1. poludnie; *round m.* okolo poludnia 2. (denná doba) obed; *at m.* cez obed; *round about m.* okolo obeda

²midday adj (oddych) poludňajší

¹middle n stred; *in the m.* (časovo, priestorovo) uprostred; *in the m. of the week* uprostred týždňa

²middle adj (pro)stredný

¹midnight n polnoc; *after m.* po polnoci; *around m.* okolo polnoci; *at m.* a polnoci; *till m.* do polnoci; *shortly after m.* krátko po polnoci

²midnight adj (vlak) polnočný

might moc; *with all one's m.* zo všetkých síl

migraine migréna

mild 1. (slabý) jemný, (cigarety) ľahký 2. mierny

mile míľa

mileage kilometráž; *gas m.* spotreba paliva; *motorway m.* diaľničná kilometráž; *petrol m.* spotreba benzínu

mile-post Am kilometrovník

milestone kilometrovník, míľnik

¹milk n 1. mlieko; *bottled m.* fľaškové mlieko; *coconut m.* kokosové mlieko; *cow's m.* kravské mlieko; *dried/dry/powdered m.* sušené mlieko; *evaporated m.* kondenzované mlieko; *full-cream/whole m.* plnotučné mlieko; *long-lasting m.* trvanlivé mlieko; *pouch m.* vrecúškové mlieko; *semi-skimmed m.* polotučné mlieko; *skimmed m.* nízkotučné mlieko; *sour m.* kyslé mlieko; *soya m.* sójové mlieko; *sweetened condensed m.* sladené kondenzované mlieko 2. (kozmetické) mlieko, vodička, emulzia; *after-sun m.* mlieko po opaľovaní; *cleansing m.* pleťové mlieko; *self-tanning m.* samoopaľovacie mlieko; *sun m.* mlieko na opaľovanie

M

²milk adj mliečny

mince BR mleté mäso, sekaná

¹mind n 1. myseľ 2. pamäť 3. názor; *change one's m.* rozmyslieť si; *make* up one's m.* (zmeniť zámer) rozhodnúť sa
➡ *You must bear in m. that...* Nesmieš zabudnúť, že...

²mind v 1. dať pozor; *m. the step* pozor, schod 2. mať námietky
➡ *If you don't m.* S vaším dovolením.
Never m.! Nič sa nestalo!

mine, aj *of m.* môj
➡ *That is (not) m.* To (nie) je moje.

minibus minibus

minidress minišaty

minigolf minigolf
➡ *Do you want to play m.?* Nechceš/Nechcete si zahrať minigolf?

minipack minibalenie

minirefrigerator minichladnička
➡ *Is there a m. in the rooms?* Je na izbách minichladnička?

miniskirt minisukňa

minister (presbyteriánsky) kňaz

ministry ministerstvo; *M. of Foreign Affairs* ministerstvo zahraničných vecí

minor neplnoleté dieťa

minority menšina; *national m.* národnostná menšina

minus mínus

minute 1. minúta 2. hovor. chvíľka; okamih, moment; *every m.* každú minútu; *in a m.* čoskoro;

one m. drive minúta jazdy autom 3. pl *m-s* (z porady) zápisnica
➡ *Have you got a m.?* Máš/Máte ešte trochu času?
I am (We are) back in a m. Vrátim(e) sa o chvíľu.
Can you wait... m-s more? Môžeš/Môžete počkať ešte... minút?
How many m-s walking? Koľko minút pešo?
✳ *... goes every... m-s.* ... premáva každé... minúty.
Just a m., please! Moment, prosím!

mirror zrkadlo, zrkadielko; *black spot m.* motor. spätné zrkadlo so širokým uhlom záberu; *crossover m.* motor. predné prejazdové zrkadlo; *fender/outside m.* motor. bočné/spätné zrkadlo; *rearview/driving m.* motor. spätné zrkadlo; *trail-view m.* motor. spätné zrkadlo na ťahanie obytného prívesu; *vanity m.* (v aute) toaletné zrkadielko

misestimate (vzdialenosť) nesprávne odhadnúť

misfortune nešťastie

misis, skr. **Mrs** pani

mislead* pomýliť, spliesť

miss 1. chýbať, nemať; *be* m-ing* chýbať, byť neprítomný; stratiť sa 2. (vlak) zmeškať; *m. each other* minúť sa 3. vynechať, preskočiť

➠ *I/We m. my/our bag/suitcase,
... * Chýba mi/nám cestovná ka-
bela, kufor,...
*There's one glass, cutlery,
plate,... m-ing here.* Tu chýba eš-
te jeden pohár, príbor, tanier,...
Who is m-ing? Kto chýba?
*X family, my companion,... is
m-ing.* Chýba rodina X, môj
spolusediaci,...
*We've m-ed each other just by
several minutes.* Minuli sme sa
iba o niekoľko minút.
My/Our luggage is m-ing. Stra-
tila sa mi/nám batožina.
*I've/We've m-ed the bus, the
connection, the train,...* Zmeš-
kal som/Zmeškali sme auto-
bus, prípoj, vlak,...

mission 1. misia, úloha 2. (diplo-
matické) zastúpenie; *diplomatic
m.* diplomatické zastupiteľstvo

mist (riedka) hmla

¹**mistake*** v pomýliť si (sb for sb
koho s kým); *be* m-n* mýliť sa

²**mistake** n chyba, omyl, nedopat-
renie; *careless m.* chyba z ne-
pozornosti; *by m.* nedopatre-
ním, omylom; *make* a m.*
pomýliť sa

mistaken chybný

mister, skr. **Mr** pán

➠ *I'd/We'd like to talk to/with
Mr. X.* Chcel by som/Chceli by
sme hovoriť s pánom X.
Has Mr. XY arrived, left,... yet?
Pán XY už prišiel, odcestoval,...?

misty hmlistý

misunderstand* nesprávne po-
chopiť

➠ *I (We) misunderstood it.* To
som (sme) zle pochopil(i).

misunderstanding nedorozume-
nie; *clear up a m.* vyjasniť ne-
dorozumenie

➠ *There must be certainly some
m.* To bude určite nedorozu-
menie.

mitigate zmierniť, oslabiť

mittens pl palčiaky

¹**mix** v miešať

²**mix** n zmes; *white wine and soda
water m.* (vínny) strek

mixture zmes; *cough m.* sirup
proti kašľu; *fuel m.* palivová
zmes; *oil m.* olejová zmes

moat (obyč. vodná) priekopa;
castle m. hradná priekopa; *dry
m.* priekopa bez vody

¹**mobile** n, aj *m. phone* mobil

²**mobile** adj prenosný

moccasins pl mokasíny

model vzor, predloha

¹**moderate** adj mierny, striedmy

²**moderate** v zmierniť, oslabiť

modern moderný, súčasný, novo-
veký

modernism modernizmus

modernist modernista

modest nenáročný, skromný

modification úprava, zmena

modify zmeniť, upraviť

modish moderný, módny

moist vlhký

M

molar (zub) stolička
mold | mould
moment chvíľa, moment, minúta;
at the inconvenient/wrong m.
nevhod; *at the last m.* na po-
slednú chvíľu; *at the present m.*
teraz; *at this m.* v tomto okami-
hu; *every m.* každú chvíľu
➡ *Just a/one m., please!* Moment/
Okamih, prosím!
Wait (here) a m., please! Poč-
kaj(te) (tu), prosím, moment!
*Am I (Are we) coming at an in-
convenient m.?* Prichádzam(e)
nevhod?
¹**Monacan** adj monacký
²**Monacan** n Monačan
Monaco Monako
monastery (mužský) kláštor
¹**Monday** n pondelok; *every M.,
on M-s* každý pondelok; *on M.*
v pondelok
²**Monday** adj pondelkový
money peniaze; *advance m.* pred-
davok; *paper m.* papierové pe-
niaze, bankovky; *pocket/spend-
ing m.* vreckové; *ready m.*
hotovosť, peniaze v hotovosti;
change m. rozmeniť peniaze;
make* one's m. last vystačiť
s peniazmi
➡ *Where can I (we) change m.?*
Kde si môžem(e) zameniť
peniaze?
*I (We) have m. on me (on us).
I (We) don't have any m. on
me (on us).* Mám(e) pri sebe

peniaze. *Nemám(e) pri sebe
peniaze.*
Could you lend me/us m.?
Môžeš/Môžete mi/nám poži-
čať peniaze?
monokini monokiny, jednodielne
plavky
month (kalendárny) mesiac; *last,
next, this m.* minulý, budúci,
tento mesiac; *winter m-s* zimné
mesiace; *in the middle of the
m.* uprostred mesiaca; *towards
the end, at the beginning of
the m.* koncom, začiatkom
mesiaca
monument pamiatka, pamätihod-
nosť; pamätník, pomník; *archi-
tectural m-s* architektonické/
stavebné pamiatky; *cultural m.*
kultúrna pamiatka; *historical
m-s* historické pamiatky; *nation-
al m.* národná pamiatka; *m. of
art* umelecká pamiatka
➡ *What m. is it?* Čo je to za pom-
ník?
monumental veľkolepý
mood nálada
moon (nebeské teleso) mesiac;
full m. spln mesiaca
moped moped
Moravia (územie) Morava
¹**Moravian** adj moravský
²**Moravian** n Moravan
¹**more** adj 1. viac; *... or more days,
persons ...* alebo viac dní, osôb
➡ *... is/costs... m. than... euros. ...*
stojí vyše... eur.

²**more** adv (navyše) ešte; *even m.* ešte viac; *m. than* vyše

moreover okrem toho

¹**morning** n 1. ráno; *in the m.* ráno; *early in the m.* skoro ráno; *every m.* každé ráno, vždy ráno; *from m. till night* od rána do večera; *last m.* včera ráno; *next m.* zajtra ráno; *since the m.* od rána; *this, tomorrow m.* dnes, včera ráno; *towards the m.* nad ránom; 2. doobedie, dopoludnie, predpoludnie; *in the m.* doobeda, dopoludnia, predpoludním; *(always) in the m-s* vždy dopoludnia; *today, yesterday in the m.* včera, dnes predpoludním

➡ *Good m.!* (dopoludnia) Dobrý deň!

²**morning** adj 1. raňajší 2. predpoludňajší, dopoludňajší

mosaic mozaika

mosquito komár

mosquitocide prostriedok proti komárom/na hubenie komárov

➡ *Do you have some m.?* Máte niečo proti komárom?

most väčšina; *at (the) m.* nanajvýš, maximálne; *the m.* (vyj. najvyššiu nieru) najviac

➡ *... is... euros, crowns,... at the m.* ... stojí najviac... eur, korún,...

motel motoristický hotel, motel

➡ *How can I (we) get to the m. X?* Ako sa dostanem(e) k motelu X?

How far is it to the next/ nearest m.? Ako ďaleko je k najbližšiemu motelu?

mother mama, matka

mother-in-law svokra

motherland vlasť

motion pohyb; *return m.* spätný chod

motionless nehybný

¹**motor** n (elektrický) motor

²**motor** adj motorový

motorable zjazdný pre motorové vozidlá

motorbike hovor. motorka, motocykel

motorbiker hovor. motorkár

motorboat motorový čln

motorcade (s delegáciou) autokolóna

motorcycle motocykel

motorcyclist motocyklista

motoring automobilový

motorist automobilista, motorista

motorized (hliadka) motorizovaný

¹**motorway** n autostráda, diaľnica; *take* the m.* ísť po diaľnici

²**motorway** adj (nájazd) diaľničný

mototourism mototuristika

mould, AM **mold** (povlak) pleseň

¹**mount** n (v názvoch) hora, vrch, kopec

²**mount** v (na končiar ap.) vystúpiť

¹**mountain** n 1. hora, vrch; *... metres high m.* ... metrov vysoký vrch 2. pl *m-s* horstvo; *the Low, High Tatra M-s* Nízke, Vysoké Tatry

➡ *I am (We are) going to the m-s.*
Idem(e) do hôr.

²**mountain** adj (vodca) horský,
(oblasť) vysokohorský

mountaineer horolezec, alpinista

¹**mountaineering** n horolezectvo,
alpinizmus

²**mountaineering** adj horolezecký,
alpinistický

mountainous hornatý

mousse šľahaná pena; *styling m.*
penové tužidlo

moustache fúzy

¹**mouth** n 1. ústa 2. (rieky) ústie

²**mouth** adj (týk. sa úst) ústny

mouthwash ústna voda

movable (sviatky) pohyblivý

¹**move** v 1. hýbať (sa), pohybovať
(sa); *be* m-ing at a speed of...
kilometres an hour* jazdiť kilo-
metrovou rýchlosťou; *start m-ing*
dať sa do pohybu 2. (inam) po-
sunúť 3. (na)sťahovať sa (*in/into*
sth do čoho), aj *m. away* (z mes-
ta, krajiny); aj *m. out* (z domu)
odsťahovať sa, presťahovať sa
(*into* sth do/kam) 4. (časovo)
presunúť, preložiť; *m. sth from
one day to another one* presu-
núť čo z jedného dňa na druhý
m. along/forward postúpiť
m. over (priestorovo) preložiť

➡ *When can I (we) m. into the
suite/* AM *apartment, to the
hotel room, to tents,...?* Kedy sa
môžem(e) nasťahovať do apart-
mánu, hotelovej izby, stanov,...?

*I/We moved to the another
hotel, camp, boarding house,...*
Odsťahoval som sa/Odsťahova-
li sme sa do iného hotela, kem-
pu, penziónu,...

*I/We have m-d into the other/
the first-class/the cheaper,...
hotel.* Presťahovali sme sa do
iného, prvotriedneho, lacnejšie-
ho,... hotela.

M. along! Pohni! Pohyb!

M. along, please! Postúpte,
prosím, ďalej!

Can you m. a little aside?
Môžeš/Môžete sa posunúť
o kúsok nabok?

²**move** n 1. pohyb 2. ťah

movie AM hovor. film, filmové
predstavenie, *the m-s* AM
(miesto) kino

Mr | **mister**

Mrs | **misis**

¹**much** n veľa, mnoho; *how m.?*
koľko?

➡ *How m. is it (together)?* Koľko
je to (spolu)?

How m. was it? Koľko to stálo?

²**much** adv oveľa; *m. better, worse*
oveľa lepšie, horšie

➡ *Thank you very m.* Mnohokrát
ďakujem!

mud bahno, blato

muddy kalný, znečistený

mudguard (na bicykli) blatník

muffler AM motor. tlmič; *catalyt-
ic m.* AM motor. katalyzátor

mug (na ulici) prepadnúť

➡ *I was/We were m-ged on the freeway, in the street,... (at night).* Prepadli ma/nás (v noci) na diaľnici, na ulici,...

mugging (na ulici) lúpežný prepad

multitude (hojnosť) množstvo

municipal (úrad, knižnica) mestský

muscle anat. sval

➡ *I've got a torn/I tore a m.* Natrhol som si sval.

museum múzeum; *curiosity m.* múzeum kuriozít; *ethnographic m.* národopisné múzeum; *handicraft m.* múzeum umeleckých remesiel; *mining m.* banské múzeum; *national m.* národné múzeum; *open-air/outdoor m.* skanzen; *(natural) science m., m. of natural history* prírodovedné múzeum; *technical m.* technické múzeum; *wax m.* kabinet voskových figurín; *m. of national history and geography* vlastivedné múzeum; *M. of Modern Arts* múzeum moderného umenia

➡ *I'd/We'd like to visit... m.* Rád by som navštívil/Radi by sme navštívili... múzeum.
What time does the guided tour of the m. begin? Kedy sa začína prehliadka múzea so sprievodcom?

mushroom hríb, huba; *edible, poisonous m-s* jedlé, jedovaté huby; *field/meadow m.* šampiňón; *parasol m.* bedľa; *pick m-s* hovor. hubárčiť

mushroom-picker hubár

music hudba; *classical/serious m.* vážna hudba; *disco m.* diskotéková hudba; *folk m.* ľudová hudba; *play jazz m.* hrať džez

musical hudobný

musician hudobník

¹**must** v musieť

➡ *You m. go/travel by bus, by train,...* Musíš/Musíte ísť/cestovať autobusom, vlakom,...

²**must** n mušt

mustard horčica

mutton kuch. baranina; *roasted m.* pečená baranina

muzzle (pre zviera) náhubok

my môj, svoj

➡ *Give me my key, my passport,..., please.* Dajte mi, prosím, môj kľúč, môj pas,...
I have my papers/documents, my luggage,...here. Mám tu svoje doklady, svoju batožinu,...

myth mýtus, báj, legenda

M

N

nail 1. necht **2.** klinec

naked nahý

name meno; *Christian/first/* AM *given n.* krstné meno; *family/ last n.* priezvisko; *maiden n.* meno za slobodna; *list of n-s* menoslov; *call each other by one's first n.* tykať si; *use sb's Christian name* tykať komu

➡ *What's your n.? Tell me your n., please!* Ako sa voláš/voláte? *My n. is...* Volám sa... *Let's call each other by our first n-s!* Potykajme si!

✳ *... made a n. for himself with...* ... sa preslávil...

napkin 1. obrúsok, servítka; *paper n.* papierový obrúsok **2.** (detská) plienka

nappy BR plienka

¹**narrow** adj tesný, (ulička) úzky; zúžený

²**narrow** n **1.** úžina **2.** úzky priechod; *Road n-s* (značka) zúžená vozovka

nation národ

¹**national** adj **1.** (jedlo) národný **2.** celonárodný, celoštátny

²**national** n štátny občan, štátny príslušník; *foreign n.* cudzí štátny príslušník

nationality národnosť, štátne občianstvo, štátna príslušnosť

nation-wide celonárodný

native 1. domorodec **2.** rodák

natural 1. (týk. sa prírody, op. umelý) prírodný **2.** prirodzený **3.** (pohroma) živelný

naturalization naturalizácia

naturism BR nudizmus

¹**naturist** n BR nudista

²**naturist** adj BR nudistický

naughty (dieťa) zlý

naupathia morská choroba

naupathia-ridden postihnutý morskou chorobou

nausea (žalúdočná) nevoľnosť

nauseous: AM *feel* n.* cítiť nevoľnosť

➡ *I feel n.* Je mi zle od žalúdka.

naval (flotila) námorný

nave (hlavná) (chrámová) loď; *main n.* hlavná (chrámová) loď

navigable splavný

navigate 1. navigovať, riadiť; *n. by map* orientovať sa podľa mapy **2.** (rieku) splavovať

navigation 1. navigácia **2.** (doprava) plavba; *downstream, upstream n.* plavba po prúde, proti prúdu; *sea n.* plavba po mori

navy (plavidlá) námorníctvo

¹**near** adj (časovo aj priestorovo) blízky

➡ *How many kilometres is it to the n-est town, to the n-est petrol station,...?* Koľko kilometrov je do najbližšieho mesta, k najbližšej benzínke,...? *Where is the n-est...?* Kde je najbližší...?

²**near** adv blízko (to sth čoho), neďaleko; *n. the beach, the forest, the sea, the station* blízko pláže, lesa, mora, stanice; *come* n./n-er* (pri)blížiť sa

➡ *We live n. the square, the beach, the station,...* Bývame blízko námestia, pláže, stanice,...

¹**nearby** adj (miestne) blízky

²**nearby** adv nablízku, v blízkosti, neďaleko

➡ *Where is here... n.?* Kde je tu v blízkosti/nablízku/v okolí...? *Is there... n.?* Je tu v bezprostrednej blízkosti...? *It's n.* Je to pár krokov odtiaľto.

nearly skoro, takmer

nearness blízkosť

necessary potrebný, nutný; *as n.* podľa potreby; *be* n.* treba

necessity 1. potreba, nevyhnutnosť; *in the case of n.* v prípade potreby **2.** tvŕdza, núdza

neck 1. krk; *polo n.* hovor. rolák; *pork n.* kuch. krkovička **2.** aj *back/nape of the n.* väz(y), šija **3.** výstrih

➡ *Break your n.!* Zlom väz!

neckline výstrih

necktie AM kravata

née rodený; *Mrs X n. Y* pani X, rodená Y

¹**need** v **1.** potrebovať **2.** (žiadať) chcieť

➡ *Do you n. anything,...?* Potrebuješ/Potrebujete niečo,...?

I (We) n. (badly/urgently)... Potrebujem(e) (súrne)...

²**need** n potreba

needed potrebný; *be* n.* treba

needle ihla

needless zbytočný, nepotrebný

neglect zabudnúť, zanedbať

neglected zanedbaný

negotiable zjazdný

negotiate dohadovať sa

Negress pejor. černoška

Negro pejor. černoch

¹**neighbour**, AM **neighbor** n sused

²**neighbour**, AM **neighbor** v hraničiť, susediť

neighbouring, AM **neighboring** susedný, vedľajší

neoclassical neoklasicistický

neoclassicism neoklasicizmus

nerv nerv

nervous nervózny

Nescafé neskafé, hovor. neska

nest hniezdo

net sieť; *fishing n.* rybárska sieť

nettle žihľava

network (systém) sieť; *motorway n.* diaľničná sieť

Netherlands (the) Holandsko

¹**neutral** n motor. neutrál; *shift into n.* zaradiť neutrál

²**neutral** adj neutrálny

nève hrubozrnný/zrnitý zľadovatený sneh

never nikdy; *n. again* už nikdy

new nový

newlyweds pl mladomanželia

news 1. hovor. správa, novinka **2.** chýr **3.** rozhl., telev. správy
➠ *What's the n.?* Čo je nové?

newspaper noviny

newsstand AM (novinový) kiosk, novinový stánok

¹**next** adj **1.** ďalší, druhý, nasledujúci **2.** budúci; *n. month, year, week* na budúci mesiac, rok, týždeň **3.** (izba) vedľajší
➠ *When will the n. bus, train,... arrive?* Kedy príde ďalší autobus, vlak,...?
I (We) shall come by the n. bus, the next ferry, the next train,... Prídem(e) nasledujúcim autobusom, trajektom, vlakom,...

²**next** prep: *n. to* vedľa
➠ *Do we sit n. to each other/ next to one another?* Sedíme vedľa seba?

nice príjemný, sympatický

niche výklenok, nika

nick zárez; *(in) the n. of time* na poslednú chvíľu

niece neter

¹**night** n noc; *polar n-s* polárne noci; *all n. (long)* celú noc; *by n.* v noci; *far in the n.* až do noci; *last n.* včera večer/v noci; *open all n.* nočná prevádzka; *pass/spend* the n. (at the hotel, in the tent)* nocovať (v hoteli, v stane); *yesterday at n.* včera v noci
➠ *Good n.!* Dobrú noc!
I'd/We'd like an accommoda- tion for one n., two, three,... *n-s.* Chcel by som/Chceli by sme ubytovanie na jednu noc, dve, tri,... noci.
Is... open at n., all n.,...? Je v noci, celú noc,... otvorený?
Is... attended at n.? Je... v noci strážený?

²**night** adj nočný

nightdress (dámska) nočná košeľa

nightfall súmrak, podvečer; *at n.* podvečerom

nightgown AM (dámska) nočná košeľa

nightshirt (pánska) nočná košeľa

nill šport. nula

nip BR (nakrátko) odskočiť si

¹**no** part nie
➠ *Do you go with us? No, I/we don't.* Ideš/Idete s nami? Nie!

²**no** adj nijaký, žiaden, žiadny; *no parking* zákaz parkovania/státia

nobody nik(to)
➠ *N. is injured.* Nikto nie je zranený.
N. saw, met,... Nikto nevidel, nestretol,...

nod (hlavou) kývnuť

noise hluk; *excessive n.* nadmerný hluk

noisy hlučný

non-alcoholic (nápoj) nealkoholický

noncommittal (odpoveď) nezáväzný

nondriver nevodič
➠ *I am a n.* Som nevodič.

none 1. (samostatne) nijaký, žiaden, žiadny **2.** nikto

non-potable nepitný

non-smoker 1. nefajčiar **2.** nefajčiarsky vozeň

¹**nonstop** adj (vlak) priamy

²**nonstop** adv **1.** nepretržite, stále **2.** (letieť) priamo

non-swimmer neplavec

noodles pl rezance

noon (denná doba) obed; *at n.* cez obed, napoludnie; *at n-s* vždy napoludnie; *before n.* predpoludním

nor ani

Nordic severský

normal normálny, obyčajný

¹**north** n **1.** sever; *far n.* ďaleký sever; *in the n.* na severe; *(to the) n. of...* severne od...; *towards the n.* smerom na sever **2.** *the N.* severné Anglicko

²**north** adj (vietor, pól) severný

northbound (vedúci) na sever

¹**northeast** n severovýchod

²**northeast** adj severovýchodný

northern (žiara) severný

northward(s) severným smerom

¹**northwest** n severozápad

²**northwest** adj severozápadný

Norway Nórsko

¹**Norwegian** adj nórsky

²**Norwegian** n **1.** Nór **2.** nórčina

nose nos; *running n.* hovor. nádcha

nosebleeding krvácanie z nosa

nosey dotieravý, zvedavý

nosh BR hovor., AU jedlo

➡ *They serve good n. here.* Podávajú tu dobrú stravu.

not ne-, nie; *n. now/yet* ešte nie

➡ *N. that sort!* Ale kdeže!

¹**note** n **1.** (písomná) poznámka **2.** odkaz, oznam; *send* a n.* odkázať **3.** bankovka; *thousand-crown n.* tisícka **4.** poukážka; *dispatch n.* (na balík) sprievodka

➡ *Give me a dispatch n., please.* Dajte mi, prosím, jednu sprievodku na balík.

²**note** v zbadať, všimnúť si

notepaper listový papier; *headed n.* listový papier s hlavičkou

nothing nič; *n. at all* vôbec nič

➡ *N. of the kind/sort!* Ale kdeže!

¹**notice** n oznámenie

²**notice** v spozorovať, zbadať, všimnúť si

➡ *When did you n. that...?* Kedy si spozoroval/ste spozorovali, že...?

I/We haven't n-ed that... Nezbadal som/Nezbadali sme, že...

notify ohlásiť (to sb komu), upovedomiť (to sb koho)

➡ *I'd/We'd like to n. the theft of a car, the accident,...* Chcel by som/Chceli by sme ohlásiť krádež auta, nehodu,...

notion predstava

nourishment stravovanie, výživa, jedlo

novelty (vec) novinka

¹**November** n november; *in N.* v novembri

²**November** adj (hmla) novembrový

now 1. teraz; *from n. on* odteraz; *till n.* dosiaľ, doteraz; *up to n.* doteraz, dodnes **2.** už

➧ *We are going n.* Už ideme.
It's time n. Už je čas.
What's n.? Čo teraz?

nowhere 1. nikde **2.** nikam

nude výtvar. akt

nudge (zámerne) strčiť

nudism nudizmus

¹**nudist** n nudista

²**nudist** adj nudistický

null nula

number 1. (v rôzn. význ.,) číslo; *account n.* číslo konta; *dioptre n.* číslo dioptrie; *emergency call n.* číslo tiesňového volania; *european road n.* číslo európskej cesty; *even n.* párne číslo; *flight n.* číslo letu, linka; *house n.* číslo domu; *identification n.* identifikačné číslo; *licence/ registration n.* evidenčné číslo; *mobile n.* číslo na mobil; *octane n.* oktánové číslo; *odd n.* nepárne číslo; *personal n.* rodné číslo; *registration n.* motor. evidenčné číslo; *room n.* číslo izby; *seat n.* číslo sedadla **2.** počet; *minimal n. of participants/ of members* minimálny počet účastníkov; *n. of inhabitants* počet obyvateľov

➧ *What n. are you living at?* Na akom čísle bývaš/bývate?
Call the phone n. ... Zavolaj(te) na telefónne číslo...
Dial the phone n. ... Vytočte číslo...
Write down your phone n., room n., ... for me/us, please. Napíš(te) mi/nám vaše telefónne číslo, číslo izby,...
You have to take the flight n... Musíš/Musíte ísť linkou...
Get ready for the flight n. ... to... Pripravte sa na odlet linky... do...
Sorry, wrong n.! telef. Prepáčte, omyl!

numeral číslica

numerous početný, veľký

nunnery (ženský) kláštor

nurse, aj *female n.* zdravotná sestra; *district n.* ambulantná sestra; *head n.* A͞M staničná sestra

nut orech; *pistachio n.* pistácia; *small n.* oriešok

nutrition výživa

nutritious výživný

O

oar veslo

oarsman* veslár

obese (človek) tučný

obey dodržiavať, rešpektovať

object predmet

objection námietka, výhrada

objective objektívny

obligation (záväzná) povinnosť; *o. to hold a visa* vízová povinnosť; *o. to register* ohlasovacia povinnosť; *without o.* nezáväzne

obliged zaviazaný, vďačný

➡ *I am/We are much o. to you.* Som/Sme vám veľmi povďačný/povďač.

oblique (čiara) šikmý

observatory observatórium, hvezdáreň

observe 1. (predpisy, povolenú rýchlosť) dodržať, rešpektovať, zachovať 2. pozorovať

➡ *You didn't o. ...* Nedodržali ste...

obstacle prekážka

obstinate tvrdohlavý

obstruct 1. prekážať, brániť 2. (dopravu) zablokovať

obstruction 1. prekážka 2. zablokovanie; *traffic o.* zablokovanie dopravy

obtain zaobstarať (si)

occasion príležitosť; *on the next o.* pri najbližšej príležitosti

occasionally občas, príležitostne

occupant (domu) obyvateľ

occupation 1. aj *o. rate* (izby, zájazdu) obsadenie 2. povolanie, zamestnanie

occupied obsadený

occupier (domu) obyvateľ

occupy (miesto) obsadiť, zabrať, zaujať

occur 1. udiať sa, stať sa 2. nachádzať sa 3. objaviť sa, vyskytnúť sa 4. napadnúť, prísť na um

ocean oceán; *the Atlantic O.* Atlantický oceán; *the Arctic O.* Severný ľadový oceán; *the Indian O.* Indický oceán; *the Pacific O.* Tichý oceán

Oceania Oceánia

ocean-going (loď) oceánsky

oceanic (ostrov) oceánsky, prímorský

o'clock (v časových údajoch) hodina, hodín

➡ *It's... o'clock (sharp).* Je (presne)... hodín.

octane oktánový

¹October n október; *in O.* v októbri

²October adj októbrový

octopus chobotnica

oculist očný lekár

odd nepárny

oesophagus odb. hltan

of 1. (priestorovo) od(o) 2. (poukazuje na materiál) z, zo; *cut out of wood* vyrezávaný z dreva; *wall of rock* múr z kameňa

¹off prep z, zo

²**off** adv preč

➡ *I (We) must be o.* hovor. Už musím(e) ísť.

³**off** adj skazený; *go* * *o.* (potraviny) kaziť sa

offence, AM **offense** priestupok; *traffic o.* dopravný priestupok

offend previniť sa

offender páchateľ

offense | offence

¹**offer** v 1. ponúknuť 2. (po)dať, poskytnúť

➡ *May I o. you...?* Môžem ťa/vás ponúknuť...?

²**offer** n ponuka; *attractive o.* lákavá ponuka; *family holiday o.* ponuka rodinných dovoleniek; *favourable o.* výhodná ponuka; *holiday o.* dovolenková ponuka; *internet o.* internetová ponuka; *last minute/moment o.* ponuka last minute/moment; *not binding o.* nezáväzná ponuka; *special o.* mimoriadna ponuka; *tempting o.* lákavá ponuka; *travel agencies o.* ponuka cestovných kancelárií; *turn down an o.* odmietnuť ponuku

office úrad, kancelária; *advance booking o.* (pokladnica) predpredaj; *alien's registration o.* cudzinecká polícia; *booking/* AM *ticket o.* staničná, divadelná pokladnica, pokladnica do kina; *branch o.* filiálka, pobočka; *call o.* telef. hovorňa; *car rerservation o.* miestenková po-

kladnica; *central o.* ústredňa; *(concert) box o.* koncertná pokladnica; *criminal investigation o.* kriminálna polícia; *customs o.* colnica, colný úrad; *dental o. for outpatients* zubná ambulancia; *doctor's o.* AM ordinácia; *exchange o.* zmenáreň; *head o.* centrála, riaditeľstvo; *inquiry o.* informačná kancelária; *left luggage o.* úschovňa batožiny; *lost property o.* oddelenie strát a nálezov; *Luggage Registration O.* Výdaj – Príjem batožiny; *parcels o.* výdaj a príjem balíkov; *passport o.* pasové oddelenie, pasový úrad; *post o.* (budova) pošta; *ticket o.* výdaj cestovných lístkov

➡ *Where's the nearest post o. here?* Kde je tu najbližšia pošta? *Is there an exchange o. at the hotel, in the camp,...?* Je v hoteli, kempe,... zmenáreň?

officer úradník; *customs o.* colník; *police o.* AM policajt

¹**official** adj (hodiny) úradný; služobný

¹**official** n úradník; *customs o.* colník

off-ramp AM diaľničný výjazd

➡ *Where's the motorway o.?* Kde je výjazd z diaľnice?

often často

➡ *How o.?* Ako často? Koľkokrát?

¹**oil** n 1. olej; *cooking o.* jedlý/stolový olej; *engine o.* motorový

olej; *olive o.* olivový olej; *suntan o.* opaľovací olej **2.** aj *mineral o.* nafta

➡ *Fill up, change the engine o., please.* Doplňte, vymeňte, prosím, motorový olej.

Give me... litres of the engine o., please. Dajte mi, prosím,... litrov oleja.

The o. is leaking. Uniká olej.

²**oil** v naolejovať

oily (pleť) mastný

ointment (lekárenská al. kozmetická) masť; *antifrostbite o.* masť na omrzliny; *burn o.* masť na popáleniny; *eye/ophthalmic o.* očná masť; *healing o.* liečivá masť; *zinc (oxide) o.* zinková masť

o.k. dobre, hovor. okej!

➡ *It's O.K.!* To je v pohode! Nič sa nestalo!

old 1. starý **2.** (priateľ) dávny, dlhoročný **3.** starobylý **4.** minulý

old-Christian (chrám) starokresťanský

old-time starý, starobylý

omelette, [Am] **omelet** omeleta; *cheese o.* syrová omeleta; *farmer's style o.* sedliacka omeleta

omen znamenie, predzvesť

omit (neuviesť) vypustiť, vynechať

¹**on** prep **1.** (vyj. cieľ, účel) k, na, pri; *be* on holiday/*[Am] *on vacation* byť na dovolenke; *go* on holiday/*[Am] *on vacation*

cestovať na dovolenku; *on the next occasion* pri najbližšej príležitosti **2.** (priestorovo) na; *live on the ground floor, on the second floor* bývať na prízemí, na druhom poschodí **3.** (časovo) po, počas; *on a way* počas cesty **4.** (časovo) v; *on holiday* vo sviatok, *on Sunday* v nedeľu **5.** (vyj. okolnosti) za

²**on** adj zapnutý

³**on** adv **1.** na sebe; *have* sth on* mať čo na sebe; *on and off* z času na čas **2.** *be* on* (byť na programe) dávať, uvádzať, hrať

➡ *What's on at the cinema (at the theatre) tonight?* Čo hrajú dnes večer (v divadle)?

once raz; *at o.* hneď; *for o.* výnimočne, tentoraz; *only o.* iba raz

➡ *Repeat it o. more, please.* Zopakujte to, prosím, ešte raz.

one 1. jeden; *no o.* nikto; *not a single o.* ani jeden; ani raz **2.** istý, nejaký

one-day (výlet) jednodňový

oneself, skr. **o.s.** sa; *enjoy o.s.* zabávať sa

one-way dopr. jednosmerný

onion cibuľa

onlooker divák

¹**only** conj až

➡ *I'll (We'll) come o. ...* Prídem(e) až...

I'll (We'll) return/be back o. ... Vrátim(e) sa až...

The bus, the train, the ferry,...
is to leave o. in... minutes,
hours,... Autobus, vlak, trajekt,... má odchod až o... minút, hodín,...

²**only** part iba, len

➠ *Admission (fee) is o. ... euros.* Vstupné do... stojí iba... eur.
... is accessible o. by bus, by train, on foot,... Do... sa možno dostať iba autobusom, vlakom, pešo,...
I (We) have o... euros, crowns,... Mám(e) už len... eur, korún,...

³**only** adj (vyj. výlučnosť) jediný

on-ramp AM diaľničný nájazd

onset začiatok, vznik

¹**open** adj 1. (op. zatvorený) otvorený; *all-day o.* (predajňa) otvorený po celý deň; *newly o.* novootvorený; *24-hours-o.* (predajňa) otvorený po celý deň, nepretržitý; *o. for 24-hour service* otvorený nepretržite 24 hodín 2. (ničím nehatený, neobmedzený) (*more*) otvorený, šíry, voľný 3. (s dovoleným prístupom) prístupný; *o. to the public all the year* prístupný (verejnosti) po celý rok

➠ *... is o. from... to... ...* je otvorený od... do...
... is o. all the year around. ... je otvorený po celý rok.
Shops, swimming pools, museums,... are o. 24 hours. Obcho-

dy, kúpaliská, múzeá,... sú otvorené nepretržite.
Is... o. in Sundays, too? Je... otvorený aj v nedeľu?
What time is the swimming pool, the museum,... o.? Kedy sa otvára kúpalisko, múzeum,...?

²**open** v (op. zatvoriť) otvoriť; *force o.* vylomiť zámku *o. up* otvoriť sa

➠ *O. ..., please.* Otvorte, prosím,...
What time do the shops, the shopping centres,... o.? Kedy sa otvárajú obchody, obchodné domy,...?
The shops o. at... o'clock, in the afternoon. Obchody sa otvárajú o... hodine, popoludní.

open-air prírodný, v prírode; *o. amphitheatre* prírodný amfiteáter

opener otvárač; *bottle o.* otvárač na fľaše; *tin o.* otvárač na konzervy

opening začiatok, otvorenie

opera opera

➠ *I'd/We'd like to see an o.* Rád by som išiel/Radi by sme išli na operu.

operate 1. operovať 2. fungovať, ísť

operation 1. operácia; akcia; *rescue o.* záchranná akcia; *urgent o.* naliehavá operácia 2. prevádzka; *seasonal o.* sezónna prevádzka; *be* in o.* fungovať;

take* out of o. odstaviť, dočasne vyradiť

operator operátor; *filling station o.* AM čerpadlár; *tour o. (offering flights)* touroperátor (leteckých zájazdov); *go* through the o.* telefonovať telefónnym spojením sprostredkovaným operátorkou

operetta opereta

opinion názor

➡ *... is, in my o.,...* Podľa môjho názoru je...

opportunity príležitosť, možnosť; *(money) earning o-ies* zárobkové možnosti; *shopping o-ies* možnosť nakupovania/nákupov

¹**opposite** adj opačný, protiľahlý; *on the o. side of the town, of the street, of the train* na opačnom konci mesta, ulice, vlaku

²**opposite** prep naproti, oproti

➡ *There's... o. the hotel, the town hall, the station,...* Naproti hotelu, radnici, stanici,... stojí...

optics optika

optional (prehliadka) fakultatívny, nepovinný

or 1. alebo; *either... or...* buď... alebo... **2.** čiže

¹**orange** adj oranžový

²**orange** n pomaranč; *mandarine o.* mandarínka

orchard ovocný sad

orchestra orchester; *philharmonic o.* filharmónia

oral (týk. sa úst, skúška) ústny

¹**order** n **1.** poradie **2.** poriadok; *get* out of o.* kaziť sa; *put* in o.* dať do poriadku **3.** objednávka; *binding o.* záväzná objednávka; *group o.* hromadná objednávka; *online o.* objednávka cez internet; *cancel the o.* stornovať objednávku; *confirm the o.* potvrdiť objednávku; *give* one's o.* (v reštaurácii) objednať **4.** príkaz **5.** (platobná) poukážka; *postal (money) o.* poštová poukážka, zloženka

➡ *... is out of o.* Nefunguje... *Could you put... in o.?* Môžete dať do poriadku...? *The room, the bathroom, the toilet,... is not in o.* Izba, kúpeľňa, WC,... nie je v poriadku. *In what o.?* V akom poradí? *Last o-s!* Záverečná!

²**order** v **1.** (tovar, v reštaurácii) objednať; *o. by phone* objednať telefonicky **2.** rozkázať

➡ *'d/We'd like to order...* Chcel by som/Chceli by sme si objednať...

ordering objednávanie; *o. by phone* objednávková telefónna služba

orderly poriadny, poriadkumilovný

ordinary bežný, obyčajný

organize zorganizovať, usporiadať; *o-ing tours round the farms* agroturistika

➡ *Who does the trip, the sightseeing tour, the guided tour of*

O

the museum,... organize? Kto organizuje výlet, prehliadku mesta, múzea,...?

organizer usporiadateľ

orient(ate) (o.s.) orientovať (sa)

orientation orientácia

origin pôvod

original 1. (plán) pôvodný 2. pravý, autentický

➧ *I/We have changed my/our o. plan.* Zmenil som/Zmenili sme môj/náš pôvodný plán.

originate 1. vzniknúť 2. mať pôvod (in sth v čom)

ornament ozdoba, dekorácia

o.s. | oneself

other druhý 1. iný, ďalší 2. protiľahlý; *on the o. side of the road* na druhej strane ulice

otherwise inak, v opačnom prípade

othorhinolaryngologist lekár pre krčné, nosové a ušné choroby

otitis media zápal stredného ucha

ought: *o. to* (vyj. povinnosť) mať

our náš, svoj

➧ *Where is o. group, delegate, guide,...?* Kde je naša skupina, delegátka, vedúci zájazdu,...?

ours (samostatne) náš

out 1. von 2. preč; *o. of* 1. mimo 2. (vyj. príčinu, dôvod) z, zo; *o. of interest* zo záujmu

➧ *I (We) live o. of town.* Bývam(e) mimo mesta.

outbuilding prístavok

outcome následok

outdo* predbehnúť

outdoor ambulantný

¹**outdoors** adv vonku

²**outdoors** n príroda, vzduch

¹**outfit** n výstroj

²**outfit** v (turistu) vystrojiť, vybaviť

outfitter's (obchod) konfekcia

outhouse prístavok

outing (krátky) výlet, vychádzka; *go** *on an o.* ísť na výlet

outlet 1. odtok; výlevka 2. trh, odbytisko

➧ *The o. is blocked.* Je upchatý odtok.

outline obrys, silueta

outlook výhľad, rozhľad; *panoramic o.* panoramatický výhľad

out-of-the-way odľahlý, zastrčený

outpatient ambulantný

output výkon; *engine o.* výkon motora

outrun* predbehnúť

¹**outside** adj krajný, vonkajší

²**outside** prep aj *o. of* 1. mimo 2. pred; *o. the cinema* pred kinom 3. za; *o. the town* za mestom

³**outside** n vonkajšia časť, vonkajšok; *from the o.* zvonka

⁴**outside** adv vonku

outskirts (mesta) okraj

➧ *I am (We are) living on the o. of the city.* Bývam(e) na okraji mesta.

oven (na pečenie) rúra; *microwave o.* mikrovlnná rúra, hovor. mikrovlnka

¹over prep **1.** (časovo) cez **2.** (priestorovo, vyj. mieru) nad, vyše; *children o. 12 years* deti nad 12 rokov

²over adv: *be* o.* prejsť, pominúť sa, skončiť sa

¹overall adj celkový

²overall n overal

overalls pl Ам montérky

overcome* prekonať, zdolať

overestimate (schopnosti) preceniť

overflow rozvodniť sa

overfly* preletieť

overhaul generálna oprava; *have* made the complete/ the general o.* dať si urobiť generálku auta

overlook prehliadnuť, nevšimnúť si

overpass Ам nadjazd

overpay* preplatiť

overseas zámorie; *from o.* zo zámoria

oversight prehliadnutie, nedopatrenie; *by o.* nedopatrením

oversleep* zaspať (a tým aj zmeškať)

overtake* predbehnúť; *o. on the left* predbiehať zľava

overtaking predbiehanie; *no o.* zákaz predbiehania; *o. prohibited* zakázané predbiehanie

overweight nadmerná hmotnosť

owe dlžiť

➡ *How much do I o. you (for...)?* Čo/Koľko som ti/vám dlžný (za...)?

owing dlžný

¹own v mať, vlastniť

²own adj, aj *one's o.* vlastný; *on one's o.* sám

owner vlastník, majiteľ; *double citizenship o.* vlastník dvojitého občianstva; *holiday-home o.* chalupár; *o. of the motor vehicle* majiteľ motorového vozidla

oxygen kyslík

oyster ustrica

ozone ozón

ozonosphere ozónová vrstva

O

POZNÁMKY

P

pace tempo, krok

pacifier AM cumeľ

pacify upokojiť

¹**pack** n **1.** obklad; *hot p-s* horúce
obklady; *face p.* pleťová maska
2. AM, AU batoh, plecniak,
hovor. ruksak

²**pack** v (za)baliť, aj *p. up* (batoži-
nu) zbaliť; *p. one's bags* baliť
(si) kufre

➡ *I (We) must p. up (our things)
now.* Musím(e) sa ešte zbaliť.

package balík

packaging (obal) balenie; *dispo-
sable p.* jednorazové balenie;
family p. rodinné balenie

packet poštová zásielka

packing 1. balenie **2.** (materiál)
balenie, obal; *vacuum p.* vákuo-
vé balenie; *do one's p.* baliť (si)
kufre

➡ *Don't you have a smaller p.?*
Nemáte menšie balenie?

pad poduška; *foam p.* hovor. kari-
matka

¹**paddle** n pádlo

²**paddle** v pádlovať

paediatrician, AM **pediatrician**
detský lekár

pagan pohan

paid (služby) platený, za popla-
tok

pain 1. bolesť **2.** úsilie, námaha;
take* p-s namáhať sa

➡ ✳ *Do you feel any p.?* Máte bo-
lesti?
I've got excruciating p-s. Mám
veľké bolesti.
I can't stand the p. Nemô-
žem vydržať tie bolesti.

painful boľavý

painkiller prostriedok/tableta
proti bolesti, analgetikum

painkilling utišujúci bolesti

painless bezbolestný

¹**paint** n **1.** náter **2.** (auta) lak;
chipped p. poškodený lak

➡ *You've damaged the p. of my car.*
Poškodili ste mi lak na aute.

²**paint** v **1.** (na)maľovať; *be* p-ed*
(maľba) vzniknúť **2.** lakovať

➡ *Who p-ed this picture?* Kto na-
maľoval tento obraz?

painter maliar

painting 1. maľba; *cave p.* jaskyn-
ná maľba; *oil p.* olejomaľba;
rock/stone p-s skalné maľby;
wall p. nástenná maľba; *p. on
the ceiling* (ná)stropná maľba
2. aj *art of p.* maliarstvo; *naive
p.* insitné maliarstvo

pair pár, dvojica; *a p. of binocu-
lars* ďalekohľad

paired (op. nepárny) párny

pajamas | pyjamas

palace palác; *Renaissance p.* rene-
sančný palác

palatable (jedlo) chutný

palate anat. podnebie

pale bledý

pallid (chorobne) bledý

¹palm n dlaň

²palm n, aj *p. tree* palma; *coconut p.* kokosovník; *date p.* datľovník

palpitation búšenie srdca

¹pan n, aj *frying p.* panvica

²pan v (záber, nahrávku) snímať

pancake palacinka; lievanec; placka; *potato p.* zemiaková placka

pancreas anat. pankreas, podžalúdková žľaza

¹panic n panika

²panic v robiť paniku

➡ *Don't p.!* Nerobte paniku!

panorama 1. panoráma **2.** rozhľad

pant dychčať, fučať

panties pl ⟨Am⟩ nohavičky

pantry komora

pants pl ⟨Am⟩ nohavice

pantyhose ⟨Am⟩ pančuškové nohavice, hovor. pančucháče

paper 1. papier; *toilet p.* toaletný papier; *wrapping p.* baliaci papier; *writing p.* listový papier **2.** pl *p-s* hovor. papiere, (osobné) doklady; listiny, dokumenty; *identity p-s* osobné doklady; *registration p-s* doklady od motorového vozidla

➡ *Your p-s are not valid.* Nemáte v poriadku papiere.

paprika (korenie) paprika

parachute padák

parachuting parašutizmus

paragliding paragliding; *tandem p.* tandemový paragliding

parallel (cesta) paralelný

paralyse (dopravu) ochromiť

paralysed ochrnutý

paramedic (zdravotník) záchranár

parasol slnečník

parcel balík, poštová zásielka; *express p.* spešnina; *insured/registered p.* cenná zásielka

➡ *I'd (We'd) like to send this p. abroad.* Chcem(e) podať tento balík do zahraničia.

Where can I/we send this p. by post? Kde možno podať balík?

¹pardon n prepáčenie, odpustenie

➡ *I beg your p.* Pardón.

P.?, (I) Beg your p.? (nerozumel som) Ako prosím?

²pardon v prepáčiť

➡ *P. me!* Prepáčte (, prosím)!

parfait kuch. parfé

parish farnosť

¹park n **1.** park; záhrada; *amusement p.* ⟨Am⟩ lunapark, zábavný park; *business p., science and technology p.* industriálny park; *castle p.* hradný park; *national p.* prírodná rezervácia; *safari p.* safaripark; *town/city p.* mestský park **2.** parkovisko; *car p.* ⟨Br⟩ parkovisko; *coach p.* autobusové parkovisko; *multistorey car p.* poschodové parkovisko; *roofed car p.* zastrešené parkovisko; *car p. for guests* parkovisko pre hotelových hostí; *car p. with, without an attendant/a park-keeper/hovor. parkie* strážené, nestrážené parkovisko

➡ *Is the car p. attended?* Je parkovisko strážené?

Has the hotel its private car p.? Má hotel vlastné parkovisko?

✳ *The car p. is (not) attended, is full,...* Parkovisko (nie) je strážené, obsadené...

²**park** v (za)parkovať; *p. ilegally/wrongly* zle zaparkovať

➡ *Where can I (we) p.?* Kde môžem(e) parkovať?

Can I/we p. here, in this street, in front of the hotel,...? Možno tu, v tejto ulici, pred hotelom, ... parkovať?

How long can I/we p. here? Ako dlho tu možno parkovať?

✳ *You can p. here just one hour, ... an hour.* Tu možno parkovať iba hodinu,... hodiny.

parka (s kapucňou) vetrovka, parka; *fluffy p.* páperová vetrovka

parkie hovor. strážca parkoviska

¹**parking** n 1. parkovanie; *long-term/long-stay/long-lasting p.* dlhodobé parkovanie; *short-term/short-stay/short-time p.* krátkodobé parkovanie; *restricted p.* časovo obmedzené parkovanie; *unauthorized p.* divoké/nedovolené parkovanie; *uncontrollable p.* divoké parkovanie; *p. under the stars* parkovanie pod holým nebom; 2. aj *p. area/place* parkovisko

➡ *No p.!* Zákaz parkovania!

²**parking** adj 1. (miesto) parkovací

2. parkujúci; *incorrectly p.* nesprávne parkujúci

parkland, aj *castle p.* zámocký park

parkway [AM] stromoradie, aleja

parlour (miestnosť) hovorňa

parsley petržlen

part 1. časť, diel 2. súčiastka, dielec; *motor vehicle p.* autosúčiastka; *original spare p.* originálna/pôvodná súčiastka; *spare p-s* náhradné dielce/autosúčiastky 3. končina, časť 4. účasť, podiel; *take* p.* zúčastniť sa (in sth na čom)

➡ *Have you got original spare p-s for...?* Máte náhradné súčiastky do/na...?

Would you like to take p. in...? Chcel by si sa/Chceli by ste sa zúčastniť na...?

partere [AM] div. prízemie

partial čiastočný

participant účastník; *road traffic p.* účastník cestnej premávky

participate zúčastniť sa (in sth čoho/na čom)

particulars pl osobné údaje

partner partner; *p. in life* životný partner

¹**party** n 1. večierok, oslava, zábava, hovor. párty; *coctail p.* koktail; *dance p.* tanečný večierok; *evening p.* večierok; *farewell p.* rozlúčkový večierok; *New Year's Eve P.* silvestrovská zábava; *go* to the p.* ísť na párty

2. hovor. (skupina ľudí) partia; *search p.* hovor. (oddiel) pátračka 3. strana; *the injured p.* práv. postihnutý

➠ *May I invite you to the p.?* Môžem ťa/vás pozvať na párty?

²**party** v oslavovať

¹**pass** v 1. prejsť (by sth popri čom); *p. through the tunnel* prejsť cez tunel 2. uplynúť 3. (list) odoslať 4. (pozdrav) odovzdať 5. (do ruky) podať *p. out* (zamdlieť) odpadnúť

➠ *Will you let me p., please?* (pri predchádzaní) S dovolením!

²**pass** n 1. legitimácia/preukaz na vstup, priepustka; *boarding p.* (vstupenka) palubný lístok; *entry p.* (do krajiny) povolenie vstupu 2. hovor. permanentka 3. priesmyk; *mountain p.* (horské) sedlo

passable (cesta) schodný, zjazdný; *p. in/all winter (for cars)* zjazdný aj v zimných mesiacoch

passage 1. pasáž, priechod, prejazd, spojovacia chodba; *p. out* východ 2. plavba

passage-way spojovacia chodba, priechod

passenger pasažier, cestujúci; *individual p.* samostatne cestujúca osoba; *pillion p.* (na motorke) spolujazdec

¹**passport** n pas; *diplomatic p.* diplomatický pas; *(valid) traveller's p.* (platný) cestovný pas; *check p-s* kontrolovať pasy; *extend the validity of/renew a p.* predĺžiť platnosť pasu; *issue the p. for sb* vystaviť pas pre koho; *produce a p.* preukázať sa pasom

➠ *Do you need my p./our p-s?* Potrebujete môj pas/naše pasy?

✳ *Do you have a p. with you?* Máte pri sebe cestovný pas? *My children are registered in my p.* Deti mám zapísané v pase. *My passport is valid still... years.* Môj pas platí ešte... roky.

✳ *Your p. is not valid.* Máte neplatný pas.

✳ *Your p. will soon expire.* Váš pas stratí onedlho platnosť.

²**passport** adj (kontrola) pasový

¹**past** adj 1. (pochádzajúci z minulosti) dávny, minulý 2. predchádzajúci

²**past (the)** n minulosť

³**past** prep (priestorovo) popri

pasta cestoviny

paste 1. pasta 2. lepidlo 3. paštéta

pastorate (úrad) fara

pastry múčne jedlo; múčnik, (sladké) pečivo

pâté paštéta

path 1. chodník, cestička; *cycling p.* cykloturistická trasa, cyklistický chodník; *educational p.* náučný chodník; *forest p.* lesný chodník; *jogging p.* chodník upravený na kondičný beh; *(marked) tourist p.* (označený) turistický chodník **2.** dráha; *flight p.* letová dráha

¹patient n pacient; *receive p-s* ordinovať

²patient adj trpezlivý

patrol (hliadkujúca) hliadka; *motorized p.* motohliadka; *police p.* policajná hliadka; *road p.* dopravná hliadka

pattern vzor

pavement (v meste) chodník

pavilion pavilón

¹pay* v **1.** (peniazmi) platiť; *p. afterwards* zaplatiť dodatočne; *p. in advance, with postal order* zaplatiť dopredu, poštovou poukážkou; *p. in cash, by check* zaplatiť v hotovosti, šekom; *p. extra* doplatiť, priplatiť; *p. the half-price* zaplatiť polovičnú cenu **2.** (účet ap.) vyrovnať **3.** hradiť (výdavky) **4.** niesť následky (for sth za čo) **5.** (škodu) uhradiť **6.** aj *p. up* vyplatiť *p. off* podplatiť

➡ *Must I (we) p. additional money for something?* Musím(e) ešte niečo doplatiť?
You must p. another... euros, crowns,... You must p... euros, crowns,... extra. Musíte doplatiť ešte... eúr, korún,...
Where can I (we) p.? Kde platím(e)?
P. at the cash desk! Plaťte pri pokladnici!
I'd/We'd like to p. Chcel by som/Chceli by sme platiť.
How much am I (are we) to p.? Čo platím(e)?
Am I (Are we) to p. in advance or after? Platím(e) vopred alebo až potom?
We shall p. separately. Platíme osobitne/zvlášť.
I (We) p. in euros, in crowns,... Platím(e) v eurách, korunách,...

²pay n zárobok, plat

payment platba; *advance p. ...* 50 % *of trip costs* preddavok (vo výške... 50 % ceny zájazdu); *cashless p.* bezhotovostný platobný styk; *extra p. (for night shift)* (nočný) príplatok; *onsite p. (at the destination)* platí sa na mieste pobytu; *outstanding/* AM *back p.* nedoplatok

payphone telefónny automat

pea 1. bot. hrach **2.** pl *p-s* kuch. hrach, hrášok; *green p-s* zelený hrášok

peace pokoj; *night, public p.* nočný, verejný pokoj

peaceful pokojný

peach broskyňa; *stewed p-s* broskyňový kompót

peak 1. končiar, (horský) štít; *eightthousand p.* osemtisícovka; *fourthousand p.* štvortisícovka; *... metres p.* -metrový končiar; *conquer the p.* zdolať končiar **2.** vrchol; *p. of the season* vrchol sezóny; *p. of the summer* vrchol leta **3.** vrcholec **4.** (dopr. ap.) špička

peanut arašid, búrsky oriešok;
roasted p-s pražené arašidy;
salted p-s slané arašidy

pear hruška

pecular svojrázny

pedal pedál; *brake p.* brzdový
pedál; *gas p.* AM plynový pe-
dál; *depress the brake p.*
stlačiť brzdu; *depress/press
down the accelerator p.* pridať
plyn; *press down the p.* stlačiť
pedál

pedestrian chodec

pedicure pedikúra

¹**peel** n kôra, (ovocia) šupka

²**peel** v 1. olúpať 2. (po opálení)
šúpať sa

peg kolík; *clothes p.* kolík na bie-
lizeň

pen pero; *ball p.* guľôčkové pero

penal (právo) trestný

penalize penalizovať

penalty penále, pokuta

pencil ceruzka

peninsula polostrov

pension dochodok, penzia

pensioner dôchodca, penzista

people 1. ľudia; *young p.* mladí
ľudia 2. hovor. národ

pepper 1. aj *black p.* čierne kore-
nie 1. (zelenina) paprika;
green, red, yellow p. zelená,
červená, žltá paprika; *stuffed p.*
plnená paprika

pepperoni feferónka

per 1. (vyj. spôsob) na; *... euros p.
person ...* eur na osobu 2. (ča-

sovo) za; *... kilometres p. hour
...* kilometrov za hodinu

perceive cítiť, vnímať

¹**per cent** n percento

²**per cent** adj percentný, percen-
tuálny; *hundred p.* stoper-
centný

percentage (podiel) percento

percolator kávovar

per diem (cestovné) diéty

perfect ideálny, perfektný
➧ *... was p-ly organised. ...* bol
perfektne zorganizovaný.

performance predstavenie; *night
p.* nočné predstavenie; *theatri-
cal p.* divadelné predstavenie;
p. for children predstavenie
pre deti
➧ *How long does the p. last?* Ako
dlho trvá predstavenie?
What time does the p. begin?
Kedy sa začína predstavenie?

perfume parfém

perfumery parfuméria

perhaps (vyj. pochybnosť) asi,
možno

period 1. obdobie, éra, epocha;
after-season/postseason p. po-
sezónne obdobie; *baroque p.*
(obdobie) barok; *Glacial P.* ľa-
dová doba; *Gothic p.* (obdo-
bie) gotika; *preseason p.* pred-
sezónne obdobie; *rainy p.*
obdobie dažďov; *rococo p.* ro-
koko, obdobie rokoka 2. etapa,
fáza 3. lehota, termín; *guaran-
tee p.* záručná lehota; *maturity*

p. lehota splatnosti; *p. of validity* doba platnosti

periodical časopis

periphery periféria, okraj

¹**permanent** adj trvalý, stály

²**permanent** n (ondulácia) trvalá

permission dovolenie, povolenie

¹**permit** v dovoliť, povoliť

²**permit** n povolenie; priepustka; *exit p.* vycestovacie povolenie, vycestovacia doložka; *fishing p.* rybársky lístok; *hunting p.* poľovný lístok; *residence p.* povolenie na pobyt; *transit p.* tranzitné povolenie; *apply for a work p.* uchádzať sa o pracovné povolenie

perpetrate práv. spáchať, dopustiť sa (sth čoho)

perpetrator práv. páchateľ

persecute (mocou) prenasledovať

persistent vytrvalý, úporný

person osoba, človek; *allergic p.* alergik; *blind p.* nevidiaci, slepec; *calling p.* telefonujúci; *homeless p.* bezdomovec; *interested p.* záujemca; *left-handed p.* ľavák; *paying p.* platiaca osoba; *p. travelling individually* samostatne cestujúca osoba

➡ *I'd/We'd like the room for... p-s.* Chcel by som/Chceli by sme izbu pre... osôb.

✳ *Admission (fee) is... euros, crowns per p.* Vstupné je... eur, korún na osobu.

personal osobný; súkromný; *take**

part in... p-ly zúčastniť sa na... osobne

➡ *I (We) have just the p. items.* Mám(e) len predmety osobnej spotreby.

personnel personál, zamestnanci; *service p.* obsluha

persuade 1. prehovoriť, presvedčiť **2.** nahovoriť (to sth na čo)

pests pl (škodlivý) hmyz

petrol benzín; *normal/two star p.* benzín normál; *super/four star p.* benzín super; *unleaded p.* bezolovnatý benzín

➡ *How much is one litre of petrol?* Koľko stojí liter benzínu? *Where can I/we get p.?* Kde možno tankovať? *We need p.* Ešte musíme natankovať.

petroleum, aj *crude p.* nafta, ropa

petty drobný

pharaoh faraón

pharmacy lekáreň

➡ *Where's the nearest p. (with emergency night service)?* Kde je tu najbližšia lekáreň (s nočnou pohotovostnou službou)?

phase fáza, etapa

pheasant bažant

philharmonic, aj *p. orchestra* filharmónia

phobia fóbia

¹**phone** n telefón; *mobile/cellular p.* mobilný telefón, mobil; *motorway (emergency) p.* (tiesňový) diaľničný telefón; *over the*

p. telefonicky; *use a mobile p.* telefonovať mobilom

➡ *The p. is (not) working.* Telefón (ne)funguje.

May I use your p., please? Môžem si od vás zatelefonovať?

I/We have ordered... by p. Objednal som si/Objednali sme si telefonicky...

You are wanted on the p. Volajú ťa/vás k telefónu.

²**phone** v, aj *p. up* zatelefonovať, zavolať; *spend* p-ing* pretelefonovať

➡ *Where can I/we p. from?* Odkiaľ možno telefonovať?

I/We spent... euros,... hours p-ing. Pretelefonovali sme... eur,... hodiny.

When can I (we) p. you up? Kedy ti/vám môžem(e) zatelefonovať?

Phone me/us in the evening, tomorrow,... Zatelefonujte mi/nám večer, zajtra,...

photo hovor. fotka

photocell fotobunka

photocopy fotokópia

¹**photograph** n fotografia, snímka; *colour p.* farebná fotografia; *holiday p.* dovolenková fotografia; *passport p.* pasová fotografia; *take* a p.* odfotografovať (of sb/sth koho/čo)

➡ *Can you take a p. of me/of us?* Mohli by ste ma/nás odfotografovať?

²**photograph** v (od)fotografovať

photographer fotograf

photosafari fotosafari

phrase formulovať

physical telesný

physician [AM] doktor, lekár

pick 1. vybrať, zvoliť si 2. zberať, trhať *p. up* prísť (sb/sth pre koho/čo)

pick-up odvoz

pickles pl 1. nakladané uhorky; nakladaná zelenina 2. aj *mixed p.* čalamáda

picnic piknik

picture 1. obraz; *altar p.* oltárny obraz; *clinical p.* chorobopis; *the p. by...* obraz od... 2. fotografia, snímka, (amatérsky) záber; *make*/take* a p.* fotografovať 3. kresba, maľba 4. aj *motion p.* film; pl *the p-s* kino

➡ *Am I allowed to take p-s here?* Smie sa tu fotografovať?

picturesque malebný

pie (plnený) koláč; *apple p.* jablčník; *chocolate cream p.* čokoládová torta; *fruit p.* ovocný koláč

piece kus, kúsok; *a p. of information* (údaj) informácia

➡ *Bring me/us a p. of...* Prineste mi/nám kus...

I'd like a p. of... Chcel by som kus...

pier, aj *molo p.* mólo

piercing (hlas, vietor) ostrý

pigskin bravčová koža

pike* šťuka

pile-up, aj *multiple p.* hovor. búračka, hromadná zrážka

¹pilgrimage n púť; *go* on a p.* zúčastniť sa na púti

²pilgrimage adj pútnický

pill pilul(k)a, tablet(k)a; *headache p.* prášok/tabletka proti bolestiam hlavy; *sleeping p.* tableta na spanie

pillar stĺp, pilier

pillion (sedadlo spolujazdca na motocykli) tandem; *ride* a p.* ísť na tandeme

pillow vankúš

pilot kormidlovať

Pilsener plzenské (pivo)

pimple 1. vyrážka, uhor 2. hrbolček; *get* goose p-s* pren. dostať husiu kožu

pin špendlík; *safety p.* zapínací špendlík

pincer klepeto

pinch 1. tlačiť, omínať 2. hovor. ukradnúť

➧ *My shoes p.* Tlačia ma topánky.

¹pine n borovica; *dwarf p.* kosodrevina

²pine v cnieť sa (for sb/sth po kom/čom)

pineapple ananás

pingpong ping-pong, stolový tenis

pink ružový

pinkie AM malíček

pipe 1. rúrka; *exhaust p.* výfuk 2. fajka

piquant pikantný, štipľavý

pirate pirát; *air p.* vzdušný pirát

pistachio, aj *p. nut* pistácia

piste, aj *ski p.* lyžiarska dráha

piston piest

pit div. hľadisko v prízemí

➧ *I'd like... seats in the p.* Prosím si... miesta/miest na prízemí.

¹pitch n BR šport. ihrisko; *football p.* futbalové ihrisko

²pitch v (stany) postaviť

pitcher AM džbán

pity škoda

➧ *What a p.!* Aká škoda!

pizza pizza

pizzeria pizzeria

¹place n miesto; lokalita; *cool p.* chládok; *fast-food p.* bufet; *finding p.* nálezisko; *holiday p.* dovolenkové miesto; *meeting p.* miesto stretnutia, zhromaždisko; *parking p.* parkovacie miesto, parkovisko; *praehistoric finding p.* praveké nálezisko; *(truck) parking p.* miesto vyhradené na parkovanie (nákladných automobilov); *p. of accident* miesto nehody; *p. of arrival* miesto príchodu; *p. of birth* rodisko; *p. of departure* miesto odchodu; *p. of embarkment/of shipment* miesto nalodenia; *p. of pilgrimage* pútnické miesto; *p. of residence* bydlisko, miesto bydliska; miesto pobytu; *p. of stay* miesto pobytu; *at no p.* (na nijaké miesto) nikam; *in p. of sb/sth*

namiesto koho/čoho; *keep* in a cool p.* uschovať v chlade; *not to take* p.* odpadnúť, nekonať sa; *of this p.* tunajší; *put*/keep* in a safe p.* (cennosť) uschovať; *take* p.* konať sa; *to that p.* (op. sem) tam; *to what p.* kam

➥ *I am (We are) looking for a p. to camp, to park,...* Hľadám(e) miesto na stanovanie, zaparkovanie,...

Is there an empty p. here? Je tu ešte voľné miesto?

Am I/Are we on the right p. here? Som tu/Sme tu na správnom mieste?

²**place** v položiť, (na urč. miesto) postaviť, umiestniť

¹**plain** adj 1. jednoduchý, nekomplikovaný 2. skromný, obyčajný 3. jasný, zrejmý

²**plain** n rovina

¹**plan** v plánovať, hodlať

➥ *How long do you p. to stay here?* Ako dlho sa tu hodláš/hodláte zdržať?

Do you p. anything for today, for tomorrow,...? Plánuješ/Plánujete na dnes, na zajtra,... niečo?

²**plan** n plán; *seating p.* zasadací poriadok; *according to p.* podľa plánu

➥ *What are your p-s?* Aké máš/máte plány?

What are your p-s for today, for tomorrow,...? Aký máš/máte dnes, zajtra,... program?

plancton planktón; *sea p.* morský planktón

¹**plane** n lietadlo; *charter p.* charterové lietadlo; *motorless p.* bezmotorové lietadlo; *supersonic p.* nadzvukové lietadlo; *taxi p.* AM aerotaxík; *hijack a p.* uniesť lietadlo

➥ *What time does the plane to... take off today, tomorrow,...?* Kedy odlieta dnes, zajtra,... lietadlo do...?

Has the p. touch down at/in...? Má lietadlo medzipristátie v...?

²**plane** adj rovinný

plant 1. bylina, rastlina; *coffee p.* kávovník; *leguminous p-s* strukoviny 2. továreň; *power p.* elektráreň

plaque pamätná tabuľa

plaster, aj *adhesive p.* (na rany) náplasť

plastic igelit

plate 1. tabuľa; *traffic sign p.* tabuľa s dopravnou značkou; *number/*AM *license p.* motor. štátna poznávacia značka 2. tanier; *dinner, soup p.* plytký, hboký tanier

platform 1. nástupište, hovor. perón 2. rampa; *diving p.* skokanská veža

➥ *Which p. does the train from... arrive at?* Na ktoré nástupište príde vlak z...?

P

Which p. does the train to... leave from? Which p. is the train to...? Z ktorého nástupišťa odchádza vlak do...?
Which p. for the train to...? Z ktorého nástupišťa premáva vlak do...?

platter AM podnos, tácňa; *cold p.* studená misa

¹**play** n (divadelná ap.) hra
➤ *What's the score of the p.?* Aký je stav hry?

²**play** v (v rôzn. význ.) hrať
➤ *Do you p. football, chess, tennis,...?* Hráš/Hráte futbal, šach, tenis,...?

playbill AM divadelný plagát
player hráč; *basketball p.* basketbalista; *soccer p.* AM futbalista; *tennis p.* tenista
playground detské ihrisko
playroom detská herňa
pleasant príjemný
➤ *It would be more p. for me/for us if...* Bolo by mi/nám príjemnejšie, keby...

¹**please** v potešiť (with sth čím)
➤ *If you p.* S vaším dovolením.

²**please** interj prosím
➤ *Help me/us, please!* Pomôžte mi/nám, prosím!
Excuse me, p.! Prepáčte, prosím!

pleasurable (cesta) príjemný
➤ *We had a p. journey, flight,...* Mali sme príjemnú cestu, let,...

pleasure potešenie, radosť

➤ *It was a p. for me/for us.* Bolo mi/nám potešením
It's a p.! My p.! (ochotne) *With p.!* S potešením! Rado sa stalo!

plenty hojnosť, nadbytok
pleura anat. pohrudnica
plod hovor. trmácať sa
plough, AM **plow** pluh
plug (elektrická) zástrčka; *sparking p.* motor. sviečka; *two-way p.* (elektrická) rozvodka
➤ *Can you change, clean,... the spark p-s, please?* Mohli by ste mi, prosím, vymeniť, vyčistiť,... sviečky?

plum slivka
plus plus; *p. ... degrees* plus... stupne
ply (o dopr. prostriedkoch) (pravidelne) premávať
pneumonia zápal pľúc
¹**pocket** n kapsa; vrecko; *pick p.* vreckový zlodej
²**pocket** adj (slovník) vreckový
poem báseň
poet básnik
¹**point** n 1. bod; *boiling p.* bod varu; *cardinal p-s* svetové strany; *changing p.* miesto prestupovania; *check p.* (stanovisko) hraničný priechod; *exit p.* výjazd; *focal p.* (centrum) ohnisko; *freezing p.* bod mrazu; *orientating p.* orientačný bod; *setting-off p.* (cesty) východisko; *starting p.* východisko; *p. of departure* východisko;

above, below freezing p. (teploty) nad, pod bodom mrazu **2.** zmysel, význam **3.** pl *p-s* výhybka

➡ *Where's the motorway exit p.?* Kde je výjazd z diaľnice?

²**point** v (smer) ukázať

pointless bezvýznamný, zbytočný, márny

➡ *It's p.* To nemá význam.

poison otráviť; *be*/get* p-ed* otráviť sa

poisoning otrava; *blood p.* otrava krvi; *food p.* otrava potravinami; *mushroom p.* otrava hubami

poisonous (rastliny ap.) jedovatý

Poland Poľsko

polar polárny

Polaroid, aj *P. camera* fot. polaroid

¹**pole** n **1.** pól; *North, South P.* severný, južný pól **2.** palica; *ski p.* lyžiarska palica **3.** stĺp

²**Pole** n Poliak

¹**police** n polícia; poriadková služba; *city p.* mestská polícia; *criminal investigation p.* kriminálna polícia, hovor. kriminálka; *rail/railway p.* železničná polícia; *traffic p.* dopravná polícia; *registered with p.* policajne hlásený

➡ *Inform the p., please.* Upovedomte, prosím, políciu.
Call the p., please! Zavolajte políciu!

²**police** adj (auto, stanica) policajný

policeman* policajt

policewoman* policajtka; *traffic p.* dopravná policajtka

policy, aj *insurance p.* poistka; *take* out the p.* uzavrieť poistku

¹**polish** n lak; *car p-es* autokozmetika; *nail p.* lak na nechty

²**polish** v lakovať

³**Polish** adj poľský

⁴**Polish** n poľština

polished (správanie) kultivovaný

polite slušný, zdvorilý

pollen peľ

polluted znečistený, zamorený

pollution znečistenie, zamorenie; *beaches p.* znečistenie pláží; *environmental p.* znečistenie životného prostredia

polyp polyp; *marine p.* zool. koral

pond rybník

pool 1. aj *swimming p.* (plavecký) bazén; plaváreň, kúpalisko; *bathing p.* bazén, kúpalisko; *beach (swimming) p.* plážové kúpalisko; *children's p.* detský bazén; *fresh-water p.* bazén so sladkou vodou; *heated p.* vyhrievaný bazén; *indoor p.* krytý bazén; *indoor swimming p.* kryté kúpalisko; *non-swimmer's p.* bazén pre neplavcov; *sea-water p.* bazén s morskou vodou; *swimmer's p.* bazén pre plavcov; *swimming p. heated with solar energy, swimming p. with solar (pool) heating* solárne ohrievaná plaváreň; *swimming p. with moving waves* kúpalisko s bazénom s umelými vlnami a morskou vodou; *thermal (swimming) p.* termálne kúpalisko; *water change in p-s* výmena vody v bazénoch 2. mláka

➤ *Has the hotel, the camp,... its private p.?* Má hotel, kemp,... vlastný bazén?
Is there an indoor swimming p. here? Je tu krytá plaváreň?
Is there a natural swimming p. here? Je tu prírodné kúpalisko?

poor 1. chudobný 2. nekvalitný, slabý, zlý

pop (nakrátko niekde) odskočiť si

➤ *We p-ped to...* Odskočili sme si do...

popcorn pukance

poppy (rastlina) mak

popular (ceny) ľudový

populate obývať

populated zaľudnený, (oblasť) obývaný; *densely p.* husto zaľudnený/obývaný; *sparsely p.* riedko obývaný

population počet obyvateľov, obyvateľstvo

porcelain porcelán

pork kuch. bravčové, bravčovina; *plain p.* prírodné bravčové; *roast p.* pečené bravčové, bravčová pečienka

port 1. prístav; *fishing p.* rybársky prístav; *inland p.* vnútrozemský prístav; *sea p.* námorný prístav;

be* anchored at a p. kotviť v prístave; *enter p.* vplávať do prístavu 2. prístavné mesto

➤ *Which p-s do the ships stop at?* V ktorých prístavoch sa zastavia lode?

portable prenosný

porter 1. nosič batožiny 2. tmavé/čierne pivo

➤ *P.! Take my/our luggage, please!* Nosič! Vezmite, prosím, moju/našu batožinu!
Waiter, one short lager, porter, two, three,... lagers, porters, please. Pán hlavný, prineste mi/nám jedno malé svetlé, čierne pivo, dve, tri,... svetlé, tmavé pivá.

porthole okno na lodi

portico (kryté) stĺporadie

portion 1. časť (celku) 2. dávka, porcia

➤ *Bring me/us one p., two, three p-s of..., please.* Prineste mi/nám, prosím, jednu porciu, dve, tri porcie...

Portugal Portugalsko

¹Portuguese adj portugalský

²Portuguese n 1. Portugalčan 2. portugalčina

¹position v rozmiestniť

²position n pozícia 1. poloha 2. situácia

➤ *Put yourselves in our p.!* Vžite sa do našej situácie!

positive kladný

➤ *I am p. that...* Som si istý, že...

possessor majiteľ

possibility 1. možnosť **2.** eventualita, možný prípad

possible možný; *be* p.* byť možné, dať sa; *as fast as p.* čo najrýchlejšie; *if p.* podľa možnosti; *make*/render p.* umožniť

➡ *Where is it p. to...?* Kde sa dá...?

... is not p. to open. ... sa nedá otvoriť.

It is (not) p. To (nie) je možné.

possibly možno, prípadne

¹**post** n (inštitúcia, zásielka) pošta

²**post** v (poštou) odoslať, (list) podať

³**post** n stanovište; *first-aid p.* stanica prvej pomoci

⁴**post** n stĺp

postage poštovné; *p. and wrapping costs* poštovné a balné

➡ *How much is the p. for...?* Aké je poštovné za...?

postage-free bez poštovného

postal (poukážka) poštový

postcard 1. korešpondenčný lístok **2.** aj *picture p.* pohľadnica, hovor. karta

➡ *Where can I/we buy the picture p-s?* Kde možno kúpiť pohľadnice?

postcode Br poštové smerovacie číslo

poste restante poste restante

poster plagát

posting (listu) podanie

postmark poštová pečiatka

postpone (časovo) odložiť, posunúť; *p. leaving by a day* posunúť odchod o deň; *p. one's departure* odložiť odchod; *p. the term of a journey* posunúť termín cesty

pot 1. hrniec; *p-s and pans* (kuchynský) riad **2.** kanvica

potable (voda) pitný

potato zemiak; *baked p-s* pečené zemiaky; *boiled p-s* varené zemiaky; *early p-s* nové/skoré zemiaky; *mashed p-s* zemiaková kaša, zemiakové pyré; *p-s boiled in their jackets* zemiaky varené v šupke

pottery (výrobky) keramika

pouch vak; *cosmetic make-up p.* kozmetická taštička

poultry kuch. hydinové mäso, hydina

pour naliať

➡ *Can I p. in more...?* Môžem ti/vám doliať ešte trochu...?

poverty chudoba, bieda, núdza

powder 1. prášok; *milk p.* sušené mlieko; *washing p.* prášok na pranie, prací prášok **2.** aj *talcum p.* púder; *liquid p.* tekutý púder

power 1. moc, sila **2.** výkon; *engine p.* výkon motora

powerboat motorový čln

powerful mocný, silný

praise (po)chváliť

pram hovor. kočík

preambulator kočík

preceeding predchádzajúci

pre-Christian predkresťanský

P

precinct (obyč. s vylúčením dopravy) oblasť, štvrť; *pedestrian p.* pešia zóna

precious cenný, hodnotný, vzácny

precipitation meteor. zrážky; *poor in p.* chudobný na zrážky; *rich in p., with abundant p.* bohatý na zrážky

predominate prevládať, (názor) panovať

prefer uprednostniť

prefix hovor. telef. volačka

pregnant tehotná

prehistoric praveký, pre(d)historický

prehistory dávnovek, pravek

preliminary predbežný

premature predčasný

premium 1. poistné; *additional p.* pripoistenie 2. bonus, prémia

premonition (zlé) tušenie

preparation (obyč. o lieku) prípravok; *insuline p.* inzulínový prípravok; *sensitive-skin p.* prípravok na citlivú pokožku; *suntan p.* opaľovací prípravok/krém

prepare 1. chystať (sa), pripraviť (sa); *p. o.s. for the journey* chystať sa na cestu 2. (na cestu, zásielku) vypraviť

pre-register vopred/nezáväzne sa prihlásiť (for sth na čo)

prescribe predpísať
➡ *Can you p. ... for me?* Môžete mi predpísať...?

prescription, aj *medical p.* lekár-

sky predpis, recept; *(available) on p. only* len na lekársky predpis
➡ *Is this medicine on p. only? Is this drug available on p. only?* Tento liek dostať iba na recept?

preseason predsezóna

presence 1. prítomnosť; *p. of mind* duchaprítomnosť 2. účasť, prítomnosť; *in our p.* za našej prítomnosti

¹ **present** adj 1. prítomný 2. súčasný, terajší
➡ *P.!* Tu!

² **present (the)** n, aj the *p. times* súčasnosť, prítomnosť; *at p.* teraz
➡ *Where are we at p.?* Kde sme teraz?

³ **present** n dar

⁴ **present** v 1. darovať, venovať 2. predstaviť // *p. o.s.* dostaviť sa, hlásiť sa

present-day moderný, súčasný

preservation 1. ochrana, zachovanie; *p. of monuments* ochrana pamiatok 2. zaváranie

¹ **preserve** v 1. ochrániť, zachovať; *be* p-d* (v urč. stave) zachovať sa 2. zavárať

² **preserve** n 1. rezervácia; *nature/wildlife p.* prírodná rezervácia 2. (ovocná) zaváranina

¹ **press** v 1. aj *p. down* (pedál) stlačiť 2. žehliť 3. naliehať

² **press** n 1. tlačenica 2. hovor. noviny, tlač; *daily p.* noviny, den-

ná tlač; *domestic p.* domáca tlač; *foreign p.* zahraničná tlač

pressing naliehavý, neodkladný

pressure 1. tlak; *(high, low) blood p.* (vysoký, nízky) krvný tlak **2.** tieseň

pretext výhovorka

¹**pretty** adj pekný

²**pretty** adv celkom, dosť

➡ *It's p. cold, warm,...* Je dosť zima, teplo,...

I am (We are) waiting a p. long time. Už dosť dlho čakám(e).

prevail prevládať, *(názor)* panovať

prevent zabrániť *(sth čomu)*

previous minulý, predchádzajúci

¹**price** n *(peňažná hodnota)* cena; *adult p.* cena za dospelú osobu; *agreed p.* cena dohodou; *bargain p.* mimoriadne výhodná cena; *base/basic/basis p.* základná cena; *beverages p-s* ceny nápojov; *catalogue/list p.* katalógová cena; *child p.* cena za dieťa; *cut p.* znížená cena; *fair p.* prijateľná cena; *fixed p.* pevná cena; *folk p-s* ľudové ceny; *half p.* za polovičnú cenu; *low/ bargain p-s* nízke ceny; *ludicrously low p.* smiešne nízka cena; *maximum possible p.* najvyššia prijateľná cena; *minimum possible p.* najnižšia možná cena; *promotive p.* uvádzacia cena; *reasonable p.* prijateľná cena; *reduced p.* znížená cena; *retail p.* maloob-

chodná cena; *trip p.* cena zájazdu; *uniform p.* jednotná cena; *wholesale p.* veľkoobchodná cena; *p. of fuel/*ĀM *of gasoline* cena benzínu; *p. of a standard room* cena za štandardnú izbu; *p. per person and day at...* cena na osobu a deň v...; *p. in euros* cena v eurách; *p. including after-sales services* cena vrátane doplnkových služieb; *agree the p.* dohodnúť sa na cene; *at a fair/a reasonable p.* za prijateľnú/primeranú cenu; *at a favourable p.* finančne/cenovo výhodný; *haggle over the p.* dohadovať sa o cene; *lower the p.* zlacniť *(of sth čo)*; *reduce in p.* zlacniť

➡ *What are the p-s in/at...?* Aké sú ceny v...?

The p-s at/in... are very high/ exorbitant. Ceny v... sú veľmi vysoké.

I'd/We'd like to ask about p-s for... Chcel by som/Chceli by sme sa informovať o cenách za...

✳ *... is (not) included in the price.* ... (nie) je započítaný v c-e.

... is sold at reduced p-s. ... sa predáva za znížené ceny.

I'll give it to you for a bargain p. Dám vám to za výhodnú cenu.

In... there was the increase in prices again. V... sa znova zdvihli ceny.

²**price** *(rozdiel ap.)* cenový

P

prick pichnúť // *p. o.s.* pichnúť sa

pricy hovor. mastný, drahý

priest farár, kňaz

primaeval praveký

Primus, aj *P. stove* (do prírody) varič

prince hist. (panovník) knieža

princely kniežací

princess hist. kňažná

principal (op. vedľajší) hlavný

principality kniežatstvo

prior: *p. to* (časovo) pred

priority (zo zdvorilosti, motor.) prednosť

prison väzenie

privacy súkromie

private 1. súkromný, vlastný 2. (auto) osobný

privilege prednosť, privilégium

prize (cena) výhra

pro: pre, za; klad, kladná otázka
➡ *I am a p./We are the p-s.* Som za./Sme za.

probable pravdepodobný

problem problém, ťažkosť; *without p-s* bez problémov
➡ *No p.!* Bez problémov!

proclamation vyhlásenie

¹**produce** n poľnohospodárske výrobky, plodiny

²**produce** v (dôkazy) uviesť

product výrobok; *dairy p-s* mliečne výrobky; *frozen p.* mrazený výrobok; *low-fat p-s* nízkotučné výrobky

profession povolanie, zamestnanie, profesia

➡ *What's your p.?* Aké je vaše povolanie?
I am... by p. Povolaním som...

programme, AM **program** program; *theatre p.* BR divadelný plagát; *varied p.* pestrý program; *variety p.* estráda; *according to the p.* podľa programu; *be* on the p.* byť na programe

prohibit práv. zakázať

prohibited (predbiehanie) zakázaný, nedovolený

prohibition zákaz; *traffic p.* zákaz vjazdu

project 1. projekt 2. aj *housing p.* AM sídlisko

projection výbežok

prolong (časovo) predĺžiť
➡ ✳ *You have to p. the validity of your passport, of your visa,...* Musíte si dať predĺžiť platnosť pasu, víza,...

prolongation predĺženie

promenade korzo, (pobrežná, aj prechádzka) promenáda; *seaside/shore p.* promenádne nábrežie

¹**promise** n sľub

²**promise** v sľúbiť
➡ *You have p-d us...* Sľúbili ste nám, že...

promontory výbežok pevniny

promotion, aj *sales p.* (predaja) reklama

promptness pohotovosť

pronounce vysloviť

pronunciation výslovnosť

P

➡ *What's the p. of this word?*
Ako sa vyslovuje toto slovo?

proper správny, riadny

property (vlastníctvo) majetok

proposal návrh

propose 1. navrhnúť 2. (prípitok) predniesť

proposition návrh; *attractive p.* lákavá ponuka

proprietor majiteľ

propulsion pohon

prosthesis* protéza; *dental p.* zubná protéza

prostitute prostitútka

protect (o)chrániť

protection ochrana; *anti-skid p.* motor. protišmyková ochrana; *landscape and environmental p.* ochrana krajiny a životného prostredia

¹**protest** n protest

²**protest** v protestovať

proud pyšný

prove dokázať; *p. one's identity* legitimovať sa

➡ *It is (not) possible to p. that...* (Ne)Dá sa dokázať, že...
It's easy, difficult to p. To sa dá ľahko, ťažko dokázať.

provide (ubytovanie) poskytnúť (for sb komu)

provincial krajský

provision zásoba; pl *p-s* proviant, potraviny

provisional dočasný, predbežný, provizórny

➡ *Can you treat my tooth p-ly?*

Môžete mi provizórne ošetriť zub?

proviso podmienka, výhrada; *with the p. that...* pod podmienkou že...

provisory dočasný

provoke provokovať

proximity blízkosť; *in close p.* v bezprostrednej blízkosti

➡ *Is here... in close p.?* Je tu v bezprostrednej blízkosti...?

prudence opatrnosť, obozretnosť

prudent opatrný, obozretný

pub [BR] hostinec, krčma, lokál, piváreň, pohostinstvo; *garden p.* záhradná piváreň; *harbour/ port p.* prístavná krčma

¹**public** adj verejný

²**public (the)** n verejnosť

➡ *Is... open to the p.?* Je... sprístupnený verejnosti?

puck šport. puk

pudding nákyp; *rice p.* ryžový nákyp; *semolina p.* krupicová kaša; *white p.* tlačenka

puddle mláka

¹**pull** v ťahať *p. in* (loď) priplávať, (kotvu) vytiahnuť *p. out* hovor. (od zmluvy) odstúpiť, vykrútiť sa *p. up* (nahor) vytiahnuť

➡ *The wheels p. to the left.* Kolesá ťahajú doľava.
P. (nápis na dverách) Sem

²**pull** n 1. ťah, tahanie 2. odvlečenie, vlek

pull-in [BR] hovor. motorest

pullover pulóver

P

pulp kaša

¹**pulse** n tep; *accelerated p.* zrýchlený tep; *irregular, regular p.* nepravidený, pravidelný tep

²**pulse** n (semeno) strukovina

¹**pump** n pumpa, čerpadlo; *coin-operated self-service petrol p.* mincový samoobslužný tankovací automat, samoobslužná čerpacia stanica s mincovým automatom; *fuel p.* palivové čerpadlo; *oil p.* olejové čerpadlo; *petrol p.* benzínové čerpadlo; *pressure p.* tlaková pumpa

²**pump** v 1. aj *p. up* nahustiť, napumpovať 2. (pohonné látky) pumpovať, čerpať *p. out* vyčerpať, odčerpať

pumps pl AM lodičky

pumpkin dyňa, tekvica

punch punč

punctual presný, dochvíľny

punctuality presnosť, dochvíľnosť

puncture, aj *tyre/*AM *tire p.* defekt pneumatiky

punish potrestať

¹**pupil** n žiak

²**pupil** n anat. zrenica

purchase nákup, kúpa; *disadvantageous p.* nevýhodná kúpa; *obviating p. of foreign currency* bezdevízový

purchaser zákazník

pure (bez prímesí) čistý

purge preháňadlo

purpose účel; *on p.* naschvál

purposeful účelný

purse 1. peňaženka 2. malá kabelka

➡ *I've lost my p.* Stratil som peňaženku.
Haven't you found my p. by chance? Nenašli ste náhodou moju peňaženku?

pursue prenasledovať

push 1. tlačiť (sa); *p. one's w. forward* tlačiť sa dopredu 2. sotiť 3. posunúť 4. nútiť

➡ *Don't p., please!* Netlačte sa, prosím!
P. (nápis na dverách) Tam

put* dať, umiest(n)iť; *p. ashore* (z lode) vysadiť *p. aside* (na urč. miesto) odstaviť, odložiť *p. away* (na urč. miesto) odložiť *p. back* (na neskôr) presunúť; *p. down* 1. zapísať si 2. (z dopr. prostriedku) vysadiť *p. off* 1. (stretnutie) odložiť; *p. the holiday until next week, month off* odložiť dovolenku na budúci týždeň, mesiac 2. (z dopr. prostriedku) vysadiť *p. on* 1. (krém) natrieť; *p. on suntan oil* natrieť sa opaľovacím olejom 2. aj *p. shoes on* obuť *p. out* 1. (oheň) uhasiť 2. aj *p. out of joint* vykĺbiť (si) *p. up* 1. (nahor) vyložiť 2. ubytovať (with sb u koho); *p. up at a hotel, at a campsite* ubytovať sa v hoteli, kempe; *p. sb up (for the night)* poskytnúť komu nocľah; *p. up the tents* postaviť stany

➡ *P. your luggage, your suitcase,... to the left luggae office.* Dajte si batožinu, kufor,... do úschovne. *P. my/our things into..., please.* Postavte, prosím, moje/naše veci do...

I've p. out my arm, my leg out of joint. Vykĺbil som si ruku, nohu.

puzzle, aj *crossword p.* krížovka
puzzlehead hovor. zmätkár
pyjamas, AM **pajamas** pyžama, pyžamo

POZNÁMKY

P

Q

quake hovor. zemetrasenie
¹quality n kvalita
²quality adj, aj *high q.* kvalitný
quantity (počet) množstvo
quarantine karanténa; *put* in q.* dať do karantény
¹quarrel n roztržka
²quarrel v vadiť sa
¹quarter n 1. štvrť, štvrtina; *q. of a litre* štvrť litra 2. (mestská) štvrť; *Jewish q.* židovská štvrť 3. aj *q. of an hour* štvrťhodina; *every q. of an hour* každú štvrťhodinu; *in three q-s of an hour* za tričtvrte hodinu 4. aj *q. of the year* štvrťrok
➡ *We'll meet at a q. past...* Stretneme sa o štvrť na...
²quarter v ubytovať
➡ *Where, at which hotel are you q-ed?* Kde, v ktorom hoteli si sa ubytoval/ste sa ubytovali?
quay prístavné nábrežie
quayside prístavné nábrežie
queen kráľovná

quench (smäd) uhasiť
question otázka; *ask a q.* opýtať sa
➡ *Any q-s?* Máte nejaké otázky? Má ešte niekto nejakú otázku?
May I ask you a q.? Môžem sa vás niečo opýtať?
It's/That's out of a q. O tom nemôže byť ani reči. To neprichádza do úvahy.
Out of q.! Vylúčené!
questionnaire (anketový) dotazník; *complete a q.* vyplniť dotazník
¹queue n rad, hovor. front; *jump the q.* predbiehať v kolóne áut; *stand* in a q.* stáť v rade
➡ *Join the q.!* Postav(te) sa do radu!
²queue v, aj *q. up* stáť v rade
➡ *Q.!* (v obchode) Postav(te) sa do radu!
quick rýchly
➡ *Call... q-ly, please.* Zavolaj(te) rýchlo...
quilt paplón
quince dula
quit AM (chôdzou) odísť
quite celkom, úplne

POZNÁMKY

R

rabic (zviera) besný
race preteky; *downhill (ski) r.* zjazd
racecourse BR dostihová dráha
racehorse dostihový kôň
racetrack AM dostihová dráha
races (the), aj *horse r.* dostihy
racing preteky
racist rasistický
rack 1. stojan; *clothes r.* (v obchode) vešiak; *luggage r.* (vo vlaku) sieť na batožinu 2. motor. ohrádka, záhradka
racket 1. šport. raketa; *tennis r.* tenisová raketa 2. nadmerný hluk
racquet šport. raketa
¹**radial** n radiálna pneumatika, radiálka
²**radial** adj (pneumatika) radiálny
radiator motor. chladič
➡ *The r. is leaking.* Chladič tečie.
radio rádio, rozhlas; *car r.* autorádio; *portable car r.* prenosné autorádio; *turn/switch the r. on* pustiť rádio
radio/casettedeck autorádio s prehrávačom
radish reďkovka
radius (priestorovo) okruh; *within a r. of one kilometre* v kilometrovom okruhu
raft plť; *trip/travelling on a r.* plavba plťou

rafting rafting
ragout ragú
raid razia; *night police r., night r. by police* nočná policajná razia
¹**rail** n 1. koľaj; *off the r-s* vykoľajený 2. žrď, (na schodoch) zábradlie; *guard r.* AM zvodidlo
➡ *Which r. does the train from... arrive at?* Na ktorú koľaj príde vlak z...?
²**rail** v nadávať (*against sb* komu)
railing zábradlie
➡ *Hold on to the r.!* Drž(te) sa zábradlia!
¹**railroad** n AM železnica; *rack r.* AM hovor. zubačka
²**railroad** adj AM železničný
¹**railway** n železnica; *cable r.* kabínová lanovka; *cog r.* pozemná lanovka; *cogwheel/rack r.* hovor. zubačka; *elevated r.* rýchlodráha; *funicular r.* visutá lanová dráha; *mountain r.* horská železnica; *suburban r.* prímestská železnica; *underground r.* podzemná železnica
²**railway** adj (sieť) železničný
¹**rain** n dážď; *acid r.* kyslý dážď; *gentle r.* jemný dážď; *heavy r.* lejak; *incessant r.* vytrvalý/neutíchajúci dážď; *light r.* drobný/jemný dážď; *torrential r.* prietrž mračien
➡ *The r. is going to stop.* Prestáva pršať.
The r. stopped/ceased to fall. Prestalo pršať.

R

²**rain** v pršať
➠ *It's r-ing cats and dogs.* Leje ako z konvy.
Will it r.? Bude pršať?
It's going to r. Bude pršať.
It's beginning to r. Začína pršať.
It's r-ing (incessantly). (Nepretržite) Prší.
It has stopped r-ing. Už prestalo pršať.
It's/It was r-ing heavily. Silno prší/pršalo.
rainbow dúha
raincoat pršiplášť
rainfall dažďové zrážky
rainy (počasie) daždivý
raise 1. (ceny) zvýšiť **2.** (nahor) zdvihnúť, vytiahnuť **3.** (hmla) tvoriť sa // *r. o.s. up* postaviť sa, vstať
ram (vozidlom) vraziť (sth do čoho)
ramble (bezcieľne) prechádzať sa, potulovať sa
rambling potulka; *r. and window shopping* potulka s prezeraním výkladov
ramp rampa; *access/entrance r.* AM diaľničný nájazd, príjazd/vjazd na diaľnicu; *exit r.* AM diaľničný výjazd
random ľubovoľný
¹**range** n **1.** rad; *mountain r.* horstvo, pohorie **2.** (priestorovo) okruh, ekon. rozpätie; *price r.* cenové rozpätie, cenová skupina **3.** škála, sortiment
²**range** v byť v rozsahu, kolísať; *r.*

from... to... medzi; *price r-ing from 20 to 50 euros* cena medzi 20 a 50 eurami
rank stanovište; *taxi r.* stanovište taxíkov
ranking šport. poradie
rape znásilniť
rapid rýchly
rare 1. riedky **2.** zriedkavý, vzácny **3.** kuch. (mäso) mierne/slabo prepečený
rarity kuriozita
rash vyrážka; *nettle r.* žihľavka
raspberry malina
rat potkan
rate 1. kurz, sadzba, tarifa; *(currency) conversion r.* prepočtový kurz; *daily exchange r.* denný kurz; *dollar r.* kurz dolára; *euro conversion r.* prepočtový kurz eura; *flat r.* (poplatok) paušál; *(foreign) exchange r.*, *r. of exchange* menový/devízový kurz; *night r.* nočná tarifa; *null r.* dopr. nulová tarifa; *reduced r.* znížená sadzba; *youth r.* sadzba pre mládež **2.** cena, taxa; *(beach) access r.* plážový poplatok; *freight r.* dopravné; *watering r.* kúpeľný poplatok/taxa **3.** aj *average r.* (priemerná) rýchlosť; tempo **4.** pomer, miera; *maximal, minimal occupation r.* maximálna, minimálna obsadenosť (zájazdov ap.)
➠ *What's the exchange r. of...?* Aký je výmenný kurz...?

R

From which time is the night r.?
Od koľkej platí nočná tarifa?

rather radšej

rating hodnotenie; *octane r.* oktánové číslo

ration dávka

ravine roklina, strž

ray lúč; *ultraviolet r-s* ultrafialové lúče; *r-s of the sun* slnečné lúče

raw sychravý

razor britva; *electric r.* elektrický holiaci strojček

¹reach v 1. dosiahnuť 2. dostať sa (to sth kam); *r. the bank* dolávať 3. zastihnúť *r. down* siahať (to sth po čo) *r. out* (vystrieť) natiahnuť

➡ *Can I (we) r. ... by bus, by train,...?* Dostanem(e) sa do... autobusom, vlakom,...?
You can r. me/us by phone, at the hotel, at home,... Možno ma/nás zastihnúť telefonicky, v hoteli, doma...

²reach n, pl *r-es* (rieky) úsek; *the lower, the upper r-s of the river* dolný, horný tok rieky

react reagovať; *quickly r-ing* rýchlo reagujúci

reaction reakcia; *red r.* (pokožky) sčervenanie

read* čítať

➡ *What do you r.?* Čo čítaš/čítate?

readiness 1. pohotovosť 2. ochota

ready hotový, pripravený, ochotný; *get* r. (for the journey)* chystať sa, pripraviť sa (na cestu); *make* r.* chystať, pripraviť (na cestu); *r. to take off* pripravený na odlet

➡ *When will it be r.?* Kedy to bude hotové?

real 1. pravý, ozajstný 2. skutočný

realize 1. uskutočniť; *be* r-d* uskutočniť sa 2. spoznať, uvedomiť si

really naozaj

➡ *Is it r. true?* Je to naozaj pravda?

realm kráľovstvo

¹rear adj zadný

²rear n (auta, domu) zadná časť, zadok; *at the r.* vzadu; *from the r.* odzadu

¹reason n 1. dôvod; *due to the objective r-s* z objektívnych príčin; *from personal r-s* z osobných dôvodov 2. rozum

➡ *What is the r.?* Z akého dôvodu?
For time, personal, health,... r-s. Z časových, osobných, zdravotných,... dôvodov.

²reason v myslieť, uvažovať

reasonable cenovo/finančne výhodný, finančne dostupný, (cena) rozumný

recall spomenúť si (sb/sth na koho/čo)

receipt potvrdenka, (pokladničný) blok; *delivery r.* potvrdenie príjmu; *payment r.* doklad o zaplatení/úhrade 2. príjem, prebratie

➡ *Make out a r. for me, please! Write me a r., please!* Vystavte mi, prosím, potvrdenku!

R

You will get it on presentation of the r. Dostanete to na potvrdenku.

receive prijať **1.** vziať **2.** (hosťa) privítať

receiver telef. slúchadlo

recently nedávno

reception 1. prijatie **2.** (podujatie, miesto odovzdávania kľúčov) recepcia; *hotel r.* hotelová recepcia **3.** (miesto) príjem; *central r.* (nemocničný) centrálny príjem

➡ *Thank you for your cordial/ warm r.* Ďakujem(e) za (srdečné) prijatie.

Register at the r., please. Ohláste sa, prosím, na recepcii!

receptionist recepčný, recepčná

recharge (batériu ap.) dobiť

recipient príjemca, adresát; *r. unknown* adresát neznámy

recital (sólový) koncert; *organ r.* organový koncert

reckon (zisťovať počet) počítať

recognize spoznať, rozpoznať

recollect spomenúť si (sb/sth na koho/čo)

recommend odporučiť

➡ *What would you r. to me/us?* Čo mi/nám odporučíte?
Can you r. to me/us a good hotel, a good camp,...? Môžete mi/nám odporučiť dobrý hotel, kemp,...?

record zápis, zápisnica, protokol; *road accident r.* protokol o priebehu nehody

records 1. evidencia, vedenie záznamov **2.** archív

recover 1. zachrániť, vyprostiť **2.** zotaviť sa

recovery 1. záchrana, vyprostenie **2.** zotavenie, uzdravenie; *needing r.* potrebujúci zotavenie

recreation rekreácia

rectory (budova) fara

rectum anat. konečník

red 1. červený **2.** ryšavý, hrdzavý

redirect (dopravu) presmerovať

reduce 1. (rýchlosť) zmenšiť, zmierniť **2.** (cenu) znížiť

reduced zlacnený, zľavnený, znížený

reduction zníženie, zľava; *fare r.* zľava na cestovnom; *price r.* zľava

➡ *Can I (we) get/have the price r.?* Nedostanem(e) zľavu?

reef útes; *coral r.* koralový útes

refer týkať sa (to sth čoho)

refill natankovať

➡ *We need to r.* Ešte musíme natankovať.

refined (správanie) kultivovaný

refresh (o.s.) osviežiť (sa) (with sth čím)

refreshener osviežovač; *air r.* osviežovač vzduchu

refreshment (jedlo, nápoj) občerstvenie

refrigerator chladnička

➡ *Do the apartments, bungalows, rooms,... have a r.?* Majú apartmány, bungalovy, izby,... chladničku?

refuel natankovať

¹refund v hradiť (výdavky)

²refund n refundácia, náhrada; *at a partial r.* so stornovacím poplatkom

¹refuse v (ponuku, návrh) odmietnuť, zamietnuť

²refuse n BR odpadky

regard ohľad; *send* one's r-s* pozdravovať

➡ *Why don't you have r. for...?* Prečo neberieš/neberiete ohľad na...?
Give... my/our r-s. Pozdravujte... odo mňa/od nás.

region región, oblasť, krajina; *mountain ski r-s* vysokohorské lyžiarske oblasti

regional regionálny, krajský

¹register v 1. registrovať, evidovať; zapísať 2. (úradom) ohlásiť (at sb/sth u koho/kde), prihlásiť sa (with sb/sth u koho/kde); *r. with the police* policajne sa prihlásiť 4. (list) podať doporučene

➡ *R. at the reception, with the manager of a camp, with the guide,...* Hláste sa na recepcii, u vedúceho kempu, zájazdu,...
I/We r-ed by phone. Prihlásil som sa/Prihlásili sme sa telefonicky.

²register n (úradný) zoznam, (v hoteli) kniha hostí; *cash r.* registračná pokladnica

registered 1. zaevidovaný, nahlá-

sený; *r. with police* policajne hlásený 2. (list) doporučený

¹registration n registrácia; *r. of luggage* podanie batožiny

²registration adj (číslo) evidenčný

regular 1. pravidelný 2. normálny

regulate regulovať

regulation nariadenie, predpis; *foreign exchange r-s* devízové predpisy; *traffic r-s* dopravný poriadok; *observe the r-s* dodržiavať predpisy

¹reign v vládnuť

➡ * *... r-ed from... to...* ... vládol od... do...

²reign n vláda; *in the r. of...* za vlády...

reinsurance pripoistenie

reject zamietnuť

related (rodinne, podobný) príbuzný

relation (vzťah) známosť

relationship pomer, (medziľudský) styk, vzťah; *family/blood r-s* príbuzenské vzťahy

relative príbuzný; *close r.* blízky príbuzný

¹relax n relaxácia, hovor. relax

²relax v 1. relaxovať 2. (telesne al. duševne) uvoľniť sa 3. rekreovať sa

release 1. uvoľniť 2. (prestať držať) pustiť

relevant dôležitý (to sth pre čo); *as r.* podľa potreby

reliable seriózny, spoľahlivý

➡ *Don't worry, ... drives r-bly.* Neobávajte sa, ... šoféruje spoľahlivo.

relic pozostatok, (hl. historická) pamiatka; *architectural r-s* architektonické pamiatky

relieve zmierniť, uľaviť

religious (sviatok) cirkevný

relish 1. pôžitok **2.** (pikantná) chuťovka, zeleninová príloha

reload hovor. (priestorovo) preložiť

rely počítať (on sb/sth s kým/čím), spoľahnúť sa (on sb/sth na koho/čo)

➠ *I (We) r. on you.* Spolieham(e) sa na teba/na vás.
Can I (we) r. on it? Môžem(e) sa na to spoľahnúť?

remain (v urč. stave) ostať; *r. behind* zaostať

remaining zvyšný

remark (ústna) poznámka

remarkable mimoriadny, pozoruhodný

remedy liek, liečebný prostriedok (for sth proti čomu, na čo); *fever-reducing r.* liek proti horúčke; *r. for diarrhoea* liek proti hnačke

➠ *Give me a r. for..., please.* Dajte mi, prosím, liek proti....

remember 1. pamätať sa (sb/sth na koho/čo) **2.** (nezabudnúť) zapamätať si **3.** spomenúť si **4.** pozdravovať

➠ *Do you r. ...?* Pamätáš/Pamätáte sa na...?

Please, r. me/us to... Pozdravujte odo mňa/od nás...
I (We) can't r. if... Neviem(e) si spomenúť, či...

remembrance (predmet) pamiatka

remind pripomenúť

remote odľahlý

remove odstrániť

remover odstraňovač; *nail varnish r.* odlakovač; *stain r.* čistič škvŕn

remunerate (finančne) odmeniť

¹Renaissance (the) n renesancia

²Renaissance adj renesančný

renew 1. obnoviť **2.** (platnosť) predĺžiť, prolongovať; *r. a passport, a visa* predĺžiť platnosť pasu, víza

renewal 1. obnova **2.** (platnosti) predĺženie, prolongácia

renown sláva, povesť; *win* r. preslaviť sa (for sth čím)

¹rent v AM prenajať (si)

²rent n nájomné; AM výpožičné

rental 1. nájomné; výpožičné; *r. including heating (charges)* nájomné s kúrením; *r. without heating (charges)* nájomné bez kúrenia **2.** aj *r. company* požičovňa; *bicycle r.* požičovňa bicyklov; *boats r.* požičovňa člnov; *motorcycles r.* požičovňa motocyklov; *sailing boats r.* požičovňa plachetníc; *ski r.* požičovňa lyží; *windsurfs r.* požičovňa surfov

renting nájom

¹repair n **1.** aj pl *r-s* oprava; údržba; *car r.* oprava auta; *express shoe r-s* rýchloopravovňa obuvi; *ordinary r.* bežná oprava **2.** motor. stav; *bad, good r. of a car* zlý, dobrý technický stav vozidla

➡ *How long will the r. of... take?* Ako dlho bude trvať oprava...? *How much will the r. of... cost?* Koľko bude stáť oprava...? *Make the utmost necessary r., please.* Urobte, prosím, len tú najnutejšiu opravu.

²repair v opraviť

➡ *Where can I/we r...?* Kde si možno dať opraviť...? *Could you r....., please?* Opravili by ste mi, prosím,...?

repay* **1.** (výdavky) hradiť **2.** odmeniť sa (for sth za čo)

repeat (o.s.) opakovať (sa)

repeated opakovaný, častý

repellant, repellent repelent, odpudzujúci prostriedok, odpudzovač (hmyzu); *electric mosquito r. device* elektrický odpudzovač komárov

replace nahradiť, vymeniť, vystriedať

replacement náhrada; *wheel r.* výmena kolesa/pneumatiky

¹reply n odpoveď

➡ *There's no r.* Volané číslo sa nehlási.

²reply v odpovedať (to sth na čo)

¹report n **1.** (oficiálne) oznámenie, správa, hlásenie; *missing person r.* hlásenie o nezvestnej osobe; *police r.* policajné hlásenie; *road condition r.* hlásenie o stave/správa o zjazdnosti ciest; *roadwatch r.* správa o zjazdnosti ciest (pre šoférov); *special r.* mimoriadne hlásenie; *traffic r.* dopravné hlásenie; *traffic condition r.* správa o dopravnej situácii; *weather r.* správa o počasí; *weatherwatch r.* správa o počasí (vo vybraných turistických lokalitách) pre šoférov **2.** protokol, zápis

➡ *Write out/Take down a r. on..., please.* Spíšte, prosím, protokol o...

²report v (úradne) ohlásiť, zahlásiť // *r. o.s.* hlásiť sa

➡ *I'd/We'd like to r. the theft, the loss of documents/papers,...* Chcel by som/Chceli by sme ohlásiť krádež, stratu dokladov,...

represent **1.** zastupovať, byť predstaviteľom **2.** znázorniť

➡ *What, whom,... does... r.?* Čo, koho,... znázorňuje...?

representation zastupiteľstvo; *r. abroad* zahraničné zastupiteľstvo

representative zástupca, predstaviteľ; *tourist r.* delegát (CK v lokalite počas sezóny)

reprimand napomenúť

republic republika; *the Czech R.*

R

Česká republika; *the Slovak R.* Slovenská republika; *the R. of Ireland* Írska republika

reputable dôstojný, seriózny

request prosba, žiadosť

require 1. žiadať (*sth o čo*) **1.** potrebovať

requirement 1. požiadavka; *according to r-s* podľa potreby **2.** podmienka

➤ *What are your r-s?* Aké máte podmienky?

reroute (dopravu) odkloniť

¹rescue n záchrana

²rescue v zachrániť

³rescue adj záchranný

rescuer záchranca, záchranár

resemble podobať sa

reservation 1. rezervácia, rezervovanie; *seat r. (ticket)* miestenka; *table r.* rezervácia stola; *confirm the r.* potvrdiť objednávku ubytovania **2.** (indiánska) rezervácia **3.** výhrada

➤ *I've got the seat r.* Mám na toto miesto miestenku.
I (We) have to change the flight r. Musím(e) zmeniť objednávku letu.
I'd/We'd like to make a table r. for... hours for... persons. Rezervujte mi/nám, prosím, na... hodín jeden stôl pre... osôb.

¹reserve v (letenku) objednať (si), obsadiť

➤ *R. ... for me/for us (for tomor-*row*), please.* Objednajte mi/nám, prosím, (na zajtra)...
I've (We've) r-d.... Mám(e) rezervované...

²reserve n **1.** zásoba, rezerva **2.** (prírodná) rezervácia; *nature r.* prírodná rezervácia; *wildlife r.* prírodná rezervácia, rezervácia voľne žijúcej zveri; *wildlife r. for protected species of animals* rezervácia chránených druhov zveri **3.** šport. náhradník

reserved 1. rezervovaný **2.** (človek) neprístupný

➤ *The suit, the table,... is r. till... o'clock.* Apartmán, stôl,... je rezervovaný do...

reservoir, aj *storage r.* (vodná) nádrž

reside bývať, žiť, (o panovníkoch) sídliť *r. in* (dom) obývať

residence 1. aj *place of r.* (trvalé) bydlisko, (trvalý) pobyt; *permanent r.* trvalé bydlisko **2.** rezidencia, (panovníkov ap.) sídlo; *be* in a r.* sídliť

¹resident n **1.** (domu, mesta, krajiny) obyvateľ **2.** ubytovaný hosť

²resident adj bytom

resist brániť sa, odolávať

resistant odolný (*to sth proti čomu*)

resort 1. kúpele; *bathing r.* prímorské kúpele; *climatic r.* klimatické kúpele; *health r.* kúpele, kúpeľné mesto; *mountain r.* horské klimatické kúpele;

seaside r. prímorské letovisko; *summer r.* letovisko; *thermal spa r.* termálne kúpele; *go* to the health r.* cestovať do kúpeľov **2.** stredisko; *holiday/* ⓐ︎ᴹ *vacation r.* dovolenkové/rekreačné stredisko; *ski r.* lyžiarske stredisko; *winter r.* zimné športové stredisko **3.** východisko; *in the last r., as a last r.* v najkrajnejšom prípade

respect rešpektovať, (názor) uznať

respectable seriózny, dôstojný

respirator kyslíkový prístroj

respire odb. dýchať

respond (oficiálne) odpovedať (to sth na čo)

response odpoveď

responsibility 1. zodpovednosť **2.** povinnosť

responsible zodpovedný (for sb/ sth za koho/čo); *be* r. for* sth niesť zodpovednosť za čo

➡ *Who's r. for it?* Kto je za to zodpovedný?

¹**rest** *n* **1.** oddych; *midday r.* poludňajší oddych **2.** pokoj, nečinnosť; *r. in the bed* pokoj na lôžku **3.** operadlo, opierka **4.** zvyšok

²**rest** *v*, aj *have* a r.* oddýchnuť si

restaurant reštaurácia; *drive-through r.* ⓐ︎ᴹ reštaurácia s podávaním jedál do auta; *fast-food r.* ⓐ︎ᴹ bufet; *garden r.* záhradná reštaurácia; *hotel r.* hotelová reštaurácia; *lookout r.* vyhliadková

reštaurácia; *luxurious r.* luxusná reštaurácia; *motorway r.* motorest; *non-alcoholic r., r. with non-alcoholic drinks* nealkoholická reštaurácia; *non-smoking r.* nefajčiarska reštaurácia; *small r.* bistro; *street r.* pouličná reštaurácia; *TV/television tower r.* reštaurácia v televíznej veži; *vegetarian r.* vegetariánska reštaurácia; *r. serving grilled food/meals* reštaurácia s grilovanými jedlami; *r. with fish specialities* reštaurácia s rybími špecialitami; *r. with non-smoking section* reštaurácia s nefajčiarskou časťou

➡ *Is there/Where can I (we) find a good (Chinese, vegetarian,...) r. around here?* Je tu niekde dobrá (čínska, vegetariánska,...) reštaurácia?
Is there a r. at the hotel? Má hotel vlastnú reštauráciu?

✱ *The r. is open, closed from... till...* Reštaurácia je otvorená, zatvorená od... do... hodiny.

restless nepokojný

restlessness nepokoj

rest-needing potrebujúci oddych

restorer voda na vlasy

restrict (o.s.) obmedziť (sa)

restriction obmedzenie

result výsledok, efekt, následok

resuscitate odb. kriesiť

resuscitation oživovanie; *mouth-to-mouth r.* umelé dýchanie

R

➡ *Who can provide mouth-to-mouth r.?* Kto tu vie poskytnúť umelé dýchanie?

retain zachovať, udržať

retread, aj *r. a tyre* protektorovať pneumatiku

¹**return** n návrat; *untimely r.* predčasný návrat

➡ *Many happy r-s (of the day)!* Gratulujem ti/vám! Všetko najlepšie k narodeninám!
One r. to..., please! Prosím si jeden lístok do... a späť!

²**return** adj (lístok) spiatočný

³**return** v prísť naspäť, vrátiť (sa)

returnable (obal) zálohovaný

➡ *Are the bottles r.?* Sú fľaše zálohované?

revenue dôchodok, príjem

reverse (rýchlosť) spiatočný

revolution motor. obrátka

revolve (okolo stredu osi) krúžiť, otáčať (sa)

reward odmeniť

rewarding vyplácajúci sa, lukratívny; vďačný; *be* r.* vyplatiť sa

rheumatic reumatický

rhinitis odb. nádcha; *allergic r.* alergická nádcha

rib 1. anat. rebro 2. kuch. rebierko; *r. of beef* hovädzie rebierko; *r. of pork* bravčové rebierko; *roast r. (of beef)* prírodné rebierko

rice ryža; *brown r.* hnedá/prírodná ryža; *preboiled r.* predvarená ryža; *puffed r.* burizóny; *stewed r.* dusená ryža

rich 1. bohatý 2. (strava) výdatný

richness bohatstvo

¹**ride** n (dopr. prostriedkom) cesta, (aj na koni) jazda; *bus r.* cesta autobusom; *motorcycle r.* jazda na motorke; *train r.* cesta vlakom; *have* a free r.* cestovať načierno; *have* a r.* povoziť sa; *hitch a r. (in a car)* AM hovor. (auto) stopnúť; *take* a r. (autom)* ísť na výlet

➡ *I'd (We'd) like to have some r. here about.* Chcem(e) sa len trochu povoziť po okolí.

²**ride*** v jazdiť; *r. a bicycle, a motorcycle* jazdiť na bicykli, motorke

ridge (horský, meteor.) hrebeň, výbežok, chrbát; *mountain r.* horský hrebeň/ chrbát; *r. of low pressure* výbežok tlakovej níže

¹**right** adj 1. (op. ľavý) pravý 2. správny, riadny; presný

➡ *R.!* Správne. Áno!
Have you got the r. time? Máte presný čas?
You are absolutely r. Máš/Máte úplnú pravdu.

²**right** adv 1. dobre, správne 2. aj *to the r.* doprava, vpravo, napravo; *on the r.* napravo, vpravo, na pravej strane; *turn (to the) r.* zabočiť doprava; *to the r. of the entrance* napravo od vchodu 3. (priestorovo) hneď; *r. next to the car park, to the*

beach, to the entrance hneď pri parkovisku, pláži, vchode

➡ *Am I/Are we r. here?* Som/Sme tu dobre?

All r.! That's all r.! V poriadku! Dobre!

Keep over/well to the r.! Držte sa vpravo!

³**right** n právo, nárok, oprávnenie

➡ *I (We) have a r. to it.* Mám(e) na to právo.

I (We) had the r. of way. Mal som (Mali sme) prednosť v jazde.

rind (na ovocí) kôra

¹**ring** n 1. koleso, kruh, prstenec; *auto-inflating/self-inflating life (-rescue) r.* záchranné koleso; *pool r.* koleso na plávanie 2. prsteň

²**ring** v 1. aj *r. up* telefonovať, volať 2. (zvon) biť, zvoniť; zazvoniť

rink, aj *ice/skating r.* klzisko; *artificial skating r., skating r. with artificial ice* umelé klzisko; *natural (ice) skating r.* prírodné klzisko

rinse opláchnuť

riot nepokoj, vzbura, výtržnosť; *race r-s* rasové nepokoje

ripe zrelý

¹**rise** n 1. nárast; *r. in temperature* oteplenie 2. (nebeských telies) východ

²**rise*** v 1. stúpať, zvyšovať sa 2. aj *r. up* zdvihnúť sa, vstať 3. vyvierať, prameniť 4. (na oblohe) vyjsť

¹**risk** v riskovať; hazardovať

²**risk** n riziko, nebezpečenstvo; *black-ice r.* nebezpečenstvo poľadovice; *icing r.* nebezpečenstvo vytvárania sa námrazy; *r. of avalanches* lavínové nebezpečenstvo; *at one's own r.* na vlastné nebezpečenstvo; *run*/take* the r.* riskovať

risky riskantný

risotto rizoto

river rieka; *big/large/main r.* veľrieka; *Moravian r.* Morava

river-bed (rieky) koryto, riečisko

riverside (rieky) breh

road cesta, hradská, komunikácia; *access r.* príjazdová/prístupová cesta, príjazd; *approach r.* prístupová komunikácia, diaľničný privádzač; *asphalt r.* asfaltka; *arterial r.* výpadová komunikácia, magistrála, hovor. výpadovka; *by-pass r.* obchádzková cesta; *dry r.* suchá vozovka; *dug r.* rozkopávka; *feeder r. (to the freeway)* diaľničný privádzač; *fly-over r.* mimoúrovňová komunikácia; *forest r.* lesná cesta; *four-lane or multiple-lane r.* štvor- alebo viacprúdová cesta; *gritted r.* posypaná vozovka; *icy r.* zľadovatená vozovka; *impassable r.* nezjazdná cesta; *link r.* diaľničný privádzač; *local r.* miestna cesta; *main/trunk r.* hlavná cesta; *No Through R.* (značka) slepá ulica; *one-way r.*

R

jednosmerná cesta/komuniká-
cia; *parallel r.* rovnobežná ces-
ta; *primary r.* cesta I. triedy;
private r. súkromná cesta; *ring
r.* kruhový obchvat, vonkajší
okruh; *second-class/seconda-
ry/subarterial r.* cesta II. triedy;
side r. vedľajšia cesta; *single-
-lane or two-lane r.* jedno- alebo
dvojprúdová cesta; *slip r.* BR
diaľničný nájazd/výjazd, príjazd
na diaľnicu, diaľničný privá-
dzač; *snowed-up r-s* snehom
zaviate cesty; *through r.* pre-
jazdná cesta; *toll r.* cesta s po-
vinným poplatkom; *trunk r.*
magistrála; *wet r.* mokrá vozov-
ka; *r. along the coast* cesta
pozdĺž pobrežia; *r. under con-
struction* rozkopávka, cesta vo
výstavbe; *along the r.* povedľa
cesty; *edge of the r.* okraj vozov-
ky; *hit* the r.* AM vyraziť na ces-
tu; *the car holds, these tyres grip
the r. well* auto sedí, tieto pneu-
matiky sedia dobre na ceste
➧ *Where does this r. lead to?*
Kam vedie táto cesta?
Is this the r. to...? Je to cesta
do...?
*We had got a puncture, an
accident,... on road.* Cestou
sme mali defekt, nehodu,...
roadhouse AM motorest
roadwatch (pre šoférov) správa
o zjazdnosti ciest
roadway hradská

roadworthy (auto) schopný jazdy;
not r. nepojazdný
roam (bezcieľne) túlať sa (about/
around sth po čom)
¹**roast** n, aj *r. meat* pečienka; *pot
r.* dusená hovädzina
²**roast** v 1. kuch. (mäso) piecť, (ká-
vu) pražiť 2. hovor. piecť, hriať
// *r. o.s.* (in the sun) piecť sa
(na slnku)
³**roast(ed)** adj (mäso) pečený,
(mandle) pražený
roastbeef kuch. rozbíf
rob okradnúť (of sth o čo), vykrad-
núť
➧ *We were r-bed at night, at the
lay-by, in the camp,...* V noci,
na odpočívadle, v kempe,... nás
okradli.
robber vykrádač; *car r.* vykrádač
áut
robbery krádež, lúpež; *r. with vio-
lence* lúpežný prepad
robe kúpací plášť
¹**rock** v hojdať (sa)
²**rock** n skala
rocky (pobrežie) skalnatý
¹**rococo** n 1. aj *r. style* (sloh) roko-
ko, rokokový sloh 2. aj *r. work*
(diela) rokoko
²**rococo** adj rokokový
rod tyč; *connecting r.* motor. ojnica
¹**roll** n 1. (pečivo) rožok 2. (men-
ný) zoznam
²**roll** v gúľať sa *r. back* jazdiť doza-
du/spiatočkou
roller natáčka

roller-coaster horská dráha

roller-skate korčuľovať sa na kolieskových korčuliach

roller-skates kolieskové korčule

roller-skating jazda na kolieskových korčuliach

rollmop (sleď) zavináč

roll-on guľôčkový dezodorant, dezodorant v guľôčke

Romanesque (sloh) románsky

romantic romantický

Romanticism romantizmus

Romanesque (sloh) románsky

roof (aj auta) strecha

roof-rack motor. ohrádka

¹room n **1.** izba, miestnosť; *adjacent/adjoining r.* susedná izba; *barrier-free r.* bezbariérová izba; *billiards r.* miestnosť s biliardom; *(common) lodging house r.* spoločná izba v nocľahárni; *consulting r.* ordinácia; *day r.* denná miestnosť; *dining r.* (v hoteli) jedáleň; *doorman's r.* (hotela) vrátnica; *double r.* dvojlôžková izba; *dressing r.* šport. šatňa; *emergency r.* (lekárska) pohotovosť; *family r.* izba pre rodinu; *grill r.* (reštaurácia) gril; *guest r.* hosťovská izba; *hotel r.* hotelová izba; *issuing r.* výdaj, výdajňa; *ladies' r.* AM dámske WC, Dámy; *living r.* obývacia miestnosť; *lodging r.* izba na súkromí; *Men's r.* AM hovor. pánske WC, Páni; *next r.* vedľajšia izba; *night*

emergency r. nočná pohotovostná ambulancia; *non-smoking r.* izba pre nefajčiarov; *reading r.* čitáreň; *ready-to-move r.* izba pripravená na nasťahovanie; *refreshment r.* (verejná) jedáleň; *shower r.* sprcháreň; *single r.* jednolôžková izba, hovor. jednotka, single; *steam r.* sauna; *swimming pool dressing r.* šatňa na kúpalisku; *tea r.* BR kaviareň; *treatment r.* ošetrovňa; *triple r., r. with three beds* trojlôžková izba; *waiting r.* (na stanici, u lekára ap.) čakáreň; *r. for... persons* izba pre... osôb; *r. in lodgings* izba na súkromí; *r. with a double bed* izba s dvojlôžkom; *r. with full board, with half board* izba s plnou penziou, s polpenziou; *r. with a kitchenette* izba s možnosťou varenia; *r. with (running) hot and cold water* izba s tečúcou teplou a studenou vodou; *r. with a separate entrance* izba s osobitným vchodom; *r. with a television set* miestnosť s televízorom; *take* a r. (in a boarding house, in lodgings)* ubytovať sa (v penzióne, na súkromí) *(with sb u koho)* **2.** priestor; *standing r.* miesto na státie

➡ I/We have booked a r. here. Objednal som/Objednali sme si u vás izbu.

R

Do you have/Have you got any r-s available? Máte ešte voľnú izbu/voľné izby?

We have... r-s available yet. Máme ešte... voľných izieb.

We need the r. for one day, for... days, from... till... Izbu potrebujeme na jeden deň, na... dní, od... do...

I'd/We'd like a r. with a bathroom/a bath, with a balcony, with a terrace, looking out on the sea/with a view of the sea,... Chcel by som/Chceli by sme izbu s kúpeľňou, balkónom, terasou, výhľadom na more...

How much is the r. per night/ for a night/for one day? Koľko stojí izba na deň?

May I (we) see the r.? Môžem(e) sa pozrieť na izbu?

Show us the bigger, lighter, cheaper,... room, please. Ukážte nám, prosím, väčšiu, svetlejšiu, lacnejšiu,... izbu.

I'd/We'd like to have a sunny r. Chcel by som/Chceli by sme slnečnú izbu.

The r. is to be vacated by... You have to check out by... Izbu treba uvoľniť do...

Where's the railway station waiting r.? Kde je staničná čakáreň?

²**room** v AM bývať (v podnájme)

roommate spolubývajúci

¹**rope** n lano; *(rock)* climbing r. horolezecké lano; *towing r.* odťahovacie lano

²**rope** v pripútať sa lanom *r. down* (po lane) spustiť sa

ropeway visutá lanovka

¹**rose** n ruža

²**rose** adj ružový

rotary križovatka s kruhovým objazdom

rotate (obiehať okolo osi) krúžiť, otáčať (sa)

rotten (ovocie ap.) zhnitý

round 1. okolo, po; *r. and r.* dookola; *go* for a watch r. the town* túlať sa po meste **2.** za; *r. the corner* za rohom

➡ *Turn r. the corner.* Zabočte za roh.

rough (op. jemný) hrubý

roughly približne

➡ *The journey lasts r. half an hour,... hours.* Cesta trvá približne... hodiny,... hodín.

roulette ruleta

¹**round 1.** šport. kolo **2.** aj *r. of drinks* hovor. runda

➡ *He bought a r. of beer for all the guests.* Všetkým hosťom zaplatil rundu piva.

²**round** okrúhly, guľatý

roundabout dopr. križovatka s kruhovým objazdom

route cesta, trasa, trať; *diversion r.* obchádzková trasa; *main r.* dopr. tepna; *main traffic r.* hlavná dopravná tepna, hlavný

dopravný ťah; *primary r.* BR
cesta I. triedy; *roundabout r.*
okľuka, zachádzka; *second-
class/secondary/subarterial r.*
BR cesta II. triedy

➡ *I'll (We'll) take the most com-
fortable, the shortest r.* Pôj-
dem(e) najpohodlnejšou, naj-
kratšou cestou/trasou.

*I'll go with you I am taking the
same r.* Pôjdem s vami, idem
tým smerom.

We've done the... kilometre r.
Zdolali sme -kilometrovú trasu.

¹**row** v 1. člnkovať sa 2. veslovať
²**row** n vychádzka na člne
³**row** n rad

➡ *I'd like a seat, two seats,... in
the row.../in the... row.* Prosím
si jeden lístok, dva lístky,...
do... radu.

royal kráľovský

rubber 1. guma 2. kaučuk 3. ho-
vor. prezervatív

rubbish BR odpadky

rubefaction (pokožky) sčervenanie

rucksack batoh, plecniak, hovor.
ruksak; *r. with metal back sup-
port* plecniak s kovovou výstu-
žou

¹**ruin** n ruina, troska, aj pl *r-s* zrú-
canina; *castle r-s* zrúcanina
hradu

²**ruin (o.s.)** v zničiť (sa)

¹**rule** v panovať, ovládať, vládnuť
r. out (omyl ap.) vylúčiť

²**rule** n 1. pravidlo, predpis; *house*

r-s domový poriadok; *import/
export r-s* dovozné a vývozné
predpisy; *traffic r-s* pravidlá
cestnej premávky, dopravné
predpisy; *vaccination r-s* očko-
vacie predpisy 2. vláda, vlád-
nutie

Rumania Rumunsko

¹**Rumanian** adj rumunský

²**Rumanian** n 1. Rumun 2. rumun-
čina

rumour chýr

¹**run*** v 1. bežať 2. (o dopr. pro-
striedkoch) chodiť, premávať
3. (autom) zaviesť, vziať 4. (ľu-
dia) prúdiť 5. riadiť 6. tiecť
7. fungovať, bežať; *be* r-ning*
byť v chode *r. away* utiecť
r. over (jazdou zraniť, usmrtiť)
prejsť

➡ *... hours r-ning ...* hodín za sebou

*This bus, train r-s every... mi-
nutes.* Tento autobus, vlak cho-
dí každých... minút.

*Does... r. to the station, to the
city centre,...?* Premáva... na
stanicu, do centra,...?

*The bus, the ferry, the train,...
r-s just over the working days,
every... minutes, just on Sun-
days and Holidays.* Autobus,
trajekt, vlak,... premáva len
v pracovných dňoch, každých...
minút, len v nedeľu a vo svia-
tok.

Would you r. me to...? Vzali by
ste ma do...?

R

²**run** n **1.** beh; *downhill (ski) r.* zjazd **2.** sánkarská dráha **3.** útek; *r. of the driver after accident* útek vodiča z miesta nehody

running 1. prevádzka, (motora) chod; *get*/set* r.* uviesť do chodu

runway, aj *landing r.* pristávacia dráha

rural dedinský

rush ruch, zhon

Russia Rusko

¹**Russian** adj ruský

²**Russian** n **1.** Rus **2.** ruština

rustic (sedliacky) dedinský

rusty hrdzavý

R

S

sacristan kostolník
sacristy sakristia
sacrodynia bolesti v krížoch
sad smutný
saddle (aj horské) sedlo
safari safari; *jeep s.* safari na džípe; *winter s.* zimné safari
¹safe adj bezpečný
²safe n sejf, trezor, bezpečnostná schránka; *hotel s-s* hotelové sejfy/trezory; *in-room s.* izbový trezor; *keep* in a hotel s.* uschovať v hotelovom trezore
safekeeping úschova; *put* in s.* uschovať
¹safety n bezpečnosť, istota; *driving s.* bezpečnosť jazdy
²safety adj (zariadenie) bezpečnostný; *for s.'s sake* pre istotu
saga legenda, sága
¹sail v 1. (o plavidlách) plávať 2. (na plachetnici) plachtiť; *s. against the wind* plachtiť proti vetru *s. around* oboplávať *s. in* vplávať
²sail n (lodná) plachta; *set* s-s* (z prístavu) vyplávať
sailor 1. námorník 2. (na plachetnici) plachtár
¹saint adj svätý
²saint n svätec
salad šalát; *cucumber s.* uhorkový šalát; *fruit s.* ovocný šalát; *chicken s.* hydinový šalát; *meat s.* mä-

sový šalát; *mixed vegetable s.* zeleninový šalát; *pasta s.* cestovinový šalát; *potato s. with mayonnaise* zemiakový šalát s majonézou; *potato s.* zemiakový šalát; *Russian s.* vlašský šalát; *side s.* obloha; *stewed vegetable s.* lečo
salami saláma; *ham s.* šunková saláma; *Hungarian s.* maďarská saláma; *long-life s.* trvanlivá saláma; *sliced s.* nárez; *tourist s.* turistická saláma
salary (mesačná, duševne pracujúcich) mzda, plat
sale 1. predaj; *advance s.* (cestovných lístkov, vstupeniek) predpredaj; *airline tickets s.* predaj leteniek; *entrance tickets s.* predaj vstupeniek; *tickets s.* predaj cestovných lístkov 2. výpredaj, výpredajová akcia; *clearance s.* dopredaj; *seasonal s.* sezónny výpredaj; *special s.* mimoriadny výpredaj; *summer, winter s.* letný, zimný výpredaj
salesman* predavač
saleswoman* predavačka
salmon* losos
salmonellosis salmonelóza, salmonelová infekcia
salon salón; *beauty s.* kozmetický salón; *hair s.* kadernícky salón
saloon AM krčma
salopettes pl otepľovacie (lyžiarske) nohavice
¹salt n soľ; *sea s.* morská soľ; *table s.* kuchynská soľ

S

■ *I do'nt use s.!* Nesolím!

²**salt** v (o)soliť

saltless (bez soli) neslaný

salty slaný

saltwater (ryba) morský

salvation záchrana

salve (lekárenská al. kozmetická) masť

same rovnaký

➠ *We live at the s. hotel.* Bývame v rovnakom hoteli.

sanatorium liečebný dom, ozdravovňa, zotavovňa

sanctuary 1. (posvätné miesto) svätyňa **2.** rezervácia; *bird s.* vtáčia rezervácia; *wildlife s.* rezervácia voľne žijúcej zveri

sand piesok; *coarse s.* hrubozrnný piesok; *fine/fine-grained s.* jemný piesok

sandals pl sandále

sandbox [Am], [Br] **sandpit** (detské) pieskovisko

sandwich chlebík, sendvič; *ham s.* obložená žemľa so šunkou; *open s.* obložený chlebík

sandy piesčitý

sanitation hygiena

sanitary hygienický, zdravotný

sardine sardinka; *s-s in oil* sardinky v oleji

sarnie hovor. sendvič

satiated sýtený

satisfied spokojný

➠ *I am/We are (very) s. with...* Som/Sme s... (veľmi) spokojný/spokojní.

I am not/We are not s. with the service, with the personnel, with accommodation,... Nie som spokojný/Nie sme spokojní s obsluhou, personálom, ubytovaním,...

satisfy (požiadavky ap.) uspokojiť

¹**Saturday** n sobota; *every S., on S-s* každú sobotu

²**Saturday** adj sobotňajší, sobotný

sauce omáčka, prívarok; *chilli s.* čili omáčka; *soya s.* sójová omáčka; *Tartar s.* tatárska omáčka; *tomato s.* rajčinová omáčka

saucepan rajnica, kastról

sauerkraut kyslá kausta

sauna sauna; *domestic/home s.* domáca sauna; *have* * *a s.* saunovať sa

➠ *Is there a s. at the hotel?* Je v hoteli sauna?

sausage párok, klobása, safaládka, pl *s-s* údeniny; *homemade s.* domáca klobása; *liver s.* pečeňová saláma; *(small) s-s and/ with mustard* [Br] párky s horčicou; *summer s.* [Am] saláma; *Vienna s-s* viedenské párky

save 1. zachrániť, ochrániť **2.** obsadiť // *s. o.s.* zachrániť sa

➠ *S. me/us the seats on the bus, a place at the table,...* Obsaďte mi/nám, prosím, miesta v autobuse, pri stole,...

savoy kel

say * **1.** povedať; *s. again* zopakovať **2.** uviesť; *s. one's address,* *personal data* uviesť svoju adresu, osobné údaje

➡ *What did you s.?* Ako prosím?
What do you s. to it? Čo na to hovoríš/hovoríte?
How do you s. it in...? What is it in...? Ako sa to povie po...?

✳ *S. it in..., please.* Povedz(te) to po...
S. it again, please. Zopakujte to, prosím, ešte raz.

scald obariť; *be s-ed* popáliť sa

scale 1. škála; *on a large/a massive s.* hromadne, vo veľkom **2.** (mapy) mierka

Scandinavian severský

scanty (raňajky) skromný

scar jazva; *avalanche s.* lavínová dráha

scarf* ručník, šatka, šál

scatter rozbehnúť sa, rozprchnúť sa

scavenger odpratávač

scene scenéria, výhľad

scenery ráz, krajina

scenic (krajina) malebný

schedule 1. aj *graphic s.* harmonogram; (časový) program, plán; *cramped/full s.* nabitý program; *behind s.* po termíne **2.** cestovný poriadok; *air/airline/flight s.* letový poriadok; *bus s.* autobusový poriadok

scheduled (spoj) pravidelný

scheme režim; *daylight saving s.* A̅M̅ (posunutý) letný čas

schnitzel rezeň; *Vienna/Wiener s.* (vyprážaný) viedenský rezeň

school škola; *diving s.* škola potápania; *driving s.* autoškola; *riding s.* jazdecká škola; *ski(ing) s.* lyžiarska škola; *snowboarding s.* škola snoubordingu; *tennis s.* škola tenisu; *waterski s.* škola vodného lyžovania; *windsurfing s.* škola surfovania

scissors, aj *a pair of s.* nožnice; *manicure s.* hovor. manikúrky

scooter 1. kolobežka **2.** aj *motor s.* skúter; *water s.* vodný skúter; *ride* a *s.* **1.** kolobežkovať sa **2.** jazdiť na skútri

scour hovor. obehať, obísť, ponavštevovať; *s. all the city, all the shops* obehať celé mesto, všetky obchody

screen 1. clona; *sun s.* slnečná clona **2.** obrazovka

screwdriver skrutkovač

script (sústava písomných znakov) písmo; *Arabic s.* arabské písmo

scrutinize (dôkladne) prezrieť, prekontrolovať

sculp (sochu) tesať

sculptor sochár

sculpture výtvar. **1.** socha, plastika; *wooden s.* drevená plastika **2.** sochárstvo

¹**sea** n more; *calm s.* pokojné more; *heavy s.* vlnobitie; *high s-s* šíre more; *inland s.* vnútrozemské more; *open s.* otvorené/šíre/voľné more; *rough/stormy/choppy s.* rozbúrené/nepokojné more; *the Black S.* Čierne

S

more; *thc Adriatic S.* Jadranské
more; *the Baltic S.* Baltské mo-
re; *the Dead S.* Mŕtve more;
the Mediterranean S. Stredo-
zemné more; *the North S.* Se-
verné more; *surrounded by s.*
obklopený morom

²**sea** adj **1.** (planktón) morský
2. (plavba) námorný

seabed, AM **seafloor** morské dno

seafood dary mora, morské ryby

seagull čajka

¹**seal** n pečať, plomba, tesnenie

²**seal** v (pečaťou) zaplombovať

seaman* námorník

seamanship (povolanie) námor-
níctvo

seaport námorný prístav

¹**search** v hľadať, pátrať (*for sb* po
kom); *s. for the missing* pátrať
po nezvestných *s. out* vypátrať

²**search** n **1.** hľadanie **2.** pátracia
akcia, hovor. pátračka **3.** pre-
hliadka; *personal s.* osobná
prehliadka

seashore morský breh, (morské)
pobrežie

¹**seaside** n (morské) pobrežie

▸ ✳ *I am (We are) travelling to
the s.* Cestujem(e) k moru.
We were on holiday/ AM *on
vacation at/by the s.* Dovo-
lenkovali sme pri mori.
*We passed (by car, ship,...)
along the s.* Prešli sme (au-
tom, loďou,...) pozdĺž pobre-
žia.

²**seaside** adj (letovisko) prímorský

¹**season** n sezóna; *holiday s.* dovo-
lenková sezóna; *off-peak s.* ved-
ľajšia sezóna; *open s.* poľovníc-
ka sezóna; *peak tourist, holiday
s.* hlavná turistická, dovolenko-
vá sezóna; *the silly s.* hovor.
uhorková sezóna; *summer s.*
letná sezóna; *winter s.* zimná
sezóna; *after s.* po sezóne; *in s.*
počas sezóny; *out of s.* mimo
sezóny

²**season** adj sezónny

³**season** v koreniť

seasonal (prevádzka) sezónny

seasoning korenie, koreniny

seat 1. sedadlo; *anatomically
shaped/body-contoured/
bucket s.* anatomické sedadlo;
back/rare s. zadné sedadlo;
driver's s. sedadlo vodiča;
folding s. sklápacie sedadlo;
front s. predné sedadlo; *(front)
passenger s.* sedadlo spolujazd-
ca; *pillion s.* (na motorke) se-
dadlo spolujazdca **2.** miesto
na sedenie; *aisle s.* miesto pri
dverách; *window s.* miesto pri
okne; *s. facing backward, fac-
ing forward* miesto v protisme-
re, v smere jazdy; *s-s in gallery*
miesta na galérii **3.** (inštitúcie,
aj hist.) sídlo, hist. stolica

▸ *I'd like one s. on the train to...*
Chcel by som miestenku na
rýchlik do...
I'd/We'd like a s. at the win-

dow, an aisle s., a s. in the middle of the bus,... Chcel by som/Chceli by sme miesto pri obloku, pri dverách, v strede autobusu,...

I'd/We'd like the s-s in the front, in the rear,... Chcel by som/Chceli by sme sedieť vpredu, vzadu,...

Take your s-s, please! Zaujmite, prosím, svoje miesta!

Is there any vacant s. here? Je tu ešte voľné miesto?

Yes, there's one vacant s. Áno, je tu ešte jedno voľné miesto.

No, all s-s are taken. Nie, všetky miesta sú obsadené.

I am keeping the s. for you. Držím ti/vám miesto.

There's one (vacant) s. in my (our) car. Mám(e) ešte v aute (voľné) miesto.

✳ *Could you keep the front s-s for us?* Obsaďte nám, prosím, predné sedadlá!

seating, aj *s. plan* zasadací poriadok

seaward(s) smerom na (otvorené) more

seaway (morský) kanál

seaweed chaluha, morská riasa

secluded (miesto) osamelý

second 1. sekunda **2.** hovor. sekunda, okamih

➧ *Just a s., please!* Okamih, prosím!

Wait a s., please! Počkaj(te), prosím, sekundu!

secondary nepodstatný, vedľajší

second-class druhotriedny

second-rate druhotriedny

secret tajný

section 1. časť (celku), úsek; *tail s. of the aircraft* zadná časť lietadla **2.** oddelenie, odbor

sector sektor; *service s.* sieť služieb

secular (nie náboženský) svetský

secure 1. zaistiť, pripevniť; *be* s-d on the rope* istiť sa lanom **2.** zabezpečiť **3.** zastaviť krvácanie // *s o.s.* istiť sa, poistiť sa, zabezpečiť sa; *s. o.s. with a rope* poistiť sa lanom

security 1. bezpečnosť, istota; *traffic s.* bezpečnosť cestnej premávky **2.** ekon. kaucia

¹see* v **1.** vidieť, uvidieť; *s. each other* uvidieť sa **2.** navštíviť **3.** pozrieť si **4.** rozumieť, chápať **5.** vidieť sa, stretávať sa **6.** zažiť, byť svedkom *s. off* odprevadiť *s. through* (zámer) prehliadnuť

➧ *S. you!* Čau! Dovidenia!

S. you soon! Do skorého videnia!

S. you tomorrow! Dovidenia zajtra!

Let me s.! (moment) Počkaj(te)!

Come to s. us sometimes. Príď(te) nás niekedy navštíviť.

When will you s. us again? Kedy nás zase navštíviš/navštívite?

Wait and s.! Zachovaj(te) pokoj!

What would you like to s.? Čo

by si si chcel/by ste si chceli pozrieť?

I'd/We'd like to s. the Old Town, the Town Hall, the city surroundings,... Rád by som si pozrel/Radi by sme si pozreli starú časť mesta, radnicu, okolie mesta,...

Go and s. for yourself. Presvedčte sa, prosím, sám.

How can I (we) s. what you mean? Ako tomu mám(e) rozumieť?

We shall s.! Uvidíme!

When did you s. ... last time? Kedy si videl/ste videli... naposledy?

I am (We are) happy to s. you again. It's very nice to s. you again. Teším(e) sa, že ťa/vás zasa vidím(e).

Have you seen... yet? Videl si/Videli ste už...?

It's worth of s-ing! To treba vidieť!

Would you s. me/us off? Neodprevadíš ma/nás?

May I s. you off part of the way, home, to the hotel,...? Smiem ťa/vás odprevadiť ešte na kúsok, domov, do hotela,...?

We s. you off to the bus, to the train, to the station,... Odprevadíme ťa/vás na autobus, vlak, stanicu,...

²**see** n biskupstvo; *Holy/Apostolic S.* Svätá stolica

seed semeno; *caraway s.* rasca; *poppy s.* (semeno) mak

seek* hľadať

seeker hľadač; *asylum s.* azylant

segment úsek

seize 1. chytiť, uchopiť 2. uchvátiť

seizure záchvat; *heart s.* srdcový záchvat

select vybrať, zvoliť

selection výber

selective prieberčivý

self-cater (počas dovolenky) stravovať sa vo vlastnej réžii

➡ *We are s-ing.* Stravujeme sa sami.

self-catering (počas dovolenky) stravovanie vo vlastnej réžii

self-defence sebaobrana

➡ *I/We acted in s.* Konal som/Konali sme v sebaobrane.

self-reliant sebestačný, samostatný

self-service (činnosť) samoobsluha

sell* predať *s. off/out* vypredať

➡ *Where... is/are sold?* Kde sa predáva(jú)...?

All flights, buses, ferries,... have been sold out for many weeks. Všetky lety, autobusy, trajekty,... sú už týždne vypredané.

Sellotape BR lepiaca páska

sellout výpredaj

send* poslať; *s. by an express messenger/* AM *by special delivery* poslať expres; *s. by air mail* poslať letecky; *s. by rail* poslať po železnici; aj *s. off* odoslať, podať *s. back* vrátiť

➡ *Where can I/we s. the tele-*

grams? Kde možno podať telegramy?

sender odosielateľ

sending (telegramu) podanie

sensation rozruch; *cause a s.* vzbudiť rozruch

sense cit, pocit; *sense of direction* orientačná schopnosť; *s. of responsibility* pocit zodpovednosti

sensible citeľný

sensitive citlivý; *s. to the changes in weather* citlivý na zmeny počasia; *s. to the cold* citlivý na chlad; *s. to chill* citlivý na mráz

sensor senzor, snímač

sentence veta

¹**separate** adj oddelený, samostatný

²**separate** v oddeliť (sa)

separately zvlášť

sepsis otrava krvi

¹**September** n september; *at the beginning of S.* začiatkom septembra; *in S.* v septembri; *towards the end of S.* koncom septembra

²**September** adj (dovolenka) septembrový

sequence rad; poradie, sled

➡ *In what s.?* V akom poradí?

Serb Srb

Serbia Srbsko

Serbian srbský

series (množstvo) rad

serious 1. seriózny, vážny **2.** (stav) ťažký

➡ *Are you s.?* Myslíš/Myslíte to vážne?

serve 1. obsluhovať, poslúžiť **2.** aj *s. up* servírovať

➡ *Are you being s-d?* Obsluhujú vás už?

S. yourselves, please. Obslúžte sa, prosím, sami.

server servírovacia tácňa

service 1. služba; *additional s-s* doplnkové služby; *(aircraft/ aviation/flight) catering s-s* stravovacie služby (na palube lietadla); *airport s.* dovozná/prívozná služba (na letisko); *alpine rescue s.* (záchranná) horská služba; *ambulance/ first-aid/rescue s.* hovor. (služba) záchranka; *car repair s.* autodielňa; *customer s.* služba zákazníkom; *daily s.* denná služba; *diplomatic/ foreign s.* diplomatická služba; *divine s.* bohoslužba; *emergency pharmacy s.* pohotovostná lekáreň; *emergency night s.* nočná pohotovostná služba (lekárne); *emergency s-s (in the event of disasters)* pohotovostná služba (v prípade katastrof); *express s.* expresná služba; *express (dry cleaner's) s.* expresná čistiareň, rýchločistiareň; *extra s-s* neštandardné služby; *free s-s* bezplatné služby; *full hotel s-s* kompletné hotelové služby; *guard s.* strážna služba; *guide s.* sprievodcovská služba; *information s.* informačná služba; *internet s-s* inter-

S

netové služby; *luggage delivery s.* donáška batožiny do hotela; *medical emergency s.* lekárska pohotovostná služba; *medical s-s* zdravotnícke služby; *night s.* nočná služba; *ordering by phone s.* objednávková telefónna služba; *paid s-s* platené služby; *photofinishing s.* fotoslužba; *(vehicle) recovery s-s* záchranná vyprosťovacia služba; *repair s.* opráváreň; *rescue s.* záchranná služba; *road accident rescue s.* cestná havarijná služba; *sea rescue s.* záchranná služba (na mori); *security s.* bezpečnostná služba; *taxi s.* taxislužba; *telephone information, ordering s.* telefónna informačná, objednávková služba; *tourist guide s.* turistická sprievodcovská služba; *towing s.* odťahovacia služba; *tracking/search s.* pátracia služba; *travel agency s-s* služby cestovnej kancelárie; *weather s.* poveternostná služba; *by express s.* expres 2. doprava; *hotel bus/regular s.* hotelová autobusová doprava; *scheduled bus, ship, rail s.* pravidelné autobusové, lodné, vlakové spojenie; *passenger s./s-s* osobná doprava; *shuttle s.* kyvadlová doprava 3. obsluha, servis; *beach s.* plážový servis; *room s.* izbová obsluha, hotelový izbový servis; *s. included* vrátane ob-

sluhy 4. prevádzka; *all-day s.* celodenná prevádzka; *twenty--four-hour s.* nepretržitá prevádzka; *take* out of s.* odstaviť, dočasne vyradiť 5. súprava, servis

⇒ *Is the s. included in a price?* Je v cene aj obsluha?
The s. is included in a price. Obsluha je zahrnutá v cene.
Could you arrange the English, the Slovak,... guide s. for our group? Mohli by ste zabezpečiť pre našu skupinu anglickú, slovenskú,... sprievodcovskú službu?
Which pharmacy has the night, the Sunday s. (today)? Ktorá lekáreň má (dnes) nočnú, nedeľnú službu?

servicing motor. údržba
serviette obrúsok, BR servítka
serving (pokrm) porcia
¹**set** n 1. sada, súprava, kolekcia; *seasoning s.* stolová súprava koreničiek; *s. of carriages/* AM *of cars* vlaková súprava 2. celok, komplex; *car/* AM *auto radio s.* autorádio; *jet s.* medzinárodná smotánka; *respiration oxygen s.* kyslíkový prístroj; *television/ TV s.* televízor 3. šport. set 4. (slnka) západ 5. (ondulácia) vodová

⇒ *Are there TV s-s in rooms?* Sú na izbách televízory?
²**set*** v určiť, stanoviť; *s. the date,*

the place, the price určiť termín, miesto, cenu **s. aside** (na urč. miesto) odstaviť **s. off** (na cestu) vyraziť **s. out** (istým smerom) vydať sa, vybrať sa (for sth do čoho/kam) **s. up** 1. zriadiť, (zvyk) zaviesť 2. (slnko, mesiac) zapadnúť

➡ *May I (we) s. the car aside on the yard, in front of the hotel,...?* Môžem(e) odstaviť auto na dvore, pred hotelom,...?

set-off (na dovolenku) nástup

settee gauč

setting (na dovolenku) nástup

settle 1. vybaviť, zariadiť 2. (účet ap.) vyrovnať, uhradiť

settled 1. (počasie) ustálený 2. (problém) vyriešený

➡ *S-d!* Vybavené!

settlement 1. osada; *fishing s.* rybárska osada; *mountain s.* horská osada 2. hist. sídlo, sídlisko; *Slavic s.* slovanské sídlisko 3. vyrovnanie, uhradenie; *final s. of accounts, final account and s.* konečné vyúčtovanie

settling vyúčtovanie; *s. of accounts* vyúčtovanie

several niekoľko

sex pohlavie

sexual (obťažovanie) sexuálny

¹**shade** n tieň, chládok; *sun s.* slnečná clona; *window s.* [AM] roleta; *not providing a s.* neposkytujúci tieň

➡ *It is... degress in the s.* V chlád-

ku je... stupňov. Je... stupňov v tieni.

Keep yourself (yourselves) in the s. Zdržuj(te) sa v tieni.

²**shade** v tieniť

shade-providing poskytujúci tieň

¹**shadow** n tieň; *cast* a s.* tieniť

²**shadow** v tieniť

shadowy tienistý

shady tienistý

shaft mech. os

¹**shake*** v triasť (sa); *s. hands* podať komu ruku (potriasť); *s. with cold* triasť sa od zimy

²**shake** n, pl *the s-s* triaška, zimnica

shaker 1. natriasacie sito; *pepper s.* [AM] korenička, *salt s.* [AM] soľnička 2. (na nápoje) šejker

¹**shallow** adj plytký

²**shallow** n plytčina

shampoo šampón

shanty chatrč

shape 1. tvar, forma 2. formát, veľkosť 3. telesná výkonnosť, forma; *be* in a good s.* byť v dobrej kondícii

share deliť sa (with sb s kým)

shared (ubytovanie) spoločný

shark* žralok

sharp 1. (op. tupý) ostrý 2. prudký, intenzívny 3. štipľavý

shave holiť (sa)

shaver holiaci strojček; *electric s.* elektrický holiaci strojček; *lady s.* dámsky holiaci strojček

S

she ona
➡ *I (didn't see) saw her.* (Ne)Videl som ju.
sheepfold košiar
sheet 1. (papiera) list; *drug information s.* príbalka **2.** (posteľné) prestieradlo
shell mušľa, lastúra
shelter úkryt, prístrešok; *take* a s. from sth* schovať sa pred čím
shield úkryt, štít; *ozone s.* ozónová vrstva
¹**shift** n **1.** posun; *gear s.* zmena prevodového stupňa; *put* the car into reverse s.* zaradiť spiatočku **2.** zmena; *night s.* nočná zmena
²**shift** v posunúť
shine 1. lesknúť sa, žiariť **2.** (slnko) svietiť
¹**ship** n loď; *motor s.* motorová loď; *passenger s.* osobná loď; *travel by s.* cestovať loďou; *s. drops an anchor* loď spúšťa kotvu; *s. ploughs through the waves* loď brázdi vlny; *s. sets sails* loď vychádza na more; *s. weighs an anchor* loď dvíha kotvu
➡ *When do the s-s from this ports sail to?* Kam premávajú lode z tohto prístaviska? *From which pier does the s. sail for...?* Z ktorého móla odchádza loď do...?
²**ship** v **1.** (hl. loďou) dopraviť, prepraviť **2.** (tovar) odoslať

shipper odosielateľ, prepravca
shipping, aj *transport s.* lodná doprava
shipwreck n **1.** (lode) vrak **2.** (lode) stroskotanie
shipwreck v spôsobiť stroskotanie; *be s-ed* stroskotať
shirt košeľa; *flannel s.* flanelová košeľa; *man's s.* pánska košeľa
¹**shiver** v triasť sa
²**shiver** n **1.** záchvev **2.** pl *the s-s* triaška, zimnica
shoe topánka, pl *s-s* obuv; *beach s-s* plážová obuv; *climbing s-s* horolezecká obuv; *flat/flat-heeled/low-heeled s-s* topánky s nízkymi podpätkami; *high-heeled s-s* topánky s vysokými podpätkami; *gym s-s* cvičky; *home/indoor s-s, s-s for home* domáca obuv; *ladies' s-s* dámske topánky; *running/spiked s-s* klincovky, tretry; *sport(s) s-s* športová obuv; *summer s-s* letná obuv; šľapky; *swimming s-s* obuv na kúpanie; *tennis/training s-s* tenisky; *walking s-s* vychádzková/turistická obuv
➡ *Give me a size smaller, larger s-s, please.* Dajte mi, prosím, o číslo menšie, väčšie topánky. *What would you do if you were in my s-s?* Čo by si robil/ste robili na mojom/našom mieste?
shoelace (do topánok) šnúrka
shoot* filmovať, natočiť
¹**shop** n **1.** obchod, predajňa; *all-*

night s. hovor. (predajňa) večierka; *antique* s. starožitníctvo; *art* s. predajňa umeleckých predmetov; *barber's* s. holičstvo; *clothes* s. konfekcia; *coffee* s. AM (v hoteli) reštaurácia; *delicatessen* s. lahôdkareň; *electric appliances* s. elektropredajňa; *express service repair* s. rýchloopravovňa; *gift and souvenir* s. predajňa suvenírov; *goldsmith's* s. zlatníctvo; *household goods* s. predajňa domácich potrieb; *jeweller's* s. klenotníctvo, zlatníctvo; *junk* s. starinárstvo; *leather* s. kožená galantéria; *second-hand* s. second hand; *self-service* s. samoobsluha; *shoe* s. obchod s obuvou, predajňa obuvi; *sports* s. predajňa športových potrieb; *stationer's* s. papiernictvo; *tea* s. BR kaviareň; *tobacconist's* s. trafika; *toy* s. hračkárstvo; *wholefood* s. obchod s biopotravinami; *wine* s. predajňa vína 2. dielňa; *automotive/vehicle maintenance* s. autodielňa; *car repair* s. AM autoopravovňa; *paint* s. autolakovňa; *repair* s. opráváreň; *s. with extended shopping hours* predajňa s predĺženou predajnou dobou

➡ *What time does this* s. *open, close?* Kedy sa otvára, zatvára tento obchod?
This s. *is open from... till...* Ob-

chod má od... do... otvorené, zatvorené.
The s-s are closed at noon, on Sundays,... Obchody sú cez obed, v nedeľu,... zatvorené.

²**shop** v nakupovať; *go* s-ping* ísť na nákupy/nakupovať, chodiť po obchodoch

➡ *I am (We are) going s-ping* Idem(e) nakupovať.

shoplifting (v obchode) krádež
shopping nákup, nakupovanie; *do* one's* s. nakupovať
shopwalker vedúci predajne.

➡ *I'd/We'd like to speak to the* s. Chcel by som/Chceli by sme hovoriť s vedúcim predajne.

short krátky; *become*/get* s-er* krátiť sa; *cut** s. skrátiť
shorts pl šortky, trenírky
shortage nedostatok, chýbanie; *parking (space)/parking places* s. nedostatok miest na parkovanie

shortbread jemné/krehké pečivo
shorten (časovo aj priestorovo) skrátiť
shortsighted krátkozraký
short-term krátkodobý
shot 1. hovor. injekcia; *tetanus* s. protitetanová injekcia 2. fot., film. záber
should (povinnosť ap.) mať, musieť

➡ *...* s. *arrive at any moment. ...* musí prísť každú chvíľu.

shoulder 1. anat. plece, rameno

2. aj *s. of the road* AM krajnica; *hard s.* BR, *s. of the motorway* dopr. odstavný pás/pruh

shout (silno) zakričať, vykrikovať

shouting nápadný, krikľavý

shove (zámerne) strčiť, sotiť

¹**show** n šou, prehliadka, estráda, predstavenie; *fashion s.* módna prehliadka; *motor s.* autosalón; *variety s.* estráda

²**show** v **1.** ukázať **2.** previesť, povodiť (*round sth* po čom); *s. sb round the town* sprevádzať koho po meste **3.** znázorniť *s. round* pren. navigovať

➡ *S. me/us it on a map, please.* Ukážte mi/nám to, prosím, na mape.
  S. me my room, my place, my seat,... please. Ukážte mi, prosím, moju izbu, moje miesto, moje sedadlo,...
  Can you s. me/us another room, too? Môžete mi/nám ukázať aj inú izbu?

✳ *I'll s. you the town, the harbour,...* Ukážem ti/vám mesto, prístav,...
  May I s. you round the town? Môžem ťa/vás povodiť po meste?
  ... s-ed us round the town, the museum,... ... ma/nás previedol po celom meste, po múzeu,...

showcase výkladná skriňa

¹**shower** n **1.** sprcha; *have**/*take** *a s.* (o)sprchovať sa, dať si spr-

chu; *have** *a cold, a hot s.* sprchovať sa studenou, teplou vodou; *s-s available* možnosť použitia sprchy **2.** aj pl *s-s* sprcháreň **3.** sprchovací kút **4.** meteor. prehánka; *rain s-s* dažďové prehánky; *snow s-s* snehové prehánky; *scattered s-s* miestne/miestami prehánky; *stormy s-s* búrkové prehánky

➡ *Are the s-s on the beach?* Sú na pláži sprchy?
  Have you got any free rooms with a s. yet? Máte (ešte) voľné izby so sprchou?
  Where are the s-s at the campsite? Kde sú v kempe sprchárne?

²**shower** v sprchovať sa

showy efektný, okázalý

shrimp garnát, kreveta

shrub krík

shrubbery krovie, krovina

¹**shut*** v (op. otvoriť) uzavrieť, zatvoriť *s. off* (motor) vypnúť

²**shut** adj uzavretý

shuttlecock bedmintonová loptička

shy bojazlivý, nesmelý

siblings, AM **sibs** pl súrodenci

sick chorý

➡ *I am (We are) s. of it!* Už toho mám(e) dosť!
  Do you feel s.? Si chorý/Ste chorí?
  I am/feel s. Je mi na vracanie. Je mi zle (od žalúdka).

sickness 1. choroba, ochorenie; *altitude/mountain s.* výšková choroba **2.** nevoľnosť; *air s. due to jet* nevoľnosť počas letu súvisiaca s časovým posunom; *car s.* nevoľnosť počas cesty autom; *motion/travel s.* kinetóza

➡ *Have you something against air s.?* Máte niečo proti nevoľnosti z lietania?

¹**side** n **1.** (tela, postranná časť) bok, strana; *sunny s.* slnečná strana; *s. by s.* vedľa seba; *on the left, right s. (of the street)* na ľavej, pravej strane (ulice); *on the left-hand, right-hand s.* po ľavej, pravej ruke **2.** kraj

➡ *The right, left s. of the car is damaged.* Pravý, ľavý bok auta je poškodený.

²**side** adj **1.** bočný, krajný **2.** vedľajší, okrajový

sidewalk (v meste) [Am] chodník

siesta siesta, popoludňajší spánok

sieve sito

sight 1. dohľad; *be* in/within s.* byť na dohľad; *be* out of s.* byť mimo dohľadu **2.** aj *historic s.* pamätihodnosť, pamiatka, pozoruhodnosť **3.** pohľad; *catch* a s.* zbadať, zazrieť (*of sb/sth* koho/čo); *at first s.* na prvý pohľad

➡ *I'd/We'd like to see/to visit the s-s of town.* Chcel by som/Chceli by sme si pozrieť pamätihodnosti mesta. *Could you show me/us any s-s?*

Mohli by ste mi/nám ukázať nejaké pamiatky? *What s-s are in...?* Aké pamiatky sú v...?

sightseeing, aj *s. tour* prehliadka mesta/pamiatok; *coach s.* autokarová prehliadka mesta

➡ *I'd/We'd like to go s.* Chcel by som/Chceli by sme ísť na prehliadku mesta.

¹**sign** n **1.** (orientačný, firemný) nápis; tabuľa; (dopravná) značka; *advance direction s.* križovatková návesť; *bilingual street s-s* dvojjazyčné tabuľky s názvami ulíc; *cycling s-s* cykloznačenie; *prohibitory s.* zákazová značka; *road s.* ukazovateľ cesty; *traffic s.* **1.** dopravná značka **2.** smerová tabuľa; *warning s.* výstražná tabuľa **2.** znak, emblém **3.** znamenie **4.** príznak

²**sign** v podpísať (sa) *s. up* (do kurzu) zapísať sa (*for sth* do čoho)

➡ *S. here, please.* Podpíšte sa sem, prosím, sem.

¹**signal** n **1.** signál, znamenie; *traffic s.* svetelná signalizácia; *turn s.* motor. smerové svetlo, hovor. blinker **2.** [Am] telef. tón, signál; *busy s.* obsadzovací tón

²**signal** v signalizovať

signalling motor. signalizácia

signature podpis; *personal s.* vlastnoručný podpis

signboard 1. (vývesný) štít **2.** $\boxed{\text{Am}}$ ukazovateľ smeru

significance dôležitosť, význam

significant dôležitý, významný

signpost orientačná/smerová tabuľa, ukazovateľ cesty

silence ticho

➧ *S., please!* Ticho, prosím!

silent tichý

silhouette silueta

¹**silver** n striebro

²**silver** adj strieborný

silverware, aj *a set of s.* príbor

➧ *Waiter, can we have another set of s.?* Pán hlavný, prineste nám ešte jeden príbor.
One set of s. is missing, two, three,... sets of s. are missing here. Tu chýba jeden príbor, dva, tri,... príbory.

similar podobný, príbuzný

simple jednoduchý, zrozumiteľný

simultaneous (tlmočenie) simultánny

¹**since** prep (časovo) od(o); *s. when* odkedy

²**since** conj lebo, keďže

sinew anat. šľacha

sing* spievať

singer spevák

¹**single** adj **1.** jednorazový **2.** (o rodinnom stave) slobodný

²**single** n **1.** jednorazový lístok **2.** jednoposteľová izba, hovor. jednotka, single **3.** pl *s-s* šport. dvojhra; *men's s.* dvojhra mužov; *women's s.* dvojhra žien

singlet (bez rukávov) tričko

¹**sink** n drez, výlevka; umývadlo

➧ *The s. is blocked.* Zapchala sa výlevka.

²**sink*** v (o lodi) potopiť sa *s. in* zapadnúť, zaboriť sa

sir pán

➧ *Dear s-s!* Vážení páni!

sirloin kuch. roštenka; sviečková

sister (aj staničná) sestra

sister-in-law švagriná

sit* **1.** sedieť; *s. at the steering wheel* sedieť za volantom; *s. and enjoy the coffee* sedieť pri káve; *s. with one's back to the engine* sedieť proti smeru jazdy; *s. facing engine* sedieť v smere jazdy; *s. facing the front, backwards* (v autobuse) sedieť v smere, proti smeru jazdy **2.** aj *s. down* posadiť sa, sadnúť si

➧ *Do you s. comfortably?* Sedí sa ti/vám pohodlne?
S. down, please! Posaď(te) sa, prosím!

site miesto; *accident s.* miesto nehody; *burial s.* pohrebisko; *camping s.* (miesto) kemp; *caravan s.* (priestor) autokemping, kemp pre karavany; *dredging s.* bagrovisko; *finding s.* nálezisko; *memorable s.* pamätné miesto; *s. of the crime* miesto činu

situate umiestniť; *be* s-d (to the) south, (to the) north of...* ležať/ nachádzať sa južne, severne od...

➡ *Where is... s-d?* Kde leží...?

situation 1. situácia; *emergency s.* núdzová situácia; *extreme s.* extrémna situácia; *stress s.* stresová situácia; *weather s.* poveternostná situácia 2. poloha

sitz-bath sedací kúpeľ

size 1. číslo, veľkosť; *collar s.* veľkosť goliera; *ready-made clothing s.* konfekčná veľkosť; *s. of shoes* veľkosť topánok 2. rozloha

➡ *What's your s.? What s. do you take/are you?* Akú veľkosť potrebujete?
I've got s. ... Mám veľkosť...
Bring me one s. smaller, larger, ... one, please. Prineste mi, prosím, o číslo menšie, väčšie...

¹**skate** n korčuľa; *in-line s-s* in-line korčule, hovor. inlajny

²**skate** v korčuľovať sa

➡ *Do you go s-ing?* Nepôjdeš/Nepôjdete na ľad?

skateboard skejtbord

skateborder skejtbordista

skateboarding skejtbording; *go* s.* skejtbordovať sa

skater korčuliar; *figure s.* krasokorčuliar

skating korčuľovanie; *figure s.* krasokorčuľovanie

¹**ski** n lyža; *cross-country s-s* bežky; *water s-s* vodné lyže; *wax the*

s-s, apply wax to s-s navoskovať lyže

²**ski** v lyžovať sa; *go* s-ing* ísť na lyžiarsky zájazd

³**ski** adj (svah, topánka) lyžiarsky; (mostík) skokanský

skibinding lyžiarske viazanie

¹**skid** n šmyk; *go* into a s.* dostať šmyk

²**skid** v šmyknúť sa

skid-resisting protišmykový

skier lyžiar

ski-hoist lyžiarsky vlek

¹**skiing** n lyžovanie, lyžovačka; *cross-country s.* beh na lyžiach; *down-hill s.* zjazd na lyžiach; *high-mountain s.* vysokohorské lyžovanie; *water s.* vodné lyžovanie

²**skiing** adj (inštruktor) lyžiarsky

skill schopnosť, zručnosť, umenie; *culinary s-s* kuchárske umenie

skillful šikovný, zručný

¹**skin** n koža, pokožka; *bronzed s.* dobronzova opálená pokožka

²**skin** adj kožný

skip preskočiť; vynechať

skipper (malej lode) kapitán

skirt sukňa; *wrap s.* zavinovacia sukňa

skull lebka

sky obloha, nebo; *clear, cloudy s.* bezoblačná, zamračená obloha; *camp in/under the open s.* stanovať pod holým nebom

skydiving akrobatický parašutizmus

S

skyline obzor, panoráma/silueta mesta; *characteristic* s. charakteristická silueta mesta

slalom slalom

slanting šikmý, zvažujúci sa

¹**sled** n ĀM sane

²**sled** v ĀM, aj *go* s-ding* sánkovať sa

¹**sledge** n sane; *dog* s. sane so psím záprahom; *draw* a* s. ťahať sánky

²**sledge** v, aj *go* s-ing* sánkovať sa

sledging sánkovačka

¹**sleep*** v 1. spať 2. (pre)nocovať; s. *at the house of friends* nocovať u známych; s. *under canvas* prenocovať v stane

²**sleep** n spánok

sleeper lôžkový vozeň

¹**sleeping** adj (vlak) lôžkový

²**sleeping** n spanie; s. *at the wheel* mikrospánok

sleepy ospalý

sleeve rukáv; *dress with long, with short s-s* šaty s dlhými, krátkymi rukávmi

sleigh (ťahané koňmi) sane

slender štíhly

slice (chlieb) (na)krájať s. *off* (plátok) odkrojiť

slick škvrna; *oil s-s* (na mori) ropné škvrny

¹**slide** n 1. diapozitív; *colour* s. farebný diapozitív 2. sánkarská dráha 3. kĺzačka, šmýkačka; tobogán; *swimming-pool* s. (na kúpalisku) kĺzačka; s. *on the*

ice (na ľade) kĺzačka 4. šmyk 5. zosuv

²**slide** v 1. kĺzať sa, šmýkať sa 2. šmyknúť sa

➡ *Be careful not to* s.! Pozor, aby ste sa nešmykli!

slight (bolesť) mierny

slim (op. tučný) chudý, tenký, štíhly

¹**slip** n 1. chyba, nedopatrenie 2. ústrižok, potvrdenka; *sales* s. (pokladničný) blok

²**slip** v 1. (po)šmyknúť sa 2. vykĺznuť, uniknúť s. *off* vyzuť sa; vyzliecť sa

➡ *I (We) don't/won't let* s. ... ... si nenechám(e) ujsť.

slippers pl papuče

slippery klzký, šmykľavý

➡ *It's* s. *today.* (Dnes) Je veľmi klzko.

slivovitz slivovica

¹**slope** n 1. svah, úbočie; *avalanche* s. lavínový svah; *bumpy* s. bubnovitý svah; *gentle* s. mierny svah; *grassy* s. grúň; *nursery* s. somárska lúka pre lyžiarov začiatočníkov, lyžiarsky cvičný svah; *practice (ski)* s. lyžiarsky cvičný svah; *steep* s. strmý svah; *down, up the* s. dole, hore svahom 2. spád, sklon

²**slope** v, aj s. *down* (svah) zvažovať sa; s. *steeply* strmo sa zvažovať

¹**Slovak** n 1. Slovák; *true-borne* S. pravý Slovák; S. *living abroad* zahraničný Slovák 2. slovenčina

S

²**Slovak** adj slovenský
➡ *Do you speak S.?* Hovoríte po slovensky?

Slovakian slovenský; *central S.* stredoslovenský

Slovene n 1. Slovinec 2. slovinčina

Slovenia n Slovinsko

Slovenian adj slovinský

¹**slow** adj pomalý; *be* s.* (hodiny) meškať; *drive* dead s.* jazdiť krokom
➡ *Drive, speak,... more s-ly, please!* Jazdi(te), hovor(te),..., prosím, pomalšie!

²**slow** adv pomaly

³**slow** v (premávku) spomaliť *s. down* (auto) znížiť rýchlosť

slush hovor. čľapkanica, rozmočený sneh

small 1. (rozmermi) malý, drobný 2. (odev) tesný
➡ *The coat, the suit,... is too s. for me.* Kabát, oblek,... mi je príliš malý.

smallpox kiahne
➡ *I am (not) vaccinated against s.* (Nie) Som očkovaný proti kiahňam.

¹**smart** adj (hotel) hovor. luxusný

²**smart** v štípať, bolieť
➡ *My back s-s.* Štípe ma chrbát.

¹**smash** n hovor. búračka

²**smash** v 1. nabúrať; *s. one's car* nabúrať sa 2. (úderom otvoriť) vyraziť

¹**smell** n 1. čuch 2. pach; *bad s.* zápach

²**smell*** v 1. cítiť (čuchom) 2. páchnuť; *s. badly* zapáchať

smog hmla (s dymom), smog

¹**smoke** n dym

²**smoke** v 1. dymiť (sa) 2. fajčiť
➡ *Do you s.?* Fajčíš/Fajčíte?
I s. Fajčím.
I don't s.. Nefajčím. Som nefajčiar.
Is it allowed to s. here? Smie sa tu fajčiť?

smoker 1. fajčiar 2. fajčiarsky vozeň

smoking fajčenie
➡ *No s.!* (nápis) Zákaz fajčenia!

smooth hladký, rovný

SMS esemeska; *send* SMS message* poslať esemesku

snack menšie občerstvenie, hovor. desiata, olovrant; *coctail s.* chuťovka; *have one's s.* olovrantovať

snail slimák; *edible, marine s.* jedlý, morský slimák

snake had; *grass s.* užovka

snakebite uštipnutie hadom

¹**snap** n hovor. fotka, momentka, snímka; *take* s-s* fotiť

²**snap** v hovor. (od)fotiť, urobiť momentku

sneakers pl [AM] tenisky

sniffle fučať, funieť

snooze driemať

snore chrápať

¹**snorkel** n potápačská dýchacia rúrka, hovor. šnorchel

²**snorkel** v potápať sa s dýchacou rúrkou, hovor. šnorchlovať

S

snorkelling potápanie s dýchacou rúrkou, hovor. šnorchlovanie

¹snow n sneh; *artificial s.* technický/umelý sneh; *eternal/perpetual s.* večný sneh; *fresh-fallen s.* čerstvo napadnutý sneh; *icy s.* zmrznutý sneh; *loose s.* sypký sneh; *mushy s.* kašovitý sneh; *old s.* starý sneh; *powdery s.* prachový sneh, hovor. prašan; *wet s.* mokrý sneh; *get* covered with s.* zasnežiť sa; *sink* into the s.* zapadnúť do snehu

➡ *The s. is falling.* Padá sneh. *The s. stopped/ceased to fall.* Prestalo snežiť.

²snow v snežiť, chumeliť sa; *s. up* zasnežiť, zaviať

➡ *It's s-ing.* Padá sneh. Sneží. *It's going to s.* Bude snežiť. *It's stopped s-ing.* Prestalo snežiť.

It was s-ing heavily. Silno/Husto snežilo.

³snow adj (prehánky) snehový, (slepota) snežný

¹snowball n snehová guľa

²snowball v guľovať sa

snowboard snoubord

snowboarder snoubordista

snowboarding snoubording

snow-covered pokrytý snehom, zasnežený

snowdrift závej; *one-metre-high s-s* meter vysoké záveje

snowfall sneženie; snehové zráž-

ky; *heavy s.* snehová kalamita, husté sneženie

➡ *There was a heavy s.* Napadlo veľa snehu.

snow-fence protisnehová zábrana

snowflake snehová vločka

snowgun snehové delo

snowing sneženie; *long-lasting s.* vytrvalé sneženie

snowless bez snehu

snowman* snehuliak

snowmobile snehový skúter

snowplough, AM **snowplow** odpratávač snehu, snehový pluh

snow-slide AM (menšia) snehová lavína

snow-slip BR (menšia) snehová lavína

snowstorm fujavica

snowy (cesta) pokrytý snehom, zasnežený

so tak; taký; *so much/many* toľko

➡ *Quite so!* (pri pritakaní) Jasné! *Be so kind as to...* Buďte taký dobrý a...

soak (na)máčať; *get* s-ed* premoknúť

soap mydlo; *toilet s.* toaletné mydlo

sober (op. opitý) triezvy; *become* s.* vytriezvieť

soccer AM futbal

society spoločnosť

socket (elektrická) zásuvka

socks, AM **sox** pl ponožky; *knee s.* podkolienky

soda, aj *s. water* sóda

soft mäkký, jemný

softball softbal

sojourn (dočasný) pobyt; *study s.* študijný pobyt

solarium* solárium

¹**sole** n 1. (noha aj ponožka) chodidlo 2. (na obuvi) podošva

²**sole** adj jediný

solely iba, výhradne

solicitor právny zástupca

solstice slnovrat; *summer, winter s.* letný, zimný slnovrat

solution riešenie, východisko; *supplementary s.* náhradné riešenie

some 1. istý, určitý 2. dajaký, nejaký 3. niekoľko

➡ *Wait s. minutes, please.* Počkaj-(te), prosím, niekoľko minút.

somebody niekto

somehow nejako

someone niekto

something niečo

sometime (v prítomnosti) niekedy; (v minulosti) voľakedy, kedysi

sometimes niekedy, občas

somewhere 1. niekam 2. niekde

somnifacient uspávací prostriedok

son syn

➡ *This is my/our s.* To je môj/náš syn.

Haven't you seen our s. around here by chance? Nevidel si/Nevideli ste náhodou niekde nášho syna?

song pieseň; *folk s.* (pieseň) folk, ľudová pieseň

son-in-law zať

soon skoro, čoskoro, onedlho; *as s. as possible* čo najskôr

➡ *See you s.!* Do skorého videnia!

sooner prv, včaššie, skôr

➡ *Why didn't you inform me/us s.?* Prečo si ma/ste nás neinformovali skôr?

soporific uspávací prostriedok

¹**sore** adj boľavý, bolestivý; *be* s.* Aᴍ hnevať sa, zlostiť sa (with sb na koho)

²**sore** n boľavé miesto; *cold s.* opar na perách

soreness bolenie; *delayed-onset muscle s.* hovor. svalovica

sorry ľúto; *be* s.* ľutovať

➡ *S.* Pardón.

S.? (pri nezachytení odpovede) Prosím?

I'm s.! Prepáčte (, prosím)!

I am (We are) (very) s. (that)... Veľmi ľutujem(e), že...

I am/We are very s. to let you know... Je mi/nám veľmi nepríjemné, že...

I am/We are (very) s. (about it). Je mi/nám to (veľmi) ľúto.

I am/We are s. to trouble you. S. for interrupting. Prepáčte, že vyrušujem(e).

S., I didn't understand well. Prepáčte, zle som rozumel.

S., I couldn't hear properly. Prepáčte, zle som počul.

sort druh
➡ *Not that s.! Nothing of the s.!* Ale kdeže!

soufflé kuch. suflé, nákyp; *rice s.* ryžový nákyp

¹**sound** adj 1. zdravý 2. silný, tuhý

²**sound** n zvuk

soup polievka; *bean s.* fazuľová polievka; *cold/chilled fruit s.* studená ovocná polievka; *fish s.* rybia polievka; *garlic s.* cesnačka; *hen s.* slepačia polievka; *homemade cabbage/sauerkraut s., s. of sauerkraut juice* kapustnica; *instant/packet s.* instantná/vrecúšková polievka; *lentil s.* šošovicová polievka; *mushroom s.* hubová polievka; *pea s.* hrachová polievka; *potato s.* zemiaková polievka; *tomato s.* rajčinová polievka; *tripe s.* držková polievka; *vegetable s.* zeleninová polievka
➡ *Could you bring me/us the... soup?* Mohli by ste mi/nám priniesť... polievku?

sour kyslý

source žriedlo

¹**south** n juh; *(to the) s. of...* južne od...

²**south** adj južný

¹**southeast** n juhovýchod

²**southeast** adj juhovýchodný

souther južný

¹**southerner** n južan

²**southerner** adj južanský

southward(s) južným smerom

¹**southwest** n juhozápad

²**southwest** adj juhozápadaný

southwestern juhozápadný

souvenir pamiatka, suvenír; *kitsch s-s* gýčové suveníry; *give* sb sth as a s.* darovať komu čo na pamiatku

sox | **socks**

¹**spa** n kúpele, kúpeľné mesto

²**spa** adj (mesto) kúpeľný

space 1. priestor, plocha; *green s.* zeleň; *loading s.* (auta) úložný priestor; *stowage s.* (lode, lietadla) úložný priestor 2. (voľný priestor) medzera 3. časový úsek; *s. of time* časové rozpätie
➡ *Have you got free garage s.?* Máte voľnú garáž?

spaghetti pl špagety; *s. and/with cheese* špagety so syrom

Spain Španielsko

span (rozmer) rozpätie

Spaniard Španiel

¹**Spanish** adj španielsky

²**Spanish** n 1. pl *the S.* Španieli 2. španielčina

¹**spare** adj (súčiastka) náhradný

²**spare** v ušetriť, uchrániť // *s. o.s.* šetriť sa

spasm kŕč

spasm-relieving uvoľňujúci kŕče

speak* 1. vravieť, hovoriť, rozprávať (po...); *s. hoarsely* chripieť 2. rozprávať sa (with/to sb s kým) *s. up* hovoriť nahlas/hlasnejšie

➡ *Do you s....?* Hovoríš/Hovoríte
po...?

I s. ... Ovládam... jazyk.

I (don't) s. ... (Ne)Viem po...

I don't s. ... very well. Nehovo-
rím príliš dobre po...

Please, s. more slowly, s. up,...
Hovor(te) pomalšie, hlasnej-
šie,...

*I'd/We'd like to s. to our dele-
gate, guide, Mr X,...* Chcel by
som/Chceli by sme hovoriť
s naším delegátom, vedúcim zá-
jazdu, s pánom X,...

*When, where,... can I (we) s.
to...?* Kedy, kde môžem(e) ho-
voriť s...?

... s-ing! ... pri telefóne!

S. up, please! Hovorte, prosím,
hlasnejšie!

You must s. up. Musíš/Musíte
hovoriť nahlas.

special (vlak) mimoriadny, osobit-
ný; zvláštny

specialist odborný lekár, specia-
lista

speciality, AM **specialty** špeciali-
ta; *chief cook's s.* špecialita šéf-
kuchára; *local s-ies* miestne
špeciality; *national s.* národná
špecialita

➡ *Can you recommend to me/to
us some s.?* Môžete mi/nám
odporučiť nejakú špecialitu?

specific svojrázny

spectacles pl, aj *a pair of s.* okuliare

spectacular efektný, okázalý

spectator divák

speculate špekulovať; *s. with for-
eign currency* hovor. vekslovať

speech (hovorenie) reč

¹**speed** n rýchlosť; tempo; *average
s.* priemerná rýchlosť; *collision
s.* rýchlosť pri zrážke; *driving s.*
rýchlosť jazdy; *flying s.* letová
rýchlosť; *maximum/top s.* naj-
vyššia rýchlosť; *minimum s.* naj-
nižšia rýchlosť; *regulation s.* po-
volená/predpísaná rýchlosť; *at
full/top s.* v plnej rýchlosti; *at
high s.* expres, rýchlo; *at a walk-
ing s.* (jazdiť) krokom; *increase/
pick up s.* nabrať rýchlosť;
reduce the s. znížiť rýchlosť

➡ *The engine goes/runs at full s.*
Motor beží na plné obrátky.

²**speed*** v 1. ísť rýchlo 2. prekročiť
povolenú rýchlosť; *be* -ing* ísť
nedovolenou rýchlosťou *s. up*
(do kroku) pridať; nabrať rých-
losť

➡ *S. up!* Pridaj(te)!

speedboat (čln) klzák

speedometer motor. tachometer

speedy rýchly

speedway 1. šport. plochá dráha
2. AM diaľnica

¹**spell** v hláskovať

➡ *How do you s. ...?* Ako sa píše...?

²**spell** n obdobie; *heat s.* vlna ho-
rúčav; *rainy s.* obdobie dažďov

spend* 1. minúť, vydať 2. utrácať
3. (obdobie) prežiť, stráviť;
s. phoning pretelefonovať

S

How much money did you s. for...? Koľko si minul/ste minuli za...?

I/We have spent my/our holiday/|AM| vacation abroad, by the sea, in the mountains,... Strávil som/Strávili sme dovolenku v zahraničí, pri mori, na horách,...

sphere sféra, oblasť

¹spice n korenie

²spice v koreniť

spicy korenistý, ostrý, štipľavý

spikes pl klincovky, tretry

spinach špenát

spine anat. chrbtica

spirit lieh, pl *s-s* liehoviny

spit ražeň, ihlica

spite vzdor, truc; *in s. of rain, thick fog* napriek dažďu, hustej hmle

splash čľapkať sa

spleen anat. slezina

splended nádherný

splendour nádhera

splint dlaha

spoil* 1. pokaziť sa 2. (potraviny) kaziť sa

sponge špongia

spoon lyžica, lyžička; *coffee s.* kávová lyžička; *dessert s.* dezertná lyžička; *knife, fork and s.* príbor; *soup s.* polievková lyžica; *sundae s.* lyžička na zmrzlinu; *wooden s.* varecha

spoonful (množstvo) lyžica, lyžička

sport šport; *adrenalin s-s* adrenalínové športy; *extreme s-s* ex-

trémne druhy športov; *recreational s.* rekreačný šport; *winter s-s* zimné športy; *water/aquatic s-s* vodné športy

What s. do you go in for? Aký šport pestuješ/pestujete?

sports (hala) športový

sporting (potreby) športový

spot 1. škvrna 2. miesto, kútik; *accident black s.* miesto častých dopravných nehôd; *recreation s.* letovisko; *s. of the crime* miesto činu

sprawl, aj *s. out* hovor. rozťahovať sa, rozvaľovať sa

Don't s.! Nerozťahuj(te) sa tak!

¹spray n sprej; *(anti-)mosquito s.* sprej proti komárom; *antiperspirant s.* sprejový dezodorant

²spray v striekať

¹spread* v 1. (maslo) natrieť 2. rozprestierať sa 3. rozšíriť sa

²spread n (rozmer) rozpätie; *price s.* cenové rozpätie

¹spring n prameň, žriedlo; *acidulous s.* kyselka; *curative/hot/thermal s.* liečivé žriedlo; *mineral water s.* minerálny prameň; *thermal water s.* termálny prameň

²spring n jar

³spring adj (únava) jarný

spritzer (vínny) strek

sprout klíčok, výhonok; *Brussels s-s* ružičkový kel

spruce smrek

squad mužstvo; *reconnaissance s.*

hovor. (oddiel) pátračka; *rescue s.* (polícia) záchranné mužstvo

square námestie; *main s.* hlavné námestie; *market s.* trhové námestie

♦ *Where, which direction is... s.?* Kde, ktorým smerom je... námestie?

squeeze stlačiť, stisnúť; *s. one's way* pretlačiť sa (*through sth* cez čo)

stab pichnúť, bodnúť

stabbing (bolesť) bodavý

♦ *I've got a s. pain in my...* Pichá ma...

stabilized (stav) ustálený

stadium* štadión; *football s.* futbalový štadión; *indoor/covered s.* športová hala; *winter s.* zimný štadión

staff zamestnanci, personál; *airport s.* letecký/letiskový personál; *flight s.* letecký personál; *hotel s.* hotelový personál

stage 1. stupeň, štádium, etapa 2. (cesty) úsek 3. pódium 4. aj *landing s.* prístavné mólo; prístávací mostík

stagnate viaznuť

stain fľak, škvrna

stair (v budove) schod

staircase schody, schodisko; *moving s.* pohyblivé schody, eskalátor; *spiral s.* točité schody

stake (do hry) vklad

stalactite visiaci kvapeľ, stalaktit

stalagmite stojaci kvapeľ, stalagmit

stall 1. stánok; *market s.* jarmoč-

ný stánok 2. pl *s-s* div. prízemie, parter

¹**stamp** n 1. známka; *duty/government/* AM *revenue s.* kolok 2. pečiatka

➡ *Where are the postage s-s sold?* Kde predávajú poštové známky?

²**stamp** v 1. ofrankovať 2. opečiatkovať

¹**stand** n 1. stanovište; *cab s.* AM stanovište taxíkov 2. stánok; *exhibition s.* výstavný stánok; *ice-cream s.* zmrzlinový stánok; *information s.* informačný stánok, hovor. infostánok; *market s.* jarmočný stánok; *sales s.* predajný stánok 3. stojan

²**stand*** v 1. stáť; *keep* s-*ing* ostať stáť 2. (na urč. miesto) postaviť 3. (bolesť) zniesť, vydržať *s. in* zastúpiť, nahradiť *s. up* postaviť sa, vstať

➡ *I can't s. heats, sun, cold,...* Neznášam horúčavy, slnko, chlad,...

¹**standard** adj štandardný, normálny

²**standard** n (stupeň) úroveň; *living s.* životná úroveň

stand-in (v práci) náhradník

standstill nečinnosť; *bring* to a s. ochromiť

star (aj filmová) hviezda; *pole/ North S.* Polárka

¹**start** n 1. začiatok 2. náskok (*over sth* pred čím); *fifteen minute's s.* pätnásťminútový náskok; *get* a s. získať náskok

S

²**start** v 1. začať (sa); *s. moving* dať sa do pohybu; *s. running* (o ľuďoch) rozbehnúť sa 2. (rozhovor) nadviazať 3. spustiť, dať do chodu, (motor) zapnúť 4. (lavína) spustiť sa; aj *s. up* (motor) naskočiť; aj *s. up* (auto) naštartovať 5. (na cestu) vybrať sa, vydať sa (for sth do čoho/kam)

➡ *The engine s-s with difficulties.* Motor sa ťažko rozbieha.

starter 1. BR predjedlo, predkrm 2. motor. štartér

¹**state** n 1. štát, krajina; *EU member s-s* členské štáty EÚ 2. (telesný al. duševný) stav; *s. of health* zdravotný stav; *in an empty s.* nalačno, na lačný žalúdok

²**state** adj štátny

³**state** v 1. uviesť 2. konštatovať, tvrdiť

¹**station** n stanica; *border s.* pohraničná stanica; *bus/coach s.* autobusová stanica; *central s.* ústredňa; *destination s.* cieľová stanica; *filling/petrol/* AM *gas s.* čerpacia stanica, hovor. pumpa; *first-aid s.* stanica prvej pomoci; *interchange/* AM *transfer s.* prestupná stanica; *police s.* policajná stanica; *power s.* AM elektráreň; *rail/railway/* AM *train s.* železničná stanica; *rescue s.* záchranná stanica; *service s.* autoservis; *underground/* AM *subway s.* stanica metra/podzemnej železnice

➡ *How can I/we get to the railway, underground/* AM *subway s.,...?* Ako sa dostanem(e) na stanicu, stanicu podzemnej železnice,...?

What s. is this? Ako sa volá táto stanica?

What's the name of the next s.? Ako sa volá nasledujúca stanica?

What's the name of the last s. before...? Ako sa volá posledná stanica pred...?

Where's the main (railway) s.? Kde je hlavná stanica?

Which s. do the buses, trains,... leave for..., please? Z ktorej stanice odchádzajú autobusy, vlaky,... do...?

Which s. am I (are we) to get* off, get* on, change at? Na ktorej stanici musím(e) vystúpiť, nastúpiť, prestúpiť?

My/Our luggage is at the s. yet. Moja/Naša batožina je ešte na stanici.

How many s-s are there to...? Koľko staníc je ešte do...?

To the s., please! Na stanicu, prosím!

✳ *You must get* off, get* on, change at the next, the third,... s.* Musíte vystúpiť, nastúpiť, prestúpiť na ďalšej, tretej,... stanici.

✻ *I'll see you off to the s.* Odprevadím ťa/vás na stanicu.

✻ *I'll pick you up at the s.* Prídeme po teba/vás na stanicu.

We are looking for the service s. Hľadáme autoopravovňu.

Where is the nearest petrol s., service s.? Kde je najbližšia benzínka, najbližší autoservis?

How far is it to the nearest petrol s.? Ako ďaleko je k najbližšej pumpe?

✻ *The petrol s. is in the direction of...* Benzínka je smerom k/na...

²**station** adj (bufet, hala) staničný

stationary neprenosný

statuary sochy, súsošie

statue výtvar. socha, plastika; *marble s.* mramorová socha

status 1. stav, postavenie 2. aj *marital s.* rodinný stav 3. štatút

¹**stay** v 1. ostať 2. bývať (na návšteve); zdržať sa, pobudnúť 3. aj *s. overnight* (pre)nocovať; *s. at the hotel* prenocovať v hoteli; *s. in the tent* prenocovať v stane; *s. with friends* nocovať u známych

➡ *Are you to s. here longer than... days, weeks,...?* Ostaneš/Ostanete tu dlhšie ako... dni, týždne,...?

How long will you/are you going to s. at/in...? Ako dlho ostaneš/ostanete v...?

I (We) shall not s. here (more than one hour, several minutes,...). Nezdržím(e) sa tu (dlhšie ako hodinu, niekoľko minút,...).

I am (We are) going to s. here for... days,... weeks. Hodlám(e) tu ostať... dní,... týždne.

May I/we s. at your hotel, at your guest house,...? Mohol by som/Mohli by sme prenocovať vo vašom hoteli, penzióne,...?

²**stay** v (krátkodobý) pobyt; *extended s.* predĺžený pobyt; *holiday, vacation s.* dovolenkový, prázdninový pobyt; *hotel s.* hotelový pobyt; *overnight s.* prenocovanie; *short s.* krátkodobý pobyt; *study s.* študijný pobyt; *week's/one week s.* týždenný pobyt; *weekend s-s* víkendové pobyty; *s. abroad* pobyt v zahraničí; *length of s.* dĺžka pobytu; *place of s.* miesto pobytu

steak biftek, prírodný rezeň, steak; *minute s.* minútka; *pork s.* bravčový rezeň naprírodno; *rump s.* rampstek; *Viennese s.* (vyprážaný) viedenský rezeň; *s. of fish* filé; *s. tartare* tatársky biftek

➡ *Bring me/us the well-done, under-done s., please.* Doneste mi/nám, prosím, prepečený, neprepečený biftek.

steal* (u)kradnúť

➡ *... was stolen from me/from us.* Ukradli mi/nám...

steam kuch. (ryby, zelenina) dusiť (sa)

steamboat parník

steamer 1. parník; *coastal s.* pobrežný parník; *pleasure s.* výletný parník 2. kuch. tlakový hrniec

steamship parník

steamy (počasie) sparný

steep (svah) strmý

steer kormidlovať

steersman* kormidelník

stem (mať pôvod) prameniť (from sth z čoho)

stench zápach

¹**step** n 1. krok; *just a few s-s from...* len niekoľko krokov od... 2. opatrenie; *take* *s-s* zakročiť 3. (vonku) schod

²**step** v stúpiť, spraviť krok; *s. on the brake* zabrzdiť; *s. on the gas* pridať plyn; *s. to the left, to the right* vyhnúť sa doľava, doprava *s. aside, back* ustúpiť nabok, dozadu *s. forward* postúpiť *s. in* (dovnútra) vojsť

stereo stereo; *personal s.* volkmen

¹**stew** v kuch. (mäso, ovocie) dusiť (sa); *s-ed apples* jablkový kompót

²**stew** n ragú, dusené mäso so zeleninou; *vegetable s.* lečo

steward (na lodi) stevard

stewardess letuška, (na lodi) stevardka

¹**stick** n 1. palica; *hockey s.* hokejka; *ski s-s* lyžiarske palice 2. páka; *gear s.* motor. rýchlostná páka 3. tyčinka; *antiperspirant/deodorant s.* tuhý dezodorant; *aromatic oriental incense s.* (orientálna) vonná tyčinka; *cheese s-s* syrové tyčinky; *fish s-s* AM rybie tyčinky; *salt s-s* slané tyčinky; *powder s.* tuhý púder

stick* v 1. nalepiť (on sth na čo) 2. viaznuť, zaseknúť sa; *get* *stuck* uviaznuť, zapadnúť

➡ *My/Our car got stuck in the mud, in the snow,...* Moje/Naše auto uviazlo v blate, snehu,...

sticker nálepka; *toll s.* diaľničná nálepka/známka

sticky (podnebie) dusný

stiff 1. (op. mäkký) tuhý; (golier) tvrdý 2. (výstup) náročný

stiffener tužidlo; *hair s.* tužidlo na vlasy

¹**still** adv ešte

➡ *I (We) have s. time. There is s. time.* Mám(e) ešte čas.

²**still** adj pokojný, tichý

stimulant povzbudzujúci prostriedok

sting uštipnutie; *wasp s.* uštipnutie osou

¹**stink** n zápach, smrad

²**stink*** v páchnuť, zapáchať, smrdieť

stir ruch, život

stock 1. zásoba 2. bujón, vývar; *chicken s.* slepačí vývar; *vegetable s.* zeleninový vývar 3. rod

stocking pančucha

stocktaking inventúra

stomach žalúdok; *upset s.* pokazený žalúdok; *ill with s.* chorý na žalúdok; *on an empty s.* nalačno

➡ *I've got an upset s. I ruined my s. My s. has been troubling me.* Pokazil som si žalúdok.

stomachache bolesti žalúdka

➡ *I'd like something for a s.* Dajte mi, prosím, niečo proti bolestiam žalúdka.

stone 1. kameň; *foundation s.* základný kameň 2. kôstka

stool 1. (barová) stolička 2. pl *s-s* (črevný obsah) stolica

¹**stop** v 1. zastaviť, zastať, stáť; *no s-ping* zákaz zastavenia 2. skončiť, prestať; utíšiť sa 3. (stopom) zastaviť, stopnúť 4. zastaviť sa, ostať stáť; *travel without s-ping* cestovať ďalej bez prestávky 5. prerušiť, ukončiť, zastať, (motor) vypnúť 6. [AM] (zub) zaplombovať

➡ *How long are we going to s. at...?* Ako dlho stojíme v...? *Where are the buses, trams,... for... stopping?* Kde stoja autobusy, električky,... do...? *The express train doesn't s., stops here just... minutes.* Rýchlik tu nestojí, stojí iba... minút. *The rain s-ped.* Prestalo pršať. *The snow s-ped. It s-ped snowing.* Prestalo snežiť. *S.!* Stop! *Could you s. here? I'd/We'd -*

like to get off. Mohli by ste zastať? Chcel by som/Chceli by sme vystúpiť. *Where am I to s.?* Kde mám zastať?

✳ *Are we to s. at the nearest filling station, at the nearest motorway restaurant,...?* Zastavíme sa pri najbližšej čerpacej stanici, pri najbližšom motoreste,...?

²**stop** n (verejnej dopravy) zastávka; *bus s.* autobusová zastávka; *request s.* zastávka na znamenie; *tram/*[AM] *streetcar s.* zastávka električky

➡ *Where is the (nearest) bus s.?* Kde je (najbližšia) autobusová zastávka? *How many s-s are to the...?* Koľko zastávok je ešte do...? *Which s. must I (we) get off, get on, change at?* Na ktorej zastávke musím(e) vystúpiť, nastúpiť, prestúpiť? *You must get off, get on, change,... at the... s.* Musíte vystúpiť, nastúpiť, prestúpiť,... na... zastávke. *In... there is a... minute s.* V... máte -minútovú zastávku.

stopcock (uzáver potrubia) kohútik

¹**stopover** n 1. krátka zastávka 2. aj *intermediate s.* medzipristátie

²**stopover** v 1. prerušiť cestu 2. mať medzipristátie

stopper (fľaše ap.) zátka; *s. of gauze* tampón

¹**store** n AM obchod, predajňa, BR obchodný dom; *candy s.* cukráreň; *clothes s.* konfekcia; *delicatessen s.* lahôdkareň; *general s-s* obchod s rozličným tovarom; *hardware s.* železiarstvo; *notions s.* galantéria; *self-service s.* samoobsluha; *shoe s.* obchod s obuvou; *toy s.* hračkárstvo

²**store** v skladovať; *s. in a cool dry place* skladovať v chlade a suchu

storeroom komora; skladisko

storey, AM **story** poschodie

storm búrka; *May s-s* májové búrky
➡ *It looks like s.* Blíži sa búrka.

stormy nepokojný, rušný
➡ *It is s.* Bude búrka.

¹**story** n **1.** príbeh, historka, legenda; *detective s.* (film, román ap.) detektívka; *fairy s.* rozprávka

²**story | storey**

stove varič, sporák; *burner propane s.* varič na propán-bután; *electric s.* elektrický varič; *kerosene/petroleum/parafin s.* petrolejový varič; *mini portable s.* prenosný varič; *Primus s.* varič do prírody; *spirit s.* liehový varič; *tile s.* kachle

stowaway (na lodi, v lietadle) čierny pasažier

straggler (skupiny) oneskorenec
➡ *Wait a moment for the s-s.*

Počkajte ešte chvíľu na oneskorencov.

¹**straight** adj (op. krivý) rovný

²**straight** adv **1.** priamo, rovno **2.** hneď, okamžite; *s. after the arrival, after the breakfast, after the lunch, after the dinner* hneď po príchode, raňajkách, obede, večeri
➡ *Excuse me, which is the way to...? How do I/we get to...? Go s. on!* Ako sa ide k/na...? Stále rovno!

¹**strain** n (fyzická) námaha, napätie, vypätie

²**strain** v namáhať, prepínať

strait(s) prieliv, morská úžina; *the S. of Gibraltar* Gibraltársky prieliv

strange 1. neznámy, cudzí **2.** zvláštny, nezvyčajný

stranger cudzinec

stratum* odb. vrstva

straw, aj *drinking s.* slamka na pitie

strawberry jahoda

stray zablúdiť, zatúlať sa

¹**stream** n **1.** (aj pren.) prúd, tok; *s. of traffic* dopravný prúd; *move into the traffic s.* zaradiť sa do prúdu vozidiel **2.** potok

²**stream** v (voda, ľudia) prúdiť

streaming prúdenie

street ulica; (v názvoch) trieda, bulvár; *alley/back s.* bočná ulica; *busy s.* veľmi frekventovaná ulica; *commercial s.* (komerčná) obchodná ulica; *main/*AM *high s.* hlavná ulica; *one-way s.* jednosmerná ulica; *shopping s.* obchodná ulica; *halfway down the s.* uprostred ulice; *ramble around the s-s* túlať sa ulicami

➡ *What's the name of this s.?* Ako sa volá táto ulica?
Where does this s. lead? Kam vedie táto ulica?
Where can I (we) find... S.? Kde nájdem(e)... ulicu?

✴ *Go straight on/ahead this s. as far as...* Choďte rovno touto ulicou až k...

streetcar AM električka
streetwalker hovor. šľapka, prostitútka
strength sila; *at full s.* v plnom počte
strenuous namáhavý, náročný
stress stres; *be* under s.* byť v strese
¹**stretch** n úsek; *s. of time* časové rozpätie
²**stretch** v 1. (do dĺžky, šírky) roztiahnuť 2. (materiál) rozťahovať sa // *s. o.s. out* hovor. vystrieť sa, ľahnúť si
stricken (katastrofou) postihnutý
strict prísny
¹**strike*** v 1. naraziť (*against/into sth* do čoho); *s. against the moving, the standing vehicle* naraziť do idúceho, stojaceho vozidla 2. (hodiny) biť 3. štrajkovať
²**strike** n štrajk; *be* on s.* štrajkovať

➡ *The airport staff in... is on s.* V... štrajkuje letecký personál.
striking nápadný
string 1. špagát 2. rad; *one-kilometre long s. of cars* kilometrová kolóna áut/autokolóna
¹**strip** n 1. (úzky) pruh, pás; *s. of cars* kolóna (áut), autokolóna 2. štartovacia a pristávacia dráha 3. AM (s obchodmi) ulica, trieda
²**strip** v vyzliecť *s. off* vyzliecť sa
striptease striptíz
strive namáhať sa, usilovať sa
stroke 1. (mozgová) porážka/mŕtvica 2. úder; *on the s.* presne

➡ *Be here (tomorrow) on the s. of..., please.* Buď(te) tu, prosím, (zajtra) presne o...
¹**stroll** v prechádzať sa, potulovať sa (*about/around sth* po čom)
²**stroll** n prechádzka

➡ *Let's go for a s.* Poďme sa trocha poprechádzať.
strong (op. slabý) silný, pevný
stronghold pevnosť; *Middle-Age s.* stredoveká pevnosť
struggle 1. bojovať 2. tlačiť sa, predierať sa
student študent; *university s.* vysokoškolák
studio, aj *s. apartment/flat* (typ ubytovania) štúdio
¹**study** v študovať

➡ *What, where do you s.?* Čo, kde študuješ/študujete?

²**study** adj (pobyt) študijný

stuffy (miestnosť, vzduch) dusný

stumble potknúť sa

stunning efektný, okázalý

style 1. štýl, sloh; *baroque s.* barok, barokový sloh; *classicistic s.* klasicistický sloh; *Empire/Napoleonic s.* empír, empírový sloh; *Gothic s.* gotika, gotický sloh; *late Gothic s.* neskorá gotika; *neoclassical s.* neoklasicizmus; *Renaissance s.* renesančný sloh; *rococo s.* (sloh) rokoko; *Romanesque s.* románsky sloh 2. štýl, spôsob, technika; *Milano s. spaghetti* špagety na milánsky spôsob; *... s. beef* hovädzie na... spôsob; *s. of life* životný štýl

➡ *... doesn't have s. ...* nemá úroveň.

subbranch pobočka

subcooled podchladený

subjugate podmaniť si, dobyť

submarine podmorský

submerge ponoriť sa

submissive ústupčivý

submit predložiť // *s. o.s.* podrobiť sa (to sth čomu)

subscribe predplatiť

subsequent (udalosti) nasledujúci

subsidiary pobočka

subsist byť živý; *s. on tins* žiť na konzervách

substance látka, (liečivý) prostriedok; *narcotic s.* omamná látka

substandard podpriemerný

substantial poriadny, značný, výdatný

¹**substitute** n 1. zastúpenie, náhrada; *coffee s-s* náhradky kávy; *equivalent s.* rovnocenná náhrada 2. šport. náhradník

²**substitute** v zastúpiť, nahradiť

³**substitute** adj náhradný

subtract odpočítať

subtropical subtropický

suburb predmestie, predmestská štvrť

subway 1. podchod; *pedestrian s.* podchod pre chodcov 2. AM metro, podzemná železnica

succed podariť sa

success úspech

successful úspešný; *be* s.* mať úspech

such taký

sucker AM lízanka

sudden náhly

suddenly náhle, naraz

suffer trpieť (sth čím, from sth na čo/čím); *s. the heat* trpieť horúčavou; *s-ing from aids* chorý na AIDS

suffice stačiť

suffocate dusiť sa

sugar cukor; *caster/icing s.* práškový cukor; *cube/cubed/lump s.* kockový cukor; *diabetic s.* diacukor; *granulated s.* kryštálový cukor; *grape s.* hroznový cukor; *vanilla s.* vanilkový cukor

➡ *I drink coffee with s.* Pijem kávu s cukrom.

sugar-free, **sugarless** (káva) bez cukru

➡ *I drink s. coffee.* Pijem kávu bez cukru.

suggest navrhnúť

suggestion návrh; *turn down a s.* odmietnuť návrh

¹**suit** v hodiť sa

➡ *If it s-s (to) you...* Ak sa ti/vám to bude hodiť...

²**suit** n oblek, kostým; *bathing s.* AM (dámske) plavky; *boiler s.* kombinéza; *dry s.* potápačský (suchý) úbor; *men's s.* pánsky oblek; *ready-to-wear/off-the-peg s.* konfekčný oblek; *trouser*/AM *pant s.* nohavicový oblek; *ski s.* lyžiarska kombinéza; *swim s.* plavecký úbor; *warm/warm-up s.* oteplovačky; *wet s.* potápačský (mokrý) oblek/úbor

suitable vhodný; *be* s.* hodiť sa

suitcase kufor; *rolling/wheeled s.* kufor na kolieskach; *travelling s.* veľký cestovný kufor; *loss of a s.* strata kufra; *transport of s-s on arrival and on departure* preprava kufrov pri príchode a odchode; *unpack the s-s* vybaliť kufre

➡ *One s. is missing.* Chýba jeden kufor.

Whom does this s. belong to? Komu patrí tento kufor?

suite (hotelový) apartmán; *holiday s. with a kitchenette, with a kitchen* dovolenkový apartmán s kuchynským kútikom, kuchyňou; *one, two, three room s.* jednoizbový, dvojizbový, trojizbový apartmán; *two-bedroom s.* apartmánový byt s 2 samostatnými spálňami; *three-bedroom s.* apartmánový byt s 3 samostatnými spálňami; *s. with two beds* dvojlôžkový apartmán

sulky mrzutý, nevrľúdny

sultry sparný

¹**sum** n suma; *lump s.* paušálna suma, paušál; *s. total* celková suma; *pay* the s. amounting...* euros zaplatiť sumu vo výške... eur

²**sum** v spočítať

¹**summer** n leto; *dry s.* suché leto; *high s.* vrchol leta; *hot s.* horúce leto; *Indian s.* babie leto; *rainy s.* daždivé leto; *during s.* cez leto

²**summer** adj (teploty) letný

summerhouse letohrádok, altán

sun slnko; *lie* in the sun* ležať na slnku

➡ ** Keep away from the s. Keep out of the s.* Chráň(te) sa pred slnkom.

I am s. intolerant. Neznášam slnko.

sunbathe opaľovať sa, slniť sa

sunbathing opaľovanie

sunburnt spálený od slnka; *get* s.* (od slnka) spáliť sa

sundae zmrzlinový pohár; *choco-*

S

late s. zmrzlinový pohár s čokoládovou polevou a ovocím; *hot fudge s.* zmrzlinový pohár s fondánom

¹**Sunday** *n* nedeľa; *on S-s, every S.* každú nedeľu

➧ *Closed on S-s and Holidays.* V nedeľu a vo sviatok zatvorené.

²**Sunday** *adj* nedeľný

sundown západ slnka

sunglasses *pl* slnečné okuliare

sunlamp (žiarič) horské slnko

sunny (izba) slnečný

sunrise východ slnka

sunroof motor. posuvná strecha

sunset západ slnka

sunshade slnečník

➧ *One s., please!* Jeden slnečník, prosím!

sunstroke úpal

➧ *I've got s.* Dostal som úpal.

¹**suntan** *n* **1.** opálenie **2.** hnedočervená farba, bronz; *get* s. opáliť sa dohneda

²**suntan** *adj* (krém) opaľovací

suntanned opálený, bronzový

sun-up Am východ slnka

¹**super** *adj* hovor. super, príma

²**super** *n* hovor. motor. benzín super

superb hovor. nádherný, úžasný, senzačný

supermarket supermarket, samoobsluha

supervision dozor; *beach s.* plážový dozor; *without s.* bez dozoru

supervisor dozorca

supper (neskorá, ľahká) večera; *hot s.* teplá večera; *have one's s.* navečerať sa

➧ *Let's have s.* Poďme večerať. *Have you had your s. yet?* Večeral si/Večerali ste už?

supplement (časopisu) príloha; *weekend s. to the newspapers* víkendová príloha novín

supplementary **1.** dodatočný, doplnkový **2.** náhradný

supply zásobovanie; *drinking water s.* zásobovanie pitnou vodou; *power s.* elektrická prípojka

supplying zásobovanie

supporter podpera; *arch s.* vložka do topánok

suppository (liek) čapík

surcharge doplatok, príplatok, prirážka; *express s.* rýchlikový príplatok; *high-season s.* sezónny príplatok

¹**sure** *adj* istý; *make* s. presvedčiť sa

➧ *S.!* Am (pri pritakaní) Jasné! *I am s. that...* Som si istý, že...

²**sure** *adv* určite

¹**surf** *n* **1.** príboj, prílivová vlna **2.** surf

²**surf** *v* surfovať

surface povrch; *road s.* povrch vozovky; *running s.* (na lyži) sklznica

surfboard (doska) windsurfing

surfer (aj po internete) surfista

surfing surfing

surge vlnobitie

surgeon chirurg; *veterinary s.* veterinár

surgery 1. operácia **2.** BR (špecialistu) ordinácia **3.** (oddelenie) chirurgia **4.** aj *s. hours* ordinačné hodiny; *hold* s.* ordinovať

surgical chirurgický

surgicentre (ambulantná) chirurgia

surname priezvisko

surpass (výkonom) prekonať

¹**surprise** n prekvapenie, údiv
➡ *What a s.!* To je ale prekvapenie! *Let's make a s.!* Nechajme sa prekvapiť!

²**surprise** v prekvapiť (with sth čím); *be* s-d* diviť sa (at sth čomu)

surroundings pl okolie, prostredie

survive prežiť

suspect podozrievať (of sth z čoho)

swab tampón

swamp močarina

¹**sweat** n pot

²**sweat** v potiť sa

sweatsuit AM tepláky

Swede Švéd

Sweden Švédsko

¹**Swedish** adj švédsky

²**Swedish** n **1.** pl *the S.* Švédovia **2.** švédčina

sweep* uháňať

¹**sweet** adj sladký

²**sweet** n **1.** bonbón, cukrík, pl *s-s* cukrovinky, sladkosti; *cough s.* cukrík proti kašľu; *fruit s.* ovocný cukrík **2.** aj *a piece of s.* zákusok

sweeten sladiť (with sth čím)

sweetener sladidlo; *artificial s.* umelé sladidlo

sweetshirt hovor. mikina

¹**swell** adj luxusný

²**swell*** v opuchnúť
➡ *My legs have swollen.* Opuchli mi nohy

¹**swim*** v **1.** plávať; *s. backstroke, breaststroke, butterfly, crawl* plávať znak, prsia, motýlika, kraulom; *s. downstream, upstream* plávať po prúde, proti prúdu **2.** preplávať (across sth cez čo); *s. just several metres* preplávať len niekoľko metrov
➡ *I am (We are) going to s.* Idem(e) sa kúpať. *Where can I/we s. here?* Kde sa tu dá kúpať? *Let's go s-ming.* Poďme sa kúpať. *How far can I/we s.?* Ako ďaleko možno plávať? *I can (can't) s.* (Ne)Viem plávať.

²**swim** n plávanie; *have* a s.* zaplávať si

swimmer plavec

swimming (čiapka) kúpací

swimsuit (dámske) plavky; *racing s.* pretekárske plavky

¹**swindle** n podvod

²**swindle** v klamať, podvádzať

¹**swing*** v **1.** hojdať (sa) **2.** kývať (sa)

²**swing** n hojdačka

¹**Swiss*** n Švajčiar, pl *the S.* Švajčiari

²**Swiss** adj švajčiarsky

S

¹**switch** v **1.** (rádio) pustiť, dať do chodu **2.** aj *s. the light*, *s. on* rozsvietiť, zapáliť *s. off* **1.** (motor) vypnúť **2.** (svetlo) zahasiť

²**switch** n **1.** spínač, vypínač; *dip s.* motor. spínač tlmených svetiel; *electric s.* elektrický vypínač **2.** ⟨Am⟩ výhybka

Switzerland Švajčiarsko

swollen opuchnutý; *become* s.* opuchnúť

swoon upadnúť do mdlôb

symbol symbol, znak

synagogue synagóga

syringe, aj *hypodermic s.* (injekčná) striekačka

syrup sirup; *cough s.* sirup proti kašľu

system systém, sústava; *anti-skid s.* protišmyková ochrana; *railway s.* železničná sieť; *road s.* cestná sieť; *washdown s.* splachovač

➡ *The washdown s. in our toilet isn't working/is out of order.* V našom WC nefunguje splachovač.

S

T

table stôl; *billiard t.* biliardový stôl; *non-smoking t-s* nefajčiarske stoly; *smorgasbord t.* bufetové/švédske stoly; *t. d'hôte* (kompletné jedlo) menu; *lay**/ *set** *the t.* (stôl) prestrieť
➡ *Is this t. free, taken,...?* Je tento stôl ešte voľný, už obsadený,...?
Reserve the t. for me/us, for... persons for... o'clock. Rezervujte mi/nám, prosím, na... hodinu stôl pre... osôb.
The t. is set for... persons. Je prestreté pre... osoby,... osôb.
Take your seats at the t., please! Nech sa páči ku stolu!

tablecloth obrus
➡ *Would you bring us a clean t., please?* Vymeňte nám, prosím, obrus!

tablespoon polievková lyžica

tablet 1. tablet(k)a; *headache t.* tabletka proti bolestiam hlavy 2. tabuľa; *memorial t.* pamätná tabuľa

tachometer motor. otáčkomer

tackle výstroj, potreby; *fishing t.* rybársky výstroj

tactful ohľaduplný

tag visačka; *name t.* (na batožine) visačka s menom; *price t.* cenovka, visačka s cenou

tail (auta) zadná časť

tailcoat frak

taillight AM motor. zadné svetlo

tailpipe AM výfuk

take* 1. (chytiť rukami) brať, vziať 2. dobyť, zabrať 3. ísť; *t. the motorway* ísť po diaľnici 4. (z brehu na ostrov ap.) preplaviť 5. (lietadlo) odletieť 6. obsadiť; *t. the seat near the window* obsadiť sedadlo pri okne 7. voziť, (na urč. miesto) zaviesť, (autom) odviezť 8. aj *t. off/ away* (vodičský preukaz) odobrať, zobrať 9. rozviezť; *t. holidaymakers by bus* rozviezť dovolenkárov autobusom 10. (formálne) prijať 11. preniesť 12. viesť, smerovať 13. trvať, prebiehať 14. vziať, prijať 15. (liek) užívať *t. along* (so sebou) vziať *t. away* odstrániť *t. down* (nadol) zniesť *t. in* (podnájomníka) vziať *t. off* 1. (lietadlo) vyštartovať 2. (strhnúť zo sumy) zraziť 3. dať dole, vyzliecť *t. out* vybrať, vytiahnuť; *t. out of service/of operation* (dočasne vyradiť) odstaviť *t. over* prevziať *t. up* zabrať, zaujať
➡ *Do you t. Slovak money, traveller's cheques,...., too?* Beriete aj slovenské peniaze, cestovné šeky,...?
What time does the plane to... t. off? Kedy letí lietadlo do...?
Are these seats, tables,... taken? Sú tieto miesta, stoly,... už obsadené?

T

I'll (We'll) t. a car, a bus, a plane, the next train, the later train,... Pôjdem(e) autom, autobusom, lietadlom, najbližším vlakom, neskorším vlakom,...

You must t. the bus, the tram, the metro,... Musíte ísť autobusom, električkou, metrom,...

Can you t. me part of the way? Môžete ma odviezť na kúsok?

All rooms are t-n. Hotel je plne obsadený.

Due to this bad weather the ferry can not t. you to... Trajekt vás nemôže za takéhoto zlého počasia preplaviť na...

Take me/us to the hotel, to the station,..., please. Zaveďte ma/nás, prosím, do hotela, na stanicu,...

✱ *... takes us directly to the centre, to the camp, to the harbour,... ... nás vedie priamo do centra, kempu, prístavu...

I like it. I'll t. it. To sa mi páči. Vezmem si to.

T. ..., please! Vezmite si, prosím,...!

T. off your coat, please! Odlož(te) si, prosím!

tale rozprávka, báj; *fairy t.* rozprávka

¹**talk** v 1. rozprávať, hovoriť 2. rozprávať sa, zhovárať sa (*with sb* s kým) 3. nahovoriť, prehovoriť (koho na čo *sb into sth*)

²**talk** n konverzácia, rozhovor

tall vysoký

tampon (hl. hygienický) tampón

¹**tan** n opálenie, bronz; *get* a t.* opáliť sa

²**tan** v 1. opáliť (si) 2. opaľovať sa

tandem, aj *bicycle t.* tandem

¹**tank** n (na vodu, benzín ap.) nádrž; *fuel t.* palivová nádrž

➥ *Fill up the t., please.* Natankujte mi benzín do auta.

Full t., please! Natankujte, prosím, auto doplna/plnú nádrž!

We need to fill up the t.. Ešte musíme natankovať.

²**tank** v brať do nádrže *t. up* AM (na)tankovať

➥ *T. up, please.* Natankujte mi benzín do auta.

T. it up, please! Natankujte, prosím, auto doplna/plnú nádrž!

tanned opálený

tap, aj *water t.* (vodovodný) kohútik

➥ *The t. is dripping.* Kvapká kohútik.

tape páska; *Scotch t.* AM lepiaca páska

tapestry gobelín, tapiséria

taproom výčap

tariff sadzba, tarifa; *zone t.* dopr., telef. pásmová tarifa

➥ *The daily t. includes accommodation and unlimited use of the pool and gymnasium.* Denná sadzba zahŕňa ubytovanie a voľné/bezplatné používanie bazéna a posilňovne.

tarn morské oko, pleso

tart 1. BR (ovocný) koláč **2.** hovor. prostitútka

¹**taste** n **1.** chuť (jedla ap.) **2.** vkus; *in bad t., without t.* nevkusne

²**taste** v **1.** chutiť, mať chuť; *t. good* chutiť **2.** ochutnať

tasteless 1. bez chuti **2.** nevkusný

tasting ochutnávka; *wine t.* ochutnávka vína; *t. of local specialities* ochutnávka miestnych špecialít

tasty (jedlo) chutný

Tatras Tatry; *the High, the Low T.* Vysoké, Nízke Tatry

tavern krčmička, taverna

tax daň; *value added t.* daň z pridanej hodnoty; *deduct the value added t.* odpočítať daň z pridanej hodnoty

taximeter taxameter

taxi, AM **taxicab** taxík; *air t.* aerotaxík; *water t.* vodný taxík

➡ *Book a t. for me/us for tomorrow, for... o'clock.* Objednajte mi/nám, prosím, taxík na zajtra, na... hodinu.

Could you get me/us a t., please? Zavolali by ste mi/nám, prosím, taxík?

Where can I (we) get a t.? Kde zoženiem(e) taxík?

Let's go by t.! Zoberme si taxík!

Taxi! Are you free? Taxík! Ste voľný?

tea 1. čaj; *black t.* čierny čaj; *five o'clock t.* čaj o piatej; *green t.*

zelený čaj; *herb/herbal t.* bylinkový čaj; *china t.* čínsky čaj; *lemon t., t. with lemon* čaj s citrónom; *mint t.* mätový čaj; *oolong t.* polozelený čaj; *(rose) hip t.* šípkový čaj; *tea bag/bags* čaj v záparových vrecúškach; *t. with milk, with rum* čaj s mliekom, rumom **2.** vývar; *beef t.* hovädzí bujón, hovädzia polievka

➡ ✳ *I'd like to invite you for a cup of t.* Pozývam ťa/vás na čaj.

teacake koláč s hrozienkami

teahouse (ázijská) čajovňa

teakettle čajová kanvica

team tím, skupina, šport. mužstvo, hovor. partia; *football t.* futbalové mužstvo; *rescue t.* záchranné mužstvo

¹**tear** n slza; *be✳ full of t-s* (oči) slziť

²**tear** v slziť

³**tear✳** v roztrhať (sa)

tearoom čajovňa

teaspoon čajová lyžička

technical technický

telegram telegram

➡ *Where can I/we send a t.?* Kde možno podať telegram?

¹**telegraph** n telegraf

²**telegraph** telegrafovať

telegraphic telegrafický

¹**telephone** n telefón

²**telephone** adj (služba) telefónny

³**telephone** v telefonovať

telerecorder telef. odkazovač

telescope ďalekohľad, teleskop

television televízia; *cable t.* káblová televízia; *satellite t.* satelitná televízia

tell* 1. povedať 2. (smer) ukázať

➡ *Could you t. him/her/them that...* Odkážte mu/jej/im, že...

T. me/us who is..., where is..., when is,..., please? Povedz(te) mi/nám, kto je..., kde je..., kedy je,...

Could you t. me/us the way, the direction,...? Mohli by ste mi/nám ukázať cestu, smer,...?

telly BR hovor. telka

temper nálada; *control one's t.* ovládať sa; *lose* one's t.* rozčúliť sa

➡ *Are you in a good, in a better, in a bad,... t.?* Máš/Máte dobrú, lepšiu, zlú,... náladu?

tempera výtvar. tempera

temperate (pásmo) mierny

temperature teplota; *air t.* teplota vzduchu; *anual average t.* priemerná ročná teplota; *daily t-s* denné teploty; *July t-s* júlové teploty; *low t-s* nízke teploty; *night t-s* nočné teploty; *summer t-s* letné teploty; *water t.* teplota vody; *t-s above, below freezing point* teploty nad, pod bodom mrazu; *t. in the shade, in the sun* teplota v tieni, na slnku; *appreciable, sudden drop/fall, rise in t.* citeľné, náhle ochladenie, oteplenie;

fluctuations in the t. výkyvy teploty

temple chrám, svätyňa; *old-Christian t.* starokresťanský chrám

tempo tempo

temporary dočasný, prechodný, provizórny

tempting (ponuka) lákavý

ten desať

tendency tendencia, sklon; *storm t.* sklon k búrkam

tender (jednotlivec) obsluha

tenderloin kuch. sviečková

tendon anat. šľacha

tennis tenis; *table t.* stolný tenis, pingpong

➡ *Do you play t.?* Hráš/Hráte tenis?

Where can I/we play the table t.? Kde si možno zahrať pingpong?

tension napätie

tent stan; *hired t.* prenajatý stan; *trailer t.* komfortný obývací stan, rozkladací obytný príves; *pitch/put* up a t.* postaviť stan; *strike*/put* down a t.* zložiť stan

➡ *Can we put up the t. here?* Môžeme si tu postaviť stan?

Is there any room for one t. yet? Je tu ešte miesto na jeden stan?

Have you got/Is there any free t.? Máte voľný stan?

tenth desiaty

tepid (voda) vlažný

term 1. termín; *pricely favourable t.* cenovo výhodný termín; *according to the agreed t.* podľa dohodnutého termínu; *agree, defer, miss, fix the t.* dohodnúť, posunúť, premeškať, stanoviť termín; *before the fixed t.* pred stanoveným termínom; *fix the t.* stanoviť termín; **2.** pojem, termín; *be* on first-name/Christian name t-s* tykať si (with sbs kým); *be* on formal t-s* vykať (with sb komu); *first-name t-s* tykanie **3.** lehota **4.** obyč. pl *t-s* zmluvné podmienky; *cancellation t-s* stornovacie podmienky; *insurance t-s and conditions* poistné podmienky; *rental t-s, t-s of lease/of hire, t-s and conditions of leasing* podmienky prenájmu; *agree t-s* dohodnúť podmienky

➡ *The t. (doesn't suit) suits me/us.* Tento termín sa mi/nám (ne)hodí.

¹terminal n (cestnej dopravy) konečná (stanica), terminál

²terminal adj konečný, posledný

terminate skončiť, vypršať; zakončiť

terminus (železnice, autobusov) konečná (stanica), konečná zastávka

terrace terasa; *roofed t., t. covered with roof* zastrešená terasa; *t. for sunbathing* terasa na opaľovanie

➡ *I'd/We'd like a room with the t.* Chcel by som/Chceli by sme izbu s terasou.

terrain terén; *hilly t.* pahorkatý terén; *inaccessible t.* neprístupný terén

terrible hrozný

terrific senzačný

territory 1. územie; *customs t.* colné územie **2.** (územie) stolica

¹terrorist n terorista

²terrorist adj (útok) teroristický

¹test n test, skúška; *blood (alcohol content) t.* krvný test na obsah alkoholu; *breath t.* dychová skúška na obsah alkoholu; *brake/breaking t.* skúška bŕzd

²test v (po technickej stránke) kontrolovať

testify (ako svedok) svedčiť, vypovedať

than (vyj. porovnanie) než, ako; *cheaper, older t. ...* lacnejší, starší ako...

➡ *Are you to stay here longer t. ... days, weeks,...?* Ostaneš/Ostanete tu dlhšie ako... dni, týždne,...?

thank ďakovať, poďakovať sa (sb komu)

➡ *I'd/We'd like to t. you for...* Chcel by som sa/Chceli by sme sa poďakovať za...

T. you for your invitation, for nice evening, for... Ďakujem(e) za pozvanie, za pekný večer, za...

T

T. you in advance! Vopred ďakujem(e)!

T. you very much! Ďakujem pekne!

No, t. you! (vyj. odmietnutie) Ďakujem pekne!

T. you! My pleasure! It was a pleasure. Don't mention it! Ďakujem! Rado sa stalo!

thankful (po)vďačný

¹**thanks** n vďaka, vďačnosť
➡ *T. for...* Vďaka za...
Many t.! Srdečná vďaka!

²**thanks** prep: *t. to* vďaka (sth čomu); *t. to the chance* vďaka náhode

¹**that** pron 1. to; *after t.* nato; *t. is* čiže 2. ten 3. ktorý

²**that** conj že; *on the condition t. ...* pod podmienkou, že...

¹**thaw** n odmäk
➡ *The t. set in.* Je odmäk.

²**thaw** v topiť sa
➡ *It is t-ing.* Je odmäk.

the 1. určitý člen 2. ten; *during t. time (when)* za ten čas čo

theatre divadlo; *drive-in moving t.* autokino; *movie t.* (miesto) kino; *national t.* národné divadlo; *street t.* pouličné divadlo
➡ *What's on at the t. tonight?* Čo hrajú dnes v divadle?
I'd/We'd like to go to the t. Rád by som išiel/Radi by sme išli do divadla.

theatrical (predstavenie) divadelný

theft krádež; *car, luggage t.* krádež auta, batožiny

then 1. potom; *since t.* odkedy; *till t.* dovtedy; *from t. till t.* odvtedy dovtedy 2. vtedy

therapy liečba

there (op. tu) tam; *from t.* odtiaľ; *up to t.* potiaľ
➡ *We shall go up to t. and not farther.* Pôjdeme iba potiaľ a už nie ďalej.
Who's t.? Kto je tam?
Which bus, train,... is going t.? Ktorý autobus, vlak,... tam ide?

therefore preto

thermometer teplomer

Thermo, aj *T. flask* termoska

they oni

thick 1. (op. tenký) hrubý 2. hustý

thicket húština

thief zlodej

thigh anat. stehno

thin 1. (op. tučný) chudý 2. (op. hrubý) tenký 3. riedky, slabý

thing 1. vec 2. pl *t-s* potreby; *sewing t-s* šijacie potreby; *shaving t-s* holiace potreby; *sporting t-s* športové potreby
➡ *These are (not) my/our t-s.* To (nie) sú moje/naše veci.
Could you keep an eye on my/our t-s, please? Dali by ste, prosím, pozor na moje/naše veci?

think* 1. myslieť 2. nazdávať sa
➡ *What do you t. of...?* Čo si myslíš/myslíte o...?
I (We) t. (that)... Myslím(e) si, že...

¹**third** adj tretí

²**third** n tretina

thirst smäd; *quench one's t.* uhasiť smäd

thirst-reducing utišujúci smäd

thirsty smädný

➡ *I am/We are (very, dreadfully) t.* Som smädný/Sme (veľmi, strašne) smädní.
I am not t. Nie som smädný.

this tento; *t. year* tohto roku

thorax* anat. hrudník

thorn tŕň

thoroughfare dopr. komunikácia, tepna; *city t.* mestská komunikácia; *main city t.* hlavná mestská komunikácia; *public t.* verejná komunikácia

though predsa, aj tak

thought myšlienka

thoughtful ohľaduplný, pozorný

thoughtless nerozvážny

thousand-crown (platidlo) tisícka

threat hrozba; *life t.* ohrozenie života

thred niť

thriller napínavý film

thrilling napínavý

throat hrdlo; *sore t.* bolesti hrdla

➡ *I have/I've got a sore t.* Bolí ma hrdlo.

¹**throb** v (srdce ap.) biť

²**throb, throbbing** n búšenie srdca

thrombosis trombóza; *coronary t.* infarkt

throne trón; *king's t.* kráľovská stolica

throng tlačenica

throngs pl ⟨AM⟩ šľapky, vietnamky

¹**throttle** n škrtiaci ventil; *open the t.* pridať plyn; *at full t.* na plný plyn

➡ *Open the t.!* Pridajte plyn!

²**throttle** v škrtiť

➡ *T. down!* Uberte plyn!

through 1. (priestorovo) cez 2. prostredníctvom; *get* t. to sb dostať telefonické spojenie s kým

➡ *Does this bus, this train,... go t. ...?* Prechádza tento autobus, vlak,... cez...?

throughout (časovo) cez, počas, po; *t. the day* po celý deň

throw* hodiť *t. down* zhodiť *t. off* (nepotrebné) vyhodiť *t. out* dáviť *t. up* vracať

thumb palec

¹**thunder** v hrmieť; *it's t-ing* hrmí

²**thunder** hrom, hrmenie; *there's t.* hrmí

thunderbolt blesk, úder blesku; *there is a t.* blýska sa a hrmí

¹**Thursday** n štvrtok; *on T.* vo štvrtok; *on T-s* každý štvrtok

²**Thursday** adj štvrtkový

thwart prekaziť

tick kliešť

ticket lístok, aj *admission/entrance t.* vstupenka; *air/flight/plane t.* letenka; *all-line t.* sieťový lístok; *children's/half t.* detský lístok; *cinema t.* lístok do kina; *cloakroom t.* lístok od šatne; *cruise* t. lístok na okružnú plavbu; *discount(ed)/reduced* t. zľavnený lístok; *free* t. voľný lístok, voľná vstupenka; *group* t. hromadná letenka, hromadný lístok; *left-luggage* t. batožinový lístok, lístok z úschovne batožiny; *meal (voucher)* t. stravný lístok; *monthly season* t. mesačný predplatný lístok, *one-way* t. |AM| jednosmerný lístok; *parking* t. parkovací lístok; *passenger* t. lodný lístok; *return* t. spiatočná letenka, spiatočný (cestovný) lístok, cestovný lístok tam a späť; *round-trip* t. |AM| spiatočný (cestovný) lístok; *season* t. abonentka, časový/predplatný lístok, hovor. permanentka; sezónna vstupenka; *seat reservation* t. miestenka; *single* t. *and seat reservation* lístok s miestenkou; *theatre/*|AM| *theater* t. lístok do divadla; *train* t. lístok na vlak; *transfer* t. prestupný cestovný lístok, |AM| prestupná letenka; *weekly season* t. týždenný lístok; *buy* the* t. kúpiť si lístok; *produce a* t. preukázať sa vstupenkou

➡ *One* t., *two, three* t-s *to..., please.* Prosím si jeden cestovný lístok, dva, tri,... cestovné lístky do...
One return t. *to..., please!* Prosím si jeden lístok do... a späť!

How long is the t. *valid?* Ako dlho platí lístok?
How much is a single t. *to...?* Čo stojí lístok do...?
I'd/We'd like two, three,... return t-s *for cruise tour from... to...* Chcel by som/Chceli by sme dva, tri,... lístky na okružnú jazdu z... do... a späť.
I'd/We'd like to buy a t. *to...* Chcel by som/Chceli by sme letenku na let do...
How much is the (return) t. *to...?* Koľko stojí letenka do...?
I/We would like to book... tickets to... Rezervujte mi/nám, prosím, ... letenky do...
Have you got t-s *for today, for tomorrow,...?* Máte ešte lístky na dnes, na zajtra,...?
I'd/We'd like two, three,... t-s *for...* Chcel by som/Chceli by sme dva, tri,... lístky na...
Where can I/we book, buy, change,... theatre, cinema,... t-s? Kde si možno objednať, kúpiť, vymeniť,... lístky do divadla, kina,...?

tidbid | **titbit**

tide morský príliv a odliv; *ebb/ low* t. vrchol odlivu; *high* t. vrchol prílivu

tidy, aj t. *up* upratať

tiding up (izieb) upratovanie

¹tie n kravata

²tie v 1. zaviazať, uviazať 2. aj t. *up* priviazať (to sth k čomu)

tie-wear(ing) nosenie kravaty; *mandatory t.* povinné nosenie kravaty

tight malý, úzky, tesný

➡ *It's too t. for me.* To mi je príliš úzke.

tighten natiahnuť, napnúť

tights pl pančuchové nohavice, hovor. pančucháče

¹**till** conj **1.** (časovo) než **2.** dokiaľ, kým; *t. then* dovtedy; *t. tomorrow* dozajtra

➡ *Wait t. ...* Počkaj(te), až...

²**till** n (v obchode) pokladnica

timber (stavebné) drevo

¹**time** n **1.** (doba) čas; *arrival t.* čas príchodu; *closing t.* záverečná hodina (v pohostinstvách), koniec predajnej doby; *departure t.* čas odchodu; *free/leisure/spare t.* voľný čas, voľno; *parking t.* dĺžka parkovania; *working t.* pracovná doba; *all the t.* po celý čas, stále; *(for) a long t.* dlho; *another t.* druhý raz, inokedy; *at some t.* (v minulosti) niekedy; *at the same t.* naraz, zároveň, v rovnakom čase; *at that t.* vtedy; *at what t.* kedy; *at the inconvenient/ wrong t.* nevhod; *be* pushed for t.* byť v časovej tiesni; *for a short t.* nakrátko; *from t. to t.* občas; *in appropriate t.* vo vhodnom čase; *in t.* načas, včas, vhod; *limited in t.* časovo obmedzený; *next t.* inokedy,

nabudúce; *on t.* načas, včas, presne; *this t.* toho času; *this t. tomorrow* zajtra o tomto čase; *waste of t.* strata času; *t. of arrival, of departure* čas príchodu/príletu, odchodu/odletu; *t. for thinking over/to decide* čas na rozmyslenie; *t. of flight* čas odletu; *take* sb's t.* zdržiavať **2.** (meraný na hodinkách) čas; *Central European T.,* skr. *CET* stredoeurópsky čas; *daylight saving t.* AM (posunutý) letný čas; *East-European T.,* skr. *EET* východoeurópsky čas; *Greenwich Mean T.,* skr. *GMT* (občiansky) svetový čas; *local t.* miestny čas; *summer t.* (posunutý) letný čas; *West-European T.,* skr. *WET* západoeurópsky čas; *winter t.* (posunutý) zimný čas; *world t.* svetový čas; *zulu t.* (vojenský, letecký) svetový čas **3.** éra; *ancient t-s* starovek; *modern t-s* novovek; *the present t-s* prítomnosť, súčasnosť **4.** | **weather 5.** krát; *all t-s* vždy, zakaždým; *for the first t.* prvýkrát, po prvý raz; *how many t-s?* koľkokrát?; *many t-s* mnohokrát; *one last t.* posledný raz; *one t. only* iba raz; *several t-s* viackrát, viac ráz

➡ *What is the t.? What t. is it?* Koľko je hodín? *At what t.?* O koľkej? *What t. do the shops close?* Do koľkej sú otvorené obchody?

T

What t. is the museum open?
Od koľkej je otvorené múzeum?

It's high t. Je najvyšší čas.

I haven't got much t. Mám málo času.

Have a good t.! Maj(te) sa dobre!, Dobrú/príjemnú zábavu!

Where and at what t. did it happen? Kde a kedy sa to stalo?

About t. too! No konečne!

Shall we be in/at... on t.? Budeme načas v...?

Am I (Are we) coming at an inconvenient t.? Prichádzam(e) nevhod?

You are coming just in t. Prichádzaš/Prichádzate práve vhod.

I (We) don't want to take your t. anymore. Nechcem(e) vás už dlhšie zdržiavať.

How many t-s have you been in/at...? Koľkokrát si bol/ste boli v...?

Are you in/at... for the first t.? Si/Ste po prvý raz v...?

I am/We are for the first t. here. Som/Sme tu po prvý raz.

²**time** v (termíny) načasovať

timely včasný, uskutočnený včas

timer časový spínač

timetable 1 cestovný poriadok; *summer t.* letný poriadok; *train t.* vlakový poriadok; *winter t.* zimný poriadok **2.** aj *t. copy* (výtlačok) cestovný poriadok

timid bojazlivý

tin konzerva, plechovka; *subsist on t-s* žiť na konzervách

tincture tinktúra; *t. of iodine* jódová tinktúra

tinned (mäso) konzervovaný

tip 1. hovor. rada, tip **2.** obslužné, prepitné

¹**tire** v unaviť (sa), vyčerpať (sa)

²**tire** n | **tyre**

tired unavený, vyčerpaný; *t. from a long walking around the town* unavený z dlhého chodenia po meste

➡ *I am going to bed, I am very t.* Idem si ľahnúť, som veľmi unavený.

tiredness únava; *spring t.* jarná únava

tiresome dotieravý

tiring namáhavý, únavný, náročný

titbit, AM **tidbid** maškrta, lahôdka

title (právny) nárok

T-junction križovatka v tvare T

to 1. (vyj. trvanie deja al. rozpätie) až; *Monday to Friday* pondelok až piatok **2.** (vyj. smerovanie) do, k; *travel to...* cestovať do...; *travel to the seaside* cestovať k moru **3.** aj *up to* (vyj. v rôzn. význ. hranicu) do; *children up to the age of...* deti do... rokov; *up to night* až do noci; *from morning to evening* od rána do večera; *from... to... (o'clock)* od... do... (hodiny); *swim* up to the buoys* plávať až po bóje **4.** (vyj. cieľ, účel, želanie) na; *drink* a toast to sb* pripiť si na zdravie koho

➡ *Does this way lead to...?* Je to cesta do...?
Does this bus, this train,... go from... to...? Premáva tento autobus, vlak,... z... do...?
Come to see us! Príď(te) k nám!
I'll (We'll) accompany you up to the stop, up to the hotel,... Odprevadím(e) ťa/vás až po zastávku, po hotel,...

toast 1. hrianka, hriankový chlieb; *dietary t.* suchár **2.** prípitok; *propose a t.* predniesť prípitok

toaster hriankovač

tobacconist's trafika

toboggan 1. šport. tobogán **2.** (úzke) sane

today dnes; *from t. (on)* odo dnes, oddnes

➡ *What time does the train, the ferry leave for... t.?* Kedy dnes odchádza vlak do..., trajekt na...?
What's the day t.? Koľkého je dnes?
T. is... Dnes je...

today's dnešný

toddy punč, grog

toe (na nohe) palec; *little t.* malíček

toffee karamelka

together dohromady **1.** dovedna, spolu; *get* t.* zhromaždiť sa **2.** spoločne

toilet toaleta, záchod; *public t-s* verejné záchody; *go* to the t.*

(and do* number one, number two) ísť na (malú, veľkú) potrebu

➡ *Where are the t-s here?* Kde sú toalety/záchody?

toiletries pl toaletné potreby

token (do telef. automatu) žetón

tolerate znášať

toll mýto, (cestný) poplatok; *bridge t.* mostné mýto *freeway t.* diaľničný poplatok; *road t.* cestné mýto

tomato rajčina

tomb hrobka

tombstone náhrobok, náhrobný kameň

¹**tomorrow** n zajtra; *t. afternoon* zajtra popoludní; *t. evening* zajtra večer; *t. (in the) morning* zajtra ráno; *t. at noon* zajtra napoludnie; *t. week* od zajtra za týždeň; *the day after t.* pozajtra; *two days after t.* popozajtra; *till t.* dozajtra

➡ *I am (We are) leaving the day after t.* Pozajtra odchádzam(e). *Come t. this time, please.* Príďte, prosím, zajtra (o tomto čase). *See you t.!* Dovidenia zajtra!

²**tomorrow** adj zajtrajší

tongue 1. jazyk; *smoked t.* údený jazyk **2.** jazyk, reč; *mother/native t.* materinský jazyk

tonic 1. aj *t. water* tonik; *gin and t.* džin s tonikom **2.** tonikum; *hair t.* voda na vlasy, vlasové tonikum

tonight dnes večer/v noci

tonsil, obyč. pl *t-s* mandle

tonsillitis angína; *suppurative t.* hnisavá angína

¹**too** part tiež, podobne

➧ *Enjoy your meal.! You t.!* Dobrú chuť! Podobne!

²**too** adv príliš; *t. often* príliš často; *much t. long* príliš dlho

➧ *It's t. late.* Už je príliš neskoro.

tools náradie

tooth* zub; *false teeth* hovor. umelé zuby, zubná protéza

➧ *I have a broken t.* Zlomil sa mi zub.
Could you treat my t. (provisionally)? Môžete mi (provizórne) ošetriť zub?

toothache bolesti zubov

➧ *I'd like something for a t.* Dajte mi, prosím, niečo proti bolestiam zubov.

toothbrush zubná kefka

toothpaste zubná pasta

toothpick špáradlo

¹**top** n **1.** vrch, vrchol **2.** vrch, horná plocha; *double burner stove t.* dvojplatnička **3.** vrchnák **4.** (hraničná úroveň) extrém

²**top** v pokryť *t. up* doliať

topical aktuálny

top-quality prvotriedny

torch pochodeň; *electric t.* baterka

torrent bystrina

tortoise korytnačka

total 1. celkový **2.** úplný, naprostý

totally spolu, celkovo

¹**touch** n **1.** dotyk **2.** spojenie, kontakt; *get* in t. with sb* nadviazať s kým kontakt, kontaktovať sa s kým

²**touch** v dotknúť sa (*sth* čoho) *t. down* pristáť

➧ *Does the plane t. down also in/at...?* Pristane lietadlo aj v...?

touchdown pristátie

➧ *Has the plane t. at/in...?* Má lietadlo medzipristátie v...?

touchy (chúlostivý) citlivý

¹**tour** n **1.** cesta, zájazd, výlet, túra; *cycling t.* cyklotúra; *educational t. (with tented accommodation)* poznávací zájazd (s kempingovým ubytovaním); *extremely difficult/strenuous t.* mimoriadne náročná túra; *flight t.* letecký zájazd; *mountaineering t.* horolezecká túra; *package t.* (hromadný) turistický zájazd, zájazd s pevným programom; *package t. with a language course* cesta do zahraničia spojená s jazykovým kurzom; *personalized t-s* individuálne túry; *rambling t. (with night's stays at a hotel)* pešia turistika (s možnosťou prenocovania v hoteli); *round t.* okružná cesta; *ski(ing) t.* lyžiarska túra; *thematic t.* tematický zájazd; *walking t.* pešia túra; *t-s round the farms* agroturistika; *be* on t.* byť na zájazde **2.** prehliadka; *guided t.* prehliadka so sprie-

vodcom; *guided/conductor t. of the town* prehliadka mesta so sprievodcom; *optional (sightseeing) t-s* fakultatívne prehliadky; *sightseeing t.* prehliadka mesta/pamiatok

➡ *Could you organize/run the guided t. for tomorrow, for Monday,... for us?* Mohli by ste nám organizovať prehliadku so sprievodcom na zajtra, na pondelok,...?

What time does the next guided t. begin? Kedy sa začína najbližšia prehliadka so sprievodcom?

How long is the t.? Ako dlho bude trvať prehliadka?

How much is the guided t. of the castle, of the museum,...? Koľko stojí prehliadka hradu, múzea,... so sprievodcom?

Do you also arrange evening t-s of the town? Robíte aj nočné prehliadky mesta?

²**tour** v precestovať, navštíviť

touring (bicykel) turistický

tourism turistika, cestovanie; cestovný/cudzinecký/turistický ruch; *city t.* mestská poznávacia turistika; *country t.* vidiecka turistika; *ecological t.* ekologická turistika; *exotic countries oriented t.* turistika zameraná na ďaleké/exotické kraje; *foreign t.* zahraničná turistika; *incentive t.* zážitková/incentívna

turistika; *individual/personalized t.* individuálna turistika (zabezpečená CK); *mass t.* masová turistika, hromadný turistický ruch; *motoring t.* autoturistika; *sex t.* sexturizmus

¹**tourist** n turista, cestovateľ, dovolenkár; *individual t.* individuálny turista; *sex t.* sexturista; *t-s from abroad* turisti zo zahraničia

➡ *Are you here as a t.?* Ste tu ako turista?

²**tourist** adj (ruch) cestovný, (skupina) turistický

¹**tow** n 1. vlek, odvlečenie 2. aj *rope/ski t.* lyžiarsky vlek

➡ *The jeep, the tractor took us in t.* Džíp, traktor nás zobral do vleku.

²**tow** v ťahať *t. away* odtiahnuť

➡ *I had to be t-ed away.* Musel som sa dať odtiahnuť
The jeep, the tractor,... t-ed us away. Odtiahol nás džíp, traktor,...

towards 1. (časovo) k; *t. the end of a month, a week* ku koncu mesiaca, týždňa; *t. (the) evening* k večeru 2. (smerom) k

towel uterák; *bath t.* osuška; *tea t.* kuchynská utierka; *terry t.* frotírový uterák.

➡ *There are the t-s missing in my/our room.* Na izbe chýbajú uteráky.
Change the t-s, please. Vymeňte nám, prosím, uteráky.

T

¹**tower** n **1.** veža; *bell t.* zvonica; *control t.* kontrolná veža; *church t.* kostolná veža; *the Leaning T. of Pisa* šikmá veža v Pise; *look-out t.* rozhľadňa, vyhliadková veža; *television t.* televízna veža **2.** hovor. vežiak

²**tower** v týčiť sa (*above sth* nad čím)

towerblock hovor. vežiak

towing vlek, vlečenie

¹**town** n mesto; *busy t.* rušné mesto; *large t.* veľkomesto; *Old T.* staré mesto; *provincial/small t.* malomesto; *in the t.* na území mesta; *out of the t.* smerom von z mesta

➡ *I am (We are) living in the out-skirts, in the centre of the t.* Bývam(e) na okraji, v centre mesta.
How many kilometres is it to the nearest t.? Koľko kilometrov je do najbližšieho mesta? *Would you take me to the t.?* Odvezte ma, prosím, do mesta.

²**town** adj (rada) mestský

toxic toxický, jedovatý

townwards smerom do mesta

toy hračka

¹**trace** n (zostatok) stopa; *disappear/vanish without t-s* zmiznúť bez stopy; *securing t-s by police* policajné zaistenie stôp

²**trace** v (policajne) (vy)pátrať

¹**track** n **1.** trasa, dráha, (pretekárska ap.) trať; cesta, chodník; *avalanche t.* (zosuvná) lavínová dráha; *bobsleigh/*Am *bobsled t.* bobová dráha; *bowling t.* bowlingová dráha; *cycling t.* cyklotrasa, cyklistický chodník; *dirt t.* poľná cesta; *race t.* Am dostihová dráha; *t. and field* Am ľahká atletika **2.** (po chôdzi, kolese) stopa; *skid t.* brzdná stopa, stopa po šmyku

²**track** v sledovať

tracksuit tepláky

¹**trade** n **1.** obchod; *Christmas t.* vianočné trhy; *tourist t.* (odvetvie) cestovný ruch **2.** remeslo

➡ *I am... by t.* Povolaním som...

²**trade** adj obchodný

trademark výrobná značka

trader živnostník

tradition zvyk, tradícia

¹**traffic** n doprava, premávka; dopravný ruch; *air t.* letecká doprava/prevádzka; *border t.* (malý) pohraničný styk; *bus t.* autobusová doprava; *busy t.* živá premávka; *city t.* mestská doprava; *contra-flow t., t. in opposite direction* doprava v protismere; *double-banking/two-lane t.* premávka jedným smerom vo dvoch prúdoch; *freight/goods t.* nákladná doprava; *heavy t.* hustá premávka; *local t.* miestna doprava; *motor t.* automobilová doprava; *non-city t.* doprava mimo mesta; *one-way t.* jednosmerná doprava/premávka; *passenger t.*

osobná doprava; *railway t.* vlaková doprava; *road t.* cestná premávka; *suburban t.* prímestská doprava; *through t.* tranzitná doprava; *two-way t.* obojsmerná premávka; *direct the t.* riadiť dopravu; *divert/reroute the t.* odkloniť dopravu; *hold* up/obstruct the t.* zablokovať dopravu; *paralyse the t.* ochromiť dopravu; *redirect the t.* presmerovať dopravu; *with little t.* málo frekventovaný; *without motor t.* bez automobilovej dopravy

²**traffic** adj (zápcha, chaos) dopravný, automobilový

traffic-less bez automobilovej dopravy

tragic tragický

trail cesta, cestička; *forest t.* lesná cesta

trailer 1. dopr. príves; *tandem/twin axle t.* príves s tandemovou nápravou 2. AM (obytné auto, príves) karavan

train vlak; *commuter t.* vlak kyvadlovej dopravy; *Eurocity t.* vlak Eurocity; *express/fast t.* rýchlik; *first t.* prvý ranný vlak; *goods/*AM *freight t.* nákladný vlak; *high-speed t.* rýchlovlak; *intercity t.* medzimestský rýchlik; *Intercity (express) t.* (expresný) rýchlik Intercity; *international express t.* medzinárodný rýchlik; *local t.* lokálka,

osobný vlak; *long-distance express t.* diaľkový rýchlik; *midnight t.* polnočný vlak; *night t.* nočný vlak; *passenger t.* (op. nákladný) osobný vlak; *scheduled t.* pravidelný vlak; *road t.* autovlak; *slow/stopping t.* (op. rýchlik) osobný vlak; *suburban t.* prímestský vlak; *special (holiday) t.* mimoriadny (dovolenkový) vlak; *go* by t.* ísť vlakom; *travel by t.* cestovať vlakom

▶ *Is this the right t. to...?* Je to vlak do...?

When does the (passenger) t. leave for...? Kedy ide (osobný) vlak do...?

Where is the t. to...? Kde je vlak do...?

When does the t. from... arrive? Kedy príde vlak z...?

How many hours does it take to get to... by t.? Koľko hodín ide vlak do...?

Does this t. go through...? Ide tento vlak cez...?

Is the t. from... delayed? Má vlak z... meškanie?

Which platform does the t. from... arrive? Na ktoré nástupište príde vlak z...?

Does this t. stop in/at...? Stojí tento vlak v...?

I'll (We'll) take the morning, the earlier, the evening,... t. Pôjdem(e) raňajším, skorším, večerným,... vlakom.

Has the t. arrived already? Vlak
už prešiel?

*The t. goes in an hour, in two
hours,...* Vlak mi/nám ide
o hodinu, o dve hodiny,...

✱ *The t. from... is... minutes de-
layed.* Vlak z... mešká... minút.

✱ *The t. has (hasn't got) a (any)
connection.* Tento vlak (ne)má
prípoj.

There are no t-s on Sundays.
V nedeľu vlaky nepremávajú.

trainer 1. cvičiteľ, inštruktor 2. pl
t-s BR tenisky

training 1. tréning; *fitness t.* kon-
dičný/vytrvalostný tréning
2. kurz, školenie

tram električka; *suburban t.* prí-
mestská električka

➡ *When is the first, the last t.?*
Kedy ide prvá, posledná elek-
trička?

I'll (We'll) take the (next) t.
Pôjdem(e) (najbližšou) električ-
kou.

tranny hovor. tranzistorák

tranquilizer upokojujúci prostrie-
dok

transaction (finančná) operácia

transept archit. priečna chrámová
loď, transept

¹**transfer** n 1. transfer; *t. from the
airport to the hotel* transfer
z letiska do hotela 2. (v medzi-
národnom cestovnom ruchu
ap.) preprava

²**transfer** v premiestniť

transformation zmena, premena

¹**transit** n (cez tretiu krajinu) pre-
prava, tranzit

²**transit** adj (hala) tranzitná

transitional prechodný

transitory prechodný

translate (z jazyka do jazyka) pre-
ložiť

➡ *Could you t. it for me/for us?*
Mohli by ste mi/nám to prelo-
žiť?

translation preklad (from... into...
z... do...)

transmitter vysielač, aj *radio t.* vy-
sielačka

transmission motor. prevodovka;
automatic t. automatická pre-
vodovka; *five-speed manual t.*
päťrýchlostná ručná prevo-
dovka

¹**transport** n doprava, preprava,
prevoz; *air t.* vzdušná doprava;
airport t. dovozná/prívozná
služba (na letisko); *articulated
lorry with trailer t.* preprava
autovlakom; *bicycle t.* preprava
bicyklov; *chartered t.* charte-
rová doprava (s pevne stanovený-
mi odletmi); *combined t. by
rail and plane, rail/ plane
combined t.* kombinovaná
doprava po železnici a lietadlom;
*combined road and railway t.
of goods or private cars with
passengers* kombinovaná cest-
ná a koľajová preprava tovaru
al. osobných áut s pasažiermi;

crossborder/transnational t. cezhraničná doprava; *express t.* rýchlodoprava; *individual t.* individuálna doprava; *inland t.* vnútroštátna doprava; *jet plane t.* doprava prúdovým lietadlom; *long-distance t.* diaľková preprava; *luggage t.* preprava batožiny; *motor t.* automobilová doprava; *public t.* hromadná doprava/preprava; (verejná) mestská doprava; *regular t.* pravidelná doprava; *shipping t.* lodná doprava; *waterborne t.* vodná doprava; *t. to the airport, to the hotel* preprava na letisko, do hotela; *t. of suitcases on arrival and on departure* preprava kufrov pri príchode a odchode

²**transport** v dopraviť, previezť

³**transport** adj (prostriedok) dopravný

transportable schopný prevozu

transportation preprava, doprava; *passenger t.* osobná doprava; *transit t.* tranzitná doprava

trauma odb. úraz

trousers nohavice; *long t.* dlhé nohavice; *short legs t.* krátke nohavice

¹**travel** n cesta, cestovanie; *foreign t.* turistický ruch; *t. around the world* cesta okolo sveta; *t. by bus* cesta autobusom; *freedom of t.* sloboda cestovania (po roku 1989); *in a fit state to t.*

schopný cesty; *ready to t.* pripravený na cestu

²**travel** v 1. (k urč. cieľu) cestovať; ísť, viezť sa (*by sth* čím, *in sth* v čom); *t. by car, by plane/air, by ship/sea, by train* cestovať autom, lietadlom, loďou, vlakom; *t. northwards, southwards* cestovať na sever, na juh; *t. light* cestovať naľahko; *t. without paying* cestovať načierno; *be* well t-led* vidieť kus sveta 2. (istú vzdialenosť) prejsť, uraziť; *t. by hitch-hiking* precestovať autostopom; *spend* the night t-ling* precestovať celú noc

➡ *Where are you t-ling?* Kam cestuješ/cestujete?

traveller cestovateľ, turista, cestujúci; *fellow t.* spolujazdec; *individual t.* samostatne cestujúca osoba; *seasoned t.* skúsený cestovateľ; *transit t.* tranzitný cestujúci; *t. abroad* cestujúci do zahraničia

¹**travelling** n cestovanie; *t. on a raft* plavba plťou; *t. by car, by plane/air, by ship/sea, by train* cestovanie autom, lietadlom, loďou, vlakom

²**travelling** adj (týk. sa cestovania) cestovný

tray podnos, táčňa; *cheese and fruit t-s* syrovo-ovocné švédske/bufetové stoly

tread stúpiť

treasure poklad; *museum t-s* muzeálne poklady

treasury klenotnica, *the T.* BR ministerstvo financií, štátna pokladnica

¹**treat** v 1. zaobchádzať 2. liečiť, ošetriť; *t. as an outdoor patient* ambulantne ošetriť 3. pohostiť

➡ *Can you t. my...?* Môžete mi ošetriť...?

²**treat** n radosť, pôžitok

➡ *This is my/our t.* To ide na môj/náš účet.

treatment kúra, liečba, ošetrenie; *cosmetic t.* kozmetické ošetrenie; *medical t.* liečba, lekárske ošetrenie; *outpatient t.* ambulantné ošetrenie; *underwater t.* podvodná masáž

treaty (medzinárodná) dohoda, zmluva

tree strom; *Christmas t.* vianočný stromček; *coffee t.* kávovník; *coniferous t.* ihličnatý strom; *deciduous t.* listnatý strom; *fruit t.* ovocný strom; *olive t.* olivovník; *palm t.* palma; *rubber t.* kaučukovník; *walnut t.* orechovník

trekker vysokohorský turista

trekking trekking, cesta po náročných terénoch; *group t.* skupinová vysokohorská turistika

trendy moderný, módny

trial skúška, pokus; *examination t.* skúška; *on t.* na skúšku;

triangle trojuholník; *(advance-)warning/emergency t.* motor.

výstražný trojuholník; *geographical t.* geografický trojuholník (stretu troch štátov)

tribunal súdna stolica

tributary (rieky) prítok

trick fígeľ; *conjuring t.* kúzlo

trifle maličkosť, drobnosť

trip 1. výlet, túra; zájazd, exkurzia; vychádzka; *all-day/one-day t.* celodenný výlet; *bus t.* autobusový výlet/zájazd; *catalogue t.* katalógový zájazd; *cycling t.* cyklozájazd, výlet na bicykli; *educational t. (with tented accommodation)* poznávací zájazd (s kempingovým ubytovaním); *facultative t.* fakultatívny výlet; *group t.* skupinový zájazd; *half-day t.* poldenný výlet; *one-day t.* jednodenný/celodenný výlet; *one's own selection/choice t.* cesta/zájazd podľa vlastného výberu; *preseason, postseason t.* predsezónny, posezónny zájazd; *school t.* školský zájazd; *self-driving t.* zájazd s vlastnou dopravou; *ship t.* výlet loďou; *strenuous t.* namáhavá túra; *tourist('s) (mountain/hiking) t.* turistický (horský) výlet; *youth t.* mládežnícky zájazd; *t. abroad* zahraničná cesta, zahraničný zájazd; *t. at a favourable price* cenovo výhodný zájazd; *t. for children* výlet pre deti; *t. with combined stay on several islands* zájazd s kombinovaným pobytom na viacerých ostrovoch; *t. with swimming possibilities* výlet s možnosťou kúpania; *cancel the t.* stornovať zájazd; *go* on/make* a t.* ísť na zájazd; *take* a t.* ísť na výlet 2. cesta, cestovanie; *boat t.* cesta loďou, výlet člnom; *business t.* služobná cesta; *rafting t., t. on a raft* plavba pltou; *study t.* študijná cesta

➡️ *Where can I (we) enter for the t. to...?* Kde sa môžem(e) prihlásiť na výlet do...?

How much is the t. to... per person? Koľko stojí výlet do... pre jednu osobu?

Have a nice t.! Šťastnú cestu!

Let's take a nature t.! Urobme si výlet do prírody!

I am on a business t. here. Som tu na služobnej ceste.

tripper výletník, turista

triumphal (oblúk) víťazný, triumfálny

trivial bezvýznamný

trolley 1. trolejbus, AM električka 2. (hl. nákupný) vozík; *luggage t.* batožinový vozík

➡️ *What t. goes to the Old Town, to the centre,...?* Ktorý trolejbus ide do starého mesta, do centra,... ?

✱ *You have to take a t. number...* Musíš/Musíte ísť trolejbusom číslo...

trolleybus trolejbus

tropical (počasie) tropický, (ovocie) južný

tropics (the) trópy; *suitable/ready for the t. stay* vhodný/pripravený na pobyt v trópoch

¹**trouble** n 1. problém, ťažkosť 2. porucha; *engine t.* porucha motora 3. obyč. pl *t-s* nepríjemnosti, trampoty; *spare no t-s* neľutovať námahu

²**trouble** v obťažovať, vyrušovať

➡️ *Don't t. me!* Neobťažujte ma! *Sorry to t. you.* Prepáčte, že vás obťažujem(e)/že vyrušujem(e).

troubled nepokojný, rušný

trouble-free bezporuchový

troubling mrzutý, nepríjemný

trout pstruh

truck 1. BR nákladný vagón 2. AM nákladné auto, kamión, hovor. tirák

trucker AM vodič nákladného auta

true 1. pravdivý; *come* t.* splniť sa 2. pravý, ozajstný

➡️ *It is (not) t.* To (nie) je pravda.

true-born (Slovák ap.) pravý

trunk 1. trup 2. AM kufor 3. AM aj *baggage t.* kufor auta, batožinový priestor 4. pl *t-s* AM šport. trenírky; *bathing/swimming t-s* (pánske) plavky

trust veriť, dôverovať

truthful (opis) verný

try 1. skúsiť, vyskúšať 2. skúsiť, pokúsiť sa (*sth o čo*) 3. ochutnať

➡️ *Can I (we) t. (on)...?* Môžem(e) si vyskúšať...?

T-shirt (s krátkymi rukávmi) tričko; *cotton T.* bavlnené tričko s krátkymi rukávmi

tube 1. rúrka, tuba; *inner/tire/* AM *air t.* motor. duša **2.** (v Londýne) metro **3.** *the t.* AM hovor. telka

➧ *Is it possible to mend this inner t.?* Dá sa táto duša ešte zaplátať?
   Could you pump air into this inner t.? Nafúkajte, prosím, dušu!

¹**Tuesday** n utorok; *on T.* v utorok; *on T-s* každý utorok

²**Tuesday** adj utorkový, utorňajší

tumulus* mohyla

tuna*, aj *t. fish** tuniak

tunnel tunel; *pass through the t.* prejsť cez tunel

turkey kuch. morčacina

¹**turn** v **1.** obrátiť (sa), otočiť (sa) **2.** aj *t. round* krútiť (sa), otáčať (sa), točiť (sa) **3.** spôsobiť zmenu; *t. cold* ochladiť sa **4.** aj *t. round* obzrieť sa, obrátiť sa **5.** odbočiť, zabočiť (*for sth* do čoho/kam); *t. left, right* zabočiť doľava, doprava **6.** zmeniť sa (*into sth* na čo) *t. down* (ponuku, návrh) odmietnuť *t. off* **1.** odbočiť **2.** (motor) vypnúť *t. on* **1.** (dať do chodu) pustiť, (prístroj) zapnúť; *t. the radio on* pustiť/zapnúť rádio **2.** aj *t. the light* rozsvietiť *t. out* (situácia) dopadnúť; *t. out badly,*

well dopadnúť zle, dobre *t. up* (na urč. miesto) dostaviť sa

➧ *Where shall I (we) t.?* Kde mám(e) odbočiť?
   T. (to the) left, (to the) right. Odbočte doľava, doprava.

²**turn** n **1.** odbočka; *no left, right t.* zákaz odbočovania; *right-hand t.* odbočka doprava; *take* a left, a right t.* zabočiť doľava, doprava **2.** zákruta **3.** (náhla) zmena **4.** rad, poradie; *take* t-s* (vy)striedať sa (*with sb* s kým)

➧ *When will be my (our) t.?* Kedy prídem(e) na rad?

✴ *Wait your t., please.* Počkajte, prosím, kým neprídete na rad.

turning odbočka; križovatka v tvare T

turn-off odbočka (*for sth* na čo)

turnout účasť

turtle (morská) korytnačka

turtleneck AM hovor. rolák

¹**tweendecks** n pl medzipaluba

²**tweendecks** adj medzipalubný

twins pl dvojčatá

twisted skrivený

two-storeyed, AM **two-story** dvojposchodový

two-track motor. dvojstopový

two-way dopr. obojsmerný

type 1. druh **2.** tlačené písmo

typhoid, aj *t. fever* brušný týfus

typhus škvrnitý týfus

typical pravý, typický

tyre, AM **tire** pneumatika; *all-sea-*

son t. celoročná pneumatika; *anti-skid t-s* protišmykové pneumatiky; *cross-ply t.* diagonálna pneumatika; *front t.* predná pneumatika; *high-performance t.* vysokovýkonnostná pneumatika; *radial t.* radiálna pneumatika, radiálka; *rubber t.* plášť pneumatiky; *spare t.* náhradná pneumatika, rezerva; *summer t.* letná pneumatika; *tubeless bicycle t.* bezdušová pneumatika, galuska; *used t.* ojazdená pneu-

matika; *winter t.* zimná pneumatika; *retread a t.* protektorovať pneumatiku

➡ ✳ *The t. blew out.* Praskla pneumatika.

I've got a puncture in my back t. Praskla/Vyfučala mi zadná pneumatika.

Could you blow up, change, mend a puncture of, repair,... this t.? Môžete nafúkať, vymeniť, zaplátať, opraviť,... túto pneumatiku?

POZNÁMKY

T

U

ulcer vred

umbrella dáždnik; *telescopic u.* skladací dáždnik

unassuming skromný

unbearable neznesiteľný

unbearably neznesiteľne

➡ *It is u. hot, cold,...* Je neznesiteľne teplo, zima,...

unbelievable neuveriteľný

uncared-for zanedbaný

uncertain neistý, nezaručený

uncle strýko

uncomfortable nepohodlný

unconscious v bezvedomí

➡ *... lies/is u.* ... leží v bezvedomí

unconsciousness bezvedomie

uncouple (vlak, vozeň ap.) odpojiť

➡ *The restaurant car will be u-d at...* Jedálny vozeň odpoja v...

uncustomed (tovar) nepreclený

under 1. pod; *camp u. the open sky* stanovať pod holým nebom 2. (vyj. okolnosti) za

underage neplnoletý

undercarriage (lietadla) podvozok

underclothes (spodná) bielizeň

underdone kuch. (mäso) mierne/slabo prepečený

underestimate podceniť

underground BR metro

underpants pl (pánske) spodky, slipy

underpass podchod; podjazd

undersell* predávať pod cenu

undershirt AM tielko, tričko

understand* rozumieť, chápať; pochopiť; *make* understand o.s.* dorozumieť sa (in po)

➡ *I can make myself understood in..., too.* Dorozumiem sa aj po...

We could ourselves understood just in... Dorozumeli sme sa iba po...

I don't u. why... Nechápem, prečo...

I (We) do u. that. Plne to chápem(e).

Do you u. me? Rozumieš/Rozumiete mi?

Have you u. me? Rozumeli ste mi?

We don't u. you. Nerozumieme vám.

✳ *Speak up loudly, I can't u..* Hovor(te) hlasnejšie, nič nerozumiem.

✳ *I understand if you speak slowly.* Rozumiem, keď hovoríš/hovoríte pomaly.

✳ *I/We could u. all.* Všetko som rozumel/sme rozumeli.

understandable zrozumiteľný

understanding porozumenie

➡ *We ask you for your u.!* Prosíme o porozumenie!

undertake* podniknúť

undertaking podujatie

underwear (spodná) bielizeň;

men's, women's u. pánska, dámska bielizeň

undisciplined nedisciplinovaný

undo* (kufre) vybaliť

undress vyzliecť (sa)

uneasy nesvoj

➧ *I feel u.* Necítim sa dobre.

unemployed nezamestnaný

uneven nerovný, hrboľatý

unfaithful neverný

unfamiliar neznámy

unfasten odpútať (sa); *u. one's safety/seat belts* odopnúť si bezpečnostné pásy

➧ *U. your seat belts!* (v lietadle) Odpútajte sa!

unfavourable nepriaznivý, nevýhodný

unfeasible nemožný, neuskutočniteľný

➧ *It's u. due to time constraints.* To je časovo nemožné.

unfortunate nešťastný

unfortunately žiaľ

➧ *U., it's not possible.* To, žiaľ, nie je možné.

I (We) must, u.,... Musím(e), žiaľ,...

U., I/we can't... Žiaľ, nemôžem(e)...

unfriendly nevľúdny, nepríjemný

unguarded nestrážený

unhappy nešťastný, skľúčený

unheated nevykúrený

uniform jednotný

unimportant bezvýznamný

uninhabited neobývaný

unintentional neúmyselný

uninterrupted nepretržitý

union únia; *customs u.* colná únia; *European U.* Európska únia

unit jednotka; celok, útvar; *family u.* rodinná bunka; *emergency u.* pohotovostná jednotka; *housing u.* bytovka; *intensive care u.* jednotka intenzívnej starostlivosti

united zjednotený

unkind nevľúdny

unknown neznámy; *recipient u.* adresát neznámy

unlawful protiprávny

unload (náklad) vyložiť

unloading vyloženie

unlock odomknúť

unlucky nešťastný, prinášajúci smolu; (moment) nevhodný

unnavigable nesplavný

unnecessary zbytočný, nepotrebný

unoccupied neobývaný

unpack (kufre) vybaliť

unpleasant nepríjemný

unpretentious nenáročný

unpunctual (časovo) nepresný

unreliable nespoľahlivý

unrest (spoločenský) nepokoj

unrestricted nekontrolovateľný, živelný

unroadworthy nepojazdný

unsalted (neosolený) neslaný

unsettled (počasie) nestály, premenlivý

unship (náklad) vyložiť

U

unstudied prirodzený, nenútený

until (časovo) až, (vyj. hranicu) do, kým, dokiaľ; *u. revoked/ cancelled* (až) do odvolania; *not u.* až (iba)

➤ *Wait u. ...* Počkaj(te), až...

unused nevyužitý; *go* u.* prepadnúť, stratiť platnosť

➤ *My/Our tickets to the theatre, entrance/admission tickets,... have gone u.* Prepadli mi/nám lístky do divadla, vstupenky,...

unwell indisponovaný, chorý

➤ *I feel u.* Necítim sa dobre.

up hore, navrchu

➤ *Will you have my/our luggage, suitcases,... sent up, please?* Odneste mi/nám, prosím, hore batožinu, kufre,...

update aktualizovať

uphill hore kopcom; do kopca

uplands hornatina, vrchovina

upon | on

upper (tok ap.) horný

upset (žalúdočná) nevoľnosť

upstairs hore, na poschodí; *run* u.* vybehnúť po schodoch hore

upstream hore prúdom, proti prúdu

up-to-date aktuálny

upwards (smerom) hore, nahor

urban (rozvoj, doprava) mestský

urchin: *sea u.* morský ježko, ježovka

urge naliehať

urgent naliehavý, neodkladný, súrny

➤ *I (We) u-ly need...* Potrebujem(e) súrne...

¹use n použitie; *come* in u.* zísť sa, byť na úžitok; *make* u.* využiť (*of sth* čo)

➤ *It will come in u. for me/for us.* To sa mi/nám zíde.

²use v použiť *u. up* spotrebovať, vyčerpať, minúť; *be* u-d up* vyčerpať sa, minúť sa

➤ ✳ *Make u. of the detour in the direction of...* Použite obchádzku smerom na... *U. up by...* Spotrebujte do...

used zvyknutý; *get*/become* u.* zvyknúť si (*to sth* na čo)

useful užitočný, účelný

usher uvádzačka

usual obyčajný, bežný

utensil 1. nástroj **2.** (cooking/ kitchen) *u-s* (kuchynské) náradie, riad; *plastic kitchen u.* riad z umelej hmoty

➤ *Are the kitchen u-s available in apartments?* Je v apartmánoch k dispozícii aj riad?

utilize použiť, využiť

U-turn otočenie do protismeru; *make* a U.* otočiť do protismeru; *no U.* zákaz otáčania

V

vacancy voľné miesto
➡ *Do you have/Have you got any v-ies? Are there any v-ies?* Máte ešte voľnú izbu/voľné izby?
 No v-ies. Hotel je plne obsadený.

vacant (byt) prázdny, neobývaný; voľný, neobsadený

vacate (priestor) uvoľniť, vyprázdniť; *be* v-d* uvoľniť sa, uprázdniť sa
➡ *When do I (we) have to v. the room?* Kedy musím(e) uvoľniť izbu?
 When will the room be v-d? Kedy bude izba voľná?
 Has the place, the seat v-d? Uvoľnilo sa miesto, sedadlo?

¹**vacation** n prázdniny, [AM] dovolenka, [AM] rekreácia; *fabulous v.* senzačná dovolenka; *summer, winter v.* letné, zimné prázdniny; *cut* short the v.* skrátiť (si) dovolenku; *spend* one's v.* prázdninovať, [AM] dovolenkovať, [AM] rekreovať sa

²**vacation** v, aj *be v-ing* prázdninovať, [AM] dovolenkovať, [AM] rekreovať sa

vacationer [AM] dovolenkár, [AM] rekreant

vaccinate očkovať

vaccination očkovanie, vakcinácia; *compulsory v.* povinné očkovanie; *v. against hepatitis* očkovanie proti hepatitíde; *v. against tetanus* očkovanie proti tetanu; *v. against tick/against tick--borne encephalitis* očkovanie proti kliešťom; *v. against typhus, typhus v.* očkovanie proti týfu; *v. against varicella* očkovanie proti kiahňam

vacuum vákuový

vacuum-packed vákuovo balený

vague neurčitý, nejasný

valid platný; *be* v.* platiť, mať platnosť; *... is v. from... till....* ... platí od... do....; *v. in the whole of Europe* platný v celej Európe
➡ ✳ *... is not v. any longer/has expired.* ... už nie je platný.
 Your passport, visa,... is not v. yet. Máte už neplatný pas, neplatné vízum,...
 How long is the ticket, entrance/admission ticket,... v. for? Ako dlho platí cestovný lístok, vstupenka,...?

validity platnosť; *extend the v. of a passport, of a visa* predĺžiť platnosť pasu, víza

valley dolina, údolie; *down, up the v.* dolu, hore údolím

valuable hodnotný

¹**value** n hodnota, cena; *octane v.* oktánové číslo

²**value** v (zistiť hodnotu, kladne ohodnotiť) oceniť

valueless bezcenný

valve ventil; *safety v.* poistný ventil

van dodávkové auto

vanilla (krém) vanilkový

varied (op. jednotvárny) (program) pestrý

variety, aj *v. programme/show* estráda

various rozličný, rozmanitý

¹**varnish** n lak; *nail v.* lak na nechty

²**varnish** v lakovať, nalakovať

vault klenba; *cross v.* krížová klenba; *domical v.* kupolovitá klenba; *star-shaped v.* hviezdicová klenba

veal kuch. teľacina; *roast v.* teľacia pečienka

vegetable 1. (druh) zelenina, aj pl *v-s; bottled/preserved v-s* zaváranina; *early v.* skorá zelenina; *fresh v.* čerstvá zelenina; *frozen v.* mrazená zelenina; *mixed fresh v.* jarný miešaný šalát **2.** pl *v-s* zeleninová príloha

¹**vegetarian** adj (jedlo) vegetariánsky

➥ *I/We eat v.* Stravujem(e) sa vegetariánsky.

²**vegetarian** n vegetarián

vehicle automobil, vozidlo, auto; *accident rescue v.* záchranné vyprosťovacie vozidlo; *controlled v.* auto s katalyzátorom; *electric v.* elektromobil; *emergency v.* záchranné vozidlo; *illegally/wrongly parked v.* nesprávne zaparkované vozidlo; *motor v.* motorové vozidlo; *public service v.* autobus mestskej hromadnej dopravy; *rec-*

reational v. obytné vozidlo; *shuttle services v.* vozidlo kyvadlovej dopravy; *towing v.* odťahovacie vozidlo; *v. involved in an accident* vozidlo zúčastnené na dopravnej nehode

➥ *Where can I (we) leave the v.?* Kde môžem(e) nechať/odstaviť vozidlo?

vein (v rôzn. význ.) žila

velcro suchý zips

vendor, aj *street v.* pouličný predavač

venison kuch. divina

ventilate vetrať

ventilation vetranie, ventilácia

ventilator ventilátor

verbal (op. písomný, tradícia) ústny

verbally (dohodnúť) ústne

verge krajnica

verify overiť

vermicelli pl niťovky, rezance

vertigo odb. závrat

versus šport., práv. proti

very veľmi

vessel 1. anat. aj *blood v.* cieva **2.** nádoba

vest tielko, tričko; *ladies', men's v.* dámske, pánske tielko; *short v.* krátke opaľovacie tričko

vet hovor., **veterinarian** Am zverolekár

via (priestorovo) cez

vicinity (blízke) okolie, blízkosť; *v. of the beach* blízkosť pláže

victim obeť; *accident v.* obeť dopravnej nehody

V

¹**video** n video

²**video** v filmovať/snímať videokamerou

view pohľad, výhľad, rozhľad; *panoramatic v.* panoramatický výhľad; *v. of the mountains, of the sea, of the city* pohľad/výhľad na hory, more, mesto

➡ *There's a marvellous v. from... Z...* je nádherný výhľad.
The tower commands a beautiful v. of the mountains. Z veže je nádherný výhľad na hory.

vigorous svieži, čulý

villa vila

¹**village** n dedina; *fishing v.* rybárska dedina; *holiday v.* prázdninová dedina; *mountainous v.* horská dedina

²**village** adj dedinský

villager dedinčan

vinegar ocot; *balsamic v.* balzamový/balzamilkový ocot; *cider v.* jablčný ocot; *herb(al) v.* bylinkový ocot; *rice v.* ryžový ocot; *wine v.* vínny ocot

vintage (vína) ročník

violate (predpisy) porušiť

violator porušovateľ; *v. of traffic rules* porušovateľ dopravných predpisov

violent násilný

viper vretenica

visa vízum; *entry v.* vstupné vízum; *exit v.* výstupné vízum; *group v.* hromadné vízum; *transit v.* tranzitné vízum; *apply for a v. to...* požiadať o vízum do...; *be* * *granted a v.* dostať vízum; *grant/issue v.* udeliť vízum; *dispensing with v.* bezvízový; *extend the validity of/renew a v.* predĺžiť platnosť víza

➡ * *Do you have an entry v.?* Máte vstupné vízum?
May I (we) get the v. here? Môžem(e) tu dostať vízum?

visa-free bezvízový

visibility 1. viditeľnosť; *limited v.* obmedzená viditeľnosť 2. aj *range of v.* dohľad, dohľadnosť

➡ *There's just... metres v.* Je len ...metrová viditeľnosť.

visible viditeľný

¹**visit** n 1. návšteva; *short v.* krátka návšteva; *pay* * *a v.* navštíviť 2. prehliadka; *walking v.* (mesta) pešia prehliadka

➡ *I am/We are on a v. here.* Som tu/Sme tu na návšteve.
Would you organize the v. of a theatre, of a museum,... for our group? Mohli by ste pre našu skupinu zorganizovať návštevu divadla, múzea,...?
Thank you for your v. Ďakujem(e) vám za návštevu.

²**visit** v 1. navštíviť 2. hovor. obísť, ponavštevovať; *v. half a town* obísť pol mesta

➡ *I'd/We'd like to v. a museum, an outdoor/an open museum,...* Rád by som navštívil/Radi by sme navštívili múzeum, skanzen,...

visitor hosť, návštevník, pl *v-s* návšteva

visor (v aute) tienidlo; *sun v.* slnečná clona

vocabulary slovná zásoba; (cudzieho jazyka) slovíčka

vodka vodka

vogue móda; *be* in v.* byť v móde

voice hlas; *in a low v.* potichu

void práv. neplatný

volcano sopka; *active, extinct v.* činná, vyhasnutá sopka

volleyball volejbal; *beach v.* plážový volejbal

voltage elektr. napätie; *high v.* vysoké napätie

➡ *What v. is it here?* Aké je tu napätie prúdu?

volume 1. obsah **2.** (knihy) diel, (časopisu) ročník

voluntary dobrovoľný

vomit dáviť, vracať

vortex 1. vír **2.** (veterná) smršť

vouch ručiť (*for sth za čo*)

voucher (preukážka) kupón; poukážka, doklad, voucher; *meal v.* stravný lístok; *petrol v.* benzínová poukážka

voyage plavba; *sea v.* plavba loďou

POZNÁMKY

V

W

wafer napolitánka, oblátka

wage (za hodinu, týždeň, fyzicky pracujúcich) mzda, plat

wager staviť sa (sb s kým, sth o čo)

wagon (otvorený) nákladný vagón; station w. AM motor. kombi

waist driek, pás

waistcoat AM vesta

wait 1. čakať, počkať (for sb/sth na koho/čo); w. for the bus, the train čakať na autobus, vlak; no w-ing zákaz státia 2. (čašník) obsluhovať (on sb koho)

▶ Am I (Are we) to w. a long time? Musím(e) dlho čakať? What are you w-ing for? Na čo ešte čakáš/čakáte?

I've/We've been w-ing till today, till now,... but... Čakal som/Čakali sme až dodnes, doteraz,..., ale...

✳ I'll (We'll) wait for you near..., in/at... Budem(e) ťa/vás čakať pri..., v...

That can w. To má čas.
Can you w. ... minutes, several days,... more? Môžeš/Môžete počkať ešte... minút, niekoľko dní,...?
W. until we are all here. Počkaj(te), kým tu nebudú všetci.

W. a minute here, please! Počkaj(te) tu, prosím, chvíľku!
W. and see! Zachovaj(te) pokoj!

waiter čašník, aj head w. hlavný čašník

▶ Call the w., please. Zavolajte, prosím, čašníka.

W., may I/we have one cutlery, menu,..., please? Pán hlavný, prineste mi/nám, prosím, ešte jeden príbor, jedálny lístok,...
W., the bill, please! AM W., the check, please! Pán hlavný, platím(e)!
W.! I've (We've) been waiting ten minutes now! Obsluha, prosím! Čakám(e) už desať minút!

waitress čašníčka, servírka

wake (up) zobudiť (sa)

▶ Can you w. me up at... o'clock, please? Zobuďte ma, prosím, o... hodine.

waking budenie; w. by phone budenie telefónom

¹**walk** v 1. (v rôzn. význ.) chodiť; w. barefoot chodiť bosý; w. on foot chodiť pešo; 2. (po)prechádzať sa w. (a)round obísť w. past prejsť (sb/sth popri kom/čom)

²**walk** n 1. chôdza; one minute w. minúta chôdze 2. prechádzka, vychádzka; go* for a w. ísť na prechádzku

▶ ... is less than one hour w., just several minutes w. ... je vzdiale-

ný ani nie na hodinu chôdze,
len na niekoľko minút chôdze.
Let's go for a w. Let's take a w.
Poďme sa trocha poprechádzať.

walker šport. chodec

walking chôdza, chodenie; *w. on
foot* pešia chôdza

Walkman volkmen

wall 1. stena; *rock w.* skalná ste-
na; *wave w.* vlnolam **2.** pl *w-s*
hradby; *city w.* mestské hradby

wallet (pánska) peňaženka, náprs-
ná taška

walnut orechovník

waltz valčík; *Viennese w.* vieden-
ský valčík

wander (bezcieľne) potulovať sa
(about/around sth po čom);
w. around the streets blúdiť uli-
cami

wandering potulka; *w. and shop-
ping* potulka spojená s nakupo-
vaním; *w. and windowshopping*
potulka spojená s prezeraním
výkladov; *w. round the city* po-
tulka mestom

¹**want** v **1.** (vyj. vôľu, želanie ap.)
chcieť, hodlať, želať si **2.** potre-
bovať

➡ *What do you w. for...?* Čo
chcete za...?
What do you w. to do (today)?
Čo chceš/chcete (dnes) robiť?

✳ *Do you w. anything else?* Želá-
te si ešte niečo?

✳ *As you w.!* Ako si želáte!

²**want** n potreba

ward (nemocničné) oddelenie

warden správca; *youth hostel w.*
správca mládežníckej turistickej
ubytovne; *w. of a castle* kaste-
lán

wardrobe šatník, skriňa

ware predmety, výrobky; *baker's
w.* (pekárenské) pečivo; *crystal
w.* kryštáľ

¹**warm** adj **1.** teplý, vrelý, vrúci;
become* w. rozhorúčiť sa; *get*
w-er* otepliť sa **2.** srdečný

➡ *It's (very) w. today.* Dnes je
(veľmi) teplo.
I am/fell (very) w. Je mi (veľmi)
teplo.
My w-est thanks for... Srdečná
vďaka za...

²**warm** v (z)ohriať (sa) *w. up* **1.**
ohriať (sa) **2.** otepliť sa **3.** roz-
cvičiť sa

warm-up rozcvička

warm-hearted srdečný

warmer ohrievač; *plate w.* ohrie-
vač jedla (na tanieri); *water w.*
ohrievač vody

warmth teplo

warn napomenúť, varovať

warning výstraha; *avalanche w.* la-
vínová výstraha; *severe weather
w.* výstraha pred zlým počasím
(na horách ap.); *storm/wind-
storm w.* výstraha pred búr-
kou/víchricou

warrant garantovať, (za výrobok)
ručiť

warrantor ručiteľ

warranty garancia, záruka; záručný list; *full w.* plná záruka; *under w.* v záruke

¹**wash** n umývanie; *car w.* autoumyváreň; *have* a w.* umyť sa

➡ *Where can I (we) have a w.?* Kde sa môžem(e) umyť?

²**wash** v 1. prať, vyprať 2. umyť *w. down* (jedlo) zapiť *w. up* umyť riad // *w. o.s.* umyť sa

➡ *W. my car, please.* Umyte mi, prosím, auto.
I'd like to have w-ed my... Chcel by som si dať vyprať...

washbasin umývadlo

➡ *The w. is blocked.* Umývadlo je zapchaté.

washbowl AM umývadlo

washcloth AM hovor. (na umývanie) žinka

washer n 1. ostrekovač; *windscreen/* AM *windshield w.* motor. ostrekovač (predného skla) 2. AM práčka

washing (prášok) prací

washroom AM (spoločná) umyváreň

➡ *Will you tell me, please, where the w. is?* Ukážte mi/nám, prosím, kde sú umyvárne.

wasp osa

waste odpadky

¹**watch** n 1. hliadka 2. hodinky, hodiny; *digital w.* digitálne hodiny; *vibration alarm w.* vibračný alarm; *wrist w.* náramkové hodinky

➡ *My w. is slow, fast.* Moje hodinky idú dopredu, meškajú.

²**watch** v 1. pozerať (sa) (sth na čo) 2. sledovať 3. dať pozor, postrážiť *w. out* byť opatrný

➡ *Would you w. my/our luggage, please?* Dali by ste mi/nám, prosím, pozor na batožinu?
W. out! (výstraha) Pozor!

¹**water** n 1. voda; *acidulous w.* kyselka; *contaminated w.* kontaminovaná voda; *high w.* vysoký vodný stav; *mineral w.* minerálka, minerálna voda; *sea w.* morská voda; *soda w.* sóda; *sparkling mineral w.* perlivá minerálka; *still mineral w.* neperlivá minerálka; *table mineral w.* stolová minerálna voda; *tap w.* voda z vodovodu; *tonic w.* tonik; *warm w.* teplá voda 2. voda, vodstvo

➡ *There is no (cold, hot) w.* Netečie (studená, teplá) voda.
Is this w. potable/drinkable? Možno piť túto vodu?
How deep, warm is the w. in the swimming pool, in the lake, in the sea,...? Aká hlboká, teplá je voda v bazéne, jazere, mori,...?
Is very deep w. here? Je tu veľmi hlboká voda?
No drinking w.! Táto voda nie je pitná.

✳ *Don't swim far, there's very deep w.* Neplávajte ďaleko, je tam veľmi hlboká voda.

W

²**water** adj vodný

³**water** v (od chladu ap.) slziť
➡ *My eyes are w-ing.* Slzia mi oči.

waterborne (doprava) vodný

watercolour, aj w. *painting* akvarel

waterfall vodopád

watermelon červený/vodový melón

watermill vodný mlyn

waterproof nepremokavý, (hodinky) vodotesný

watershoes pl obuv na kúpanie

water-ski jazdiť na vodných lyžiach

watertight vodotesný

waterway vodná cesta

¹**wave** n (v rôzn. význ.) vlna; *finger w.* hovor. fúkaná; *heat w.* vlna horúčav; *permanent w.* (ondulácia) trvalá; *w-s at the sea* vlnenie mora

²**wave** v (za)mávať, zakývať (at sb na koho); *w. sb goodbye* zamávať komu na rozlúčku; *w. at the waiter, at the taxi* zakývať na čašníka, taxík

¹**wax** n vosk; *ski w.* lyžiarsky vosk; *apply w. to the skis* navoskovať lyže

²**wax** v voskovať; *w. the skis* navoskovať lyže

way 1. cesta, dráha, trať; *cycling w.* cyklotrasa; *roundabout w.* okľuka, zachádzka; *w. in* vchod; vjazd; *w. out* 1. východ; výjazd 2. východisko; *ask the w.* spýtať sa na cestu; *be* in the w.* prekážať, zavadzať; *edge/fight*/* *squeeze one's w. (towards the exit)* pretlačiť sa (k východu); *go*/get* out of sb's w.* vyhnúť sa komu; *find*/ know* one's w.* trafiť, vyznať sa; *lose one's w.* stratiť sa; *make* w.* (z cesty) vyhnúť sa (for sb komu); *take* the shortest w.* pustiť sa najkratšou cestou; *on the w. to...* cestou/počas cesty do...; *that w.* tade; *this w.* tadiaľto; *which w.?* kadiaľ? 2. spôsob; *in a friendly w.* priateľský; *in this/ that w.* takto
➡ *What's the w. to...?* Ako sa ide do...?
Does this w. lead to...? Je to cesta do...?
Is it possible to get to... this w.? Dostanem(e) sa tadiaľto k...?
I (We) can't find my (our) w. to the hotel, to the camp, to the station,... Neviem(e) trafiť do hotela, kempu, na stanicu,...
I (we) (don't) know my (our) w. here, about this town,... (Ne)Vyznám(e) sa tu, v tomto meste,....
Show me/us the w. to the station, to the hotel, to the beach,..., please. Ukážte mi/ nám, prosím, cestu na stanicu, do hotela, na pláž,...
You should go this w. Choďte týmto smerom.

W

I (We) have a long w. to go. Mám(e) pred sebou ešte dlhú cestu.

Is this the right w. to...? Idem(e) dobre do...?

Which w. is to...? Kadiaľ mám(e) ísť do...?

No w.! Ani ma nenapadne!

way-round nadchádzka

WC (skr. z water closet) WC, záchod

we my

weak slabý

weaken oslabiť

weakness 1. slabosť **2.** mdloba

wealth 1. bohatstvo; *cultural w. of the country* kultúrne bohatstvo krajiny **2.** množstvo, hojnosť

wealthy bohatý

weapon zbraň

➡ *Do you have any w. with you?* Máte pri sebe zbraň?

¹**wear** n **1.** oblečenie **2.** nosenie, používanie

²**wear*** v (na sebe) nosiť; *w. glasses* nosiť okuliare *w. out* vyčerpať, vysiliť

weary vyčerpaný

weather počasie; *April w.* aprílové počasie; *bad w.* zlé počasie, nečas; *changeable/unsettled w.* premenlivé počasie; *cool w.* chladné počasie; *fine w.* pekné počasie; *flight w.* letové počasie; *frosty w.* mrazivé počasie; *mountain w.* počasie na ho-

rách; *rainy w.* daždivé počasie; *settled w.* ustálené počasie; *sunny w.* slnečné počasie; *tropical summer w.* tropické letné počasie; *change in w.* zmena počasia; *due to bad w.* pre nepriaznivé počasie; *in all w-s* za každého počasia; *w. permitting* za priaznivého počasia; *the w. has changed for the better* vyčasilo sa; *suitable for winter w.* vhodný do zimného počasia

➡ *What was the w. like?* Aké bolo počasie?

The w. was fine. Mali sme dobré počasie.

What will be the w. like (today, tomorrow,...)? Aké bude (dnes, zajtra,...) počasie?

It'll be fine, bad,... w. Bude pekné, zlé,... počasie.

The w. is on the mend. Počasie sa zlepší.

Will the fine, the rainy,... w. last? Udrží sa pekné, daždivé,... počasie?

The w. will change. Zmení sa počasie.

The w. is settled now. Počasie je teraz ustálené.

The w. has turned/changed for the worse. Zhoršilo sa počasie.

weatherwatch (pre šoférov) správa o počasí

¹**Wednesday** n streda; *on W-s* každú stredu

²**Wednesday** adj stredajší

W

wee hovor. cikať

¹week n týždeň; ... *w-s ago* pred... týždňami; *at the beginning, in the middle, towards the end of the w.* začiatkom, uprostred, ku koncu týždňa; *during the w.* cez týždeň; *every w.* každý týždeň, týždenne; *last, next, this w.* minulý, budúci, tento týždeň; *w. of an extended stay* týždeň predĺženého pobytu

➡ *I'll (We'll) stay here for a week, for two w-s,...* Ostanem(e) tu jeden týždeň, dva týždne,... *Come in a w.* Príď(te) o týždeň.

²week adj, aj *one w.,* aj *w.'s* (trvajúci týždeň) týždenný, týždňový

¹weekend n víkend; *prolonged w.* predĺžený víkend

²weekend adj (pobyt) víkendový

weekly (trvajúci týždeň, opakovaný každý týždeň) týždenný, týždňový

weigh vážiť *w. out* odvážiť *w. up* zvážiť, posúdiť

➡ *Weigh a kilo of..., two, three kilos of..., please.* Odvážte mi, prosím, kilo..., dve, tri kilá...

weight váha, hmotnosť; *excessive w.* nadhmotnosť (osôb); *lose* one's w.* schudnúť

➡ *What's the w. of our luggage, of this parcel,...?* Koľko váži naša batožina, tento balík,...?

weighty (bremeno) ťažký

weir hať

¹welcome v (pri)vítať

➡ *Thank you! You are w.!* Ďakujem! Nemáte za čo! Prosím! *W.!* Srdečne ťa/vás vítam(e)!

✳ *Allow me to w. you (in the name of...).* Dovoľte, aby som vás privítal (v mene...).

²welcome n privítanie, prijatie; *warm w.* vrelé prijatie

³welcome interj vitaj(te)

➡ ✳ *W. in our house! W. to our place!* Vitaj(te) u nás!

¹well n studňa; *drinking water w.* studňa s pitnou vodou

²well adv dobre; *as w.* aj

➡ *Don't you feel w.?* Necítiš/Necítite sa dobre?
I feel w. Cítim sa dobre.
I don't feel w. Prišlo mi zle.
I (We) didn't hear, understand,... w. Nepočul(i), nerozumel(i) som (sme),... dobre.
I wish you w.! Všetko dobré!

³well interj nuž, tak, no

➡ *W., let's go!* Tak poďme!
Very w. then! No/Tak dobre!

well-appointed komfortný, vybavený

well-arranged prehľadný

well-being pohoda

well-done kuch. (mäso) dobre prepečený

well-equipped komfortný, vybavený

well-founded/-grounded fundovaný, podložený

wellies pl hovor. gumáky

wellington, aj *w. boots* gumová čižma

well-known známy

well-preserved zachovaný, nepoškodený

¹**west** n západ; *in the w.* na západe; *to the w. of...* na západ od...

²**west** adj západný

westerly (vietor, smer) západný

western západný

West-European západoeurópsky

West-Slovak západoslovenský

westward(s) na západ, západným smerom

wet mokrý; *get* w.* premoknúť
➡ *The road, the grass,.... is w.* Vozovka, tráva,... je mokrá.

whale veľryba

wharf prístavná hrádza

¹**what** pron čo; *w. for* (účel) načo
➡ *W. is this?* Čo je to?
  W. happened? Čo sa stalo?
  W. is this about? O čo ide?
  W. do you need? Čo potrebuješ/potrebujete?
  W. can I do for you? Čo si želáte?

²**what** adj aký
➡ *W. time is it?* Koľko je hodín?
  W. time do the shops close? Do koľkej sú otvorené obchody?
  W. time is the museum open? Od koľkej je otvorené múzeum?
  At w. time? O koľkej?

³**what** interj čo, čože
➡ *So w.?* No a čo!

wheel 1. koleso; *front, rear w.* predné, zadné koleso; *spare w.* náhradné koleso, rezerva;

change/replace the w. vymeniť koleso **2.** (hrnčiarsky ap.) kruh **3.** aj *steering w.* volant, (na lodi) kormidlo
➡ *Change the (front. rear) w., please.* Vymeňte, prosím (predné, zadné) koleso.

wheelchair invalidný vozík; *adapted for w-s* bezbariérový

¹**when** pron kedy; *since w.* odkedy
➡ *W. do we arrive in...?* Kedy budeme v...?
  W. do we come back from...? Kedy sa vrátime z...?
  W. are the opening, closing hours of...? Kedy sa otvára, zatvára...?

²**when** conj keď

where 1. kde; *from w.* odkiaľ **2.** kam
➡ *W. is the station, the museum, the... Street,...?* Kde je stanica, múzeum... ulica,...?
  W. have you been? Kde si bol/ste boli?
  W. can we meet? Kde sa môžeme stretnúť?
  W. are you going? Kam ideš/idete?
  W. does this street, this road,... lead to? Kam vedie táto ulica, cesta,...?
  W. are you from? Odkiaľ si/ste?

whether či

whey srvátka; cmar; *w. of sheep's milk* žinčica

W

which ktorý
- ➡ *Which bus, train,... will you take?* Ktorým autobusom, vlakom,... pôjdeš/pôjdete?
  Which century is...? Z ktorého storočia pochádza...?

¹**while** n chvíľa

²**while** conj kým

whirl vír

whirlpool 1. krútňava, vodný vír 2. aj *w. bath* perličkový/vírivkový kúpeľ

whirlwind veterná smršť

whisky whisky; *neat/strong w.* čistá whisky; *w. and soda (in highball glass with ice)* whisky so sódou (vo vysokom pohári); *w. on the rocks* whisky s ľadom

whisper chýr

whistle pískať

¹**white** adj biely

²**white** n belosť; *egg w.* bielok

whizz (vietor) fučať

who 1. kto 2. ktorý
- ➡ *Who's here?* Kto je tu?
  Who's the last (in a queue)? Kto je posledný (v rade)?
  Whom does... belong to? Komu patrí...?
  Whom am I speaking to? S kým hovorím?
  Whom am I (are we) to contact? Na koho sa mám(e) obrátiť?

whole 1. celý, úplný 2. (mlieko) plnotučný, (múka) celozrnný

wholefood biopotraviny

whortleberry borievka; *red w.* brusnica

whose čí
- ➡ *W. coat, (large) suitcase,... is this?* Čí je ten kabát, (veľký) kufor,...?

why prečo, (príčina) načo; *that's w.* preto
- ➡ *W. didn't you come...?* Prečo si neprišiel/ste neprišli...?
  That's w.! Práve preto!
  So that's w.! Tak preto!

wickerchair plážový kôš

wide široký

widow vdova

widower vdovec

width šírka

wife* manželka, hovor. žena; *common law w.* životná družka; *husband and w.* manželia
- ➡ *Allow me to introduce my w. May I introduce my w.? Id like to introduce my w.* Dovoľte, aby som vám predstavil svoju manželku.
  This is my w. To je moja manželka.
  Give my best regards to your w. Pozdravuj(te) manželku.

wild 1. divoký 2. nekontrolovateľný, živelný

wilds (the) divočina

wilderness divočina

willing ochotný

willingness ochota

win* vyhrať

¹**wind** n vietor; *cold north w.* chladný severný vietor; *gust w.* nárazový vietor; *head w.* protivietor, vietor proti smeru jazdy; *north w.* severný vietor, severák; *piercing w.* ostrý vietor; *side w.* bočný vietor; *tail w.* vietor v smere jazdy; *wild w.* prudký vietor

²**wind** v, aj *w. up* (hodiny ap.) natiahnuť

windbreaker AM, BR **windcheater** vetrovka

winding kľukatý

windmill veterný mlyn

window okno; *rear w.* motor. zadné okno, zadné sklo; *shop w.* výkladná skriňa, (obchodu) výklad; *w-s facing north, south* okná na severnú, južnú stranu

➡ *May I open, close the w.? Would you mind if I open, close the w.?* Smiem otvoriť, zatvoriť okno?
Open, close the w., please! Otvorte, zatvorte okno, prosím!

wind-protected chránený pred vetrom

windscreen BR, AM **windshield** motor. predné sklo

➡ *Clean up the w., please.* Vyčistite, prosím, predné sklo.

windstorm víchrica

windsurf (wind)surfovať

windsurfer 1. doska na windsurfing 2. windsurfista

windsurfing windsurfing

windy veterný

➡ *It's w. today.* Dnes fúka vietor.

wine víno; *branded w.* značkové víno; *dessert w.* dezertné víno; *dry w.* suché/trpké víno; *fruit (driven) w.* ovocné víno; *homemade w.* domáce víno; *mulled red w.* varené červené víno; *natural w.* prírodné víno; *rot w.* červené víno; *sparkling w.* perlivé/šumivé víno, sekt; *table w.* stolové víno; *white w.* biele víno; *young w.* burčiak; *w. from the cask/from the wood* sudové víno; *w. served in glasses* víno servírované v pohároch; *glass of w.* pohár vína

➡ ✳ *May I invite you for a drink of good w.?* Smiem ťa/vás pozvať na pohárik vína?

wineglass pohár na víno

winevault viecha

wing 1. krídlo 2. (auta) blatník

winker hovor. motor. blinker, smerovka

winner 1. víťaz 2. (výrobok) hit

➡ *Who's the w.?* Kto vyhral?

winning (v lotérii) výhra

¹**winter** n zima; *during w.* cez zimu; *in w.* v zime

²**winter** adj (športy) zimný

wintertime zima; *during w.* cez zimu

¹**wipe** n vreckovka; *refreshing wet w.* osviežujúci obrúsok na cesty

²**wipe** v (mokré) utrieť

wiper, aj *windscreen/*AM *wind-*

W

shield w. motor. stierač; *switch on/activate w-s* zapnúť stierače

➡ *The w. is broken.* Zlomil sa stierač.

wire drôt

wise múdry, rozumný

¹wish v 1. želať 2. želať si, chcieť; túžiť

➡ *I w. you well!* Všetko dobré! *I w. you could...* Škoda, že nemôžeš/nemôžete...

✷ *As you w.!* Ako si želáte!

✷ *What more do you w. for?* Čo si ešte želáte?

✷ *I w. you every happiness, a good journey,...* Želám ti/vám všetko najlepšie, šťastnú cestu,...

²wish n 1. želanie, prosba 2. pl *w-es* pozdrav(y)

with 1. s; *travel together w. one's family* cestovať spolu s rodinou 2. (vyj. príčinu) od(o); *tremble/shiver w. cold* triasť sa od zimy 3. u; *stay w. friends* nocovať u známych

withdraw* 1. (od zmluvy) odstúpiť; *w. from holiday/* AM *vacation contract* odstúpiť od zmluvy o zájazde 2. (peniaze) vybrať

withdrawal, withdrawing (od zmluvy) odstúpenie, (objednávky) zrušenie; *w. at a partial refund* odstúpenie so stornovacím poplatkom

within počas, v priebehu; *w. some/*

several days v priebehu niekoľkých dní

without bez

➡ *I've come w. my wife, w. children,...* Prišiel som bez manželky, detí,...

¹witness n svedok; *w. to the accident* svedok nehody

➡ *I (We) have the w. to prove it.* Mám(e) na to svedka.

²witness v 1. zažiť, byť svedkom 2. vypovedať ako svedok

witty vtipný

¹woman* n žena; *black w.* černoška; *single employed w.* slobodná zamestnaná žena; *white w.* beloška

²woman adj, aj *w.'s* (týk. sa ženy) ženský

womanly (príznačný pre ženu) ženský

wonder čudovať sa, diviť sa (*at sth* čomu)

wonderful nádherný

wood 1. drevo 2. (menší) les 3. AU (drevená) golfová palica

wooded lesnatý, zalesnený

wooden lesnatý

woodland lesnatý kraj, lesy

woody lesnatý, zalesnený

¹wool n 1. vlna; *cotton w.* obväzová vata 2. vlnená látka

²wool adj (koberec) vlnený

woolen (tovar) vlnený

word slovo; *(w.) for w.* od slova do slova; *in other w-s* inými slovami

W

➡ *I give you my (solemn) w.!* Čestné slovo!

¹**work** n 1. práca; *rescue/relief w.* záchranné práce 2. dielo; *ancient/historical w-s of art* staroveké/historické umelecké diela; *rococo w.* (diela) rokoko; *w. of art* umelecké dielo, umelecký predmet; *w-s of the Old Masters* diela starých majstrov

²**work** v 1. pracovať; *w. without licence* pracovať načierno 2. fungovať, ísť; *be* w-ing* byť v chode 3. pôsobiť, účinkovať

➡ *Where do you w.?* Kde ste zamestnaný?

workday 1. Ａｍ pracovná doba 2. pracovný/všedný deň

workshop dielňa; *furrier's w.* kožušníctvo

¹**world** n svet; *journey/travel around the w.* cesta okolo sveta; *see* the w.* vidieť kus sveta; *set* out into the wide w.* vydať sa do sveta

➡ *Not for the w.!* Ani za (celý) svet!

²**world** adj svetový

worldly svetský

¹**worry** n starosť

²**worry** v 1. znepokojovať (sa); *be* w-ied* znepokojovať sa 2. starať sa

➡ *Don't w.!* Buď(te) bez starosti! Neznepokojuj(te) sa!
Don't w. about it! Nič sa nestalo!

Don't w. about me/us! Nerob (te) si kvôli mne/nám starosti!

worse horší; *become*/get* w.* zhoršiť sa

worsen zhoršiť (sa)

worsening (viditeľnosti) zhoršenie

worth hodnota, cena; *be* w.* (byť hoden) stáť, mať hodnotu

➡ *... is w. nothing.* ... nestojí za nič.

worthwhile hodnotný; *be* w.* vyplatiť sa

➡ *It was (not) w. to go on/to...* (Ne)Oplatilo sa ísť na/do...

worthy hoden

wound rana, poranenie; *deep w.* hlboká rana; *superficial/flesh w.* povrchová rana

➡ *Dress/Treat my w., please.* Ošetrite mi, prosím, ranu.

wounded zranený; *badly w.* ťažko zranený

wrap zabaliť

➡ *W. up well!* Teplo sa obleč(te)!

wrapper 1. obal 2. baliaci papier

wrapping (papierový, plastový) obal; balenie; *gift w.* darčekové balenie

¹**wreck** n 1. trosky 2. Ａｍ nehoda, havária, (lode) stroskotanie; *be* w-ed* (o lodi) stroskotať

²**wreck** v (lode) spôsobiť stroskotanie, (auto) zničiť pri havárii; *w. the car (in an accident)* rozbiť auto (pri nehode)

wrist zápästie

write* (na)písať, (hudbu, báseň)

zložiť **w. down** zapísať si **w. out** vypracovať, napísať

➡ *W. me your address, your telephone number,..., please.* Napíš(te) mi, prosím, svoju adresu, telefónne číslo,...

writing (písmo) rukopis; *illegible, legible w.* nečitateľný, čitateľný rukopis

written (súhlas) písomný

[1]**wrong** adj chybný, nesprávny, zlý; *be* w.* mýliť sa

➡ *Sorry, w. number!* telef. Prepáčte, omyl!

Am I w.? Nemám pravdu?

[2]**wrong** m krivda

[3]**wrong** v krivdiť

wrongdoing krivda

POZNÁMKY

W

X

xylograph drevoryt; drevorytina
xylography drevorytectvo

Y

yacht jachta, (väčšia) plachetnica;
   charter y. charterová jachta;
   motor y. motorová jachta
yachtsman* jachtár
yachtsmanship jachtárstvo
yard (v názvoch reštaurácií ap.)
   dvor
yawn zívať
year (v rôzn. význ.) rok; *all the y.*
   around po celý rok; celoročný;
   calendar y. kalendárny rok;
   leap y. priestupný rok; *next y.*
   na budúci rok; *every y.* každý
   rok; každoročne; *last y.* minulý
   rok; v minulom roku, vlani; *last*
   year's minuloročný; vlaňajší;
   the y. before last predvlani; *this*
   y. tohto roku; tohtoročný; *in*
   a y. o rok; *one y. ago* pred ro-
   kom; *once a y.* raz do roka
➡ *Which y. was built...?* V ktorom
   roku bol postavený...?
   I am... y-s old. Mám... rokov.
   Happy New Y.!, Všetko dobré
   do nového roku! (pri prípitku)
   Šťastný Nový rok!

yearly každoročný
yeast droždie
yellow žltý
yes áno
yesterday včera; *the day before y.*
   predvčerom; *since y.* odvčera;
   y. (in the) evening, morning
   včera večer, ráno
yesterday's včerajší
¹yet adv (po zápore) ešte, (v otáz-
   ke) už
²yet conj ale
yeti snežný človek
yielding ústupčivý
Y-junction križovatka v tvare Y
yoga joga, jogistické cvičenie
yoghourt | youg(h)urt
yogic (cviky) jogistický
yolk, aj *egg y.* žĺtok
you ty, vy
➡ *Haven't you seen yet?* Vy ste to
   nevideli?
youg(h)urt, yoghourt, AM **yogurt**
   jogurt; *fruit y.* ovocný jogurt
young mladý
your tvoj, váš, svoj
➡ *Take y. things!* Zober si svoje
   veci!
   With kind regards your... Poz-
   dravuje Vás Váš...
yours (samostatne) tvoj, váš, svoj
➡ *Y. sincerely...* Pozdravuje Vás
   Váš...
youth mládež

Z

zander zubáč
zealous nadšený, horlivý
zero nula
➡ *It is... degrees above, below z.*
  Je... stupňov nad, pod nulou.
zigzag kľukatý
zip 1. zips **2.** aj z. *code* AM poš-
  tové smerovacie číslo
zipper AM zips
zone zóna, pásmo, oblasť; *border/*
  frontier z. pohraničná zóna,
  pohraničné pásmo; *controlled*
  parking z. zóna s riadeným stá-
  tím; *duty-free* z. bezcolné pás-
  mo; *green* z. (plocha) zeleň;
  green short-term z. zóna krát-
  kodobého parkovania; *meter* z.

zóna s platením parkovného;
parking time limitation z. zóna
s časovým obmedzením parko-
vania; *pedestrian* z. pešia zóna;
recreation z. rekreačná oblasť;
residential z. obytná zóna;
short-time/time limit parking z.
zóna krátkodobého parkovania;
subtropical z. subtropické pás-
mo; *tariff rate* z. dopr., telef. ta-
rifné pásmo; *temperate* z. mier-
ne pásmo; *time* z. časové
pásmo; *torrid* z. rovníkové pás-
mo; *tropical* z. tropické pásmo
zoo hovor. zoo, zoologická zá-
  hrada
zoological zoologický
zoom-in snímať zoom-objektívom
zucchini AM cuketa, cukina